Psychologie der seelischen Gesundheit

2

Psychologie der seelischen Gesundheit

Band 2

Persönlichkeitspsychologische Grundlagen,
Bedingungsanalysen und Förderungsmöglichkeiten

von

Prof. Dr. Peter Becker

und

Dr. Beate Minsel

Trier

Verlag für Psychologie · Dr. C. J. Hogrefe

Göttingen · Toronto · Zürich

Prof. Dr. *Peter Becker,* geboren am 23.04.1942 in Dresden, studierte Psychologie an der Universität des Saarlandes in Saarbrücken, wo er 1969 die Diplom-Hauptprüfung ablegte. Von 1969 bis 1970 war er zuerst Mitarbeiter, später Leiter einer Erziehungsberatungsstelle im Saarland. Danach kehrte er als Wissenschaftlicher Mitarbeiter bzw. Wissenschaftlicher Assistent an das Psychologische Institut der Universität des Saarlandes zurück, promovierte dort 1972 und wurde 1973 zum Assistenzprofessor ernannt. Mitglied der Deutschen Gesellschaft für Psychologie. Seit März 1979 wirkt er als Professor im Fachgebiet Psychologie an der Universität Trier. Schwerpunkte seiner Forschungs- und Lehrtätigkeit sind die Persönlichkeitspsychologie, Teilbereiche der Klinischen und Pädagogischen Psychologie sowie die Emotionspsychologie.

Veröffentlichungen: Manual zum „Coloured Progressive Matrices"-Test von Raven (1978, zusammen mit Armin Schmidtke und Sylvia Schaller), Studien zur Psychologie der Angst (1980), Manual zum Interaktions-Angstfragebogen (IAF) zur Messung bereichsspezifischer Angstneigungen (1982), Beiträge in Fachzeitschriften, Lehr- und Handbüchern, Kongreßberichten, deutsch- und englischsprachigen Sammelbänden, vor allem zu folgenden Problemstellungen: Ätiologie psychischer Störungen, psychologische Prävention und Förderung der seelischen Gesundheit, Angst (Diagnostik, Erklärung, Prognose, Therapie und Prävention), Therapie des Stotterns, Intelligenz und Hirnschädigung, faktorenanalytische Persönlichkeitsforschung (unter anderem zum MMPI).

Dr. *Beate Minsel,* geboren am 10.01.1946 in Hamburg, studierte Psychologie in Hamburg, Marburg und Wien. 1970 legte sie in Hamburg die Diplomprüfung ab, 1976 promovierte sie dort mit einer Arbeit über Elterntraining. Von 1970 bis 1975 war sie an verschiedenen Forschungsinstitutionen in Kiel und Bonn tätig und ist seit 1976 als wissenschaftliche Angestellte an der Universität Trier beschäftigt. Schwerpunkte ihrer Lehr- und Forschungstätigkeit sind die Prävention (Eltern- und Lehrertraining) und Teilbereiche der Persönlichkeitspsychologie (Geschlechtsdifferenzen, Vorstellungen über seelische Gesundheit, Angst). Sie ist Mitglied zahlreicher nationaler und internationaler wissenschaftlicher Vereinigungen.

Veröffentlichungen: eine Reihe von Aufsätzen in Fachzeitschriften und Sammelbänden (zu Diagnostik von Erziehungsverhalten, Elterntraining, Lehrertraining, Leistungsangst, Lern- und Leistungsstörungen), Was Eltern wissen sollten (1985 mit M. Perrez und H. Wimmer), Lehrverhalten (2 Bände 1976 mit W.-R. Minsel und S. Kaatz).

© by Verlag für Psychologie · Dr. C.J. Hogrefe, Göttingen 1986
Das Werk einschließlich aller seiner Teile ist urheberrechtlich geschützt. Jede Verwertung außerhalb der engen Grenzen des Urheberrechtsgesetzes ist ohne Zustimmung des Verlages unzulässig und strafbar. Das gilt insbesondere für Vervielfältigungen, Übersetzungen, Mikroverfilmungen und die Einspeicherung und Verarbeitung in elektronischen Systemen.

Druck und Bindearbeit
Hubert & Co., Göttingen
Printed in Germany
ISBN 3 8017 0186 7

Unseren Eltern
Charlotte und Friedrich Becker
Susanne und Jürgen Führ

INHALTSVERZEICHNIS

Vorwort.. XIII

1   THEORETISCHER RAHMEN (BECKER)............................... 1

1.1   Indikatoren für seelische Gesundheit........................ 3

1.1.1   Seelische Gesundheit als Zustand und als relativ stabile Eigenschaft... 3
1.1.2   Ausgewählte Indikatoren für Gesundheit und Krankheit......... 7
1.1.3   Empirische Zusammenhänge zwischen ausgewählten Indikatoren für seelische Gesundheit................................ 13
1.1.4   Empirische Zusammenhänge zwischen ausgewählten Indikatoren für seelische Gesundheit und globalen Maßen für Neurotizismus und Extraversion-Introversion...................... 19

1.2   Entwurf einer Theorie der seelischen Gesundheit............. 23

1.2.1   Der eigenschaftspsychologische Hintergrund................. 23
1.2.2.   Verbindungen zu Ergebnissen der Erziehungsstilforschung..... 57
1.2.3.   Theorie der seelischen Gesundheit.......................... 65

           Die erfolgreiche Bewältigung externer und interner Anforderungen... 65
           Überblick über ein Struktur- und Funktionsmodell (Systemtheorie) der Persönlichkeit.................................. 71
           Das biologische Motivationssystem........................... 74
           Das Ich und das interne Kontrollsystem...................... 78
           Zur Funktion des Ichs als Entscheidungssystem............... 81
           Seelische Gesundheit/Krankheit und Verhaltenskontrolle...... 86

1.3.   Zusammenfassung.. 89

2   ERSTE ÜBERPRÜFUNGEN DER THEORIE DER SEELISCHEN GESUNDHEIT (BECKER)... 91

2.1   Eine Untersuchung an 60 älteren Frauen..................... 92

2.2   Die Untersuchung von KATZ (1973)........................... 95

2.3   Die Untersuchung von LILL, DRÖSCHEL & GROSS (1981)......... 97

2.4   Die Untersuchung von SEITZ & LÖSER (1969).................. 99

2.5   Die Untersuchung von BACHMAN (1970)........................ 102

2.6   Eine Untersuchung zum Bewältigungsverhalten und zur emotionalen Befindlichkeit von Studenten........................ 104

2.7   Zusammenfassende Diskussion der Untersuchungen............. 117

3	GESCHLECHT UND SEELISCHE GESUNDHEIT (BECKER)	120
3.1	Geschlechtsdifferenzen in der Prävalenz psychischer Störungen	121
	Prävalenzraten bei Jungen und Mädchen	121
	Prävalenzraten bei Erwachsenen	125
3.2	Geschlechtsdifferenzen in ausgewählten Persönlichkeitsmerkmalen	130
3.3	Erklärung der Geschlechtsdifferenzen	150
3.3.1	Einflußfaktoren in der Kindheit	151
	Unterschiede im Entwicklungstempo	152
	Unterschiede in Temperamentsmerkmalen und konstitutionellen Merkmalen	152
	Geschlechterstereotype und ihre Auswirkungen in Elternhaus und Kindergarten	153
	Unterschiedliche Erfahrungen in den ersten Schuljahren	156
3.3.2	Einflußfaktoren im Jugend- und Erwachsenenalter	157
	Einflüsse im Jugendalter	158
	Einflüsse im Erwachsenenalter	161
3.3.3	Geschlechtsdifferenzen im Bewältigungsverhalten und in der Verhaltenskontrolle	168
	Geschlechtsdifferenzen im Bewältigungsverhalten	169
	Geschlechtsdifferenzen in Verhaltenskontrolle und deren differentialätiologische Bedeutung	173
3.4	Förderung der seelischen Gesundheit von Frauen	176
3.5	Zusammenfassung	182
4	ARBEIT UND SEELISCHE GESUNDHEIT (BECKER)	184
4.1	Bedeutung der Arbeit	184
4.2.	Theoretische Ansätze	187
4.2.1	Motivationstheoretische Ansätze	188
	Theorie von MASLOW	190
	Theorie von HERZBERG	191
4.2.2	Kompetenztheoretische Ansätze	193
	Der Ansatz von DÖRNER, REITHER & STÄUDEL	196
	Der Ansatz von HACKER	198
4.2.3	Passungstheoretischer Ansatz von FRENCH, RODGERS & COBB	202
4.3	Arbeitsbezogene Risikofaktoren	208
4.3.1	Belastungsfaktoren am Arbeitsplatz	208
	Die Untersuchung von KORNHAUSER (1965)	210

	Die Untersuchung von KARASEK (1979)	215
	Darstellung und Sekundäranalyse der Untersuchung von CAPLAN und Mitarbeitern	221
	Die Untersuchung von SEIBEL & LÜHRING (1984)	230
4.3.2	Schichtarbeit	236
4.3.3	Persongebundene Risikofaktoren: Typ-A-Verhalten	239
4.4	Arbeitslosigkeit	245
4.5	Förderung der seelischen Gesundheit durch arbeitsbezogene Maßnahmen	257
4.5.1	Maßnahmen in Betrieben und bei Beschäftigten	258
	Maßnahmen auf der individuellen Ebene	259
	Maßnahmen auf der Gruppenebene	271
	Maßnahmen auf der Ebene der Organisation	274
	Maßnahmen auf der Ebene der Gesetzgebung	278
4.5.2	Maßnahmen im Zusammenhang mit Arbeitslosigkeit	279
4.6.	Zusammenfassung	283
5	ELTERNTRAINING (MINSEL)	286
5.1	Historischer Abriß	286
5.2	Kategorisierungsversuche für Elternarbeit	288
5.3	Darstellung ausgewählter Programme	291
5.3.1	Allgemeine Programme zur primären Prävention	291
5.3.1.1	Das GORDON Familientraining (Parent-Effectiveness-Training, PET)	292
5.3.1.2	Das Training zu engagierter Elternschaft (P.I.P.)	295
5.3.1.3	Verhaltensmodifikation	297
	Das Elterntraining von INNERHOFER	299
	Andere Verhaltensmodifikationsprogramme	300
	Kritik	301
	Schriftliche Instruktionen zur Verhaltensmodifikation	301
	Programme für spezielle Verhaltensprobleme	303
5.3.1.4	Das Training nach DREIKURS & SOLTZ (Adlerian Mother Study Groups - AMS)	304
5.3.1.5	Das "Präventive Elterntraining"	306
5.3.1.6	Das Elternverhaltenstraining von PERREZ, MINSEL & WIMMER	307
5.3.1.7	Familientraining	309
5.3.1.8	Kritische Bewertung	311
5.3.2	Programme für Risikofamilien	317
5.3.2.1	Programme für Risikofamilien in bezug auf Kindesmißhandlung und -vernachlässigung	318
5.3.2.2	Programme für Risikofamilien in bezug auf Entwicklungsrückstände der Kinder	324

5.3.3	Programme für spezielle Elterngruppen	327
5.3.3.1	Programme für Eltern, die ihr erstes Kind bekommen haben	327
5.3.3.2	Programme für Pflegeeltern	328
5.4	Schlußbetrachtung	330
5.5	Zusammenfassung	332
6	DIE FÖRDERUNG SEELISCHER GESUNDHEIT IN PARTNERSCHAFTEN (MINSEL)	334
6.1	Einleitung	334
6.1.1	Terminologische Probleme und Meßprobleme	334
6.2	Theoretische Ansätze zu gesunden und gestörten Partnerschaften	337
6.2.1	Theorien zur Partnerwahl	337
6.2.1.1	Theoretische Ansätze, die die Ähnlichkeit der Partner betonen	337
6.2.1.2	Theoretische Ansätze, die die Komplementarität der Partner betonen	338
6.2.1.3	Partnerwahl als Wiederholung von Beziehungen aus der Kindheit	339
6.2.1.4	Partnerwahl als Optimierung des Kosten-Nutzen-Verhältnisses	343
6.2.2	Ehetheorien	345
6.2.2.1	Symbolischer Interaktionismus	345
6.2.2.2	Systemtheorie	346
6.2.2.3	Behaviorismus	349
6.2.2.4	Entwicklungstheorien	350
6.2.2.5	Koorientierung, Wahrnehmung und Verstehen	353
6.2.3	Integration und Zusammenfassung	356
6.2.4	Partnerschaftstypologien	357
6.3	Risikofaktoren in der Partnerschaft	364
6.3.1	Risikofaktoren im Zusammenhang mit früher Eheschließung	365
6.3.2	Risikofaktor "voreheliche Schwangerschaft"	366
6.3.3	Gewalttätigkeit in der Partnerschaft	368
6.3.4	Risikofaktoren im Zusammenhang mit Berufsanforderungen	371
6.3.5	Schlußfolgerungen für die Förderung seelischer Gesundheit in Partnerschaften	375
6.4	Vorstellungen über gesunde Partnerschaft	375
6.4.1	Individuenbezogene Kriterien	376
6.4.2	Kriterien der Interaktion	377
6.4.3	Kriterien, die den Prozeß betreffen	382

6.5	Interventionsprogramme	385
6.5.1	Programme zur Behandlung von Dating-Problemen	385
6.5.2	Psychologische Ehevorbereitung	391
6.5.3	Vorbereitung auf das erste Kind	397
6.5.4	Enrichment-Programme für Ehepaare	399
6.5.4.1	Religiös orientierte Enrichment-Programme	400
6.5.4.2	Enrichment-Programme auf humanistischer Grundlage	401
6.5.4.3	Verhaltensorientierte Ansätze	404
6.5.4.4	Sonstige Ansätze	405
6.5.4.5	Weiterführende Überlegungen	407
6.5.5	Stützmaßnahmen für Paare, die sich trennen oder die sich scheiden lassen	409
6.5.5.1	Bewältigungsprogramme für die Entscheidungsphase	411
6.5.5.2	Bewältigungsprogramme für die Trennungsphase	413
6.5.5.3	Restrukturierung	413
6.5.5.4	Weiterführende Überlegungen	415
6.6	Zusammenfassung	416
Anhang		418
Literatur		433
Sachregister		473

VORWORT

Zahlreiche Indizien sprechen dafür, daß wir in einer Zeit geschärften Gesundheits- und Umweltbewußtseins leben. Eine wachsende Zahl von Menschen erkennt die Bedeutung einer intakten Umwelt und eines der menschlichen Natur angemessenen Lebensstils für die Erhaltung der eigenen Gesundheit. Parallel zu dieser Entwicklung vollzieht sich auch in der Wissenschaft eine Neuorientierung von einer Krankheits- zu einer Gesundheitslehre. Trotz einer viele Jahrhunderte, ja sogar Jahrtausende umspannenden Tradition der philosophischen, medizinischen und psychologischen Reflexion über Fragen des "gesunden Lebens" (vgl. Band 1), sind unsere diesbezüglichen gesicherten Erkenntnisse noch recht bescheiden, und Erfahrungen aus zurückliegenden Epochen lassen sich nicht ohne weiteres auf die Situation des heutigen Menschen übertragen.

Auf beträchtliche Schwierigkeiten stößt man bereits beim Versuch einer Präzisierung dessen, was unter (seelischer und/oder physischer) Gesundheit verstanden werden soll. Ohne Bezugnahme auf eine Theorie der (seelischen) Gesundheit ist eine überzeugende Definition nicht zu leisten. Theorien der (seelischen) Gesundheit sind ihrerseits auf das engste mit bestimmten Menschenbildern und Vorstellungen über die Beziehungen des Menschen zu seiner Umwelt verknüpft. Sich auf das Wagnis einer Auseinandersetzung mit einer "Psychologie der seelischen Gesundheit" einzulassen, impliziert mithin die Bereitschaft, relativ grundlegende Fragen nach der "Natur des Menschen" zu stellen.

Neben der Theorienbildung zählen wir die Diagnostik, die Bedingungsanalyse sowie die Erarbeitung von Prinzipien der Förderung der seelischen Gesundheit zu den Hauptaufgaben einer "Psychologie der seelischen Gesundheit". Diesen Themenkreisen sind die Kapitel des vorliegenden Bandes gewidmet.

Er knüpft an die Thematik des ersten Bandes an, der primär die kritische Sichtung und Systematisierung einflußreicher Theorien der seelischen Gesundheit sowie diagnostischer Ansätze zum Ziel hat. Das Schlußkapitel des Bandes 1 enthält einige Grundgedanken zu einer integrativen Theorie der seelischen Gesundheit. Diese Theorie wird im ersten Kapitel des vorliegenden Bandes aufgegriffen und in wesentlichen Aspekten weiterentwickelt. Ein wichtiges Ziel ist dabei die Verknüpfung zweier sich weitgehend unabhängig voneinander entwickelnder Forschungsgebiete, nämlich der Forschung zur seelischen Gesundheit und der empirischen Persönlichkeitsforschung. In einer Serie multivariater Studien versuchen wir, den Nachweis zu erbringen, daß "seelische Gesundheit" sowie ein davon unabhängiges Konstrukt "Verhaltenskontrolle" den Status klinisch relevanter Superkonstrukte der Persönlichkeit beanspruchen dürfen. Seelische Gesundheit ist dabei umfassender konzipiert als das in der klassischen Persönlichkeitsforschung "etablierte", auf EYSENCK zurückgehende Konstrukt der emotionalen Stabilität bzw. des Neurotizismus. Es berücksichtigt neben Aspekten der emotionalen Befindlichkeit insbesondere auch Kompetenzaspekte. Mit (starker vs. geringer) Verhaltenskontrolle bezeichnen wir ein mit Extraversion vs. Introversion verwandtes Persönlichkeitsmerkmal, das von seelischer Gesundheit unabhängig ist und ebenfalls einen hohen Beitrag zur Aufklärung interindividueller Persönlichkeitsvarianz leistet. Es wird herausgearbeitet, daß sich die simultane Berücksichtigung der beiden Persönlichkeitskonstrukte "seelische Gesundheit" und "Verhaltenskontrolle" für die Psychologie als fruchtbar erweisen dürfte.

In einem weiteren Schritt erfolgt die Einordnung dieser beiden deskriptiven Persönlichkeitskonstrukte in eine Theorie der seelischen Gesundheit. Diese besagt in ihrem Kern, daß jemand in dem Maße seelisch gesund ist, in dem es ihm gelingt, externe und interne Anforderungen zu bewältigen. Das Konzept der internen Anforderungen wird im Rahmen einer von uns entworfenen Systemtheorie der Persönlichkeit expliziert. Dieser Ansatz kann als Versuch einer Synthese unserer Befunde zur faktoriellen Struktur der Persönlichkeit, tiefenpsychologischer Theorien sowie systemtheoretischer Modellvorstellungen verstanden werden. Die im ersten Kapitel entworfene Rahmentheorie der seelischen Gesundheit soll die Einordnung der Inhalte nachfolgender Kapitel erleichtern.

Das zweite Kapitel ist der Überprüfung und empirischen Stützung einer Kernannahme unserer Theorie der seelischen Gesundheit, nämlich der häufig übersehenen Beziehung von emotionaler Befindlichkeit und Kompetenz, gewidmet. In den folgenden Kapiteln liegt das Schwergewicht auf der Bedingungsanalyse sowie der Förderung der seelischen Gesundheit. Das dritte Kapitel befaßt sich mit Zusammenhängen von Geschlecht und seelischer Gesundheit. Es werden vielfältige empirische Belege dafür erbracht, daß erwachsene Frauen in der Mehrzahl der Indikatoren für seelische Gesundheit signifikant niedrigere Werte erzielen als Männer, so daß - mit kleinen Einschränkungen - von einer geringeren seelischen Gesundheit der Frauen gesprochen werden kann. Andere Teile dieses Kapitels gehen den Fragen nach, worauf dieses Phänomen zurückzuführen sein könnte und welche Ansatzpunkte zur Förderung der seelischen Gesundheit von Frauen sich aus unserer Theorie ergeben. Inhalt des vierten Kapitels ist der Zusammenhang von Arbeit und seelischer Gesundheit. Ausgehend von einer Analyse vorliegender theoretischer Ansätze, arbeitsbezogener Risikofaktoren und der Auswirkungen von Arbeitslosigkeit werden Möglichkeiten zur Förderung der seelischen Gesundheit durch arbeitsbezogene Maßnahmen aufgezeigt. Das fünfte Kapitel ist dem Thema "Elterntraining" gewidmet. Es werden die Prinzipien präventiver Elternarbeit dargestellt und die am weitesten entwickelten allgemeinen Trainingsprogramme sowie Programme für spezielle Risikogruppen relativ detailliert abgehandelt und kritisch bewertet. Den Abschluß des Bandes bildet ein Kapitel zum Thema "Die Förderung seelischer Gesundheit in Partnerschaften", das angesichts steigender Scheidungsraten und im Wandel begriffener Auffassungen über Partnerschaft und Ehe eine nicht geringe Aktualität besitzt. Neben theoretischen Ansätzen zu gesunden und gestörten Partnerschaften, Partnerschaftstypologien, Risikofaktoren in der Partnerschaft und Vorstellungen von gesunder Partnerschaft kommen ausgewählte Interventionsprogramme zur Sprache.

Aus obiger Inhaltsübersicht geht hervor, daß wir bei der Ausgestaltung des Bandes mehr Wert auf eine gründliche Behandlung ausgewählter Themen von einiger gesellschaftlicher Relevanz als auf Vollständigkeit legten. Dabei war es unsere Absicht, sowohl die eher an psychologischer Grundlagenforschung als auch die eher an Anwendungsfragen interessierten Leser anzusprechen sowie generell die intensivere Beschäftigung mit dem Gebiet der seelischen Gesundheit anzuregen.

Die vorliegende Arbeit wäre ohne die tatkräftige Unterstützung zahlreicher Kolleginnen und Kollegen nicht zustande gekommen. Für die freundliche Bereitstellung zum damaligen Zeitpunkt unveröffentlichter Untersuchungsbefunde danken wir sehr herzlich den Diplompsycholog(inn)en Dr. Burghard Andresen, Walter Braukmann und Gisela Sturm sowie den Professoren Dr. Alois Angleitner, Dr. Sigrun-Heide Filipp, Dr. Wilhelm Janke, Dr. Hans Dieter Mummendey und Dr. Klaus Schneewind. Von hohem Wert waren für uns auch empirische Daten, die unser früherer Mitarbeiter, Dipl.-Psych. Hans-Henning Quast, im Rahmen seiner Diplomarbeit erhob und die er uns für Auswertungszwecke zur Verfügung stellte.

Einen besonderen Dank schulden wir unseren studentischen Mitarbeitern Axel Beßlich, Achim Hättich und Hans Riedlewski. Axel Beßlich und Achim Hättich waren uns nicht nur bei der statistischen Datenauswertung eine unschätzbare Hilfe, sondern schufen durch ihre kritisch-konstruktiven Rückmeldungen zu einem ersten Entwurf der vorliegenden Kapitel eine wesentliche Grundlage für Überarbeitungen des Textes. Prof. Dr. Andreas Krapp danken wir für die kritische Durchsicht und wertvolle Anregungen bei den Kapiteln 5 und 6.

Einen persönlichen Dank sprechen wir unserer Sekretärin, Frau Senta Schwarte, aus, die sich mit großer Sorgfalt und unermüdlichem Einsatz der Erstellung des Manuskriptes widmete. Herrn Bernhard Otto sind wir für die effiziente und angenehme Zusammenarbeit mit dem Hogrefe-Verlag verpflichtet.

Trier, im März 1986

Peter Becker
Beate Minsel

1. THEORETISCHER RAHMEN

Peter Becker

Die primäre Funktion dieses ersten Kapitels ist es, einen theoretischen Rahmen bereitzustellen, der die Einordnung der später dargestellten Hypothesen und empirischen Befunde zu den Bedingungen und Förderungsmöglichkeiten der seelischen Gesundheit erleichtert. Der Leser wird schrittweise zu einer Theorie der seelischen Gesundheit geführt, von der wir meinen, daß sie einen relativ hohen Integrationswert besitzt. Unsere Ausführungen knüpfen an die beiden Schlußkapitel des ersten Bandes der "Psychologie der seelischen Gesundheit" an. Diese handeln von diagnostischen Problemen sowie von den Bausteinen zu einer Theorie der seelischen Gesundheit (BECKER 1982a). Die dort skizzierten Hypothesen können als Versuch einer Integration dreier Grundmodelle über seelische Gesundheit verstanden werden, die wir als Regulationskompetenz-, Selbstaktualisierungs- und Sinnfindungsmodelle bezeichnet haben. Zu dieser ersten Integration gelangten wir beim Versuch einer Beantwortung der Frage nach der **Salutogenese** (ANTONOVSKY 1979), d. h. nach den Bedingungen auf seiten eines Individuums, die seine Widerstandskraft gegenüber psychischen Erkrankungen erhöhen.

Ausgehend von einer "Formel" zu den Faktoren, die die Wahrscheinlichkeit des Auftretens einer psychischen Erkrankung beeinflussen, formulierten wir in Band 1 die Hypothese, daß eine geringe "konstitutionelle Vulnerabilität" sowie eine hohe seelische Gesundheit (aufgefaßt als hoher Wert in einer relativ stabilen Eigenschaft) die Widerstandskraft gegenüber seelischen Erkrankungen erhöhen sollten. Als wesentliche Komponenten der in diesem Sinne verstandenen seelischen Gesundheit faßten wir die Regulationskompetenzen, die Selbstaktualisierung und die Sinnfindung eines Individuums auf. Eine Überprüfung dieser Theorie setzt unter anderem voraus, daß die individuellen Ausprägungsgrade der drei Komponenten gemessen werden und in Längsschnittstudien kontrolliert wird, ob Personen mit hohen Werten in diesen drei Komponenten eine geringe Inzidenzrate psychischer Störungen aufweisen. Da die Erkrankungswahrscheinlichkeit nicht nur von der seelischen Gesundheit, sondern auch von "konstitutionellen Vulnerabilitäten", "Stressoren" und "förderlichen Umweltbedingungen" abhängt, müssen diese Bedingungen - wie im Band 1 gezeigt wurde - im Rahmen eines umfassenden Erklärungs- bzw. Prognosemodells mitberücksichtigt werden.

Im vorliegenden Band verfolgen wir diesen Gedankengang zunächst nicht weiter, da uns entsprechende empirische Befunde aus Längsschnittstudien zur Zeit noch fehlen. Statt dessen berichten wir von den Resultaten, zu denen uns ein zweiter Weg geführt hat, an dessen Anfang eine veränderte Fragestellung stand. Eine Besonderheit und Schwäche der bisherigen Forschung zur seelischen Gesundheit besteht darin, daß sie sich weitgehend unabhängig von der **empirischen** Persönlichkeitsforschung entwickelte. Bedeutende Theoretiker auf dem Gebiet der seelischen Gesundheit, wie zum Beispiel FREUD, ROGERS, MASLOW, FROMM oder FRANKL, formulierten ihre Hypothesen über die Persönlichkeitsmerkmale seelisch Gesunder bzw. seelisch Kranker, ohne dabei auf Berührungspunkte zu den Konstrukten, die von empirisch arbeitenden Persönlichkeitsforschern ermittelt wurden, zu achten. Dies trug nicht nur zu der in der Psychologie häufig beklagten Begriffsinflation bei, sondern brachte es mit sich, daß die Frage nach der Enge der Zusammenhänge zwischen seelischer Gesundheit - aufgefaßt als ein Superkonstrukt der Persönlichkeit - und anderen "klassischen" Konstrukten der empirischen Persönlichkeitsforschung zur Zeit kaum präzise beantwortet werden kann. Ist "seelische Gesundheit" lediglich ein neues Wort für emotionale Stabilität bzw. geringen Neurotizismus? Sind seelisch Gesunde eher extravertiert, introvertiert oder ambivertiert? Bestehen Zusammenhänge zwischen der seelischen Gesundheit und der Intelligenz einer Person? Hat Selbstverwirklichung etwas mit Extraversion zu tun?

Wir wollen im vorliegenden Kapitel diesen Fragen nachgehen und benötigen als Ausgangspunkt eine Vorstellung darüber, was wir unter seelischer Gesundheit verstehen wollen. Statt uns einer der verschiedenen in Band 1 dargestellten Theorien unmittelbar anzuschließen, werfen wir die Frage auf, anhand welcher Kriterien relevante Personen zu einem Urteil über den seelischen (und körperlichen) Gesundheits**zustand** einer Person zu gelangen versuchen. Wir führen - mit anderen Worten - zunächst eine Unterscheidung zwischen seelischer Gesundheit als Zustand und seelischer Gesundheit als relativ stabiler Eigenschaft ein. Unsere Antwort läuft auf die Zusammenstellung von sieben Indikatorenbereichen für Gesundheit bzw. Krankheit hinaus, mit deren Hilfe der individuelle Gesundheitsgrad bestimmt werden kann. In einem nächsten Schritt überprüfen wir, ob empirische Indikatoren aus diesen sieben Bereichen positiv interkorrelieren, so daß jeder Indikator einen bestimmten Teilaspekt eines übergeordneten, gemeinsamen Konstruktes (Grad der Gesundheit bzw. Krankheit) erfaßt. Da sich diese Hypothese im großen und ganzen bestätigen läßt, richten wir unser Augenmerk auf die Zusammenhänge zwischen diesen sieben Indikatorenbereichen für seelische Gesundheit und zwei zentralen "Superkonstrukten" der Persönlichkeit, welche EYSENCK als Neurotizismus (bzw. emotionale Labilität) und Extraversion-Introversion bezeichnet hat. Diese beiden als orthogonal aufgefaßten Superkonstrukte gelten als wichtige Säulen, auf denen das Gebäude der empirischen Persönlichkeitsforschung errichtet ist. Mit Hilfe korrelationsstatistischer Verfahren überprüfen wir, welche Position seelische Gesundheit - aufgefaßt als hoch abstrahiertes Persönlichkeitsmerkmal und gemessen mit Hilfe von Indikatoren aus sieben Bereichen - in der von den beiden Konstrukten Neurotizismus und Extraversion-Introversion aufgespannten Ebene einnimmt. Im Rahmen dieser Auswertungen werden unerwartete Ergebnisse erzielt, die den Anlaß zu einer kritischen Sichtung der Extraversionsforschung, speziell der von EYSENCK vertretenen Extraversionstheorie, bieten. Als Ergebnis einer Serie von Sekundäranalysen und eigener Studien unter Verwendung exploratorischer und konfirmatorischer Faktorenanalysen gelangen wir zu der Auffassung, daß sich die beiden orthogonalen Persönlichkeitsfaktoren **"seelische Gesundheit"** und (starke vs. geringe) **"Verhaltenskontrolle"** besser dazu eignen, die Rolle von Superkonstrukten der Persönlichkeit zu übernehmen als die EYSENCKschen Konstrukte Neurotizismus und Extraversion-Introversion. Es bestehen zwar relativ enge Beziehungen zwischen Neurotizismus und (geringer) seelischer Gesundheit sowie zwischen Introversion und starker Verhaltenskontrolle, doch sind die jeweiligen Konstrukte nicht identisch. In einem nächsten Schritt grenzen wir das Konstrukt der "Verhaltenskontrolle" von anderen Persönlichkeitskonstrukten ab, die aufgrund semantischer Ähnlichkeiten den Anlaß zu Verwechslungen bieten können (z. B. das ROTTERsche Konstrukt der "Kontrollüberzeugungen"). Im Anschluß daran stellen wir Verbindungen zwischen diesen persönlichkeitspsychologischen Konstrukten und Ergebnissen der Erziehungsstilforschung her, die einen Beitrag zur Erklärung interindividueller Differenzen in Persönlichkeitsfaktoren leisten.

Unsere Hauptaufgabe im vorliegenden Kapitel sehen wir darin, die auf empirischem Weg ermittelten Ergebnisse mit den Grundgedanken unserer Theorie der seelischen Gesundheit zu verknüpfen. Das Resultat dieser Bemühungen ist im letzten und wichtigsten Teil dieses einführenden Kapitels dargestellt. In diesem Schlußabschnitt entwickeln wir ein Struktur- und Funktionsmodell der Persönlichkeit und der Interaktion von Person und Umwelt, mit dessen Hilfe präzisiert werden kann, was wir unter seelischer Gesundheit als der Fähigkeit des Menschen zur Bewältigung externer und interner Anforderungen verstehen. Dort werden auch die Bezüge zu den in Band 1 in den Mittelpunkt gerückten Konstrukten "Regulationskompetenzen", "Selbstaktualisierung" und "Sinnfindung" hergestellt.

Der Leser sei bereits an dieser Stelle darauf vorbereitet, daß die Bedeutung mancher empirischer Befunde und Argumentationen in den ersten Abschnitten dieses Kapitels möglicherweise erst nach der Lektüre des ausführlichen Schlußkapitels 1.2.3 (Theorie der seelischen Gesundheit) in vollem Umfang eingeschätzt werden kann. Gelegentlich vielleicht etwas "trocken" und "methodenlastig" erscheinende Einschübe sind zur empirischen Stützung unserer Auffassung von seelischer Gesundheit unverzichtbar. Als Gegengewicht hierzu klammern wir im letzten Abschnitt dieses Kapitels methodisch-statistische Untermauerungen weitgehend aus.

1.1 Indikatoren für seelische Gesundheit

1.1.1 Seelische Gesundheit als Zustand und als relativ stabile Eigenschaft

Wir beginnen diesen Abschnitt mit einem Querverweis zu neueren Entwicklungen der Angstforschung, die sich auf das Gebiet der Gesundheitsforschung übertragen lassen. Die Angstforschung der letzten Jahre erhielt wesentliche Impulse durch die Unterscheidung zwischen Angst als (momentanem) Zustand und Ängstlichkeit oder Angstneigung als (relativ stabiler) Eigenschaft (vgl. CATTELL & SCHEIER 1961; SPIELBERGER 1966; BECKER 1980a). SPIELBERGER (1966, p. 16-17) hat diese Unterscheidung sowie den Zusammenhang von Angstneigung und Angstzustand wie folgt erläutert: "Angst als Persönlichkeitsmerkmal ("A-trait") scheint ein Muster oder eine erworbene Verhaltensdisposition zu implizieren, die ein Individuum dazu neigen läßt, eine Vielzahl objektiv ungefährlicher Umstände als bedrohlich zu erleben und auf diese mit Angstzuständen zu reagieren, deren Intensität nicht im Verhältnis zur Größe der objektiven Gefahr steht." Nach dieser Auffassung besteht eine zwar enge, aber nicht umkehrbar eindeutige Beziehung zwischen Angstneigung und Angstzustand. Wohl wird eine Person mit hoher Angstneigung im allgemeinen häufigere und intensivere Angstzustände erleben als eine Person mit niedriger Angstneigung, und es wird im allgemeinen aus der Tatsache, daß eine Person häufige und intensive Angstzustände erlebt, mit einiger Berechtigung, auf eine hohe Angstneigung rückgeschlossen werden können, doch ist dabei als einschränkende Randbedingung die "objektive" Gefährlichkeit der Umwelt zu beachten. Dies leuchtet unmittelbar ein, wie folgendes Beispiel zeigt: Eine Person mit geringer Angstneigung, die sich während einer kriegerischen Auseinandersetzung an vorderster Front aufhält, wird höchstwahrscheinlich häufigere und intensivere Angstzustände erleben als eine Person mit wesentliche höherer Angstneigung, die sich in Friedenszeiten an einem sicheren Ort befindet.

Wir halten eine analoge Unterscheidung auch auf dem Gebiet der "seelischen" Gesundheit für nützlich. Bei Berücksichtigung zweier wichtiger Einschränkungen ist jemand in dem Maße als seelisch gesund im Sinne einer relativ stabilen Eigenschaft (SGE) zu bezeichnen, in dem er sich häufig in einem Zustand hoher seelischer Gesundheit (SGZU) befindet. Umgekehrt wird die Wahrscheinlichkeit dafür, daß eine Person nur über eine geringe SGE verfügt, in dem Maße ansteigen, in dem sie oft bzw. über längere Zeiträume niedrige SGZU-Werte aufweist.

Die erste Einschränkung betrifft den Zustand, in dem sich die Umwelt dieser Person befindet. Anknüpfend an unsere Ausführungen in Band 1 der "Psychologie der seelischen Gesundheit" halten wir die ("objektiven") Stressoren (STR) und förderlichen Umweltbedingungen (FU) in diesem Zusammenhang für relevant. Häufige, lang anhaltende oder intensive Stressoren erhöhen das Erkrankungsrisiko (bzw. die Wahrscheinlichkeit dafür, daß jemand in einen Zustand geringer seelischer Gesundheit gerät), wohingegen förderliche Umweltbedingungen eine protektive Wirkung entfalten.

Die zweite Einschränkung bezieht sich auf "konstitutionelle Vulnerabilitäten" (KV) - wie z. B. eine (frühkindliche) Hirnschädigung, eine Labilität des autonomen Nervensystems oder eine genetische Prädisposition zur Schizophrenie -, die gleichfalls das Risiko bestimmter Erkrankungen ansteigen lassen.

Da sich der "pathogene" Charakter der Umwelt (das Verhältnis der Stressoren zu den förderlichen Umweltbedingungen) als Funktion der Zeit im allgemeinen verändert, ist mit analogen Schwankungen in SGZU zu rechnen. Kurzfristige und rasch abklingende Zustände seelischen Leidens und psychischer Funktionsbeeinträchtigungen haben im allgemeinen einen geringen pathologischen Stellenwert. Sie gelten als mehr oder weniger normale und verständliche Reaktionen auf Belastungen und Versagungen des Alltagslebens (vgl. ELDER 1974). Erst wenn sich Zustände geringer seelischer Gesundheit häufen, wird man - mit gewissen Einschränkungen - auf eine geringe SGE der Person rückschließen können.

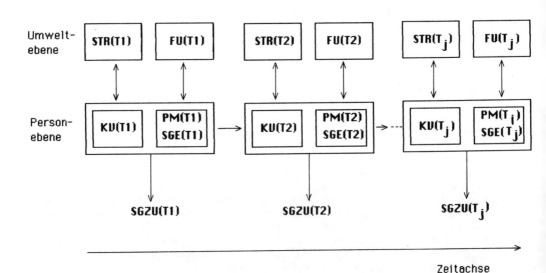

Abbildung 1.1: Schematische Darstellung der Abhängigkeit der seelischen Gesundheit als Zustand von Bedingungen auf der Umwelt- oder der Personebene. STR = Stressoren, FU = förderliche Umweltbedingungen, KV = konstitutionelle Vulnerabilitäten, PM = Persönlichkeitsmerkmale, SGE = seelische Gesundheit als relativ stabile Eigenschaft, SGZU = seelische Gesundheit als Zustand, T_j = Zeitpunkt j.

Diese Zusammenhänge sind in Abbildung 1.1 veranschaulicht. Der seelische Gesundheitszustand einer Person im Zeitintervall T1 sei als SGZU (T1) bezeichnet. Er hängt ab von relativ (aber nicht absolut) stabilen Eigenschaften der Person zu T1, vom Zustand der Umwelt zu T1 sowie von Wechselwirkungen zwischen Person- und Umweltmerkmalen. Die Personeigenschaften werden in konstitutionelle Vulnerabilitäten KV(T1) sowie in Persönlichkeitsmerkmale PM(T1) untergliedert. Jenes Persönlichkeitsmerkmal, das in engem Zusammenhang mit der Widerstandskraft gegen seelische Erkrankungen steht, wird als "seelische Gesundheit (als Eigenschaft)" SGE(T1) bezeichnet. Die Auffassung, daß SGE ein zentrales und varianzstarkes Persönlichkeitsmerkmal ist, wird weiter unten näher erläutert. Auf der Umweltebene erfolgt eine Untergliederung in "objektive" Stressoren STR(T1) sowie in förderliche Umweltbedingungen FU(T1). Abbildung 1.1 bringt zum Ausdruck, daß sich alle erwähnten Variablen als Funktion der Zeit prinzipiell verändern können. Definitionsgemäß bzw. aus Erfahrung ist davon auszugehen, daß sich KV und PM sowie wahrscheinlich auch FU nur geringfügig oder langsam verändern, während bei STR mit bedeutsameren Schwankungen gerechnet werden muß. Veränderungen von SGZU hängen mithin am engsten mit Schwankungen in STR zusammen, wobei Ausnahmen nicht zu vernachlässigen sind.

Abbildung 1.1 kann auch zur Erläuterung unserer späteren Bedingungsanalysen seelischer Gesundheit dienen. Möchte man erklären, wieso eine Person im Zeitraum T_i einen bestimmten Grad der seelischen Gesundheit $SGE(T_i)$ aufweist, so bietet sich an, auf zurückliegende förderliche Umweltbedingungen $FU(T_{i-i})$ sowie auf den früheren Grad der seelischen Gesundheit $SGE(T_{i-i})$ zurückzugreifen. Dabei sind prinzipiell Wechselwirkungen mit KV in Rechnung zu stellen. Letztere wurden in Abbildung 1.1 weggelassen, um die Übersichtlichkeit der Darstellung zu erhöhen. Analog zur Erklärung der seelischen Gesundheit einer Person erfolgt die Erklärung einer bestimmten psychischen Störung, die im Zeitraum T_j auftritt. Diese läßt sich als ein spezifischer niedriger Wert von $SGZU(T_j)$ auffassen.

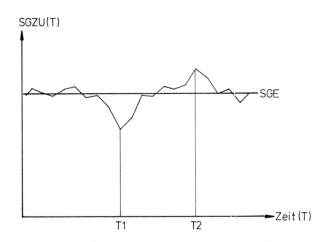

Abbildung 1.2: Seelische Gesundheit als Eigenschaft (SGE), aufgefaßt als mittleres Niveau der zeitlich fluktuierenden seelischen Gesundheit als Zustand (SGZU).

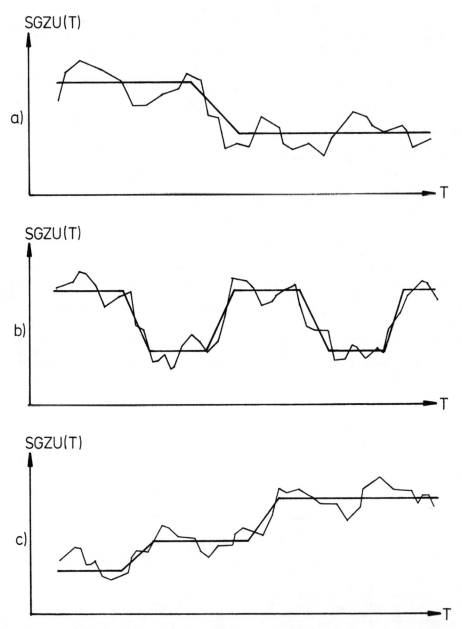

Abbildung 1.3: Drei hypothetische zeitliche Verläufe der seelischen Gesundheit als Zustand (SGZU) sowie des über einen Zeitraum gemittelten Niveaus von SGZU. Im Falle (a) tritt eine einmalige dauerhafte Verringerung des mittleren Niveaus von SGZU(T) auf. Im Falle (b) schwankt das gemittelte Niveau von SGZU(T) zyklisch. Im Falle (c) verbessert sich das mittlere Niveau von SGZU(T) in mehreren Stufen.

Wie oben bereits ausgeführt wurde, kann man mit bestimmten Einschränkungen vom zeitlichen Verlauf von SGZU auf die seelische Gesundheit SGE einer Person rückschließen. Zur Veranschaulichung soll Abbildung 1.2 dienen. SGZU(T) wird dort als Funktion der Zeit, d. h. als Zeitreihe, wiedergegeben. (Vereinfachend wird dabei davon ausgegangen, daß ein einzelner Kennwert für die Beschreibung von SGZU(T) ausreicht. Ein solcher Kennwert läßt sich z. B. als Linearkombination mehrerer Indikatoren bestimmen.)

Man erkennt, daß SGZU(T) um ein mittleres Niveau ("Grundlinie") fluktuiert. Diese Grundlinie ist ein guter Indikator für SGE (seelische Gesundheit als Eigenschaft). Zu T1 erreichte SGZU in dem herausgegriffenen Zeitintervall ein Minimum. Zu diesem Zeitpunkt befand sich die betreffende Person (vorübergehend) in einem Zustand geringer seelischer Gesundheit, von dem sie sich jedoch rasch erholte, das vorherige mittlere SGZU-Niveau wieder erreichte und zeitweise sogar überschritt (T2). Wichtig an Abbildung 1.2 ist der horizontale Verlauf der Grundlinie, d. h. die Konstanz des arithmetischen Mittels von Werten der Zeitreihe aus verschiedenen genügend langen Zeitintervallen (Stationäritätsannahme bezüglich des Mittelwerts) (vgl. GOTTMAN 1981). Trifft diese Annahme nicht zu, macht es keinen Sinn, von SGE als einer relativ stabilen Eigenschaft des betreffenden Individuums zu sprechen. Es ist ein empirisches Problem, die Berechtigung dieser Konstanzannahme bei einer genügend großen Anzahl von Personen über einen genügend langen Zeitraum zu überprüfen. Voraussichtlich wird sich dabei herausstellen, daß die Stationäritätsannahme des Mittelwertes von SGZU nicht auf alle Menschen zutrifft. Bei einigen kommt es wahrscheinlich zu starken zyklischen Schwankungen in SGZU, und bei anderen ist mit generellen Veränderungen im Niveau der Grundlinie zu rechnen (vgl. Abbildung 1.3), d.h. in späteren Lebensphasen ergeben sich dauerhafte Verbesserungen oder Verschlechterungen von SGE. Aus diesem Grund empfiehlt sich eine vorsichtige Formulierung derart, daß sich aus dem über ein hinreichend langes Zeitintervall **gemittelten** individuellen Verlauf von SGZU bei vielen Menschen SGE (im Sinne einer relativ (!) stabilen Eigenschaft) abschätzen und der künftige individuelle mittlere Verlauf von SGZU hinreichend genau prognostizieren läßt. Dabei dürfte die Prognose um so genauer ausfallen, je weniger weit man in die Zukunft (ins hohe Alter dieser Person) vorauszublicken versucht und je weniger sich die Umweltbedingungen dieser Person dauerhaft in eine pathogene oder förderliche Richtung verändern. Die Reaktionen einer Person, die noch keine Erfahrungen mit extremen Belastungen sammeln konnte und in der Zukunft mit solchen Stressoren konfrontiert wird, lassen sich hingegen auf diesem Weg nicht adäquat prognostizieren.

1.1.2 Ausgewählte Indikatoren für Gesundheit und Krankheit

Band 1 der "Psychologie der seelischen Gesundheit" enthält an mehreren Stellen Listen von Indikatoren für seelische Gesundheit, die von bekannten Theoretikern formuliert und/oder in empirischen Studien verwendet wurden (vgl. vor allem Tabelle 4 in Band 1). Wir kommen auf die wichtigsten dort genannten Indikatoren im folgenden zurück. Sie werden jedoch in einer veränderten Form systematisiert und in einen neuen theoretischen Rahmen eingeordnet.

Ausgangspunkt der folgenden Überlegungen ist die Frage, anhand welcher Aspekte des Verhaltens und Erlebens - organmedizinische Diagnosemethoden werden dabei zurückgestellt - eine relevante Person zu entscheiden versucht, ob sich jemand im Zustand der Gesundheit oder der Erkrankung befindet bzw. - genauer gesagt -, wie gesund oder krank jemand zur Zeit ist. Bei der relevanten

Person kann es sich um einen Experten (z. B. Arzt oder Psychologe), um die zu diagnostizierende Person selber oder um Nahestehende handeln. Wenn wir im folgenden sieben derartige Indikatorengruppen oder Indikatorenbereiche nennen, so ist uns bewußt, daß sie nicht alle gleich häufig oder mit gleichem Gewicht in die Urteilsbildung einbezogen werden (vgl. Tabelle 1.1). Eine herausragende Bedeutung dürfte wahrscheinlich den Indikatoren des Wohlbefindens (bzw. Leidens) sowie der Funktions- und Leistungsfähigkeit zukommen. Vorausgreifend sei erwähnt, daß wir im Rahmen unserer weiter unten darzustellenden Theorie der seelischen Gesundheit einen deutlichen Zusammenhang zwischen Kompetenz- und Befindlichkeitsmaßen postulieren. Dennoch werden auch die anderen Indikatorengruppen von Fall zu Fall eine hohe diagnostische Valenz besitzen und zur praktischen Anwendung gelangen. Mit voller Absicht erstreckt sich die Indikatorensuche zunächst sowohl auf "körperliche" als auch auf "seelische" Gesundheit (bzw. Krankheit), um die vielfältigen Gemeinsamkeiten zwischen beiden zu berücksichtigen (vgl. auch Kapitel 1 in Band 1).

In Tabelle 1.1 wird eine Unterscheidung zwischen **Krankheitszeichen** und **Gesundheitszeichen** eingeführt. Wir sind der Auffassung, daß ein hoher Grad von Gesundheit nicht nur im Fehlen von Krankheitszeichen, sondern auch in der starken Ausprägung von Gesundheitszeichen zum Ausdruck kommt. Umgekehrt genügt zur Feststellung schwerer Krankheitszustände nicht das Fehlen von Gesundheitszeichen, sondern es müssen gewichtige Krankheitszeichen hinzukommen. Ein Beispiel mag zur Erläuterung dienen: Für einen Zustand schwerer depressiver Verstimmung ist es charakteristisch, daß nicht nur Gesundheitszeichen aus dem Befindlichkeitsbereich (wie Glücksgefühle, Zufriedenheit, Lebensfreude) fehlen, sondern Krankheitszeichen aus diesem Bereich (wie Angstgefühle, Schuldgefühle, eventuell auch körperliche Schmerzen) hinzutreten.

Um Mißverständnissen vorzubeugen, weisen wir explizit darauf hin, daß wir nicht nur bezüglich Gesundheit und Krankheit, sondern auch bezüglich der sieben Indikatorenbereiche und der einzelnen Gesundheits- und Krankheitszeichen von einem **Kontinuumsmodell** ausgehen. Eine Person ist im allgemeinen nicht entweder gesund oder krank, sondern mehr oder weniger gesund bzw. mehr oder weniger krank. Analoges gilt für jeden der sieben Indikatorenbereiche. So kann eine Person beispielsweise unterschiedlich stark ausgeprägt negative Gefühlszustände erleben.

Beschreibt man den (seelischen) Gesundheitszustand einer Person zu einem bestimmten Zeitpunkt, so sind im Prinzip zwei extreme Konfigurationen sowie eine Vielzahl von Kombinationen aus Gesundheits- und Krankheitszeichen aus den sieben Indikatorenbereichen möglich. Die beiden Extremkonfigurationen beinhalten: (1) eine starke Ausprägung aller Gesundheitszeichen in Verbindung mit dem Fehlen von Krankheitszeichen, (2) eine starke Ausprägung aller Krankheitszeichen in Verbindung mit einer schwachen Ausprägung oder dem Fehlen von Gesundheitszeichen. Daneben können vielfältige Kombinationen von Gesundheits- und Krankheitszeichen, wie etwa die folgende, vorliegen: Eine Person leidet unter heftigen negativen Gefühlen, erlebt einen deutlichen Verlust an Energie und Ausdauer, ist in ihrer Expansivität und Leistungsfähigkeit mittelstark beeinträchtigt, weist eine nur geringfügig erhöhte Selbstzentrierung auf, neigt nicht zum Hilfesuchen und zur Abhängigkeit und verfügt über ein durchschnittlich hohes Selbstwertgefühl. Wir gehen - mit anderen Worten - von einer **begrenzten** Unabhängigkeit der sieben Indikatorenbereiche für Gesundheit bzw. Krankheit aus. Dies bedeutet auch, daß es eine Vielzahl qualitativ unterschiedlicher Muster ("Profile") von Gesundheit bzw. Krankheit gibt. Beschränkt man sich auf den rein quantitativen Aspekt, so läßt sich die Aussage vertreten, daß

Tabelle 1.1: Indikatoren für Zustände der Gesundheit bzw. Krankheit

Indikatoren-bereiche	Krankheitszeichen körperl. Krankheit	Krankheitszeichen seelische Krankheit	Gesundheitszeichen körperl. Gesundheit	Gesundheitszeichen seelische Gesundheit
Negative vs. positive emotionale Befindlichkeit	"körperlicher" Schmerz, körperliches Unwohlsein	negative Gefühlszustände (Angst, Depressivität, Gereiztheit, Schuldgefühle etc.)	"körperliches" Wohlbefinden	"psychisches" Wohlbefinden; Häufigkeit positiver Gefühle; Seltenheit negativer Gefühle
	Klagen über aktuellen Zustand		Zufriedenheit mit aktuellem Zustand	
Energiemangel und Antriebsschwäche vs. hohes Energieniveau und Interesse	Energieverlust, Müdigkeit, Schwäche	Antriebsschwäche bzw. -störung	Energiefülle; Vitalität; physische Kraft	Aktivität; Interesse, Unternehmungsfreude
	verringerte Ausdauer		Ausdauer	
Defensivität vs. Expansivität	Schonhaltung; kompensatorische und restitutive Prozesse	pathologische bzw. extreme Abwehrmechanismen; Vermeidungstendenzen	körperliches Sich-Verausgaben	Selbstbehauptung; Expressivität; Spontaneität; Selbstverwirklichung
Funktions- u. Leistungsstörungen vs. optimale Leistungsfähigkeit und Produktivität	Störungen bestimmter Organsysteme bzw. körperlicher Funktionen	Störungen psychischer Funktionen (Wahrnehmung, Denken, Gedächtnis, Fühlen, ...)	"optimale" physische Funktionen; hohe physische Leistungsfähigkeit	"optimale" psychische Funktionen; u.a.: kompetentes Verhalten, Kontakt mit Realität, Willensstärke, Selbstkontrolle, Kreativität
	beeinträchtigte Fähigkeit zum Erfüllen von Rollen und Aufgaben; beeinträchtigte Arbeitsfähigkeit		intakte Fähigkeit zur Erfüllung von Rollen und Aufgaben; erhöhte Produktivität	

Fortsetzung der Tabelle 1.1:

Indikatoren-bereiche	Krankheitszeichen		Gesundheitszeichen	
	körperl. Krankheit	seelische Krankheit	körperl. Gesundheit	seelische Gesundheit
Selbstzen-trierung vs. Selbsttrans-zendenz	verstärkte Aufmerk-samkeit auf eige-nen Körper (erkrank-te Organe etc.)	verstärkte Aufmerk-samkeit auf eige-ne Person (Ver-halten, Erleben, Werte, Sinnfragen etc.)	geringe Aufmerksamkeit auf eigenen Körper (Organfunktionen etc.)	geringe Aufmerksam-keit auf eigene Person (Verhalten, Werte, Sinnfragen etc.)
	reduziertes Interesse an Umwelt; reduzierte Liebesfähigkeit		verstärktes Interesse an Umwelt; Engagement in "Projekte"; Liebes-fähigkeit; Generativität	
Hilfesuchen, Abhängigkeit vs. Autono-mie	Eindruck der Abhän-gigkeit von und Su-chen nach ärztlicher Hilfe	Eindruck der Abhän-gigkeit von und Su-chen nach psycholo-gischer Hilfe	kein Bedürfnis nach ärztlicher Hilfe	kein Bedürfnis nach psychologischer Hilfe
	verringertes Kontrollerleben; Hilflosigkeit		internale Kontrollüberzeugung; Autonomie	
Geringes vs. hohes Selbst-wertgefühl	Eindruck der "Organ-minderwertigkeit", Ablehnung des eige-nen Körpers	Eindruck der "psy-chischen Minderwer-tigkeit", Ablehnung der eigenen Person	Bejahung des eigenen Körpers; Stolz auf "körperliche" Ver-fassung	Bejahung der eigenen Person (Charakter etc.)
	verringerte Selbstachtung; er-höhte Selbstkritik; Selbst-unsicherheit		erhöhte Selbstachtung; Selbstsicherheit	

eine Person um so gesünder ist, je mehr stark ausgeprägte Gesundheitszeichen und je weniger stark ausgeprägte Krankheitszeichen bei ihr vorliegen.

Wir erläutern im folgenden die sieben Indikatorengruppen. Die erste Gruppe bezieht sich auf die **emotionale Befindlichkeit** bzw. auf das **Wohlbefinden.** In der Gesundheitsdefinition der WHO erhält dieses Kriterium sogar ein herausragendes Gewicht: "Gesundheit ist ein Zustand vollkommenen körperlichen, seelischen und sozialen Wohlbefindens und nicht bloß die Abwesenheit von Krankheit und Gebrechen." (Definition in der Präambel der Charta der Weltgesundheitsorganisation, zit. n. ANTONOVSKY 1979 p. 52). In dieser idealtypischen Formulierung lassen sich gegen die WHO-Definition sicherlich gravierende Bedenken vorbringen (AHMED & KOLKER 1979, BECKER 1980b, SCHAEFER 1980). Andererseits ist es unbestritten, daß der emotionalen Befindlichkeit in der diagnostischen und therapeutischen Praxis große Beachtung geschenkt wird. Aus psychologischer Sicht interessiert dabei die Frage nach der Struktur der emotionalen Befindlichkeit, die unter anderem von BRADBURN (1969), HERZBERG (1966) und DIENER (1984) aufgeworfen wurde. Bilden positive und negative Gefühle zwei unabhängige Faktoren oder stehen sie in einer inversen Beziehung zueinander? Hierauf wird weiter unten ausführlicher eingegangen.

Die zweite Indikatorengruppe rückt den Aspekt der einer Person verfügbaren **"physischen"** bzw. **"psychischen Energie"** in den Mittelpunkt. Diese findet vor allem in der Antriebsstärke ihren Ausdruck. Energieverlust, chronische Müdigkeit und Antriebsschwäche sind wichtige Krankheitszeichen, wie umgekehrt Energiefülle, Vitalität, hohe Kraft, Ausdauer und Aktivität als Gesundheitszeichen fungieren. Der ursprünglich auf FREUD zurückgehende Begriff der "psychischen Energie" ist wiederholt der Kritik unterzogen worden (KUBIE 1947; ROSENBLATT & THICKSTUN 1970; APPLEGARTH 1971, 1976). Wie NELKE (1983) herausarbeitete, läßt er sich jedoch ohne weiteres dahingehend präzisieren, daß er mit modernen Erkenntnissen der Systemtheorie, Aktivationsforschung und Neurophysiologie im Einklang steht (HERNEGGER 1982). Er wird auch bis in die jüngste Gegenwart von Autoren der verschiedensten Provenienz verwendet und fand Eingang in die Formulierung von Items in Fragebogentests zur Messung des Neurotizismus bzw. der emotionalen Stabilität vs. emotionalen Labilität.

Die dritte Indikatorengruppe wird durch die Begriffe **"Defensivität"** vs. **"Expansivität"** umrissen. Für viele physische Erkrankungen ist eine Schonhaltung des Organismus charakteristisch, die kompensatorische und restitutive Prozesse begünstigt. Man denke etwa an ein erhöhtes Schlafbedürfnis oder an die Ruhigstellung eines verletzten Körperteils. Als analoge Prozesse im psychischen Bereich kann man extreme Abwehrmechanismen, wie phobisches Vermeidungsverhalten, Leugnung noch nicht bewältigbarer schmerzlicher Realitäten oder zwanghafte Sicherungstendenzen auffassen. Bekanntlich richtet die Psychoanalyse in Diagnostik und Therapie ein besonderes Augenmerk auf Abwehrmechanismen, da diese einen guten Zugang zum Verständnis psychopathologischer Phänomene versprechen (BECKER 1986). Auf der anderen Seite werden Verhaltensweisen wie Spontaneität, Expressivität und Selbstbehauptung, die wir unter dem Begriff "Expansivität" subsumieren, von Gesundheitstheoretikern, die sich am Grundmodell der Selbstverwirklichung orientieren, als besonders aussagekräftige Gesundheitszeichen betrachtet (BECKER 1982a).

Die vierte Indikatorengruppe umfaßt das **Funktions- und Leistungsniveau** einer Person. Störungen bestimmter Organsysteme bzw. psychischer Funktionen - wie Wahrnehmung, Denken, Gedächtnis, Sprache, Fühlen - und damit zusammenhängende beeinträchtigte Fähigkeiten zum Erfüllen von Rollen und Aufgaben sind klassische Krankheitsindikatoren (PARSONS 1967).

Demgegenüber zeichnet es eine Person im Zustand hoher Gesundheit aus, daß sie physisch und psychisch leistungsfähig ist und sich als produktiv, vielleicht sogar als kreativ, erweist. Gesundheitstheoretiker, die sich am Kompetenzmodell orientieren, sowie die Träger der Kranken- und Rentenversicherung räumen der soeben besprochenen Indikatorengruppe einen hohen Stellenwert ein (BECKER 1982a).

Die fünfte Indikatorengruppe bezieht sich auf die Polarität **"Selbstzentrierung"** vs. **"Selbsttranszendenz"**. Die Beobachtung des Verhaltens kranker Menschen zeigt, daß viele von ihnen, jedoch insbesondere Schwerkranke, ihre Aufmerksamkeit von der Umwelt auf die eigene Person (die eigene Krankheit und ihre Begleitphänomene, bestimmte ungelöste Lebensprobleme, die eigene Zukunft, die Sinnhaftigkeit des eigenen Lebensstils usw.) lenken. Sie beanspruchen und benötigen ein erhöhtes Maß an Ruhe, zeigen ein deutlich verringertes Interesse an Ereignissen in ihrer Umwelt und fühlen sich nicht selten bereits durch geringfügige Störreize belästigt. Hand in Hand mit dieser verstärkten Selbstzentrierung kann die eigene Liebesfähigkeit und Anteilnahme am Leben anderer zurückgehen. FREUD sprach in diesem Zusammenhang vom "sekundären Narzißmus". Ganz im Gegensatz dazu neigen gesunde Menschen zur "Selbsttranszendenz", das heißt sie interessieren sich für ihre Umwelt, engagieren sich in Aufgaben und "Projekte", erweisen sich als liebesfähig und generativ. Die Bedeutung der soeben besprochenen Indikatorengruppe wird vor allem von Gesundheitstheoretikern wie FRANKL (1973, 1979) oder ALLPORT (1970), die Sinnfindungsmodelle vertreten, hervorgehoben (BECKER 1982a).

Wir möchten nicht verschweigen, daß wir uns bezüglich der genauen Zusammenhänge zwischen dem Grad der Selbstzentrierung vs. Selbsttranszendenz und dem Grad der Gesundheit (erfaßt über andere Indikatoren) nicht ganz sicher sind. Neben der Hypothese eines monotonen Zusammenhangs (je mehr Selbsttranszendenz desto bessere Gesundheit) erscheint uns auch die Möglichkeit eines kurvilinearen Zusammenhangs (es existiert ein Optimum an Selbsttranszendenz, dessen Überschreiten negative gesundheitliche Implikationen hat) diskussions- und überprüfungswürdig.

Die sechste Indikatorengruppe betrifft Verhaltens- und Erlebensweisen, die unter den Begriffen **"Hilfesuchen und Abhängigkeit"** vs. **"Autonomie"** subsumiert werden. Für viele körperlich und seelisch Kranke ist kennzeichnend, daß sie verstärkt um Hilfe suchen und auch dieser bedürfen sowie sich von anderen abhängig und im Extremfall völlig hilflos fühlen. Dies gilt nicht nur für bettlägerige physisch Kranke, die auf intensive Pflege angewiesen sind, sondern auch für psychisch Kranke, wie z. B. schwer Depressive, Alkoholiker oder Angstneurotiker, die dringend der Behandlung und mitmenschlichen Unterstützung bedürfen. Demgegenüber legen Gesunde im allgemeinen Wert auf ihre Unabhängigkeit und persönliche Handlungsfreiheit. Statt sich Kräften in der Umwelt oder dem Schicksal mehr oder weniger hilflos ausgeliefert zu fühlen, vertreten sie eher eine internale Kontrollüberzeugung (ROTTER 1966; KRAMPEN 1982). Autonomie bzw. aktiver Nonkonformismus werden von Selbstaktualisierungstheoretikern sowie von BRANDTSTÄDTER & SCHNEEWIND (1977) als wesentliche Kennzeichen einer "optimalen" Persönlichkeitsentwicklung betrachtet.

Die siebte und letzte Indikatorengruppe bezieht sich auf das **Selbstwertgefühl**. Menschen leiden häufig während einer Erkrankung unter Minderwertigkeits- bzw. Unterlegenheitsgefühlen. Nicht selten schämen sie sich ihrer Erkrankung und versuchen, diese vor anderen Menschen zu verheimlichen. Es war vor allem Alfred ADLER (1928, 1933, 1947), der den engen Zusammenhang von seelischen Erkrankungen und Selbstwertproblemen erkannte. Ein analoger Zusammenhang läßt sich zwischen guter (seelischer) Gesundheit und einem erhöhten Selbstwertgefühl bzw. hoher Selbstachtung nachweisen, so daß bestimmte Formen der Psychotherapie auf eine Förderung der Selbstachtung abzielen.

Die soeben besprochene Zusammenstellung von sieben Indikatorenbereichen für Zustände der Krankheit bzw. Gesundheit stellt einen Zwischenschritt auf der Suche nach einer umfassenden Sammlung diagnostisch verwertbarer Zeichen dar. Sie ist zwar ausführlicher als die meisten vergleichbaren Listen, beansprucht aber keineswegs Vollständigkeit. Ihr Wert soll darin liegen, Gemeinsamkeiten zwischen "körperlicher" und "seelischer" Krankheit (bzw. Gesundheit) zum Vorschein zu bringen, eine Unterscheidung zwischen Krankheits- und Gesundheitszeichen einzuführen und die Operationalisierung von Gesundheit und Krankheit zu erleichtern. Im folgenden Abschnitt ist der wichtigen Frage nachzugehen, in welchem Verhältnis die sieben Indikatorenbereiche zueinander stehen. Dem Thema dieses Bandes entsprechend erfolgt die weitere Erörterung mit Schwerpunktsetzung auf "seelische" Gesundheit.

1.1.3 Empirische Zusammenhänge zwischen ausgewählten Indikatoren für seelische Gesundheit

Die in Tabelle 1.1 zusammengestellten Indikatoren beziehen sich zunächst einmal auf **Zustände** der Gesundheit bzw. Krankheit. Wie in Abschnitt 1.1.1 erläutert wurde, lassen sich jedoch aus dem zeitlichen Verlauf von Zuständen Rückschlüsse auf eine hypothetische, zugrundeliegende Eigenschaft "Gesundsein vs. Kranksein" ziehen. Wenn sich eine Person beispielsweise nicht nur an einem bestimmten Tag, sondern gemittelt über ein genügend langes Zeitintervall wohlfühlt, über Energie und Ausdauer verfügt, zur Expansivität und zum Wachstum neigt, ein hohes Funktions- und Leistungsniveau erreicht, Selbsttranszendenz zeigt, ihre Autonomie bewahrt und ein hohes Selbstwertgefühl besitzt, so wird man ihr eine hohe Ausprägung in SGE zuschreiben.

Im folgenden wollen wir nach einzelnen Indikatoren aus den sieben Bereichen suchen, die relativ stabile Verhaltens- und Erlebensweisen erfassen und sich zur Messung von SGE eignen. Diese Indikatoren sollen zugleich zur Operationalisierung der abstrakten Begriffe aus Tabelle 1.1 beitragen. Zwei wichtige Fragen in diesem Zusammenhang lauten: Lassen sich für jeden der sieben Indikatorenbereiche geeignete Maße ermitteln? Interkorrelieren die ausgewählten Maße aus unterschiedlichen Indikatorenbereichen in einer angemessenen Größenordnung? Angemessen bedeutet dabei, daß sie nach Möglichkeit alle in einer positiven, jedoch nicht zu engen Beziehung zueinander stehen sollten. Wie oben erläutert wurde, rechnen wir mit einer begrenzten Unabhängigkeit der sieben Indikatorenbereiche.

Die Auswahl geeigneter Indikatoren erfolgte in der Weise, daß nach Untersuchungen Ausschau gehalten wurde, in denen zumindest mehrere Variablen aus den verschiedenen Indikatorenbereichen Verwendung fanden. Eine wichtige Hilfe boten dabei einige der in Band 1 zusammengestellten Arbeiten (BECKER 1982a). Als aufschlußreich erwies sich ferner eine Untersuchung von ANGLEITNER, FILIPP & BRAUKMANN (1982), in der eine größere Anzahl für unsere Zwecke geeignet erscheinender Variablen an einer größeren Personengruppe erhoben und auch auf ihre Gütekriterien überprüft wurde. Mit Einschränkungen gilt dies auch für die Monographie von WESSMANN & RICKS (1966) sowie für eine Studie von TIMM (1971). In diesen beiden Arbeiten wurde eine größere Anzahl von Fremdbeurteilungen erhoben. Aus den publizierten Faktorenanalysen der beiden Variablensätze konnten die Interkorrelationen interessierender Indikatoren (bis auf geringfügige Ungenauigkeiten) zurückgerechnet werden. Ferner stammt ein Teil der Ergebnisse aus dem Manual zum 16 PF-Test (SCHNEEWIND, SCHRÖDER & CATTELL 1983) sowie aus einer bisher unveröffentlichten Untersuchung von BECKER, MINSEL & QUAST (1983). Eine Besonderheit der zuletzt genannten Studie besteht darin, daß 37 Studenten über einen Zeitraum von vier Wochen täglich über ihre emotionale Befindlichkeit und Ereignisse in ihrem Leben berichteten und ferner überdauernde Lebensbedingungen sowie zahlreiche Persönlichkeitsmerkmale erfaßt wurden (vgl. auch Kapitel 2).

Es war das Bemühen des Verfassers, eine möglichst große Anzahl von Untersuchungen und von Indikatoren zusammenzustellen, um zu zuverlässigen Schätzungen der Größenordnung der Interkorrelationen zwischen Variablen aus den Indikatorengruppen zu gelangen. Dies erwies sich als nicht ganz einfache Aufgabe, da sich viele der üblichen Persönlichkeitsvariablen und traditionellen psychopathologischen Indikatoren nicht genügend eindeutig einer der sieben Indikatorengruppen zuordnen ließen. (Man kann dies nachvollziehen, wenn man beispielsweise die 9 bzw. 12 FPI-Skalen zuzuordnen versucht.) Viele Variablen aus gängigen Testverfahren sind breiter definiert als einer der sieben Indikatorenbereiche.

Die folgende Auswahl von Indikatoren kann weder Vollständigkeit noch Repräsentativität beanspruchen. Der Verfasser hat versucht, seinen persönlichen Einfluß dadurch zu verringern, (- ganz auszuschalten ist er allerdings nicht -), daß er aus einer bestimmten Untersuchung alle Interkorrelationen zwischen den ausgewählten Variablen aus verschiedenen Indikatorenbereichen und nicht nur einzelne, den eigenen Hypothesen entgegenkommende Variablenkombinationen mitteilt. Die ausgewählten Indikatoren wurden auf sehr unterschiedlichem Weg gewonnen: Die meisten basieren auf Selbsturteilen, einige auf Fremdurteilen, andere entstammen projektiven Tests und weitere repräsentieren (schiefwinklig rotierte) Faktoren.

Im folgenden werden pro Indikatorenbereich je zwei Variablen zur Veranschaulichung herausgegriffen. (Eine vollständige Zusammenstellung aller verwendeten Variablen und ihrer Interkorrelationen mit Erläuterungen findet man in Tabelle A1 im Anhang.) In einer Reihe von Fällen mag es Auffassungsunterschiede darüber geben, welcher Indikatorengruppe eine Variable zuzuordnen ist. Hier können erst weiterführende Studien mit umfangreichen Variablenbatterien zu größerer Eindeutigkeit führen.

Der Indikatorenbereich 1 "positive vs. negative emotionale Befindlichkeit" wurde unter anderem durch die Skala "elation vs. depression" von WESSMANN & RICKS (1966) sowie durch ein faktorenanalytisch gewonnenes Maß für "psychisches Wohlbefinden", das auf den über einen Zeitraum von vier Wochen gemittelten Werten in EWL-Skalen (JANKE & DEBUS 1978) basiert, repräsentiert. Indikatoren aus dem Bereich "hohes Energieniveau, Aktivietheit vs. Antriebsschwäche" waren zum Beispiel die Skala "energy vs. fatigue" von WESSMANN & RICKS (1966) sowie die Skala "endurance" aus dem PRF (STUMPF 1980; ANGLEITNER et al. 1982). "Expansivität vs. Defensivität" wurde unter anderem durch die Skalen "dominance" aus dem PRF sowie "Angst vor Selbstbehauptung" aus dem IAF (BECKER 1982b) erfaßt. Neben anderen dienten der projektive Test "coping" (KATZ 1973; BECKER 1982a) sowie der Faktor "Problemlösefähigkeit" (BECKER 1982a) als Indikatoren für "Leistungsfähigkeit vs. Funktionsstörungen". "Selbsttranszendenz vs. Selbstzentrierung" wurde unter anderem durch das Fremdurteil "selbstlos, hilfsbereit" aus der Untersuchung von TIMM (1971) und die Skala "nurturance" aus dem PRF (ANGLEITNER et al. 1982) abgedeckt. Zu den Indikatoren für "Autonomie vs. Hilfesuchen, Abhängigkeit" zählen die Skala IPC1 zur Erfassung einer internalen Kontrollüberzeugung (KRAMPEN 1981; ANGLEITNER et al. 1982) sowie das faktorenanalytisch ermittelte Maß "geringes Bedürfnis nach sozialer Unterstützung" (BECKER 1982a). Ein "hohes vs. niedriges Selbstwertgefühl, Selbstachtung" wurde unter anderem mit Hilfe der Skala "Selbst- und Weltbejahung" aus den Selbstaktualisierungsskalen von BOTTENBERG & KELLER (1975) sowie mit der faktorenanalytisch gewonnenen Skala "positives Selbstkonzept" (ANGLEITNER et al. 1982) gemessen.

Tabelle 1.2 dient der Zusammenfassung der wichtigsten Ergebnisse. Angegeben sind die Mediane der Interkorrelationen aller Variablen aus je zwei Indikatorenbereichen sowie die Mediane der Interkorrelationen aller Variablen einer Indikatorengruppe mit allen Variablen der restlichen Indikatorengruppen. Die zuletzt genannten Mediane besitzen eine bereits relativ große Aussagekraft, da sie auf durchschnittlich 57 Werten basieren (vgl. letzte Spalte in Tabelle 1.2). Danach ist jede der Indikatorengruppen 1-4 und 7 insofern besonders wertvoll, als sie mit den jeweils restlichen sechs Indikatorengruppen im Durchschnitt mittelhoch korreliert (Mediane zwischen .33 und .38). Die Indikatorengruppen 5 "Selbsttranszendenz vs.Selbstzentrierung" und 6 "Autonomie vs. Hilfesuchen, Abhängigkeit" scheinen hingegen spezifischere und engere Aspekte von SGE zu erfassen. Vor allem die Variablen aus dem Bereich "Selbsttranszendenz vs. Selbstzentrierung" können nur sehr eingeschränkt als Indikatoren für SGE verwendet werden. Mit einer Ausnahme sind alle Mediane der Interkorrelationen positiv, d. h. "im Mittel" interkorrelieren alle Indikatoren für SGE positiv: Dies erleichtert und rechtfertigt es, davon zu sprechen, daß es sich bei SGE um eine Eigenschaft höherer Ordnung handelt, die sich aus Komponenten (Indikatorengruppen bzw. Indikatorenbereichen) zusammensetzt, die untereinander in einer - bis auf eine Ausnahme - positiven Beziehung zueinander stehen (vgl. ähnliche Befunde in Band 1). Die erwähnte Ausnahme betrifft den leicht negativen Zusammenhang von "Selbsttranszendenz vs. Selbstzentrierung" mit "Autonomie vs. Hilfesuchen, Abhängigkeit". Da der Median nur auf sechs Werten basiert und nur geringfügig von Null abweicht, ist es am zweckmäßigsten, zunächst einmal von der Hypothese einer Unabhängigkeit der beiden Indikatorengruppen auszugehen. Gewisse Formen des Strebens nach Autonomie können demnach sowohl Ausdruck von Selbstzentrierung als auch von Selbsttranszendenz sein, wie auch umgekehrt Hilfesuchen und Abhängigkeit sowohl mit Selbsttranszendenz als auch mit Selbstzentrierung einhergehen können.

Aus der Vielzahl möglicher Diskussionspunkte zu Tabelle 1.2 seien einige wenige herausgegriffen. Bemerkenswert erscheint, daß die Indikatoren aus dem Bereich "hohes vs. niedriges Selbstwertgefühl, Selbstachtung" im Mittel am höchsten mit allen anderen Indikatoren korrelieren (Median = .38). Das Selbstwertgefühl (Selbstbewußtsein, Selbstsicherheit) scheint mithin ein sehr vielversprechender Indikator für seelische Gesundheit zu sein. Wir werden weiter unten auf faktorenanalytische Ergebnisse stoßen, die mit dieser Annahme im Einklang stehen. Indikatoren aus dem Bereich "hohes Energieniveau, Aktiviertheit vs. Antriebsschwäche" korrelieren im Mittel immerhin .34 mit den anderen Variablen. Dieses Ergebnis stützt jene wenigen Theorien über seelische Gesundheit und Krankheit, in denen dem Problem der "psychischen Energie" besondere Aufmerksamkeit geschenkt wird. Zu erwähnen ist dabei natürlich an erster Stelle die FREUDsche Theorie (vgl. NELKE 1983).

Beachtung verdient ferner Zeile 1 in Tabelle 1.2, die sich auf die Indikatorengruppe "positive vs. negative emotionale Befindlichkeit" bezieht. Das über einen längeren Zeitraum gemittelte psychische Wohlbefinden erweist sich hiernach als recht guter Indikator für seelische Gesundheit. Dieses Ergebnis stützt jene Theorien und Modelle über seelische Gesundheit, die dem psychischen Wohlbefinden einen wichtigen Stellenwert einräumen (vgl. HERZBERG 1966; BRADBURN 1969; BECKER 1980b; FISCHER 1983; STEPHAN 1983), und es steht im Widerspruch zu Ansätzen, wie demjenigen von JAHODA (1958), die Bedenken gegenüber der Verwendung des Wohlbefinden-Kriteriums vorbringen. Um Mißverständnissen vorzubeugen, wiederholen wir, daß es sich bei den erörterten Maßen für psychisches Wohlbefinden nicht um die emotionale Befindlichkeit an einem bestimmten Tag, die variabel und von besonderen Ereig-

Tabelle 1.2: Mediane der Interkorrelationen zwischen ausgewählten Indikatoren für 7 Komponenten (Indikatorenbereiche) der seelischen Gesundheit. Die Mediane basieren auf den Werten der Tabelle A1 (im Anhang). N bezieht sich auf die Anzahl der Interkorrelationen, die in die Medianberechnung eingingen. Σ bezieht sich auf alle Korrelationen von Indikatoren einer Komponente mit allen Indikatoren der anderen Komponenten, soweit entsprechende Werte vorliegen.

Indikatoren-bereiche	Energie-niveau	Expansi-vität	Leistungs-fähigkeit	Selbst-transz.	Auto-nomie	Selbst-wert	Σ
Positive vs. negative emotionale Befindlichkeit	.40 (N=9)	.30 (N=14)	.39 (N=14)	.30 (N=21)	.26 (N=7)	.41 (N=10)	.34 (N=75)
Hohes Energieniveau, Aktiviertheit vs. Antriebsschwäche	–	.34 (N=9)	.23 (N=9)	.20 (N=9)	.34 (N=4)	.41 (N=6)	.34 (N=46)
Expansivität vs. Defensivität		–	.38 (N=13)	.23 (N=10)	.37 (N=6)	.43 (N=9)	.36 (N=61)
Leistungsfähigkeit vs. Funktionsstörungen			–	.23 (N=12)	.25 (N=7)	.33 (N=8)	.33 (N=63)
Selbsttranszendenz vs. Selbstzentrierung				–	-.04 (N=6)	.21 (N=10)	.19 (N=68)
Autonomie vs. Hilfesuchen, Abhängigkeit					–	.35 (N=7)	.26 (N=37)
Hohes vs. niedriges Selbstwertgefühl, Selbstachtung						–	.38 (N=50)

nissen abhängig ist, handelt, sondern um Werte, die das mittlere psychische Wohlbefinden während eines längeren Zeitraums wiedergeben.

Eine erhebliche Bedeutung messen wir dem niedrigen Median (.19) der 68 Korrelationen von Indikatoren aus dem Bereich "Selbsttranszendenz vs. Selbstzentrierung" mit den restlichen Indikatoren für SGE bei. Deutlich über dem Median liegende Korrelationen werden lediglich bei Variablen aus der Untersuchung von WESSMAN & RICKS (1966) gefunden. Diese basieren auf Schätzungen durch den Verfasser (ausgehend von Faktorenladungen) und sind daher nur als Näherungswerte zu betrachten. Klammert man jene 28 Korrelationen, die sich auf WESSMAN & RICKS (1966) stützen, aus und berechnet den Median der verbleibenden 40 Korrelationen, so ergibt sich ein Wert von .10.

Diese niedrige "Trennschärfe" deutet darauf hin, daß die von uns verwendeten Variablen aus dem Bereich "Selbsttranszendenz vs. Selbstzentrierung" nur eine eingeschränkte Brauchbarkeit als Indikatoren für SGE besitzen. Zu diesem bemerkenswerten Ergebnis lassen sich wenigstens zwei Interpretationshypothesen formulieren: (1) Die ausgewählten Indikatoren eignen sich nicht zur Messung von "Selbsttranszendenz vs. Selbstzentrierung". (2) Der Indikatorenbereich "Selbsttranszendenz vs. Selbstzentrierung" läßt sich auch bei adäquater Operationalisierung aufgrund seiner weitgehenden Unabhängigkeit von den anderen Indikatoren nur sehr eingeschränkt zur Bestimmung des Grades der seelischen Gesundheit heranziehen.

Zur ersten Hypothese ist anzumerken, daß die Anzahl und Qualität der von uns herangezogenen Indikatoren sicherlich noch nicht ausreichen, um den inhaltlich heterogenen Bereich "Selbsttranszendenz vs. Selbstzentrierung" vollständig abzudecken. Wie ein Blick in Tabelle A1 zeigt, enthält unsere Variablenauswahl jedoch mehrere Indikatoren für Komponenten der Selbsttranszendenz im Sinne der "Wärme", "Selbstlosigkeit und Hilfsbereitschaft", "Nurturance" und "Affiliation". Die entsprechenden Variablen können durchaus als Operationalisierungen des Konstruktes "Liebesfähigkeit" betrachtet werden.

Damit gewinnt die zweite Interpretationshypothese an Gewicht. Um sie zu überprüfen, haben wir nach weiteren Zusammenhängen zwischen Indikatoren für "Selbsttranszendenz vs. Selbstzentrierung" und SGE-Maßen Ausschau gehalten. HÄFELI et al. (1983) erhoben an einer Stichprobe von 189 männlichen und 315 weiblichen Jugendlichen nach Beginn des 9. Schuljahres sowie etwa vier Jahre später eine Vielzahl von Persönlichkeitsvariablen, von denen wir fünf herausgreifen. "Soziale Wärme" und "Femininität" verwenden wir als Indikatoren für den Bereich "Selbsttranszendenz vs. Selbstzentrierung". "Femininität" erfaßt gesellschaftlich positiv bewertete Eigenschaften, die eher Frauen als Männern zugeschrieben werden (herzlich, mitfühlend, warmherzig usw.). "Soziale Wärme" und "Femininität" interkorrelieren .69 (bzw. .70). (Die in Klammern stehenden Zahlenwerte beziehen sich auf einen anderen Meßzeitpunkt.) "Positives Selbstbild" dient als Indikator für ein hohes Selbstwertgefühl, (geringe) "Ängstlichkeit" als Indikator für den Bereich der emotionalen Befindlichkeit und "Maskulinität" als Indikator für die Bereiche "Funktions- und Leistungsfähigkeit", "Expansivität" und "hohes Energieniveau". Die von HÄFELI et al. als "Maskulinität" benannte Skala erfaßt gesellschaftlich positiv bewertete Eigenschaften, die üblicherweise eher Männern als Frauen zugeschrieben werden, z. B.: stark, kraftvoll, selbstsicher, stabil. "Soziale Wärme" korreliert mit "Maskulinität" -.08 (bzw. -.09), mit einem "positiven Selbstbild" .10 (bzw. .11) und mit "Ängstlichkeit -.28 (bzw. -.26). "Femininität" korreliert mit "Maskulinität" -.30 (bzw. -.32), mit einem "positiven Selbstbild" -.03 (bzw. .07) und mit "Ängstlichkeit" -.10 (bzw. -.04). Nach diesem Ergebnis ist die durch "soziale Wärme" und "Femininität" operationalisierte "Selbsttranszendenz" weitgehend unabhängig von SGE, operationalisiert über die Variablen "Maskulinität", "positives Selbstbild" und (geringe) "Ängstlichkeit".

SPENCE & HELMREICH (1978) entwickelten einen Fragebogentest (Personal Attributes Questionnaire, PAQ), der drei Skalen enthält, von denen zwei in unserem Zusammenhang von Interesse sind. Ihre **"Maskulinitäts"-Skala** setzt sich aus Items (bipolaren Ratingskalen) zusammen, die als Indikatoren für SGE dienen können (z. B. aktiv, selbstbewußt, unabhängig, kann leicht Entscheidungen treffen, gibt nicht schnell auf). Ihre **"Femininitäts"-Skala** besteht aus Items, die eine wichtige Komponente der "Selbsttranszendenz vs. Selbstzentrierung", nämlich "Wärme" bzw. "Liebesfähigkeit", erfassen (z. B. warmherzig, gütig, hilfsbereit, verständnisvoll, in der Lage, sich ganz anderen zu widmen). Die Reliabilitäten der beiden Skalen werden von SPENCE & HELMREICH (1978) mit .85 (M) bzw. .82 (F) angegeben. Bei verschiedenen größeren Stichproben von entweder männlichen oder weiblichen Studierenden aus "highschools" oder "colleges" wurden Korrelationen zwischen den beiden Skalen von .09 bis .22 ermittelt. Beide Skalen sind also weitgehend unabhängig voneinander.

Wir fassen die Befunde zum Indikatorenbereich "Selbsttranszendenz vs. Selbstzentrierung" wie folgt zusammen:
- "Selbsttranszendenz vs. Selbstzentrierung" ist ein heterogenes Konstrukt, dessen Komponenten nur sehr schwache Beziehungen zu anderen, zentralen Indikatoren für SGE aufweisen.
- Zu einer wesentlichen Komponente der "Selbsttranszendenz", nämlich "Liebesfähigkeit" ("soziale Wärme", "Femininität" usw.), liegt eine Vielzahl von Operationalisierungen vor. Die entsprechenden Variablen erreichen nur schwach positive Korrelationen (Größenordnung von etwa .10 bis .20) zu Indikatoren für SGE. Dieses Ergebnis widerspricht der Erwartung aufgrund der Lektüre bekannter Theorien zur seelischen Gesundheit. Wie im Band 1 der "Psychologie der seelischen Gesundheit" belegt wurde, halten alle dort besprochenen Theoretiker die "Liebesfähigkeit" (bzw. eng verwandte Konstrukte) für ein wichtiges Kriterium der SGE. Die Klärung der Ursachen für die geringe Übereinstimmung zwischen Theorie und Empirie in dieser wichtigen Frage verdient künftig besondere Beachtung.

In methodischer Hinsicht ist zu Tabelle 1.2 zu vermerken, daß die Mediane der Interkorrelationen nur einen Durchschnittstrend der vielfältigen in Tabelle A1 enthaltenen Zusammenhänge wiedergeben. Dem interessierten Leser steht diese Tabelle A1 zur Verfügung, um sich einen genaueren Überblick zu verschaffen. Einzelne Korrelationen liegen deutlich höher oder niedriger als es der Median angibt, so daß die Variablen aus einer Indikatorengruppe keinesfalls als Paralleltests aufgefaßt werden dürfen. Die nähere Analyse zeigt unter anderem, daß Zusammenhänge im allgemeinen höher ausfallen, wenn die betreffenden Variablen mit derselben Methode (also z. B. ausschließlich über Selbstauskünfte oder ausschließlich über Fremdurteile) gewonnen wurden.

Die in Tabelle 1.2 zusammengefaßten Ergebnisse gleichen einem grob strukturierten und nicht ganz vollständigen Bild, das sich einem Archäologen erschließt, wenn er eine Teilmenge verstreut herumliegender Mosaiksteinchen sammelt, ordnet und daraus ein zusammenhängendes Ganzes zu rekonstruieren versucht. Bei aller Subjektivität und Unvollkommenheit der von uns gewählten Methode ist doch hervorzuheben, daß unter den 400 Korrelationen nur 15 ein negatives Vorzeichen haben. 96 % aller Zusammenhänge sind positiv. Dies kann als Indiz dafür gewertet werden, daß die Variablen einen gemeinsamen Kern, den wir als seelische Gesundheit interpretieren, erfassen.

Weitere Aufschlüsse über die Eignung der 7 Indidkatorenbereiche für SGE und über die Validität der ausgewählten Variablen erhoffen wir uns von der Überprüfung der korrelativen Beziehungen von SGE-Indikatoren zu zwei klassischen Konstrukten der empirischen Persönlichkeitsforschung, nämlich Neurotizismus und Extraversion-Introversion.

1.1.4 Empirische Zusammenhänge zwischen ausgewählten Indikatoren für seelische Gesundheit und globalen Maßen für Neurotizismus und Extraversion-Introversion

In der empirischen Persönlichkeitsforschung gelten Neurotizismus (bzw. emotionale Labilität) und Extraversion-Introversion neben der Intelligenz als die beiden varianzstärksten und am häufigsten in faktorenanalytischen Studien replizierten Persönlichkeitskonstrukte (EYSENCK & RACHMAN 1967; PAWLIK 1968; ROYCE 1981; AMELANG & BORKENAU 1982, PAWLIK 1982). Es ist daher von großem Interesse, zu prüfen, in welcher Weise die von uns vorgeschlagenen sieben Indikatorenbereiche (bzw. die entsprechenden Einzelindikatoren) für seelische Gesundheit mit Neurotizismus und Extraversion-Introversion korrelieren. Zu erwarten wäre, daß seelische Gesundheit in negativer Beziehung zu Neurotizismus steht. Seelisch Gesunde müßten weitgehend frei von neurotischen Symptomen und neurotischen Persönlichkeitszügen bzw. von emotionaler Labilität sein.

Zum Zusammenhang von SGE mit Extraversion-Introversion lassen sich weniger eindeutige Hypothesen formulieren. Nach EYSENCK wäre von der Theorie her am ehesten eine Nullkorrelation zu erwarten, jedoch wurden in Untersuchungen mit Extraversionstests (z. B. aus dem MPI oder EPI) in der Regel **negative** Korrelationen zwischen Neurotizismus- und Extraversions-Maßen gefunden (z. B. FAHRENBERG 1966; BECKER 1969; BAUMANN 1973; BECKER, MINSEL & QUAST 1983; KREUZIG 1983). Mehrere in Band 1 beschriebene Untersuchungen sprechen ebenfalls für negative Zusammenhänge zwischen Extraversion und Indikatoren für geringe seelische Gesundheit (BECKER 1982a).

Zur Hypothesenprüfung wurden in einem ersten Schritt jene Variablen aus Tabelle A1 (im Anhang) ausgewählt, zu denen aus den entsprechenden Untersuchungen Korrelationen mit Neurotizismus- und/oder Extraversions-Maßen vorliegen. Diese 30 Indikatoren und ihre Korrelationen sind in Tabelle 1.3 zusammengestellt. Wie erwartet, stehen - bis auf eine Ausnahme - alle Indikatoren für seelische Gesundheit in einer negativen Beziehung zu Neurotizismusmaßen. Der Median von 16 Koeffizienten beträgt -.26. Die einzige Ausnahme vom allgemeinen Trend betrifft das Fremdurteil "selbstlos, hilfsbereit" aus dem Indikatorenbereich "Selbsttranszendenz vs. Selbstzentrierung", von dem sich ja oben herausstellte, daß er einen weniger zentralen Aspekt der seelischen Gesundheit zu repräsentieren scheint (vgl. Tabelle 1.2). Bemerkenswerterweise korrelieren - ebenfalls bis auf eine Ausnahme - alle Indikatoren für seelische Gesundheit positiv mit Extraversion. Der entsprechende Median von 30 Koeffizienten beträgt .23.

Um zu einer breiteren Beurteilungsbasis der Zusammenhänge zu gelangen, wurden in einem nächsten Schritt weitere Korrelationen aus zusätzlichen Untersuchungen zusammengetragen. Sie sind in Tabelle 1.4 wiedergegeben. Der Median der 31 Korrelationen mit Neurotizismusmaßen beträgt -.35. Der entsprechende Wert für 25 Extraversionskorrelationen lautet .36. Faßt man alle 47 Neurotizismuskorrelationen und 55 Extraversionskorrelationen aus den Tabellen 1.3 und 1.4 zusammen, so ergeben sich Mediane von -.32 für den Zusammenhang von seelischer Gesundheit und Neurotizismus und .31 für den Zusammenhang von seelischer Gesundheit und Extraversion.

Bei Berücksichtigung der Tatsache, daß die Korrelationen auf unterschiedlichen Neurotizismus- und Extraversionsmaßen, unterschiedlichen Indikatoren für jeden

Tabelle 1.3: Interkorrelationen zwischen 30 potentiellen Indikatoren für seelische Gesundheit aus 7 Indikatorenbereichen und Maßen für Neurotizismus (N) sowie Extraversion-Introversion (E). Nähere Erläuterungen zu den Variablen findet man in Tabelle A1 im Anhang. Zusätzlich sind die Mediane der Interkorrelationen angegeben. Wiedergabe der Nachkommastellen.

Nr.	Variablenbenennung	N	E
16	(keine) Hoffnungslosigkeit	-	23
17	Lebenszufriedenheit	-	12
19	psychisches Wohlbefinden	-32	60
110	(keine) Depressivität	(-91)	30
111	heiter, fröhlich	-10	33
22	Endurance (Ausdauer)	-	19
23	Aktiviertheit	-05	18
25	lebhaft, rege	-10	44
26	energisch, aktiv	-12	32
34	Dominance (Dominanz)	-	11
36	(keine) Angst vor Selbstbehauptung	-33	63
39	bestimmt, willensstark	-25	16
310	mutig, furchtlos	-26	13
43	Achievement (Leistung)	-	14
44	positiver Realitätsbezug	-	05
46	Erfolg im Studium	-47	40
47	rational, sachlich	-22	10
48	gesund	-35	16
56	Affiliation (Anhänglichkeit, Zugehörigkeit)	-	36
57	Nurturance (Unterstützung gewähren)	-	33
58	gute Beziehung zur Freundin	-23	34
59	selbstlos, hilfsbereit	06	05
62	(keine) Succorance (kein Suchen nach Hilfe)		-06

Fortsetzung der Tabelle 1.3:

Nr.	Variablenbenennung	N	E
63	IPC 1 Internale Kontrollüberzeugung	-	25
64	Verantwortlichkeit, Autonomie, internale Kontrollüberzeugung	-	14
65	selbständig	-32	20
73	Positives Selbstkonzept	-	46
74	Selbst- und Weltbejahung	-	33
75	Selbstzufriedenheit	-	23
76	selbstbewußt, sicher	-32	32
Median der Korrelationen		-26	23

Tabelle 1.4: Interkorrelationen zwischen 32 weiteren potentiellen Indikatoren für seelische Gesundheit aus 7 Indikatorenbereichen und Maßen für Neurotizismus (N) sowie Extraversion-Introversion (E). Zusätzlich sind die Mediane der Interkorrelationen angegeben. Quellenhinweise am Ende der Tabelle. Wiedergabe der Nachkommastellen.

Quelle	Benennung der Indikatoren	N	E
Positive vs. negative emotionale Befindlichkeit			
Be	Gehobene Stimmung (gemittelt über 4 Wochen)	-24	55
Be	(keine) Erregtheit, Reizbarkeit (gemittelt über 4 Wochen)	-24	27
Be	(kein) Ärger (gemittelt über 4 Wochen)	-21	38
Be	(keine) Ängstlichkeit (gemittelt über 4 Wochen)	-33	44
Be	(keine) Deprimiertheit (gemittelt über 4 Wochen)	-28	40
Ep	happy-sad (glücklich-traurig)	-	29
Ep	kind-angry (freundlich-wütend)	-40	-
Ep	secure-threatened (sicher-bedroht)	-41	-
Ep	calm-tense (ruhig-angespannt)	-50	-

Fortsetzung der Tabelle 1.4:

Quelle	Benennung der Indikatoren	N	E
Ep	peaceful-agitated (friedlich-erregt)	-36	-
Ha	gehobene Stimmung	-18	41
Ha	(keine) gedrückte Stimmung	-61	44
Ha	(keine) Mißstimmung	-45	06
Hohes Energieniveau, Aktiviertheit vs. Antriebsschwäche			
Ha	(keine) Trägheit	-44	39
Ha	(keine) Müdigkeit	-52	31
A&B	(keine) Erschöpfung	-26	06
A&B	Unternehmungslust	-03	35
Be	(keine) Müdigkeit (gemittelt über 4 Wochen)	-22	36
Expansivität vs. Defensivität			
Be	(keine) Angst vor Bewährungssituationen	-48	60
A&B	Entschlossenheit	-29	33
A&B	Dominanz	-04	17
Ep	spontaneous-inhibited (spontan-gehemmt)	-33	45
Hohe Leistungsfähigkeit vs. Funktionsstörungen			
Ep	integrated-disorganized (integriert-gestört)	-40	-
B&K	positiver Realitätsbezug	-68	18
Br	positiver Realitätsbezug	-55	06
Selbsttranszendenz vs. Selbstzentrierung			
A&B	Kooperativität	-23	11
Ep	external attention-introspective (nach außen gerichtete Aufmerksamkeit-introspektiv)	-35	-
Autonomie vs. Hilfesuchen, Abhängigkeit			
Ep	powerful-helpless (mächtig-hilflos)	-43	37

Fortsetzung der Tabelle 1.4:

Quelle	Benennung der Indikatoren	N	E
Hohes vs. niedriges Selbstwertgefühl, Selbstachtung			
Ep	worthy-unworthy (wertvoll-ohne Wert)	-31	-
A&B	Gelassenheit	-37	17
B&K	Selbst- und Weltbejahung	-43	51
Br	Selbst- und Weltbejahung	-22	36
Median der Korrelationen		-35	36

Quellenhinweise:
A&B: AMELANG & BORKENAU (1982)
B&K: BOTTENBERG & KELLER (1975); auch dargestellt in BECKER (1982a)
Be: BECKER (1983a)
Br: BRAUN (1981); dargestellt in BECKER (1982a)
Ep: EPSTEIN (1979)
Ha: HAMPEL (1977)

der sieben SGE-Bereiche (zum Teil handelt es sich um Fremdurteile, die ja bekanntlich im allgemeinen nicht sehr hoch mit Selbsturteilen korrelieren) und unterschiedlichen Untersuchungen und Personenstichproben basieren, ist das Ergebnis in dieser Eindeutigkeit bemerkenswert. Es besteht wenig Zweifel daran, daß seelische Gesundheit - operationalisiert über die von uns vorgeschlagenen sieben Indikatorenbereiche - deutlich negativ mit Neurotizismus und deutlich positiv mit Extraversion korreliert. Der positive Zusammenhang mit Extraversion steht in klarem Widerspruch zur EYSENCKschen Theorie. Wir werden im Rahmen unserer eigenen Theorie der seelischen Gesundheit versuchen, diesen positiven Zusammenhang zu erklären.

1.2 Entwurf einer Theorie der seelischen Gesundheit

1.2.1. Der eigenschaftspsychologische Hintergrund

Das folgende Unterkapitel befaßt sich verstärkt mit methodischen Aspekten der eigenschaftspsychologischen Persönlichkeitsforschung, speziell jener Forschung, die sich auf das Extraversions-, aber auch das Neurotizismuskonstrukt bezieht. Faßt man SGE als ein relativ stabiles, weites und varianzstarkes Persönlichkeitskonstrukt, das sich aus mehreren kovariierenden Eigenschaften konstituiert, auf, so stellt sich die Frage nach den Beziehungen von SGE zu anderen fundamentalen Persönlichkeitskonstrukten. In der Terminologie der Faktorenanalyse ausgedrückt geht es darum, die Lokalisation (Ladungsmuster) von SGE im Gebäude der "etablierten" Persönlichkeitsdimensionen zu bestimmen. Das dort erzielte Ergebnis eines positiven Zusammenhangs von SGE und Extraversion (gemessen vor allem mit Tests, die auf EYSENCKs Theorie zurückgehen), fordert eine genauere persönlichkeitspsychologische Analyse - insbesondere des Extraversionsbegriffs - heraus.

Die Problematik des Extraversionskonstruktes

Bis vor wenigen Jahren schien ein weitgehender Konsens unter den empirisch arbeitenden Persönlichkeitsforschern darüber zu bestehen, daß bei der Faktorenanalyse einer genügend großen Anzahl die gesamte "Persönlichkeitssphäre" abdeckender Persönlichkeitsvariablen mit Sicherheit die Konstrukte "Neurotizismus" (beziehungsweise die häufig synonym verwendeten Konstrukte Emotionalität, emotionale Labilität, allgemeine Fehlanpassung) sowie "Extraversion--Introversion" gefunden werden. Diese beiden Konstrukte, die natürlich nicht die gesamte Persönlichkeitssphäre repräsentieren, wurden wiederholt zur Interpretation varianzstarker orthogonaler Faktoren erster Ordnung oder Faktoren höherer Ordnung herangezogen (PAWLIK 1968, 1982). Relativ wenig Beachtung fand jedoch ein Problem, auf das bereits CARRIGAN (1960) hinwies. Welches ist die Binnenstruktur des so vielfach beschworenen Extraversionsfaktors, und wie sollte der Kern der Extraversionsdimension psychologisch interpretiert werden? Ist das Extraversionskonstrukt überhaupt genügend homogen, oder setzt es sich aus zwei oder mehr nur relativ niedrig interkorrelierenden Dimensionen zusammen?

Es ist hier nicht der Ort, diese Kontroverse in allen Einzelheiten zu verfolgen (vgl. etwa CARRIGAN 1960; EYSENCK & EYSENCK 1963a, b; GUILFORD 1964, 1975, 1977; PAWLIK 1968; EYSENCK & EYSENCK 1969, 1977, 1978; BUSS & PLOMIN 1975; PLOMIN 1976; EYSENCK 1977, 1983; AMELANG & BARTUSSEK 1981; ROCKLIN & REVELLE 1981; AMELANG & BORKENAU 1982; ANDRESEN & STEMMLER 1982).

EYSENCK & EYSENCK (1963b) gelangten aufgrund einer Faktorenanalyse auf Itemniveau zu der Hypothese von der "dualen Natur der Extraversion". Ihres Erachtens bilden **Soziabilität** und **Impulsivität** die beiden zentralen Komponenten der Extraversion. Bei schiefwinkliger Rotation zur Einfachstruktur korrelierten Soziabilität und Impulsivität in der genannten Untersuchung etwa .50. Vergleichbare Ergebnisse wurden von AMELANG & BORKENAU (1982) bei einer Faktorenanalyse der Items der Form A des EPI (EYSENCK-Personality--Inventory; EGGERT 1974) sowie von SCHALLING, EDMAN & ASBERG (1983) erzielt. Andere Untersucher fanden hingegen geringere Korrelationen bzw. eine stärkere Unabhängigkeit dieser beiden Komponenten (COHEN & HORN 1974; PLOMIN 1976; EYSENCK & EYSENCK 1977; REVELLE et al. 1980).

In der Studie von EYSENCK & EYSENCK (1977) wurden bei größeren Stichproben von 235 Männern und 375 Frauen Korrelationen von .08 bzw. .18 zwischen Soziabilität und Impulsivität (im engen Sinne) und von .20 (Männer) bzw. .34 (Frauen) zwischen Soziabilität und Impulsivität in einem weiten Sinne ermittelt. Impulsivität im weiten Sinne umfaßt dabei Impulsivität im engen Sinne, Risikobereitschaft, geringe Planung sowie Lebhaftigkeit bzw. Entschlußfreudigkeit. Erstaunlicherweise nahmen EYSENCK & EYSENCK (1977) keinerlei Anstoß an diesen niedrigen Korrelationen und dem Widerspruch zu den Ergebnissen einer früheren Studie (EYSENCK & EYSENCK 1963). Sie kommentieren statt dessen wie folgt: "Impulsivität, definiert als Impulsivität im weiten Sinne, korreliert jedoch gut mit Soziabilität und noch besser mit Extraversion; dies ist der Kern von EYSENCKs ursprünglicher These." (EYSENCK & EYSENCK 1977, p. 67). Die beiden EYSENCKs scheinen zu übersehen oder nicht wahrhaben zu wollen, daß sich in ihrer Studie aus dem Jahre 1977 nur mehr zwischen 4 und 10 Prozent der Varianz in Impulsivität durch Soziabilität (bzw. umgekehrt) erklären lassen. Die Höhe der Korrelationen hängt offenbar von den jeweils verwendeten Soziabilitäts- und Impulsivitätsindikatoren und deren testtheoretischen Gütekriterien ab. Daß es um letztere nicht immer gut bestellt ist, zeigen unter anderem mehrere Untersuchungen von REVELLE et al. (1980), in denen die verwendeten Impulsivitätsskalen Reliabilitäten (α) zwischen .38 und .51 besaßen.

Diese Untersucher geben aufgrund ihrer Untersuchungsbefunde folgenden Kommentar zum EYSENCKschen Extraversionskonstrukt ab: "Der Median der Korrelationen zwischen Impulsivität und Soziabilität von .25 war nicht sehr groß, und er legt nahe, daß Impulsivität und Soziabilität nicht immer als Komponenten eines Introversions-Extraversionsfaktors höherer Ordnung aufgefaßt werden sollten." (REVELLE et al. 1980, p. 18). Angesichts der geringen internen Konsistenz der Impulsivitätsskala, die auf EPI-Items basiert, ist die folgende Bemerkung von REVELLE et al. (1980, p. 26) nicht verwunderlich: "Zweifellos sind weitere psychometrische und experimentelle Arbeiten zur Verbesserung des Impulsivitäts-Konstruktes vonnöten."

GUILFORD (1977) - ein engagierter und profilierter Kritiker der EYSENCKschen Extraversionstheorie - bringt eine Reihe methodischer und inhaltlicher Argumente gegen EYSENCKs Position vor. Seines Erachtens sollte die Soziabilitätskomponente aus dem Extraversionskonzept herausgehalten werden oder nur einen untergeordneten Stellenwert erhalten. Statt dessen sollte mit Extraversion ein Persönlichkeitsfaktor bezeichnet werden, der die beiden miteinander in positiver Beziehung stehenden Komponenten **"Impulsivität vs. Bedachtsamkeit"** und **"Sorglosigkeit (Rathymia) vs. Vorsorglichkeit"** umfaßt. Konsens zwischen GUILFORD und EYSENCK scheint demnach bezüglich der Impulsivitätskomponente der Extraversion zu bestehen. Der Dissens betrifft die zweite Teilkomponente, die nach EYSENCK "Soziabilität" und nach GUILFORD "Sorglosigkeit" sein sollte.

Wie PLOMIN (1976) am Beispiel des Maudsley Personality Inventory (MPI) zeigen konnte, gewichtet EYSENCK die **Soziabilitätskomponente** in seinen Extraversionsfragebogentests stärker als die Impulsivitätskomponente, so daß sich inzwischen eine wachsende begriffliche und psychometrische Überschneidung zwischen "Extraversion" und Soziabilität herausgebildet hat.

Zur Erläuterung dieser These sei eine Passage aus EYSENCK & RACHMAN (1967, p. 27) zitiert, in der eine Charakterisierung extravertierten Verhaltens erfolgt: "Der typisch Extravertierte ist sozial aufgeschlossen, liebt Geselligkeit, hat viele Freunde, muß sich anderen Menschen mitteilen, liest und studiert nicht gern allein. Er liebt Aufregungen, geht Risiken ein, handelt aus dem Augenblick heraus und ist allgemein eine impulsive Persönlichkeit. Er liebt Späße, ist schlagfertig, liebt die Abwechslung; er ist optimistisch und lacht gerne. Er bevorzugt die Betriebsamkeit, neigt zu Aggressionen und wird schnell ungeduldig. Er hat seine Gefühle nicht sehr unter Kontrolle, und er ist auch nicht immer besonders zuverlässig." Es besteht kein Zweifel daran, daß EYSENCK der Soziabilitätskomponente in seinem Extraversionskonzept einen hohen Stellenwert einräumt und Aspekte der Soziabilität ausführlich an die erste Stelle seiner Erläuterungen extravertierten Verhaltens stellt.

Klare Hinweise auf eine Übergewichtung der Soziabilitäts- bzw. Geselligkeitskomponente in den Extraversionsskalen der beiden EPI-Formen A und B gewinnt man auch aus zwei Faktorenanalysen auf Itemniveau, über die AMELANG & BORKENAU (1982) berichten. Bei der Faktorenanalyse der Extraversionsitems der Form A des EPI wurden zwei Faktoren "Soziabilität" und "Impulsivität" ermittelt. Von 15 Items mit Ladungen a ≥.30 luden 11 auf dem "Soziabilitäts-" und nur 4 auf dem "Impulsivitäts-"Faktor. Auch bei der Extraversionsskala der Form B des EPI wurden zwei Faktoren extrahiert. Wie das folgende Zitat aus AMELANG & BORKENAU (1982, p. 128) belegt, sind in dieser Skala die Soziabilitätsaspekte extrem übergewichtet: "Eine Namensgebung (der beiden Faktoren; Anmerkung des Verf.) bereitet hier offensichtlich größere Schwierigkeiten als bei der Form A. In beiden Faktoren klingt eine Soziabilitätskomponente an, doch liegt im ersteren Fall der Akzent mehr auf Gewandtheit in sozialen Situationen, im letzteren mehr auf einer gewissen Unabhängigkeit vom sozialen Geschehen oder, in anderer Polung, auf Zugehörigkeit ("Affiliation")."

Eine weitgehende Gleichsetzung von "Extraversion" mit "Soziabilität" durch EYSENCK geht aus einer mit dem EPQ durchgeführten Untersuchung hervor

(EYSENCK & EYSENCK 1977). An zwei größeren Gruppen von 235 Männern und 375 Frauen wurden Korrelationen von .94 (Frauen) bzw. .93 (Männer) zwischen "Soziabilität" und "Extraversion" ermittelt. Da sämtliche Soziabilitätsitems aus der Extraversionsskala entnommen wurden, sind die Korrelationen natürlich "artifiziell" überhöht, falls man auf die Zusammenhänge auf der **Konstrukt**ebene rekurriert. Es erscheint uns aber dennoch bemerkenswert, daß die restlichen (Nicht-Soziabilitäts-)Items der Extraversionsskala kaum neue Varianz ins Spiel bringen. Man kann mithin die Extraversionsskala, die eigentlich ein "breites" Extraversionskonstrukt erfassen sollte, fast ohne jeden Informations- bzw. Validitätsverlust durch eine Soziabilitätsskala ersetzen.

Aus einer Untersuchung von SEMIN, ROSCH & CHASSEIN (1981) geht hervor, daß auch innerhalb der umgangssprachlichen ("Common sense") Verwendung des Begriffs "Extraversion" die Soziabilitätskomponente (für andere leicht zugänglich vs. verschlossen; an Kommunikation interessiert etc.) das höchste Gewicht (bzw. psychometrisch gesprochen: die höchste Trennschärfe) erhält.

Aufgrund zahlreicher eigener faktorenanalytischer Studien, auf die weiter unten näher eingegangen wird, gelangte der Verfasser zu einer dritten persönlichkeitspsychologischen Position, die GUILFORDs Auffassung näher steht als derjenigen EYSENCKs, aber auch gewisse Ähnlichkeiten zu JUNGs Extraversionstheorie aufweist. Es ist zunächst einmal bemerkenswert, daß in fünf neueren Untersuchungen mit umfangreichen Systemen von Persönlichkeitsvariablen jeweils kein (eindeutiger) Extraversionsfaktor ermittelt wurde (BECKER 1971; FAHRENBERG, SELG & HAMPEL 1978; AMELANG & BORKENAU 1982; ANDRESEN & STEMMLER 1982; SCHRÖDER & CATTELL 1983). In der Studie von BECKER (1971) an 243 Bundeswehrrekruten wurden neben den Standardskalen des MMPI 10 zusätzliche Persönlichkeitsskalen eingesetzt, darunter auch die Extraversions- und Neurotizismusskalen aus dem Fragebogen von BRENGELMANN & BRENGELMANN (1960). Die faktorenanalytische Auswertung unter Verwendung schiefwinklig zur Einfachstruktur rotierter Faktoren 1. und 2. Ordnung führte schließlich zu zwei orthogonalen Faktoren 3. Ordnung, die "starke (vs. geringe) Verhaltenskontrolle" und "emotionale Labilität (vs. emotionale Stabilität)" benannt wurden (vgl. Abbildung 1.4). Statt des erwarteten Superfaktors "Extraversion-Introversion" ergab sich ein "Superfaktor", der sich auf eine Dimension der starken vs. geringen Verhaltenskontrolle bezieht. Auf diese Studie werden wir weiter unten erneut zurückkommen.

FAHRENBERG et al. (1978) konstruierten in Anlehnung an angloamerikanische Vorbilder einen inzwischen sehr bekannt gewordenen mehrdimensionalen Persönlichkeitstest (FPI), der vor allem die Bereiche Neurotizismus (bzw. psychovegetative und emotionale Labilität), Extraversion und Aggressivität abdeckt. Er umfaßt 9 Basisskalen sowie 3 Zusatzskalen. Der Scree-Test erbrachte Hinweise darauf, daß sich zur Erklärung der Interkorrelationen der 9 Basisskalen entweder 2 (globalere) oder 5 (spezifischere) Faktoren eignen. Interessanterweise entspricht keiner dieser 7 Faktoren eindeutig einem Extraversionskonstrukt.

Faktor FPI III aus der 5-Faktoren-Lösung kommt einem Extraversionsfaktor noch am nächsten. Doch bemerken die Autoren: "FPI III wird von FPI 5 (Geselligkeit) und negativ von FPI 8 (Gehemmtheit) markiert. Dieses Bild entspricht mit Kontaktbedürfnis und Impulsivität ungefähr der zweiten von EYSENCK beschriebenen Dimension Extraversion-Introversion (vgl. auch CATTELL 1957). Allerdings scheinen am Gegenpol die Komponenten der Kontaktstörung und Gespanntheit stärker vertreten zu sein als beim typischen Introvertierten sensu EYSENCK. Vielleicht entspricht die Skala FPI 5 allein doch besser dem Extraversion-Introversion-Konzept als FPI III." (FAHRENBERG et al. 1978, p. 54-55). Dieser letzte Satz verdeutlicht, daß Faktor FPI III, der weitgehend mit Skala FPI 5 (Geselligkeit) identisch ist, nur einen Teilbereich der Extraversion sensu EYSENCK, nämlich Soziabilität, abdeckt. Dieser Teilbereich korreliert etwa -.20 bis -.40 mit der Neurotizismus-Zusatzskala des FPI

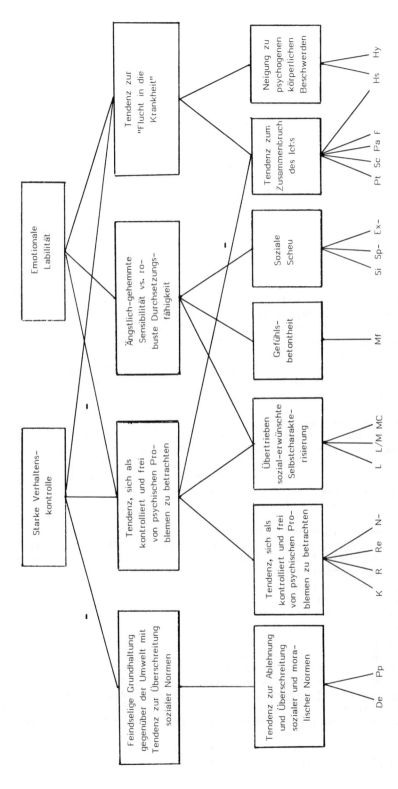

Abbildung 1.4: Veranschaulichung der hierarchischen Struktur von Ausgangsvariablen (vor allem aus dem MMPI) sowie Faktoren erster, zweiter und dritter Ordnung aus einer Arbeit von Becker (1971, p.127). Die Faktoren dritter Ordnung wurden als "(starke) Verhaltenskontrolle" und "emotionale Labilität" interpretiert. Eine mit einem Minuszeichen versehene Linie weist darauf hin, daß die betreffende Relation negativ ist.

(vgl. BAUMANN 1973; BECKER 1983a). Eine Gleichsetzung von Faktor FPI III mit Extraversion würde also in die bekannten Widersprüche zur EYSENCKschen Theorie münden, wonach ja Extraversion und Neurotizismus unabhängig voneinander sein sollten. (Zur Strukturanalyse des FPI siehe auch KÖNIG & SCHMIDT 1982.)

AMELANG & BORKENAU (1982) berichteten über eine sehr aufwendige Untersuchung an 424 Probanden, die die Formen A und B des EYSENCK Personality Inventory (EPI), den 16 Persönlichkeitsfaktoren-Test (16 PF) von CATTELL, das Freiburger Persönlichkeitsinventar (FPI) von FAHRENBERG et al. (1978) und 99 Items aus den GUILFORD-Tests GAMIN, STDCR und GMPI bearbeiteten. Von 344 Probanden lagen zusätzliche Selbst- und Fremdratings auf 32 bipolaren Skalen vor. Aus der Vielzahl interessanter Ergebnisse sei hier lediglich ein Teil herausgegriffen. Eine gemeinsame Faktorenanalyse der Skalen aus den Testsystemen von EYSENCK, CATTELL, GUILFORD sowie FAHRENBERG und Mitarbeitern führte unter Verwendung einer schiefwinkligen Rotation nach dem Promax-Verfahren (HENDRICKSON & WHITE 1964) zu fünf Faktoren. Diese wurden von AMELANG & BORKENAU (1982) auf Seite 122 ihrer Arbeit wie folgt interpretiert: (1) Neurotizismus, (2) Extraversion-Introversion, (3) Unabhängigkeit der Meinungsbildung, (4) Dominanz und (5) Selbstkontrolle. Auf Seite 135 erhält Faktor (2) jedoch die Interpretation "Soziabilität". In analogen Faktorenanalysen der Selbstratings sowie der Fremdratings wählten die Autoren jeweils 5-Faktoren-Lösungen aus. Die ermittelten Faktoren erhielten die Interpretationen: Neurotizismus, Soziabilität, Unabhängigkeit der Meinungsbildung, Dominanz und Selbstkontrolle vs. Impulsivität. In ihrer Gesamtheit betrachtet, sprechen die von AMELANG & BORKENAU (1982) mitgeteilten Ergebnisse unseres Erachtens eher für eine Aufspaltung des Extraversionskonstruktes in die beiden Komponenten "Soziabilität" und "Impulsivität vs. Selbstkontrolle" als für die Beibehaltung eines globalen Superfaktors "Extraversion".

Wir halten ein weiteres Ergebnis der Studie von AMELANG & BORKENAU (1982) für bemerkenswert. Nicht ganz im Einklang mit EYSENCKs Theorie korreliert Soziabilität -.44 mit Neurotizismus (vgl. Seite 129 der genannten Arbeit). Da auf dem Soziabilitätsfaktor zahlreiche klassische Extraversionsskalen bzw. -indikatoren hoch laden (vgl. Tabelle 1 in AMELANG & BORKENAU 1982), stimmt dieses Ergebnis recht gut mit unserem Befund einer (deutlich) positiven Beziehung zwischen SGE und Extraversion überein (sofern man den Neurotizismus-Faktor als einen Indikator für geringe seelische Gesundheit und Soziabilität als sehr guten Extraversionsindikator betrachtet).

Unlängst veröffentlichten SCHNEEWIND et al. (1983) eine nach psychometrischen Gesichtspunkten sorgfältig konstruierte deutsche Version des 16 PF-Tests von CATTELL. Die Untertests zur Erfassung der 16 fundamentalen Persönlichkeitsfaktoren haben sehr hohe Reliabilitäten. Ausgehend von ihren Interkorrelationen wurden 5 (Sekundär-)Faktoren ermittelt, die folgende Interpretationen erhielten:
QI: geringe vs. hohe Normgebundenheit
QII: geringe vs. hohe Belastbarkeit
QIII: geringe vs. hohe Unabhängigkeit
QIV: geringe vs. hohe Entschlußbereitschaft
QV: geringe vs. hohe Kontaktbereitschaft.
Keiner dieser 5 Faktoren höherer Ordnung entspricht hinreichend genau einem Extraversionsfaktor. Die nach PAWLIK (1968) charakteristischen Extraversionsindikatoren (A, E, F, H und Q_2) haben auf 4 der 5 Faktoren hohe Ladungen (>.40) und sind mithin nicht in einem Extraversions-Superfaktor gebunden.

Bereits die wenigen oben herausgegriffenen Beispiele belegen unseres Erachtens überzeugend, daß es sich bei dem von EYSENCK postulierten Extraversionsfaktor um ein heterogenes, schwer replizierbares Konstrukt handelt. Wir bezweifeln, daß es zweckmäßig ist, an diesem Konstrukt im Sinne eines Superfaktors der Persönlichkeit festzuhalten, und schlagen statt dessen vor, die Dimension (hohe vs. geringe) **"Verhaltenskontrolle"** in die Persönlichkeitsdeskription, Persönlichkeitserklärung und in eine Theorie der seelischen Gesundheit einzubringen. Diese Dimension überschneidet sich nur partiell mit EYSENCKs Extraversions-Introversions-Dimension und besitzt eine relativ große Ähnlichkeit zu GUILFORDs Extraversions-Introversions-Faktor (vgl. GUILFORD 1977). Gegen die Beibehaltung des Begriffs "Extraversion-Introversion" sprechen vor allem: die mangelnde Übereinstimmung darüber, was darunter zu verstehen ist und durch welche Indikatoren (zugrundeliegende Persönlichkeitseigenschaften) Extraversion erfaßt werden soll, die sich mehrenden Hinweise darauf, daß man zu fruchtbareren Hypothesen und klareren empirischen Ergebnissen gelangt, wenn man die Extraversionsteilkomponenten getrennt betrachtet, und schließlich die wenig überzeugende Konstruktvalidität der von EYSENCK entwickelten Extraversionsskalen (vgl. HOWARTH 1976; PLOMIN 1976; HELMES 1980).

Als besonders eindrucksvolles, wenn auch extremes Beispiel für Probleme, die sich bei der Messung des EYSENCKschen Extraversionskonstruktes ergeben können, sei die Untersuchung von von EYE & KRAMPEN (1979) angeführt. Diese Autoren ermittelten an einer Stichprobe von 384 männlichen und weiblichen Personen im Alter zwischen 15 und 72 Jahren für die Extraversionsskalen der Formen A und B der deutschsprachigen Version des EPI interne Konsistenzen (Kuder-Richardson Formel 8) von .20 bzw. .36. Es ergaben sich auch deutliche Hinweise darauf, daß die beiden "Parallelformen" des EPI nicht dasselbe messen. Die im Manual des EPI von EGGERT (1974) mitgeteilten Split-Half-Reliabilitäten der Extraversionsskalen von .64 bzw. .55 können gleichfalls nicht zufriedenstellen.

Veranlaßt durch die Kritik an den psychometrisch nicht voll überzeugenden EPI-Skalen entwickelten EYSENCK & EYSENCK (1975) den **EYSENCK Personality Questionnaire (EPQ),** der neben mehr oder weniger stark revidierten E-, N- und L-Skalen auch eine Psychotizismus-Skala (P) enthält. Wie ROCKLIN & REVELLE (1981) an einer Stichprobe von 838 Studierenden mit korrelativen und faktorenanalytischen Methoden nachweisen konnten, veränderte sich dabei die Validität der Extraversions-Skala. Während die E-Skala der Form A des EPI eine größere Anzahl von Impulsivitätsitems umfaßt und damit neben einer starken Soziabilitätskomponente auch die zweite Teilkomponente des Extraversions-Superfaktors mitberücksichtigt, reduziert sich die E-Skala des EPQ fast völlig auf die Soziabilitätskomponente. Diese inhaltliche Einengung erhöht zwar einerseits die interne Konsistenz der Skala, verändert jedoch zugleich deren Konstruktvalidität. (Extraversion, gemessen mit der E-Skala des EPI, entspricht nicht hinreichend genau Extraversion, gemessen mit dem EPQ). ROCKLIN & REVELLE (1981, p. 283) formulieren ihre diesbezügliche Kritik wie folgt: "Die theoretischen und psychometrischen Grundlagen der Psychotizismus-Skala (BLOCK 1977a, b), die Gesamtfaktorenstruktur des EPQ (LAO 1979; HELMES 1980) wurden in der Vergangenheit kritisiert. Diesem Mangel können wir die Kritik hinzufügen, daß EYSENCK & EYSENCK bei der "Reinigung" der Extraversions-Skala deren Struktur dahingehend verändert haben, daß sie nicht mehr länger ein adäquates Maß ihres theoretischen Konstruktes darstellt."

Als ungünstiger Nebeneffekt einer Ausgliederung mehrerer Impulsivitätsitems aus der E-Skala des EPI in die P-Skala des EPQ ergibt sich eine Inkonsistenz bezüglich der Lokalisation der Impulsivitätskomponente (im engen oder weiten Sinne) innerhalb des Raumes, der von den Superfaktoren E, N und P aufgespannt wird (vgl. auch Abbildung 1.10). Während Impulsivität im ursprünglichen EYSENCKschen Strukturmodell primär Bestandteil des Extraversionskonstruktes war, erhält sie im neuen Modell eine deutliche pathologische Konnotation und eine hohe Ladung auf dem Psychotizismusfaktor.

Man kann unseres Erachtens mithin nicht nur einen Dissens zwischen EYSENCK und anderen Autoren bezüglich der "Natur" des Extraversionskonstruktes, sondern auch eine mangelnde Konsistenz innerhalb der EYSENCKschen Theorienbildung konstatieren. Diese Problematik gibt jenen warnenden Bemerkungen CARRIGANs aus dem Jahre 1960 recht, die sie am Ende ihres detaillierten Überblicks über die faktorenanalytische Extraversionsforschung formulierte: "Inzwischen ist ein Wort der Vorsicht angebracht. Wenn der Begriff "Extraversion-Introversion" weiterhin von Psychologen verwendet werden soll - und von der zurückliegenden Entwicklung her zu urteilen, besteht nur eine geringe Wahrscheinlichkeit dafür, daß sich dies ändern wird -, dann muß die nötige Sorgfalt darauf verwendet werden, seine begrifflichen und operationalen Bezüge zu spezifizieren. Was zunächst nur kleinere Unterschiede zwischen den verschiedenen Konzeptionen zu sein scheinen, könnten in Wirklichkeit bedeutsame sein; diese zu rasch zur Seite zu schieben, bedeutet lediglich, daß man die Illusion einer Einheit propagiert, die noch nicht nachgewiesen wurde." (CARRIGAN 1960, p. 358, Übersetzung durch den Verfasser).

Bevor in Einzelheiten auf den Entwurf einer Theorie der seelischen Gesundheit eingegangen wird, halten wir es für erforderlich, den Nachweis zu erbringen, daß es sich bei der von uns vorgeschlagenen Persönlichkeitsdimension (starke vs. geringe) **"Verhaltenskontrolle"** um ein varianzstarkes Konstrukt handelt, das - im faktorenanalytischen Sinn - unabhängig von der Persönlichkeitsdimension "seelische Gesundheit" ist. Zu diesem Zweck werden die Ergebnisse dreier von uns durchgeführter faktorenanalytischer Studien in der gebotenen Kürze dargestellt. In allen Fällen wurde die gleiche methodische Strategie gewählt, nämlich: Hauptkomponentenanalyse, Extraktion der ersten beiden Faktoren, Varimax--Rotation zur orthogonalen Einfachstruktur.

Die erste Studie basiert auf den von SCHNEEWIND et al. (1983) im Manual zum 16 PF-Test mitgeteilten Interkorrelationen zwischen den 16 Persönlichkeitsskalen (vgl. Tabelle 1 in SCHNEEWIND et al. 1983, p. 13). Die ersten beiden Varimax-Faktoren klären 36.8 % der Gesamtvarianz auf. Die Ladungen der 16 (bipolaren) Skalen auf diesem Faktor gibt Abbildung 1.5 wieder, wobei der Vollständigkeit halber und zur Erleichterung der Faktoreninterpretation die Ladungen jeweils beider Pole eines jeden der 16 Grundwesenszüge angegeben werden. Der linke, negative Pol von Faktor 1 wird als "hohe **seelische Gesundheit**", der rechte positive Pol als "geringe seelische Gesundheit" interpretiert. Dieser Faktor entspricht weitgehend dem Sekundärfaktor QII (hohe vs. geringe Belastbarkeit) aus der 5-Faktoren-Lösung, die im Manual mitgeteilt wird (vgl. SCHNEEWIND et al. 1983, p. 17). Faktor 2 erhält die Benennung (starke vs. geringe) **"Verhaltenskontrolle"**. Auf dem Pol (starke) "Verhaltenskontrolle" laden vor allem: Überlegtheit, Pflichtbewußtsein, Besonnenheit, Sicherheitsinteresse und Pragmatismus. Der Gegenpol ist gekennzeichnet durch: Unbefangenheit, Veränderungsbereitschaft, Begeisterungsfähigkeit, Flexibilität und Unkonventionalität. Vergleicht man das Ladungsmuster dieses Faktors mit dem von PAWLIK (1968) zusammengestellten typischen Extraversionsmuster, so zeigt sich zwar eine partielle Übereinstimmung, doch passen die hohen Ladungen von G (Pflichtbewußtsein vs. Flexibilität), M (Unkonventionalität vs. Pragmatismus), N (Überlegtheit vs. Unbefangenheit) und Q1 (Veränderungsbereitschaft vs. Sicherheitsinteresse) nicht zum Bild der Extraversion.

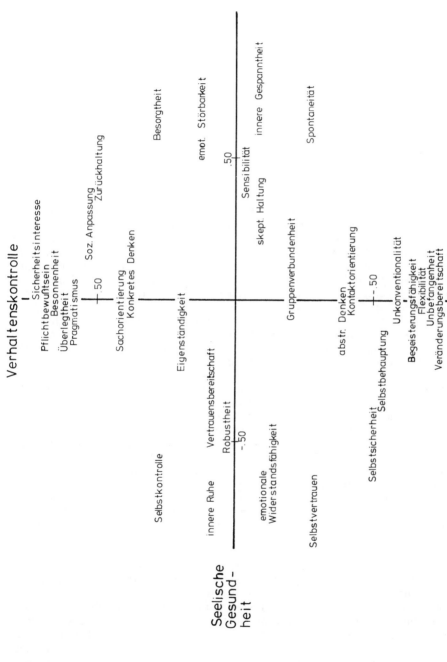

Abbildung 1.5: Veranschaulichung der Ladungen der Skalen einer von Schneewind et al. (1983) entwickelten deutschen Version des 16-PF-Tests auf den beiden Faktoren "seelische Gesundheit" und "Verhaltenskontrolle". Die Mitte des jeweiligen Variablennamens gibt die exakte Position im zweidimensionalen Raum wieder. Es werden jeweils beide Pole der 16 Eigenschaftsdimensionen abgebildet.

Die zweite Auswertung basiert auf einer Untersuchung von MUMMENDEY, MIELKE, MAUS & HESENER (1977) an 1.081 Personen, die sich mit Hilfe eines mehrdimensionalen Selbsteinschätzungsverfahrens beschreiben sollten. Das Verfahren wurde von JOHN & KEIL (1972) in enger Anlehnung an das California Psychological Inventory von GOUGH (1975) entwickelt. Es umfaßt 18 bipolare siebenstufige Ratingskalen, die durch jeweils mehrere erläuternde Adjektive präzisiert und verankert sind. Im Zusammenhang mit Fragen nach der Struktur der seelischen Gesundheit ist das Verfahren deshalb besonders interessant, weil es "... jene Persönlichkeitsmerkmale erfassen soll, die eine breite Anwendbarkeit ... haben und sich darüber hinaus auf die günstigen und positiven statt auf die morbiden und pathologischen Aspekte der Persönlichkeit beziehen." (GOUGH 1975, p. 5).

MUMMENDEY et al. berechneten Faktorenanalysen der Interkorrelationen der 18 Ratingskalen und teilten sowohl eine dreifaktorielle als auch eine vierfaktorielle Lösung mit, auf die hier nicht näher eingegangen werden soll, da in unserem Zusammenhang eine zweifaktorielle Lösung interessiert. (Freundlicherweise wurde dem Verfasser von Frau Dipl.-Psych. G. Sturm und Herrn Prof. Dr. H. D. Mummendey die Interkorrelationsmatrix der 18 Ratingskalen mitgeteilt, so daß eine zweifaktorielle Hauptkomponentenanalyse mit anschließender Varimax-Rotation berechnet werden konnte.)

Abbildung 1.6 enthält die Ergebnisse der zweifaktoriellen Hauptkomponentenanalyse. Um die Abbildung übersichtlich zu halten, konnte zur Charakterisierung der beiden Pole einer jeden Ratingskala nur jeweils ein (möglichst prägnantes) Merkmal herausgegriffen werden. Faktor 1, der 23.9 % der Gesamtvarianz aufklärt, wird als **"seelische Gesundheit"** interpretiert. Auf dem Gesundheitspol laden folgende Merkmale besonders hoch: willensstark, anpassungsfähig, hohe Kompetenz, Führungsqualitäten, selbstsicher, intelligent, ausgeglichen, tatkräftig und gesellig. Faktor 2 klärt 14.6 % der Gesamtvarianz auf und wird als (starke vs. geringe) **"Verhaltenskontrolle"** interpretiert. Am Kontrolliertheitspol laden vor allem: gewissenhaft, verläßlich, selbstbeherrscht, verantwortungsbewußt, umgänglich und tolerant, während der Gegenpol durch die Merkmale eigenwillig, impulsiv, ungehemmt und vergeßlich gekennzeichnet ist.

Die dritte faktorenanalytische Studie basiert auf einer Untersuchung von TIMM (1971). Diese Arbeit ist deshalb von besonderem Interesse, weil sowohl Selbsturteile (FPI) als auch Fremdurteile durch Bekannte verwendet wurden, so daß beide Erhebungsmethoden gemeinsam analysiert werden können. Versuchspersonen waren 100 Frauen und Männer, vorwiegend aus der Altersstufe zwischen 20 und 30 Jahren. TIMM teilte die Ladungen der 37 bipolaren Fremdratings und der FPI-Skalen auf 10 Faktoren mit. Die Kenntnis der Ladungen auf diesen Faktoren ermöglichte es uns, aus der Ladungsmatrix die Interkorrelationen zwischen allen Ausgangsvariablen (approximativ) zu berechnen. Ein stichprobenartiger Vergleich der Teilmenge aller Korrelationen, die TIMM mitteilte, und der rückgerechneten Interkorrelationen erbrachte eine hinreichend gute Übereinstimmung.

Wie bei den vorangehenden Untersuchungen interessierte uns die zweifaktorielle Varimax-Lösung einer Hauptkomponentenanalyse. Diese klärt 32 % der Gesamtvarianz auf. Die Ladungen sind in Tabelle A2 (im Anhang) sowie ausschnittweise in Abbildung 1.7 wiedergegeben. Der linke, negative Pol von Faktor 1 wird von uns als **"seelische Gesundheit"** interpretiert. Auf ihm laden hoch: energisch, selbstbewußt, heiter, willensstark, mutig, lebhaft, gesellig, selbständig und intelligent. Der Gegenpol "seelisches Kranksein" ist vor allem gekennzeichnet durch: passiv, unsicher, ängstlich, verschlossen, still, beeinflußbar (willensschwach), unselbständig, kränkelnd und Depressivität (FPI). Faktor 2 erhält die

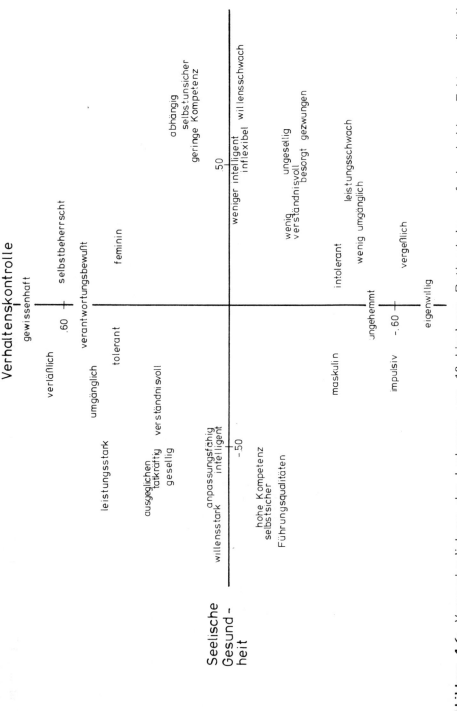

Abbildung 1.6: Veranschaulichung der Ladungen von 18 bipolaren Ratingskalen auf den beiden Faktoren "seelische Gesundheit" und "Verhaltenskontrolle". Sekundäranalyse der von Mummendy et al. (1977) erhobenen Daten.

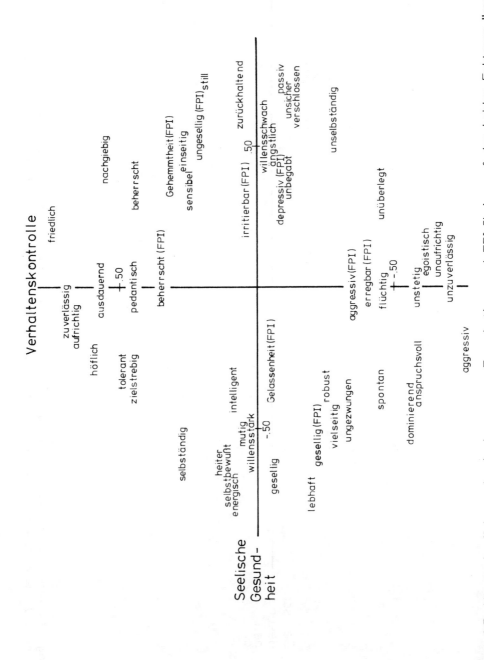

Abbildung 1.7: Veranschaulichung der Ladungen von Fremdratings und FPI-Skalen auf den beiden Faktoren "seelische Gesundheit" und "Verhaltenskontrolle". Sekundäranalyse der von Timm (1971) erhobenen Daten.

Interpretation **"Verhaltenskontrolle"**. Am Pol "starke Verhaltenskontrolle" laden vor allem: zuverlässig, aufrichtig, friedlich, höflich, selbstlos, ausdauernd und pedantisch. Der Gegenpol ist gekennzeichnet durch: unzuverlässig, unaufrichtig, aggressiv, unstetig, egoistisch, flüchtig (oberflächlich) sowie die FPI-Skalen "Erregtheit" und "Aggressivität". Auch in diesem Fall besteht kein Zweifel daran, daß der zu "seelischer Gesundheit" orthogonale Faktor 2 nicht als Extraversions-Introversions-Faktor sensu EYSENCK zu interpretieren ist, denn der wichtige Extraversionsindikator "gesellig" lädt viel zu niedrig auf diesem Faktor. (Auch durch eine Rotation des Achsensystems in der von den beiden Faktoren aufgespannten Ebene wäre keine Lösung zu erzielen, die mit den EYSENCKschen Annahmen übereinstimmt.)

Der Verfasser hat eine Reihe weiterer faktorenanalytischer Studien bzw. Interkorrelationsmatrizen nach der oben beschriebenen Methode (Beschränkung auf die ersten beiden Hauptkomponenten) reanalysiert und dabei Ergebnisse erzielt, die mit den oben genannten gut übereinstimmen. (Es handelt sich um Untersuchungen von GOLDMAN-EISLER 1951; NORMAN 1963; GOUGH 1975; SELLS et al. 1971; BECKER 1973; BECKMANN & RICHTER 1975; ANGLEITNER et al. 1982). Als vorläufige Synthese dieser verschiedenen Analysen schlagen wir eine Struktur von Persönlichkeitseigenschaften vor, die in Abbildung 1.8 wiedergegeben ist.

Zur Verdeutlichung der Übereinstimmungen, aber auch der Divergenzen zwischen diesem Modell und den konkurrierenden Modellen von EYSENCK sowie von GRAY (1981, 1983) dienen die Abbildungen 1.9 und 1.10. Da wir uns in diesem Kapitel primär mit EYSENCKs Theorie auseinandersetzen, lassen wir es bei einigen knappen Bemerkungen zu **GRAYs Theorie** bewenden. Wie EYSENCK bemüht sich GRAY (1981, 1983) um die Entwicklung einer explikativen Persönlichkeitstheorie auf neuropsychologischer Basis. Seines Erachtens sind Introvertierte nicht generell besser konditionierbar als Extravertierte. Vielmehr reagieren Introvertierte empfindlicher auf Bestrafung, frustrierende Nichtbelohnung und neuartige Reize, während Extravertierte besonders empfindlich auf potentielle Belohnungen von seiten der Umwelt ansprechen. Personen mit hohen Neurotizismuskores unterscheiden sich von solchen mit niedrigen Skores durch eine besondere allgemeine Empfindlichkeit bezüglich aller positiv und negativ verstärkenden Reize. Aus diesen Annahmen leitet GRAY ab, daß im Faktorenraum der beiden EYSENCKschen Konstrukte "Extraversion-Introversion" und "Neurotizismus" eine Faktorenrotation um $45°$ erforderlich ist, um zu Konstrukten mit hoher neuropsychologischer Explikationskraft zu gelangen. Die nach der Rotation ermittelten beiden orthogonalen Persönlichkeitsmerkmale interpretiert GRAY als "Ängstlichkeit" und "Impulsivität" (vgl. Abbildung 1.10).

Eine verbindliche Darstellung des EYSENCKschen Modells bereitet Probleme, da EYSENCK - wie wir oben sahen - seine Auffassungen mehrfach revidierte. Abbildung 1.9 lehnt sich dabei eng an eine Darstellung von EYSENCK & RACHMAN (1967, p. 24) an, in der diese Autoren den von den Faktoren Extraversion-Introversion und (emotionale) Stabilität vs. (emotionale) Labilität aufgespannten zweidimensionalen Raum mit ringförmig angeordneten Begriffen füllen. Zur besseren Vergleichbarkeit mit unserem in Abbildung 1.8 wiedergegebenen Modell wurde die von EYSENCK & RACHMAN (1967) gewählte ringförmige Darstellung leicht abgewandelt, ohne an den Positionen der Eigenschaftswörter Essentielles zu verändern. Die Veränderung besteht darin, daß wir die kontinuierliche Anordnung auf einem Ring durch eine Gruppierung in 8 Blöcke von je 4 eng beieinander liegenden Eigenschaften ersetzt haben. Ergänzend hierzu enthält Abbildung 1.10 neben unseren Modellannahmen zwei weitere Darstellungsformen des EYSENCKschen Modells, die den Bezug zu den Konstrukten "Soziabilität" und "Impulsivität" herstellen sollen, sowie das Modell von GRAY.

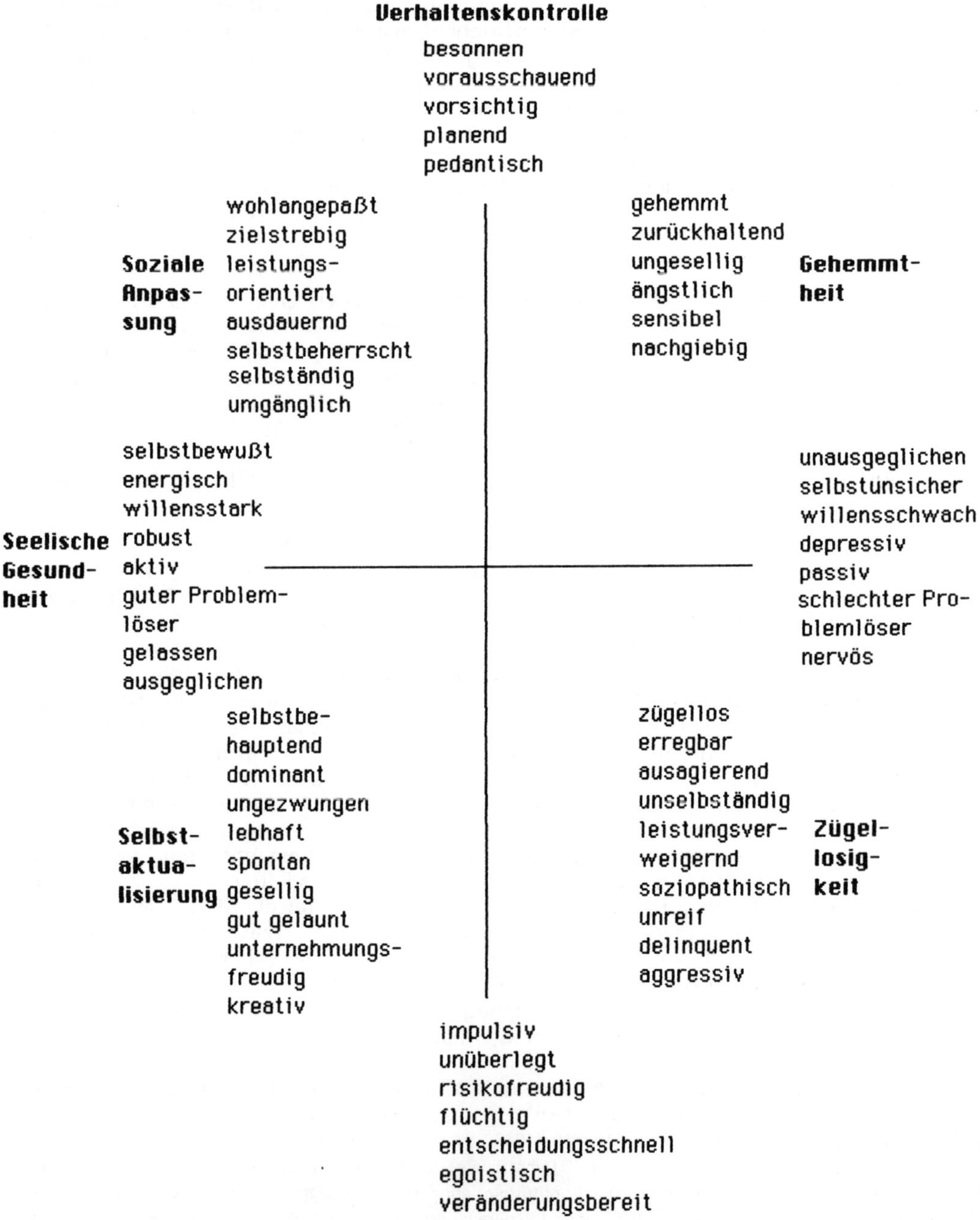

Verhaltenskontrolle
besonnen
vorausschauend
vorsichtig
planend
pedantisch

	wohlangepaßt	gehemmt	
	zielstrebig	zurückhaltend	
Soziale	leistungs-	ungesellig	**Gehemmt-**
Anpas-	orientiert	ängstlich	**heit**
sung	ausdauernd	sensibel	
	selbstbeherrscht	nachgiebig	
	selbständig		
	umgänglich		

	selbstbewußt	unausgeglichen
	energisch	selbstunsicher
	willensstark	willensschwach
Seelische	robust	depressiv
Gesund-	aktiv	passiv
heit	guter Problem-	schlechter Pro-
	löser	blemlöser
	gelassen	nervös
	ausgeglichen	

	selbstbe-	zügellos	
	hauptend	erregbar	
	dominant	ausagierend	
	ungezwungen	unselbständig	
Selbst-	lebhaft	leistungsver-	**Zügel-**
aktua-	spontan	weigernd	**losig-**
lisierung	gesellig	soziopathisch	**keit**
	gut gelaunt	unreif	
	unternehmungs-	delinquent	
	freudig	aggressiv	
	kreativ		

impulsiv
unüberlegt
risikofreudig
flüchtig
entscheidungsschnell
egoistisch
veränderungsbereit

Abbildung 1.8: Ein zweifaktorielles Persönlichkeitsmodell mit den Hauptfaktoren "seelische Gesundheit" und "Verhaltenskontrolle" sowie mit den Nebenfaktoren "soziale Anpassung vs. Zügellosigkeit" und "Gehemmtheit vs. Selbstaktualisierung".

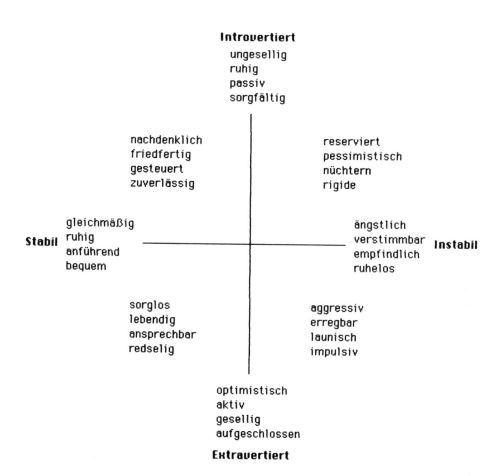

Abbildung 1.9: Ein zweifaktorielles Persönlichkeitsmodell in Anlehnung an eine Abbildung in Eysenck & Rachman (1967, p. 24).

Wir wollen zunächst die EYSENCKsche Position - ausgehend von den drei zugeordneten Abbildungen sowie von unseren obigen Erörterungen - wie folgt in einigen wesentlichen Punkten charakterisieren, um sie sodann besser mit den eigenen Modellvorstellungen vergleichen zu können:

(1) Extraversion - operationalisiert über Verfahren mit einer Übergewichtung von Soziabilitäts- (bzw. Geselligkeits-)Items gegenüber Impulsivitätsitems - ist von Neurotizismus (bzw. emotionaler Labilität) streng unabhängig.
(2) Soziabilität (Geselligkeit) weist nur eine geringfügige negative Korrelation, deren Betrag den Wert von .20 nicht übersteigt, zu Neurotizismusmaßen auf. Soziabilität ist also weitgehend unabhängig von Neurotizismus.
(3) Impulsivität ist kein von Neurotizismus (und Psychotizismus) unabhängiges Konstrukt. Es korreliert vielmehr bedeutsam positiv mit Neurotizismus (sowie positiv mit Psychotizismus). Ausgehend von den Abbildungen 1.9 und 1.10 gewinnt man den Eindruck, daß Impulsivität etwa auf der Diagonale zwischen Extraversion und Neurotizismus lokalisiert ist, so wie es GRAY explizit postuliert, und zusätzliche Ladungen auf Psychotizismus besitzt.

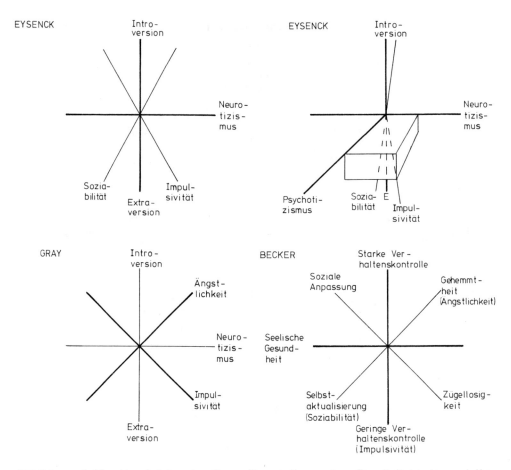

Abbildung 1.10: Vergleichende Gegenüberstellung der Persönlichkeitsmodelle von Eysenck (2 Varianten), Gray und Becker.

(4) Ängstlichkeit ist ein guter Neurotizismusindikator und weitgehend unabhängig von Introversion. In diesem Punkt grenzt EYSENCK (1983) explizit seine Position von derjenigen GRAYs ab, der Ängstlichkeit in der Diagonale zwischen Introversion und Neurotizismus lokalisiert, also auf der Konstruktebene eine Korrelation von .71 zwischen Ängstlichkeit und Introversion annimmt.

(5) Die Neurotizismusdimension bezieht sich (ganz überwiegend) auf den Bereich der "Emotionalität" (vgl. die vier in Abbildung 1.9 zur Charakterisierung des "Instabilitätspols" verwendeten Eigenschaften: ängstlich, verstimmbar, empfindlich, ruhelos). Kompetenz- bzw. Fähigkeitsaspekte bleiben ausgeklammert.

Wir stellen im folgenden diesen sechs Annahmen unsere eigenen gegenüber. Beim Vergleich der beiden Modelle ist zunächst einmal festzuhalten, daß sie in vielen Punkten übereinstimmen. Eine krasse Divergenz wäre auch sehr überraschend, wenn man bedenkt, daß beide Modelle auf faktorenanalytischem Weg und unter Verwendung vergleichbarer Items bzw. Skalen entwickelt wurden und beide beanspruchen, die Ebene der zwei varianzstärksten Persönlichkeitsfaktoren abzubilden. Diese Ähnlichkeit der Gesamtstruktur sollte jedoch nicht dazu verführen, die bestehenden Unterschiede zu übersehen. Wir sind der Auffassung, daß "seelische Gesundheit" nicht einfach ein neuer Name für "emotionale Stabilität" und "Verhaltenskontrolle" nicht einfach ein neuer Name für Introversion ist. Die beiden Strukturmodelle lassen sich auch nicht durch Rotationen der Achsen ineinander transformieren. Die entscheidende Frage ist vielmehr, welches der beiden deskriptiven Modelle die empirischen Variablenzusammenhänge besser wiedergibt. Und in dieser Hinsicht halten wir unser eigenes Modell für leistungsfähiger. Es beinhaltet unter anderem folgende Hypothesen:

(1) Extraversion - operationalisiert über Verfahren mit einer Übergewichtung von Soziabilitäts- (bzw. Geselligkeits-)Items gegenüber Impulsivitätsitems - ist **nicht** von seelischer Gesundheit unabhängig. Vielmehr bestehen signifikante positive Korrelationen, deren Höhe mit dem Grad der Übergewichtung von Soziabilitäts- gegenüber Impulsivitätsitems zunimmt. Korrelationen in einer Größenordnung von .30 bis .35 sind keine Seltenheit. Insoweit Neurotizismusmaße sich mit Maßen für seelische Gesundheit überschneiden, gilt eine analoge Aussage auch für den Zusammenhang von Extraversion und Neurotizismus. Man findet, mit anderen Worten, häufig signifikante negative Korrelationen zwischen Extraversions- und Neurotizismusmaßen.

(2) Soziabilität (Geselligkeit) weist bedeutsame positive Korrelationen, die den Wert .20 in der Regel übersteigen, zu seelischer Gesundheit auf. Analoges gilt - mit leichten Einschränkungen - für den Zusammenhang von Soziabilität und Neurotizismus. (Die Einschränkungen resultieren aus der Validität bzw. Itemzusammensetzung der jeweiligen Neurotizismusskalen. Durch selektives Eliminieren einiger ursprünglich in Neurotizismusskalen verwendeten Items kann man natürlich die Höhe der Korrelation beeinflussen.)

(3) Impulsivität ist ein von seelischer Gesundheit (analog: von Neurotizismus) unabhängiges Konstrukt. Es ist Kernbestandteil des einen Pols der Dimension "starke vs. geringe Verhaltenskontrolle". Ein Konstrukt, das in der Diagonale zwischen geringer seelischer Gesundheit (Neurotizismus) und geringer Verhaltenskontrolle (Extraversion) lokalisiert ist, sollte nicht als Impulsivität bezeichnet werden; wir schlagen statt dessen den Begriff der **"Zügellosigkeit"** vor.

(4) Ängstlichkeit korreliert bedeutsam positiv mit starker Verhaltenskontrolle bzw. mit Introversion. Unsere Annahmen decken sich hier mit denjenigen von GRAY, der Ängstlichkeit in der Diagonale zwischen Introversion und Neurotizismus lokalisiert. Im Gegensatz zu GRAY nennen wir das zugeordnete übergreifende Konstrukt jedoch nicht Ängstlichkeit, sondern **Gehemmtheit**. Dieser Begriff erweist sich unseres Erachtens deswegen als vorteilhafter, weil er die starke soziale Komponente dieser Form von Ängstlichkeit besser zum Ausdruck bringt.

(5) Die zur Dimension (starke vs. geringe) "Verhaltenskontrolle" orthogonale, varianzstarke Dimension, die wir "seelische Gesundheit" nennen und für die EYSENCK die Begriffe "Neurotizismus" (bzw. "emotionale Stabilität vs. Labilität") verwendet, sollte neben der sicherlich sehr bedeutsamen Emotionalitätskomponente auch eine Kompetenz- bzw. Fähigkeitskomponente sowie weitere oben aufgeführte Komponenten umfassen. Seelisch Gesunde sind nicht nur emotional stabiler, sondern auch - in einem weiter unten zu präzisierenden Sinn - "kompetenter" bzw. "effizienter" als seelisch weniger Gesunde. Die Enge dieses positiven Zusammenhangs zwischen "Kompetenz" und "Emotionalität" hängt dabei insbesondere von der Art der verwendeten Kompetenzmaße ab. (Zu abstrakteren Intelligenzmaßen fällt sie niedriger aus als zu lebensnäheren Kompetenzindikatoren. Vgl. hierzu Kapitel 2). Auf die übrigen Komponenten der seelischen Gesundheit wurde bereits an anderer Stelle ausführlicher eingegangen. Wir kommen darauf weiter unten erneut zu sprechen. Der Begriff "seelische Gesundheit" eignet sich aus den genannten Gründen besser zur Bezeich-

nung dieses Komplexes von sieben Indikatorenbereichen als die engeren Begriffe "emotionale Stabilität" bzw. "Neurotizismus".

Bevor wir unser in Abbildung 1.8 wiedergegebenes Modell detaillierter erläutern, berichten wir über zwei weitere von uns durchgeführte Untersuchungen, die unsere von EYSENCK und von GRAY abweichende Position stützen. In beiden Fällen verwenden wir die Methode der **konfirmatorischen Faktorenanalyse** (vgl. WEEDE & JAGODZINSKI 1977; JÖRESKOG & SÖRBOM 1979, 1984; UPSHAW 1980).

Die erste Untersuchung wurde an einer Gruppe von 26 männlichen und 80 weiblichen Studienanfängern der Psychologie im Alter zwischen 18 und 42 Jahren durchgeführt. Da sich die beiden Geschlechter weder in den Variablenmittelwerten noch Variableninterkorrelationen auf dem 5%-Niveau signifikant unterschieden, diskutieren wir nur jene Ergebnisse, die auf der Basis der Gesamtgruppe von 106 Studierenden gewonnen wurden. Als Indikatoren für das Konstrukt **"Neurotizismus"** (bzw. mit Einschränkungen: "seelische Gesundheit") dienten die Nervositäts- und die Depressivitätsskalen des FPI. Nach einer Faktorenanalyse von FAHRENBERG & SELG (1970) laden diese beiden Variablen am höchsten auf EYSENCKs Neurotizismus-Faktor (vgl. auch SCHMIDTCHEN 1975). Zur Messung von **"Gehemmtheit"** verwendeten wir die Gehemmtheitsskala des FPI. Diese ist zugleich ein gutes Maß für "Ängstlichkeit". (In einer unveröffentlichten Untersuchung an 37 männlichen Studierenden berechneten wir eine multiple Korrelation von .79 zwischen den sechs Basisskalen des Interaktions--Angstfragebogens (IAF) von BECKER (1982b) und der Gehemmtheitsskala des FPI. Dieser hohe Wert, aber auch die Inspektion der Skalenitems, deuten darauf hin, daß die Gehemmtheitsskala als Maß für (soziale) Ängstlichkeit brauchbar ist.) **"Zügellosigkeit"** wurde über die Erregbarkeitsskala des FPI, **"Soziabilität"** (bzw. Gesellkeit) über die Gesellkeitsskala des FPI und **"Impulsivität"** über die Impulsivitätsskala von VOSSEL & SAFIAN (1984) gemessen.

Da diese Impulsivitätsskala wenig bekannt ist, wollen wir kurz auf ihre sorgfältige Konstruktion eingehen. VOSSEL & SAFIAN entwickelten diese Skala in mehreren Schritten unter Verwendung von Faktoren- sowie Trennschärfeanalysen. Als Ausgangsbasis dienten ihnen 25 Items der E-Skala des EPI (A), 6 Items der E-Skala des EPI (B), 49 Items der Barrat-Impulsivitäts-Skala (BARRAT 1959, 1972; BARRAT & PATTON 1983), 7 Items aus der Untersuchung von EYSENCK & EYSENCK (1963), 20 Items der "Personality Research Form" von JACKSON, 7 Items der "Karolinska Scales of Personality" von SCHALLING (vgl. SCHALLING, EDMAN & ASBERG 1983), 14 Items der Kurzform des MMPI sowie 61 Items aus der Untersuchung von EYSENCK & EYSENCK (1978). Diese Auflistung erfolgte in der Absicht, zu verdeutlichen, daß VOSSEL & SAFIAN (1984) einen ungewöhnlich umfassenden Pool potentieller Impulsivitätsitems verwendeten. In mehreren Schritten, die wir hier nicht detailliert nachvollziehen wollen, konstruierten sie schließlich eine 23 Items umfassende Impulsivitäts-Skala. Wir haben in unserer Untersuchung diese Skala auf 17 Items verkürzt, indem wir weitgehend synonyme Items eliminierten. (Diese 17 verbliebenen Items sind in Tabelle A3 im Anhang wiedergegeben.)

Wir erwarteten, daß die Ergebnisse einer **konfirmatorischen** Faktorenanalyse der genannten 6 Skalen mit den in Abbildung 1.8 festgelegten Positionen (Ladungen) dieser Skalen im zweidimensionalen Raum in Einklang stehen und unsere oben formulierten Hypothesen (2), (3) und (4) stützen würden. Zur Berechnung der Faktorenladungen griffen wir auf das LISREL-Programm von JÖRESKOG & SÖRBOM (1984) zurück. Da wir die Nervositäts- und Depressivitäts-Skalen als Indikatoren für Neurotizismus (bzw. mit Einschränkungen: für geringe seelische Gesundheit) verwendeten, wurden deren Ladungen auf dem zweiten orthogonalen Faktor nullgesetzt (vgl. Tabelle 1.5). Tabelle 1.5 gibt die Interkorrelationen, Residualkorrelationen, Reliabilitäten, Ladungen und Kommunalitäten der 6 Skalen wieder. Die zweifaktorielle orthogonale LISREL-Lösung hat einen ausge-

Tabelle 1.5: Zusammenhänge zwischen 6 Persönlichkeitsvariablen. Die untere Dreiecksmatrix enthält die Korrelationen der Variablen, die obere Dreiecksmatrix die Residualkorrelationen nach einer zweifaktoriellen orthogonalen konfirmatorischen Faktorenanalyse (LISREL). N = 106. Zusätzlich sind die Reliabilitäten (Cronbach α), die Ladungen und die Kommunalitäten (h^2) der 6 Variablen angegeben. Die beiden Nulladungen auf dem Faktor VK wurden vorgegeben. SG = seelische Gesundheit. VK = Verhaltenskontrolle. Alle Zahlenwerte sind Nachkommastellen.

Persönlichkeits-variable	Relia-bilit.	Korrelationen + Residualkorrelationen						Ladungen		h^2
		Nerv	Dep	Erreg	Ges	Geh	Imp	SG	VK	
Nervosität (Nerv)	836		005	019	009	-046	044	-787	0	619
Depressivität (Dep)	865	697		-016	004	020	-030	-880	0	775
Erregbarkeit (Erreg)	822	373	380		-019	005	016	-450	-452	407
Geselligkeit (Ges)	803	-221	-254	173		-015	-001	293	-717	599
Gehemmtheit (Geh)	808	395	514	033	-536		009	-561	498	563
Impulsivität (Imp)	810	121	057	427	551	-339		-098	-811	667

zeichneten Fit. Das Chi-Quadrat von 2.83 bei 5 Freiheitsgraden ist nicht signifikant (p = .727), der "Goodness of Fit Index" beträgt .986 und das "Root Mean Square Residual" beträgt .018. Die beiden Faktoren lassen sich recht eindeutig als **"seelische Gesundheit"** (bzw. Neurotizismus) und **"Verhaltenskontrolle"** interpretieren.

EYSENCK würde vermutlich den von uns als "Verhaltenskontrolle" bezeichneten Faktor "Introversion vs. Extraversion" benennen. Dies würde allerdings drei Widersprüche zu seinen neueren Annahmen hervorrufen: Der beste Indikator für den Faktor ist die Impulsivitätsskala, von der EYSENCK annimmt, daß sie deutliche pathologische Bezüge aufweist, d.h. mit Neurotizismus und Psychotizismus relativ hoch korreliert, und kein besonders guter Extraversionsindikator ist (siehe obige Diskussion). Die Geselligkeits- (bzw. Soziabilitäts-)Skala, die EYSENCK in jüngster Zeit für den besten Extraversionsindikator hält, hat eine deutlich niedrigere Ladung auf dem Faktor (-.717) als die Impulsivitätsskala (-.811). Die Gehemmtheitsskala, die ein brauchbarer Ängstlichkeitsindikator ist, dürfte nach EYSENCK auf dem Faktor keine bedeutsame Ladung besitzen. Diese beträgt jedoch .498. EYSENCK könnte mithin erst dann eine Introversionsinterpretation vertreten, wenn er seine neueren theoretischen Annahmen im Sinne früherer Auffassungen revidierte.

Die Ladungen der Variablen Erregbarkeit, Geselligkeit, Gehemmtheit und Impulsivität entsprechen sehr gut den Erwartungen aufgrund des in Abbildung 1.8 dargestellten Strukturmodells. Hervorhebenswert erscheinen uns vor allem folgende Aspekte:

(1) Alle 6 Skalen verfügen über gute Reliabilitäten (>.80). Im Widerspruch zu den Annahmen von EYSENCK & EYSENCK (1977) besitzt die Impulsivitätsskala, die sicherlich keine "enge" Impulsivität mißt, eine recht hohe interne Konsistenz und "zerfällt" nicht in mehrere unabhängige Teilkomponenten (vgl. auch VOSSEL & SAFIAN 1984).
(2) Der beste Indikator für die auf "seelischer Gesundheit" (bzw. Neurotizismus) senkrecht stehende Dimension ist die Impulsivitäts- und nicht die Geselligkeitsskala. Im Gegensatz zu den Annahmen von EYSENCK sowie von GRAY hat die Impulsivitätsskala keine nennenswerte Ladung auf dem "Neurotizismus-Faktor" (.098).
(3) Hingegen ist die Ladung von .293 der Geselligkeits-Skala (als Indikator für Soziabilität) auf dem Faktor "seelische Gesundheit" (bzw. Neurotizismus) deutlich von Null verschieden.
(4) Sowohl die Erregbarkeits- als auch die Gehemmtheits-Skala haben Ladungen, die sehr genau unseren Modellannahmen entsprechen (Lokalisation in den jeweiligen Diagonalen zwischen Verhaltenskontrolle und seelischer Gesundheit). Akzeptiert man die Gehemmtheits-Skala als relativ brauchbaren Indikator für Ängstlichkeit (siehe oben), so widerspricht die Ladung von .498 auf der von seelischer Gesundheit (bzw. Neurotizismus) unabhängigen Dimension "starke Verhaltenskontrolle" (hier eng verwandt mit dem **ursprünglichen** EYSENCKschen Introversionskonzept) den EYSENCKschen Annahmen (vgl. EYSENCK 1983). Sie steht hingegen im Einklang mit der Theorie von GRAY.

Die zweite Untersuchung ist eine von uns durchgeführte Sekundäranalyse eines Teils des von ANDRESEN & STEMMLER (1978, 1982) im Rahmen eines umfangreichen Forschungsprojektes erhobenen und ausgewerteten Datenmaterials.* Dieses Material erschien uns aus zwei Gründen für unsere spezielle Fragestellung sehr geeignet: (1) Die Autoren erhoben insgesamt 61 Persönlichkeitsvariablen, aus denen wir eine Untermenge für unsere Zwecke herausgreifen

---

* Für die freundliche Mitteilung der Ergebnisse einer Korrelationsanalyse von 61 Untersuchungsvariablen danke ich Herrn Dr. Burghard Andresen sehr herzlich.

konnten. Die 61 Skalen umfassen unter anderem die Standardskalen des FPI, des 16 PF (CATTELL, EBER & TATSUOKA 1970), des PIT (MITTENECKER & TOMAN 1972) sowie die 4 Skalen der "Sensation-Seeking-Scale IV" von ZUCKERMAN (1971). (2) Die Ergebnisse basieren auf einer hinreichend großen Stichprobe von 457 Wehrdienstleistenden im Alter von 18 bis 22 Jahren.

Unser Vorgehen bei der Sekundäranalyse entsprach im wesentlichen dem der vorangehenden Studie. Im Unterschied zu der ersten Studie konnte hier jedoch eine größere Anzahl von Variablen, z.B. zur "Verankerung" des Faktors "seelische Gesundheit" (bzw. Neurotizismus), einbezogen werden. Unser Hauptziel bestand darin, zu überprüfen, (1) welche von verschiedenen Variablen aus dem "Umfeld" der drei Konstrukte "Extraversion-Introversion", "Verhaltenskontrolle" und "Sensation-- Seeking" am höchsten und eindeutigsten auf jenem Faktor laden, der zum Faktor "seelische Gesundheit" (bzw. Neurotizismus) orthogonal ist, und (2) ob die Ladungen der Geselligkeits-, Erregbarkeits- und Gehemmtheits-Skalen den in Abbildung 1.8 postulierten Positionen entsprechen würden.

Die wichtigsten Ergebnisse sind in den Tabellen 6 und 7 wiedergegeben. Die konfirmatorische Faktorenanalyse mit Hilfe des LISREL-Programms zeigt zunächst einmal, daß eine zweifaktorielle Lösung bei Freisetzung einiger Elemente der Theta-Delta-Matrix hinreichend gut in der Lage ist, die Ausgangskorrelationen zu reproduzieren.

(Der Tabelle 1.6 ist zu entnehmen, daß alle Residualkorrelationen dem Betrag nach kleiner als .10 sind. Der "Goodness of Fit Index" beträgt .975. Der Wert vom "Root Mean Square Residual" beträgt .032. Das Chi-Quadrat von 56.42 ist bei 35 Freiheitsgraden auf dem .012-Niveau signifikant. Bei der Interpretation des zuletzt genannten Wertes ist das N von 457 zu berücksichtigen. Das Chi-Quadrat wächst proportional zu N, so daß es bei großen Stichproben auch bei gutem Fit signifikant wird.)

Der erste Faktor wird als **"seelische Gesundheit"** (bzw. mit Einschränkungen: als Neurotizismus) interpretiert. Markiervariablen dieses Faktors sind die Skalen Nervosität, Ich-Stärke, Neigung zu Schuldgefühlen und Gelassenheit. Auf dem orthogonalen zweiten Faktor lädt die Besonnenheits- (F-)Skala aus dem 16 PF mit Abstand am höchsten (-.897). Weitere hohe bzw. - im Sinne der Einfachstruktur - markante Ladungen auf diesem Faktor haben die Skalen "Geselligkeit", "Disinhibition" und "Thrill & adventure", wobei die zuletzt genannten Skalen zu den von ZUCKERMAN (1971) konstruierten "Sensation-Seeking"-Skalen gehören. Wir interpretieren diesen zweiten Faktor als **"Verhaltenskontrolle"**.

(Eine naheliegende Alternativinterpretation wäre "Introversion-Extraversion". Wie in der vorangehend besprochenen konfirmatorischen Faktorenanalyse läßt sich diese Interpretation jedoch nicht streng, sondern nur approximativ, das heißt für Vergleichszwecke zwischen verwandten, jedoch konkurrierenden Modellen heranziehen, da sich ansonsten die oben genannten Widersprüche zu EYSENCKs Annahmen aus jüngerer Zeit ergeben.)

Da die Besonnenheits-(F-)Skala aus dem 16 PF-Test mit Abstand am höchsten auf dem zweiten Faktor lädt, erscheint es uns zur Stützung unserer Faktoreninterpretation aufschlußreich, die Charakterisierung dieses Grundwesenszuges durch CATTELL & EBER (1957, p. 19) heranzuziehen: "Die Person mit niedrigen Skores im Faktor F ist eher kontrolliert, zurückhaltend, introspektiv. Sie ist gelegentlich mürrisch, pessimistisch, übermäßig besonnen, und sie wird von Beobachtern für selbstgefällig und überkorrekt gehalten. Sie ist eine eher nüchterne zuverlässige Person. Die Person mit hohen Skores in dieser Eigenschaft ist eher fröhlich, aktiv, gesprächig, frei, expressiv, überschäumend, sorglos. Sie wird oft als Führer gewählt. Sie kann impulsiv und sprunghaft sein." Das von CATTELL & EBER beschriebene Eigenschaftsmuster deckt sich recht gut mit mehreren der in Abbildung 1.8 zur Charakterisierung der Dimension "starke vs.

Tabelle 1.6: Zusammenhänge zwischen 12 Persönlichkeitsvariablen. Die untere Dreiecksmatrix enthält die Korrelationen der Variablen, die obere Dreiecksmatrix die Residualkorrelationen nach einer zweifaktoriellen orthogonalen LISREL-Lösung. N = 457. (Korrelationen entnommen aus ANDRESEN & STEMMLER 1978 bzw. einer von B. Andresen dem Verfasser zur Verfügung gestellten Interkorrelationsmatrix.) Die in der oberen Dreiecksmatrix unterstrichenen Werte verweisen auf Elemente der Theta-Delta-Matrix, die freigesetzt wurden.

Persönlichkeits-variable	Nerv	Gelas	Ichst	Schul	Gesel	Thril	Beson	Überi	Erreg	Gehemm	Wille	Disin
Nervosität (Nerv); FPI		05	02	02	04	-01	06	03	06	-02	0	-01
Gelassenheit (Gelas); FPI	-21		05	03	05	03	-03	06	03	-05	<u>01</u>	-02
Ichstärke (Ichst); 16 PF (C)	-34	33		0	04	<u>03</u>	03	-04	<u>02</u>	-05	-01	06
Schuldgefühle (Schul); 16 PF (O)	42	-28	-42		01	-03	0	<u>01</u>	01	0	03	<u>0</u>
Geselligkeit (Gesel); FPI	-14	30	23	-20		-01	01	05	03	02	-03	-07
Thrill & adventure (Thril); SSS	-06	14	26	-09	24		0	-03	04	-03	<u>0</u>	09

Fortsetzung der Tabelle 1.6:

Persönlichkeits-variable	Nerv	Gelas	Ichst	Schul	Gesel	Thril	Beson	Überi	Erreg	Gehemm	Wille	Disin
Besonnenheit (Beson); 16 PF (F)	-04	21	13	-12	61	35		02	-02	0	-02	02
Überichstärke (Überi); 16 PF (G)	-08	10	08	-03	-03	-19	-16		-03	03	03	-02
Erregbarkeit (Erreg); FPI	45	-22	-28	48	0	09	13	-22		-05	01	0
Gehemmtheit (Gehemm); FPI	33	-41	-42	42	-45	-25	-30	03	22		-04	03
Willensstärke (Wille); 16 PF (Q3)	-20	26	20	-21	-01	-14	-08	26	-26	-18		-06
Disinhibition (Disin); SSS	06	02	-01	-03	20	27	45	-38	22	-13	-17	

Tabelle 1.7: Ergebnisse einer hypothesentestenden Faktorenanalyse nach der Maximum-likelihood-Methode (LISREL). Es wurden zwei orthogonale Faktoren und drei Nulladungen vorgegeben. Die Tabelle enthält die Ladungen sowie Kommunalitäten der 12 Variablen. (Basierend auf den Korrelationen der Tabelle 1.6).

Persönlichkeitsvariable	Seelische Gesundheit	Verhaltens- kontrolle	h^2
Nervosität; FPI	-.584	0	.341
Gelassenheit; FPI	.450	-.186	.237
Ichstärke; 16 PF (C)	.615	0	.381
Schuldgefühle; 16 PF (O)	-.695	0	.483
Geselligkeit; FPI	.307	-.610	.466
Thrill & adventure; SSS	.085	-.374	.159
Besonnenheit; 16 PF (F)	.169	-.897	.834
Überichstärke; 16 PF (G)	.187	.232	.099
Erregbarkeit; FPI	-.671	-.292	.541
Gehemmtheit; FPI	-.600	.464	.575
Willensstärke; 16 PF (Q3)	.343	.135	.138
Disinhibition; SSS	-.114	-.499	.263
$\Sigma\ a^2$	2.511	1.973	4.484

geringe Verhaltenskontrolle" verwendeten Attribute. Gut in dieses Bild passen auch die Ladungen der beiden "Sensation-Seeking"-Skalen, wobei die Skala "Disinhibition" weitgehend den Impulsivitätsbereich abdeckt. Wie bereits in der vorangehenden konfirmatorischen Faktorenanalyse stimmen auch in der vorliegenden Untersuchung die Ladungen der Geselligkeits-, Erregbarkeits- und Gehemmtheits-Skalen relativ genau mit den Erwartungen aufgrund von Abbildung 1.8 überein:

(1) Die Geselligkeitsskala lädt nennenswert (.307) auf "seelischer Gesundheit" (bzw. mit Einschränkungen: auf Neurotizismus). Sie ist nicht der beste Einzelindikator für den zweiten Faktor ("Verhaltenskontrolle").
(2) Die Ladungen der Gehemmtheits-Skala entsprechen deren erwarteter Lokalisation in der Diagonale zwischen Verhaltenskontrolle und geringer seelischer Gesundheit.
(3) Die Ladungen der Erregbarkeitsskala entsprechen weitgehend, wenn auch nicht in idealer Weise, deren erwarteter Lokalisation in der Diagonale zwischen geringer Verhaltenskontrolle und geringer seelischer Gesundheit.

Nachdem die beiden zuletzt besprochenen konfirmatorischen Faktorenanalysen das in Abbildung 1.8 wiedergegebene und aus mehreren vorausgehenden exploratorischen Faktorenanalysen gewonnene Modell überzeugend gestützt haben, wenden wir uns im folgenden einer ersten zusammenfassenden Beschreibung dieses **deskriptiven** Modells zu (vgl. Abbildung 1.8).

Durch unser Modell wird der n-dimensionale Vektorraum, innerhalb dessen Persönlichkeitseigenschaften in Abhängigkeit von der Enge der zwischen ihnen bestehenden korrelativen Beziehungen lokalisiert werden können, auf einen zweidimensionalen Unterraum reduziert. Dieser Unterraum hat die wünschenswerte Eigenschaft, daß eine Vielzahl von Persönlichkeitsmerkmalen in ihm deutlich von Null verschiedene Projektionen aufweist. Faktorenanalytisch gesprochen läßt sich mit Hilfe von zwei in diesem Unterraum lokalisierten Faktoren verhältnismäßig viel Varianz in einer Vielzahl von Persönlichkeitsmerkmalen aufklären. Durch dieses Kriterium hoher Varianzaufklärung zeichnet sich dieser Unterraum gegenüber anderen Unterräumen des n-dimensionalen Vektorraums aus. Wenngleich rein mathematisch gesehen beliebig viele orthogonale oder schiefwinklige Achsenpositionen einander äquivalent sind, so bietet doch die in Abbildung 1.8 wiedergegebene Lösung mit zwei orthogonalen "Hauptfaktoren" und zwei um 45^0 rotierten Nebenfaktoren in psychologisch-inhaltlicher Hinsicht einige Vorteile.

Als **"Hauptfaktoren"** bezeichnen wir solche unabhängigen Persönlichkeitskonstrukte (- in unserem Fall die Faktoren "seelische Gesundheit" und "Verhaltenskontrolle" -), die (a) bei faktorenanalytischen Rotationen verschiedener Variablensätze zur orthogonalen Einfachstruktur besonders häufig repliziert werden können und (b) sich für die psychologische Theorienbildung (in ihren deskriptiven und explikativen Aspekten) als besonders fruchtbar erweisen. Unter **"Nebenfaktoren"** verstehen wir die beiden unabhängigen Konstrukte "Gehemmtheit vs. Selbstaktualisierung" und "Soziale Anpassung vs. Zügellosigkeit". Sie entsprechen jenen Achsenpositionen, die bei einer Rotation der Hauptfaktoren um 45^0 eingenommen werden. Je nach Art des Variablenausgangspools können sich diese Positionen **gelegentlich** bei zweifaktoriellen orthogonalen Rotationen zur Einfachstruktur einstellen, in der Regel ist dies jedoch nicht der Fall. Der individuelle Ausprägungsgrad in diesen als "Nebenfaktoren" bezeichneten Persönlichkeitskonstrukten kann als Resultante der Ausprägungsgrade in den Hauptfaktoren aufgefaßt werden. So ist z. B. eine hohe (ängstliche) Gehemmtheit Ausdruck der Merkmalskombination "geringe seelische Gesundheit" und "starke Verhaltenskontrolle".

Die von uns gewählte Unterscheidung in Haupt- und Nebenfaktoren entbehrt zunächst einmal nicht einer gewissen Willkürlichkeit, und GRAY (1983) z.B. würde die Rollen von Haupt- und Nebenfaktoren gerade vertauschen, indem er "Ängstlichkeit" (Gehemmtheit) und "Impulsivität" zu Hauptfaktoren deklarierte. Welche von verschiedenen Achsenrotationen sich langfristig als am vorteilhaftesten herausstellen wird, läßt sich zur Zeit noch nicht absehen. Aus bereits erwähnten sowie weiter unten vorzubringenden Gründen favorisieren wir die Lösung mit den beiden Hauptfaktoren "seelische Gesundheit" und "Verhaltenskontrolle".

Bei der Charakterisierung der beiden Hauptfaktoren legen wir besonderen Wert auf die Beachtung von Gemeinsamkeiten und Divergenzen zu EYSENCKs Modell mit den beiden Faktoren "Neurotizismus" (bzw. emotionale "Stabilität-Instabilität") und "Introversion-Extraversion". Der Vergleich der von EYSENCK zur Beschreibung von Neurotizismus herangezogenen Indikatoren und unseren Indikatoren für seelische Gesundheit deckt einen erheblichen Überschneidungsbereich auf. Dieser gemeinsame Kern betrifft vor allem die **Emotionalitätskomponente**. Es besteht Konsens darüber, daß sich emotional "Instabile" und Menschen mit geringer seelischer Gesundheit durch die Häufigkeit und Intensität negativer emotionaler Zustände (wie z. B. Ängstlichkeit, Depressivität, Gereiztheit, Nervosität) auszeichnen. Der Hauptdissens zwischen beiden Modellen bezieht sich auf weitere relevante Komponenten. Wie die folgenden beiden Zitate belegen, beschränkt sich EYSENCK auf den Emotionalitätsaspekt sowie auf eine von ihm postulierte weitgehend angeborene Labilität des autonomen Nervensystems und des viszeralen Gehirns, wenn er hohe Grade von Instabilität ("Neurotizismus") beschreibt bzw. erklärt: "Der Ausdruck "Neurotizismus" bezeichnet eine hohe angeborene Labilität, die im autonomen System und im viszeralen Gehirn verankert ist; sie prädisponiert die Person mit hohem N(eurotizismus), stark und lange auf unkonditionierte und konditionierte emotionale Stimuli zu reagieren. Die Art ihrer Reaktion und die Stimuli, auf die sie reagiert, sind zum Teil bestimmt durch den Grad ihrer Extraversion oder Introversion; starke Emotionen schaffen einen Trieb, der sich mit der Gewohnheitsstärke introvertierter (Angst, Depression) oder extravertierter Verhaltensweisen (hysterisch, kriminell) multipliziert und dysthymisches oder antisoziales Verhalten erzeugt." (EYSENCK 1977b, p. 593). "Hohe N-Werte sind ein Zeichen von emotionaler Labilität und abnormer Reaktionsbereitschaft. Hochskorende Personen tendieren zu emotionaler Überempfindlichkeit und haben Schwierigkeiten, nach emotionalen Erfahrungen zur Normallage zurückzukehren. Solche Individuen beklagen häufig diffuse somatische Beschwerden geringen Schweregrades wie Kopfschmerzen, Verdauungsstörungen, Schlaflosigkeit, Rückenschmerzen etc. Darüber hinaus berichten sie über viele Sorgen, Ängste und andere unangenehme Gefühle. Sie sind zur Entwicklung neurotischer Krankheiten unter Streß disponiert, doch dürfen solche Dispositionen nicht mit einer akuten neurotischen Störung verwechselt werden; jemand mag hohe Werte in N aufweisen und doch im Beruf, der Sexualität, in Familie und gesellschaftlichen Angelegenheiten angepaßtes Verhalten zeigen." (EYSENCK & EYSENCK 1968, p. 627; zit. nach AMELANG & BARTUSSEK 1981, p. 278).

Demgegenüber verwenden wir ein wesentlich breiteres Spektrum von Indikatoren für seelische Gesundheit. Wie der Abbildung 1.8 zu entnehmen ist, berücksichtigen wir neben der emotionalen Befindlichkeit ("ausgeglichen") weitere Indikatorenbereiche, nämlich das Leistungs- bzw. Kompetenzniveau ("guter Problemlöser"), das Energieniveau und die Aktiviertheit ("energisch", "aktiv"), das Selbstwertgefühl ("selbstbewußt", "gelassen") sowie die Expansivität ("robust", "selbstbehauptend", "dominant"; die beiden zuletzt genannten Eigenschaften gehören zur Komponente der "Selbstaktualisierung"). Damit stützen die in Abbildung 1.8 zusammengestellten Ergebnisse der verschiedenen Faktorenanalysen das in den Tabellen 1.1 und 1.2 wiedergegebene Ausgangsmodell in fünf von sieben Indikatorenbereichen. Lediglich die beiden Indikatorenbereiche "Selbsttranszendenz vs. Selbstzentrierung" und "Autonomie vs. Hilfesuchen, Abhängigkeit" lassen sich nicht ohne weiteres mit dem in Abbildung 1.8 wiedergegebenen Strukturmodell in Einklang bringen. Hierfür können wenigstens zwei Gründe verantwortlich sein: Zum einen enthielten die von uns bei den Faktorenanalysen verwendeten Variablensätze keine sehr guten Indikatoren aus diesen beiden Bereichen, so daß die Hypothese nicht adäquat überprüft werden konnte. Zum anderen ist es denkbar, daß jeder der beiden Indikatorenbereiche weniger eng mit den restlichen sechs Indikatorenbereichen zusammenhängt als dies bei den oben aufgezählten fünf Indikatorenbereichen der Fall ist. Für die zuletzt genannte Hypothese sprechen die in Tabelle 1.2 zusammengestellten Mediane der Interkorrelationen verschiedener Indikatoren. Um hier zu einer definitiven Klärung zu gelangen, sind weiterführende Untersuchungen erforderlich.

Wir möchten an dieser Stelle ergänzend darauf hinweisen, daß auch die in Abbildung 1.8 mit "sozialer Anpassung" bzw. "Selbstaktualisierung" umschriebenen Persönlichkeitsmuster mit seelischer Gesundheit positiv korrelieren und zur Theorienbildung über seelische Gesundheit sowie zur Diagnostik seelischer Gesundheit beitragen. **Soziale Anpassung** ist dabei als eine Variante seelischer Gesundheit zu betrachten, die zum Verhaltensstil (und Temperament) verhaltenskontrollierter Menschen paßt, während **Selbstaktualisierung** eine Variante seelischer Gesundheit ist, die mit geringer Verhaltenskontrolle einhergeht.

Diese Ausführungen bedürfen der Kommentierung, um nicht mißverstanden zu werden. Wenn wir eine derart breite Palette von Indikatoren für seelische Gesundheit verwenden, so kann und soll dies nicht bedeuten, daß sie alle hoch positiv untereinander und hoch positiv mit dem betreffenden Faktor korrelieren. Vielmehr zeigte es sich ja bereits in Abschnitt 1.1.3, daß die von uns herangezogenen Indikatoren für seelische Gesundheit im Mittel etwa .30 bis .35 interkorrelieren. Die Ladungen auf den Faktor "seelische Gesundheit" streuen um einen mittleren Wert von etwa .60. Dies bedeutet, daß nur ein Teil (etwa zwischen 25% und 50%) der Varianz eines jeden Indikators durch den Faktor "seelische Gesundheit" aufgeklärt wird. Die einzelnen Indikatoren besitzen mithin beträchtliche Anteile an nicht aufgeklärter gemeinsamer, spezifischer und Fehlervarianz, die ihre partielle Eigenständigkeit unterstreichen.

Auch der zweite Hauptfaktor **"Verhaltenskontrolle"** hat den Status eines weiten bipolaren "Superkonstruktes" der Persönlichkeit. Wir beschränken uns im folgenden zunächst auf eine knappe Aufzählung von untereinander positiv korrelierenden Eigenschaften, die den Pol der starken Verhaltenskontrolle bzw. der schwachen Verhaltenskontrolle (Impulsivität) markieren. Eine ausführliche theoretische Einordnung erfolgt weiter unten bei der Darstellung unserer Theorie der seelischen Gesundheit.

Vorausschicken möchten wir die Bemerkung, daß es sich bei dem von uns als "Verhaltenskontrolle" bezeichneten Konstrukt nicht um eine persönlichkeitspsychologische Neuentdeckung handelt. Mehr oder weniger eng verwandte Konstrukte wurden von anderen Autoren beschrieben. Besonders häufig stößt man in der Literatur auf das von manchen Autoren als Temperamentsmerkmal aufgefaßte Konstrukt der **"Impulsivität"** (vgl. unter anderem MURRAY 1938, DIAMOND 1957, KIPNIS 1971, BUSS & PLOMIN 1975, ZUCKERMAN 1983). BUSS & PLOMIN (1975) weisen jedoch zu Recht darauf hin, daß bisher kein Konsens darüber erzielt werden konnte, was genau unter "Impulsivität" verstanden werden soll und auf welchem Weg das Konstrukt am besten gemessen werden kann. Diese beiden Autoren verwenden beispielsweise einen Fragebogentest (EASI - III) zur Messung der Impulsivität, der folgende vier Komponenten erfaßt: "inhibitorische Kontrolle", "Entscheidungstempo", "Sensation-Seeking" und "Ausdauer". Diese vier Komponenten interkorrelierten in verschiedenen Untersuchungen bei Verwendung von Selbst- und Fremdbeschreibungen von Kindern und Erwachsenen zwischen etwa .15 und .35 (vgl. BUSS & PLOMIN 1975, p. 135). Diese Korrelationen sind zwar alle positiv, jedoch nicht besonders hoch. Korrelationen zwischen Selbstbeschreibungen (Q-Daten) und Verhaltensdaten (T-Daten) dürften noch niedriger ausfallen. Sofern verschiedene Untersucher verschiedene Instrumente zur Messung von Impulsivität verwenden, sind die Ergebnisse kaum miteinander vergleichbar. Der mangelnde Konsens auf der theoretischen und meßmethodischen Ebene dürfte mit dazu beigetragen haben, daß die Impulsivitätsforschung lange Jahre stagnierte und im Vergleich zur konkurrierenden Extraversionsforschung ein Schattendasein fristete.

Bemerkenswerte Verbindungen lassen sich auch vom Konstrukt der "Verhaltenskontrolle" zu den von STRELAU (1984) beschriebenen Temperamentsmerkmalen herstellen. Diese betreffen das energetische Niveau des Verhaltens (Stärke der Reaktivität und Aktivität) sowie mehrere zeitliche Reaktionsparameter (u. a. habituelle Schnelligkeit, Beweglichkeit, Dauerhaftigkeit und Tempo des Reagierens). STRELAU führt diese Temperamentsunterschiede im wesentlichen auf vererbte Funktionseigentümlichkeiten des Hormonsystems, des autonomen Nervensystems, der Formatio reticularis und anderer subkortikaler Zentren sowie der Hirnrinde zurück.

Wir beschreiben im folgenden zunächst Personen mit starker Ausprägung des Merkmals "Verhaltenskontrolle" und charakterisieren danach Personen am anderen Pol dieser Dimension. **Verhaltenskontrollierte** zeichnen sich dadurch aus, daß sie ihr Handeln, das man als eine Serie von Entscheidungen auffassen kann, sorgfältig planen und mit einem System erworbener Werte und Normen sowie mit mittel- und langfristigen Zielen koordinieren. Bevor sie zum offenen Handeln übergehen, schalten sie mehr oder weniger lange Denk-, Planungs- und Prüfphasen ein. Sie mißtrauen spontanen, unüberlegten Entschlüssen und einem Handeln nach dem "Lustprinzip". Im Zweifelsfall vertrauen sie eher dem Urteil ihres Verstandes als momentanen Gefühlen. Infolge ihres Bemühens um eine Abstimmung des Handelns mit verinnerlichten Verhaltensstandards sowie mit längerfristigen Zielen ("Projekten") reagieren sie eher langsam und stetig. Den Werten Sicherheit, Ordnung und Berechenbarkeit messen sie ein hohes Gewicht bei. Neuartigen, unvorhersehbaren und sich rasch verändernden Situationen gehen sie nach Möglichkeit aus dem Weg. Ihre Beharrungstendenz kann zur Rigidität degenerieren.

Wenn sie seelisch gesund sind, neigen sie zur sozialen Anpassung und sind in der jeweiligen Gesellschaft, sofern sich diese nicht im Umbruch befindet, relativ erfolgreich. Diesen Erfolg verdanken sie nicht zuletzt ihrer Zielstrebigkeit, Ausdauer, Selbstdisziplin und Umgänglichkeit. In Verbindung mit geringer seelischer Gesundheit äußert sich starke Verhaltenskontrolle vor allem als Gehemmtheit und Ängstlichkeit sowie als mangelnde Selbstaktualisierung.

Personen mit **geringer Verhaltenskontrolle** zeigen ein genau entgegengesetztes Verhaltensmuster. Sie sind impulsiv, risikofreudig und handeln nicht selten unüberlegt. Sie neigen weniger dazu, die mittel- und langfristigen Konsequenzen einer bestimmten Entscheidung zu durchdenken und ihr Verhalten mit Normen und langfristigen Zielen zu koordinieren. Statt dessen reagieren sie spontan und schnell, geleitet von augenblicklichen Gefühlen und Bedürfnissen ("Lustprinzip") und in der Absicht, die Gunst der Stunde zu nutzen. Ihre weniger strenge Orientierung an Normen und Prinzipien bringt es mit sich, daß sie sich - im Vergleich zu den stark Verhaltenskontrollierten - häufiger unzuverlässig, unberechenbar und egoistisch verhalten. Während Verhaltenskontrollierte neuartige Situationen eher scheuen, fühlen Personen mit geringer Verhaltenskontrolle sich davon angezogen. Sie sind risikofreudig und veränderungsbereit. Zählen Ordnung und Sicherheit zu den Idealen Verhaltenskontrollierter, so schätzen Personen mit geringer Verhaltenskontrolle Veränderungen, Dynamik und Unvorhergesehenes. Sich auf solche Bedingungen einzustellen, bereitet ihnen wesentlich weniger Mühe als ihrem Gegentyp.

Geringe Verhaltenskontrolle in Verbindung mit hoher seelischer Gesundheit äußert sich nach Abbildung 1.8 als **"Selbstaktualisierung"**. Die Betreffenden sind gut in der Lage, ihre momentanen Bedürfnisse zu befriedigen und ihre Interessen zu vertreten, was sich bis zur Dominanz über andere steigern kann.

Sie sind lebhaft und ungezwungen, häufig gut gelaunt und unternehmungsfreudig, und sie lieben die Geselligkeit. Ihre Spontaneität und Flexibilität begünstigt kreative Einfälle. Tritt geringe Verhaltenskontrolle in Kombination mit geringer seelischer Gesundheit auf, so erscheinen die Betreffenden eher zügellos, erregbar, aggressiv, ausagierend und unreif. Sie bilden den Gegentyp zum sozial Angepaßten, d. h. sie sind eher "untersozialisiert", unbeherrscht, wenig ausdauernd, verweigern eher Leistungen und können soziopathische und delinquente Züge aufweisen.

Vergleicht man diese Charakterisierung der Verhaltenskontrolle-Dimension mit der Extraversions-Introversions-Dimension, so zeigt sich der Hauptunterschied im Bereich der Soziabilität: Dieser Aspekt, den EYSENCK - wie oben gezeigt wurde - bei der Extraversion an erste Stelle rückt, spielt bei der Dimension der Verhaltenskontrolle nur eine untergeordnete Rolle. Auch dem Aspekt des "Sensation-Seeking", der vor allem von ZUCKERMAN betont wird, messen wir nicht den größten Stellenwert bei. Statt dessen rücken wir die Auswirkungen eines stark ausgeprägten "internen Kontrollsystems" in den Mittelpunkt unserer theoretischen Analyse. Wie bereits erwähnt, gehen wir auf diese Annahmen weiter unten bei der Darstellung unserer Theorie der seelischen Gesundheit näher ein. Zuvor wollen wir jedoch kurz auf Berührungspunkte sowie Unterscheidungsmerkmale zu drei weiteren, verwandt erscheinenden Konstrukten, nämlich "Reflexivität vs. Impulsivität", "Kontrollüberzeugungen" und "Handlungskontrolle", zu sprechen kommen.

Mit **"Reflexivität vs. Impulsivität"** ist ein kognitiver Stil gemeint, der vor allem von KAGAN und Mitarbeitern (KAGAN, ROSMAN, DAY, ALBERT & PHILLIPS 1964; KAGAN 1966) beschrieben und untersucht wurde (vgl. auch die Übersichten zum Forschungsstand bei MESSER 1976 sowie ANGLEITNER 1980). Die Bezeichnung "kognitiver Stil" bringt zum Ausdruck, daß es sich dabei um eine relativ stabile Persönlichkeitseigenschaft handelt, die sich auf den Verhaltensstil in bestimmten Problemsituationen bezieht. Die Problemsituationen sind dadurch gekennzeichnet, daß man mehr oder weniger lange und sorgfältig prüfen muß, welche von mehreren möglichen (vorgegebenen) Lösungsalternativen als einzige korrekt ist. In solchen Situationen neigen manche Personen - untersucht wurden bisher meist Kinder - zu einem eher reflexiven (langsamen, sorgfältig prüfenden, systematischen), andere zu einem eher impulsiven (schnellen, weniger planvollen) Verhalten. Eine über dem Gruppenmedian liegende (lange) Reaktionszeit und eine unter dem Median liegende geringe Fehlerzahl dienen dabei als Indikatoren für Reflexivität, kurze Reaktionszeit und hohe Fehlerrate als Indikatoren für Impulsivität. Zur Messung des individuellen Ausprägungsgrades von Reflexivität vs. Impulsivität wird meist der **"Matching Familiar Figures Test"** (MFFT) verwendet. Abbildung 1.11 zeigt ein Beispiel für ein Testitem aus dem MFFT. Jedes der insgesamt 12 Items enthält eine Standardfigur sowie 6 darunter angeordnete sehr ähnliche Figuren, unter denen sich nur eine befindet, die exakt mit der Vorlage (Standardfigur) übereinstimmt.

In einem umfassenden Übersichtsartikel gelangte MESSER (1976) unter anderem zu folgenden Zusammenhängen und Ergebnissen:

1. Bei Schulkindern erweisen sich Reflexivität und Impulsivität als mittelmäßig stabile, über ähnliche Aufgaben konsistente Verhaltensstile. Sie erlauben - weitgehend unabhängig vom Intelligenzniveau - eine Vorhersage des Leistungsniveaus beim Lösen von Problemen der oben geschilderten Art, bei denen also zunächst Unklarheit über die richtige Antwort besteht. Reflexive prüfen Alternativhypo-

Abbildung 1.11: Ein typisches Item aus dem "Matching Familiar Figures Test" zur Messung von "Reflexivität vs. Impulsivität". Entnommen aus Messer 1976, p. 1027.

thesen sorgfältiger als Impulsive, bevor sie eine Antwort geben. Sie erreichen im allgemeinen bessere Schulleistungen als Impulsive.
2. Reflexive Kinder sind offenbar ängstlicher darum besorgt, keine Fehler bei solchen (intellektuellen) Aufgaben zu machen, als impulsive.
3. Reflexive Kinder können ihre Aufmerksamkeit länger aufrechterhalten, sind weniger aggressiv, geben reifere moralische Urteile ab und trauen sich eher zu, Hindernisse zu überwinden als impulsive Kinder. Sie neigen auch mehr dazu, ihre emotionalen Konflikte zu internalisieren, während Impulsive eher ausagieren und deviantes Verhalten zeigen.
4. Die bisher vorliegenden Untersuchungsergebnisse zum Zusammenhang von Reflexivität-Impulsivität und Belohnungsaufschub sind widersprüchlich.

Vergleicht man diese Befunde mit obigen Aussagen zu der von uns als "Verhaltenskontrolle" bezeichneten Persönlichkeitsdimension, so treten einige bemerkenswerte Übereinstimmungen hervor: Personen mit starker Verhaltenskontrolle reagieren ebenso wie Reflexive eher langsam und vorsichtig, prüfen Alternativen sorgfältig, bevor sie sich entscheiden, sind weniger aggressiv und erreichen im Kindesalter ein höheres Niveau des moralischen Urteilens als Impulsive. Andererseits wäre es unangebracht, die beiden Persönlichkeitsdimensionen als völlig identisch zu betrachten. Unseres Erachtens umfaßt das Konstrukt "Verhaltenskontrolle" ein breiteres Verhaltensspektrum als der kognitive Stil "Reflexivität vs. Impulsivität". "Reflexivität vs. Impulsivität" - gemessen mit Hilfe des MFFT - bezieht sich zunächst einmal auf einen Verhaltensstil bei einem bestimmten Typ von Problemstellungen (Mehrfachwahlaufgabe bei figuralem Material). Verhaltenskontrolle umfaßt hingegen ein komplexes Muster von Verhaltensweisen in einer Vielzahl von Situationen und kann mithin nicht durch einen einzigen Test, wie z. B. den MFFT, abgedeckt werden. Zum Syndrom der (starken) Verhaltenskontrolle gehören insbesondere auch Aspekte eines strengen "Überichs" sowie der Orientierung an langfristigen Plänen und Zielvorstellungen, die durch den MFFT und analoge Tests kaum tangiert werden dürften.

Wenn auch unseres Erachtens eine Gleichsetzung der beiden Konstrukte verfehlt wäre, so halten wir es doch für prüfenswert, wie hoch Tests zur Messung des kognitiven Stils "Reflexivität vs. Impulsivität" mit Indikatoren für "Verhaltenskontrolle" korrelieren und ob sie sich dafür eignen, einen Teilaspekt des komplexen Konstruktes "Verhaltenskontrolle" zu erfassen. Wir werden weiter unten im Zusammenhang mit der Besprechung der Untersuchung von LÖSEL (1975) auf einige interessante empirische Befunde zu dieser Frage stoßen.

Auf das Konstrukt **"Kontrollüberzeugungen"** gehen wir an dieser Stelle ein, weil eine gewisse Verwandtschaft zum Konstrukt "Verhaltenskontrolle" aufgrund des beiden Begriffen gemeinsamen Wortes "Kontrolle" suggeriert werden könnte. Wir möchten jedoch mit Nachdruck vor einer unkritischen Gleichsetzung dieser beiden Konstrukte warnen. Der Begriff "Kontrollüberzeugungen" hat sich als Übersetzung für den Terminus "locus of control of reinforcement", der von ROTTER (1954, 1966) im Rahmen seiner sozialen Lerntheorie geprägt wurde, eingebürgert. ROTTER versteht darunter "generalisierte Erwartungshaltungen eines Individuums darüber, ob es durch eigenes Verhalten Verstärker und wichtige Ereignisse in seinem Leben beeinflussen kann (internale Kontrolle) oder nicht (externale Kontrolle)" (KRAMPEN 1982, p. 1). Eine internale Kontrollüberzeugung beinhaltet mithin bestimmte Einflußerwartungen, die mit Kompetenzeinschätzungen im Zusammenhang stehen, während sich Verhaltenskontrolle auf einen bestimmten (besonnenen vs. impulsiven) Verhaltensstil bezieht.

KRAMPEN (1982) gibt einen ausgezeichneten Überblick über den Stand der Forschung zu "Kontrollüberzeugungen". Im Kontext unserer Fragestellung sind Forschungsergebnisse von Interesse, die auf mögliche Zusammenhänge zwischen "Kontrollüberzeugungen" und "Verhaltenskontrolle" oder "seelischer Gesundheit" hinweisen. Wir können an dieser Stelle nicht allen Befunden nachgehen und müssen es bei einigen allgemeinen Bemerkungen bewenden lassen. Nach KRAMPEN (1982) weisen "Kontrollüberzeugungen" zu den Variablen der klassischen faktorenanalytisch orientierten Persönlichkeitstheorie relativ geringe Zusammenhänge auf. Im Trend zeigt sich, daß internale Kontrollüberzeugungen eher mit seelischer Gesundheit (emotionaler Stabilität, effizienter psychischer Regulation und Adaption) als mit Psychopathologie einhergehen. Eigene unveröffentlichte Ergebnisse des Verfassers, die auf einer Faktorenanalyse einer größeren Anzahl von Persönlichkeitsvariablen aus einer Untersuchung von ANGLEITNER et al. (1982) an einer Gruppe "normaler" Erwachsener basieren, lassen eine mittelhohe Ladung (etwa .50) von "internaler Kontrollüberzeugung" auf dem Faktor "seelische Gesundheit" erwarten. Auch dieser Hinweis auf eine mittelhohe Ladung von internaler Kontrollüberzeugung auf dem Faktor "seelische Gesundheit" widerspricht einer naiven Gleichsetzung von internaler Kontrollüberzeugung und Verhaltenskontrolle.

Ob sich Personen mit starker oder geringer Verhaltenskontrolle in ihren Kontrollüberzeugungen unterscheiden, läßt sich zur Zeit aus Mangel an geeigneten Untersuchungen kaum beantworten. Der Verfasser rechnet damit, daß eine positive, aber eher niedrige Korrelation zwischen internaler Kontrollüberzeugung und starker Verhaltenskontrolle auftreten dürfte, so daß von einer engen Verwandtschaft beider Konstrukte keine Rede sein kann. Hierfür sind die beiden Konstrukte auch zu unterschiedlich breit konzipiert.

Von LÖSEL (1975) wurde ein Forschungsbericht zum Thema "Handlungskontrolle und Jugenddelinquenz" vorgelegt, der sich sowohl in theoretischer als auch in methodischer Hinsicht für unsere Fragestellung als sehr aufschlußreich erweist. LÖSEL versteht seine Arbeit als Beitrag zur persönlichkeitspsychologischen Delinquenzforschung, wobei im Zentrum seiner Analyse das Konstrukt der **"Handlungskontrolle"** steht. Er geht davon aus, daß die Wahrscheinlichkeit für delinquentes Handeln wächst, wenn eine Person aufgrund geringer und sequentiell kurzer Strukturierung einer Entscheidungssituation dazu neigt, mögliche negative Handlungskonsequenzen (Sanktionen) nur unzureichend zu beachten.

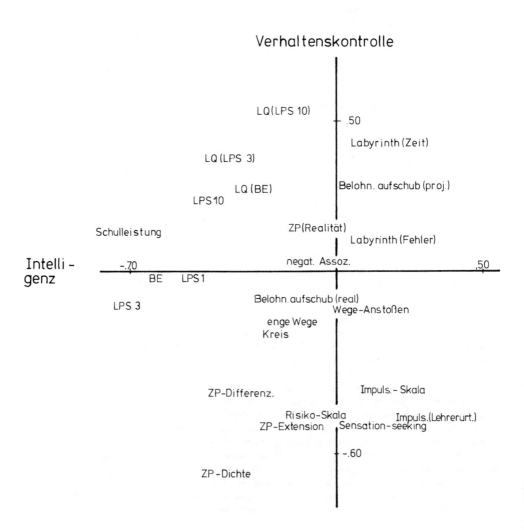

BE: Bilder ergänzen. Modifizierter Subtest "Bilderergänzen" aus Wechsler-Intelligenztest. ("Fähigkeit zur analytischen Wahrnehmung").
Belohn.aufschub (proj.): Projektives Maß zur Erfassung der Fähigkeit zum Belohnungsaufschub.
Belohn.aufschub (real): Bevorzugung einer größeren aufgeschobenen Belohnung gegenüber einer kleineren unmittelbaren Belohnung.
Enge Wege: Indikator für Risikoverhalten. (Anzahl der gewählten engen Wege mit erhöhtem Risiko des Anstoßens).
Impuls.: Impulsivität.
Kreis: Langsames Zeichen eines Kreises (auf Anweisung). Indikator für "Impulskontrolle".
Labyrinth (Zeit): Benötigte Zeit zur Lösung eines Labyrinth-Tests. Hoher Wert weist auf starke Kontrolle hin.
Labyrinth (Fehler): Zahl der Fehler beim Labyrinth-Test.
LPS: Leistungs-Prüf-System von Horn. Intelligenztest. Die Nummer hinter LPS bezieht sich auf den betreffenden Subtest.
LQ: Lösungsquotient. Quotient aus Anzahl gelöster Aufgaben zur Zahl der bearbeitenden Aufgaben. Maß für kognitiven Stil der Reflexivität (Verhaltenskontrolle) vs. Impulsivität.
Negat. Assoz.: Assoziationstest zur Beachtung negativer Konsequenzen.
Risiko-Skala: Bereitschaft zu riskanten, abenteuerartigen Handlungen.
Sensation-seeking: Subskala aus Extraversionsskala zur Erfassung von Impulsivität, Unternehmungslust etc.
Wege – Anstoßen: Anzahl der Figuren, bei denen beim Zeichnen angestoßen wurde. Maß für "motorische Impulsivität".
ZP-Dichte, ZP-Differenz, ZP-Extension: Maße zur Zeitperspektive. Erfassen wahrscheinlich Ideen- und Wortflüssigkeit.
ZP-Realität: Maß für Realitätscharakter der Zukunftsperspektive.

Abbildung 1.12: Veranschaulichung der Ladungen verschiedener Variablen aus dem Bereich der "Handlungskontrolle" auf den beiden Faktoren "Intelligenz" und "Verhaltenskontrolle". Sekundäranalyse der von Lösel (1975) erhobenen Daten.

Für das so definierte Konstrukt der Handlungskontrolle entwickelte LÖSEL ein theoretisches Netzwerk potentieller Indikatoren, zu denen vor allem die folgenden Persönlichkeitsmaße zählen: Fähigkeit zum selbstauferlegten Belohnungsaufschub, Impulskontrolle und Planungsverhalten, individuelle Zeitperspektive, Risikoneigung, eine Teilkomponente der Extraversion" ("Sensation--Seeking") sowie kognitive Kompetenzen (Intelligenzkomponenten). Vergleicht man das von LÖSEL verwendete Konstrukt "Handlungskontrolle" mit unserem Konstrukt "Verhaltenskontrolle", so stimmen beide in wesentlichen Teilen überein, unterscheiden sich jedoch im Hinblick auf die Intelligenzkomponenten. LÖSEL bezieht diese in sein Konstrukt ein, während wir die allgemeine Intelligenz als weitgehend unabhängig von "Verhaltenskontrolle" betrachten.

Wenngleich wir insgesamt nur mit schwachen Zusammenhängen zwischen Intelligenz und Verhaltenskontrolle rechnen, so dürften in spezifischen Intelligenzkomponenten, die in hohem Maße "Flüssigkeits-" und "Kreativitätsaspekte" erfassen, Personen mit geringer Verhaltenskontrolle höhere Werte erzielen als stark Verhaltenskontrollierte.

Jede der oben genannten Komponenten der Handlungskontrolle wurde von LÖSEL in seiner Untersuchung durch mindestens ein Testverfahren operationalisiert, so daß eine Batterie von 24 Variablen resultierte. Zur Klärung der Dimensionalität der Handlungskontrolle diente eine Hauptkomponentenanalyse der Interkorrelationen dieser 24 Variablen, berechnet an einer Stichprobe von 161 männlichen Schülern des 8. Jahrgangs aus 8 Nürnberger Hauptschulklassen. Der Verlauf der Eigenwerte legte die Extraktion von 2 oder 6 Faktoren nahe.

LÖSEL entschied sich für eine 5-Faktoren-Lösung, auf die wir aus Platzgründen nicht eingehen. Er schloß aus diesem Ergebnis, daß der Konstruktbereich der Handlungskontrolle in der von ihm erfaßten Weise nicht als dimensional homogen angenommen werden könne. Wir haben die von LÖSEL (1975, p. 164) mitgeteilte Interkorrelationsmatrix der 24 Variablen zum Ausgangspunkt einer zusätzlichen Auswertungsstrategie genommen, indem wir eine zweifaktorielle Hauptkomponentenanalyse berechneten. Eine solche Lösung läßt sich - wie auch LÖSEL anmerkte - vom Eigenwertverlauf her gut begründen. Da weder die unrotierte noch die Varimax-rotierte zweifaktorielle Lösung sich psychologisch als fruchtbar erwiesen, wählten wir eine Rotation, bei der ein Faktor durch das Zentroid der Intelligenzvariablen verläuft. Auf diesem Weg wird der Einfluß der Intelligenz aus den restlichen Variablen und deren Zusammenhängen quasi "herauspartialisiert". Die entsprechende Lösung ist in Abbildung 1.12 wiedergegeben.

Faktor 1 läßt sich eindeutig als **Intelligenz** interpretieren. Der dazu orthogonale Faktor 2 erfaßt unseres Erachtens wesentliche Komponenten des "Superkonstruktes" **"Verhaltenskontrolle"**. Am Pol "starke Verhaltenskontrolle" laden mehrere Variablen, die auf ein eher langsames und sorgfältiges Bearbeiten intellektueller und motorischer Aufgaben und auf das Vermeiden falscher Antworten hindeuten. Offenbar ist es LÖSEL - wie geplant - gelungen, den oben besprochenen kognitiven Stil "Reflexivität vs. Impulsivität" durch diese Variablen zu erfassen. Am Pol "starke Verhaltenskontrolle" lädt ferner - wenn auch nicht sehr hoch - ein projektives Maß für die Fähigkeit zum Belohnungsaufschub.

Der Gegenpol dieses Faktors ist durch Indikatoren für Impulsivität (Selbsturteil und Lehrerurteil), Risikobereitschaft, "Sensation-Seeking" sowie drei aus einem Verfahren zur Bestimmung der individuellen Zeitperspektive (ZP) abgeleitete Maße markiert. Wenngleich diese zuletzt genannten drei Variablen primär zur Erfassung der Zeit- bzw. Zukunftsperspektive ausgewählt wurden, vermuten wir - in Übereinstimmung mit LÖSEL (1975, p. 132) -, daß sie vor allem Ideen- und Wortflüssigkeit messen. In ihrer Gesamtheit betrachtet, berechtigen unseres Erachtens die auf Faktor 2 am höchsten ladenden Variablen zu einer Interpretation im Sinne der "Verhaltenskontrolle", wobei besonders bemerkenswert erscheint, daß sich die Interpretation sowohl auf Fremdurteile (L-Daten sensu CATTELL), Selbsturteile (Q-Daten sensu CATTELL) als auch um Objektive Tests (T-Daten sensu CATTELL) stützt. Der genaue Vergleich mit Abbildung 1.8 läßt erkennen, daß der Faktor 2 zwar mehrere, jedoch nicht alle wesentlichen Teilkomponenten der "Verhaltenskontrolle" umfaßt.

Unsere Hauptkomponentenanalyse zeigt also, daß man das von LÖSEL durch 24 Variablen operationalisierte Konstrukt "Handlungskontrolle" auf zwei unabhängige (Teil-)Konstrukte "Intelligenz" und "Verhaltenskontrolle" zurückführen kann, sofern man sich mit einer geringeren Varianzaufklärung begnügt und lediglich die beiden varianzstärksten Hauptkomponenten heranzieht.

Von unserem in Abbildung 1.8 wiedergegebenen Persönlichkeitsmodell ausgehend, ist zu erwarten, daß delinquente Jugendliche sich durch geringe Verhaltenskontrolle sowie geringe seelische Gesundheit von Nichtdelinquenten unterscheiden sollten. Die von LÖSEL (1975, p. 179) mitgeteilten Korrelationen zwischen den 24 Variablen aus dem Bereich der Handlungskontrolle und zwei Delinquenzmaßen stehen weitgehend mit unserer Hypothese bezüglich Verhaltenskontrolle im Einklang. So weisen die Maße für Impulsivität, Sensation-Seeking und Risikobereitschaft besonders hohe Korrelationen zu den beiden Delinquenzmaßen auf.

Unsere Hypothese bezüglich geringer seelischer Gesundheit läßt sich nicht adäquat überprüfen, da LÖSEL keine eindeutigen Indikatoren für dieses Konstrukt in seine Analyse einbezog.

Zusammenfassend hat obige Analyse erbracht, daß es sich sowohl bei "seelischer Gesundheit" als auch bei "Verhaltenskontrolle" um breite Superkonstrukte der Persönlichkeit handelt. Seelische Gesundheit weist eine gewisse Ähnlichkeit zum Konstrukt des (geringen) Neurotizismus bzw. der emotionalen Stabilität auf, unterscheidet sich jedoch davon durch sein breiteres Eigenschaftsspektrum, das neben der Emotionalitätskomponente auch Kompetenzaspekte sowie weitere Komponenten umfaßt. Das Konstrukt "Verhaltenskontrolle" überschneidet sich zwar erheblich mit den Konstrukten "Impulsivität", "Reflexivität vs. Impulsivität", "Handlungskontrolle" sowie mit "Introversion-Extraversion", doch hat die Diskussion neben Gemeinsamkeiten auch bedeutsame Unterschiede aufgezeigt, so daß eine Gleichsetzung der verschiedenen Konstrukte verfehlt wäre. Dies gilt erst recht für das Konstrukt der "internalen Kontrollüberzeugung", das sich sowohl im Hinblick auf seine theoretische Einbindung als auch seine empirischen Zusammenhangsstrukturen deutlich von "Verhaltenskontrolle" abhebt.

War es das Ziel dieses Unterkapitels, die beiden Superkonstrukte "seelische Gesundheit" und "Verhaltenskontrolle" auf deskriptiver Ebene zu präzisieren, so wenden wir uns im folgenden explikativen Fragestellungen zu.

1.2.2 Verbindungen zu Ergebnissen der Erziehungsstilforschung

Zu den zentralen Anliegen der empirischen Persönlichkeitsforschung gehört neben der Herausarbeitung deskriptiver Konstrukte zur Erfassung interindividueller Differenzen auch die Explikation von Persönlichkeitsunterschieden (vgl. HERRMANN 1976). Die wissenschaftliche Fruchtbarkeit des im vorangehenden Abschnitt dargestellten zweidimensionalen Persönlichkeitsmodells würde sich bestätigen, wenn es gelänge, Verbindungen zu den Ergebnissen eines Forschungsbereichs herzustellen, der sich unter anderem der Erklärung interindividueller Differenzen widmet; gemeint ist die Erziehungsstilforschung. Die folgenden Ausführungen werden zeigen, daß in der Tat recht enge Beziehungen zwischen einigen Befunden der Erziehungsstilforschung und unseren Ergebnissen bestehen.

Es sei die Bemerkung vorausgeschickt, daß wir an dieser Stelle nicht auf die Vielfalt der Theorien und empirischen Befunde sowie auf die methodischen Probleme der Erziehungsstilforschung eingehen können (vgl. etwa SCHAEFER 1961; BECKER 1964; HERRMANN 1966; BECKER 1971; STAPF, HERRMANN, STAPF & STÄCKER 1972; SCHNEEWIND & LUKESCH 1978; SEITZ 1980). Wir beschränken uns vielmehr im wesentlichen auf einen Artikel von BECKER (1964) sowie auf eine Monographie von STAPF et al. (1972), in der wichtige Ergebnisse der Erziehungsstilforschung gesichtet sowie ein Apriori-Modell ("Zweikomponenten-Konzept der elterlichen Bekräftigung") vorgestellt werden.

Versuche, mit Hilfe der Faktorenanalyse zu Grunddimensionen des Erziehungsstils zu gelangen, haben häufig zu zwei Faktoren geführt, die wie folgt interpretiert wurden:

1. Zuwendung (Wärme, Liebe) vs. Zurückweisung (Feindseligkeit, Kälte)
2. Kontrolle (Restriktivität) vs. Liberalität (Gewähren von Autonomie, Permissivität, Laissez-faire).

Zwischen diesen Erziehungsstildimensionen (d. h. tatsächlichen oder vom Kind perzipierten Grunddimensionen des elterlichen Erziehungsverhaltens) und Persönlichkeitsmerkmalen der Erzogenen wurden Zusammenhänge ermittelt, die BECKER (1964) wie folgt zusammenfaßte (vgl. Abbildung 1.13). Vergleicht man die in den vier Quadranten beschriebenen Persönlichkeitsmuster mit unseren in Abbildung 1.8 in den beiden Hauptdiagonalen dargestellten vier Persönlichkeitsmustern (soziale Anpassung, Gehemmtheit, Selbstaktualisierung und Zügellosigkeit), so stellt man eine beträchtliche Übereinstimmung fest. Die beiden "Persönlichkeitsräume" aus der Untersuchung von BECKER (1964) und aus unseren eigenen Analysen, die auf völlig unterschiedlichen Wegen ermittelt wurden, scheinen eine hohe Affinität zu besitzen. Dieses Ergebnis ist in doppelter Hinsicht für unsere Fragestellung bedeutsam: Auf der deskriptiven Ebene stützt es unser in Abbildung 1.8 wiedergegebenes zweidimensionales Persönlichkeitsmodell im Hinblick auf die beiden Hauptdiagonalen (Nebenfaktoren) "Soziale Anpassung vs. Zügellosigkeit" und "Selbstaktualisierung vs. Gehemmtheit". (Damit stützt es unser Persönlichkeitsmodell auch indirekt im Hinblick auf die beiden Hauptfaktoren). Auf der explikativen Ebene liefert es Hinweise auf Bedingungsvariablen für jene Persönlichkeitsdimensionen. Die Hypothesen lauten:

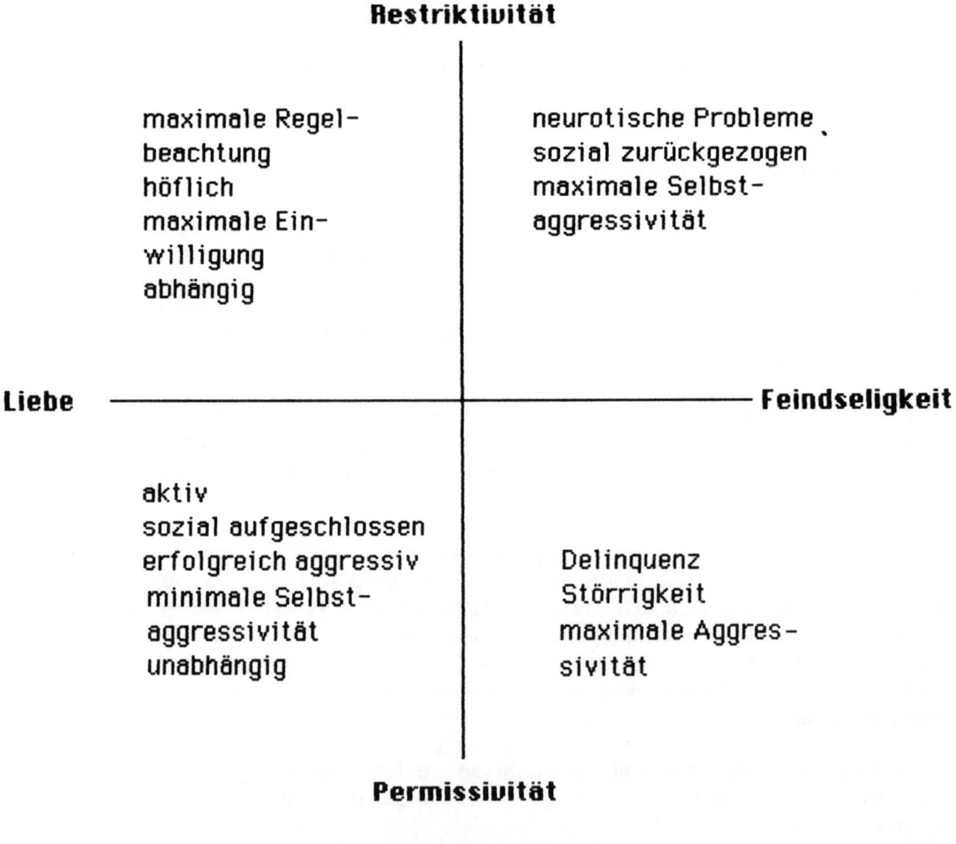

Restriktivität

maximale Regel-	neurotische Probleme
beachtung	sozial zurückgezogen
höflich	maximale Selbst-
maximale Ein-	aggressivität
willigung	
abhängig	

Liebe ——————————————————— **Feindseligkeit**

aktiv	
sozial aufgeschlossen	
erfolgreich aggressiv	Delinquenz
minimale Selbst-	Störrigkeit
aggressivität	maximale Aggres-
unabhängig	sivität

Permissivität

Abbildung 1.13: Zusammenhänge zwischen den Erziehungsstildimensionen "Restriktivität vs. Permissivität" und "Liebe vs. Feindseligkeit" der Eltern sowie Persönlichkeitsmerkmalen der Erzogenen. Nach Becker (1964).

1. Soziale Anpassung wird begünstigt durch einen Erziehungsstil, der Kontrolle und Zuwendung miteinander verbindet.
2. Gehemmtheit wird begünstigt durch Kontrolle in Verbindung mit Zurückweisung.
3. Selbstaktualisierung wird begünstigt durch eine Kombination von Zuwendung und Liberalität.
4. Zügellosigkeit und Soziopathie werden begünstigt durch eine Kombination von Zurückweisung und Liberalität.

Zu den ersten beiden Hypothesen liegen Befunde von STAPF et al. (1972) vor. Diese Autoren kritisierten an der bisherigen Erziehungsstilforschung die unzureichende Theoriegeleitetheit und den mangelnden Konsens darüber, was unter "Kontrolle vs. Liberalität" genau zu verstehen sei. Zur Überwindung dieser Schwierigkeiten entwarfen sie ein A priori-Modell der Erziehungsstile, für das sie die Bezeichnung **"Zweikomponenten-Konzept der elterlichen Bekräftigung"** wählten. STAPF et al. (1972, p. 33-34) faßten ihre theoretischen Grundannahmen wie folgt zusammen:

1. "Man kann zwei Arten elterlicher Bekräftigung unterscheiden: negative und positive Bekräftigung. Negative Bekräftigung (Bestrafung) führt beim Kind zur Vermeidung negativ bekräftigter Situationen und mindert Intensität, Häufigkeit und Nachhaltigkeit desjenigen Verhaltens, das von Vater und/oder Mutter nicht gewünscht und negativ bekräftigt wird. Positive Bekräftigung führt beim Kind zum Aufsuchen positiv bekräftigter Situationen und steigert Intensität, Häufigkeit und Nachhaltigkeit desjenigen Verhaltens, das von Vater und/oder Mutter gewünscht und positiv bekräftigt wird ...
2. Negative elterliche Bekräftigung wird als elterliche Strenge, positive elterliche Bekräftigung wird als elterliche Unterstützung erlebt.
3. Elterliche Strenge und elterliche Unterstützung werden als kontinuierlich variierende Merkmale erlebt.
4. Die Ausmaße erlebter elterlicher Strenge und erlebter elterlicher Unterstützung kovariieren unabhängig voneinander, wenn keine definierten Zusatzbedingungen eingeführt werden ...
5. Elterliche Strenge führt in der Regel beim Erzogenen zur Verbotsorientierung, d.h. zur Neigung, Reaktionen, die nach den Normen der Bezugsgruppe bzw. -person unerwünscht (verboten) sind, zu unterlassen. Elterliche Unterstützung führt in der Regel beim Erzogenen zur Gebotsorientierung, d.h. zur Neigung, Reaktionen, die nach den Normen der Bezugsgruppe bzw. -person erwünscht (geboten) sind, auszuführen. (Verbotsorientierung bedeutet unter anderem den Verzicht auf die Übertretung von Verboten aller Art, Verzicht auf soziales Risiko und die Vermeidung von Außenseitertum (= "Bravheits-Syndrom"). Gebotsorientierung bedeutet unter anderem die Beherrschung und Manifestation sozialer Spielregeln und Rituale, "gutes Benehmen", Gewandtheit und "soziale Intelligenz" (= "Cleverness-Syndrom").)"

Zur Veranschaulichung dieses Gedankengangs kann Abbildung 1.14 aus STAPF et al. (1972, p. 39) dienen. In einer Serie von Untersuchungen gelang es den Autoren, ihr Modell in vielen, wenn auch nicht allen Einzelheiten zu stützen. Vergleicht man die Ergebnisse von STAPF et al. (1972) mit denjenigen von BECKER (1964), so stimmen sie befriedigend überein, sofern man die Zusammenhänge zwischen den jeweiligen Erziehungsstildimensionen berücksichtigt. Diese sind im oberen Teil der Abbildung 1.15 wiedergegeben (vgl. STAPF et al. 1972, p. 48). Unterstützung läßt sich nämlich als Verbindung von Kontrolle (Restriktivität) und Zuwendung (Wärme, Liebe), Strenge als Kombination von Kontrolle und Zurückweisung (Feindseligkeit, Kälte) auffassen.

Es bietet sich nun an, die Modelle von BECKER (1964) und STAPF et al. (1972) miteinander zu verbinden und sie zu unserem zweidimensionalen Persönlichkeitsmodell (vgl. Abbildung 1.8) in Beziehung zu setzen. Dies ist im unteren Teil der Abbildung 1.15 geschehen. Aus dem oberen und unteren Teil der Abbildung 1.15

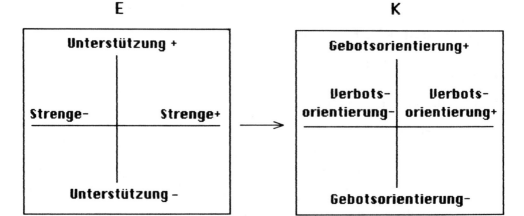

Abbildung 1.14: Schematisierte Darstellung der Erziehungswirkung. Nach Stapf et al. (1972, p. 39).

ergibt sich dann unsere erweiterte **Theorie über Zusammenhänge von Erziehungsstilbedingungen und Persönlichkeitsmerkmalen.** Wir wollen diese Theorie wie folgt zusammenfassen:

1. Wesentliche Varianzanteile im (vom Erzogenen perzipierten) Erziehungsstil von Eltern lassen sich mit Hilfe der beiden unabhängigen Dimensionen (starke vs. geringe) "Kontrolle" sowie "Zuwendung vs. Zurückweisung" aufklären. Unterstützung und Strenge sind zwei damit zusammenhängende Erziehungsstildimensionen, die sich als Kombinationen der beiden Dimensionen "Kontrolle" und "Zuwendung vs. Zurückweisung" auffassen lassen bzw. vice versa (vgl. Abbildung 1.15).

2. Wesentliche Varianzanteile in der Persönlichkeitsstruktur (von Erzogenen sowie Erziehern) lassen sich mit Hilfe der beiden unabhängigen Dimensionen "seelische Gesundheit" und "Verhaltenskontrolle" aufklären. Die Dimensionen "soziale Anpassung vs. Zügellosigkeit" und "Selbstaktualisierung vs. Gehemmtheit" können als Kombinationen der beiden Dimensionen "seelische Gesundheit" und "Verhaltenskontrolle" aufgefaßt werden und vice versa (vgl. Abbildungen 1.8 und 1.15).

3. Zwischen den unter (1) aufgezählten Erziehungsstilen und den unter (2) aufgezählten Persönlichkeitsmerkmalen bestehen die in Abbildung 1.15 wiedergegebenen Zusammenhänge. Diese sind im einzelnen:

4. Ein stark kontrollierender Erziehungsstil (hohe Erziehungsintensität, Verbindung von Unterstützung mit Strenge) begünstigt eine starke Verhaltenskontrolle auf seiten der Erzogenen. Das Umgekehrte gilt für einen wenig kontrollierenden (liberalen, permissiven) Erziehungsstil.

5. Ein durch Zuwendung (Wärme, Verständnis, Liebe, Bestätigung der kindlichen Persönlichkeit) charakterisierter Erziehungsstil fördert die seelische Gesundheit der Erzogenen. Umgekehrt beeinträchtigt Zurückweisung (Feindseligkeit, Kälte, Ablehnung der kindlichen Persönlichkeit) die seelische Gesundheit der Erzogenen (vgl. TAUSCH & TAUSCH 1977).

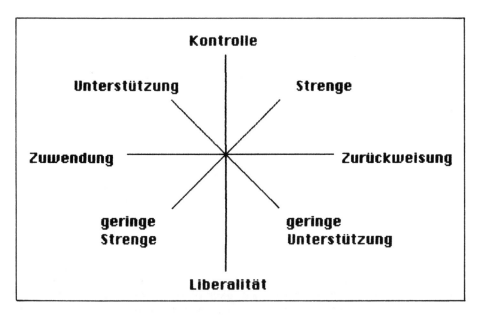

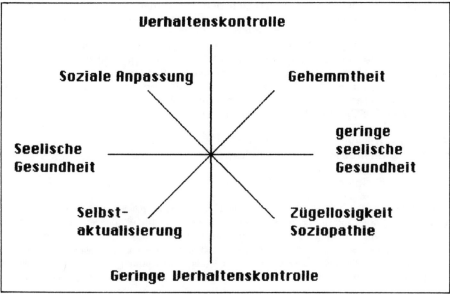

Abbildung 1.15: Veranschaulichung von hypothetischen Zusammenhängen zwischen Erziehungsstildimensionen (oberer Teil der Abbildung) und Persönlichkeitsmerkmalen der Erzogenen (unterer Teil der Abbildung). Erläuterungen im Text.

6. Ein unterstützender Erziehungsstil fördert die soziale Anpassung (bzw. die Gebotsorientierung oder das Cleverness-Syndrom) der Erzogenen. Umgekehrt begünstigt das Fehlen von Unterstützung (bzw. eine Kombination von Zurückweisung und fehlender Kontrolle) Zügellosigkeit und Soziopathie auf seiten der Erzogenen.

7. Ein strenger Erziehungsstil führt zur Gehemmtheit (bzw. zur Verbotsorientierung oder zum Bravheits-Syndrom) auf seiten der Erzogenen. Umgekehrt begünstigt geringe Strenge (bzw. eine Kombination von Zuwendung und geringer Kontrolle) die Selbstaktualisierung der Erzogenen.

Diese Hypothesen waren in ähnlicher Form bereits von BECKER (1971) formuliert worden. Zum damaligen Zeitpunkt lagen allerdings weniger empirische Befunde vor, die zur Stützung der Hypothesen herangezogen werden konnten. Auch die von SEITZ (1980) in einem umfassenden Überblicksartikel berichteten Zusammenhänge zwischen Erziehungsstil und Persönlichkeitsmerkmalen der Erzogenen lassen sich in vielen Aspekten mit unserem Modell in Einklang bringen. Aus Platzgründen muß dieser interessante Vergleich unterbleiben.

Um Mißverständnissen vorzubeugen, sei jedoch ausdrücklich betont, daß es sich immer noch um Hypothesen handelt, die zusätzlicher empirischer Überprüfungen bedürfen. Zu diesem Zweck greifen wir exemplarisch eine neuere Untersuchung heraus, die mit unseren Annahmen weitgehend im Einklang steht. TÖNNIES (1977) überprüfte in seiner Dissertation den Zusammenhang zwischen dem (kindperzipierten) Erziehungsverhalten von Eltern sowie Merkmalen der seelischen Gesundheit ihrer erwachsenen Kinder. Untersucht wurden insgesamt vier Personenstichproben, von denen wir hier lediglich die Stichprobe I berücksichtigen, da sie am umfangreichsten (N=170) und repräsentativ für "normale" Erwachsene im Alter von 18 bis 36 Jahren ist. Außerdem wurde bei Stichprobe I die größte Anzahl diagnostischer Verfahren mit den besten Gütekriterien eingesetzt. Zur Erfassung der Erziehermerkmale zog TÖNNIES (in Anlehnung an TAUSCH & TAUSCH 1977) vier Dimensionen heran:

- "Achtung - Wärme - Rücksichtnahme"
- "Fördernde nichtdirigierende Aktivitäten"
- "Echtheit - Aufrichtigkeit"
- "Lenkung - Dirigierung".

Aus der Arbeit von TÖNNIES (1977) geht nicht hervor, wie reliabel und valide das von ihm verwendete Verfahren zur Einstufung des elterlichen Erziehungsstils ist. Da den Probanden bei jeder der vier Skalen zur Einstufung insgesamt nur ein Item mit vier Antwortalternativen vorgegeben wurde, ist aufgrund der Kürze des Verfahrens (und der Tatsache, daß keine Summation über mehrere Items erfolgt) nicht auszuschließen, daß die Reliabilitäten und Validitäten aller oder einzelner Skalen relativ niedrig ausfallen. Dieses Problem muß bei der Interpretation der unten berichteten Ergebnisse berücksichtigt werden. (Niedrige Zusammenhänge können eventuell auch auf unbefriedigende psychometrische Gütekriterien der verwendeten Verfahren zurückgeführt werden.)

Versucht man eine Zuordnung dieser vier Dimensionen zu den in Abbildung 1.15 wiedergegebenen Erziehungsstilkonzepten, so erscheint eine weitgehende Gleichsetzung von "Achtung-Wärme-Rücksichtnahme" mit "Zuwendung" sowie von "fördernde nichtdirigierende Aktivitäten" mit "Unterstützung" vertretbar. Weniger eindeutig läßt sich hingegen nach Inspektion der Skala "Lenkung-Dirigierung" entscheiden, ob sie eher den Aspekt der "Kontrolle" oder den der "Strenge" erfaßt. Indirekte Rückschlüsse lassen sich aus den Interkorrelationen zwischen den drei Erziehungsstildimensionen ziehen (vgl. TÖNNIES 1977, p. 43). Da "Lenkung-Dirigierung" signifikant negativ (-.39 bzw. -.27) mit "Achtung-

Wärme-Rücksichtnahme" korreliert, wird die Hypothese gestützt, daß Lenkung-Dirigierung neben Kontrolle- auch Strengeaspekte erfaßt.

Zu der vierten von TÖNNIES herangezogenen Dimension "Echtheit-Aufrichtigkeit" fehlt ein Pendant in unserem in Abbildung 1.15 wiedergegebenen Strukturmodell. Diese Dimension bleibt daher im folgenden unberücksichtigt.

Nach Abbildung 1.15 ist zu erwarten, daß sowohl "Achtung-Wärme-Rücksichtnahme" als auch "fördernde nichtdirigierende Aktivitäten" in einem positiven Zusammenhang mit Indikatoren für seelische Gesundheit stehen sollten. Die Skala "Lenkung-Dirigierung" sollte hingegen (leicht) negativ mit seelischer Gesundheit korrelieren.

Als "Merkmale der seelischen Funktionsfähigkeit", unter denen sich mehrere potentielle Indikatoren für seelische Gesundheit befinden, verwendete TÖNNIES (1977) die Skalen des Freiburger Persönlichkeitsinventars (FPI) (FAHRENBERG et al. 1978), des Fragebogens zur interpersonellen Selbstkommunikation (IPK-S) (QUITMANN, TAUSCH & TAUSCH 1974) sowie die beiden Skalen "Selbstachtung" und "Selbstakzeptierung" aus dem Personal Orientation Inventory (POI) von SHOSTROM (1963; vgl. auch BECKER 1982a). Um zu einer Entscheidung darüber zu gelangen, welche der oben genannten Skalen als Indikatoren für seelische Gesundheit herangezogen werden sollten, haben wir eine Hauptkomponentenanalyse der 17 Skalen (9 FPI, 6 IPK-S, 2 POI) gerechnet und die Höhe der Ladungen auf dem ersten unrotierten Faktor ("seelische Gesundheit") als Auswahlkriterium verwendet. Tabelle 1.8 enthält die von TÖNNIES ermittelten Rangkorrelationen zwischen 11 von uns ausgewählten Indikatoren für seelische Gesundheit sowie den drei Erziehungsstildimensionen, die getrennt für die Väter und Mütter - betrachtet aus der Sicht der Söhne und Töchter - berechnet wurden. Zwar fallen die Korrelationen insgesamt gesehen niedrig aus, doch stützen sie - wenn auch nicht in allen Einzelheiten - unsere Hypothesen. "Achtung-Wärme-Rücksichtnahme" steht mit seelischer Gesundheit in positivem Zusammenhang. Von 44 berechneten Korrelationen haben 40 ein positives Vorzeichen ($p < .0001$). 15 Korrelationen sind bei zweiseitiger Fragestellung auf dem 5%-Niveau signifikant. Wie nach Abbildung 1.15 zu erwarten, ist der Zusammenhang bei der Dimension "fördernde nichtdirigierende Aktivitäten" ebenfalls positiv, jedoch weniger stark ausgeprägt. 37 von 44 Korrelationen haben ein positives Vorzeichen ($p < .0001$), 9 Korrelationen sind signifikant. "Lenkung-Dirigierung" korreliert hingegen - hypothesenkonform - vom Trend her leicht negativ mit seelischer Gesundheit. 37 von 43 Korrelationen haben ein negatives Vorzeichen ($p < .0001$), 4 Korrelationen sind signifikant.

Als Nebenprodukt der Auswertung zeigt sich, daß die Zusammenhänge zwischen Erziehungsstil und seelischer Gesundheit in dieser Untersuchung bei den gleichgeschlechtlichen Eltern-Kind-Paaren höher ausfallen als bei den gegengeschlechtlichen. Wir folgen Tönnies (1977) und stellen Interpretationen dieses Befundes so lange zurück, bis weitere Daten vorliegen, die auf diese Fragestellung Bezug nehmen.

Wenn auch die numerische Höhe der in Tabelle 1.8 wiedergegebenen Zusammenhänge keineswegs beeindruckt, so ist es doch ein bemerkenswertes Ergebnis, daß die seelische Gesundheit von Erwachsenen (und nicht nur von Kindern) mit dem (perzipierten) Erziehungsstil ihrer Eltern in Beziehung steht. Selbstverständlich lassen sich keine Kausalschlüsse ziehen, und es sind durchaus alternative Interpretationen für die gefundenen Zusammenhänge denkbar.

Tabelle 1.8: Zusammenhänge (Spearman Rho) zwischen dem von Söhnen und Töchtern perzipierten Erziehungsstil ihrer Väter und Mütter und 11 Indikatoren für die seelische Gesundheit der (erwachsenen) Söhne und Töchter. Ach = Achtung-Wärme-Rücksichtnahme. För = fördernde Aktivitäten. Len = Lenkung.
+ (p < .05), ++ (p < .01) bei zweiseitiger Testung. Zusammengestellt nach den Ergebnissen von TÖNNIES (1977).

11 Indikatoren für seelische Gesundheit der erwachsenen Kinder	Väter						Mütter					
	Söhne			Töchter			Söhne			Töchter		
	Ach	För	Len	Ach	För	Len	Ach	För	Len	Ach	För	Len
Gelassenheit	29++	20	-12	29++	14	-23+	02	03	-11	15	15	00
Selbstachtung	31++	35++	-25+	33++	24+	-22+	07	-01	-06	32++	28++	-15
Selbstakzeptierung	04	08	-05	13	01	-08	-12	02	10	08	07	-12
geringe Nervosität	17	25+	01	21	17	-12	11	-08	-08	22+	24+	-09
geringe Depressivität	25+	26+	09	-01	-05	-16	11	-06	-05	27+	19	-09
geringe Erregbarkeit	13	19	-11	02	08	-20	21	-06	-07	04	06	02
geringe Gehemmtheit	11	16	05	24+	14	-10	14	14	-14	15	19	-07
geringer Neurotizismus	34++	30++	06	03	01	-17	13	-11	-02	26+	15	-08
geringe Selbstunzufriedenheit	05	16	-05	02	02	-04	-06	01	-01	29++	18	-13
geringe Selbstentmutigung	27+	41++	-25+	01	-06	-06	07	21	-07	20	16	-15
seltene negative Befindlichkeit	32++	35++	-08	-05	02	-14	19	15	-09	22+	06	-08
Mediane der Korrelationen	25	25	-05	03	02	-14	11	01	-07	22	16	-09
Anzahl der signif. Korrelationen	6	6	2	3	1	2	0	0	0	6	2	0

Wir halten eine Reihe einschränkender Bemerkungen zu den in Abbildung 1.15 wiedergegebenen Modellannahmen für angebracht:

(1) Die Komplexität der individuellen Erziehungsrealität läßt sich nicht vollständig mit Hilfe der in Abbildung 1.15 verwendeten Erziehungsstilkonstrukte einfangen.

(2) Der Zusammenhang zwischen dem Erziehungsverhalten von Eltern und der Persönlichkeit ihrer Kinder ist sicher nicht so einfach, wie oben angedeutet. Kinder reagieren nicht nur auf das (Erziehungs-)Verhalten ihrer Eltern, sondern Eltern reagieren umgekehrt auf das Verhalten und die Persönlichkeitsmerkmale ihrer Kinder (vgl. unter anderem THOMAS et al. 1963, 1968, 1970; BUSS & PLOMIN 1975; STRELAU 1984). Unter den Persönlichkeitsmerkmalen der Kinder kommt dabei den Temperamentsmerkmalen ein besonders hoher Stellenwert zu. Temperamentsmerkmale finden vor allem im energetischen Niveau des Verhaltens (Grad der "Reaktivität" und "Aktivität") sowie in den zeitlichen Reaktionsparametern (u.a. Schnelligkeit, Beweglichkeit, Dauerhaftigkeit des Reagierens) ihren Niederschlag (vgl. STRELAU 1984). Statt von einem einseitig ausgerichteten Ursache-Wirkungsmodell wird man von einem Transaktionsmodell bzw. Systemmodell ausgehen müssen.

(3) Die oben mitgeteilten relativ niedrigen Korrelationen sowie weitere empirische Befunde sprechen dafür, daß ein wesentlicher Teil der Varianz in Persönlichkeitsmerkmalen (von Erzogenen) nicht auf Erziehungsstilmerkmale der Eltern, sondern auf andere Bedingungen, wie Vererbung, neuropsychologische Merkmale und Lernerfahrungen außerhalb der Familie, zurückgeführt werden muß (vgl. etwa MERZ & STELZL 1977; CATTELL et al. 1980).

In späteren Kapiteln dieses Bandes wird ausführlicher auf das breite Spektrum von Bedingungen eingegangen, das bei der Erklärung hoher oder geringer Grade von seelischer Gesundheit zu beachten ist.

1.2.3 Theorie der seelischen Gesundheit

Die erfolgreiche Bewältigung externer und interner Anforderungen

Wie im Schlußkapitel von Band 1 näher ausgeführt wurde, stand am Ausgangspunkt unserer Theorie der seelischen Gesundheit das Problem der "Salutogenese", d.h. die Frage nach den individuumspezifischen Voraussetzungen einer erhöhten Widerstandskraft gegen psychische Erkrankungen. Wie kommt es, daß bestimmte Menschen trotz der sicherlich in jedem Leben auftretenden belastenden Bedingungen nicht ernsthaft an psychischen Störungen erkranken?

Zur Beantwortung dieser Frage wurden Hypothesen über Risikofaktoren und protektive Bedingungen, von denen die individuelle Wahrscheinlichkeit für das Auftreten einer psychischen Erkrankung innerhalb eines bestimmten Zeitintervalls abhängt, formuliert. Berücksichtigt wurden konstitutionelle Vulnerabilitäten, Stressoren, förderliche Umweltbedingungen sowie der Grad der seelischen Gesundheit als Eigenschaft (SGE). SGE wurde dabei definiert als "... das Muster all jener psychischen Eigenschaften (d.h. relativ stabilen Kennzeichen des Verhaltens und Erlebens), die (bei vorgegebenem Ausmaß der konstituellen Vulnerabilitäten, bei vorgegebener Intensität und Dauer der Stressoren und bei vorgegebenem Ausmaß der förderlichen Umweltbedingungen) die Wahrscheinlichkeit des Auftretens einer psychischen Erkrankung verringern." (BECKER 1982a, p. 282). Als zentrale inhaltliche Bestimmungsstücke der so verstandenen seelischen Gesundheit wurden vermutet: Regulationskompetenzen, Selbstaktualisierung und Sinnfindung.

Im folgenden sollen diese in Band 1 nur in komprimierter Form skizzierten Annahmen näher ausgeführt und erweitert werden. Dabei knüpfen wir an die in den vorangehenden Abschnitten gewonnenen Erkenntnisse über die Struktur der beiden Superkonstrukte "seelische Gesundheit" und "Verhaltenskontrolle" an. Um die beabsichtigte Integration zu erleichtern, entwerfen wir die Grundzüge einer **Systemtheorie der Persönlichkeit,** deren Kern aus einem hypothetischen Strukturmodell der Persönlichkeit besteht, das mit dem FREUDschen Instanzenmodell sowie mit Modellen von BRANDTSTÄDTER (1977) und von HERNEGGER (1982) verwandt ist. Nur an wenigen Stellen dieses Unterkapitels ziehen wir empirische Befunde zur Stützung unserer Annahmen heran. Eine ausführlichere empirische Prüfung einer wichtigen Modellannahme erfolgt dann im zweiten Kapitel. Andere Modellannahmen können innerhalb dieses Bandes nicht in Einzelheiten begründet und durch empirische Befunde abgesichert werden. Zum einen würde diese Aufgabe den Rahmen dieses Bandes sprengen, zum anderen wurden bereits in Band 1 bei der Abhandlung von neun Theorien der seelischen Gesundheit einige Argumente vorgebracht; es ist ferner einzugestehen, daß dem Verfasser in bestimmten Bereichen keine empirischen Studien bekannt sind, die eine klare Beantwortung der aufgeworfenen Fragen erlauben würden. Vorausgeschickt sei ferner die Bemerkung, daß die folgende Darstellung in komprimierter und relativ abstrakter Form erfolgt. Unser Ziel ist der Entwurf eines theoretischen Rahmenmodells unter Verzicht auf die Ausarbeitung von Einzelheiten. Detailliertere Ausführungen sind der angeführten Literatur zu entnehmen. Dies gilt insbesondere für Modellvorstellungen, die mit tiefenpsychologischen Grundpositionen übereinstimmen (vgl. BECKER 1986). Weitgehend ausgeklammert bleibt die entwicklungspsychologische Dimension.

Beim Entwurf unserer Theorie lassen wir uns von der Grundannahme leiten, daß hohe seelische Gesundheit als Zustand (SGZU) und hohe seelische Gesundheit als Eigenschaft (SGE) daraus resultieren, daß es einer Person in hohem Maße gelingt, externe und interne Anforderungen zu erfüllen. Man könnte auch von einer gelungenen externen und internen Anpassung sprechen. Der Begriff der **"externen Anforderungen"** ist dabei weit gefaßt. Er bezieht sich zum einen auf Erwartungen der sozialen Umwelt, die mit den von der betreffenden Person übernommenen Rollen (Rollenverpflichtungen) verknüpft sind. Darüber hinaus rechnen wir zu den externen Anforderungen alle sonstigen verhaltensrelevanten soziokulturellen Normen sowie ökonomische und physikalische Kontextbedingungen, die den spontanen Intentionen eines Individuums Widerstand entgegensetzen und von ihm Anpassungsleistungen verlangen. Externe Anforderungen sind nach unserer Auffassung also nicht nur externe Stimuli, die auf ein (passives) Individuum einwirken und es zum Reagieren zwingen, sondern auch Hindernisse in der Umwelt, die sich einem (aktiven) Individuum bei seinen Versuchen einer Einflußnahme auf die Umwelt in den Weg stellen. Da sich der Begriff der internen Anforderungen am besten unter Rückgriff auf ein weiter unten darzustellendes Strukturmodell der Persönlichkeit erläutern läßt, stellen wir eine Definition von "internen Anforderungen" zunächst zurück.

Externe Anforderungen können sich in quantitativer und qualitativer Hinsicht von Person zu Person sehr stark unterscheiden. Sie richten sich unter anderem nach dem Lebensalter, dem Geschlecht, dem Gesundheitszustand, sozialen Rollen und den äußeren Lebensumständen der betreffenden Person. Durch die Wahl eines mehr oder weniger anspruchsvollen und begabungskongruenten Berufes, die Übernahme vieler oder weniger Rollen und durch weitere den Lebensstil prägende Entscheidungen kann eine Person in einem gewissen Ausmaß ihre Umwelt selbst bestimmen und die Höhe der externen Anforderungen steuern (vgl. HARRISON 1979). Im Rahmen unserer Theorie wird der Mensch also nicht einseitig als reagierendes Objekt, sondern als aktiv seine Umwelt selegierendes und mitgestaltendes Subjekt konzipiert (vgl. SCHMIDT 1982). Das externe Anforderungsniveau ist zeitlichen Veränderungen unterworfen und übersteigt in kritischen Lebensphasen ("Grenzsituationen") den individualtypischen Standard ("Normalsituation") (vgl. ELDER 1974; SCHMIDT 1982).

Zur Bewältigung externer Anforderungen benötigt eine Person eine Vielzahl von Kompetenzen bzw. bereichsspezifischen Problemlösefähigkeiten. Diese Kompetenzen werden im Verlaufe der Entwicklung und Sozialisation als Ergebnis des Zusammenwirkens von Anlage- und Umweltfaktoren durch Lernen erworben, wobei verschiedene Personen für verschiedene Problemstellungen unterschiedlich gute Lernvoraussetzungen bzw. "Lernfähigkeiten" mitbringen (vgl. unter anderem BECKER & SCHMIDTKE 1977). Faßt man eine hohe Intelligenz als gute Voraussetzung für effizient verlaufende Lernprozesse auf, so ist zu erwarten, daß ein positiver, wenn auch nicht sehr enger Zusammenhang zwischen SGE und Intelligenz bestehen sollte. Dieser Zusammenhang fiele vermutlich sogar wesentlich enger aus, wenn an alle Menschen vergleichbare (hohe) externe Anforderungen gestellt würden und allen Menschen die Bewältigung bestimmter Anforderungen gleich wichtig wäre. Da dies jedoch nicht der Fall ist und Menschen im allgemeinen auf Kongruenz zwischen Anforderungen und eigenen Kompetenzen bzw. Lernfähigkeiten achten und da SGE auch von der Fähigkeit zur Bewältigung interner Anforderungen abhängt, fallen die entsprechenden Korrelationen weniger hoch aus.

Wir ziehen an dieser Stelle einige empirische Hinweise auf einen positiven Zusammenhang zwischen Intelligenz und seelischer Gesundheit heran. Eine ausführlichere Erörterung erfolgt im zweiten Kapitel. Ein Blick auf die Abbildungen 1.6 und 1.7 zeigt, daß sowohl bei Verwendung von Selbsteinstufungen als auch von Fremdurteilen das Merkmal "Intelligenz" auf dem Faktor "seelische Gesundheit" positiv lädt. Analoges gilt jedoch nicht für die Abbildung 1.5, die auf den 16 PF-Daten basiert. Dort lädt die Intelligenzkomponente "abstraktes vs. konkretes Denken" auf dem Faktor "Verhaltenskontrolle" statt auf "seelischer Gesundheit". Diese Widerspruch ist nicht leicht zu interpretieren. Möglicherweise beruht er darauf, daß im Falle der zuletzt genannten Untersuchung die Intelligenz mit Hilfe eines einzelnen Subtests (Analogieaufgaben) gemessen wurde, während in den Untersuchungen von TIMM (1971) und MUMMENDY et. al. (1977) Fremdurteile bzw. Selbsturteile über die Intelligenz Verwendung fanden. Es ist denkbar, daß Fremd- und Selbsturteile über die Intelligenz im Hinblick auf die Fähigkeit zur Bewältigung realer Umweltanforderungen eine höhere Validität besitzen als die unter relativ artifiziellen Bedingungen mit einem einzelnen spezifischen Subtest gemessene Testintelligenz. Auf dieses Problem kommen wir im zweiten Kapitel erneut zu sprechen.

Greift man auf die in Tabelle 1.1 zusammengestellten sieben Indikatorenbereiche für seelische Gesundheit zurück, so lassen sich ohne Schwierigkeiten Zusammenhänge zwischen diesen Indikatoren und der Bewältigung externer Anforderungen herstellen. Eine Person, die externe Anforderungen meistert, hat eine entsprechend große Anzahl von Erfolgserlebnissen, die in der Regel die emotionale Befindlichkeit positiv beeinflussen. Je nach persönlicher Bedeutung der Erfolge und in Abhängigkeit von der Schwierigkeit der zu bewältigenden Aufgabe werden Gefühle ausgelöst, die sich auf einem Kontinuum, das sich von Genugtuung und Zufriedenheit über Freude bis zu Triumphgefühlen erstreckt, einordnen lassen. Eine solche Person erhält im allgemeinen soziale Anerkennung, und sie wird für ihre Leistung belohnt, was zu einer Stärkung des Selbstwertgefühls (vgl. FEND 1981), zu Vertrauen in die eigene Kompetenz und zur Förderung von Autonomie beiträgt. Vor allem die intrinsischen, aber auch die extrinsischen "Belohnungen" für erfolgreiches Handeln wecken oder steigern das

Interesse an den entsprechenden Aktivitäten, und sie fördern die Bereitschaft, Energie in die Verfolgung längerfristiger Ziele zu investieren. Umgekehrt ist zu erwarten, daß Personen, die wiederholt persönlich bedeutsame externe Anforderungen schlecht oder nicht erfüllen (d.h. häufig überfordert sind), negative Emotionen (Angst, Depressivität, Gereiztheit, Ärger) erleben, sich öfter erschöpft und energielos fühlen, bei anderen Hilfe suchen und ein eher geringes Selbstwertgefühl haben. (Dabei verkennen wir nicht die adaptionsförderliche Funktion gelegentlicher Mißerfolge. Derartige Erfahrungen verhelfen nicht nur zu einer realistischen Einschätzung der eigenen Kompetenz, sondern sie erhöhen die Frustrationstoleranz, und sie können als "Herausforderungen" erlebt werden, die zu verstärkten Anstrengungen motivieren. (Vergleiche in diesem Zusammenhang die Reaktanztheorie von BREHM 1972, WORTMAN & BREHM 1975 sowie weiter unten.) Diese Annahmen besitzen eine hohe Plausibilität und bedürfen eigentlich kaum einer umfangreichen Begründung. Wir wollen dennoch zwei Untersuchungen zur Hypothesenprüfung heranziehen.

BECKER, MINSEL & QUAST (1983) erhoben bei 37 männlichen Studierenden über einen Zeitraum von vier Wochen die tägliche emotionale Befindlichkeit (erfaßt über 7 EWL-Skalen; vgl. JANKE & DEBUS 1978) sowie eine Reihe möglicher Bedingungsvariablen, darunter Persönlichkeitsmerkmale, alltägliche Ereignisse sowie über den Untersuchungszeitraum relativ stabile Studien- und Lebensbedingungen. Letztere wurden mit Fragebögen zweimal im etwa 14tägigen Abstand erhoben. Aus den über beide Befragungszeitpunkte gemittelten Antworten wurden mit Hilfe der Faktorenanalyse 5 Skalen zur Erfassung der während des Untersuchungszeitraumes vorherrschenden Studien- und Lebensbedingungen konstruiert. Eine der Skalen mißt den **"Erfolg im Studium"**. (Beispielitems: (1) Meine Arbeit für die Uni läuft zur Zeit gut. (2) Zur Zeit habe ich Schwierigkeiten, bestimmte Studieninhalte zu verstehen.) Hohe Skores in dieser Skala sollten als Indikator dafür dienen, daß die betreffenden Studenten im Untersuchungszeitraum gut in der Lage waren, einen für sie wichtigen externen Anforderungskomplex (Studienanforderungen) zu bewältigen. Zu überprüfen war die Hypothese, daß "Erfolg im Studium" mit seelischer Gesundheit positiv korreliert.

Als Indikatoren für seelische Gesundheit standen die Skores in FPI-Skalen sowie emotionale Befindlichkeitsmaße zur Verfügung. Als beste FPI-Indikatoren für seelische Gesundheit wählten wir die Skalen Nervosität, Depressivität, Gelassenheit und Gehemmtheit aus. Ein Maß für die **habituelle** emotionale Befindlichkeit wurde wie folgt gewonnen: Zunächst wurden die täglichen Skores in den 7 EWL-Skalen über 28 Tage pro Versuchsteilnehmer aufsummiert. Diese aufsummierten Werte wurden interkorreliert und faktorenanalysiert. Dabei ergaben sich zwei orthogonale Faktoren "positive emotionale Befindlichkeit" und "negative emotionale Befindlichkeit". (Dieses im ersten Augenblick vielleicht überraschende Ergebnis besagt lediglich, daß es durchaus Personen gibt, die innerhalb von 28 Tagen sowohl häufig (selten) positive als auch häufig (selten) negative Gefühlszustände erleben. Vergleiche nähere Einzelheiten in Kapitel 2). Durch Differenzbildung der Skores in beiden Faktoren wurde ein individuelles Maß für das habituelle bzw. über 28 Tage gemittelte psychische Wohlbefinden abgeleitet. Dieses Maß sowie die vier FPI-Skalen wurden zusammen mit dem Maß für "Erfolg im Studium" interkorreliert und einer Hauptkomponentenanalyse unterzogen. Bei Zugrundelegung des Eigenwertverlaufes war nur ein Faktor zu extrahieren (Eigenwert 1: 3.095; Eigenwert 2: 0.987; der erste Faktor klärt 51,58% der Gesamtvarianz auf.) Die Faktorenladungen sind in Tabelle 1.9 wiedergegeben.

Tabelle 1.9: Ergebnisse einer Hauptkomponentenanalyse der Interkorrelationen von 6 Variablen. Da nur ein Eigenwert größer 1 vorliegt, wird nur ein Faktor "seelische Gesundheit" extrahiert. N = 37. h^2 = Kommunalitäten.

Variable	F1	h^2
Nervosität	-.632	.399
Depressivität	-.764	.584
Gelassenheit	.658	.433
Gehemmtheit	-.833	.694
Psychisches Wohlbefinden	.656	.430
Erfolg im Studium	.745	.555
Σa^2		3.095

Ausgehend von den Ladungen der ersten fünf Indikatoren läßt sich dieser Faktor erwartungsgemäß als "seelische Gesundheit" interpretieren. Bemerkenswert ist die Ladung von .745 der Variable "Erfolg im Studium" auf diesem Faktor. Studenten, die nach ihren eigenen Aussagen gut in der Lage sind, externen (Studien-)Anforderungen zu genügen, sind seelisch gesünder als weniger erfolgreiche Kommilitonen.

Kritisch ist zu diesem Ergebnis anzumerken, daß sowohl die seelische Gesundheit (erfaßt über 5 Skalen) als auch der Erfolg im Studium von denselben Versuchsteilnehmern beurteilt wurden, so daß die Korrelation (Ladung) von .745 die Höhe des Zusammenhangs möglicherweise überschätzt. Da uns keine Angaben zum tatsächlichen Studienerfolg vorliegen, müssen wir diese Frage offenlassen.

Die zweite zu besprechende Untersuchung wurde von DÖRNER et al. (1983) durchgeführt. Diese Autoren untersuchten in einem hochinteressanten Experiment, wie 48 Studenten mit einer komplexen, durch einen Computer simulierten Problemsituation zurechtkamen. Die Studenten sollten in der Rolle des Bürgermeisters einer fiktiven Kleinstadt namens Lohhausen die Geschicke dieser Stadt über einen angenommenen Zeitraum von zehn Jahren - nach Möglichkeit zum Wohle der Bürger - lenken. Dabei konnten und mußten sie eine Reihe von Eingriffen in ein komplexes und relativ intransparentes System von miteinander vernetzten Variablen vornehmen (z.B. die Gehälter von Angestellten erhöhen oder senken, Baumaßnahmen ergreifen, gegen die Jugendarbeitslosigkeit ankämpfen usw.). Ihnen standen insgesamt acht, im mehrtägigen Abstand aufeinanderfolgende, zweistündige Sitzungen zur Verfügung, um sich Maßnahmen zu überlegen und deren Auswirkungen zu testen. Mit dieser (externen) Anforderung kam ein Teil der studentischen Versuchspersonen relativ gut zu Rande, andere hingegen gar nicht. DÖRNER und Mitarbeiter gingen unter anderem der Frage nach, welche Persönlichkeitsmerkmale mit Erfolg oder Mißerfolg der Versuchspersonen zusammenhängen.

Unter den in der Untersuchung verwendeten Persönlichkeitsvariablen befinden sich zwei, die als Indikatoren für "seelische Gesundheit" in Betracht gezogen werden können: "Selbstsicherheit" und "Neurotizismus". Selbstsicherheit korrelierte .518 (p <.01) und Neurotizismus -.225 (p = .12) mit dem "Generalgütekriterium", einem Maß für die erfolgreiche Bewältigung der Lohhausen-Anforderungen. Dieses Maß wurde durch eine gewichtete Kombination von 6 Gütekriterien gebildet. Es ist nach Auffassung von DÖRNER et al. ein brauchbares Maß für die individuelle Problemlöseleistung.

Als wichtiges Teilergebnis der beiden soeben besprochenen Untersuchungen betrachten wir den Nachweis, daß Maße für die Bewältigung mehr oder weniger lebensnaher externer Anforderungen (Erfolg im Studium bzw. Erfolg in der Rolle des Bürgermeisters im Lohhausen-Experiment) mit Indikatoren für seelische Gesundheit in positivem Zusammenhang stehen. Weitere derartige Belege werden wir im Kapitel 2 erbringen.

Einige Autoren neigen zu der Auffassung, daß sich seelische Gesundheit auf die Fähigkeit zur Bewältigung **externer** Anforderungen reduzieren läßt. So rückt WHITE (1973, 1979) bei seinem Versuch, den Begriff der seelisch gesunden Persönlichkeit zu erläutern, das Kompetenzgefühl ("sense of competence") in den Mittelpunkt seiner Analyse. Dieses Gefühl bzw. diese Einschätzung bezieht sich dabei auf die Effizienz der Auseinandersetzung mit der relevanten Umwelt und das Vertrauen darauf, intendierte Effekte hervorrufen zu können. Das Gegenteil des Kompetenzgefühls ist das Gefühl der Ohnmacht oder Hilflosigkeit. Eine ähnliche Position wie WHITE vertritt SELIGMAN (1979) mit seiner Theorie der "erlernten Hilflosigkeit". Auch SOMMER (1977, p. 75) stellt eine enge Verbindung von seelischer Gesundheit und Kompetenzen her, die er als "... die Verfügbarkeit und angemessene Anwendung von Verhaltensweisen (motorischen, kognitiven und emotionalen) zur effektiven Auseinandersetzung mit konkreten Lebenssituationen, die für das Individuum und/oder seine Umwelt relevant sind", definiert.

In Übereinstimmung mit tiefenpsychologischen Grundpositionen, insbesondere den Theorien von FREUD und JUNG, ist es unseres Erachtens eine unzulässige Vereinfachung, seelische Gesundheit ausschließlich mit der Fähigkeit zur Bewältigung externer Anforderungen in Verbindung zu bringen. Von vergleichbarer, wenn nicht sogar von größerer Bedeutung sind die internen Anforderungen, die ein Individuum erfüllen muß. Um den Begriff der **"internen Anforderungen"** definieren zu können, ist es erforderlich, unsere Vorstellungen über die Struktur des psychischen Apparates in ihren Grundzügen zu erläutern. Wenngleich es zur Zeit in der Psychologie eher unüblich ist und von manchen Theoretikern als Rückschritt betrachtet wird, halten wir es bei der Formulierung einer umfassenderen Theorie der seelischen Gesundheit und der Verhaltenskontrolle für unverzichtbar, implizite Annahmen über psychische Strukturen, die an der Verhaltenssteuerung beteiligt sind, offenzulegen (vgl. auch BRANDT-STÄDTER 1977). Solche Modellvorstellungen können auf der rein psychologischen Ebene oder auf der Ebene zentralnervöser Strukturen formuliert werden (vgl. etwa GRAY 1973a, b). Langfristig gesehen erscheint es uns wünschenswert, Aussagen auf der psychologischen Ebene mit Erkenntnissen über zentralnervöse Strukturen in Einklang zu bringen. Auf einer Zwischenstufe der wissenschaftlichen Entwicklung hat jedoch eine rein psychologische Betrachtungsweise durchaus ihre Berechtigung, und sie ist einer lückenhaften Analyse auf der neurophysiologischen Ebene vorzuziehen.

Stukturmodelle über den Aufbau der Persönlichkeit wurden vor allem von FREUD (1953), JUNG (1984) und den Neoanalytikern sowie von Schichtentheoretikern (WELLEK 1966, LERSCH 1970) entworfen. Auch ROGERS (1959, 1973) griff im Rahmen seiner Selbsttheorie der Persönlichkeit und seiner Theorie der seelischen Gesundheit auf Strukturelemente (z.B. Selbststruktur, organismisches Bewertungssystem) zurück, und vor kurzem legte HERNEGGER (1982) im Rahmen seiner "Psychologischen Anthropologie" ein Modell vor, das bei der Verhaltenserklärung auf psychische Strukturen rekurriert. Fortschritte auf dem Gebiet der kybernetischen System- und Regelungstheorie (vgl. KLAUS & LIEBSCHER 1974) legen es nahe, Struktur- und Funktionsmodelle der Persönlichkeit unter Einbeziehung der Erkenntnisse und der Terminologie dieses auch für die Humanwissenschaften bedeutenden Wissenschaftszweiges zu formulieren (vgl. BRANDTSTÄDTER 1977).

Wie wir bereits im Schlußkapitel des Bandes 1 der "Psychologie der seelischen Gesundheit" ausführten, wurde unsere eigene Theorie der seelischen Gesundheit maßgeblich durch FREUD beeinflußt, und die im folgenden skizzierte Systemtheorie (Struktur- und Funktionsmodell) der Persönlichkeit weist eine gewisse Affinität zu FREUDs Instanzenmodell auf. Eine erhebliche Rolle bei seiner Konzeptualisierung spielte aber auch das Bemühen, die oben beschriebenen Erkenntnisse über die Bedeutung der Persönlichkeitsdimension "Verhaltenskontrolle" in einem möglichst einfachen Modell zu berücksichtigen. Als wichtigste Funktion eines solchen Modellentwurfes betrachten wir:

- die Bereitstellung eines konsistenten und sparsamen Begriffsapparates zur Charakterisierung psychischer Aufgaben, die ein seelisch gesunder (funktionstüchtiger) Organismus erfüllen muß,
- die Veranschaulichung funktionaler Beziehungen und Wechselwirkungen zwischen hypothetischen psychischen Strukturen,
- die Erklärung psychischer Störungen (Symptome) durch Rückgriff auf psychische Systeme, die ihren Aufgaben nicht gerecht werden,
- die Erklärung interindividueller Unterschiede in dem Persönlichkeitsmerkmal "Verhaltenskontrolle",
- die Anregung von Untersuchungen zur Überprüfung von Modellannahmen auf der psychologischen Ebene mit dem Ziel einer Verbesserung und Weiterentwicklung des Modells,
- die Anregung von Untersuchungen zu möglichen biologischen Substraten der hypothetischen psychischen Strukturen,
- die Anregung und theoretische Fundierung bestimmter Formen der Behandlung und der primären Prävention psychischer Störungen sowie von Untersuchungen zur Evaluation derartiger Maßnahmen.

Überblick über ein Struktur- und Funktionsmodell (Systemtheorie) der Persönlichkeit

Wir geben im folgenden zunächst einen orientierenden Überblick über unser in Abbildung 1.16 wiedergegebenes Struktur- und Funktionsmodell der Persönlichkeit (abgekürzt Strukturmodell), bevor wir ausführlicher die Aufgaben und Funktionsweisen der einzelnen Systeme beschreiben.

Das Strukturmodell umfaßt folgende Teilsysteme: ein perzeptorisches System, ein effektorisches System, ein biologisches Motivationssystem, ein internes Kontrollsystem sowie ein Entscheidungssystem (bzw. das Ich). Das interne Kontrollsystem setzt sich aus einem System erworbener Werte sowie einem Simulator zusammen. Weiterhin in Abbildung 1.16 aufgeführt sind verschiedene Filter sowie die Umwelt. Die Einbeziehung der Umwelt soll zum Ausdruck bringen, daß sich ein Individuum in einem ständigen Interaktionsprozeß mit der Umwelt befindet.

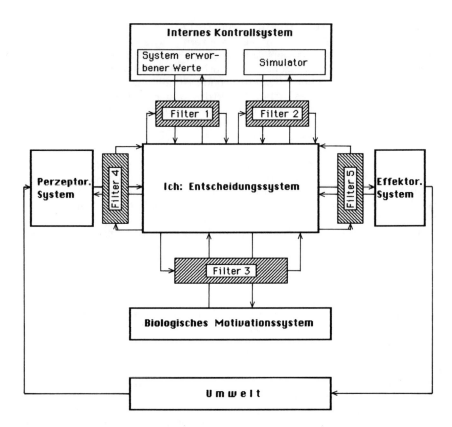

Abbildung 1.16: Schematisierte Darstellung eines hypothetischen Struktur- und Funktionsmodells der Persönlichkeit sowie der Person-Umwelt-Interaktion. Erläuterungen im Text.

Im Mittelpunkt des psychischen Geschehens steht das **Ich**. Es repräsentiert - in der Sprache der kybernetischen System- und Regelungstheorie ausgedrückt - das "übergeordnete System" (KLAUS & LIEBSCHER 1974), dessen Aufgabe darin besteht, die verschiedenen psychischen Abläufe zu koordinieren und übergeordnete Entscheidungen zu treffen. Um diese Aufgabe erfüllen zu können, bedient sich das Ich der anderen oben aufgezählten Systeme, die allerdings über eine gewisse "Autonomie" (vgl. ähnliche Auffassungen zur Autonomie psychischer Systeme bei JUNG, der von "abgesprengten Teilpsychen" spricht) verfügen. Über das perzeptorische System nimmt das Individuum Informationen aus der Umwelt wahr, und über das effektorische System wirkt es auf seine Umwelt ein. Detaillierte Aussagen über den Aufbau und die Funktionsweise dieser beiden Systeme sind im Rahmen unserer Theorie der seelischen Gesundheit und Verhaltenskontrolle nicht erforderlich. Angedeutet sei lediglich, daß das perzeptorische System in einem aktiven Selektions- und Konstruktionsprozeß Informationen über den Zustand der Umwelt bereitstellt und dabei der Kontrolle durch das Ich unterworfen ist. Das effektorische System setzt bestimmte motorische Pläne in konkrete Einzelaktionen um. (Zu den Einzelheiten der hierarchischen Steuerung von Handlungen siehe etwa HACKER 1978, SEMMER & PFÄFFLIN 1978).

Um seine Entscheidungen treffen zu können, benötigt das Ich nicht nur Informationen über den Zustand der Außen-, sondern auch der Innenwelt. Diese "Innenwelt" (das biologische Motivationssystem sowie das interne Kontrollsystem) stellt in einem gewissen Sinne "Anforderungen" an das Ich, die diesem letzten Endes die Erfüllung seiner Aufgaben ermöglichen. Die Anforderungen resultieren aus Diskrepanzen zwischen Istwerten und Sollwerten. Im Falle des biologischen Motivationssystems handelt es sich um biologische, nicht erlernte Sollwerte. Weichen Istwerte bedeutsam von biologischen Sollwerten ab, so wird das Ich vom biologischen Motivationssystem in Abhängigkeit von der Größe und der Bedeutsamkeit der Diskrepanz mit mehr oder weniger großem Nachdruck (durch Gefühle und damit verknüpfte energetische Prozesse) auf diese Diskrepanz aufmerksam gemacht und zum Ergreifen geeigneter Maßnahmen angehalten. Ein Beispiel für einen derartigen Mangelzustand (Istwert-Sollwert-Diskrepanz) wäre ein Nahrungsdefizit, das sich subjektiv als Hungergefühl bemerkbar macht.

Eine andere Art von Anforderungen geht vom **internen Kontrollsystem,** das sich aus dem System erworbener Werte sowie aus dem Simulator zusammensetzt, aus. Wie der Name bereits zum Ausdruck bringt, repräsentiert das System erworbener Werte Sollwerte (Selbstdeal, Umweltideal), die durch Umwelteinflüsse (Sozialisationsprozesse, Identifikationsprozesse usw.) übernommen wurden. Beispiele dafür wären Normen des sozialen Zusammenlebens oder Rollenerwartungen. Weichen bereits ausgeführte, gerade realisierte oder geplante Handlungen von diesen erworbenen Werten ab und werden diese Istwert-Sollwert-Diskrepanzen an das Ich weitergemeldet, so können sie dessen Entscheidungen in ähnlicher Weise wie die vorher genannten biologischen Istwert-Sollwert-Diskrepanzen beeinflussen.

Beim **Simulator** handelt es sich um eine zum internen Kontrollsystem gehörende Funktionseinheit, die es dem Ich ermöglicht, vor dem Ergreifen wichtiger Entscheidungen an einem internen Modell der Außenwelt (Umweltmodell) sowie der eigenen Person (Selbstmodell) "Probehandlungen" durchzuspielen. Derartige interne "Probeläufe" bezeichnet man im allgemeinen als "Denken". Auch vom Simulator werden insofern an das Ich Anforderungen gestellt, als Entscheidungen des Ichs nach Möglichkeit im Einklang mit den im Simulator repräsentierten Umwelt- und Selbstmodellen stehen sollten. Wiederholte Verstöße gegen dieses Prinzip würden zur Selbstentfremdung sowie zum Orientierungsverlust führen.

Damit das Ich, dessen Hauptaufgabe das Treffen von Entscheidungen ist, nicht zu einem geheimnisvollen Homunkulus degeneriert, müssen die Prinzipien, nach denen dieses übergeordnete System arbeitet, offengelegt werden. Unseres Erachtens orientiert sich das Ich beim Treffen von Entscheidungen am Kriterium der Geeignetheit entsprechender Maßnahmen für die Realisierung von "Projekten", die für das Ich hohe Priorität besitzen. Diese abstrakte Formulierung werden wir weiter unten genauer erläutern. Bei diesem knappen ersten Überblick über unser Modell sei noch kurz auf die Funktion der in Abbildung 1.16 enthaltenen **Filter** hingewiesen. Diese Filter stehen unter der Kontrolle des Ichs, das mit ihrer Hilfe den Informations- und Energiefluß zwischen sich und den anderen Systemen steuert. So kann das Ich beispielsweise durch Schließen der Filter 1 und 2 vorübergehend den Einfluß des internen Kontrollsystems abschwächen oder ganz ausschalten. Bei gleichzeitiger Öffnung des Filters 3 gewinnt das biologische Motivationssystem einen dominierenden Einfluß auf die Entscheidungen des Ichs, und es resultiert ein eher impulsives Verhalten. Ein genau entgegengesetztes, d.h. stark kontrolliertes Verhalten (im Sinne der oben beschriebenen Persönlichkeitsdimension der Verhaltenskontrolle) ergibt sich dann, wenn die Filter 1 und 2 eine hohe Durchlässigkeit besitzen und Filter 3 eine geringe Durchlässigkeit hat. Mit der Postulierung von Filtern verfolgen wir also drei Ziele: (1) Es soll erklärt werden, wie das Ich seine Aufgabe der Verarbeitung großer Informationsmengen bewältigen kann, nämlich unter anderem durch den Rückgriff auf Filter. (2) Es sollen intrapsychische Regulationsprozesse, wie sie vor allem von Tiefenpsychologen beschrieben wurden, berücksichtigt werden. Wichtig für das Verständnis von Filterprozessen ist unsere Annahme, daß ein Filter den Informations- und Energiefluß zwischen zwei Systemen in selektiver, d. h. begrenzter und gezielter Weise beeinflussen kann (= selektive Permeabilität eines Filters). (3) Es sollen interindividuelle Unterschiede im Persönlichkeitsmerkmal (starke vs. geringe) Verhaltenskontrolle erklärt werden.

Nach diesem knappen ersten Überblick über das Strukturmodell wollen wir uns den einzelnen Subsystemen genauer zuwenden. Aus Platzgründen und um uns auf das Wesentliche zu konzentrieren, beschränken wir uns in der Darstellung auf die Aufgaben und Funktionsweisen des biologischen Motivationssystems, des internen Kontrollsystems und des Ichs.

Das biologische Motivationssystem

Das biologische Motivationssystem umfaßt zum einen die für die Spezies Mensch charakteristischen **primären Triebe.** Darunter verstehen wir jene Bedürfnisse im strengen Sinn des Wortes, deren Befriedigung für das Überleben des Menschen von fundamentaler Bedeutung ist. Hierunter fallen die Bedürfnisse nach Nahrung, Atmung, Schlaf und nach Nichtüberschreitung bestimmter physikalischer und chemischer Grenzwerte in der Umwelt (etwa bestimmter minimaler und maximaler Außentemperaturen), an die sich der Mensch nicht anpassen kann. Da diese Bedürfnisse für das Überleben von allergrößter Bedeutung sind, machen sich entsprechende Istwert-Sollwert-Diskrepanzen in besonders unangenehmer Form bemerkbar. Typisch hierfür sind heftige Unlust- oder Schmerzgefühle, wie sie etwa bei starkem Hunger oder Durst, bei Erstickungsgefahr oder bei extremen Außentemperaturen (z.B. Hitze, die zu Verbrennungen führt) auftreten. Bei Vorliegen derartiger extremer Istwert-Sollwert-Diskrepanzen gewinnt das biologische Motivationssystem normalerweise einen dominierenden Einfluß auf die Entscheidungen des Ichs. Dieser Umstand wird bekanntlich dazu mißbraucht, um Menschen durch Folter zu Entscheidungen (etwa die Preisgabe von Geheimnissen) zu zwingen, die sie normalerweise nicht treffen würden. Unser Modell läßt allerdings durch den Einbau des Filters 3 grundsätzlich die Möglichkeit zu, daß auch in derartigen Extremsituationen der Einfluß des biologischen Motivationssystems begrenzt bleibt. Man denke nur an Menschen, die ihr Leben freiwillig durch Hungerstreik beenden oder deren Widerstand auch durch Foltermethoden nicht "gebrochen" werden kann.

Neben den primären Trieben zählen weitere angeborene Dispositionen zur biologischen Grundausstattung des Menschen. Unter **angeborenen allgemein menschlichen Dispositionen** verstehen wir spontane Verhaltenstendenzen (Bedürfnisse), die unter bestimmten Umständen bei allen Menschen mit hoher Wahrscheinlichkeit auftreten. Angesichts der notorischen Schwierigkeiten, sich über einen Katalog derartiger Bedürfnisse zu verständigen, legen wir bei der folgenden Aufzählung keinen Wert auf Vollständigkeit. Einen hohen Stellenwert messen wir jedenfalls dem Kompetenzbedürfnis, dem Bedürfnis nach

Anerkennung und Wertschätzung sowie den sexuellen und Aggressionsbedürfnissen bei.

Das Kompetenzbedürfnis, das auch das Explorationsbedürfnis einschließt, steht ganz im Dienste des Ichs. Hauptaufgabe des Ichs ist es, die Realisierung von "Projekten" mit hoher Priorität durch das Treffen geeigneter Entscheidungen voranzutreiben. Die mit dem Kompetenzbedürfnis verknüpften positiven bzw. negativen Gefühlen unterstützen das Ich bei dieser Aufgabe. Das Kompetenzbedürfnis trägt dazu bei, daß sich das Ich um eine erfolgreiche Bewältigung seiner zentralen Aufgabe bemüht. Erfolgreiches Handeln wird von **Kompetenzgefühlen,** die sich auf einem Kontinuum von Zufriedenheit über Spaß bis zu Triumphgefühlen erstrecken, begleitet. Wir legen auf die Feststellung Wert, daß es sich dabei um spezifische Gefühle handelt, die mit der Gefühlsbezeichnung "Freude" nur unzureichend charakterisiert werden. Man denke etwa an die positive emotionale Befindlichkeit eines Menschen, der bestimmte Aktivitäten (z.B. Tennis oder Schach spielen, ein mathematisches Problem lösen oder ein Computerprogramm schreiben) erfolgreich ausführt. Es wäre phänomenologisch wenig präzise, wenn man davon spräche, daß dieser Mensch sich beim Lösen des mathematischen Problems oder beim Schreiben des Computerprogramms freute. Zutreffender wäre bereits die Formulierung, daß ihm diese Tätigkeit "Spaß machte". Im Gegensatz dazu treten im Falle eines Unvermögens zur Lösung eines persönlich bedeutsamen Problems mehr oder weniger unangenehme **Insuffizienzgefühle** auf, die sich von leichtem Unmut bis zum ausgeprägten Ärger, von Gefühlen der Unsicherheit bis zu solchen der Hilflosigkeit und Angst und von Gefühlen der Niedergeschlagenheit bis zu schwerer Depressivität steigern können. Kompetenz- bzw. Insuffizienzgefühlen kommt eine erhebliche Bedeutung bei der energetischen Regulation des Handelns zu. Bezüglich der eigenen Gütemaßstäbe erfolgreiches Handeln in einem persönlich bedeutsamen ("interessanten") Bereich hält den Prozeß der (energetischen) Aktivierung aufrecht oder intensiviert ihn, während gehäufte Mißerfolge in Verbindung mit einer pessimistischen Erfolgseinschätzung und Insuffizienzgefühlen, aber auch uninteressante Tätigkeiten eine Desaktivierung und motivationale Neuorientierung begünstigen.

Die Bedeutung des Bedürfnisses nach Anerkennung und Wertschätzung sehen wir unter anderem darin, daß es zu einer wesentlichen Triebfeder für den Aufbau des internen Kontrollsystems werden kann. Um sich die Anerkennung und Wertschätzung wichtiger Bezugspersonen zu erhalten oder um sie zu erwerben, lernen Menschen im Laufe ihrer Entwicklung und Sozialisation unter bestimmten Voraussetzungen die Beachtung der von jenen Bezugspersonen vertretenen Normen und Wertvorstellungen. Wie in Band 1 der "Psychologie der seelischen Gesundheit" ausgeführt wurde, geht ROGERS von ganz ähnlichen Vorstellungen aus. Auch er stellt ein Bedürfnis des Menschen nach (nicht an Bedingungen geknüpfter) Wertschätzung in Rechnung, und auch er sieht in diesem Bedürfnis eine wichtige Ursache für den Aufbau eines Systems erworbener Werte. Die adaptive Funktion des Bedürfnisses nach Achtung und Wertschätzung besteht unseres Erachtens vor allem darin, daß es den Menschen - als ein in Sozietäten lebendes Wesen - auf diese Gemeinschaft hin orientiert, seine Gemeinschaftsfähigkeit fördert und seinen Egoismus zügeln hilft. (In diesem Zusammenhang lassen sich Querverbindungen zu ADLERs Konstrukt des "Gemeinschaftsgefühls" herstellen.)

Das sexuelle und das Aggressionsbedürfnis haben wir nicht nur deshalb in den Katalog der angeborenen Dispositionen aufgenommen, weil FREUD ihnen einen zentralen Stellenwert in seiner Motivations- und Persönlichkeitstheorie einräumte. Nicht nur bei FREUD, sondern bei vielen anderen Theoretikern und in zahlreichen Untersuchungen findet man Hinweise darauf, daß sexuelle und Aggressionsbedürfnisse einen großen Einfluß auf die Verhaltenssteuerung gewinnen können und daß Beziehungen zwischen einer chronischen Unterdrückung oder Verdrängung dieser beiden Bedürfnisse und psychischen bzw. psychosomatischen Erkrankungen bestehen. Die adaptive Rolle der Sexualität für die Arterhaltung liegt auf der Hand und bedarf keiner Kommentierung. Darüber hinaus kommt der Sexualität eine erhebliche Bedeutung als Triebfeder zur Aufnahme und Aufrechterhaltung zwischenmenschlicher Beziehungen (insbesondere zwischen den Geschlechtern) zu. Ob man von der Existenz eines angeborenen Aggressionsbedürfnisses ausgehen soll, ist eine umstrittene Frage. Aus ethologischer Sicht und unter adaptivem Blickwinkel erscheint es sinnvoll, eine derartige angeborene Disposition anzunehmen. Die Funktion einer Aggressionsneigung wäre dann darin zu sehen, im Falle einer Bedrohung oder Frustration **eine** mögliche Verhaltensstrategie zur Selbstbehauptung (d.h. zur Realisierung wichtiger "Projekte") bereitzustellen. Wenig überzeugend erscheint uns hingegen die von FREUD vertretene Auffassung, daß es sich bei der Aggressivität um einen "Trieb" handelt, der ständig Energie produziert, die auf Entladung drängt. Wie zahlreiche Untersuchungen gezeigt haben, hängt die Wahrscheinlichkeit aggressiven Verhaltens von einer Vielzahl situativer Bedingungen (etwa von der Art der Frustration, vom Geschlecht und Alter des Frustrators oder vom Vorhandensein aggressiver Modelle, die für ihr aggressives Verhalten belohnt oder bestraft werden) ab, und es ist offensichtlich durch Lernprozesse möglich, nicht aggressive Formen der Selbstbehauptung bzw. des Reagierens in Bedrohungs- oder Frustrationssituationen zu erwerben.

Die soeben aufgezählten angeborenen Dispositionen unterscheiden sich von den zuvor genannten primären Trieben dadurch, daß eine Befriedigung dieser Bedürfnisse nicht lebensnotwendig ist. Ein Mensch ist vielmehr durchaus dazu in der Lage, länger andauernde Deprivationen dieser Bedürfnisse zu verkraften. Dies bedeutet andererseits nicht, daß diesen Bedürfnissen eine untergeordnete Rolle bei der Verhaltensmotivation zukommt. Daß es sich bei den primären Trieben und den soeben besprochenen Dispositionen um angeborene Verhaltenstendenzen des Menschen handelt, erkennt man unter anderem daran, daß die zugeordneten Verhaltensweisen von allen Menschen ursprünglich als befriedigend erlebt werden. Es handelt sich mithin um Werte, die nicht erst durch Lernprozesse angeeignet werden müssen. So werden beispielsweise die Nahrungsaufnahme, die Zuneigung eines anderen Menschen, sexuelles Verhalten oder die erfolgreiche Bewältigung einer selbst gesetzten Aufgabe normalerweise von positiven Gefühlen begleitet. Erst wenn diese Verhaltensweisen seitens der Umwelt bestraft werden oder wenn sich vorübergehende Sättigungsphänomene einstellen, kann ihre ursprünglich positive Valenz überdeckt werden. In Übereinstimmung mit tiefenpsychologischen Theorien sowie mit ROGERS vertreten wir jedoch die Hypothese, daß eine dauerhafte Negierung ("Verdrängung") angeborener allgemein menschlicher Dispositionen psychopathologische Prozesse in Gang setzt. In schwächerem Ausmaße gilt dies auch für die angeborenen individuellen Dispositionen (siehe unten).

Wir kommen im folgenden auf weitere Bestandteile des biologischen Motivationssystems zu sprechen: individuelle Begabungen, Interessenausrichtungen und Temperamentsmerkmale. Es handelt sich dabei um Dispositionen, in denen große interindividuelle Differenzen bestehen. Während die zunächst erörterten primären Triebe und die allgemeinen angeborenen Dispositionen für alle Menschen charakteristisch sind, unterscheiden sich einzelne Menschen in ihren Begabungen, Interessenausrichtungen und Temperamentsmerkmalen so stark voneinander, daß es wenig Sinn macht, hier von allgemein menschlichen Dispositionen zu sprechen. Wir verwenden daher die Bezeichnung **"angeborene individuelle Dispositionen"**. So besitzen beispielsweise nicht alle Menschen eine (hohe) musikalische oder mathematische Begabung und ein in der Regel damit verknüpftes Interesse an der Ausübung entsprechender Tätigkeiten (etwa Interesse am Musizieren oder an der Lösung mathematischer Gleichungssysteme); es läßt sich auch nicht von allen Menschen behaupten, sie hätten ein eher lebhaft-aktives Temperament oder sie seien sehr "soziabel". Wir legen auch an dieser Stelle keinen Wert darauf, vollständige Kataloge individueller Begabungen, Interessenausrichtungen und Temperamente zu erstellen. (Zu sehr aufschlußreichen Befunden über die Struktur und Bedeutung von Temperamentsmerkmalen siehe etwa STRELAU 1984.) Es genügt vielmehr der grundsätzliche Hinweis auf die Existenz derartiger angeborener individueller Dispositionen (vgl. auch EAGLE 1983). Wenn wir in diesem Zusammenhang das Attribut "angeboren" verwenden, so bedeutet dies selbstverständlich nicht, daß der individuelle Ausprägungsgrad von Begabungen, Interessen und Temperamentsmerkmalen ausschließlich von genetischen Faktoren abhängt. Dies sei an einem Beispiel erläutert. Konkrete Interessen (etwa das Interesse daran, Klavier spielen zu lernen) entwickeln sich erst in der Interaktion mit der Umwelt. So wird trivialerweise ein Ureinwohner Australiens, der noch nie in seinem Leben ein Klavier zu hören und zu sehen bekam, kein Interesse daran entwickeln, Klavier spielen zu lernen. Deshalb kann er trotzdem ausgeprägte musikalische Interessen und Begabungen aufweisen, die dann in den für seine Kultur typischen Formen ihren Ausdruck finden. Wir wollen mit unserer Betonung der Bedeutung von Anlagefaktoren auch nicht bestreiten, daß Interessen innerhalb gewisser Grenzen durch die Umwelt gefördert werden können; dies gilt beispielsweise für das Interesse am Klavierspiel. Entscheidend an unserer Argumentation ist vielmehr folgender Punkt: Viele Eltern, die ihr Kind gerne dafür begeistern wollen, ein bestimmtes Instrument (z.B. Klavier) zu erlernen, müssen zu ihrem Leidwesen feststellen, daß es Kinder gibt, die kein hinreichendes Interesse am eigenen Musizieren haben. Diese Kinder wird man im allgemeinen weder durch Verlockungen noch durch Ausübung von Druck dazu bewegen können, das entsprechende Instrument zu erlernen und dabei Freude zu empfinden. Völlig anders ist hingegen das Verhalten von Kindern mit ausgeprägten musikalischen Interessen. Sie werden in der Regel auch dann Wege zum Erlernen eines Instrumentes und zum Musizieren finden, wenn die äußeren Rahmenbedingungen dafür wenig förderlich sind.

Wir wollen als nächstes einige Überlegungen zu der Frage anstellen, wie sich ein Mensch verhielte, der über ein intaktes biologisches Motivationssystem sowie leistungsfähige perzeptorische und effektorische Systeme (einschließlich angeborener Reflexe) verfügte, dessen Ich jedoch nur rudimentär entwickelt wäre und dem ein internes Kontrollsystem fehlte. Ein solcher "Mensch" befände sich auf niedrigem phylogenetischem Entwicklungsniveau, und er wäre nur unter der Voraussetzung lebensfähig, daß er gut an seine Umwelt angepaßt wäre. Sein Ich stünde völlig unter der Kontrolle des biologischen Motivationssystems, und es würde jene Entscheidungen treffen, die aufgrund angeborener Bahnungen oder erster einfacher Lernerfahrungen zur Befriedigung der biologischen Bedürfnisse geeignet wären. Was diesem Lebewesen fehlte, um es zum eigentlichen Menschen werden zu lassen, sind das interne Kontrollsystem (System erworbener Werte und Simulator) sowie die Fähigkeit des Ichs, sich aus der einseitigen Abhängigkeit von den Anforderungen des biologischen Motivationssystems zu befreien. Wir wollen uns im folgenden dem Ich und dem internen Kontrollsystem zuwenden.

Das Ich und das interne Kontrollsystem

Die evolutionäre Weiterentwicklung von primitiven Einzellern zu höheren Organismen ist vor allem durch quantitative und qualitative Verbesserungen der Struktur und Funktionsweise des Nervensystems gekennzeichnet. Höhere Lebewesen zeichnen sich primär durch ihre größere Lern- und Denkfähigkeit und die sich daraus ergebenden besseren Voraussetzungen für eine flexible Anpassung an unterschiedliche Umweltbedingungen aus. Ein analoger Prozeß vollzieht sich auch auf der ontogenetischen Ebene. Während das Ich des Neugeborenen nur über relativ begrenzte Fähigkeiten zur effizienten und flexiblen Auseinandersetzung mit der Umwelt verfügt und das Neugeborene - als "Nesthocker" - in hohem Maße auf die Pflege und den Schutz von Bezugspersonen angewiesen ist, verhält sich das Kleinkind, und erst recht ein gesunder und normal intelligenter Erwachsener, im Vergleich zu allen anderen Lebewesen außerordentlich effizient im Umgang mit seiner Umwelt. Diese Leistungsfähigkeit verdankt der Mensch im wesentlichen seiner hoch entwickelten Denkfähigkeit.

Wie bereits FREUD ausführte, läßt sich das Denken als ein **"internes Probehandeln"** auffassen. Dieses Probehandeln geschieht durch Rückgriff auf den **Simulator.** Dieser fungiert als ein internes Orientierungssystem, das sich aus einem internen Modell der Umwelt (Umweltmodell) sowie einem Selbstmodell zusammensetzt und über epistemische Strukturen sowie heuristische Strategien verfügt. Im Umweltmodell ist Wissen über die Struktur und Funktionsweise der Umwelt gespeichert. Dieses Wissen kann die Form von Wenn-dann-Beziehungen (Gesetzmäßigkeiten oder Wahrscheinlichkeitsaussagen) aufweisen. Das Selbstmodell ist ein Produkt der für den Menschen so kennzeichnenden Fähigkeit zur Selbstreflexion, d.h. der Fähigkeit, sich selbst zum Objekt kognitiver Prozesse zu machen. Das Selbstmodell enthält Wissen und Vorstellungen über die eigene Identität bzw. über das Selbst. Darunter fallen vor allem Vorstellungen über eigene psychische und physische Eigenschaften (z.B. Rollen oder Körperschema). Daneben können aber auch bestimmte "Besitztümer" (Sachen, Menschen oder "Ideologien") sowie die Kultur und die Heimat zu wesentlichen Aspekten der eigenen Identität werden. So würden wahrscheinlich manche Menschen auf die Frage, wer sie sind, sich selbst als Hausbesitzer, als Christen, als Eltern ("Besitzer" von Kindern) oder als Bürger der Gemeinde XY bezeichnen und sich auch so erleben. Diese letzteren Anmerkungen erscheinen uns deshalb bedeutsam, weil es nicht nur dann zu einer **Identitätskrise** kommen kann, wenn sich ein Mensch in bestimmten psychischen oder physischen Eigenschaften verändert, sondern auch beim Verlust wichtiger Umweltaspekte seiner Identität, z.B. eines bestimmten materiellen Besitzes oder seiner Heimat. Im Zusammenhang mit unserer Theorie der seelischen Gesundheit bedeutet dies, daß auch vom Simulator Anforderungen an das Ich gestellt werden. Damit der Simulator seine Aufgabe effizient erfüllen kann, ist es erforderlich, für eine gewisse Stabilität und Konsistenz des Umweltmodells sowie des Selbstmodells zu sorgen. Man kann diesen Gedanken auch so formulieren, daß das Ich auf eine Wahrung seiner im Simulator gespeicherten "Identität" sowie auf eine Wahrung eines "Weltbildes" achtet. Das Ich kann sich aus diesem Grund genötigt sehen, bestimmte neue Informationen, die stark von den bisherigen Selbst- und Umweltmodellen abweichen, zu leugnen bzw. zu verzerren. Auf diesen Aspekt hat bekanntlich ROGERS im Rahmen seiner Selbsttheorie der Persönlichkeit sowie psychischer Störungen besonderes Gewicht gelegt.

Wie bereits angedeutet wurde, besteht der große Vorteil eines Lebewesens, das über einen Simulator verfügt, darin, daß es zum internen Probehandeln in der

Lage ist. Dadurch verbessern sich die Chancen, auch in einer Umwelt, die durch Gefahren, Mangelsituationen und Hindernisse gekennzeichnet ist, Bedürfnisse zu befriedigen, Ziele zu erreichen bzw. "Projekte" zum erfolgreichen Abschluß zu bringen. Dank seines Simulators kann sich ein solches Lebewesen rechtzeitig vor Gefahren schützen, sofern es diese beim internen Probehandeln entdeckt und über Mittel zur Gefahrenabwendung verfügt. Auf der Denkebene können Handlungen gefahrlos durchgespielt werden, die auf der Ebene des offenen Verhaltens viel zu riskant wären. Darüber hinaus lassen sich Entscheidungsprozesse, die auf der Prüfung verschiedener Alternativen basieren, sehr viel schneller abwickeln, wenn diese Alternativen in der Vorstellung durchgespielt werden, als wenn eine Erprobung in der Realität erfolgt. Nicht zuletzt verbessert sich die Entscheidungseffizienz des Ichs beim Rückgriff auf den Simulator dadurch, daß mit Hilfe gedanklicher Abstraktionsprozesse Probleme vereinfacht oder umstrukturiert und damit einer Lösung näher gebracht werden können, die auf anderem Wege unlösbar blieben.

Neben den genannten Vorteilen ergeben sich aus dem Rückgriff auf den Simulator unter bestimmten Umständen aber auch Nachteile. Bei komplexeren, schwer durchschaubaren Problemen erfordert das interne Probehandeln sehr viel Zeit und psychische Energie, so daß ein Individuum, das unter Zeitdruck steht, einer erheblichen emotionalen Belastung ausgesetzt ist und möglicherweise sogar in Panik gerät (BATTMANN 1984). Ganz generell ist anzumerken, daß der Rückgriff auf den Simulator gegenüber einem spontanen, impulsiven Verhalten zu einer Reaktionsverzögerung führt. Falls eine günstige Gelegenheit ein rasches, wenn auch mit einem leichten Risiko behaftetes Handeln erfordert, befindet sich ein Individuum mit einer überausgeprägten Tendenz zum "Probehandeln" gegenüber spontaner reagierenden Individuen im Nachteil. Eine weitere Gefahr besteht darin, daß ein Individuum das interne Probehandeln dem offenen Verhalten in einem solchen Ausmaß vorzieht, daß es externe Anforderungen vernachlässigt und sich im Extremfall in eine fiktive Scheinwelt zurückzieht.

Wir wenden uns als nächstes der zweiten Komponente des internen Kontrollsystems, dem **System erworbener Werte** zu. Für ein soziales Wesen, wie den Menschen, das über eine schwache Ausstattung mit angeborenen Verhaltensmustern (Instinkten) verfügt, ist es unumgänglich, daß es das System angeborener Werte durch ein System erworbener Werte ergänzt. Ein solches System ist eine notwendige Voraussetzung für ein geordnetes soziales Zusammenleben und den Aufbau einer Kultur. Diese Werte beziehen sich einerseits auf die eigene Person (Selbstideal) und andererseits auf die Umwelt (Umweltideal). Es ist im Zusammenhang mit den Zielen dieses Unterkapitels nicht erforderlich, in allen Einzelheiten auf die Prozesse, die zum Aufbau eines derartigen Wertsystems führen, einzugehen. Wir beschränken uns daher auf einige grundlegende Anmerkungen. Die Aneignung dieser Werte erfolgt im Verlauf des Sozialisationsprozesses. Wie oben bereits ausgeführt wurde, ist das dem Menschen angeborene Bedürfnis nach Achtung und Wertschätzung durch wichtige Bezugspersonen eine entscheidende Triebfeder für die Verinnerlichung sozialer Normen und Wertvorstellungen. Zu den in den frühen Phasen der individuellen Entwicklung wichtigsten Bezugspersonen gehören im Regelfall die Eltern. Diese bemühen sich aus den verschiedensten Gründen darum, ihrem Kind ein System sozialer Normen zu vermitteln, und dieser Prozeß vollzieht sich zum Teil auf dem Wege der sprachlichen Kommunikation. Da ein Kind normalerweise großen Wert auf die Achtung und Zuneigung seiner Eltern legt, wird es sich darum bemühen, deren Wertvorstellungen und Normen zu beachten, denn im Falle konsistenter Nichtbeachtung drohen im allgemeinen der Verlust der elterlichen Achtung, Wertschätzung und Liebe sowie andere Formen der Bestrafung.

Es wäre jedoch eine unzulässige Vereinfachung, wollte man die Entwicklung eines Systems erworbener Werte ausschließlich auf dem oben beschriebenen Weg erklären. Von wahrscheinlich größerer Bedeutung ist die Übernahme von Wertvorstellungen durch den Prozeß der **Identifikation** mit Vorbildern, die diese Wertvorstellungen in ihrem Verhalten vorleben. Um diesen Vorgang der Identifikation zu verstehen, ist es erforderlich, sich die Hauptaufgabe des Ichs vor Augen zu führen. Diese besteht darin, Entscheidungen zu treffen, die eine Realilierung von "Projekten" mit hoher Priorität gewährleisten. Die Fähigkeit zum Treffen effizienter Entscheidungen ist an Kompetenzen des Ichs gebunden. Das Ich ist in hohem Maße am Erwerb, an der Bewahrung und an der Weiterentwicklung von Kompetenzen interessiert. Eine höchst wirksame Form, sich Kompetenzen anzueignen, besteht darin, andere kompetente Personen zu beobachten und deren erfolgreiches Verhalten bzw. die diesem zugrundeliegenden Prinzipien durch einen Imitations- oder Identifikationsprozeß zu übernehmen. Imitation und Identifikation sind dabei nicht gleichzusetzen. Bei der Imitation handelt es sich um das mehr oder weniger getreue Nachahmen einer relativ umgrenzten Handlung oder Handlungskette. Die Identifikation einer Person A mit einer Person B ist hingegen ein wesentlich genereller und tiefgreifenderer Prozeß. Dabei kopiert die Person A nicht einzelne Handlungen von B, sondern sie versucht, ihre gesamte Persönlichkeit am Modell von B zu orientieren. Dieser Vorgang kann auch als eine Art Introjektion der anderen Person und eine Angleichung des Selbstmodells an das introjezierte Modell aufgefaßt werden. Das introjezierte Modell fungiert dabei als Selbstideal.

Die klassische Beschreibung eines derartigen Prozesses erfolgte bekanntlich durch FREUD, der die Ausbildung des Überichs während der ödipalen Phase auf die Identifikation des Jungen oder Mädchens mit dem gleichgeschlechtlichen Elternteil zurückführte. Als Motiv der Identifikation betrachtete FREUD bei Jungen die "Kastrationsangst" und bei Mädchen die Angst vor dem Verlust der Liebe der Mutter. Unsere oben vorgetragene Auffassung unterscheidet sich darin von derjenigen FREUDs, daß wir nicht auf das Konstrukt der Kastrationsangst rekurrieren und statt dessen die Befriedigung zweier Bedürfnisse für zentral erachten, nämlich des Bedürfnisses nach Achtung und Wertschätzung durch wichtige Bezugspersonen sowie des Kompetenzbedürfnisses. Wir halten unsere Hypothese deswegen für fruchtbarer, weil sie nicht auf die speziellen Eltern-Kind-Beziehungen während einer spezifischen Entwicklungsphase zugeschnitten ist, sondern generell erklären kann, unter welchen Voraussetzungen ein Mensch zur Identifikation mit anderen Personen neigt. Unser Ansatz ist beispielsweise auch auf die Phase des Jugendalters anwendbar, in der sich Heranwachsende erneut auf die Suche nach Vorbildern begeben, mit denen sie sich identifizieren können.

Aus der Existenz eines Systems erworbener Werte ergeben sich für das Ich weitere interne Anforderungen, die es bei seinen Entscheidungen zu berücksichtigen hat, es sei denn, dieses System wird durch Betätigung des Filters 1 in seinem Einfluß geschwächt oder gänzlich ausgeschaltet. Diese Anforderungen sind doppelter Natur. Zum einen ist das Ich gehalten, die Forderungen des Selbstideals und des Umweltideals zu beachten. Zum anderen besteht im allgemeinen ein Spannungsverhältnis (Diskrepanz) zwischen Selbstmodell und Selbstideal sowie zwischen Umweltmodell und Umweltideal. Es gehört zu den Aufgaben des Ichs, diese Diskrepanzen innerhalb gewisser Toleranzgrenzen zu halten. Diese

Toleranzgrenzen sind interindividuell unterschiedlich groß. Die Notwendigkeit einer zumindest minimalen Angleichung von Selbstmodell und Selbstideal sowie von Umweltmodell und Umweltideal ergibt sich daraus, daß alle vier Strukturen vom Ich als Orientierungs- bzw. Entscheidungshilfen herangezogen werden (können). Widersprechen sich diese Orientierungssysteme in einem unvertretbaren Ausmaß, so werden sie dysfunktional, denn das Ich kann die mit den Widersprüchen verbundenen internen Konflikte nicht mehr adäquat bewältigen. In einem solchen Fall sind im wesentlichen zwei Ausgänge zu erwarten: Entweder schwächt das Ich durch Einschaltung eines der beiden Filter 1 oder 2 den Einfluß des Systems erworbener Werte bzw. des Simulators, oder das Ich verliert seine Funktionsfähigkeit, und es kommt unmittelbar zu psychischen Störungen. Aber auch im ersten Fall ist über kurz oder lang mit einer **Ichschwächung** bzw. mit psychischen Störungen zu rechnen, falls das Ich zu häufigen Mißbrauch eines Filters betreibt. Unter Ichschwächung verstehen wir in diesem Zusammenhang eine Leistungsbeeinträchtigung des Entscheidungssystems durch Eliminierung eines wichtigen internen Subsystems, das normalerweise an der Verhaltenssteuerung beteiligt ist. Dem Leser wird nicht entgangen sein, daß sich an dieser Stelle Zusammenhänge zu den von Psychoanalytikern beschriebenen Abwehrmechanismen, speziell zur Verdrängung, herstellen lassen (vgl. auch BECKER 1986).

Zur Funktion des Ichs als Entscheidungssystem

Die folgenden Ausführungen dienen der Systematisierung und Ergänzung von Aussagen zur Funktion des Ichs, die bereits an mehreren vorangehenden Stellen gemacht wurden. Es besteht kein Zweifel daran, daß ein derart komplex strukturiertes Lebewesen wie der Mensch eines "übergeordneten Systems" (KLAUS & LIEBSCHER 1974) bedarf, um zu einem koordinierten Verhalten zu gelangen. Diese Aufgabe fällt im Rahmen unserer Theorie dem Ich zu. Das Ich kann auch als oberste Entscheidungsinstanz betrachtet werden. In der Sprache der kybernetischen System- und Regelungstheorie formuliert, ist es die Aufgabe des Ichs, für eine **Ultrastabilität** bzw. **Multistabilität** des Gesamtsystems Mensch zu sorgen. (Auf Einzelheiten dieser Theorie können wir hier nicht eingehen. Siehe etwa KLAUS & LIEBSCHER 1974.)

Auf welchem Wege ist das Ich zu dieser Leistung in der Lage? Man kann diese Frage in drei Teilfragen untergliedern: (1) Woher stammt die Energie, die das Ich benötigt, um aktiv zu werden und sich durchsetzen zu können? (2) Wie löst das Ich das Problem der unterschiedlichen und sich zum Teil widersprechenden externen und internen Anforderungen, die an es gestellt werden? (3) Welche emotionalen Prozesse sind an der Verhaltenssteuerung des Ichs beteiligt?

Bei der Beantwortung der ersten Frage weichen wir von FREUDs Auffassung ab und vertreten eine Sichtweise, die sich mit derjenigen HERNEGGERs (1982) sowie mit den Erkenntnissen der Aktivationsforschung deckt. FREUD ging davon aus, daß alle **psychische Energie** aus dem Es stammt, das eine gewisse Affinität zum biologischen Motivationssystem aufweist. Dies bedeutet im besonderen, daß nach FREUD das Ich über keine eigene Energie verfügt und mithin eine vergleichsweise schwache Position gegenüber dem Es einnimmt. Alles menschliche Verhalten resultiert damit letztlich aus direkten, aus "legierten" oder aus sublimierten Formen der Befriedigung der beiden Grundtriebe "Eros" und "Thanatos", die mit dem Sexualtrieb bzw. dem Aggressionstrieb verwandt sind. Diese FREUDsche Auffassung mündet in eine Reihe von Widersprüchen zu empirischen Befunden, auf die wir hier nicht näher eingehen wollen (vgl. etwa

FRANKL 1973, 1979; HERNEGGER 1982). Im Gegensatz zu FREUD sind wir der Auffassung, daß das Ich über eine eigene Energie verfügt, die sich als **unspezifischer Antrieb** bzw. Aktivitätsdrang manifestiert. Das Postulat eines derartigen unspezifischen Antriebs steht mit den Erkenntnissen der Psychophysiologie und der Aktivationsforschung im Einklang. HERNEGGER (1982) ordnet dem Ich aus neurophysiologischer Sicht das allgemeine "retikulo-thalamo-kortikale Aktivierungssystem" zu. In HERNEGGERs Monographie findet man eine Vielzahl von Argumenten für diese Auffassung.

Unsere zweite oben aufgeworfene Frage betrifft die Prinzipien, nach denen das Ich seine Entscheidungen trifft. Wir sehen uns nicht imstande, diese Frage umfassend zu beantworten, denn dies setzt psychologische Erkenntnisse voraus, über die wir nicht verfügen. Dennoch lassen sich einige zentrale Hypothesen formulieren. Die Hauptaufgaben des Ichs bestehen - bei begrenzter Verarbeitungskapazität des Ichs - in der aktiven Bewältigung einer großen Informationsflut sowie in der koordinierten Beantwortung verschiedener externer und interner Anforderungen, die nicht selten einander widersprechen bzw. sich blockieren. Das zuletzt genannte Problem der Informationsflut läßt sich auf drei Wegen lösen: (1) durch die Bildung zunehmend komplexerer und effizienterer kognitiver Schemata, die vom Ich aktiv eingesetzt werden (vgl. NEISSER 1979), (2) durch Prozesse der selektiven und sukzessiven Reizbeantwortung (Steuerung der Aufmerksamkeit) sowie (3) durch automatische und unbewußte Reizverarbeitung in Subsystemen, an die Aufgaben vom Ich delegiert werden, so daß das Ich primär Überwachungsfunktionen zu übernehmen hat (vgl. MILLER, GALANTER & PRIBRAM 1974). Wir gehen mithin davon aus, daß viele vom Ich überwachte und koordinierte Prozesse **unbewußt** verlaufen (vgl. auch ERDELYI 1974). Bei konfligierenden Anforderungen gibt es für das Ich keine andere Lösung als die Setzung von Prioritäten. Welche Anforderungen in einer bestimmten Entscheidungssituation zunächst oder ausschließlich zu berücksichtigen bzw. welche Maßnahmen zu ergreifen sind, hängt davon ab, wie das Ich die Chancen dafür einschätzt, daß die betreffende Maßnahme dazu geeignet ist, "Projekte" von höchster Priorität zum erfolgreichen Abschluß zu bringen.

Der Begriff des **"Projektes"** bedarf der Erläuterung. Bei seiner Einführung haben wir uns von den theoretischen Grundvorstellungen ADLERs und FRANKLs leiten lassen. Diese beiden Theoretiker stimmen - bei allen sonstigen theoretischen Divergenzen - darin überein, daß ein Mensch ein Wesen ist, das sein Verhalten an langfristigen Zielen bzw. "Aufgaben" ausrichtet. FRANKL spricht in diesem Zusammenhang vom Sinnbedürfnis des Menschen, wobei Sinn häufig mit bestimmten "Aufgaben" gleichgesetzt wird, die der betreffende Mensch zu erfüllen hat. Auch ADLER (1928, 1933) verwendet den Begriff der "Aufgabe" und meint dabei unter anderem die großen "Lebensaufgaben" des Menschen: Beruf, Liebe und Gesellschaft (vgl. PONGRATZ 1983; BECKER 1986). Der von uns vorgeschlagene Begriff des "Projektes" bezieht sich auf übergeordnete und in der Regel langfristige Ziele, die ein Mensch anstrebt, sowie auf einen mehr oder weniger komplexen und durchstrukturierten Plan darüber, wie dieses Ziel zu erreichen ist. Beispiele für derartige Projekte wären etwa: einen bestimmten Beruf zu erlernen, ein erfolgreicher Sportler zu werden, ein Haus zu bauen oder eine Familie zu gründen und Kinder zu gebären. Es ist selbstverständlich möglich und sogar der Regelfall, daß ein Mensch mehrere derartige Projekte gleichzeitig verfolgt. Im Konfliktfall muß er diese dann nach ihrer Priorität ordnen, um handlungsfähig zu bleiben.

Projekte können - wie ausgeführt wurde - als übergeordnete Ziele des Handelns betrachtet werden. Ziele sind mit anderen Worten hierarchisch strukturiert (vgl.

von CRANACH et al. 1980). Unter Plänen verstehen wir Handlungsentwürfe, die auf der strategischen Ebene Vorstellungen darüber beinhalten, durch welche Sequenz von Einzelaktionen bzw. auf welchem Weg ein bestimmtes Ziel erreicht werden kann. Zwischen Zielen und Plänen besteht nur eine lockere Verbindung: Pläne setzen Ziele voraus, jedoch können Pläne den jeweiligen Umständen angepaßt werden, ohne daß es zu einer Veränderung der Ziele kommt.

Wegen der grundlegenden Bedeutung von Projekten für die Handlungssteuerung bzw. für die Entscheidungen des Ichs stellt sich die Frage, nach welchen Prinzipien das Ich Projekte konzipiert und in eine hierarchische Ordnung bringt. Diese Frage läßt sich unseres Erachtens zur Zeit noch nicht präzise beantworten. In Übereinstimmung mit von CRANACH et al. (1980) vertreten wir die Hypothese, daß sich das Ich dabei unter anderem von übergeordneten, d.h. hierarchisch strukturierten **Werten** leiten läßt. Werte sind dabei relativ überdauernde Urteile darüber, ob etwas geschätzt wird und anzustreben ist oder ob es abzulehnen und zu vermeiden ist. Derartige Wertvorstellungen entstammen entweder dem biologischen Motivationssystem, sind also angeboren, oder sie sind Bestandteile des Systems erworbener Werte. Das Charakteristische am Menschen ist nun, daß er dazu in der Lage ist, diese beiden Arten von Werten in eine individuelle Präferenzordnung zu bringen und sich damit von der einseitigen Abhängigkeit von biologischen Werten zu befreien. HERNEGGER (1982, p. 96) hat diese Besonderheit des Menschen wie folgt formuliert: "Ich habe demnach den Menschen als das sich selbst transzendierende System, das sich selber seine Sollwerte gibt, definiert."

Die Frage nach den Entscheidungskriterien für bestimmte Projekte läßt sich mithin zum Teil durch den Verweis auf die individuelle Werthierarchie beantworten. Neben Werten spielen aber auch die subjektiv eingeschätzten **Realisierungschancen** eine gewichtige Rolle. Ein seelisch gesunder Mensch wird nur solche Projekte in Betracht ziehen, die seines Erachtens eine hinreichend hohe Realisierungschance haben. Damit fließen neben Werten auch Erwartungen in die Projektbildung ein. Diese Erwartungen hängen ihrerseits von Einschätzungen der eigenen Kompetenzen (und dem eigenen Selbstvertrauen) sowie von Einschätzungen der Ressourcen, Hindernisse und Gefahren in der Umwelt (also dem Umweltmodell) ab.

Wegen der fundamentalen Bedeutung der Werte ist die Frage berechtigt, nach welchen Prinzipien über den Rangplatz der einzelnen Werte in der Werthierarchie entschieden wird. Es ist durch weitere Forschungen zu klären, in welchen Phasen der Entwicklung wichtige Entscheidungen über die Werthierarchie getroffen werden. Tiefenpsychologen tendieren dazu, die Bedeutung frühkindlicher Erfahrungen für die Wertbildung zu betonen. So leuchtet es intuitiv ein, daß beispielsweise für einen Menschen, der als Kind besonders schmerzliche Erfahrungen der eigenen Unterlegenheit und Minderwertigkeit gesammelt hat, die Überlegenheit über andere Menschen einen hohen Stellenwert erlangen kann (vgl. ADLER 1928, 1933). Neben ganz persönlichen lebensgeschichtlichen Erfahrungen kommt den in einer bestimmten Gesellschaft und Kultur weit verbreiteten Wertvorstellungen (z.B. religiösen Wertvorstellungen) sicherlich ein prägender Einfluß zu. Ferner sind das Geschlecht und die Lebensphase, in der sich ein Individuum befindet, in Rechnung zu stellen. So vertritt beispielsweise JUNG die Auffassung, daß in der ersten Lebenshälfte Werte, die eine externe Anpassung des Menschen an seine Umwelt begünstigen, im Vordergrund stehen, während in der zweiten Lebenshälfte Werte (z. B. religiöse Werte), die eine innere Anpassung und Individuation fördern, an Bedeutung gewinnen. Mangels präziserer Kenntnisse und weil es in unserem Zusammenhang von untergeordneter Bedeutung ist, wollen wir diese Überlegungen nicht weiter verfolgen. Wichtig erscheinen uns jedoch die Hypothesen, daß ein seelisch gesunder Mensch über ein relativ stabiles und gut strukturiertes Wertsystem verfügt, und daß die Notwendigkeit zur Umstrukturierung im oberen Bereich der Werthierarchie eine (Identitäts-)Krise auslösen und die seelische Gesundheit gefährden kann. Wir vermuten, daß Menschen am meisten Widerstand leisten, wenn eine Veränderung an der Spitze ihrer Werthierarchie auf dem Spiel steht. Auch an Projekten versucht ein Mensch nach Möglichkeit festzuhalten. Projekte können jedoch leichter aufgegeben werden als Werte, und noch weniger emotionale Schwierigkeiten bereitet es, untergeordnete Ziele aufzugeben oder einen Plan A zur Erreichung eines bestimmten (untergeordneten) Ziels gegen einen Plan B zur Erreichung desselben Ziels auszutauschen.

Wir wenden uns als nächstes der Frage zu, welche Rolle **Emotionen** (Gefühlen) für das Entscheidungsverhalten des Ichs zukommt. Unsere Hypothese lautet, daß Emotionen primär eine adaptive Funktion haben. Sie treten dann auf den Plan und werden vom Ich erlebt, wenn in einem der Subsysteme des psychischen Apparates bedeutsame Istwert-Sollwert-Diskrepanzen auftreten. Unserem Ansatz liegen mithin systemtheoretische, kybernetische und handlungstheoretische Modellvorstellungen zugrunde, wie sie unter anderem von KLAUS & LIEBSCHER (1974), MILLER et al. (1974), BOESCH (1975) sowie LANTERMANN (1983) vertreten werden. Istwert-Sollwert-Diskrepanzen können physiologischer Natur sein (Abweichung eines physiologischen Parameters von einem Sollwert) oder psychische Phänomene betreffen (z. B. Abweichungen eines realisierten Verhaltens oder Verhaltenseffektes von einem antizipierten Verhalten oder Verhaltenseffekt). Es ist ferner zwischen negativen und positiven sowie zwischen relativ stabilen und dynamischen (sich in der Zeit rasch verändernden) Diskrepanzen zu unterscheiden. Dynamischen Diskrepanzen im psychischen Bereich kommt bei der Verhaltenssteuerung eine besonders große Bedeutung zu. Bei einer negativen Diskrepanz ist der Istwert kleiner als der Sollwert, bei einer positiven Diskrepanz gilt das entsprechende Gegenteil. Dynamisch sich vergrößernde negative Diskrepanzen ("Zielentfernungen") lösen im allgemeinen negative Emotionen aus, während bei einer sich verringernden negativen Diskrepanz ("Zielannäherung") mit positiven Gefühlen zu rechnen ist. Auch bei Vorliegen statischer oder dynamischer positiver Diskrepanzen (Übertreffen des Sollwertes) im psychischen Bereich erwarten wir im allgemeinen positive Emotionen (vgl. BOESCH 1975).

Im Falle des biologischen Motivationssystems macht sich beispielsweise eine größere negative Diskrepanz, die aus einem Nahrungsdefizit resultiert, als unangenehmes Hungergefühl bemerkbar. Wenn erhebliche Diskrepanzen zwischen einem bereits ausgeführten, einem gerade ablaufenden oder einem geplanten Verhalten und den im System erworbener Werte gespeicherten Wertvorstellungen auftreten, resultieren Schuld- oder Schamgefühle. Wenn das effektorische System beim Versuch der Umsetzung der vom Ich initiierten konkreten Handlungsschritte auf unerwarteten Widerstand in der Umwelt stößt, kann dies Ärger oder Wut auslösen. Durch die Ingangsetzung emotionaler und damit verbundener energetischer Prozesse können die verschiedenen Subsysteme im Falle vorliegender Istwert-Sollwert-Diskrepanzen ihren Forderungen Nachdruck verleihen, Einfluß auf die Aufmerksamkeit gewinnen und auf diesem Weg die Chancen für eine Reduktion der Diskrepanzen erhöhen. Das Ich kann allerdings durch den gezielten Einsatz der in Abbildung 1.16 eingezeichneten Filter innerhalb gewisser Grenzen die verschiedenen Subsysteme beeinflussen und dabei auch emotionale Prozesse abschwächen oder verstärken. Von Tiefenpsychologen werden entsprechende Manöver des Ichs als automatisch und meist unbewußt ablaufende **Abwehrmechanismen** bezeichnet.

Wir wollen auf vier Emotionen etwas näher eingehen, denen wir für das Verständnis der Funktionsweise des Ichs sowie für das Verständnis von seelischer Gesundheit bzw. von psychischen Störungen ein besonderes Gewicht beimessen: das Kompetenzgefühl, Angst, Schuldgefühle und Depressivität. Aufgabe des Ichs ist es, unter Berücksichtigung externer und interner Anforderungen solche Entscheidungen zu treffen, die das Individuum einer Realisierung seiner Projekte mit höchster Priorität näher bringen. Erweist sich das Ich bei dieser Aufgabe als erfolgreich, so erlebt es **Kompetenzgefühle** unterschiedlicher Intensität. Diese wirken als interner Verstärker für eine Fortführung der entsprechenden Handlungen. Intensivere Kompetenzgefühle treten insbesondere dann auf, wenn das Ich erfolgreich größere Hindernisse (negative Istwert-Sollwert-Diskrepanzen) überwindet. Wohl vertraute und mehr oder weniger automatisch ablaufende Handlungen lösen hingegen keine oder nur schwache Kompetenzgefühle aus, da keine bedeutsamen Istwert-Sollwert-Diskrepanzen auftreten. Um sich die Chance zum Erleben intensiver Kompetenzgefühle zu erhalten, muß das Ich Aufgaben (Projekte, Ziele) in Angriff nehmen, die nicht ohne weiteres und nicht ohne Anstrengung bewältigt werden können. Aus diesem Grund gehen wir davon aus, daß alle Menschen ein mehr oder weniger stark ausgeprägtes Bedürfnis danach haben, sich neue ("interessante") Aufgaben zu suchen, deren Bewältigung ihnen Kompetenzgefühle vermittelt. Wie später darzulegen sein wird, halten wir es für psychohygienisch äußerst bedeutsam, Menschen die Gelegenheit zum Erleben von Kompetenzgefühlen zu bieten (vgl. ADLER 1928, 1933; WHITE 1973, 1979). Unseres Erachtens unterscheiden sich seelisch gesunde von seelisch kranken Menschen ganz erheblich in der Häufigkeit von Kompetenzgefühlen.

Mit welchen emotionalen Reaktionen ist zu rechnen, wenn das Ich vorübergehend oder für längere Zeit seiner Aufgabe nicht gewachsen ist? Wir halten die Angst, Schuldgefühle und Depressivität in diesem Zusammenhang für besonders erwähnenswert. **Angst** ist dann zu beobachten, wenn das Ich bedeutsame Verluste, Mißerfolge oder Mangelzustände, dabei handelt es sich jeweils um negative Istwert-Sollwert-Diskrepanzen, antizipiert, sich in einem vorübergehenden Zustand der Hilflosigkeit befindet und unsicher ist, welche Entscheidungen es zur Abwendung der Gefahr treffen soll (vgl. BECKER 1980a, 1981). **Schuldgefühle** treten auf, wenn das Ich Entscheidungen getroffen hat, die zu starken Diskrepanzen gegenüber den im System erworbener Werte gespeicherten Wertvorstellungen geführt haben. **Depressive Verstimmungen** können verschiedene emotionale Färbungen (mit starken Anteilen von Angst, Schuldgefühlen und Sinnlosigkeitsgefühlen) aufweisen. Sie sind vor allem dann zu beobachten, wenn das Ich sich nicht nur vorübergehend, sondern chronisch hilflos fühlt und über keine realisierbar erscheinenden Projekte mit hoher Priorität verfügt.

Wir möchten an dieser Stelle ein Kennzeichen dieser soeben vorgetragenen Emotionstheorie besonders hervorheben. Emotionen treten nicht nur beim aktiven Handeln im Zusammenhang mit erfolgreichen oder vergeblichen Versuchen einer Bewältigung externer Anforderungen, sondern auch bei analogen Versuchen einer Bewältigung interner Anforderungen auf. Dies beinhaltet, daß auch das "interne Probehandeln" im Simulator von Gefühlen begleitet ist. So lösen beispielsweise die Antizipation einer Zielerreichung oder die gedankliche Bewältigung eines schwierigen Problems Kompetenzgefühle (Vorfreude, Stolz, Triumph) aus. Analoges gilt auch für "stellvertretendes Handeln", d.h. die Beobachtung des Handelns anderer Personen (etwa beim Betrachten von Kinofilmen). Auch unter diesen Umständen kommen bekanntlich mehr oder weniger starke Emotionen ins Spiel, sofern man über Identifikationsprozesse auf der Ebene des "internen Handelns" Erfahrungen bei der Bewältigung von Anforderungen sammelt.

Wie wir oben sahen, verdienen nicht nur derartige emotionale Begleitprozesse des externen oder internen Handelns, sondern auch die mit den Versuchen einer Bewältigung externer oder interner Anforderungen verbundenen **energetischen Regulationsprozesse** Beachtung. Wir beschränken uns an dieser Stelle auf wenige Andeutungen (vgl. BOESCH 1975, 1976). Die erfolgreiche Bewältigung von Teilanforderungen auf dem Weg zu einem Ziel hält das allgemeine Antriebsniveau aufrecht oder erhöht es. Länger anhaltende Mißerfolge beim Versuch einer Bewältigung persönlich relevanter externer oder interner Anforderungen oder das Fehlen von Projekten mit hoher Priorität senken hingegen das Antriebsniveau bis hin zur extremen Antriebsstörung schwer depressiver Patienten.

Seelische Gesundheit/Krankheit und Verhaltenskontrolle

Nachdem wir den psychischen Apparat in seinen Strukturen und Grundfunktionen beschrieben haben, wenden wir uns im folgenden unter Bezugnahme auf diesen Apparat erneut der Frage zu, worin sich seelisch gesunde von seelisch kranken Menschen unterscheiden und welche Zusammenhänge sich zum Konstrukt der "Verhaltenskontrolle" herstellen lassen. Unter seelischer Gesundheit als Zustand verstehen wir den Grad, in dem es einer Person **zur Zeit** gelingt, externe und interne Anforderungen zu erfüllen. Von einer hohen seelischen Gesundheit als Eigenschaft (SGE) kann man dann sprechen, wenn eine Person gute Voraussetzungen dafür mitbringt, um **generell** (bzw. häufig) diesen Anforderungen gerecht zu werden. Mit diesen Voraussetzungen ist die Funktionstüchtigkeit der in Abbildung 1.16 wiedergegebenen und oben näher erläuterten psychischen Systeme gemeint. Auf die Leistungsfähigkeit keines dieser Systeme kann ein (seelisch gesunder) Mensch verzichten.

So benötigt ein seelisch gesunder Mensch neben erfolgreich arbeitenden perzeptorischen und effektorischen Systemen unter anderem ein funktionstüchtiges internes Kontrollsystem: Damit der Simulator seine Aufgabe des internen Probehandelns erfüllen kann, muß er über möglichst realistische (oder zumindest nicht allzu sehr defensiv verzerrte) Selbst- und Umweltmodelle verfügen. Durch Sozialisations- und Identifikationsprozesse muß sich ein konsistentes und stabiles System erworbener Werte herausgebildet haben, auf das das Ich bei wichtigen Entscheidungen und vor allem im Konfliktfall zurückgreifen kann. Es ist selbstverständlich, daß auch dem biologischen Motivationssystem eine wichtige Aufgabe zufällt. Bei einem seelisch gesunden Menschen gelingt es diesem System, seinen Einfluß hinreichend zur Geltung zu bringen. Der betreffende Mensch ist in der Lage, seine primären Triebe zu befriedigen und seine angeborenen allgemein menschlichen sowie individuellen Dispositionen zur Entfaltung zu bringen.

Die größte Bedeutung für die seelische Gesundheit kommt zweifellos dem Ich, als dem übergeordneten Entscheidungssystem, zu. Von der Qualität seiner Entscheidungen hängt es maßgeblich ab, wie groß die Chancen einer erfolgreichen Realisierung von Projekten mit hoher Priorität sind. Ein seelisch gesunder Mensch zeichnet sich dadurch aus, daß sein Ich imstande ist, Projekte von hoher Priorität erfolgreich zum Abschluß zu bringen oder zumindest deren Realisierungschancen zu vergrößern. Diesen Realisierungsprozeß könnte man unter Umständen als **Selbstaktualisierung** oder Selbstverwirklichung bezeichnen. Wir verwenden diese beiden Synonyme jedoch in folgendem engeren Sinn: Wir sprechen dann von Selbstaktualisierung, wenn das Ich bei seinen Entscheidungen den Anforderungen des biologischen Motivationssystems im Vergleich zu den Anforderungen des Systems erworbener Werte besondere Aufmerksamkeit widmet, ohne deshalb aber letztere zu ignorieren. Mit Bezug auf Abbildung 1.16 kann man diese Entscheidungsstrategie des Ichs dahingehend charakterisieren, daß der Filter 3 durchlässiger ist als der Filter 1. Eine sich selbstverwirklichende Person legt demnach besonderen Wert auf die Entfaltung ihrer allgemein menschlichen Dispositionen sowie ihrer angeborenen individuellen Dispositionen (Begabungen, Interessenausrichtungen und Temperamentsmerkmale). Sie ist gegebenenfalls bereit und in der Lage, gegen einengende Enkulturationsversuche Widerstand zu leisten. Sie vertraut in hohem Maße ihren spontanen Impulsen und stellt sich flexibel auf veränderte Umstände ein. Sie bewertet persönliche Freiheit, Unabhängigkeit und Veränderung höher als Angepaßtheit, Ordnung und Stabilität. Psychoanalytiker würden davon sprechen, daß eine solche Person zu gelegentlichen "Regressionen im Dienste des Ichs" in der Lage ist. Im Vergleich zu den weiter unten zu besprechenden stärker verhaltensorientierten seelisch Gesunden führen sich selbstverwirklichende Personen ein "farbigeres", spontaneres und "kreativeres" Leben. (Zur weiteren Charakterisierung des Konstruktes der Selbstaktualisierung siehe Band 1 der "Psychologie der seelischen Gesundheit".) Wir setzen also Selbstaktualisierung und seelische Gesundheit nicht gleich, sondern betrachten Selbstaktualisierung als eine spezielle Variante seelischer Gesundheit, die eher bei Menschen mit geringer als mit starker Verhaltenskontrolle anzutreffen ist.

Menschen mit **geringer Verhaltenskontrolle** sind solche, bei denen das biologische Motivationssystem im Vergleich zum internen Kontrollsystem einen starken Einfluß auf die Entscheidungen des Ichs nimmt (hohe Durchlässigkeit des Filters 3 und geringere Durchlässigkeit der Filter 1 und 2). Sie neigen unter anderem deswegen zu dieser Strategie, weil sie über ein hohes Maß an Selbstvertrauen verfügen und häufiger als stark Verhaltenskontrollierte glauben, auf die zeitaufwendigen und mühsamen Kontrollprozesse des Simulators verzichten zu können. Menschen mit **starker Verhaltenskontrolle** haben weniger Selbstvertrauen und weniger (gelegentlich blinden) Optimismus und greifen daher häufiger auf das System erworbener Werte und auf den Simulator zurück (hohe Durchlässigkeit der Filter 1 und 2 und geringere Durchlässigkeit des Filters 3). Auch diese Strategie des Ichs ist prinzipiell mit seelischer Gesundheit vereinbar. Statt von Selbstaktualisierung sollte man dann jedoch von **sozialer Anpassung** als einer spezifischen Variante seelischer Gesundheit sprechen (vgl. Abbildung 1.8). Ein solches Individuum zeichnet sich durch Selbstkontrolle, Zielstrebigkeit, Leistungsorientierung, Ausdauer und wohlangepaßtes Verhalten aus. Die Strategie der sozialen Anpassung bietet gewisse Vorteile für Personen, denen gesellschaftlicher Erfolg und gesellschaftliche Anerkennung sehr viel bedeuten. Sie birgt aber auch gewisse Risiken in sich, wenn sie rigide und hypertroph zum Einsatz gelangt (vgl. JUNGs Hypothese von der Identifikation des Ichs mit der Persona oder FROMMs Konzept der Marketing-Orientierung.)

Wenngleich dies nicht unser primäres Ziel ist, gehen wir wenigstens am Rande auf einige Formen von **psychischen Störungen** bzw. niedrigen Graden seelischer Gesundheit ein. Zu psychischen Störungen kommt es nach unserer Theorie dann, wenn es einem Individuum nicht gelingt, wichtige externe und interne Anforderungen zu erfüllen, d.h. wenn die an der Verhaltenssteuerung beteiligten psychischen Systeme überfordert sind und versagen oder wenn wichtigen Systemelementen (z. B. Inhalten des biologischen Motivationssystems) über längere

Zeit der Einfluß auf die Verhaltenssteuerung verwehrt wird. Im letzteren Fall handelt es sich um Phänomene, wie sie von tiefenpsychologischer Seite im Zusammenhang mit verdrängten Triebimpulsen, unbewußten Komplexbildungen und "abgesprengten Teilpsychen" beschrieben wurden (vgl. BECKER 1986). Verfügt das Individuum nicht über hinreichende Kompetenzen zur Bewältigung der von außen herangetragenen (z. B. schulischen, beruflichen oder sozialen) Anforderungen, so scheitert es nicht nur im Sinne der äußeren Anpassung, sondern es gelingt ihm auf Dauer zugleich nicht, die Anforderungen des biologischen Motivationssystems und/oder des internen Kontrollsystems zu erfüllen. So erschweren beispielsweise berufliche Mißerfolge, die zum Verlust des Arbeitsplatzes führen, in der Regel die Befriedigung wichtiger Bedürfnisse und die Entfaltung spezifischer Begabungen und Interessen (vgl. Kapitel 4).

Eine zweite Bedingung für psychische Störungen kann darin bestehen, daß eine Person nicht in der Lage ist, die Forderungen des biologischen Motivationssystems gegenüber den Forderungen des internen Kontrollsystems zur Geltung bringen. Eine solche Person neigt wahrscheinlich zu Formen der neurotischen Gehemmtheit, zu psychosomatischen Störungen und zu "endogenen Depressionen". Diese drei Störungsarten lassen sich als Formen mangelnder Selbstverwirklichung und wachsender Selbstentfremdung interpretieren (vgl. BIRNBAUM 1975 sowie Kapitel 3). Sie können in Verbindung mit sowohl hohen als auch geringen Kompetenzen zur Bewältigung externer Anforderungen auftreten. So mögen bestimmte Fälle einer neurotischen Gehemmtheit bei gleichzeitig geringem Selbstwertgefühl Ausdruck von Schwierigkeiten bei der Bewältigung externer Anforderungen sein. Andererseits ist bekannt, daß manche Psychosomatiker, und hier besonders bestimmte Risikopersonen für koronare Herzerkrankungen, äußerlich gut angepaßt und gesellschaftlich erfolgreich sind. Besonders bekannt wurden in diesem Zusammenhang die Forschungsarbeiten von FRIEDMAN & ROSENMAN (1975) zum Typ-A-Verhalten (vgl. BECKER & MINSEL 1981 sowie Kapitel 4). Die Schwierigkeit von Typ-A-Personen besteht offenbar darin, daß sie zu sehr unter dem Diktat ihres (leistungsorientierten) internen Kontrollsystems stehen und den Anforderungen ihres biologischen Motivationssystems zu wenig Beachtung schenken. Sie gönnen sich also z.B. zu wenig Ruhe, Erholung und körperliche Entspannung und lassen eventuell sogar erste warnende Körpersignale unbeachtet. Manche klinischen Beobachtungen an endogen bzw. endomorph Depressiven lassen sich ebenfalls im Sinne der mangelnden Selbstaktualisierung interpretieren (vgl. BECKER 1984a, HAASE 1984).

Eine dritte Form geringer seelischer Gesundheit bzw. psychischer Störungen ergibt sich daraus, daß das interne Kontrollsystem einen zu geringen Einfluß auf die Entscheidungen des Ichs ausübt und das biologische Motivationssystem in einer ungesteuerten Weise die Oberhand über das resultierende Verhalten gewinnt. In einem solchen Fall neigt die betreffende Person zu unreifem, aggressivem, psychopathischem bzw. soziopathischem Verhalten. EYSENCK würde solche Menschen als "untersozialisiert" bezeichnen. Auch manische bzw. hypomanische psychische Störungen wären hier einzuordnen. Ein sehr impulsives, sprunghaftes Verhalten - vor allem in Verbindung mit geringen Kompetenzen zur Bewältigung externer Anforderungen - wird eine erfolgreiche soziale Anpassung weitgehend verhindern und eine starke emotionale Unausgeglichenheit zur Folge haben.

Wir wollen unsere knappen Hinweise auf die Fruchtbarkeit unserer Theorie für das Verständnis psychischer Störungen mit zwei weiteren Beispielen abschließen: noogene Neurosen und Schizophrenien. Der von FRANKL (1975) geprägte Begriff der **"noogenen Neurosen"** bezieht sich auf neurotische Störungen, die aus dem

Sinnlosigkeitsgefühl (bzw. der Frustration des "Willens zum Sinn") resultieren. Im Rahmen unserer Theorie, die natürlich auch durch FRANKL stark beeinflußt ist, lassen sich noogene Neurosen als Folge des Unvermögens des Ichs zur Konzeptualisierung von Projekten mit hoher Priorität interpretieren. Ohne derartige übergeordnete Zielvorstellungen (bzw. "Aufgaben") erscheint die eigene Existenz sinnlos (vgl. BECKER 1985b).

Bei **Schizophrenien** handelt es sich um sehr schwere Formen psychischer Störungen, deren komplexe Ätiologie heute nur in Umrissen verstanden wird. Die folgenden Anmerkungen sind vor diesem Hintergrund natürlich nur ein kleines Steinchen in einem großen Mosaik, und die Gedanken sind weder neu noch originell. Im Rahmen unserer Theorie der seelischen Gesundheit handelt es sich bei Schizophrenien um besonders schwerwiegende Fehlfunktionen des Ichs, des internen Kontrollsystems sowie des perzeptorischen Systems. Während einer schizophrenen Erkrankung gelingt es dem Ich nicht mehr, die Anforderungen aus dem System erworbener Werte (Selbstideal und Umweltideal) mit den Anforderungen des Simulators (Selbstmodell und Umweltmodell) sowie mit den Anforderungen des biologischen Motivationssystems und der Umwelt zu koordinieren. Bei bestimmten Formen schizophrener Erkrankungen (etwa beim Größenwahn) scheint das Ich eine "Verwechslung" zwischen "Selbstideal" und "Selbstmodell" vorzunehmen. In anderen Fällen erfolgt durch selektiven Einsatz des Filters 4 eine verzerrte Wahrnehmung der Umwelt. Wird dieses Verzerren oder Abblocken von Information über die Außenwelt mit einer Überbeanspruchung des Simulators gekoppelt, so verliert das Individuum zunehmend den Kontakt zur Realität und zieht sich in eine simulierte Scheinwelt zurück.

1.3 Zusammenfassung

Dieses Kapitel führt schrittweise zu einer Theorie der seelischen Gesundheit, die als Rahmen für die Einordnung der in den nachfolgenden Kapiteln behandelten Themen dient. Stark vereinfacht ausgedrückt, kann dieser Ansatz als Versuch einer Synthese von neueren Befunden der empirischen dimensionsanalytischen Persönlichkeitsforschung, tiefenpsychologischen Theorien sowie systemtheoretischen Modellvorstellungen verstanden werden. Das Rahmenmodell bezeichnen wir als **Systemtheorie der Persönlichkeit.** Es wird zunächst eine Unterscheidung zwischen (seelischer) Gesundheit als Zustand und (seelischer) Gesundheit als relativ stabiler Eigenschaft eingeführt. Die Bestimmung des momentanen (seelischen) Gesundheitszustandes erfolgt unter Zuhilfenahme von Gesundheits- und Krankheitszeichen aus sieben Indikatorenbereichen: (1) emotionale Befindlichkeit, (2) Energie- und Antriebsniveau, (3) Expansivität vs. Defensivität, (4) Funktions- und Leistungsniveau, (5) Selbsttranszendenz vs. Selbstzentrierung, (6) Autonomie vs. Hilfesuchen, Abhängigkeit und (7) Selbstwertgefühl. Eine detaillierte Auswertung empirischer Zusammenhänge zwischen verschiedenen Indikatoren aus diesen Bereichen läßt den Schluß zu, daß sie positiv interkorrelieren und auf ein übergeordnetes Superkonstrukt "seelische Gesundheit" hinweisen.

In einem weiteren Schritt werden positive Zusammenhänge zwischen den 7 Indikatorenbereichen für seelische Gesundheit und globalen Maßen für emotionale Stabilität (bzw. geringen Neurotizismus) sowie Extraversion ermittelt. Die positiven Korrelationen zu Extraversionsmaßen sind nicht erwartungskonform und bieten den Anlaß zu einer kritischen Bestandsaufnahme der Extraversionsforschung. In einer Serie von exploratorischen und konfirmatorischen Faktorenanalysen werden empirische Belege dafür erbracht, daß die beiden varianzstarken klassischen Superkonstrukte der Persönlichkeit "Neurotizismus" und "Extraversion-Introversion" durch die beiden verwandten, jedoch nicht deckungsgleichen orthogonalen Superkonstrukte "seelische Gesundheit" und (starke vs. geringe) "Verhaltenskontrolle" ersetzt werden sollten. (Seelische Gesundheit ist ein komplexer strukturiertes Konstrukt als "Neurotizismus" und umfaßt neben Aspekten der Emotionalität unter anderem auch Kompetenzaspekte.) Diese beiden Superkonstrukte spannen als Hauptfaktoren ein orthogonales Achsensystem auf, in dessen beiden Diagonalen die Nebenfaktoren "soziale Anpassung vs. Zügellosigkeit" und "Selbstaktualisierung vs. Gehemmtheit" lokalisiert sind. Soziale Anpassung und Selbstaktualisierung lassen sich als spezielle Varianten seelischer Gesundheit, die für stark bzw. wenig Verhaltenskontrollierte charakteristisch sind, interpretieren. Zur Aufklärung eines Teils der Varianz in den Haupt- und Nebenfaktoren werden Ergebnisse der Erziehungsstilforschung herangezogen, die sich mit dem von uns entwickelten deskriptiven Persönlichkeitsmodell gut in Einklang bringen lassen.

Nachdem der deskriptive Status des Konstruktes "seelische Gesundheit" hinreichend präzisiert ist, erfolgt im letzten und wichtigsten Unterkapitel eine ausführliche Darlegung einer Theorie der seelischen Gesundheit. Deren Kernannahme besagt, daß jemand in dem Maße seelisch gesund ist, in dem es ihm gelingt, externe und interne Anforderungen zu bewältigen. Diese Konzeption wird unter Zugrundelegung eines hypothetischen Struktur- und Funktionsmodells der Persönlichkeit expliziert. Wesentliche Bestandteile des Modells sind neben einem perzeptorischen und einem effektorischen System ein biologisches Motivationssystem, ein internes Kontrollsystem (welches das System erworbener Werte sowie einen Simulator umfaßt) sowie ein Entscheidungssystem oder Ich. Letzterem kommt die zentrale Aufgabe der Verhaltenskoordinierung zu. Es werden die Prinzipien erläutert, nach denen der psychische Apparat in der Interaktion mit der Umwelt funktioniert. Abschließend wird der Wert des Modells für das Verständnis psychischer Störungen exemplarisch verdeutlicht, und es erfolgt eine Integration des Konstruktes der "Verhaltenskontrolle" in dieses Persönlichkeitsmodell.

2. ERSTE ÜBERPRÜFUNGEN DER THEORIE DER SEELISCHEN GESUNDHEIT

Peter Becker

Die Kernannahme unserer Theorie der seelischen Gesundheit besagt, daß jemand in dem Maße seelisch gesund ist, in dem es ihm gelingt, externen und internen Anforderungen zu genügen. Die Fähigkeit zur Bewältigung externer und interner Anforderungen nennen wir für die Zwecke dieses Kapitels in Anlehnung an BECKER (1980b) **"psychische Kompetenz"**. Wie im vorangehenden Abschnitt erläutert wurde, sollte nach unserer Theorie ein enger Zusammenhang zwischen "psychischer Kompetenz" und Indikatoren aus dem Bereich der **"emotionalen Befindlichkeit"** (bzw. des **"psychischen Wohlbefindens"**) bestehen. Solche Befindlichkeitsmaße zählen zu den "klassischen" Indikatoren für seelische Gesundheit; diese werden in der Literatur häufig als "emotionale Stabilität", "emotionale Ausgeglichenheit", (geringer) "Neurotizismus" oder (geringe) "Angstneigung" bezeichnet. Die im vorliegenden Kapitel dargestellten Untersuchungen sollen der Überprüfung dieser Hypothese eines engen Zusammenhangs von "psychischer Kompetenz" und emotionaler Befindlichkeit dienen. Da ein solcher Zusammenhang in der empirischen Persönlichkeitsforschung sowie in weiten Teilen der Klinischen Psychologie nicht gesehen wird und statt dessen eine Trennung von Kompetenzmerkmalen (bzw. Fähigkeitseigenschaften) und Merkmalen der Emotionalität (bzw. Temperamentseigenschaften) vorgenommen wird, legen wir gerade auf diesen Themenkomplex besonderen Wert. Wir knüpfen mit den in diesem Kapitel beschriebenen Untersuchungen an eine frühere Arbeit von BECKER (1980b) an, in der wir folgende, inzwischen nur mehr eingeschränkt gültige "Formel" verwendeten:

Seelische Gesundheit = Psychische Kompetenz + Psychisches Wohlbefinden

Die wesentlichste Weiterentwicklung unserer Theorie der seelischen Gesundheit gegenüber unserer 1980 vorgetragenen Auffassung sehen wir in folgendem: Unser ursprüngliches Modell war ein spekulatives **Strukturmodell** (vergleichbar mit den Ergebnissen einer fiktiven hierarchischen Faktorenanalyse), das sich darauf beschränkte, wesentliche Komponenten der seelischen Gesundheit aufzulisten und strukturell miteinander zu verknüpfen. Im Band 1 der "Psychologie der seelischen Gesundheit" wurde dieses spekulative Strukturmodell anhand mehrerer Faktorenanalysen realer Datensätze überprüft und in seinen Grundzügen partiell bestätigt. Ausgeklammert blieb zunächst die wichtige Frage nach den funktionalen Beziehungen zwischen psychischer Kompetenz und psychischem Wohlbefinden: Wirkt sich die effiziente Bewältigung externer und interner Anforderungen günstig auf die emotionale Befindlichkeit (im Sinne der Förderung des psychischen Wohlbefindens) aus, oder bewirkt bzw. begünstigt eine positive emotionale Befindlichkeit die Bewältigung externer und interner Anforderungen? Wie die Ausführungen im vorangegangenen Kapitel gezeigt haben, messen wir der psychischen Kompetenz das größere Erklärungsgewicht bei; wir betrachten - mit anderen Worten - Emotionen **primär** als Begleit- und Regulationsphänomene des Handelns. Die tatsächliche oder antizipierte erfolgreiche Bewältigung externer und interner Anforderungen löst positive Gefühle aus, während tatsächliche oder antizipierte Schwierigkeiten bzw. Mißerfolge beim Versuch der Bewältigung externer und interner Anforderungen von negativen Gefühlen begleitet werden (vgl. auch BECKER 1980a, 1981). Dabei verkennen wir nicht den handlungsregulierenden Charakter von Emotionen: So können negative Emotionen, die auf oben beschriebenem Weg ausgelöst wurden, ihrerseits die Bewältigung externer und interner Anforderungen beeinträchtigen. In einem solchen Fall käme es zu einem positiven Rückkoppelungsprozeß ("Teufelskreis"). Beispiele für derartige positive Rückkoppelungsprozesse liefern unter anderem psychisch gestörte (z.B. depressive) Patienten, die sich schrittweise immer tiefer in eine bestimmte Symptomatik verstricken. BECK (1974, 1979) spricht in diesem Zusammenhang von "Kettenreaktionen" oder "abwärts führenden Spiralen".

Die vorgesehene Überprüfung unserer weiterentwickelten Theorie der seelischen Gesundheit umfaßt unter anderem folgende beiden Aufgaben: (1) Nachweis eines positiven korrelativen Zusammenhangs zwischen psychischer Kompetenz (erfaßt über verschiedene Indikatoren für die Bewältigung externer und interner Anforderungen, darunter auch Intelligenzmaßen) und positiver emotionaler Befindlichkeit (erfaßt über verschiedene Indikatoren für "emotionale Stabilität vs. Labilität", "psychisches Wohlbefinden" und die "affektive Komponente der seelischen Gesundheit"). (2) Nachweis eines Einflusses der Bewältigung bzw. Nichtbewältigung externer und interner Anforderungen auf die emotionale Befindlichkeit. Die folgenden Untersuchungen dienen der Überprüfung dieser beiden Annahmen.

2.1 Eine Untersuchung an 60 älteren Frauen

Wir berichten an dieser Stelle über einen kleinen Ausschnitt von Ergebnissen einer umfangreichen Untersuchung an zwei Gruppen von je 30 Frauen im Alter zwischen 51 und 75 Jahren (vgl. auch BECKER 1984b, 1985). Die beiden Gruppen sollten sich im Grad der seelischen Gesundheit voneinander unterscheiden. Sie konnten dank der Vermittlung eines praktischen Arztes sowie zweier niedergelassener Nervenärzte zur Mitarbeit gewonnen werden. 30 Frauen waren von ihrem Hausarzt als seelisch gesund eingestuft worden und hatten nach dessen Kenntnis bisher weder psychotherapeutische noch nervenärztliche Hilfe in Anspruch genommen. Die restlichen 30 Frauen befanden sich hingegen - wie aus den Krankenblättern eindeutig zu entnehmen war - entweder in der Vergangenheit oder zum Untersuchungszeitpunkt in nervenärztlicher oder psychotherapeutischer Behandlung. In 25 Fällen lautete die Diagnose "Depression" (bzw. eine Unterkategorie von Depression); in den restlichen Fällen handelte es sich um nichtdepressive neurotische Störungen. Keine dieser Frauen war jedoch zum Untersuchungszeitpunkt schwer psychisch gestört. Jede der 60 Teilnehmerinnen wurde in ihrer Wohnung während mehrerer Stunden von einer von drei Diplomandinnen der Psychologie interviewt und getestet.

Neben zahlreichen anderen Variablen wurden drei Indikatoren für psychische Kompetenz und drei für emotionale Labilität erhoben. Mit Hilfe dieser beiden Blöcke von je drei Konstruktindikatoren sollte der Zusammenhang zwischen psychischer Kompetenz und emotionaler Labilität überprüft werden. Wir beschreiben zunächst in aller Kürze die drei Indikatoren für psychische Kompetenz.

Die Variable **"Bewältigungskompetenz"** bezieht sich auf die von den älteren Frauen mitgeteilten (wahrscheinlichen) Reaktionen in zehn ausgewählten relativ alltäglichen Problem- und Konfliktsituationen, die ihnen in standardisierter schriftlicher Form vorgegeben wurden. Diese Situationen und die dazu von den 60 Frauen frei generierten Reaktionen wurden von BECKER (1984b) ausführlich beschrieben. Fünf Situationen beziehen sich auf den Umgang mit Versagungen, Verlusten und Frustrationen, fünf weitere Situationen auf die Bewältigung von Konflikten. BECKER (1984b) untersuchte unter anderem, in welcher Weise sich das Bewältigungsverhalten von Frauen mit hohen Werten in einem zusammengesetzten Maß für seelische Gesundheit vom Bewältigungsverhalten seelisch weniger gesunder Frauen unterscheidet.

Für die Zwecke der vorliegenden Untersuchung mußte ein anderer Weg beschritten werden, um zu nicht zirkulären Ergebnissen zu gelangen. Die von den 60 Frauen spontan formulierten Antworten wurden fünf männlichen und fünf weiblichen fortgeschrittenen Hauptfachstudierenden der Psychologie mit der Anweisung vorgegeben, die Angemessenheit bzw. Effizienz der in den Antworten zum Ausdruck kommenden Bewältigungsreaktionen zu beurteilen. Aus jenen Antworten, die mit einer wenigstens 80%igen Übereinstimmung entweder als angemessen oder unangemessen eingestuft wurden, erstellten wir eine Skala angemessener bzw. unangemessener Reaktionen, die in Richtung **"Bewältigungskompetenz"** geschlüsselt wurden. Frauen mit hohen Skores in Bewältigungskompetenz generierten mithin zahlreiche angemessene (effiziente, rationale, vorteilhafte) und nur wenige oder keine unangemessenen Reaktionen. Diese Skala "Bewältigungskompetenz" besitzt nur eine geringe interne Konsistenz (CRONBACH Alpha = .35), welche angesichts der Heterogenität der ausgewählten Situationen sowie der Situationsspezifität kompetenten Verhaltens wenig überrascht.

Zweiter Indikator für psychische Kompetenz ist die Skala **"Fremdbeurteilte psychische Kompetenz"**. Sie wurde auf faktorenanalytischem Weg aus den Fremdurteilen der drei Interviewerinnen gewonnen. Jede Interviewerin stufte unmittelbar nach Abschluß der mehrstündigen Gespräche mit einer der 60 Frauen diese mit Hilfe von 50 Items aus dem Q-Sort von BLOCK (1961) ein, die sich am besten zur Charakterisierung seelisch gesunder bzw. seelisch kranker Personen eignen. Die Skala "Fremdbeurteilte psychische Kompetenz" umfaßt 12 Items und besitzt eine interne Konsistenz von .84. Die beiden trennschärfsten Items (Trennschärfe in Klammern) dieser Skala lauten: (1) Bringt andere dazu, sie zu mögen (.72). (2) Ist produktiv (schöpferisch); bringt etwas zustande; bewältigt ihre Aufgaben (.63).

Der dritte Indikator für psychische Kompetenz betrifft die **"Selbstbeurteilte Intelligenz"**. Diese Skala setzt sich aus bipolaren Items vom Typ des semantischen Differentials zusammen. Sie besitzt eine interne Konsistenz von .73. Zwei exemplarische Items dieser Skala lauten: (1) einfallsreich - einfallsarm, (2) scharfsinnig - einfältig.

Im folgenden stellen wir die drei Indikatoren für emotionale Labilität dar. Die Skala **"Fremdbeurteilte emotionale Labilität"** wurde analog zur Skala "Fremdbeurteilte psychische Kompetenz" aus den 50 Items des Q-Sorts von BLOCK auf faktorenanalytischem Weg konstruiert. Sie besitzt eine interne Konsistenz von .89. Zwei typische Items der Skala lauten: (1) Ist ein zutiefst ängstlicher Mensch. (2) Entwickelt leicht Schuldgefühle.

Die Skala **"Selbstbeurteilte emotionale Labilität"** ist analog aufgebaut wie die Skala "Selbstbeurteilte Intelligenz". Sie umfaßt sechs bipolare Items und hat eine interne Konsistenz von .77. Zwei typische Items sind: (1) ängstlich - mutig, furchtlos, (2) nervös, unruhig - ruhig.

Der dritte Indikator für emotionale Labilität ist der **Patientenstatus.** Diese dichotome Variable berücksichtigt die Gruppenzugehörigkeit der jeweiligen Frauen. Als emotional labil wurden jene 30 Frauen eingestuft, die sich - vorwiegend wegen Depressionen - in nervenärztlicher oder psychotherapeutischer Behandlung befanden. Als emotional stabil galten die restlichen Frauen, die sich nicht in nervenärztliche oder psychotherapeutische Behandlung begeben hatten und von ihrem Hausarzt als seelisch gesund eingestuft worden waren. Die Berechtigung dazu, den Patientenstatus dieser Frauen als Indikator für emotionale Labilität zu betrachten, sehen wir darin, daß depressive Patientinnen primär wegen ihrer emotionalen Verstimmung (Niedergeschlagenheit, Ängste, Schuldgefühle etc.) therapeutische Hilfe in Anspruch nehmen.

Zur Überprüfung unserer Hypothese eines engen negativen Zusammenhangs von psychischer Kompetenz und emotionaler Labilität vs. emotionaler Stabilität wählten wir zwei multivariate Strategien. Die erste Strategie basiert auf der Methode der konfirmatorischen Faktorenanalyse unter Verwendung des LISREL-Programms. Dabei wurden die oben beschriebenen drei Variablen "Bewältigungskompetenz", "Fremdbeurteilte psychische Kompetenz" und "Selbstbeurteilte Intelligenz" als Indikatoren für einen Faktor "Psychische Kompetenz" und die drei Variablen "Fremdbeurteilte emotionale Labilität", "Selbstbeurteilte emotionale Labilität" und "Patientenstatus" als Indikatoren für einen Faktor "Emotionale Labilität" betrachtet. Wir erwarteten eine relativ hohe negative Korrelation zwischen den beiden obliquen Faktoren "Psychische Kompetenz" und "Emotionale Labilität". Die Ergebnisse dieser Berechnung sind in ihren Grundzügen in Abbildung 2.1 wiedergegeben.

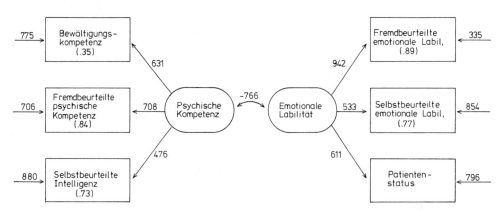

Abbildung 2.1: Ergebnisse einer konfirmatorischen Faktorenanalyse von 3 Indikatoren für "Psychische Kompetenz" und 3 Indikatoren für "Emotionale Labilität". (Vereinfachte Darstellung). Die in Klammern stehenden Zahlen geben die internen Konsistenzen der betreffenden Variablen an. N = 60.

(Der besseren Übersichtlichkeit wegen wurden drei Korrelationen zwischen Elementen der Theta-Delta-Matrix, die im Bereich von -.109 bis .217 liegen, weggelassen). Die hohe negative Korrelation von -.766 zwischen den beiden Faktoren steht mit unserer Hypothese im Einklang. Das zweifaktorielle Modell ist sehr gut mit den Ausgangsdaten kompatibel. Das Chi-Quadrat von 3.30 bei 5 Freiheitsgraden ist nicht signifikant (p = .655). Der "Goodness of Fit Index" beträgt .977. Das "Root Mean Square Residual" hat den sehr kleinen Wert von .033. Um diesen guten Fit zu erreichen, wurden drei Elemente der Theta-Delta-Matrix freigesetzt.

Nachdem sich klar gezeigt hatte, daß die beiden Konstrukte "Psychische Kompetenz" und "Emotionale Labilität" eng miteinander zusammenhängen, überprüften wir in einem zweiten Schritt, ob die sechs Indikatoren aus dem Bereich der seelischen Gesundheit einen starken gemeinsamen Faktor bilden. Zu diesem Zweck wurden die sechs Indikatoren interkorreliert und die Interkorrelationen einer Hauptkomponentenanalyse unterzogen. Aus dem Eigenwertverlauf (Eigenwert 1 = 2.929; Eigenwert 2 = .960) war zu entnehmen, daß nur ein Faktor extrahiert werden sollte. Tabelle 2.1 enthält die Ladungen auf diesem Faktor. Man erkennt, daß alle Variablen (mit Ausnahme der selbstbeurteilten Intelligenz) recht hohe positive bzw. negative Ladungen auf dem Faktor F1 haben. Wir interpretieren ihn als "seelische Gesundheit".

Tabelle 2.1: Ergebnisse einer Hauptkomponentenanalyse der Interkorrelationen von 3 Indikatoren für "psychische Kompetenz" und 3 Indikatoren für "emotionale Labilität". Angegeben sind die Ladungen auf dem Faktor "seelische Gesundheit" sowie die Kommunalitäten (h^2). N=60.

Variable	F1	h^2
Bewältigungskompetenz	.761	.579
Fremdbeurteilte psychische Kompetenz	.685	.469
Selbstbeurteilte Intelligenz	.490	.240
Fremdbeurteilte emotionale Labilität	-.826	.682
Selbstbeurteilte emotionale Labilität	-.678	.460
Patientenstatus	-.706	.498
$\Sigma\, a^2$		2.929

Zusammenfassend ist zu dieser Untersuchung festzuhalten, daß die Ergebnisse mit unserer Theorie der seelischen Gesundheit im Einklang stehen. Personen, die aufgrund von drei auf unterschiedlichen Wegen gewonnenen Indikatoren als "psychisch kompetent" einzustufen sind, erwiesen sich in einem auf drei verschiedenen Indikatoren basierenden Maß in der Regel auch als "emotional stabil". Der Zusammenhang ist so eng, daß alle sechs Skalen als Indikatoren für ein gemeinsames "Superkonstrukt" (Hauptkomponente) seelische Gesundheit dienen können.

Bei der Interpretation der hohen Korrelation zwischen den beiden Faktoren "Psychische Kompetenz" und "Emotionale Stabilität" ist zu berücksichtigen, daß der Wert wahrscheinlich überhöht ist, da nicht alle Variablen auf völlig unabhängigem Weg bestimmt wurden. So basieren beispielsweise sowohl die Werte in "Fremdbeurteilter psychischer Kompetenz" als auch in "Fremdbeurteilter emotionaler Labilität" auf den Einschätzungen derselben drei Interviewerinnen. Ferner ließ es sich nicht vermeiden, daß den Interviewerinnen in der Mehrzahl der Fälle der Patientenstatus der betreffenden Frauen bekannt war. Auf der anderen Seite wurden die Skores in "Bewältigungskompetenz" oder in "Selbstbeurteilter Intelligenz" nicht durch die Fremdurteile beeinflußt.

2.2 Die Untersuchung von KATZ (1973)

Diese Untersuchung wurde bereits im Band 1 der "Psychologie der seelischen Gesundheit" ausführlich dargestellt. Wir beschränken uns daher an dieser Stelle auf einige knappe Hinweise zum methodischen Vorgehen. KATZ warf unter anderem die Frage auf, ob Personen in der Lage sind, den Grad ihrer seelischen Gesundheit mit hinreichender Gültigkeit einzuschätzen. Zur Beantwortung dieser

Frage erhob er verschiedene Maße der selbsteingeschätzten seelischen Gesundheit und korrelierte sie mit entsprechenden Fremdurteilen. Versuchspersonen waren 60 fortgeschrittene männliche Studierende der "University of Michigan".

Im Kontext der Thematik dieses Kapitels sind die korrelativen Zusammenhänge zwischen einer Untermenge der von KATZ erhobenen Variablen von Interesse. Zum Einsatz gelangte unter anderem eine **"Supplementary Mental Health Scale (SMHS)"**. Mit Hilfe dieser neunstufigen Ratingskala sollte die selbstbeurteilte globale **affektive** Komponente der seelischen Gesundheit erfaßt werden. Dabei erhielten die Versuchspersonen folgende Anweisung: "Seelische Gesundheit ist ein überdauernder Eindruck des Wohlbefindens oder des Vertrauens in das Leben. Sie umfaßt ein Grundvertrauen in die eigene Person, ein Vertrauen darauf, daß man derjenige sein kann, der man wirklich ist, und daß die Tatsache von den für das eigene Leben wichtigen Personen anerkannt wird. Am Gegenpol befindet sich ein Urmißtrauen oder ein mangelndes Vertrauen in sich selbst und wichtige andere Personen, das sich im schlimmsten Fall in Panik, Hoffnungslosigkeit und Verzweiflung am Leben äußert. Zwischen diesen beiden Polen gibt es verschiedene Grade von seelischer Gesundheit." (KATZ 1973, p. 51).

Neben diesem Maß für die affektive Komponente der seelischen Gesundheit verwendete KATZ vier Indikatoren für psychische Kompetenz, die ausschließlich auf Fremdurteilen basieren. Dieser Umstand bietet in methodischer Hinsicht erhebliche Vorteile, da eventuelle Zusammenhänge zwischen der emotionalen Komponente der seelischen Gesundheit und Kompetenzmaßen nicht durch den gemeinsamen Faktor "Beurteiler" verzerrt (überhöht) sein können. Verwendung fanden folgende vier Kompetenzindikatoren:
(1) **Ego Identity (EI).** Dieses Maß basiert auf einem halbstrukturierten klinischen Interview zur Prüfung der "Ich-Identität" einer Person. Beurteilt wird insbesondere, inwieweit die Person bereits eine klare berufliche Identität und Lebensorientierung gefunden hat.
(2) **Variety of Positive Interpersonal Relations (VPIR).** Dieses aufgrund eines freien klinischen Interviews gewonnene Maß berücksichtigt, inwieweit eine Person in der Lage ist, verschiedenartige für sie befriedigende zwischenmenschliche Beziehungen zu unterhalten.
(3) **Coping (COP).** Es handelt sich um einen projektiven Test, bei dem zehn TAT-ähnliche Bildtafeln vorgelegt werden. Dargestellt sind verschiedene Problemsituationen aus dem studentischen Leben (z.B. Konflikt zwischen Zimmernachbarn, Studentenfete, Prüfungssituation). Wie beim TAT üblich, sollen die Versuchspersonen Geschichten zu den Bildtafeln erzählen und dabei auf die Gedanken und Gefühle der beteiligten Personen eingehen. Ausgewertet wird, wie effizient die als Identifikationsfigur dienende Person mit der Problemsituation umgeht, und wie günstig oder ungünstig die Geschichte endet.
(4) **Self-Assertion (SA).** Den Personen werden die verbalen Beschreibungen von acht Situationen vorgelegt, in denen man Selbstbehauptung zeigen oder einen Rückzieher machen kann. Ausgewertet wird das Ausmaß an Selbstbehauptung.

Ausgehend von unserer Theorie der seelischen Gesundheit ist zu erwarten, daß die vier Maße "für psychische Kompetenz" mit dem Maß für die affektive Komponente der seelischen Gesundheit ("psychisches Wohlbefinden") positiv korrelieren sollten. Wie Tabelle 2.2 zeigt, ist dies in der Tat der Fall. Drei der vier Korrelationen sind auf dem 5%-Niveau oder 1%-Niveau statistisch signifikant. Wir haben die Enge des Zusammenhangs ferner mit Hilfe der multiplen Regressionsanalyse überprüft. Die multiple Korrelation von .46 ist auf dem 1%-Niveau statistisch signifikant. Wie aus Tabelle 2.2 zu ersehen ist, erhält die

Tabelle 2.2: Interkorrelationen zwischen einem Indikator für die affektive Komponente der seelischen Gesundheit (SMHS) und 4 Indikatoren für "psychische Kompetenz". Zusätzlich sind die Betagewichte der 4 Kompetenzmaße in einer multiplen Regressionsanalyse angegeben. Die multiple Korrelation beträgt .46. N=60. (Die Korrelationen sind entnommen aus KATZ 1973). Die Tabelle enthält Nachkommastellen.

Variable	SMHS	EI	VPIR	COP	SA	Beta
SMHS	-	29	30	42	09	-
EI	29	-	46	38	29	14
VPIR	30	46	-	49	26	08
COP	42	38	49	-	34	36
SA	09	29	26	34	-	-10

Variable COP das höchste Beta-Gewicht, trägt also am meisten zur Vorhersage der affektiven Komponente der seelischen Gesundheit bei.

Zusammenfassend erbringt diese kleine Sekundäranalyse der von KATZ (1973) erhobenen Daten in methodisch recht überzeugender Weise den Nachweis, daß ein signifikanter positiver Zusammenhang zwischen der affektiven Komponente der seelischen Gesundheit ("psychisches Wohlbefinden") und "psychischer Kompetenz" besteht. Lediglich bei der Komponente der Selbstbehauptung (SA) erreicht die Höhe der Korrelation nicht das geforderte Signifikanzniveau.

2.3 Die Untersuchung von LILL, DRÖSCHEL & GROSS (1981)

Auch diese Untersuchung wurde bereits ausführlich im Band 1 der "Psychologie der seelischen Gesundheit" dargestellt, so daß wir uns hier auf knappe Hinweise beschränken können. Ziel der Studie war die theoriegeleitete Konstruktion eines Fragebogens zur Messung der seelischen Gesundheit von Jugendlichen. Untersucht wurden 657 Jungen und Mädchen im Alter von 12 bis 14 Jahren. Aus einem umfangreichen Pool von 160 Fragebogenitems wurden 12 schiefwinklig rotierte Faktoren erster Ordnung extrahiert. Vier Faktoren sind in unserem Zusammenhang als Indikatoren für **psychische Kompetenz** von Interesse. Wir benennen im folgenden die vier Faktoren und teilen jeweils zwei exemplarische Items mit.
(1) **Soziale Durchsetzungsfähigkeit** umfaßt fünf Markieritems, darunter: (a) Meine Spielkameraden gehen auf meine Wünsche ein. (b) Ich kann meine Wünsche in der Schule durchsetzen.
(2) **Selbstkontrolle** umfaßt zwölf Markieritems, darunter: (a) Ich fange nicht an zu rauchen, weil ich weiß, daß es gesundheitsschädlich ist. (b) Wenn es draußen schönes Wetter ist, arbeite ich nichts für die Schule (-).
(3) **Fähigkeit zur ausdauernden, eigenständigen Problemlösung sowie Bewältigung von Frustrationen** umfaßt 17 Markieritems, darunter: (a) Eine schwierige Situation stehe ich auf alle Fälle durch. (b) Ich verlasse mich gewöhnlich auf meine eigene Meinung.
(4) **Kein Ausweichen vor Schwierigkeiten infolge geringer Ängstlichkeit** umfaßt 14 Markieritems, darunter: (a) Situationen, vor denen ich mich fürchte, gehe ich

Tabelle 2.3: Interkorrelationen zwischen 4 Indikatoren für "psychische Kompetenz" und 3 Indikatoren für "psychisches Wohlbefinden". Zusätzlich sind die Ladungen auf dem ersten kanonischen Variablenpaar (KVA und KVB) angegeben. Die Daten basieren auf einer Untersuchung von LILL et al. (1981). N = 657. (Entnommen aus BECKER 1982a, p. 267). Angegeben sind die Nachkommastellen.

Variable	1	2	3	4	5	6	7	Ladungen KVA	KVB
1 Soziale Durch-setzungsfähigkeit	-	17	38	41	36	03	30	79	-
2 Selbstkontrolle	17	-	43	20	31	21	18	60	-
3 Fähigkeit zur eigen-ständigen Problemlösung	38	43	-	49	32	-01	30	73	-
4 Kein Ausweichen vor Schwierigkeiten	41	20	49	-	23	08	37	70	-
5 Häufigkeit positiver Gefühle	36	31	32	23	-	10	31	-	85
6 Seltenes Kranksein	03	21	-01	08	10	-	23	-	21
7 Seltenheit negativer Gefühle	30	18	30	37	31	23	-	-	77

am liebsten aus dem Weg (-). (b) Ich beginne nicht gerne Unterhaltungen mit mir unbekannten Kindern (-).

Drei Faktoren eignen sich als Indikatoren für **psychisches Wohlbefinden:**
(5) **Häufigkeit positiver Gefühle** umfaßt 11 Markieritems, darunter: (a) Ich bin selten fröhlich (-). (b) Ich bin meistens unbeschwert und gut aufgelegt.
(6) **Seltenes Kranksein und seltene körperliche Beschwerden** umfaßt drei Markieritems, darunter: (a) Ich nehme selten Medikamente. (b) Ich habe häufig Kopfweh oder Bauchweh (-).
(7) **Seltenheit negativer Gefühle** umfaßt 13 Markieritems, darunter: (a) In den letzten Wochen war ich manchmal gedrückter Stimmung (-). (b) Ich mache mir selten Sorgen.

Nach unserer Theorie ist zu erwarten, daß positive Zusammenhänge zwischen den vier Indikatoren für psychische Kompetenz und den drei Indikatoren für psychisches Wohlbefinden bestehen sollten. Wie Tabelle 2.3 zeigt, läßt sich diese Hypothese - bis auf eine Ausnahme ($r = -.01$) - bestätigen. Zur Prüfung des multivariaten Zusammenhangs zwischen den beiden Variablensätzen haben wir die kanonische Korrelationsanalyse eingesetzt. Die erste kanonische Korrelation erreicht den Wert von .52 ($p < .0001$). (Auf eine Interpretation der zweiten kanonischen Korrelation von .26 verzichten wir.) Die Ladungen auf dem ersten kanonischen Variablenpaar sind in Tabelle 2.3 wiedergegeben. Hiernach läßt sich die erste kanonische Variable eindeutig als "psychische Kompetenz" und der zugeordnete Paarling als "psychisches Wohlbefinden" interpretieren. Erwartungsgemäß korrelieren die beiden Konstrukte (Linearkombinationen) signifikant positiv.

2.4 Die Untersuchung von SEITZ & LÖSER (1969)

Es handelt sich um eine von zwei Untersuchungen, die wir zur Frage des Zusammenhangs von Intelligenz und seelischer Gesundheit herausgegriffen haben. Bereits im ersten Kapitel sowie in der Untersuchung an 60 älteren Frauen fanden wir Hinweise auf eine positive Beziehung zwischen diesen beiden Superkonstrukten der Persönlichkeit. Dort war jedoch die Intelligenz nicht mit Hilfe standardisierter Intelligenztests, sondern über Selbst- oder Fremdeinstufungen erfaßt worden. Die Untersuchung von SEITZ & LÖSER (1969) erscheint uns deshalb besonders aufschlußreich, weil zu drei Konstrukten jeweils mehrere Indikatoren erhoben wurden:
- Intelligenz (erfaßt über den Intelligenz-Struktur-Test IST von AMTHAUER 1953 sowie den Culture Fair Intelligence Test CFIT von CATTELL 1962)
- Seelische Gesundheit (erfaßt über vier Skalen aus dem High School Personality Questionnaire HSPQ von CATTELL & BELLOFF 1962)
- Gute Schulleistungen (erfaßt über die Schulnoten in vier von uns herausgegriffenen Fächern im Jahresabschlußzeugnis).

Als Versuchspersonen dienten 124 Jungen und Mädchen aus 11. Klassen Würzburger Gymnasien. Das Durchschnittsalter lag bei 17,6 Jahren. Die Versuchsdauer betrug insgesamt etwa drei bis vier Stunden. SEITZ & LÖSER berechneten die Interkorrelationen zwischen allen Variablen sowie exploratorische Faktorenanalysen über alle Variablen. Wir gehen aus Platzgründen nicht näher auf ihre Auswertungen ein. Statt dessen berichten wir über die Ergebnisse einer Sekundäranalyse unter Verwendung der Methode der konfirmatorischen Faktorenanalyse (LISREL). Dabei beschränkten wir uns auf 21 der insgesamt 32 von SEITZ & LÖSER erfaßten Variablen. Als potentielle Indikatoren für seelische Gesundheit zogen wir folgende vier HSPQ-Skalen heran:

- Pessimistisch-grüblerische Existenzangst (-)
- Realistische Robustheit (vs. ästhetische Sensibilität)
- Geringe Irritierbarkeit, Phlegma (vs. nervöse Erregbarkeit, Irritierbarkeit durch aktuelle Geschehnisse, unter anderem durch bevorstehende Prüfung)
- Optimistisch-selbstsichere Unbekümmertheit.

Gute Schulleistungen wurden über die Noten in den vier Fächern Deutsch, Englisch, Mathematik und Geschichte gemessen. Als Indikatoren für das Konstrukt "Intelligenz" dienten uns alle Subtests aus dem IST und dem CFIT sowie die Mathematik-Note.

Die Notwendigkeit, die Mathematik-Note nicht nur als Indikator für Schulleistungen, sondern auch für Intelligenz zu verwenden, ergab sich aus den "modification indices" des LISREL-Programms. Ein relativ enger Zusammenhang von Mathematik-Note und Intelligenz erscheint psychologisch nicht unplausibel.

Mit Hilfe der konfirmatorischen Faktorenanalyse sollten die Korrelationen zwischen den Faktoren (Intelligenz, seelische Gesundheit und Schulleistung) berechnet werden. Erwartet wurden jeweils positive Korrelationen, wobei das Hauptaugenmerk auf den Zusammenhang von Intelligenz und seelischer Gesundheit gerichtet war.

Die Ergebnisse der dreifaktoriellen Lösung sind in Tabelle 2.4 wiedergegeben. Diese Lösung ist hinreichend gut mit der Matrix der Ausgangskorrelationen vereinbar.

Das Chi-Quadrat von 199.23 bei 178 Freiheitsgraden ist nicht signifikant (p = .132). Der "Goodness of Fit Index" beträgt .862. Das "Root Mean Square Residual" hat einen Wert von .069. Um diesen Fit zu erreichen, wurden fünf Elemente der Theta-Delta-Matrix freigesetzt.

Die Korrelation zwischen den Faktoren Intelligenz und seelische Gesundheit beträgt .71. (Intelligenz und gute Schulleistungen korrelieren .17, und seelische Gesundheit und gute Schulleistungen korrelieren -.02). Zwei der drei Korrelationen entsprechen nicht ganz unseren Erwartungen. Die ungewöhnlich hohe Korrelation von .71 zwischen Intelligenz und seelischer Gesundheit könnte eventuell wie folgt a posteriori erklärt werden: Der Faktor "seelische Gesundheit" wird mit Abstand am höchsten von der HSPQ-Variablen "optimistisch-selbstsichere Unbekümmertheit" geladen. In Verbindung mit den beiden ebenfalls relativ hoch ladenden Variablen "pessimistisch-grüblerische Existenzangst" und "geringe Irritierbarkeit" scheint der Faktor seelische Gesundheit in erster Linie die emotionale Stabilitätskomponente der seelischen Gesundheit abzudecken. Diese Komponente korreliert bei Gymnasiasten offenbar recht hoch mit Intelligenz. Geht man davon aus, daß es zu den wichtigen und häufigen externen Anforderungen an Gymnasiasten gehört, intellektuelle Probleme im Rahmen der Schule zu lösen, so sollte eine hohe Intelligenz gerade bei dieser Personengruppe die Bewältigung externer Anforderungen erleichtern und zu einer optimistisch-selbstsicheren Unbekümmertheit sowie zur emotionalen Ausgeglichenheit beitragen.

Eine analoge Interpretation war von SEITZ & LÖSER (1969, p. 672) vorgeschlagen worden: "Eine grundlegende allgemeine Intelligenz (hohe Ausprägung des g-Faktors) bedingt eine optimistisch-selbstsichere Unbekümmertheit des jugendlichen Schülers." Weniger plausibel erscheint uns die Alternativhypothese, daß eine hohe seelische Gesundheit (sensu hohe emotionale Stabilität) zu hohen Intelligenztestergebnissen führt. Wir schließen zwar nicht aus, daß eine hohe

Tabelle 2.4: Ergebnisse einer dreifaktoriellen obliquen konfirmatorischen Faktorenanalyse (LISREL) mit den Faktoren "Intelligenz" (INT), "seelische Gesundheit" (SG) und "Schulleistungen" (Note). Angegeben sind die Ladungen auf den obliquen Faktoren sowie die Kommunalitäten (h^2). Die Ergebnisse basieren auf einer Sekundäranalyse einer Untersuchung von SEITZ & LÖSER (1969). N=124. Angegeben sind die Nachkommastellen.

Variable	INT	SG	Note	h^2
Pessimistisch-grüblerische Existenzangst	0	-378	0	143
Realistische Robustheit	0	122	0	015
Geringe Irritierbarkeit, Phlegma	0	417	0	174
Optimistisch-selbstsichere Unbekümmertheit	0	629	0	404
Deutsch-Note (gute Note)	0	0	610	372
Englisch-Note (gute Note)	0	0	706	498
Mathematik-Note (gute Note)	319	0	206	166
Geschichte-Note (gute Note)	0	0	651	424
IST-SE: Satzergänzen	517	0	0	262
IST-WA: Wortauswahl	405	0	0	164
IST-AN: Analogien	475	0	0	226
IST-GE: Gemeinsamkeitenfinden	423	0	0	194
IST-RA: Rechenaufgaben	564	0	0	318
IST-ZR: Zahlenreihen	479	0	0	230
IST-FA: Figurenauswahl	594	0	0	353
IST-WU: Würfelaufgaben	353	0	0	125
IST-ME: Merkaufgaben	257	0	0	066
CFIT1: Series	424	0	0	180
CFIT2: Classification	311	0	0	097
CFIT3: Matrices	240	0	0	058
CFIT4: Topology	449	0	0	202

emotionale Stabilität (d.h. unter anderem eine geringe Ängstlichkeit) sich auf die Lösung von Intelligenzaufgaben förderlich auswirkt, doch dürfte dieser Effekt relativ begrenzt sein und nicht eine Korrelation von .71 bewirken. Sollte der Einfluß der emotionalen Stabilität tatsächlich sehr groß sein, so wäre zu erwarten, daß sich durch psychotherapeutische oder pharmakologische Behandlung erhebliche Verbesserungen in der (gemessenen oder tatsächlichen) Intelligenz erzielen ließen. Dies ist jedoch offensichtlich nicht der Fall. Die vorliegenden Daten (und auch eine Kausalanalyse mit Hilfe des LISREL-Programms) erlauben es jedoch nicht, eine klare Entscheidung zwischen diesen Alternativen herbeizuführen.

Die zweite Überraschung betrifft den fehlenden Zusammenhang zwischen seelischer Gesundheit und guten Schulleistungen (r = -.02). Da es sich bei guten Schulleistungen um externe Anforderungen an Schüler handelt, hätten wir mit deutlich von Null verschiedenen Korrelationen zwischen seelischer Gesundheit und guten Schulleistungen gerechnet. In diesem Fall haben wir keine überzeugende a posteriori-Erklärung zur Verfügung. Möglicherweise tragen jedoch folgende Umstände zu einer Schwächung des erwarteten Zusammenhangs bei: (1) Die Schüler stammten aus mehreren (fünf oder sechs?) Klassen verschiedener Würzburger Gymnasien. Sollten erhebliche Leistungs- und/oder Benotungsdifferenzen zwischen den Klassen bestanden haben, könnten sich diese korrelationsmindernd ausgewirkt haben. (2) Erfaßt wurden nicht die tatsächlichen, sondern die von den Schülern mitgeteilten (und durch Erinnerungsfehler eventuell verzerrten) Noten. (3) Die Korrelationen wurden über beide Geschlechter hinweg berechnet. Da im Faktor "seelische Gesundheit" mit systematischen Geschlechtsdifferenzen zu rechnen ist (vgl. Kapitel 3), können Störeinflüsse der Geschlechtsvariablen nicht ausgeschlossen werden. (4) Es kann bei Gymnasiasten zu Konflikten zwischen schulischen und außerschulischen externen und internen Anforderungen (z.B. seitens der Peers) kommen, so daß die einseitige Konzentration auf gute Schulleistungen die Bewältigung anderer Anforderungen behindert. (5) Die Bewältigung einer externen Anforderung (gute Schulleistung) trägt nur dann zur seelischen Gesundheit bei, wenn ihr vom einzelnen Schüler ein hoher Wert beigemessen wird. (6) Auch bei guten Schulleistungen kann die seelische Gesundheit gering sein, wenn das Anspruchsniveau deutlich höher liegt als das aktuelle Leistungsvermögen (vgl. BECKER 1980a).

Zusammenfassend bleibt festzuhalten, daß unsere Sekundäranalyse der von SEITZ & LÖSER (1969) erhobenen Daten einen deutlichen Hinweis auf einen positiven Zusammenhang von allgemeiner Intelligenz und bestimmten Aspekten der seelischen Gesundheit lieferte. Zumindest bei Gymnasiasten, an die relativ hohe intellektuelle Anforderungen gestellt werden, scheint die Intelligenz - im Sinne einer abstrakten Problemlösekompetenz - die Bewältigung von Lebensanforderungen zu erleichtern und die emotionale Ausgeglichenheit zu fördern.

2.5 Die Untersuchung von BACHMAN (1970)

Die Untersuchung von BACHMAN (1970) gleicht in ihrer Struktur derjenigen von SEITZ & LÖSER (1969). Versuchspersonen waren 2.213 männliche Schüler aus 10. Klassen von 87 staatlichen "High Schools" der gesamten Vereinigten Staaten. Erhoben wurden unter anderem folgende Intelligenz- und Leistungsmaße:
- **Quick Test of Intelligence (QT).** Dieser von AMMONS & AMMONS (1962) konstruierte Test mißt die allgemeine Intelligenz.
- **Gates Test of Reading Comprehension (GATES).** Dieser von GATES (1958) entworfene Schulleistungstest erfaßt die Lesefähigkeit von Schülern.

Tabelle 2.5: Interkorrelationen zwischen 6 Indikatoren für seelische Gesundheit und 3 Indikatoren für Intelligenz. Zusätzlich sind die Ladungen auf dem ersten kanonischen Variablenpaar (KVA und KVB) angegeben. Die Daten basieren auf einer Untersuchung von BACHMAN (1970). N = 2213. (Entnommen aus BACHMAN 1970, p. 242-243). Angegeben sind die Nachkommastellen.

Variable	1	2	3	4	5	6	7	8	9	Ladungen KVA	KVB
1 Need for self-development	-	716	024	-078	068	361	208	204	216	579	-
2 Need for self-utilization	716	-	-021	-131	-020	436	196	186	171	500	-
3 Test anxiety	024	-021	-	369	433	-242	-261	-258	-252	-703	-
4 Somatic symptoms	-078	-131	369	-	543	-342	-198	-204	-275	-645	-
5 Negative affective states	068	-020	433	543	-	-515	-106	-097	-132	-319	-
6 Self-esteem	361	436	-242	-342	-515	-	141	171	145	411	-
7 Quick test of Intelligence	208	196	-261	-198	-106	141	-	676	663	-	863
8 Gates Reading Comprehension	204	186	-258	-204	-097	171	676	-	712	-	858
9 GATB: Vocabulary	216	171	-252	-275	-132	145	663	712	-	-	930

- **General Aptitude Test Battery: Vocabulary (GATB)**. Diese Intelligenztestbatterie wurde für Zwecke der Berufsberatung entwickelt (DVORAK 1954, 1956; SUPER 1957). BACHMAN (1970) verwendete den Wortschatz-Subtest.

Als potentielle Indikatoren für den Bereich der seelischen Gesundheit erschienen uns die folgenden Variablen geeignet:
- **"Need for self-development" (SELFDEV)** und **"Need for self-utilization" (SELF-UTIL)**. Beide Skalen wurden von LONG (1967) als Maße für Selbstverwirklichung entwickelt.
- **Test Anxiety (TA)**. Es handelt sich dabei um eine 16 Items umfassende verkürzte Form des "Test Anxiety Questionnaire" (TAQ) von MANDLER & SARASON (1959) zur Messung von Prüfungsangst.
- **"Somatic Symptoms" (SOMSYMP)**. Es handelt sich um eine 18 Items umfassende Kontrolliste zur Erfassung somatischer bzw. nervöser Beschwerden (vgl. GURIN et al. 1960).
- **"Negative affective states" (NEGBEF)**. Ein globales Maß zur Erfassung habitueller negativer emotionaler Befindlichkeiten. "Jemand mit einem hohen Wert in diesem zusammengesetzten Maß würde sagen, daß er sich manchmal, oft oder fast immer wie folgt fühlt: deprimiert, gelangweilt, nutzlos, ausgeschlossen, besorgt um viele Dinge, eifersüchtig, ärgerlich, angespannt und irritierbar." (BACHMAN 1970, p. 131; Übersetzung durch den Verf.).
- **"Self-esteem" (ESTEEM)**. Eine 10 Items umfassende Skala zur Messung der Selbstachtung, die weitgehend der von ROSENBERG (1965) entwickelten Skala entspricht.

Ausgehend von den von BACHMAN (1970) mitgeteilten Interkorrelationen zwischen diesen Variablen haben wir eine kanonische Korrelationsanalyse gerechnet (vgl. Tabelle 2.5). Dabei umfaßte der Variablensatz A die sechs Indikatoren für seelische Gesundheit und der Variablensatz B die drei Indikatoren für Intelligenz. Die erste kanonische Variable A (KVA) deckt einen weiten Bereich des Superkonstruktes "seelische Gesundheit" ab. Neben Indikatoren für emotionale Stabilität bzw. Labilität haben auch die Indikatoren für Selbstverwirklichungsbedürfnisse sowie die Variable "Selbstachtung" mittelhohe Ladungen. Die kanonische Variable B (KVB) läßt sich als Intelligenz interpretieren, wobei die verbale Komponente der Intelligenz besonders hoch gewichtet ist. Die erste kanonische Korrelation zwischen seelischer Gesundheit und Intelligenz beträgt .41 ($p < .0001$). (Auf eine Interpretation der zweiten kanonischen Korrelation von .14 verzichten wir.) Damit stehen die Ergebnisse dieser Untersuchung weitgehend mit denjenigen von SEITZ & LÖSER (1969) im Einklang, wobei der Zusammenhang zwischen Intelligenz und seelischer Gesundheit jeweils deutlich positiv, wenn auch unterschiedlich hoch ausfällt.

2.6 Eine Untersuchung zum Bewältigungsverhalten und zur emotionalen Befindlichkeit von Studenten

Die im folgenden ausschnitthaft dargestellte Untersuchung wurde von uns mit dem Ziel konzipiert, die Zusammenhänge zwischen drei Variablenkomplexen zu analysieren, nämlich: (a) relativ stabilen Persönlichkeitsmerkmalen, darunter Indikatoren für seelische Gesundheit als Eigenschaft, der Einfachheit halber als SGE abgekürzt, (b) der mehr oder weniger erfolgreichen Bewältigung alltäglicher externer und interner Anforderungen sowie (c) der täglichen oder über einen längeren Zeitraum gemittelten emotionalen Befindlichkeit. Ausgehend von unserer Theorie der seelischen Gesundheit formulierten wir zunächst folgende globale Hypothesen:

1) Personen mit hoher SGE sind im Alltag besser in der Lage, externe und interne Anforderungen zu bewältigen, als Personen mit geringer SGE. Damit diese Hypothese nicht tautologisch bzw. zirkulär erscheint und prinzipiell falsifizierbar bleibt, ist es erforderlich, bei der Messung von SGE ausschließlich solche Indikatoren zu verwenden, die nicht bereits die Bewältigung von Anforderungen zum Gegenstand haben. Es muß sich mit anderen Worten um Maße handeln, die primär die emotionalen Komponenten der seelischen Gesundheit (im Sinne der emotionalen Labilität) erfassen. (Wie unten erläutert wird, verwendeten wir hierfür drei FPI-Skalen.)
2) Personen, die besser in der Lage sind, externe und interne Anforderungen zu bewältigen, zeigen höhere Grade des psychischen Wohlbefindens (mehr positive und weniger negative emotionale Befindlichkeiten) als Personen, die Anforderungen weniger gut bewältigen.
3) Aus den globalen Hypothesen (1) und (2) folgt, daß Personen mit hoher seelischer Gesundheit sich im allgemeinen (d.h. gemittelt über einen längeren Zeitraum) psychisch wohler fühlen, als Personen mit geringer SGE, wobei dieser Zusammenhang in entscheidendem Maße über die Unterschiede im Bewältigungsverhalten vermittelt wird.
Wie gesagt, handelt es sich bei diesen Hypothesen zunächst um globale Erwartungen, bei deren Überprüfung es sich als notwendig erweisen wird, einige Differenzierungen vorzunehmen, die weiter unten zur Sprache kommen.

Wir stellen zunächst den Versuchsplan und das methodische Vorgehen dar. Untersucht wurden 37 männliche Studierende verschiedener Fächer der Universität Trier, die sich aus Interesse und gegen Bezahlung dazu bereit erklärt hatten, über einen Zeitraum von vier Wochen während eines Sommersemesters täglich über Ereignisse in ihrem Leben und über ihre emotionale Befindlichkeit zu berichten. Die Ereignisse waren in Vorversuchen ermittelt worden und sollten Rückschlüsse auf die Bewältigung externer und interner Anforderungen zulassen. Allen Studenten wurden dieselben Ereignislisten vorgegeben, und sie sollten täglich ankreuzen, ob das betreffende Ereignis (z.B. "Heute habe ich harte Kritik einstecken müssen.") eingetreten war (bzw. wahrscheinlich noch eintreten würde) oder nicht.

Um ihre Anonymität zu wahren, konnten die Versuchsteilnehmer statt ihres Namens auch ein Codewort angeben. Die Daten wurden in standardisierter Form mittels Fragebögen erhoben, wobei die Beantwortung in der Regel täglich zwischen 18.00 Uhr und 20.00 Uhr, in Ausnahmefällen zwischen 17.00 Uhr und 21.00 Uhr erfolgte. Die Einhaltung dieser Versuchsbedingungen wurde dadurch kontrolliert, daß die Fragebögen täglich gegen 17.00 Uhr ausgeteilt und gegen 21.30 Uhr eingesammelt wurden. Aus Gründen der leichteren Realisierbarkeit wurden Studierende aus zwei Studentenwohnheimen als Versuchspersonen verwendet.*

Zur Messung der aktuellen emotionalen Befindlichkeit zogen wir folgende sieben Skalen aus der Eigenschaftswörterliste (EWL) von JANKE & DEBUS (1978) heran: (1) Aktiviertheit, (2) gehobene Stimmung, (3) Müdigkeit, (4) Erregtheit, (5) Ärger, (6) Ängstlichkeit und (7) Deprimiertheit. Aufgrund der Ergebnisse eines in QUAST (1983) beschriebenen Vorversuches änderten wir den Beantwortungsmodus der EWL dahingehend ab, daß anstelle von zwei Antwortkategorien

---

* Für die ausgezeichnete Planung und Realisierung dieser Datenerhebung danke ich Herrn Dipl.-Psych. H. H. Quast, in dessen Diplomarbeit weitere methodische Einzelheiten beschrieben sind (QUAST 1983).

"trifft zu", "trifft nicht zu" vier Stufen verwendet wurden: "überhaupt nicht", "ein wenig", "ziemlich" und "sehr". Dadurch verbesserte sich die Differenzierungsfähigkeit der Skalen bei wiederholten täglichen Messungen. Getrennt für jede Versuchsperson und für jede EWL-Skala wurden die täglichen Skores in einer EWL-Skala über den Zeitraum von 28 Tagen gemittelt, so daß der durchschnittliche tägliche Wert der betreffenden Person in der betreffenden EWL-Skala vorlag. Diese sieben gemittelten EWL-Skores wurden über die 37 Versuchspersonen interkorreliert und faktorenanalysiert. Dabei ergab sich, daß die sieben Aspekte der durchschnittlichen emotionalen Befindlichkeit auf zwei unabhängige Komponenten, nämlich "positive Befindlichkeit" (PB; erfaßt über die Skalen 1 und 2) sowie "negative Befindlichkeit" (NB; erfaßt über die Skalen 3-7) zurückgeführt werden können (vgl. in diesem Zusammenhang BRADBURN 1969, DIENER 1984). Ein Teil der unten darzustellenden Ergebnisse basiert auf diesen beiden zusammengefaßten Befindlichkeitsmaßen.

Neben der EWL wurde von den Studenten täglich ein 96 "Ereignisse" umfassender Fragebogen beantwortet. In unserem Zusammenhang dient dieser Fragebogen zur Beurteilung des Ausmaßes, in dem es den betreffenden Studenten an dem betreffenden Tag gelang, externe und interne Anforderungen zu bewältigen. Zu diesem Zweck stuften drei unabhängig arbeitende Beurteiler (die beiden Verfasser sowie ein Psychologiestudent im höheren Semester) die 96 Ereignisse des Fragebogens in 5 Kategorien ein:
(1) **Aktive Bewältigung (AB)** externer und interner Anforderungen: Hierunter fallen alle Ereignisse, die den Schluß nahelegen, daß es der Person an diesem Tag durch eigenes Handeln gelungen ist (bzw. am Rest des Tages nach ihren Aussagen gelingen wird), externen oder internen Anforderungen zu genügen. Beispiele sind: "Ich habe heute ein Erfolgserlebnis gehabt." "Heute habe ich sehr lange und intensiv studiert." "Jetzt anschließend werde ich mich einer interessanten Beschäftigung widmen."
(2) **Passive Bewältigung (PAB)** externer und interner Anforderungen: Hierunter fallen alle Ereignisse, die zu einer Bedürfnisbefriedigung bzw. einem Erfolg führen, ohne daß der betreffende Student eindeutig durch aktives Handeln dafür verantwortlich war. Das "positive Ereignis" widerfuhr dem Studenten, er führte es nicht aktiv herbei. Beispiele sind: "Heute ist ein Wunsch von mir erfüllt worden." "Heute habe ich ein schönes Geschenk erhalten." "Heute hat jemand, den ich gerne mag, angerufen, mich besucht, oder mir geschrieben."
(3) **Aktive Nichtbewältigung (ANB)** externer und interner Anforderungen: Hierunter fallen alle Ereignisse, die den Schluß nahelegen, daß es der Person durch eigenes Handeln nicht gelungen ist (bzw. am Rest des Tages oder in Kürze nicht gelingen wird), externen oder internen Anforderungen zu genügen. Beispiele sind: "Mir ist heute ein Mißgeschick passiert." "Heute bin ich bei einer (Lehr-)Veranstaltung nicht mitgekommen." "Ich weiß nicht, wie ich die Dinge, die auf mich zukommen, koordinieren soll."
(4) **Passive Nichtbewältigung (PANB)** externer und interner Anforderungen: Hierunter fallen alle Ereignisse, für die eine Person nicht selbst verantwortlich ist, die sie daran gehindert haben oder noch daran hindern, externen oder internen Anforderungen zu genügen. Beispiele sind: "Heute bin ich durch andere bei wichtigen oder interessanten Tätigkeiten unterbrochen oder gestört worden." "Bei einer für Studenten wichtigen Sache ist mir/uns heute keine Gelegenheit gegeben worden mitzubestimmen." "Im Augenblick werde ich durch Lärm belästigt."
(5) **Sonstige Ereignisse:** Hierunter fallen alle Ereignisse, die nicht übereinstimmend von den drei Beurteilern einer der vier vorher aufgezählten Kategorien zugewiesen werden konnten. Ein Beispiel wäre: "Heute ist sehr schlechtes Wetter". Diese Ereignisse bleiben im folgenden unberücksichtigt.

Bei den unten zu besprechenden Auswertungen wurden die von den drei Beurteilern übereinstimmend den vier Kategorien zugeordneten Ereignisse (Items) zu Skalen zusammengestellt. Die Itemanzahlen der Skalen betragen: AB (36 Items), PAB (6 Items), ANB (20 Items), PANB (6 Items). Ein hoher Skore einer Person A in der Skala AB am Tag X bedeutet mithin, daß Person A am Tag X viele Ereignisse berichtete, die den Schluß nahelegen, daß sie besonders erfolgreich dabei war, externe und interne Anforderungen zu bewältigen.

Außer den bisher aufgezählten Fragebögen beantworteten die 37 Studenten in der Mitte des vierwöchigen Untersuchungsintervalls das Freiburger Persönlichkeitsinventar (FPI) von FAHRENBERG et al. (1978) sowie den Interaktions-Angstfragebogen (IAF) von BECKER (1982b). Auf die mit dem IAF gewonnenen Ergebnisse gehen wir an dieser Stelle nicht näher ein. Der Einsatz des FPI erfolgte unter anderem mit dem Ziel, Indikatoren für (geringe) seelische Gesundheit (GSG) zu gewinnen. Hierfür verwendeten wir die Skalen Nervosität (NERV), Depressivität (DEP) sowie Gelassenheit (GEL), die nach unserer Theorie zur Messung von GSG (bzw. SG) geeignet sind (vgl. Abbildung 1.8). In Faktorenanalysen der FPI-Skalen erwiesen sie sich als besonders gute Indikatoren für emotionale Labilität bzw. Neurotizismus.

Die Darstellung der Ergebnisse erfolgt schrittweise. Zunächst wurden auf kausalanalytischem Weg mit Hilfe des LISREL-Programms über alle 37 Vpn die Zusammenhänge zwischen SG (bzw. GSG), den über vier Wochen gemittelten Werten in den Bewältigungsskalen "aktive Bewältigung" (AB), "aktive Nichtbewältigung" (ANB), "passive Bewältigung" (PAB), "passive Nichtbewältigung" (PANB) und den über vier Wochen gemittelten globalen Maßen der emotionalen Befindlichkeit "positive Befindlichkeit" (PB) sowie "negative Befindlichkeit" (NB)

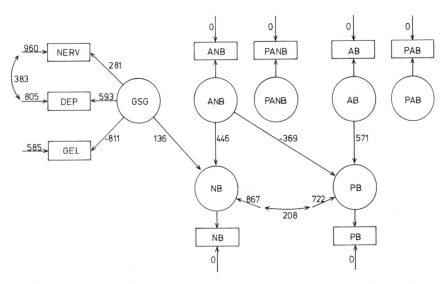

Abbildung 2.2: Standardisierte Lösung der kausalanalytischen Auswertung der Beziehungen zwischen den manifesten bzw. latenten Variablen Nervosität (NERV), Depressivität (DEP), Gelassenheit (GEL), geringe seelische Gesundheit (GSG), aktive (passive) Bewältigung (AB), (PAB), negative (positive) Befindlichkeit (NB), (PB). Der Übersichtlichkeit wegen wurden einige korrelative Beziehungen zwischen exogenen Variablen weggelassen (vgl. Tabelle 2.6).

Tabelle 2.6: Interkorrelationen zwischen 7 latenten Variablen, die aus dem in Abbildung 2.2 wiedergegebenen Modell resultieren. 6 der 7 Variablen basieren auf Mittelwerten über 28 Tage. N = 37.

Latente Variable	GSG	AB	PAB	ANB	PANB	PB	NB
Geringe seelische Gesundheit (GSG)	–	-57	-38	26	10	-42	25
Aktive Bewältigung (AB)	-57	–	74	-04	08	58	-09
Passive Bewältigung (PAB)	-38	74	–	0	06	42	-05
Aktive Nichtbewältigung (ANB)	26	-04	0	–	57	-39	48
Passive Nichtbewältigung (PANB)	10	08	06	57	–	-16	27
Positive Befindlichkeit (PB)	-42	58	42	-39	-16	–	-02
Negative Befindlichkeit (NB)	25	-09	-05	48	27	-02	–

ausgewertet. Wir erwarteten positive Zusammenhänge zwischen a) GSG und ANB, b) ANB und NB, c) GSG und NB, d) AB und PB sowie negative Zusammenhänge zwischen e) GSG und AB, f) GSG und PB, g) ANB und PB sowie h) AB und NB.

Bei der Überprüfung unserer Hypothesen mit Hilfe des LISREL-Programms erwies es sich als erforderlich, das von uns gewählte Ausgangsmodell, das hier nicht wiedergegeben ist, in einigen Aspekten zu modifizieren. Abbildung 2.2 veranschaulicht jene Lösung, die einen sehr guten "Fit" erbrachte.

Das Chi-Quadrat von 8.90 bei 27 Freiheitsgraden ist nicht signifikant (p = 1.000). Der "Goodness of Fit Index" beträgt .914. Das "Root Mean Square Residual" beträgt .051.

Zur leichteren Interpretation des Modells geben wir in Tabelle 2.6 zusätzlich die aus dem Modell abgeleiteten Interkorrelationen zwischen den sieben latenten Variablen wieder. Die Gegenüberstellung dieser Korrelationen mit den oben formulierten Erwartungen erbringt in allen Fällen eine Übereinstimmung der Richtung des Zusammenhangs. Personen mit hoher seelischer Gesundheit zeichnen sich im Einklang mit unserer Theorie dadurch aus, daß sie häufiger zur aktiven Bewältigung externer und interner Anforderungen in der Lage sind (r = .57) und seltener aktiv bei der Bewältigung versagen (r = -.26) als Personen mit geringerer seelischer Gesundheit. Sie befinden sich auch häufiger in einem Zustand positiver emotionaler Befindlichkeit (r = .42) und seltener im Zustand negativer emotionaler Befindlichkeit (r = -.25). Die Zusammenhänge zwischen GSG und NB sowie PB werden - wie Abbildung 2.2 zeigt - in erster Linie über ANB sowie AB, nicht jedoch über PANB und PAB vermittelt. (Zu berücksichtigen sind dabei die aus Übersichtlichkeitsgründen nicht eingezeichneten korrelativen Verbindungen zwischen GSG und ANB sowie zwischen GSG und AB. Vgl. Tabelle 2.6). Dabei zeigt sich eine interessante Asymmetrie: Der Grad der positiven Befindlichkeit (PB) hängt in erster Linie vom Grad der aktiven Bewältigung (AB), aber auch vom Grad der aktiven Nichtbewältigung (ANB) ab. Mit anderen Worten: Eine Person erlebt dann häufige und intensive positiv getönte Zustände, wenn es ihr häufig gelingt, auf aktivem Weg Anforderungen zu bewältigen, und wenn sie nur selten bei aktiven Bewältigungsversuchen scheitert. Die Häufigkeit und Intensität negativ getönter emotionaler Zustände (NB) hängt hingegen nur vom Grad der aktiven Nichtbewältigung (ANB) sowie von GSG, nicht jedoch vom Grad der aktiven Bewältigung (AB) ab.

Beachtung verdient ein weiterer Aspekt des Modells. Wie Abbildung 2.2 zeigt, wirken sich weder PAB noch PANB auf direktem Weg auf die emotionale Befindlichkeit (PB und NB) aus, obwohl PAB mit PB .42 und PANB mit NB .27 korrelieren. Da die Skalen PAB und PANB wesentlich weniger Items umfassen als die Skalen AB und ANB läßt sich nicht ausschließen, daß dieses Ergebnis - zumindest teilweise - auf einem Artefakt beruht. Sollte diese Alternative durch andere Untersuchungen verworfen werden können, so würde aus Abbildung 2.2 folgen, daß die alltägliche emotionale Befindlichkeit in erster Linie vom aktiven (erfolgreichen oder erfolglosen) Handeln des Individuums und nicht von Ereignissen abhängt, für die das Individuum nicht oder nur bedingt verantwortlich ist. Da letztere Annahmen im Bereich der negativen emotionalen Befindlichkeiten zu einem Widerspruch mit anderen Theorien (z.B. der Theorie der erlernten Hilflosigkeit) führen, liefert Abbildung 2.2 bestenfalls erste Hinweise auf ein interessantes theoretisches Problem, jedoch keinesfalls eine eindeutige Antwort.

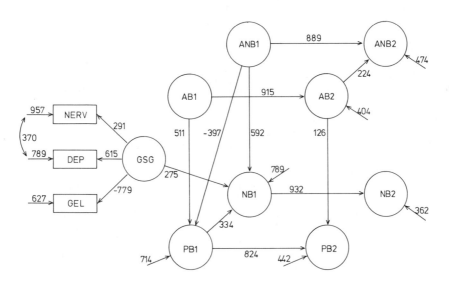

Abbildung 2.3: Standardisierte Lösung der kausalanalytischen Auswertung der Beziehungen zwischen den manifesten bzw. latenten Variablen Nervosität (NERV), Depressivität (DEP), Gelassenheit (GEL), geringe seelische Gesundheit (GSG), aktive Bewältigung (AB1, AB2), aktive Nichtbewältigung (ANB1, ANB2), positive (negative) Befindlichkeit (PB1, PB2), (NB1, NB2). Der Übersichtlichkeit wegen wurden einige korrelativen Beziehungen zwischen exogenen Variablen sowie einige manifeste Variablen weggelassen (vgl. Tabelle 2.7).

Der Wert des Modells wird auch dadurch eingeschränkt, daß es auf insgesamt nur 37 Versuchspersonen basiert, also erhebliche Schätzfehler aufweisen dürfte. Welches auch immer die Gründe für die fehlenden direkten Pfade von PAB und PANB zu PB und NB seien, wir haben bei den folgenden Auswertungen PAB und PANB ausgeklammert.

In einem zweiten Schritt erweiterten wir obige Fragestellung, indem wir das Untersuchungsintervall von vier Wochen in zwei 14tägige Intervalle unterteilten. Dies ermöglichte die Überprüfung der zeitlichen Stabilität des über jeweils 14 Tage gemittelten Bewältigungsverhaltens und der beiden Komponenten der emotionalen Befindlichkeit. Die mit Hilfe des LISREL-Programms erzielten Ergebnisse sind in Abbildung 2.3 sowie Tabelle 2.7 enthalten.

Das neue Modell läßt sich recht gut mit den Ausgangsdaten in Einklang bringen. Das Chi-Quadrat von 37.94 bei 37 Freiheitsgraden ist nicht signifikant (p = .426). Der "Goodness of Fit Index" beträgt .591. Das "Root Mean Square Residual" beträgt .054.

Soweit eine direkte Vergleichsmöglichkeit besteht, stimmen die in den Abbildungen 2.2 und 2.3 wiedergegebenen Modelle gut überein. Wir beschränken uns daher auf die neuen Aspekte des zweiten Modells. Hervorzuheben sind dabei vor allem die hohen zeitlichen Stabilitäten der beiden Aspekte des Bewältigungsverhaltens (AB1 - AB2, ANB1 - ANB2) sowie der beiden Aspekte der emotionalen Befindlichkeit (PB1 - PB2, NB1 - NB2). Wie aus Tabelle 2.7 hervorgeht, überschreiten die vier entsprechenden Korrelationen deutlich den Wert .80, zum Teil sogar den Wert .90. Diese hohen Stabilitätskoeffizienten verweisen darauf, daß es sich bei der über 14 Tage gemittelten Fähigkeit zur aktiven Bewältigung externer und interner Anforderungen um ein Merkmal mit Trait-Charakter zu handeln scheint. Entsprechendes gilt für die beiden über 14 Tage gemittelten Komponenten der emotionalen Befindlichkeit (vgl. in diesem Zusammenhang auch EPSTEIN 1979, SCHWENKMEZGER 1984).

Wir wollen nur kurz auf ein Detail der Abbildung 2.3 eingehen, dem ein analoges Detail der Abbildung 2.2 entspricht. In beiden Abbildungen besteht auf der Modellebene ein schwacher positiver Zusammenhang zwischen PB und NB bzw. zwischen PB1 und NB1. Ausgehend vom Pfadkoeffizienten der Abbildung 2.3 von PB1 zu NB1 ergibt sich ein Hinweis darauf, daß Personen, die häufiger positiv getönte emotionale Zustände erleben, auch häufiger negative Zustände berichten. Hierfür lassen sich mehrere, in künftigen Untersuchungen abzuklärende Interpretationshypothesen formulieren: Zum einen könnte sich hier eine konstitutionelle Bereitschaft zu starken bzw. schwachen gefühlsmäßigen Reaktionen niederschlagen. Da die Befindlichkeitseinstufungen auf Selbsturteilen basieren, sind auch systematische Antworttendenzen bzw. Unterschiede in der Ausnutzung der vorgegebenen Antwortkategorien in Betracht zu ziehen. Schließlich ist nach der von SOLOMON (1980) formulierten **"opponent process theory"** der Emotionen zu erwarten, daß Personen, die häufiger und/oder intensiver positive Gefühlszustände (a-Prozesse) erleben, notwendigerweise auch häufiger bzw. intensiver negative Gefühlszustände (b-Prozesse) erleben. SOLOMON macht für dieses Phänomen Kontrast- und Habituationseffekte bzw. negative Feedback-Prozesse verantwortlich.

Während die oben dargestellten Befunde auf gruppenstatistischen Auswertungsmethoden basieren, berichten wir im folgenden über die Ergebnisse einer zeitreihenanalytischen Einzelfallauswertung der geschilderten Untersuchung. Dabei soll überprüft werden, ob sich die oben ermittelten Zusammenhänge zwischen den Bedingungsvariablen AB und ANB und der emotionalen Befindlichkeit auch auf der individuellen Ebene nachweisen lassen. Derartige Längsschnittanalysen

Tabelle 2.7: Interkorrelationen zwischen 9 latenten Variablen, die aus dem in Abbildung 2.3 wiedergegebenen Modell resultieren. Das Intervall 1 (2) umfaßt die ersten (letzten) 14 Tage eines vierwöchigen Untersuchungszeitraums. N = 37.

Latente Variable	GSG	AB1	ANB1	AB2	ANB2	PB1	NB1	PB2	NB2
Geringe seelische Gesundheit (GSG)	-	-57	34	-52	19	-43	33	-42	31
Aktive Bewältigung im Intervall 1 (AB1)	-57	-	-18	92	05	58	-07	59	-06
Aktive Nichtbewältigung im Intervall 1 (ANB1)	34	-18	-	-16	85	-49	52	-42	48
Aktive Bewältigung im Intervall 2 (AB2)	-52	92	-16	-	08	53	-06	56	-06
Aktive Nichtbewältigung im Intervall 2 (ANB2)	19	05	85	08	-	-31	45	-25	42
Positive Befindlichkeit im Intervall 1 (PB1)	-43	58	-49	53	-31	-	-07	89	-07
Negative Befindlichkeit im Intervall 1 (NB1)	33	-07	52	-06	45	-07	-	-07	93
Positive Befindlichkeit im Intervall 2 (PB2)	-42	59	-42	56	-25	89	-07	-	-06
Negative Befindlichkeit im Intervall 2 (NB2)	31	-06	48	-06	42	-07	93	-06	-

zu den Bedingungen der emotionalen Befindlichkeit fehlen bisher weitgehend. Ausgehend von den Ergebnissen einer Faktorenanalyse der sieben EWL-Skalen verwendeten wir die Skala "gehobene Stimmung" (GEHSTI) als besten Einzelindikator für die positive emotionale Befindlichkeit und die Skala "Depressivität" (DEP) als besten Indikator für negative Befindlichkeit. Erwartet wurde, daß über die 28 Untersuchungstage hinweg für jede Person positive Kreuzkorrelationen vom Lag 0 zwischen AB und GEHSTI sowie zwischen ANB und DEP auftreten würden. Diese Zusammenhänge sollten sich allerdings nur bei jenen Personen nachweisen lassen, bei denen die Skores in GEHSTI und DEP über die 28 Tage hinreichend variierten. (Es ist trivial, daß zwei Variablen nur dann hoch miteinander korrelieren können, wenn jede von ihnen eine genügend große

Varianz - als Voraussetzung für die Berechenbarkeit von Kovarianzen - aufweist.)

In einem ersten Schritt wurden für jede der 37 Personen die Standardabweichungen in GEHSTI und DEP berechnet. Dabei stellte sich heraus, daß in GEHSTI vier Personen sehr geringe Standardabweichungen (< 3) und in DEP fünf Personen sehr geringe Standardabweichungen (< 1) hatten. Als Extrembeispiel sei Versuchsperson 34 erwähnt, die an keinem der 28 Tage auch nur eine Spur von Depressivität mitteilte. Diese vier bzw. fünf Personen wurden bei den folgenden Auswertungen ausgeschlossen.

In einem zweiten Schritt wurden die Autokorrelationen vom Lag 1 bis Lag 7 der Bedingungsvariablen AB und ANB sowie der Befindlichkeitsskalen GEHSTI und DEP berechnet. Wir beschränken uns bei der Ergebnisdarstellung auf die Autokorrelationen vom Lag 1 der Skalen GEHSTI und DEP, da alle anderen Werte nicht signifikant von einer Zufallsverteilung um den Wert Null abweichen. Die Autokorrelationen vom Lag 1 der Skala GEHSTI streuen bei den 33 Versuchspersonen zwischen -.227 und .480. Der Mittelwert dieser Korrelationen - berechnet nach den von McNEMAR (1962) und BORTZ (1979) angegebenen Formeln - beträgt .066 und weicht nicht signifikant von Null ab ($p = .06$). (Der Median der Autokorrelationen beträgt .03.) Die Wahrscheinlichkeit dafür, daß alle 33 Korrelationen aus einer Population stammen, ist .51. Die Autokorrelationen vom Lag 1 in DEP streuen zwischen -.171 und .606. Der Mittelwert (ebenso der Median) der Autokorrelationen beträgt .17. Er weicht signifikant von Null ab ($p < .0001$). Die Wahrscheinlichkeit dafür, daß alle Autokorrelationen aus einer Population stammen, ist .16. Der schwache, aber signifikante Trend zu positiven Autokorrelationen vom Lag 1 bei DEP rührt bei einigen Personen daher, daß über die 28 Tage ein leichter Anstieg oder Abfall in DEP auftrat, bei anderen daher, daß depressive Verstimmungen auch noch am nachfolgenden Tag "nachschwingen".

Die Überprüfung des erwarteten positiven korrelativen Zusammenhangs vom Lag 0 zwischen AB und GEHSTI sowie zwischen ANB und DEP bestätigt unsere Hypothesen ausnahmslos für alle 33 bzw. 32 Personen. Die Kreuzkorrelationen von AB und GEHSTI streuen zwischen .112 und .761. Der Mittelwert (Median) liegt bei .47 (.46) und ist hochsignifikant von Null verschieden. Alle Kreuzkorrelationen entstammen einer Population ($p = .154$). Die Kreuzkorrelationen von ANB und DEP streuen zwischen .125 und .823. Der Mittelwert (Median) liegt bei .52 (.51) und ist hochsignifikant von Null verschieden. Die Wahrscheinlichkeit dafür, daß alle Kreuzkorrelationen aus einer Population stammen, ist .04. Zur Veranschaulichung dieser Ergebnisse haben wir vier Paare von Zeitreihen herausgegriffen, die in den Abbildungen 2.4 bis 2.7 wiedergegeben sind.

Abbildung 2.4 zeigt im oberen Teil den zeitlichen Verlauf von AB und im unteren Teil den von GEHSTI der Versuchsperson 10. Die Kreuzkorrelation vom Lag 0 beträgt .486. Sie entspricht recht gut dem Mittelwert (.47) und eignet sich daher zur Verdeutlichung des typischen Zusammenhangs von AB und GEHSTI. Wie eng dieser Zusammenhang im günstigsten Fall (bei Versuchsperson 13) sein kann, geht aus Abbildung 2.5 hervor. Die Kreuzkorrelation vom Lag 0 beträgt hier .761. In Annäherung kann hier schon von einem synchronen Verlauf der beiden Kurven gesprochen werden.

Zur Veranschaulichung des typischen Zusammenhangs von ANB und DEP haben wir die Ergebnisse von Person 8 herausgegriffen (vgl. Abbildung 2.6). Die Kreuzkorrelation vom Lag 0 beträgt .521 und entspricht sehr genau dem Mittelwert (.52). Wie zuvor geben wir zusätzlich das günstigste Beispiel in Abbildung 2.7

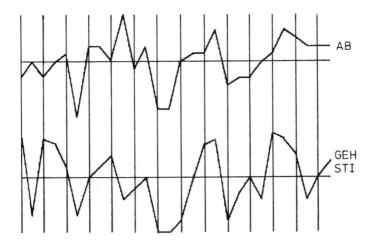

Abbildung 2.4: Zeitlicher Verlauf der Variablen "aktive Bewältigung" (AB) und "gehobene Stimmung" (GEHSTI) bei Versuchsperson 10. Die Zeitreihen umfassen 28 Meßzeitpunkte. Die Kreuzkorrelation beträgt .486.

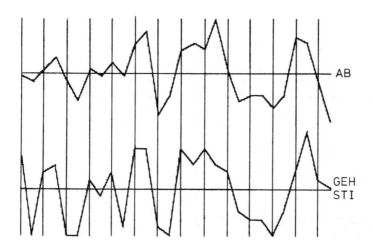

Abbildung 2.5: Zeitlicher Verlauf der Variablen "aktive Bewältigung" (AB) und "gehobene Stimmung" (GEHSTI) bei Versuchsperson 13. Die Zeitreihen umfassen 28 Meßzeitpunkte. Die Kreuzkorrelation beträgt .761.

wieder. Es handelt sich um die Kurvenverläufe der Person 1. Die Kreuzkorrelation vom Lag 0 beträgt .823. Eine hohe Synchronizität der beiden Kurvenverläufe ist unverkennbar.

In einem weiteren Schritt haben wir unter Verwendung der Kreuzkorrelationen mit dem Lag 1 überprüft, ob sich GEHSTI (bzw. DEP) am Tage T+1 mit Hilfe von AB (bzw. ANB) am Tage T vorhersagen lassen. Die entsprechenden Kreuzkorrelationen streuen bei AB und GEHSTI um den Mittelwert (Median) von .04 (.03), der sich nicht signifikant von Null unterscheidet (p = .20). Die Wahrscheinlichkeit dafür, daß alle Kreuzkorrelationen vom Lag 1 aus einer Population stammen, ist .04. Beim Variablenpaar ANB und DEP streuen die Kreuz-

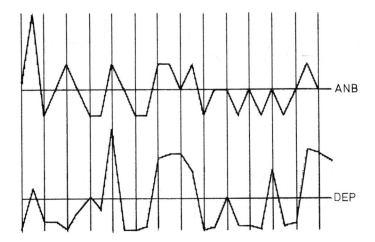

Abbildung 2.6: Zeitlicher Verlauf der Variablen "aktive Nichtbewältigung" (ANB) und "Deprimiertheit" (DEP) bei Versuchsperson 8. Die Zeitreihen umfassen 28 Meßzeitpunkte. Die Kreuzkorrelation beträgt .521.

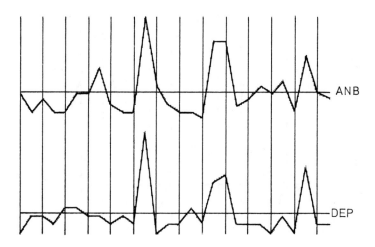

Abbildung 2.7: Zeitlicher Verlauf der Variablen "aktive Nichtbewältigung" (ANB) und "Deprimiertheit" (DEP) bei Versuchsperson 1. Die Zeitreihen umfassen 28 Meßzeitpunkte. Die Kreuzkorrelation beträgt .823.

korrelationen um den Mittelwert (Median) von .11 (.14), der sich signifikant von Null unterscheidet (p = .003). Die Kreuzkorrelationen entstammen einer Population (p = .49). Damit zeigt sich, daß man - wenn auch in sehr bescheidenem Maße - mit Hilfe von ANB zum Zeitpunkt T eine depressive Verstimmung zum Zeitpunkt T+1 prognostizieren kann. Das aktive Nichtbewältigen externer und interner Anforderungen führt also nicht nur am selben, sondern auch noch - in stark abgeschwächter Form - am nachfolgenden Tag zu depressiver Verstimmung.

Interessant ist auch die Frage nach einer umgekehrten Vorhersagemöglichkeit, d.h. einer Prognose des Bewältigungsverhaltens aufgrund der emotionalen Befindlichkeit. Wir haben zur Beantwortung dieser Frage Kreuzkorrelationen mit dem Lag -1 zwischen AB (bzw. ANB) und GEHSTI (bzw. DEP) berechnet. Bei AB und GEHSTI streuen die Kreuzkorrelationen um den Mittelwert (Median) von .03 (.07), der sich nicht signifikant von Null unterscheidet. Die Kreuzkorrelationen entstammen einer Population (p = .31). Bei ANB und DEP streuen die entsprechenden Werte um den Mittelwert (Median) von .08 (.03), der sich auf dem .03%-Niveau von Null unterscheidet. Die Kreuzkorrelationen entstammen einer Population (p = .14). Der schwache, aber signifikante Zusammenhang basiert im wesentlichen auf drei Personen mit Kreuzkorrelationen > .40. Bei diesen drei Personen beeinträchtigt offenbar die an einem Tage T vorhandene Depressivität die Fähigkeit zur Bewältigung externer und interner Anforderungen am darauffolgenden Tag.

Als wichtigstes Zwischenergebnis dieser zeitreihenanalytischen Auswertungen auf individuellem Niveau bleibt festzuhalten, daß signifikante positive Zusammenhänge zwischen der täglichen aktiven Bewältigung externer und interner Anforderungen (AB) und der täglichen gehobenen Stimmung sowie analoge Zusammenhänge zwischen der aktiven Nichtbewältigung externer und interner Anforderungen (ANB) und Depressivität bestehen. Es liegt nahe, der Frage nachzugehen, wie gut es auf der individuellen Ebene unter simultaner Berücksichtigung der täglichen Werte in AB und ANB gelingt, die tägliche globale **emotionale Befindlichkeit (BEF)** vorherzusagen. Zur Beantwortung dieser Frage haben wir einen globalen Indikator für die individuelle tägliche **"Bewältigungseffizienz" (BEW)** entwickelt. Dieser setzt sich aus der Differenz der (individuell z-transformierten) Skores in AB und ANB zusammen. Ein hoher Skore in BEW besagt, daß die betreffende Person an diesem Tag besonders viele Ereignisse vom Typ "erfolgreiche Bewältigung externer und interner Anforderungen" und besonders wenige Ereignisse vom Typ "Nichtbewältigung externer und interner Anforderungen" berichtete.

Der Skore in BEW sollte mit einem globalen Indikator für den eher positiven oder negativen Charakter der emotionalen Befindlichkeit (BEF) korreliert werden. Dieses Maß (BEF) wurde wie folgt entwickelt: Die Überprüfung der probeweise für verschiedene Individuen über 28 Tage (d.h. im Längsschnitt) berechneten Korrelationen zwischen den sieben EWL-Skalen mit Hilfe der Hauptkomponentenanalyse ließ erkennen, daß ein Großteil der Varianz der sieben Skalen durch einen starken ersten Faktor "positive vs. negative emotionale Befindlichkeit" aufgeklärt werden kann. (Dies bedeutet unter anderem, daß eine Person, die zu einem bestimmten Zeitpunkt einen hohen Skore in "gehobener Stimmung" aufweist, mit großer Wahrscheinlichkeit einen niedrigen Skore in Depressivität oder Ärger erhält; vgl. in diesem Zusammenhang auch DIENER 1984). Wir haben daraufhin die bei zehn nach Zufall ausgelesenen Studenten **im Längsschnitt** berechneten Korrelationen zwischen den sieben EWL-Skalen gemittelt und über die gemittelten Korrelationen eine Hauptkomponentenanalyse gerechnet. Erwartungsgemäß ergab sich ein starker erster Faktor. Ausgehend von den Regressionskoeffizienten zur Berechnung der Skores in diesem Faktor und ausgehend von z-transformierten EWL-Skores haben wir ein Maß (BEF) für den positiven oder negativen Charakter der täglichen emotionalen Befindlichkeit entwickelt. Ein hoher Skore in BEF besagt, daß sich die betreffende Person zum Untersuchungszeitpunkt "psychisch wohlfühlt", d.h. hohe Werte in den zwei Skalen für positive Befindlichkeit und niedrige Werte in den fünf Skalen für negative Befindlichkeit aufweist.

In Analogie zu den oben beschriebenen Auswertungen haben wir für 33 der insgesamt 37 Versuchsteilnehmer, nämlich für jene mit hinreichend großen Streu-

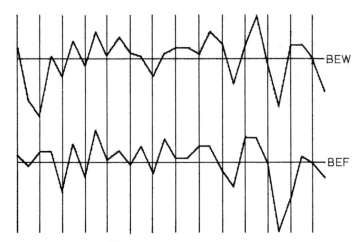

Abbildung 2.8: Zeitlicher Verlauf der Variablen "Bewältigungseffizienz" (BEW) und "Befindlichkeit" (BEF) bei Versuchsperson 12. Die Zeitreihen umfassen 28 Meßzeitpunkte. Die Kreuzkorrelation beträgt .582.

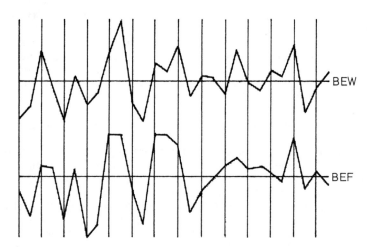

Abbildung 2.9: Zeitlicher Verlauf der Variablen "Bewältigungseffizienz" (BEW) und "Befindlichkeit" (BEF) bei Versuchsperson 16. Die Zeitreihen umfassen 28 Meßzeitpunkte. Die Kreuzkorrelation beträgt .78.

ungen in BEF, Kreuzkorrelationen der Lags 0, 1 und -1 der Variablen BEW und BEF über 28 Tage berechnet. Die Kreuzkorrelationen vom Lag 0 streuen zwischen .18 und .78 um einen Mittelwert von .59 (p = 0). Die 33 Korrelationen stammen aus einer Population (p = .12). In Abbildung 2.8 haben wir zur Veranschaulichung des "typischen" Zusammenhangs von BEW und BEF die Ergebnisse einer Versuchsperson herausgegriffen, deren Kreuzkorrelation von .582 recht gut mit dem Mittelwert von .59 übereinstimmt.

Ergänzend geben wir in Abbildung 2.9 die Enge des Zusammenhangs zwischen BEW und BEF bei der Versuchsperson mit der höchsten Kreuzkorrelation (r = .78) wieder.

Beide Abbildungen verdeutlichen besser als die zugeordneten numerischen Werte der Kreuzkorrelationen und besser als beschreibende Worte die bemerkenswerte **Synchronizität zwischen der täglichen Bewältigungseffizienz und der täglichen emotionalen Befindlichkeit** (bzw. dem "psychischen Wohlbefinden"). Der Vollständigkeit halber teilen wir auch die Kreuzkorrelationen vom Lag 1 und -1 sowie die Autokorrelationen vom Lag 1 mit. Die Kreuzkorrelationen vom Lag 1 streuen um einen Mittelwert von .09, der signifikant von Null abweicht (p < .01). Sie stammen aus einer Population (p = .41). Die sehr schwache, aber signifikante positive Kreuzkorrelation vom Lag 1 deutet darauf hin, daß sich die Bewältigungseffizienz am Tag T nicht nur auf die emotionale Befindlichkeit desselben Tages, sondern auch auf diejenige des nachfolgenden Tages (schwach) auswirkt. Die Kreuzkorrelationen vom Lag -1 streuen um einen Mittelwert von .066, der sich nicht signifikant von Null unterscheidet (p > .05). Auch sie stammen aus einer Population (p = .42).

Die Autokorrelationen vom Lag 1 der Variablen BEW bzw. BEF streuen um Mittelwerte von .09 bzw. .12, die beide signifikant von Null abweichen (p < .01 bzw. p < .001). Sie stammen jeweils aus einer Population (p = .091 bzw. p = .68). Die niedrigen, aber signifikanten Autokorrelationen zeigen an, daß sich bei Kenntnis von BEW am Tage T der Wert von BEW am Tage T+1 bzw. bei Kenntnis von BEF am Tage T der Wert von BEF am Tage T+1 in sehr bescheidenem Ausmaß prognostizieren lassen. Die positive Autokorrelation von BEF deutet auf einen gewissen "Nachschwingeffekt" der emotionalen Befindlichkeit hin.

2.7 Zusammenfassende Diskussion der Untersuchungen

Ziel der im vorliegenden Kapitel beschriebenen sechs Untersuchungen bzw. Reanalysen war die Überprüfung zweier Grundannahmen unserer Theorie der seelischen Gesundheit:
(1) Es besteht ein positiver **korrelativer** Zusammenhang zwischen "psychischer Kompetenz" (erfaßt über verschiedene Indikatoren für die Bewältigung externer und interner Anforderungen, darunter auch Intelligenzmaßen) und positiver "emotionaler Befindlichkeit" (erfaßt über verschiedene Indikatoren für "emotionale Stabilität vs. Labilität", "psychisches Wohlbefinden", bzw. die "affektive Komponente der seelischen Gesundheit").
(2) Die Bewältigung oder Nichtbewältigung externer und interner Anforderungen wirkt sich auf die emotionale Befindlichkeit aus.

In den sechs ausgewählten Untersuchungen wurde eine große Vielfalt von Indikatoren für seelische Gesundheit, psychische Kompetenz und emotionale Befindlichkeit, die auf unterschiedlichen Datenquellen (darunter Selbsturteile, Fremdurteile, Fragebogentests, Intelligenztests, projektive Tests) basieren, sowie eine Vielfalt von Untersuchungsgruppen (von Schülern bis zu älteren Frauen) herangezogen. Angesichts dieser Heterogenität der Versuchsbedingungen kann man von einer recht eindrucksvollen Bestätigung der ersten Grundannahme sprechen: "Psychische Kompetenz" (bzw. die effiziente Bewältigung externer und interner Anforderungen) steht in einem deutlichen positiven Zusammenhang zur affektiven Komponente der seelischen Gesundheit. Diese Zusammenhänge scheinen enger auszufallen, wenn es sich bei den Indikatoren für psychische Kompetenz um relativ lebensnahe Anforderungssituationen als um abstrakte intellektuelle Probleme handelt. Um so stärker hervorzuheben ist der dennoch nachweisbare positive Zusammenhang zwischen Intelligenz und verschiedenen Indikatoren für seelische Gesundheit. In der Reanalyse der Untersuchung von SEITZ & LÖSER (1969) ermittelten wir eine Korrelation von .71 zwischen dem Faktor "Intelligenz" und dem Faktor "seelische Gesundheit" (vorwiegend emotionale Komponente der SG). In der Reanalyse der Untersuchung von BACHMAN (1970) ergab sich eine kanonische Korrelation von .41 zwischen den kanonischen Variablen Intelligenz und seelische Gesundheit.

Es liegen weitere Untersuchungen zu dieser Frage vor, die teilweise zu widersprüchlichen Ergebnissen führten. Einen positiven, wenn auch meist schwachen Zusammenhang zwischen Intelligenz und verschiedenen Komponenten der seelischen Gesundheit fanden unter anderem BARRON (1963), COOPERSMITH (1967), BRANDTSTÄDTER (1971), COAN (1974; vgl. Reanalyse von BECKER 1982a), FRENCH et al. (1974), LOHMANN & BRANDTSTÄDTER (1976), RUTTER (1979a) sowie WERNER & SMITH (1982). Keine signifikanten Korrelationen zwischen Intelligenz und spezifischen Indikatoren für seelische Gesundheit konnten hingegen WATSON (1930) und WILSON (1967) ermitteln. Beide Autoren überprüften bei Studierenden den Zusammenhang zwischen Intelligenz und "Glücklich-sein". Zur Erklärung dieser (der Mehrzahl der vorliegenden Untersuchungen widersprechenden) Befunde sind weiterführende Studien erforderlich. Wir vermuten, daß die Enge der Zusammenhänge in hohem Maße von den verwendeten Indikatoren für Intelligenz und seelische Gesundheit abhängt. Die Wahrscheinlichkeit eines signifikanten positiven Zusammenhangs wächst, wenn jeweils mehrere Indikatoren für die beiden Konstrukte herangezogen werden und damit nicht die Gefahr besteht, daß ein ganz spezifischer (enger) Intelligenzindikator mit einem ganz spezifischen (engen) Indikator für seelische Gesundheit korreliert wird. Wir plädieren - mit anderen Worten - für den Einsatz multivariater Methoden, insbesondere der kanonischen Korrelationsanalyse sowie der konfirmatorischen Faktorenanalyse. Nach den in diesem Kapitel ermittelten Ergebnissen sehen wir uns jedenfalls in unserer Kernthese bestätigt, daß die varianzstarke Persönlichkeitsdimension seelische Gesundheit neben den von anderen Autoren ausschließlich oder vorrangig betonten emotionalen Komponenten auch Kompetenz- bzw. Problemlösekomponenten umfassen sollte (vgl. Abbildung 1.8).

Wie steht es um die empirische Stützung unserer zweiten Annahme, daß es sich nicht nur um einen korrelativen Zusammenhang zwischen "psychischer Kompetenz" und der emotionalen Komponente der seelischen Gesundheit handelt, sondern die Bewältigung bzw. Nichtbewältigung externer und interner Anforderungen die emotionale Befindlichkeit beeinflußt? Die in diesem Kapitel berichteten Untersuchungen eignen sich nur bedingt zur Überprüfung dieser Hypothese, da sie alle ausschließlich auf korrelativen Zusammenhangsstrukturen basieren. Wir konnten zwar mit Hilfe kausalanalytischer Methoden (LISREL) unsere Annahmen stützen (vgl. die Abbildungen 2.3 und 2.5), doch bedarf es sicherlich anderer - vor allem experimenteller - Versuchspläne, um zu überzeugenderen Ergebnissen zu gelangen (vgl. unter anderem DÖRNER et al. 1983, BATTMANN 1984, BEYER 1984).

Erwähnt seien auch unsere zeitreihenanalytischen Einzelfallauswertungen zum Zusammenhang von Bewältigungsverhalten und emotionaler Befindlichkeit. Durch zeitverschobene Kreuzkorrelationsanalysen (mit den Lags +1 und -1) versuchten wir, Ursache-Wirkungs-Beziehungen auf die Spur zu kommen. Unsere diesbezüglichen Ergebnisse und unser bisheriges methodisches Vorgehen lassen jedoch keine eindeutigen Schlüsse zu. Die Tatsache höherer und signifikanter Kreuzkorrelationen vom Lag +1 als vom Lag -1 in zwei Fällen (ANB und DEP sowie BEW und BEF) deuten in die von uns vermutete Richtung: Es gelingt etwas besser, die emotionale Befindlichkeit des nachfolgenden Tages aufgrund der Bewältigungseffizienz des Vortages zu prognostizieren als umgekehrt. Die Kreuzkorrelationen und deren Differenzen sind jedoch so gering, daß man von nicht mehr als schwachen Trends in Richtung unserer Hypothese sprechen sollte. Wir vermuten, daß nicht nur Auswirkungen der Bewältigungseffizienz auf die emotionale Befindlichkeit, sondern auch umgekehrte Einflüsse der emotionalen Befindlichkeit auf die Bewältigungseffizienz zu konstatieren sind. Ein extremes Beispiel hierfür wären die aus der klinischen Psychologie bekannten Auswirkungen schwerer depressiver oder angstneurotischer Zustände auf die Bewältigung externer und interner Anforderungen. Auch in unserer Studie an 37 männlichen Studierenden konnten wir in den individuellen zeitreihenanalytischen Auswertungen für beide Ursache-Wirkungs-Relationen Beispiele finden. Um diese vielfältigen und komplexen Zusammenhänge präziser zu analysieren, sind unter anderem künftige Längsschnittstudien mit veränderter Versuchsmethodik angezeigt.

3. GESCHLECHT UND SEELISCHE GESUNDHEIT

Peter Becker

Die Analyse psychisch relevanter Geschlechterunterschiede gehörte bis vor wenigen Jahren zu den eher vernachlässigten Themen sozialwissenschaftlicher Forschung. So sucht man beispielsweise im Inhaltsverzeichnis und Sachregister des von HERRMANN (1969) verfaßten "Lehrbuchs der empirischen Persönlichkeitsforschung" vergeblich nach dem Stichwort "Geschlecht". 1975 stellte CARLSON in einer Monographie über Geschlechtsdifferenzen die Frage "Warum hat die Psychologie so wenig über Frauen zu sagen?". 1981 leitete MEIGHAN in einem soziologischen Werk über Erziehung das Kapitel "Geschlecht" mit der Überschrift ein: "Das Geschlecht als ein vernachlässigtes Thema in der soziologischen Forschung zur Erziehung." Selbst in dem 1981 von AMELANG & BARTUSSEK veröffentlichten umfangreichen Lehrbuch "Differentielle Psychologie und Persönlichkeitsforschung" werden dem Thema "Geschlecht" nur ganze 8 Seiten gewidmet.

Erst seit etwa Anfang bis Mitte der 70er Jahre ist ein wachsendes Interesse an der wissenschaftlichen Bearbeitung dieses Themas zu verzeichnen (vgl. MACCOBY & JACKLIN 1974; MEDNICK, TANGRI & HOFFMAN 1975; BIERHOFF-ALFERMANN 1977; MERZ 1979; DEGENHARDT & TRAUTNER 1979; WESLEY & WESLEY 1981). Dieser Aufschwung läßt sich durch eine Auszählung der in den "Psychological Abstracts" erfaßten wissenschaftlichen Arbeiten belegen (BILDEN 1980). Wenigstens drei Faktoren dürften zur Intensivierung der Forschung über Geschlechterunterschiede und deren Bedingungen beigetragen haben: (1) Gesellschaftliche Veränderungen auf bildungspolitischem und wirtschaftlichem Gebiet, die zu einem gewandelten Verständnis von der Rolle der Frau in der Gesellschaft und zu einer lebhaften Diskussion darüber geführt haben (Stichworte: Gleichberechtigung und Emanzipation der Frau, Frauenbewegung). (2) Eine wachsende Zahl von Frauen, die als Studierende oder Mitglieder des Lehrkörpers bzw. des wissenschaftlichen Stabs an Hochschulen Einfluß auf die Lehr- und Forschungsinhalte nehmen, die Situation der heutigen Frauen innerhalb und außerhalb der Universitäten erkunden, auf Konfliktbereiche hinweisen und mehr oder weniger entschieden für Reformen eintreten. Stellvertretend für viele andere seien Sandra L. BEM (1974) und Matina S. HORNER (1975) genannt. BEM versuchte, das stereotype, bipolare Denken in den Kategorien "Männlichkeit-Weiblichkeit" durch die Einführung des Androgynitätskonzeptes (siehe Abschnitt 3.4) aufzubrechen, und sie regte eine Vielzahl empirischer Untersuchungen an. HORNER verwies auf leistungsbezogene Konflikte bei Frauen, die sich als Furcht vor Erfolg manifestieren und manche Frauen davon abhalten, ihre (intellektuellen) Fähigkeiten voll zum Einsatz zu bringen und sich auch auf diesem Wege selbst zu verwirklichen. (3) Der Aufschwung der epidemiologischen Forschung, die unter anderem Zusammenhänge zwischen soziologisch relevanten Variablen (darunter natürlich die Geschlechtsvariable) und Erkrankungen aufzudecken versucht.

Wir wollen in diesem Kapitel der bisher wenig beachteten Frage nachgehen, ob sich Frauen und Männer im Hinblick auf seelische Gesundheit voneinander unterscheiden. Dabei verfolgen wir zwei methodische Wege. Der eine von beiden entspricht dem traditionellen epidemiologischen Vorgehen. Zu prüfen ist dabei, ob sich männliche und weibliche Personen (Kinder, Jugendliche, Erwachsene) in den Prävalenzraten für psychische Störungen (global betrachtet oder nach spezifischen klinischen Klassen differenziert) unterscheiden. Der zweite Weg beinhaltet die Überprüfung möglicher geschlechtsspezifischer Differenzen in Persönlichkeitsmerkmalen, die in engem Zusammenhang mit seelischer Gesundheit stehen.

Daß die Frage nach eventuellen Geschlechterunterschieden im Hinblick auf seelische Gesundheit nicht ganz einfach zu beantworten ist und von "Laien" und "Experten" kontrovers erörtert wird, zeigt eine Untersuchung von NUNNALLY (1961). NUNNALLY befragte zwei Personengruppen nach ihren Auffassungen über seelische Gesundheit bzw. Krankheit: 201 repräsentativ ausgewählte Männer und Frauen im Alter von 15 bis 79 Jahren sowie 176 nach Zufall ausgelesene Psychiater und klinische Psychologen. Beide Gruppen sollten unter anderem zu zwei Aussagen auf einer 7-stufigen Ratingskala Stellung beziehen. Die erste Aussage lautete: "Mehr Frauen als Männer erleben einen Nervenzusammenbruch". Die Mehrzahl der Laien stimmte dieser Aussage zu (MW = 4.92; s = 2.05), während die Experten eher zur Ablehnung der Aussage neigten (MW = 3.20; s = 1.34). Der Unterschied in den Stellungnahmen ist hochsignifikant (p < .0001). Die zweite Aussage lautete: "Frauen haben nicht mehr emotionale Probleme als Männer." Auch hier unterschieden sich die Stellungnahmen der Laien signifikant von denen der Experten. Die Experten stimmten der Aussage stärker zu als die Laien (p < .02). Faßt man die Antworten auf die beiden Fragen als Hinweise auf die wahrgenommene seelische Gesundheit von Frauen und Männern auf, so sehen Psychiater und klinische Psychologen keine diesbezüglichen Geschlechterunterschiede, während Frauen von Laien für weniger seelisch gesund gehalten werden als Männer. Es ist schade, daß die Untersuchung vor mehr als zwanzig Jahren in den USA und nicht in der heutigen Zeit in der Bundesrepublik durchgeführt wurde.

3.1 Geschlechtsdifferenzen in der Prävalenz psychischer Störungen

Wir werden zunächst der Frage nachgehen, ob sich die (globalen) Prävalenzraten für psychische Störungen von Männern und Frauen unterscheiden. Dabei stützen wir uns auf einen Artikel von GOVE (1979), in dem dieser anhand umfassender Literaturanalysen und eigener Untersuchungen zu aufschlußreichen Ergebnissen über die Situation in den Vereinigten Staaten gelangt. GOVE verwendet den Begriff der "psychischen Störung" in folgender (enger) Bedeutung: Sie ist durch emotionale Störungen (Angst, Depression usw.) und/oder psychische Funktionsstörungen sowie durch das Fehlen einer organischen Ursache gekennzeichnet. Unter dieser Definition faßt er neurotische, endogen-psychotische, psychophysiologische sowie passagere situationsbedingte Störungen zusammen. Ausgeschlossen werden hingegen (antisoziale) Persönlichkeitsstörungen, akute und chronische Hirnsyndrome sowie Schwachsinn. Als Begründung für diese definitorische Abgrenzung nennt GOVE vor allem Ähnlichkeiten in der Symptomatik sowie das Ansprechen auf bestimmte Formen der Behandlung (vor allem Psychotherapie und Psychopharmakatherapie). Besonderes Augenmerk richtet GOVE auf den Einfluß des Lebensalters. Er prüft, ob sich die beiden Geschlechter im Kindes-, Jugend- und Erwachsenenalter in den Prävalenzraten für psychische Störungen unterscheiden und welches Geschlecht jeweils stärker betroffen ist.

Prävalenzraten bei Jungen und Mädchen

Überblickt man die Literatur zu den biologischen Merkmalen von Jungen und Mädchen sowie zu den sozialen Erwartungen, die an die beiden Geschlechter gerichtet werden, so gelangt man GOVE (1979) zufolge zu zwei Schlußfolgerungen: (a) Jungen sind bis etwa zum Beginn der Pubertät einem größeren Streß ausgesetzt als Mädchen. (b) Im Jugendalter gleicht sich der Grad der Belastung an oder verschiebt sich zuungunsten der Mädchen. Differenzen und Verschiebungen im Grad der Belastung sollten sich in den Prävalenzraten für psychische Störungen niederschlagen.

Jungen werden im Vorschulalter und in den ersten Schuljahren aus einer Reihe von Gründen zunächst einmal stärker belastet als Mädchen: Ihre intellektuelle (vor allem sprachliche), physische und emotionale Entwicklung verläuft langsamer als die der Mädchen. Da im Elternhaus, Kindergarten und in der Schule gleiche Anforderungen an beide Geschlechter gestellt werden, sind Jungen häufiger überfordert als Mädchen. Größere Anpassungsprobleme resultieren ebenfalls aus der höheren Aggressivität der Jungen, die Eltern und Lehrern oft zu schaffen macht. Erschwerend kommt hinzu, daß die Geschlechtsrollenerwartungen an Jungen im allgemeinen strenger sind als an Mädchen. Von einem "richtigen Jungen" wird "männliches" Verhalten erwartet, während Mädchen in dieser Entwicklungsphase ein größerer Verhaltensspielraum zugestanden wird (BARDWICK 1971). Der Erwerb männlicher Eigenschaften durch Jungen wird auch dadurch erschwert, daß Jungen vorwiegend in einer weiblichen Umwelt (Mütter, Kindergärtnerinnen, Lehrerinnen) aufwachsen.

Ferner schloß RUTTER (1970) aus einer Literaturanalyse auf eine generell größere Vulnerabilität von Jungen als Mädchen gegenüber innerfamiliärem Streß (z. B. Familiendisharmonie und Abwesenheit des Vaters).

Etwa zu Beginn der Pubertät wandelt sich die Situation der beiden Geschlechter allmählich. Die Jungen haben den Entwicklungsvorsprung der Mädchen aufgeholt. Sie können ihre etwas besseren analytischen, technischen und mathematisch-naturwissenschaftlichen Fähigkeiten verstärkt in der Schule zum Einsatz bringen. Sie haben eine mehr oder weniger gute männliche Identität erworben. Während sich mithin der auf Jungen lastende Druck - relativ gesehen - verringert, nimmt der Druck auf die Mädchen zu. Es wird von ihnen erwartet, daß sie sich nun stärker der traditionellen weiblichen Geschlechtsrolle anpassen. Dabei geraten sie in größere Konflikte als Jungen, etwa zwischen Leistungsstreben und Streben nach Unabhängigkeit auf der einen und der Anerkennung als "Frau" auf der anderen Seite. Erschwerend kommt hinzu, daß nicht wenigen Mädchen die männliche Rolle in der Gesellschaft attraktiver erscheint als die weibliche. Vor dem Hintergrund dieser Schwierigkeiten überrascht es wenig, daß beispielsweise die im Jugendalter gehäuft auftretende Anorexia nervosa, die häufig aus den oben besprochen Konflikten erwächst, bei Mädchen eine sehr viel höhere Prävalenzrate aufweist als bei Jungen.

Ausgehend von derartigen Überlegungen formuliert GOVE (1979) eine Reihe von Hypothesen. Er rechnet damit, daß bis etwa zu Beginn der Pubertät mehr Jungen als Mädchen wegen psychischer Störungen in Behandlung geschickt werden, während sich danach das diesbezügliche Verhältnis zuungunsten des weiblichen Geschlechts verschiebt. Die entsprechenden Effekte sollten sich bei "neurotischen" und situationsbedingten Störungen deutlicher zeigen als bei psychotischen Störungen, die weniger stark durch vorübergehende Stressoren bedingt zu sein scheinen.

Zur Überprüfung seiner Hypothesen wertet GOVE Statistiken des "National Institute of Mental Health" über die Anzahl der in verschiedenen Therapieeinrichtungen behandelten Patienten im Alter zwischen 5 und 19 Jahren aus. Er

Tabelle 3.1: Vergleich der Prävalenzraten von männlichen und weiblichen Personen aus verschiedenen Altersstufen, die sich wegen psychischer Störungen in Behandlung befinden. Angegeben ist das Verhältnis der Raten von weiblichen zu männlichen Patienten (Werte größer 1 bedeuten höhere Rate bei Frauen). Die Werte der Altersstufen 5-9, 10-14 und 15-19 beziehen sich auf vier verschiedene Behandlungseinrichtungen. Die Werte der Erwachsenen beziehen sich auf Behandlungen in Allgemeinkrankenhäusern. Die Tabelle stützt sich auf die Tabellen 1 und 3 in GOVE (1979).

Art der psychischen Störung	Altersstufe			
	5-9	10-14	15-19	Erwachsene
A. Störungen, die stark durch situativen (Rollen-)Streß beeinflußt werden				
"Neurotische" Störungen	0.51	1.06	1.77	1.89
Vorübergehende situationsbedingte Störungen	0.27	0.80	1.13	1.62
B. Störungen, die mittelstark durch (Rollen-)Streß beeinflußt werden				
Psychophysiologische Störungen	0.95	1.05	1.64	1.69
C. Störungen, die wenig durch situativen (Rollen-)Streß beeinflußt werden				
Psychotische Störungen (funktionelle Psychosen)	0.47	0.85	0.97	1.44
D. Alle funktionellen Störungen zusammen	0.41	0.87	1.21	1.68

bestimmt dabei die Behandlungsraten der 5 bis 9, 10 bis 14 und 15 bis 19 Jahre alten Jungen und Mädchen in staatlichen und privaten psychiatrischen Kliniken, in Allgemeinkrankenhäusern sowie in ambulanten Behandlungseinrichtungen. Ein Ausschnitt seiner Ergebnisse ist in Tabelle 3.1 zusammengestellt.

Betrachtet man die unterste Zeile in Tabelle 3.1, so bestätigt sich der von GOVE (1979) erwartete Alterstrend eindrucksvoll: Im Grundschulalter werden deutlich mehr Jungen als Mädchen wegen psychischer Störungen behandelt, während sich mit fortschreitendem Jugendalter der Trend umkehrt. Besonders ausgeprägt ist der Effekt bei den "neurotischen" sowie bei den situationsbedingten Störungen.

Die in Tabelle 3.1 zusammengestellten Befunde bedürfen der kritischen Kommentierung. Problematisiert werden sollen vor allem drei Aspekte: (1) Zur Beurteilung der seelischen Gesundheit von Jungen und Mädchen wird ausschließlich das Kriterium der Behandlung in bestimmten Therapieeinrichtungen herangezogen. Es ist nicht auszuschließen, daß die Verwendung anderer Kriterien (z.B. Fremdurteile von Lehrern oder Eltern, Expertenurteile im Rahmen von Feldstudien) zu anderen Ergebnissen führt, so daß sich erst aus der simultanen Berücksichtigung mehrerer Kriterien ein umfassendes Bild der seelischen Gesundheit ergibt. (2) GOVE (1979) verwendet unseres Erachtens eine inadäquate oder zumindest mißverständliche Klassifikation der funktionellen psychischen Störungen bei Kindern und Jugendlichen. Er unterscheidet lediglich zwischen (a) "neurotischen", (b) vorübergehenden, situationsbedingten, (c) psychophysiologischen und (d) psychotischen Störungen. Damit werden unter dem Begriff "neurotische" Störungen offenbar sowohl neurotische Störungen im engeren Sinn (also solche, die durch Ängste, Depressionen, Selbstwertprobleme und ähnliche Symptome gekennzeichnet sind) als auch "Verhaltensstörungen" ("conduct disorders", die sich vor allem als disruptives, hyperaggressives und antisoziales Verhalten manifestieren) subsumiert. Eine solche Klassifikationsstrategie verwischt geschlechtsspezifische Unterschiede, auf die weiter unten näher eingegangen wird. (3) GOVE stützt sich ausschließlich auf Statistiken aus den USA, die vom "National Institute of Mental Health" veröffentlicht wurden.

Die aufgezählten Schwachstellen werden in einem Überblicksartikel von LINKS (1983) weitgehend vermieden. Dieser Autor berichtet über 16 Gemeindestudien zur Prävalenz psychischer Störungen bei Kindern unter 16 Jahren, wobei diese Studien gewissen wissenschaftlichen Mindeststandards (wie Repräsentativität für eine bestimmte Region) genügen müssen. Die 16 Untersuchungen wurden zwischen 1964 und 1983 publiziert und in verschiedenen Ländern durchgeführt. LINKS (1983) verkennt nicht, daß auch diese Studien methodische Schwächen aufweisen und nur teilweise miteinander vergleichbar sind. An dieser Stelle erscheinen uns vor allem folgende Ergebnisse relevant:

- Von 12 Untersuchungen berichten 7 eine signifikant höhere Prävalenzrate "allgemeiner psychischer Gestörtheit" (overall deviance) bei Jungen als bei Mädchen. In den restlichen 5 Untersuchungen wurde kein signifikanter Unterschied ermittelt. Eine signifikant höhere Prävalenzrate von Mädchen wurde in keinem Fall festgestellt. (Eine von DOHRENWEND et al. (1980) vorgenommene Auswertung vorliegender Untersuchungen führte ebenfalls zum Ergebnis einer bei Jungen im Schulalter deutlich höheren Prävalenzrate für "kindliche Fehlanpassung" als bei Mädchen.)

- In 9 von 11 Untersuchungen, in denen zwischen "disruptivem Verhalten" und "neurotischem Verhalten" unterschieden wurde, fanden die Autoren eine signifikant höhere Prävalenzrate disruptiven Verhaltens bei Jungen und eine signifikant höhere Prävalenzrate neurotischen Verhaltens bei Mädchen. Zwei Untersucher konnten keine diesbezüglichen signifikanten Differenzen ermitteln.

FEINBIER (1981) berichtete über die Zusammensetzung der Klientel einer Erziehungsberatungsstelle in Ostfriesland. Im Beobachtungszeitraum wurden 610 "Fälle" betreut, von denen 239 in der Untersuchung erfaßt wurden. Ausgeschlossen wurden unter anderem alle Fälle von geistigen Behinderungen, Gutachtenfragestellungen sowie Beratungen in Adoptivangelegenheiten. "In die Untersuchung einbezogen bleiben lediglich Anmeldungen von Grundschulkindern mit - soweit feststellbar - Verhaltensstörungen ohne intellektuelle Behinderung." (FEINBIER 1981, p. 157). Die in dieser Weise abgegrenzte Klientel umfaßte mehr als doppelt soviele Jungen als Mädchen. Bei 27.5 % der Mädchen, jedoch nur 12.9 % der Jungen bildeten Störungen im emotionalen Bereich (vor allem depressive Stimmungen, allgemeine Ängstlichkeit und spezifische Ängste) den Beratungsanlaß. Dieser Unterschied ist signifikant (Chi-Quadrat = 7.36; p < .01). Auch bei den "Störungen in der Körpersphäre" (unter anderem Ticks, Kopfschmerzen, Bauchschmerzen, Appetitstörungen) waren Mädchen gegenüber Jungen signifikant überrepräsentiert. FEINBIER (1981, p. 226) wirft die Frage auf "... ob diese Ausrichtung auf die eigene Person durch geringere Möglichkeiten, emotional neurotische Konflikte nach außen, gegen die Umwelt, zu richten, zustande kommt."

RUSTEMEYER (1982) ermittelte beim Vergleich von 31 Jungen und 24 Mädchen aus 9. Klassen einer Realschule (Alter: 14-16 Jahre) in einer leicht modifizierten Version des Beck-Depressions-Inventars signifikant höhere Depressionswerte bei Mädchen.

Zusammenfassend zeichnet sich unseres Erachtens folgendes (vorläufige) Bild der Prävalenzraten psychischer Störungen bei Jungen und Mädchen ab:
- Im Vorschul- und Schulalter bis etwa zu Beginn der Pubertät zeigen mehr Jungen als Mädchen Verhaltensweisen, die von wichtigen Bezugspersonen als "psychische Störungen" interpretiert werden und in vielen Fällen den Anlaß zu Behandlungen bieten. Danach verschiebt sich das Zahlenverhältnis zuungunsten der Mädchen (bzw. erwachsenen Frauen).

- Bereits im Kindes- und Jugendalter scheinen Mädchen häufiger zu neurotischen Störungen und Jungen häufiger zu "Verhaltensstörungen" (bzw. antisozialen, aggressiven und disruptiven Verhaltensweisen) zu neigen (vgl. ACHENBACH & EDELBROCK 1981; AL-ISSA 1982b). In diese Richtung deuten auch Befunde, die von NICKEL & SCHMIDT-DENTER (1980) bei mehreren hundert Vorschulkindern erhoben wurden. Ausgehend von einer clusteranalytisch gewonnenen Typenbildung fanden sie, daß "abhängig-unsichere" Kinder häufiger Mädchen und "aktiv-aggressive" Kinder häufiger Jungen sind. (Die von NICKEL & SCHMIDT-DENTER beobachteten Kinder bewegten sich allerdings im psychischen "Normalbereich" und können nur bedingt mit psychisch gestörten Kindern verglichen werden.)

Prävalenzraten bei Erwachsenen

Auch in der Population der Erwachsenen ist nach GOVE (1979) das Ausmaß an erlebtem Streß bzw. an erlebter Frustration eine bedeutsame Bedingungsvariable für psychische Störungen. Seine Hypothese lautet, daß Frauen in modernen westlichen Industriegesellschaften (und vor allem in den USA) aufgrund der ihnen zugewiesenen Geschlechtsrolle gegenüber Männern benachteiligt sind, mehr Frustrationen erleben und daher auch häufiger psychische Störungen entwickeln. Während Männer neben ihrer Familie den Beruf sowie eventuelle Hobbies als Befriedigungsquellen zur Verfügung haben, sind bei vielen Frauen - zumindest in bestimmten Lebensabschnitten - die Aktivitäten und Befriedigungsquellen weitgehend auf die Familie beschränkt. Hinzu kommt, daß eine nicht geringe Zahl von Frauen das Erziehen von Kindern und das Führen des Haushalts als wenig attraktive Aufgaben erlebt. Es handelt sich dabei um Tätigkeiten mit einem eher geringen Prestige, die keine besondere Ausbildung erfordern. Aufgrund finanzieller Abhängigkeit vom Geld verdienenden Ehemann fühlen sie sich diesem sowie berufstätigen Frauen gegenüber eher in einer benachteiligten Position. Auf berufstätige Frauen trifft ein Teil der Argumente mithin nicht zu. Sie müssen jedoch auf der anderen Seite im Vergleich zu vielen Männern den Nachteil der doppelten Beanspruchung durch Beruf und Haushalt in Kauf nehmen.

Aufgrund derartiger Überlegungen gelangte GOVE (1979) zu der Schlußfolgerung, daß die Prävalenzrate psychischer Störungen bei Frauen höher liegen sollte als bei Männern. Zur Überprüfung dieser Annahme stellte er die Ergebnisse einer großen Anzahl von Untersuchungen zusammen, wobei er getrennte Auswertungen vornahm im Hinblick auf Gemeindestudien, Erstaufnahmen in psychiatrischen Krankenhäusern, Aufnahmen wegen psychischer Störungen in Allgemeinkrankenhäusern, ambulante Versorgung durch verschiedene Einrichtungen sowie durch praktische Ärzte. Alle Ergebnisse weisen in dieselbe vorhergesagte Richtung (vgl. auch Tabelle 3.2), so daß GOVE (1979,

p. 54) sich zu folgender Zusammenfassung berechtigt sah: "Alle Daten über psychische Störungen (so wie sie hier definiert wurden) sprechen dafür, daß in modernen westlichen Industriegesellschaften mehr Frauen als Männer psychisch erkranken. Besondere Hervorhebung verdient, daß dieses Ergebnis nicht davon abhängt, wer die Selektion vornimmt. Wenn wir zum Beispiel die Aufnahmeraten in psychiatrische Kliniken betrachten, bei denen die Reaktion der Gesellschaft von größter Bedeutung ist, haben Frauen die höheren Raten; wenn wir die Behandlung durch Allgemeinmediziner betrachten, bei der der Selbstselektion primäre Bedeutung zukommt, haben Frauen die höheren Raten; und wenn wir die Gemeindestudien heranziehen, bei denen der Versuch unternommen wird, Selektionsprozesse zu vermeiden, haben Frauen die höheren Raten."

Wir wollen an dieser Stelle eine ausführliche und kritische Diskussion der Arbeit von GOVE (1979) zurückstellen, bis wir weitere aufschlußreiche Untersuchungen dargestellt haben. Vorgreifend sei jedoch bereits angedeutet, daß zwar der von GOVE beschriebene empirische Trend recht gut abgesichert zu sein scheint, aber die Interpretation der Geschlechterunterschiede nicht an allen Stellen völlig überzeugt bzw. mit einigen anderen Arbeiten schwer zu vereinbaren ist.

Eine wesentliche Aussage GOVEs (1979) beinhaltet, daß höhere Prävalenzraten für psychische Störungen von Frauen als von Männern nur dann nachzuweisen sind, wenn man eine bestimmte Auswahl psychischer Störungen zugrundelegt, nämlich vor allem Neurosen und situationsbedingte Störungen, aber auch psychophysiologische und (funktionelle) psychotische Störungen. Die Befunde bezüglich psychotischer und psychophysiologischer Störungen fallen dabei weniger eindeutig aus als diejenigen bezüglich neurotischer Störungen (GOVE 1979; SEIDEN 1979; DOHRENWEND et al. 1980; FOX 1980; ROSENFIELD 1980; AL-ISSA 1982b; WALDRON 1982). Ein wesentlicher Grund hierfür liegt in der Heterogenität der unter (funktionellen) Psychosen und psychophysiologischen Störungen zusammengefaßten klinischen Klassen. Bei einigen dieser Diagnosegruppen übertrifft die Prävalenzrate der Frauen diejenige der Männer, bei anderen ist es umgekehrt. Besonders große diagnostische Probleme ergeben sich auch bei der Abgrenzung psychophysiologischer Störungen von anderen Erkrankungen sowie von "normalem" Verhalten (vgl. BERBALK 1978), was zu widersprüchlichen Angaben über geschlechtsspezifische Prävalenzraten führen kann.

Innerhalb der Neurosen weisen die Phobien sowie die Depressionen die höchsten Prävalenzraten auf. Beide Arten von Störungen treten bei Frauen deutlich häufiger auf als bei Männern. Im Bereich der Phobien sind es vor allem die einfachen sowie die Agoraphobien, bei denen Frauen eine mehrfach höhere Prävalenzrate aufweisen als Männer, während bei sozialen Phobien das Übergewicht der Frauen weniger stark ausgeprägt ist (GOLDSTEIN FODOR 1982). Aus einer Vielzahl von Untersuchungen, über die WEISSMAN & KLERMAN (1979) zusammenfassend berichten, geht ferner eindeutig hervor, daß Depressionen (im Sinne verschiedener Formen primärer affektiver Störungen und nicht nur vorübergehender depressiver Verstimmung oder "Demoralisierung") in westlichen Kulturen bei Frauen etwa doppelt so häufig auftreten wie bei Männern (vgl. Tabelle 3.2). Zu diesem Ergebnis gelangt man unabhängig davon, ob man als Indikator die Rate der behandelten Fälle, die Prävalenzraten in epidemiologischen Feldstudien oder die Rate der Suizidversuche heranzieht. WEISSMAN & KLERMAN (1979) diskutieren ausführlich eine Reihe biologischer und psychosozialer Erklärungen für diesen epidemiologischen Befund und heben eine spezifisch weibliche Sensitivität (oder Vulnerabilität) gegenüber dem Verlust enger zwischenmenschlicher Bindungen hervor (vgl. RADLOFF & RAE 1979). Der ungewöhnlich hohe klinische Konsens bezüglich einer spezifisch weiblichen Neigung zu Depressionen wird allerdings von HAMMEN (1982) in

Tabelle 3.2: Geschlechtsdifferenzen in drei Indikatoren für die Prävalenz von "Depressionen" in verschiedenen Regionen der Erde. Angegeben ist das Verhältnis der Prävalenzraten von Frauen und Männern. (Werte größer als 1 bedeuten höhere Prävalenz bei Frauen.) Die Tabelle stützt sich auf WEISSMAN & KLERMAN (1979).

Indikator	Region	Anzahl der berechneten Werte	Range der Werte	Median der Werte
Behandelte Fälle	USA, Kanada	19	1.2 - 3.0	1.8
	Europa	42	0.9 - 4.0	1.76
	Neuseeland	3	1.5 - 2.2	1.8
	Guinea, Rhodesien, Irak, Indien, Thailand	8	0.2 - 1.3	0.71
Prävalenzraten in epidemiologischen Feldstudien ("Gemeindestudien")	USA	3	1.6 - 2.0	1.8
	Europa	6	1.6 - 3.8	2.65
	Iran, Indien	3	1.6 - 3.6	2.0
Suizidversuche	USA	5	2.0 - 3.0	2.03
	Australien	7	1.3 - 2.5	2.2
	Großbritannien	11	1.3 - 2.5	2.03
	Israel	2	1.5 - 2.1	1.8
	Indien	2	0.8 - 0.8	0.8
	Polen	6	0.6 - 1.5	1.05

Frage gestellt. Sie macht auf einige methodische Probleme und auf Schwächen der zur Erklärung herangezogenen Theorien aufmerksam und zitiert als weiteren Beleg für ihre kritische Haltung eine sehr sorgfältige epidemiologische Studie von WEISSMAN & MYERS (1978). In dieser Untersuchung an insgesamt 511 Personen wurde in der Tat kein signifikanter Unterschied in der Punktprävalenz depressiver Störungen bei Männern (5.5 %) und Frauen (7.9 %) festgestellt, wohl hingegen in der auf das gesamte bisherige Leben bezogenen Prävalenzrate (17.4 % bei Männern, 33.7 % bei Frauen). Angesichts der für die zuverlässige Bestimmung von Punktprävalenzraten sehr kleinen Stichproben von 220 Männern und 291 Frauen sollte dem nicht signifikanten, vom Trend her jedoch in die erwartete Richtung weisenden Ergebnis keine allzu große Bedeutung beigemessen werden. Bemerkenswert bleibt allerdings das aus Tabelle 3.2 ersichtliche Phänomen, daß in einigen Staaten der Dritten Welt Frauen und Männer etwa gleich häufig unter Depressionen zu leiden scheinen. Dieses Ergebnis spricht für einen bedeutsamen Einfluß soziokultureller Faktoren auf die Depressionsgenese bzw. auf die Neigung, sich wegen Depressionen in Behandlung zu begeben oder einen Suizidversuch zu unternehmen (vgl. auch ROSENFIELD 1980).

Während die Mehrzahl der bisher besprochenen Untersuchungen für eine höhere Prävalenzrate funktioneller psychischer Störungen und damit für eine geringere seelische Gesundheit erwachsener Frauen als Männer sprach, ergibt sich ein entgegengesetztes Bild, wenn man von (antisozialen) Persönlichkeitsstörungen (DOHRENWEND & DOHRENWEND 1974, DOHRENWEND et al. 1980, AL-ISSA 1982b) sowie von Alkoholismus und bestimmten anderen Formen der Drogenabhängigkeit (TROJAN 1980; FIDELL 1982; LELAND 1982; SCHENK 1982) ausgeht. Je nach Strenge des angelegten Kriteriums für das Vorliegen einer dieser psychischen Störungen und in Abhängigkeit vom Lebensalter ergibt sich ein mehr oder weniger deutliches Überwiegen der Männer gegenüber den Frauen, wobei als grober Anhaltspunkt eine etwa doppelt so hohe Prävalenzrate bei Männern wie bei Frauen dienen kann.

Wie diese sehr "weiche" Formulierung erkennen läßt, bereitet es zur Zeit noch große Schwierigkeiten, zu präziseren Aussagen zu gelangen (vgl. DOHRENWEND et al. 1980). Hierfür sind unter anderem folgende Gründe verantwortlich: Der Begriff der Persönlichkeitsstörungen ist wenig eindeutig und umfaßt eine Vielzahl heterogener klinischer Bilder, die sich von eher "neurotisch" anmutenden Störungen (z.B. anankastische oder asthenische Persönlichkeit) bis zu Persönlichkeitsstörungen mit vorwiegend soziopathischem, asozialem und aggressivem Verhalten erstrecken (vgl. DEGKWITZ et al. 1980). In einigen Untersuchungen wurden auch Alkoholismus und Drogenabhängigkeit, die ja häufig mit Persönlichkeitsstörungen verknüpft sind, zu den Persönlichkeitsstörungen gerechnet (DOHRENWEND et al. 1980; LEHTINEN & VÄISÄNEN 1981). Eine weitere Fehlerquelle bei der Bestimmung der wahren Prävalenzraten ergibt sich daraus, daß eine größere Anzahl von Individuen mit Persönlichkeitsstörungen, Drogenabhängigkeit und Alkoholismus sich zum Untersuchungszeitpunkt in Justizvollzugsanstalten oder anderen Einrichtungen befindet und je nach Untersuchungsplan bei der Erhebung berücksichtigt oder - was wahrscheinlicher ist - nicht berücksichtigt wird. Wie LELAND (1982) belegt, vergrößert sich das zahlenmäßige Übergewicht alkoholabhängiger Männer gegenüber Frauen (d.h. das Verhältnis der beiden Prävalenzraten), wenn man das Kriterium für Alkoholismus strenger definiert. Bei Trinkern beträgt es etwa 1.25:1, bei schweren Trinkern hingegen etwa 4:1.

Wegen ihrer hohen methodischen Qualität und Aussagekraft zum aktuellen psychischen Gesundheitszustand der Einwohner einer bundesdeutschen Großstadt ziehen wir zusätzlich die epidemiologische Feldstudie von SCHEPANK (1982) heran. Mit dieser in Mannheim durchgeführten Studie sollen insgesamt 600 Probanden erfaßt werden. Diese setzen sich aus drei Zufallsstichproben von je 200 Personen aus den Geburtsjahrgängen 1935, 1945 und 1955 zusammen; sie sind also nicht repräsentativ für die gesamte Einwohnerschaft dieser Großstadt, sondern lediglich für den Altersbereich von etwa 25 bis 45 Jahren. SCHEPANK berichtete über erste Ergebnisse an einer Teilstichprobe von 336 Probanden.

Die sehr aufwendige und sorgfältige Strategie der Fallidentifikation kann hier nicht in allen Einzelheiten wiedergegeben werden. Die sich über etwa drei Stunden erstreckende Untersuchung in der Wohnung der Probanden umfaßte unter anderem ein halbstrukturiertes psychoanalytisch orientiertes Interview, Symptomlisten (von ZERSSEN 1976), ein standardisiertes psychiatrisches Interview nach GOLDBERG et al. (1970), Fragen zu kritischen Lebensereignissen sowie zu Kindheitserfahrungen sowie das Freiburger Persönlichkeitsinventar. Als "Fälle" wurden nur jene Personen in Betracht gezogen, die den ICD-Kategorien von 300 bis 307 zugeordnet werden konnten sowie weiteren Kriterien genügten. Unter den 336 Probanden wurden 91 Fälle identifiziert, was einer Prävalenzrate von 27.1 % entspricht. Die Fälle verteilen sich wie folgt über die Diagnosekategorien: 21 Psychoneurosen (ICD 300), 20 Persönlichkeitsstörungen im weiteren Sinn (ICD 301: N = 16; ICD 303:

Tabelle 3.3: Zwischenauswertung der Feldstudie Mannheim. m = Männer, w = Frauen. Verteilung von 91 Fällen nach Diagnose und Geschlecht. Entnommen aus SCHEPANK (1982, p. 117). $\chi^2 = 10.60$. $p < .02$.

Diagnosegruppen		m	w	Σ
Psychoneurosen	= ICD 300	6	15	21
Persönlichkeitsstörungen im weitesten Sinn	= ICD 301-304	12	8	20
Psychosomatische und funktionell-vegetative Störungen	= ICD 305-306	18	32	50
Keine Fälle		134	111	245
Σ		170	166	336

N = 4) sowie 50 psychosomatische und funktionell-vegetative Störungen (ICD 305: N = 33; ICD 306: N = 17).

Für unsere Fragestellung besonders aufschlußreich ist die Aufteilung nach Diagnose und Geschlecht (vgl. Tabelle 3.3). Man erkennt, daß signifikant mehr Frauen (33 %) als Männer (21 %) ernsthaft psychisch bzw. psychosomatisch erkrankt sind (Fisher-Yates-Test: $p < .02$). Eine signifikant höhere Prävalenzrate der Frauen zeigt sich bei den Psychoneurosen ($p < .05$) sowie bei den psychosomatischen und funktionell-vegetativen Störungen ($p < .05$). Bei den Persönlichkeitsstörungen im weitesten Sinn überwiegen hingegen die Männer (Unterschied nicht signifikant). Auf weitere interessante Ergebnisse dieser Untersuchung kommen wir in späteren Kapiteln zu sprechen.

Faßt man die oben dargestellten Befunde zusammen, so ergibt sich folgendes (vorläufige) Bild hinsichtlich psychischer Störungen erwachsener Frauen und Männer in westlichen Kulturen:
- Neurotische Störungen sowie Depressionen treten bei Frauen etwa doppelt so häufig auf wie bei Männern (vgl. auch TAYLOR & CHAVE 1964).
- Bei (vor allem antisozialen und aggressiven) Persönlichkeitsstörungen, schwerem Alkoholismus sowie bestimmten Formen der Drogenabhängigkeit besteht ein genau entgegengesetztes Verhältnis, d. h. die Prävalenzraten der Männer liegen doppelt so hoch wie die der Frauen.
- Bei funktionellen Psychosen sowie psychophysiologischen Störungen läßt sich kein eindeutiges Überwiegen männlicher oder weiblicher Fälle nachweisen. Das Verhältnis der männlichen zu den weiblichen Prävalenzraten hängt stark von der Art der Störung ab.
- Berücksichtigt man die unterschiedlich hohen Prävalenzraten der verschiedenen psychischen Störungsarten (neurotische Störungen haben höhere Prävalenzraten als psychotische und antisoziale Persönlichkeitsstörungen), so ergibt sich vom Trend her das Bild einer größeren Prävalenzrate psychisch kranker Frauen als psychisch kranker Männer (vgl. auch LEHTINEN & VÄISÄNEN 1981).

Bevor wir näher auf Erklärungshypothesen für diese Befunde eingehen, schlagen wir zunächst einen zweiten methodischen Weg ein, um zu differenzierteren Aussagen über quantitative und qualitative Unterschiede in der seelischen Gesundheit von Frauen und Männern zu gelangen. Als zusätzliche Beurteilungsgrundlage dienen uns die Skores der beiden Geschlechter in diagnostischen Verfahren zur Messung von Persönlichkeitseigenschaften, die wir im Zusammenhang mit unserer Theorie der seelischen Gesundheit für besonders relevant erachten.

3.2 Geschlechtsdifferenzen in ausgewählten Persönlichkeitsmerkmalen

In Kapitel 1 gelangten wir mit Hilfe faktorenanalytischer Auswertungen zu zwei fundamentalen Persönlichkeitskonstrukten, die als "seelische Gesundheit" und "Verhaltenskontrolle" interpretiert wurden. Diese beiden "Superkonstrukte" spannen eine Ebene auf, in der sich zahlreiche Indikatoren für seelische Gesundheit, die wir in Kapitel 1 zu sieben Bereichen zusammengefaßt haben, abbilden lassen (vgl. Abbildung 1.8). Eine Überprüfung eventueller Geschlechtsdifferenzen bezüglich seelischer Gesundheit kann nun auf zwei Wegen erfolgen: ausgehend von den in Tabelle 1.1 zusammengestellten sieben Indikatorenbereichen oder ausgehend von dem Strukturmodell, das in Abbildung 1.8 wiedergegeben ist. Wir haben beide Wege beschritten und dabei sich wechselseitig ergänzende Ergebnisse gefunden. Der folgenden Auswertung legen wir das faktorenanalytisch gewonnene zweidimensionale Strukturmodell zugrunde und greifen - wenn immer möglich - auch auf die sieben Indikatorenbereiche für seelische Gesundheit zurück.

Der erste Schritt unserer Analyse bestand darin, nach solchen diagnostischen Verfahren Ausschau zu halten, die für unsere Fragestellung relevante Persönlichkeitseigenschaften erfassen. Um zu einer Abgrenzung zu gelangen, wurden nur jene Testverfahren in Betracht gezogen, die entweder im deutschsprachigen Raum entwickelt wurden oder von denen zumindest deutsche Übersetzungen oder Adaptationen vorliegen. Wir hofften, Erkenntnisse über mögliche Geschlechtsdifferenzen aus den Testmanualen gewinnen zu können. Leider enthalten nicht alle Testmanuale Angaben über die bei den männlichen und weiblichen Mitgliedern der Eichstichproben berechneten Mittelwerte und Standardabweichungen in den uns interessierenden Skalen. Unsere Auswertungen basieren auf folgenden diagnostischen Verfahren (in Klammern Literaturangaben sowie Verweise auf Tabellen im Anhang):
- STAI (LAUX et al. 1981; vgl. Tabelle A4)
- IAF (BECKER 1982b; vgl. Tabelle A5)
- 16 PF (CATTELL et al. 1970; SCHNEEWIND et al. 1983; vgl. Tabellen A6 und A7)
- HSPQ (SCHUMACHER & CATTELL 1977; vgl. Tabelle A8)
- MMPI (BECKER 1973; vgl. Tabelle A9)
- FPI (FAHRENBERG et al. 1978; vgl. Tabelle A10)
- GT (BECKMANN & RICHTER 1975)
- EPI (EGGERT 1974)
- BIV (JÄGER et al. 1976)
- ABS (BRADBURN 1969; vgl. Band 1 der "Psychologie der seelischen Gesundheit")
- Testbatterie von HAFELI et al. 1983 (vgl. Tabelle A11).

Da wir zu einigen der uns interessierenden Persönlichkeitseigenschaften in den oben genannten Testbatterien nur wenige Indikatoren ermitteln konnten, zogen wir in diesen Sonderfällen - um die Basis für eine Hypothesenabklärung zu verbreitern - weitere einschlägige Arbeiten heran. Besondere Erwähnung verdient dabei eine von BRANDTSTÄDTER und Mitarbeitern im Rahmen eines Forschungsprojektes "Entwicklungskontrolle und Entwicklungserleben in Partnerschaften" durchgeführte Untersuchung (vgl. BRANDTSTÄDTER, KRAMPEN & HEIL 1984; STEINEBACH 1984). Befragt wurden 601 Frauen und 667 Männer im

Alter von 30 bis 59 Jahren. Aus der Vielzahl der von dieser Arbeitsgruppe erhobenen entwicklungsbezogenen und partnerschaftsrelevanten Variablen sind in unserem Zusammenhang jene Meßwerte von besonderem Interesse, die direkte oder indirekte Hinweise auf einzelne Aspekte der seelischen Gesundheit der untersuchten Frauen und Männer zulassen. BRANDTSTÄDTER und Mitarbeiter fragten unter anderem in globaler und bereichsspezifischer Weise nach verschiedenen Aspekten der "Entwicklungserfüllung", "Entwicklungszufriedenheit", "Zielentfernung" und "Änderungsmotivation" ihrer männlichen und weiblichen Versuchsteilnehmer. Diese sollten beispielsweise beurteilen, wie weit sie zum Untersuchungszeitpunkt in ihrer Entwicklung von solchen persönlichen Zielen wie gesundheitliches Wohlbefinden, Ausgeglichenheit, Selbstachtung, Selbstbehauptung, Selbstentwicklung oder geistige und körperliche Leistungsfähigkeit entfernt waren.

Da alle auf diesem Weg gewonnenen Resultate auf Selbstauskünften beruhen und prinzipiell durch geschlechtsspezifische Antworttendenzen (z. B. Bereitschaft, Ängste oder Depressionen zuzugeben) verzerrt sein können, zogen wir zusätzlich Fremdurteile über Frauen und Männer heran, die sich auf zwei Untersuchungen an studentischen Beurteilern stützen. Die erste der beiden Untersuchungen wurde als kulturvergleichende Studie über Geschlechterstereotype in den USA, England, Irland, Frankreich, Deutschland und Norwegen von WILLIAMS et al. (1979) durchgeführt. In jedem dieser Länder beurteilten Gruppen von etwa 50 männlichen und 50 weiblichen Studierenden mit Hilfe der 300 Eigenschaften der "Adjective Check List" von GOUGH & HEILBRUN (1965) die typischen Merkmale von Männern und Frauen aus ihrem Land. Sie sollten jeweils angeben, ob die betreffende Eigenschaft häufiger bei Männern oder bei Frauen anzutreffen ist oder ob sie diesbezüglich keine Entscheidung treffen könnten. Ein wichtiges Ergebnis dieser Untersuchung war der relativ hohe Grad an Übereinstimmung in den Urteilen der männlichen und weiblichen Angehörigen der ausgewählten Kulturen.

In einer 30 Nationen einbeziehenden kulturvergleichenden Studie bestätigten WILLIAMS & BEST (1982) die erstaunlich hohe kulturübergreifende Gültigkeit der Geschlechterstereotype. Die umfangreiche Monographie dieser beiden Autoren eignet sich ausgezeichnet dafür, ein detailliertes Bild über Geschlechterstereotypen sowie deren Entstehung und Auswirkungen zu gewinnen.

In der zweiten, vom Verfasser 1983 durchgeführten, Untersuchung dienten zwei Gruppen von je 44 männlichen und weiblichen Psychologiestudenten der Universität Trier als Versuchspersonen. Eine Gruppe sollte analog zu der Studie von WILLIAMS et al. (1979) das männliche bzw. weibliche Geschlechtsstereotyp beschreiben (Anweisung 1). Anstelle der "Adjective Check List" wurden 57 Eigenschaften aus Abbildung 1.8 zugrundegelegt.

Die Mitglieder der zweiten Studentengruppe erhielten die Anweisung, ihren Vater mit ihrer Mutter zu vergleichen und dann zu entscheiden, ob die betreffende Eigenschaft bei einem der beiden Elternteile stärker ausgeprägt ist als bei dem anderen oder ob sich beide Elternteile nicht bedeutsam voneinander unterscheiden. Durch diese Anweisung 2 sollte überprüft werden, ob sich konsistente Geschlechterunterschiede ergeben, wenn nicht nach Stereotypen, sondern nach konkreten Personen, die man sehr gut kennt, gefragt wird (LOHAUS 1984). Die Auswertung der Daten erbrachte unter anderem, daß auf der Ebene der Geschlechterstereotype (Anweisung 1) eine größere Anzahl signifikanter Geschlechterunterschiede zutage trat als unter der Anweisung 2 und daß bei 14 von 57 Eigenschaften beide Anweisungen zu denselben signifikanten Ergebnissen führten. Im folgenden besprechen wir die in den Tabellen 3.4-3.6

zusammengestellten Ergebnisse, getrennt für verschiedene Indikatorenbereiche für seelische Gesundheit.

Tabelle 3.4: Vergleiche von Frauen und Männern in Persönlichkeitsmerkmalen aus 4 Indikatorenbereichen für seelische Gesundheit. F, M, kU bedeuten: signifikant höhere Werte bei Frauen (F), Männern (M) bzw. kein signifikanter Unterschied (kU).

Persönlichkeitsmerkmal	Ergebnis	Untersuchung	Tabelle
Indikatorenbereich: Emotionale Befindlichkeit			
- Ängstlichkeit	F	Laux et al. 1981	A4
	F	Becker 1982b	A5
	F	Häfeli et al. 1983	A11
	F	Becker 1973	A9
- Ängstlichkeit und Depressivität	F	Beckmann & Richter 1975	-
- Schuldgefühle und	F	Schumacher & Cattell 1977	A8
Angst, Besorgtheit (O)	F	Cattell et al. 1970	A6
	F	Schneewind et al. 1983	A7
- Phobische Neigung	F	Becker 1973	A9
- Depressivität	F	Becker 1973	A9
	F	Fahrenberg et al. 1978	A10
- Erregbarkeit	F	Fahrenberg et al. 1978	A10
	F	Schumacher & Cattell 1977	A8
- Nervosität	F	Fahrenberg et al. 1978	A10
- Triebspannung (Q4)	F	Schumacher & Cattell 1977	A8
	F	Cattell et al. 1970	A6
	F	Schneewind et al. 1983	A7
- negative Gefühle	F	Bradburn 1969	-
- positive Gefühle	kU	Bradburn 1969	-
Indikatorenbereich: Energie, Antrieb, Interesse			
- Depressivität	F	Becker 1973	A9
	F	Fahrenberg et al. 1978	A10
- Begeisterungsfähigkeit,	M	Schumacher & Cattell 1977	A8
Überschwenglichkeit	kU	Cattell et al. 1970	A6
(F)	M	Schneewind et al. 1983	A7
- Hypomanie	M	Becker 1973	A9

Fortsetzung der Tabelle 3.4:

Persönlichkeitsmerkmal	Ergebnis	Untersuchung	Tabelle
Indikatorenbereich: Selbstwertgefühl			
- Positives Selbstbild	M	Häfeli et al. 1983	A11
- Gelassenheit	M	Fahrenberg et al. 1978	A10
- Selbstsicherheit, Selbstvertrauen (O-)	M M M	Schumacher & Cattell 1977 Cattell et al. 1970 Schneewind et al. 1983	A8 A6 A7
- Angst vor Bewährungssituationen	F	Becker 1982b	A5
- Angst vor Abwertung und Unterlegenheit	F	Becker 1982b	A5
Indikatorenbereich: Leistungsfähigkeit, Problemlösefähigkeit			
- "Maskulinität" (u.a. geistreich, kraftvoll)	M	Häfeli et al. 1983	A11

Der erste Indikatorenbereich bezieht sich auf die **(habituelle) emotionale Befindlichkeit.** Die diesbezüglichen Resultate der Auswertung verschiedener Untersuchungen sind sehr konsistent: Frauen neigen offenbar stärker zu negativen emotionalen Zuständen (Ängsten, Depressionen, Schuldgefühlen, Erregbarkeit, Nervosität und erhöhte Triebspannung) als Männer. Wie oben bereits angedeutet wurde, läßt sich dieses Ergebnis unterschiedlich interpretieren. Zum einen könnten sich darin tatsächliche Geschlechtsdifferenzen widerspiegeln, zum anderen ist nicht auszuschließen, daß Frauen schlichtweg offener sind und bereitwilliger solche negativen emotionalen Befindlichkeiten zugeben als Männer. Auf diese Interpretationsschwierigkeit weist auch MERZ (1979) am Beispiel der Ängstlichkeit hin. Er neigt dazu, bestehende Geschlechtsdifferenzen in Angsttests eher als artifiziell und invalide zu betrachten (ohne allerdings sehr stichhaltige Argumente vorzubringen), und er hält es für fruchtbarer, das Konzept der Ängstlichkeit in enger umschriebene Verhaltensbereiche aufzuspalten.

Wir wollen uns mit diesen Interpretationsschwierigkeiten auf vier Wegen auseinandersetzen: (1) durch die Heranziehung von Fremdurteilen, (2) durch die Überprüfung geschlechtsspezifischer Differenzen in Offenheit oder "Defensivität", (3) durch die Überprüfung der Bereichsspezifität der Angstneigungen von Männern und Frauen und (4) durch die Berücksichtigung einer Untersuchung von BRISCOE (1982).

Was die Fremdurteile betrifft, so ermittelten WILLIAMS et al. (1979) in ihrer kulturvergleichenden Studie, daß Frauen häufiger als furchtsam, besorgt und sorgenvoll eingestuft wurden als Männer. In unserer eigenen Untersuchung gelangten die studentischen Versuchspersonen sowohl auf der Ebene der Geschlechterstereotype als auch der Elternbilder zu dem Urteil, daß die Eigenschaften "ängstlich", "depressiv" und "sensibel" bei Frauen (signifikant) stärker ausgeprägt sind als bei Männern. (Es sei nicht verschwiegen, daß eine beträchtliche Zahl von Studenten keine Geschlechtsdifferenzen wahrnahm und einige wenige Studenten zu entgegengesetzten Urteilen gelangten.) Keine signifikanten Geschlechterunterschiede berichteten unsere Versuchspersonen hingegen bei den Eigenschaften "erregbar" und "nervös". Das Merkmal "Angst vor Selbstbehauptung wurde lediglich unter Anweisung 1 (Geschlechterstereotyp) häufiger den Frauen als den Männern zugesprochen.

Überprüft man anhand von Skalen zur Messung von Abwehrhaltungen, ob Männer generell defensiver sind als Frauen, so läßt sich eine derartige Hypothese empirisch nicht stützen (vgl. Tabelle 3.5). In vier Untersuchungen erscheinen die Frauen, in einer die Männer defensiver, in zwei Untersuchungen treten keine signifikanten Differenzen auf. Lassen diese Ergebnisse auch keine endgültigen Schlüsse zu und ist nicht auszuschließen, daß Männer spezifische Abwehrhaltungen gegenüber dem Eingestehen von Ängsten und Depressionen haben, so erscheint es doch sehr zweifelhaft, daß die überraschend konsistenten Ergebnisse bezüglich einer höheren Angst- und Depressionsneigung von Frauen überwiegend oder gar ausschließlich auf geschlechtsspezifische Antworttendenzen zurückzuführen sind (vgl. auch PEARLIN 1975; BLOCK 1976; AL-ISSA 1982a).

In diese Richtung verweisen auch die mit dem IAF gewonnenen Ergebnisse (vgl. Tabelle A5). Der IAF (Interaktions-Angstfragebogen) von BECKER (1982b) ist ein Verfahren zur Messung bereichsspezifischer Angstneigungen. Auf der Ebene der Basisskalen werden sechs habituelle Bereitschaften zu Angstreaktionen in bestimmten Situationsklassen erfaßt: Angst vor (1) physischer Verletzung, (2) "Auftritten", (3) Normüberschreitung, (4) Erkrankungen und ärztlichen Behandlungen, (5) Selbstbehauptung, (6) Abwertung und Unterlegenheit. Wie die in Tabelle A5 wiedergegebenen Resultate einer varianzanalytischen Auswertung zeigen, schreiben sich Frauen nicht in allen Angstbereichen höhere Werte zu als Männer. Signifikante Geschlechtsdifferenzen treten lediglich in den Bereichen (1) physische Verletzung, (2) "Auftritte", (5) Selbstbehauptung und (6) Abwertung und Unterlegenheit auf. Auch MAGNUSSON (1982) fand in einer Untersuchung an 15jährigen Jungen und Mädchen, daß sich die beiden Geschlechter nur in bestimmten Arten von Situationen (z.B. bei physischer Bedrohung) im Grad der mitgeteilten Angst unterscheiden. Diese Ergebnisse bestätigen eine oben erwähnte Vermutung von MERZ (1979), daß eine (bereichsspezifische) Aufspaltung des Angstkonstruktes zu klareren Ergebnissen führt als die Verwendung eines globalen Angstmaßes.

BRISCOE (1982), die in ihrer Untersuchung ebenfalls höhere Ängstlichkeitswerte bei Frauen als bei Männern fand, überprüfte drei mögliche Erklärungshypothesen: (1) Es besteht ein tatsächlicher Geschlechterunterschied. (2) Die Angstwerte der Männer sind erniedrigt, weil das Eingestehen von Angst für sie stigmatisierend ist. (3) Die Angstwerte der Frauen sind wegen deren größerer Bereitschaft, Ängste mitzuteilen, überhöht. Sie verglich die Selbsteinschätzungen der Ängstlichkeit von Männern und Frauen sowie die Fremdurteile der Männer und Frauen über ihre jeweiligen Ehepartner und gelangte zu folgenden Ergebnissen: "Beide Ehepartner zeigten eine ausgeprägte Tendenz, das Angstniveau ihrer Partner zu überschätzen (bzw. das eigene Angstniveau zu niedrig einzuschätzen. Anmerkung des Verfassers). Man kann daher den Schluß ziehen, daß die höheren Angstniveaus der Frauen nicht (!) nur daher rühren, daß Frauen zuviel Angst mitteilen ... Alles in allem scheint es jedoch so, daß beide Geschlechter das Zugeben eigener Angst als stigmatisierend erleben, weniger jedoch das Zugeben der Angst ihrer Partner" (BRISCOE 1982, p. 19).

Ein analoges Ergebnis erzielten auch CLANCY & GOVE (1974), die fanden, daß es für Frauen wie für Männer gleichermaßen unerwünscht ist, unter psychiatrischen Symptomen zu leiden. Auf der anderen Seite sprechen Befunde von PHILLIPS (1964), PHILLIPS & SEGAL (1969) sowie HAMMEN & PETERS (1977,

1978) dafür, daß Männer - zumindest bei Vorliegen bestimmter Symptome (vor allem Depressionen und Ängste) - stärkere soziale Ablehnung erfahren als Frauen. (Umgekehrt finden z. B. alkoholkranke Frauen bzw. Frauen im betrunkenen Zustand wahrscheinlich weniger Verständnis als betrunkene Männer.)

Nach den vorliegenden Befunden halten wir zusammenfassend folgende Thesen zu Geschlechterunterschieden im Bereich der (habituellen) emotionalen Befindlichkeit für vertretbar:
(1) Unter den heutigen Lebensbedingungen in westlichen Industriegesellschaften neigen Frauen stärker bzw. häufiger zu negativen Emotionen (vor allem Ängste und Depressionen) als Männer (vgl. auch LOGAN & KASCHAK 1980). Dabei sind selbstverständlich große interindividuelle Unterschiede innerhalb eines Geschlechts und große Überschneidungen zwischen den Geschlechtern zu beobachten. Geschlechtsgebundene erhöhte Angstbereitschaften sind sehr wahrscheinlich nur bereichsspezifisch nachweisbar.
(2) Verläßt man sich ausschließlich auf Selbstauskünfte über die emotionale Befindlichkeit, so kommt es zu einer Überschätzung tatsächlicher Geschlechterunterschiede, da eine bei Männern wahrscheinlich etwas stärker ausgeprägte Tendenz zum "Abstreiten" spezifischer negativer Emotionen (Ängste, Depressionen) in Rechnung zu stellen ist. Männer scheinen jedoch nicht generell "defensiver" zu sein als Frauen (PEARLIN 1975).

Der zweite Indikatorenbereich bezieht sich auf das **habituelle Energie- und Antriebsniveau** sowie das **Interesse an der Umwelt.** Wie Tabelle 3.4 zeigt, enthalten die von uns ausgewählten Tests nur wenige Skalen, die Hinweise auf eventuelle Geschlechtsdifferenzen liefern können. Wir halten es daher für angemessen, bei der Formulierung von Hypothesen Zurückhaltung an den Tag zu legen. Die wenigen signifikanten Ergebnisse deuten zwar in die Richtung eines etwas höheren Energie- und Antriebsniveaus von Männern, doch sind die Geschlechtsdifferenzen absolut gesehen gering. Wir plädieren daher für die Beibehaltung der Null-Hypothese und stützen uns dabei auch auf die Fremdurteile. In der Untersuchung von WILLIAMS et al. (1979) finden sich keine klaren Hinweise auf Geschlechterunterschiede. In unserer eigenen Studie wurden lediglich unter der Anweisung 1 (Geschlechterstereotype) die Eigenschaften "energisch" und "aktiv" häufiger den Männern als den Frauen zugesprochen. Unter Anweisung 2 (Beurteilung der Eltern) war dieser Befund jedoch nicht zu replizieren.

Der dritte Indikatorenbereich erfaßt verschiedene Aspekte des **Selbstwertgefühls** (positives Selbstbild, Selbstsicherheit, Gelassenheit). Aus den in Tabelle 3.4 zusammengestellten Selbstauskünften geht eindeutig hervor, daß Männer ein höheres Selbstwertgefühl haben als Frauen. In der Untersuchung von WILLIAMS et al. (1979) wurden Männer als selbstherrlicher und prahlerischer beurteilt als Frauen, d. h. Männer stellen zumindest Selbstbewußtsein zur Schau. Bemerkenswerterweise bestätigen die Ergebnisse unserer eigenen Untersuchung das bisher gezeichnete Bild nicht. Unter der Anweisung 1 (Geschlechtsrollensterotype) wurden die Frauen im Vergleich zu den Männern zwar als selbstunsicherer, jedoch auch als gelassener beurteilt. Im Merkmal "selbstbewußt" zeigte sich kein signifikanter Geschlechterunterschied. Unter der Anweisung 2 (Beurteilung der Eltern) lieferten unsere Ergebnisse keinen Hinweis auf ein höheres Selbstwertgefühl der Männer (Väter). Auch in einer von MACKIE (1983) durchgeführten Untersuchung an einer repräsentativen Stichprobe von 797 erwachsenen Kanadiern wurden in der "Rosenberg Self-Esteem Scale" keine signifikanten Gegeschlechterunterschiede ermittelt. Die geschilderten Widersprüche verlangen klärende zusätzliche Untersuchungen. Angesichts der hohen Konsistenz der mit sorgfältig konstruierten Tests an größeren und repräsentativen Stichproben gewonnenen Ergebnisse sowie unter Bezugnahme auf Arbeiten von McKEE & SHERRIFFS (1957, 1959), SHERRIFFS & McKEE (1957), ROSENKRANTZ et al. (1968), FEIN et al. (1975) sowie STEINEBACH (1984) gelangen wir zusammenfassend zu dem Urteil, daß die Hypothese eines höheren Selbstwertgefühls der Männer der Null-Hypothese vorzuziehen ist.

Zum vierten Indikatorenbereich **"Leistungsfähigkeit, Problemlösefähigkeit"** konnten wir in unserem Testpool lediglich eine Skala finden, die von HÄFELI et al. (1983) als "Maskulinität" bezeichnet wurde. Sie enthält eine Reihe von Eigenschaften aus der "Adjective Check List", darunter die Merkmale "geistreich", "kraftvoll", "logisch denkend", "planmäßig" und "realistisch". In dieser Skala erzielten männliche Jugendliche signifikant höhere Werte als weibliche Jugendliche. In der Untersuchung von STEINEBACH (1984) an 601 Frauen und 667 Männern im Alter von 30 bis 59 Jahren berichteten Frauen über eine signifikant geringere Entwicklungserfüllung, geringere Entwicklungszufriedenheit und größere Zielentfernung in den Variablen "geistige Leistungsfähigkeit", "Selbstentwicklung, Ausschöpfung eigener Fähigkeiten" und "körperliche Leistungsfähigkeit, Fitneß". In Kongruenz zu diesem Ergebnis waren sie auch stärker als Männer an geistigen Anregungen und Weiterbildungsmöglichkeiten sowie an einer Steigerung ihrer physischen Aktivität interessiert. Weitere Hinweise auf eine höhere Leistungs- bzw. Problemlösefähigkeit der Männer werden wir in einem späteren Abschnitt dieses Kapitels zum Thema "Geschlechtsdifferenzen im Bewältigungsverhalten" geben.

Ein Blick auf die über Fremdurteile gewonnenen Ergebnisse vermittelt folgendes Bild: Männer wurden in der Studie von WILLIAMS et al. (1979) als geistreicher, erfinderischer, fortschrittlicher, realistischer, stärker und zäher beschrieben als Frauen. In dieselbe Richtung verweisen unsere eigenen Befunde, jedoch nur unter der Anweisung 1 (Geschlechtsrollensterotype). Unter der Anweisung 2 (Beurteilung der Eltern) fand sich kein signifikanter Geschlechterunterschied beim Merkmal "guter Problemlöser".

Zusammenfassend liegen zu wenige Befunde vor, um zu einer definitiven Aussage zu gelangen. Von der Tendenz her sprechen die Ergebnisse für eine höhere Leistungs- und Problemlösefähigkeit der Männer. Wir sehen darin jedoch nicht mehr als eine vorläufige und globale Hypothese, die durch weitere gezielte und verbesserte Methoden überprüft werden muß. Zur verbesserten Methodik gehört dabei eine stärkere Ausdifferenzierung der verschiedenen Teilkomponenten der Leistungsfähigkeit, die den unterschiedlichen Lebensbedingungen und Aufgaben von Frauen und Männern Rechnung trägt, getrennte Auswertungen für verschiedene Subgruppen von Männern und Frauen (mit unterschiedlichem Bildungs- bzw. Schichtniveau, mit und ohne Berufstätigkeit) sowie die Verwendung von Fremdurteilen, die weniger im Verdacht stehen, durch ungeprüfte Geschlechtsrollenstereotype verfälscht zu sein.

Ausgehend von Abbildung 1.8 wenden wir uns in einem nächsten Schritt einer Variante seelischer Gesundheit zu, die wir als **"Selbstaktualisierung"** bezeichnet haben und deren Gegenpol durch (neurotische) Gehemmtheit gekennzeichnet ist. Wir haben den Bereich der "Selbstaktualisierung vs. Gehemmtheit" in vier Teilkomponenten untergliedert: Expansivität, Geselligkeit, Gehemmtheit und Defensivität, und wir haben für jede Teilkomponente geeignete Indikatoren aus verschiedenen Untersuchungen herangezogen (vgl. Tabelle 3.5).

Bezüglich der Teilkomponenten **"Expansivität"** und **"Gehemmtheit"** liefern die Testresultate ein recht konsistentes Bild. Männer beschreiben sich als dominanter, selbstbehauptender, forscher, ungehemmter und selbstsicherer als Frauen (vgl. auch STEINEBACH 1984). Diese Attribute wurden ihnen auch auf

Tabelle 3.5: Vergleiche von Frauen und Männern in Persönlichkeitsmerkmalen aus dem Bereich der "Selbstaktualisierung vs. Gehemmtheit". F, M, kU bedeuten: signifikant höhere Werte bei Frauen (F), Männern (M) bzw. kein signifikanter Unterschied kU).

Persönlichkeitsmerkmal	Ergebnis	Untersuchung	Tabelle
Teilkomponente: Expansivität			
- Dominanz, Selbst- hauptung (E)	M	Schumacher & Cattell 1977	A8
	M	Cattell et al. 1970	A6
	M	Schneewind et al. 1983	A7
	kU	Beckmann & Richter 1975	-
- Parmia (Forschheit, Selbstsicherheit) (H)	M	Schumacher & Cattell 1977	A8
	M	Cattell et al. 1970	A6
	M	Schneewind et al. 1983	A7
Teilkomponente: Geselligkeit			
- Geselligkeit	M	Fahrenberg et al. 1978	A10
- (Geringe) soziale Introversion (Si)	M	Becker 1973	A9
Teilkomponente: Gehemmtheit			
- Gehemmtheit	F	Fahrenberg et al. 1978	A10
- Angst vor Selbst- behauptung	F	Becker 1982b	A5
Teilkomponente: Defensivität			
- Defensivität (K-Skala)	F	Becker 1973	A9
- (Geringe) Offenheit	F	Fahrenberg et al. 1978	A10
- "Lügen"-Tendenz	F	Eggert 1974	-
	F	Eysenck 1982	-
	kU	Eggert 1974	-
	M	Becker 1973	A9
- Durchlässigkeit	kU	Beckmann & Richter 1975	-

der Ebene der Geschlechtsrollenstereotype in der Untersuchung von WILLIAMS et al. (1979) sowie - weniger deutlich - in unserer eigenen Untersuchung unter der Anweisung 1 zugesprochen. Lediglich unter der Anweisung 2 (Beurteilung der Eltern) ließen sich die Geschlechtsdifferenzen nicht nachweisen.

Für die Teilkomponente **"Geselligkeit"** fanden wir in unserem Testpool nur zwei einschlägige Variablen (siehe Tabelle 3.5). In beiden erreichten die Männer höhere Werte als die Frauen. Auf der Ebene der Fremdbeurteilungen war dieser Befund jedoch nicht zu replizieren. In einem Fall (bei Anweisung 2 in unserer Untersuchung) wurde sogar ein genau entgegengesetztes Ergebnis (höhere Geselligkeit der Mütter) erzielt. Auch RÜDDEL, NEUS & STUMPF (1982) fanden bei Frauen höhere Werte in der Geselligkeitsskala des PRF als bei Männern. Zur Aufklärung der Gründe für diese widersprüchlichen Befunde sind weitere Untersuchungen erforderlich.

Auf die Teilkomponente **"Defensivität"** sind wir oben bereits kurz eingegangen. Aus Tabelle 3.5 lassen sich keine eindeutigen Schlüsse bezüglich möglicher Geschlechtsdifferenzen in diesem Persönlichkeitsmerkmal ziehen. Die Mehrzahl der Untersuchungen belegt zwar eine größere Defensivität der Frauen, doch liegen auch zwei Arbeiten vor, in denen keine signifikanten Geschlechts-

Tabelle 3.6: Vergleiche von Frauen und Männern in Persönlichkeitsmerkmalen aus dem Bereich der "Sozialen Anpassung vs. Zügellosigkeit". F, M, kU bedeuten: signifikant höhere Werte bei Frauen (F), Männern (M) bzw. kein signifikanter Unterschied (kU).

Persönlichkeitsmerkmal	Ergebnis	Untersuchung	Tabelle
Teilkomponente: Zügellosigkeit			
- spontane Aggressivität, emotionale Unreife	M	Fahrenberg et al. 1978	A10
- Delinquenzneigung	M	Becker 1973	A9
- Hypomanie	M	Becker 1973	A9
- Radikalismus, Veränderungsbereitschaft (Q1)	M M	Schneewind et al. 1983 Cattell et al. 1983	A7 A6
- Psychopathie	kU	Becker 1973	A9
Teilkomponente: Selbsttranszendenz			
- Soziale Wärme	F	Häfeli et al. 1983	A11
- "Femininität" (u.a. gütig, mitfühlend, warmherzig)	F	Häfeli et al. 1983	A11
- Soziale Verantwortlichkeit	F	Becker 1973	A9
- Affektothymie (Warmherzigkeit, Kontaktorientierung) (A)	F F F	Schumacher & Cattell 1977 Cattell et al. 1970 Schneewind et al. 1983	A8 A6 A7
- (Geringe) Protensia (geringes) Mißtrauen (L-)	F F ↓	Cattell et al. 1970 Schneewind et al. 1983 ↓	A6 A7
- (Geringe) Feindseligkeit	F	Becker 1973	A9

differenzen zutage traten, und in einer weiteren Untersuchung (BECKER 1973) erzielten Männer höhere "Lügen"-Werte als Frauen.

In einem nächsten Schritt wenden wir uns jener Variante seelischer Gesundheit zu, die wir in Abbildung 8 als **"soziale Anpassung"** bezeichnet haben und deren Gegenpol durch Zügellosigkeit gekennzeichnet ist. Wir haben diesen Bereich in die beiden Teilkomponenten "Selbsttranszendenz" (bzw. genauer: die soziale Variante der Selbsttranszendenz) und "Zügellosigkeit" untergliedert und nach Testvariablen Ausschau gehalten, die sich zur Operationalisierung dieser beiden Teilkomponenten eignen (vgl. Tabelle 3.6).

Die Ergebnisse zu Geschlechtsdifferenzen in diesem Bereich sind außerordentlich konsistent. Wie aus Tabelle 3.6 hervorgeht, erreichen Männer in der Teilkomponente **"Zügellosigkeit"** im allgemeinen höhere Testwerte als Frauen. Lediglich in der Psychopathie-Skala des MMPI fand BECKER (1973) keine signifikanten Unterschiede. Dieses Bild wird auch durch die Fremdurteile bestätigt. WILLIAMS et al. (1979) ermittelten, daß Männer häufiger als "gewissenlos" bezeichnet wurden als Frauen. In unserer eigenen Untersuchung beschrieben die Studierenden unter beiden Anweisungen Männer als aggressiver und zügelloser als Frauen. Unter der Anweisung 1 wurde Männern darüber hinaus signifikant häufiger das Attribut "kriminell" zugesprochen.

Gleichfalls sehr eindeutig fallen die Geschlechterunterschiede in der Teilkomponente **"Selbsttranszendenz"** aus. Tabelle 3.6 läßt klar erkennen, daß Frauen - schenkt man ihrem Selbsturteil Glauben - stärker zur (sozialen) Selbsttranszendenz neigen als Männer. Sie schreiben sich mehr soziale Wärme und soziale Verantwortlichkeit zu, während umgekehrt Männer höhere Testwerte in "Protensia" (Mißtrauen, Einsamkeit, skeptische Haltung) und Feindseligkeit erzielen. Diese Geschlechtsdifferenzen werden in der Untersuchung von STEINEBACH (1984) und auf der Ebene der Fremdurteile voll bestätigt. So fanden WILLIAMS et al. (1979) folgende Geschlechterstereotype: Männer sind eher egoistisch, hartherzig und derb, Frauen eher liebenswürdig, hilfsbereit, selbstverleugnend, feinfühlig und verständig. In unserer eigenen Untersuchung wurden unter beiden Anweisungen übereinstimmend Männer (bzw. Väter) häufiger als egoistisch und gefühlskalt, Frauen (bzw. Mütter) häufiger als rücksichtsvoll beurteilt.

Überblickt man die oben besprochenen Untersuchungsergebnisse, so zeichnen sich in mehreren Indikatorenbereichen für seelische Gesundheit höhere Merkmalsausprägungen bei Männern als bei Frauen ab. Eine deutliche Ausnahme bildet lediglich der Bereich der "sozialen Anpassung vs. Zügellosigkeit", den wir für unsere Auswertungszwecke in die beiden Teilkomponenten "Selbsttranszendenz" und "Zügellosigkeit" untergliedert haben. Diese Befundlage erschien uns so bemerkenswert, daß wir nach Möglichkeiten suchten, diese deutlichen Trends mit einer verbesserten Untersuchungsstrategie auf ihre Replizierbarkeit zu überprüfen. Wir berichten im folgenden in Ausschnitten über eine von MINSEL, BECKER & MARX (1985) durchgeführte Studie, von der wir uns weitere Aufschlüsse erhofften. Dabei wählten wir einen unseres Wissens bisher noch nicht realisierten methodischen Zugang:

(1) Da es unser Ziel war, nicht das Wissen über Geschlechterstereotype, sondern eventuelle tatsächliche Merkmalsunterschiede zwischen Männern und Frauen zu erfassen, fragten wir nicht nach den Eigenschaften des "typischen" Mannes bzw. der "typischen" Frau, sondern nach den Eigenschaften bestimmter Personen, die man sehr gut kennt. Auf diesem Weg läßt sich, wie LOHAUS (1984, p. 363) in

einer Untersuchung an Jugendlichen nachweisen konnte, das Ausmaß der Stereotypisierung deutlich verringern: "Die empirischen Befunde dieser Untersuchung zeigen, daß das Ausmaß der Stereotypisierung bei konkreten Beurteilungen wesentlich geringer ist als bei der Einschätzung eines typischen Jungen bzw. Mädchens. Der Anstieg des Wissens über Geschlechtsrollenstereotype ist nicht mit einer entsprechenden unterschiedlichen Beurteilung konkreter Jungen/-Mädchen verbunden."

(2) Statt uns entweder ausschließlich auf Selbstauskünfte oder ausschließlich auf Fremdurteile zu stützen, verwendeten wir beide Datenquellen in Kombination. Wir ließen jede Person (männlichen oder weiblichen Geschlechts) sowohl sich selbst beschreiben als auch durch zwei Verwandte, und zwar einen Mann (Vater bzw. Sohn) und eine Frau (Mutter bzw. Tochter), beurteilen. Dabei erfolgten alle Beschreibungen mit Hilfe inhaltlich äquivalenter Formulierungen. Untersuchungseinheiten waren also nicht Einzelpersonen, sondern vollständige leibliche Familien mit Vater, Mutter und entweder einem Sohn ("Sohnfamilien") oder einer Tochter ("Tochterfamilien"). Innerhalb dieser Familien übernahm jede untersuchte Person sowohl die Rolle des Beurteilers als auch des Beurteilten. Wir wollten dann (mit hoher Sicherheit) auf tatsächliche Geschlechterunterschiede schließen, wenn sich aus der Kombination von einem Selbsturteil und mehreren (zwei bzw. drei) Fremdurteilen statistisch signifikante Skalendifferenzen zwischen Männern und Frauen ergeben sollten.

(3) Den Selbst- bzw. Fremdbeschreibungen wurden nicht einzelne Eigenschaftswörter, sondern mehrere zu **Skalen** zusammengefaßte Verhaltenscharakterisierungen in Satzform zugrunde gelegt. Davon versprachen wir uns eine deutliche Erhöhung der Reliabilität und Validität der gemessenen Merkmale und damit eine erhöhte Chance zur Aufdeckung eventueller Geschlechtsdifferenzen.

(4) Die mit Hilfe der Skalen zu erfassenden Indikatorenbereiche seelischer Gesundheit wurden aus unserer Theorie abgeleitet (vgl. Kapitel 1). Wir entwickelten Skalen zu folgenden 5 Indikatorenbereichen: (a) emotionale Befindlichkeit, (b) Autonomie vs. Hilfesuchen, Abhängigkeit, (c) Selbstwertgefühl, (d) Expansivität vs. Defensivität und (e) (soziale) Selbsttranszendenz. Die Skalen wurden in Vorversuchen schrittweise entwickelt. Ihre internen Konsistenzen betragen: (a) .79, (b) .56, (c) .74, (d) .75, (e) .72. Mit Ausnahme der Skala "Autonomie vs. Hilfesuchen, Abhängigkeit" verfügen die Skalen über befriedigende Reliabilitäten. Für Gruppenvergleiche erscheint jedoch auch die Reliabilität der schwächsten Skala noch ausreichend (vgl. LIENERT 1969).

Die an der Untersuchung teilnehmenden Familien wurden auf folgendem Weg rekrutiert: In zwei Lehrveranstaltungen an der Universität Trier wurden männliche und weibliche Studierende der Fächer Betriebswirtschaftslehre, Soziologie, Volkswirtschaftslehre, Ethnologie sowie Pädagogik um ihre Mitarbeit gebeten, wobei ihnen erläutert wurde, daß auch ihre Eltern an der Befragung teilnehmen sollten. Die Kooperationsbereiten erhielten alle erforderlichen Untersuchungsmaterialien ausgehändigt. In den Anweisungen wurde erläutert, daß jedes teilnehmende Familienmitglied unabhängig und anonym die Selbst- bzw. Fremdbeschreibungen vornehmen sollte. In die hier berichteten Auswertungen gingen 33 Sohnfamilien und 34 Tochterfamilien ein. (Nähere Einzelheiten zur Charakterisierung der Versuchsteilnehmer sind der Arbeit von MINSEL et al. 1985 zu entnehmen.) Die Sohn- und Tochterfamilien waren bezüglich der Variablen Alter, Berufstätigkeit, Schicht und Kinderzahl vergleichbar. Das Alter der Kinder (Studierenden) lag zwischen 19 und 30 Jahren, das der Eltern zwischen 40 und 76 Jahren (Mittelwert der Mütter: 50 Jahre; Mittelwert der Väter: 54 Jahre).

Der Erläuterung des Versuchsplans, der Stichprobenzusammensetzung sowie des varianzanalytischen Auswertungsplanes dient Tabelle 3.7.

Tabelle 3.7: Übersicht über den Versuchsplan aus der Untersuchung von MINSEL, BECKER & MARX (1985). In den Zellen der Matrix sind die Häufigkeiten vorhandener Urteile (bzw. Beurteiler) angegeben. Va = Vater, Mu = Mutter, Ki = Kind, S = Söhne, T = Töchter.

	Beurteilter								
	Va			Mu			Ki		
	Beurteiler			Beurteiler			Beurteiler		
Familientyp	Va	Mu	Ki	Va	Mu	Ki	Va	Mu	Ki
Sohnfamilie	33	33	33	33	33	33	33	33	33
Tochterfamilie	34	34	34	34	34	34	34	34	34
Σ	67	67	67	67	67	67	67	67	67
$\Sigma\Sigma$		201			201			201	

Uns interessieren an dieser Stelle primär die Vergleiche zwischen Vätern und Müttern in ihren Rollen als **Beurteilte.** Nur am Rande gehen wir auf den Vergleich der Söhne und Töchter ein.

Der Grund für diese Entscheidung liegt in der größeren Streuung (und Repräsentativität) der Eltern bezüglich soziographischer Merkmale, wie Art der Berufstätigkeit, Schichtzugehörigkeit und Lebensalter. Zwar muß bei den Eltern von Studierenden mit einer Nichtrepräsentativität für die Gesamtbevölkerung gerechnet werden, doch sind die interindividuellen Unterschiede bezüglich soziographischer Merkmale und der Art der aktuellen Lebensumstände bei der Elterngeneration sehr viel größer als bei der Studentengeneration. Mögliche Geschlechtsdifferenzen auf seiten der Eltern lassen sich also besser generalisieren als auf seiten der Studierenden.

Die Auswertung der Daten erfolgte - getrennt für jede der 5 Skalen - auf varianzanalytischem Weg. Dabei handelt es sich um dreifaktorielle Varianzanalysen mit Meßwiederholung auf zwei Faktoren (Beurteiler, Beurteilte). Der Faktor ohne Meßwiederholung ist der Familientyp (Sohn- bzw. Tochterfamilie). Aus der Vielzahl von Ergebnissen (vgl. MINSEL et al. 1985) berichten wir hier nur einen Ausschnitt, der in Tabelle 3.8 wiedergegeben ist. Zunächst gehen wir auf die Unterschiede zwischen Vätern und Müttern in ihrer Rolle als Beurteilte ein. Es ergeben sich in allen fünf Skalen signifikante Geschlechtsunterschiede. In vier der fünf Indikatorenbereiche für seelische Gesundheit erreichen die Männer höhere Skores als die Frauen; lediglich im Bereich der (sozialen) "Selbsttranszendenz" übertreffen die Skores der Frauen diejenigen der Männer. Diese Ergebnisse stehen - soweit Vergleiche möglich sind - mit den oben beschriebenen Tendenzen im Einklang. Als neuer Befund verdient die Geschlechtsdifferenz im Indikatorenbereich "Autonomie vs. Hilfesuchen, Abhängigkeit" Beachtung. (Hierzu hatten wir oben keine Aussagen gemacht, da in den von uns herangezogenen Fragebogentests entsprechende Skalen fehlten.) Die stärkere Abhängigkeit bzw. das stärkere Hilfesuchen der Frauen stimmt mit Ergebnissen überein, die JANKE, ERDMANN & KALLUS (1984) mit dem Streßverarbeitungsfragebogen (SVF) in der Skala "Bedürfnis nach sozialer Unterstützung" erzielten (vgl. Tabelle 3.13).

Der Vollständigkeit wegen berichten wir kurz die Ergebnisse, die beim Vergleich der Söhne und Töchter in deren Rolle als Beurteilte ermittelt wurden. In den Bereichen "emotionale Befind-

Tabelle 3.8: Mittelwerte von Vätern (Va), Müttern (Mu), Söhnen (So) und Töchtern (To) in 5 Skalen zur Messung verschiedener Komponenten der seelischen Gesundheit. Die Mittelwerte jeder Beurteilungsgruppe basieren auf den kombinierten Selbst- und Fremdurteilen von vier (bzw. im Falle der Söhne und Töchter: drei) Beurteilungsgruppen. Zusätzlich sind die Ergebnisse von Signifikanzprüfungen angegeben. (x): p < .07; x: p ≤ .05; xx: p ≤ .01.

Skala	Mittelwerte					Kontraste			
	Va	Mu	So	Ki	To	Va-Mu	So-To	Ki-Va	Ki-Mu
(Positive) emotionale Befindlichkeit	35.02	32.75	36.052	34.96	33.45	xx	xx	–	xx
Autonomie	28.05	24.42	26.99	26.41	25.84	xx	(x)	xx	xx
Selbstwertgefühl	30.52	29.07	31.25	30.20	29.18	x	x	–	–
Expansivität	34.55	31.40	34.04	34.19	34.33	xx	–	–	xx
Selbsttranszendenz	36.55	39.50	37.79	38.10	38.42	xx	–	xx	xx

lichkeit", "Autonomie" und "Selbstwertgefühl" stehen sie mit den Befunden bei Vätern und Müttern im Einklang, d.h. die Söhne erzielten signifikant oder knapp signifikant höhere Werte in diesen drei Indikatoren für seelische Gesundheit als die Töchter. Dieses Ergebnis ist überraschend, wenn man sich vor Augen führt, wie ähnlich doch die äußeren Lebensumstände dieser beiden Gruppen von Studierenden sind. In den Bereichen "Expansivität" und "Selbsttranszendenz" treten hingegen keine signifikanten Unterschiede zwischen den Söhnen und Töchtern zutage. Studentinnen stehen bezüglich ihrer Expansivität in nichts hinter ihren männlichen Kommilitonen zurück, und die bei der Generation der Mütter so deutlich ausgeprägte Tendenz zur Selbsttranszendenz ist bei ihren Töchtern nur in abgeschwächter Form zu beobachten.

Vor einer abschließenden Diskussion der Geschlechtsdifferenzen in Indikatoren für seelische Gesundheit halten wir es für aufschlußreich, die Skores von Männern und Frauen in **Neurotizismusmaßen** mitzuberücksichtigen. Wir haben zu diesem Zweck die Manuale von deutschsprachigen Tests, die Neurotizismusskalen enthalten, ausgewertet, soweit sie getrennte Normen für die beiden Geschlechter, die auf hinreichend großen und - in den meisten Fällen - "repräsentativen" Stichproben basieren, mitteilen (vgl. Tabelle 3.9). Die Ergebnisse unserer Analyse sind eindeutig:
Weibliche Personen erzielen in allen Fällen höhere Neurotizismuskores als Männer. Die Unterschiede sind mit Ausnahme der beiden MMPI-Indikatoren für Neurotizismus auf wenigstens dem 5 %-Niveau (bei zweiseitiger Testung) signifikant. Die Differenzen in den beiden MMPI-Skalen Ne und Ns erreichen das 5 %-Niveau nur bei einseitiger Testung. Auch BRENGELMANN & BRENGELMANN (1960) ermittelten in der Originalversion einer Neurotizismusskala bei Frauen signifikant höhere Skores als bei Männern. Damit bestätigen die Testergebnisse die in Abschnitt 3.1 dargestellten epidemiologischen Befunde einer stärkeren Neigung der Frauen zu emotionalen (vor allem neurotischen) Störungen.

Wegen der engen Zusammenhänge zwischen "neurotischen" und "funktionell-körperlichen Beschwerden (Nervosität, vegetative Labilität, vegetative Dystonie) berichten wir zusätzlich über zwei Arbeiten von FAHRENBERG (1965, 1975) zu **funktionell-körperlichen Beschwerden** bei Frauen und Männern. FAHRENBERG (1965) entwickelte einen Fragebogen (VELA) zur Erfassung der subjektiv erlebten Nervosität. Die 54 Items des VELA beziehen sich auf funktionelle Beschwerden im vegetativen, motorischen, sensiblen und sensorischen Bereich. (Itembeispiele: Erröten oder erblassen Sie leicht? Haben Sie häufig Kopfschmerzen? Sind Sie häufiger abgespannt, matt und erschöpft?) Die Skala besitzt eine hohe Halbierungszuverlässigkeit (etwa .90) und Retestreliabilität (bei 3 Wochen r_{tt} = .87; bei 1 Jahr r_{tt} = .66). Sie korreliert mit Neurotizismus bzw. emotionaler Labilität bei verschiedenen Stichproben zwischen .59 und .71. FAHRENBERG (1965) untersuchte insgesamt 903 männliche und weibliche Personen (Studenten und Klinik- bzw. Sanatoriumspatienten), die jedoch keine Repräsentativität für die Bevölkerung beanspruchen können. Sowohl in den Studenten- als auch in den Patientengruppen erzielten Frauen im VELA sehr signifikant höhere Skores als Männer (t = 6,09; p<.0001; t = 3.82; p<.001) (vgl. auch FAHRENBERG 1966).

Ein vergleichbares Ergebnis wurde von FAHRENBERG (1975) mit der Freiburger Beschwerdenliste FBL erzielt. Dieses Verfahren enthält 78 Fragen zu körperlichen Beschwerden, die in 11 Skalen zusammengefaßt sind. Vier Stichproben "gesunder" Männer und Frauen bzw. männlicher und weiblicher Kurpatienten unterschieden sich in mehreren FBL-Skalen. Frauen erzielten sehr signifikant höhere Skores als Männer in den Bereichen "Allgemeinbefinden", "emotionale Reaktivität", "Schmerz", "Haut" und signifikant höhere Beschwerden-Gesamt-

Tabelle 3.9: Vergleiche von Frauen und Männern in Neurotizismus-Maßen. N = Anzahl der Personen. MW = Mittelwert, s = Standardabweichung, 6 = Ergebnis des t-Tests. (x): $p \leq .10$; x: $p \leq .05$; xx: $p \leq .01$; xxx: $p \leq .001$.

Diagnostisches Verfahren	Untersucher	Alter	Männer			Frauen			t
			N	MW	s	N	MW	s	
FPI (N)	Fahrenberg et al. 1978	15-40	180	11.36	5.34	160	12.76	5.35	-2.40x
FPI (N)	Fahrenberg et al. 1978	>40	133	10.29	5.70	157	12.29	5.46	-3.04xx
BIV (N)	Jäger et al. 1976	>18	430	3.73	2.68	312	4.80	2.80	-5.26xxx
EPI (N), Form A	Eggert 1974	MW=14 s=0.6	548	6.8	3.7	524	8.6	4.3	-7.35xxx
EPI (N), Form B	Eggert 1974	MW=14 s=0.6	486	8.7	4.0	511	10.6	4.1	-7.40xxx
MMPI (Ne)	Becker 1973	18-40	825	6.9	4.2	233	7.5	4.7	-1.87(x)
MMPI (Nf)	Becker 1973	18-40	825	9.3	4.8	233	9.9	4.6	-1.70(x)
EPQ (N)	Eysenck 1982	MW=32 s=13	745	9.17	4.91	591	10.89	4.9	-6.36xxx
ENNR (N)	Fahrenberg 1966	MW=22 s=2.5	350	18.93	9.63	184	20.68	9.50	-2.00x
ENNR (N)	Warncke 1964		523	18.84	10.05	212	21.98	8.33	-4.02xxx

skores. Die beiden von FAHRENBERG durchgeführten Untersuchungen belegen unseres Erachtens, daß Frauen über mehr "nervöse" Beschwerden klagen als Männer. Auch in der Untersuchung von STEINEBACH (1984) an 1268 Männern und Frauen im Alter von 30 bis 59 Jahren berichteten Frauen im Vergleich zu Männern über eine geringere "Entwicklungserfüllung" und eine größere "Zielentfernung" (subjektiv wahrgenommene Distanz zu einem Entwicklungsziel) im Bereich des gesundheitlichen Wohlbefindens (vgl. auch BRANDTSTÄDTER, KRAMPEN & HEIL 1984).

Die Frage nach Geschlechtsdifferenzen in verschiedenen Indikatoren für seelische Gesundheit läßt sich nach unseren obigen Analysen mit gewissen Einschränkungen wie folgt beantworten:
(1) Männer leiden seltener und weniger intensiv unter negativen Emotionen als Frauen. Bezüglich positiver Gefühle bestehen keine Geschlechtsdifferenzen.
(2) Männer besitzen ein höheres Selbstwertgefühl und größere Selbstsicherheit.
(3) Männer verhalten sich "expansiver" (dominanter, selbstbehauptender, weniger gehemmt).
(4) Männer zeigen mehr Autonomie und weniger Abhängigkeit/Hilfesuchen.
(5) Männer sind weniger neurotisch (haben niedrigere Neurotizismusskores).
(6) Männer leiden weniger unter "Nervosität" bzw. funktionell-körperlichen Beschwerden.
(7) Frauen neigen stärker zur (sozialen) "Selbsttranszendenz" (im Sinne von sozialer Wärme und sozialer Verantwortlichkeit) als Männer.
(8) Frauen neigen weniger zur "Zügellosigkeit".
(9) Keine eindeutigen Geschlechtsdifferenzen, sondern bestenfalls mehr oder weniger deutliche Trends ließen sich nachweisen in den Bereichen "Energie, Antrieb, Interesse" sowie "Leistungsfähigkeit, Problemlösefähigkeit". Hierzu liegen bisher zu wenige und methodisch nicht voll befriedigende Ergebnisse vor. Wenn sich Trends abzeichneten, so deuteten sie jeweils in Richtung einer besseren seelischen Gesundheit von Männern.

Die wichtigsten Einschränkungen betreffen folgende Punkte:
- Die ermittelten Geschlechtsdifferenzen sind zunächst rein deskriptiver Natur und lassen die Frage nach ihrer Genese bzw. nach der "Natur" der Frau bzw. des Mannes offen.
- Die Geschlechtsdifferenzen beinhalten signifikante Mittelwertsunterschiede und schließen nicht aus, daß bei einer Vielzahl von Frauen (Männern) die Merkmalsausprägungen oberhalb des Mittelwertes des anderen Geschlechts liegen.
- Unsere Auswertung berücksichtigt zu wenige eventuelle Wechselwirkungen zwischen Geschlecht und Lebensalter, sozialer Schicht und weiteren soziologisch relevanten Variablen, d. h. die Geschlechtsdifferenzen sind in verschiedenen Altersstufen (bzw. Kohorten) und sozialen Schichten eventuell unterschiedlich stark ausgeprägt.
- Die Anzahl und Art der herangezogenen Indikatoren für seelische Gesundheit können in einigen Bereichen noch nicht befriedigen.

Bei Berücksichtigung dieser Einschränkungen bestätigen obige Ergebnisse das Bild, das sich aufgrund der in Abschnitt 3.1 zusammengestellten Befunde abzeichnete: Frauen neigen stärker zur emotionalen Labilität und zu neurotischen Störungen als Männer, die ihrerseits häufiger antisoziale Persönlichkeitsstörungen aufweisen als Frauen. Diese Aussage wird durch epidemiologische Befunde, Testergebnisse, Fremdurteile auf der Ebene der Geschlechterstereotype, aber auch auf der Ebene der Urteile über die eigenen Eltern gestützt. Sie ist unseres Erachtens damit gut abgesichert.

Orientiert man sich bei der Beurteilung der seelischen Gesundheit von Frauen und Männern an den in Abbildung 1.8 zusammengestellten Indikatoren, so weisen unsere Befunde in ihrer Gesamtheit - nicht jedoch bezüglich jedes einzelnen Indikators - auf eine geringere seelische Gesundheit der Frauen hin. Wir halten dieses Resultat für so bedeutsam, daß wir nach weiteren Belegen für diese These suchen, bevor wir im nächsten Abschnitt Erklärungsansätze formulieren.

Als "Fundgrube" für Aussagen über die seelische Gesundheit repräsentativer Bevölkerungsgruppen dient uns dabei eine Untersuchung von GURIN, VEROFF & FELD (1960). Diese leider schon ein Vierteljahrhundert zurückliegende Befragung wurde im Auftrag der "Joint Commission on Mental Illness and Health" mit dem Ziel durchgeführt, präzisere Informationen über die seelische Gesundheit der erwachsenen Bevölkerung in den USA zu erhalten. In einer aufwendigen Repräsentativerhebung wurden 2460 Amerikaner im Alter von 21 Jahren und darüber befragt, die einen festen Wohnsitz hatten und sich zum Untersuchungszeitpunkt nicht in Krankenhäusern, Justizvollzugsanstalten oder anderen Institutionen befanden. Aus der Vielzahl interessanter Ergebnisse kann an dieser Stelle nur eine kleine Auswahl besprochen werden.

Als Indikatoren für seelische Gesundheit (bzw. "general adjustment") dienten nicht - wie in vielen epidemiologischen Studien - klinische Fremdurteile, sondern die Selbsteinschätzungen der betroffenen Personen. Die wichtigsten dieser Indikatoren sind: (1) Gefühle eines drohenden Nervenzusammenbruchs, (2) ein zurückliegendes Problem, das professionelle Hilfe erforderlich machte, (3) das Ausmaß an Sorgen und Bedrücktheit ("worries"), (4) ein positives oder negatives Selbstbild, (5) der Grad des Sich-glücklich-oder-unglücklich-Fühlens.

Wir haben die Ergebnisse in Tabelle 3.10 zusammengestellt und - soweit möglich - statistische Berechnungen (Chi-Quadrat-Analysen) durchgeführt. Mit Ausnahme des Indikators "augenblickliches Glücklichsein" deuten alle Anzeichen auf eine geringere seelische Gesundheit der Frauen hin: Mehr Frauen als Männer haben den Eindruck, kurz vor einem Nervenzusammenbruch zu stehen, hatten in der Vergangenheit ein Problem, das professionelle Hilfe erforderte, fühlen sich häufig bedrückt und voller Sorgen, haben ein negatives oder ambivalentes Selbstbild (Ausnahme: College-Absolventinnen im Alter von 35-54 Jahren). Das teilweise widersprüchliche Ergebnis im Indikator "augenblickliches Glücklichsein" ist schwer zu interpretieren. Zwar schätzen sich etwas mehr Frauen als Männer "nicht allzu glücklich" ein, doch wird dieser Trend durch ein gegenläufiges Ergebnis der Kategorie "sehr glücklich" wieder aufgehoben.

GURIN et al. (1960) halten es für denkbar, daß sich in diesem Resultat geschlechtsspezifische Unterschiede in der Bereitschaft zum Erkennen und Äußern persönlicher Probleme widerspiegeln. Als weitere Möglichkeit ist in Betracht zu ziehen, daß in die Beurteilung des eigenen Glücklichseins nicht nur der eigene emotionale Zustand, sondern auch die Zufriedenheit mit der gesamten familiären, wirtschaftlichen und politischen Lage einfließt (etwa im Sinne des Eindrucks "Ich bin mit meiner Lage ganz zufrieden"). Es ist ferner denkbar, daß Männer stärkere Hemmungen haben, sich als "sehr glücklich" zu bezeichnen, als Frauen. Befunde, die mit der "Affect Balance Scale" von BRADBURN (1969) gewonnen wurden, sprechen dafür, daß die Äußerung negativer emotionaler Zustände in engerem Zusammenhang mit der seelischen Gesundheit steht als die Äußerung positiver Gefühle; und in dieser Hinsicht zeichnen sich die Frauen in der Untersuchung von GURIN et al. (1960) dadurch aus, daß sie sich etwas häufiger als "nicht allzu glücklich" einstufen.

Weitere Hinweise auf Geschlechterunterschiede in zahlreichen Indikatoren für seelische Gesundheit finden sich in den Untersuchungen von SPENCE, HELMREICH & STAPP (1975) sowie SPENCE & HELMREICH (1978), auf die wir

Tabelle 3.10: Zusammenhänge zwischen Geschlecht und verschiedenen Indikatoren für seelische Gesundheit. Entnommen aus GURIN, VEROFF & FELD (1960). x (p < .05); xxx (p < .0001).

Indikatoren für seelische Gesundheit			Männer	Frauen	χ^2
Drohender Nervenzusammenbruch					
Gefühl eines bevorstehenden Nervenzusammenbruchs		ja	129 (12 %)	346 (25 %)	
		nein	948 (88 %)	1037 (75 %)	66.08xxx
Persönliches Problem					
Hatte Problem, das professionelle Hilfe erforderte		ja	194 (18 %)	373 (27 %)	
		nein	872 (81 %)	1010 (73 %)	26.03xxx
Sorgen und Bedrücktheit					
nie, selten, manchmal			743 (69 %)	802 (58 %)	
oft, immer			280 (26 %)	512 (37 %)	34.51xxx
Augenblickliches Glücklichsein					
sehr glücklich			355 (33 %)	498 (36 %)	
ziemlich glücklich			614 (57 %)	719 (52 %)	
nicht allzu glücklich			108 (10 %)	166 (12 %)	6.56x
Negatives oder ambivalentes Selbstbild					
Alter 21-34		Grade school	6 %	13 %	
		High school	16 %	22 %	
		College	16 %	26 %	
Alter 35-54		Grade school	9 %	16 %	
		High school	12 %	18 %	
		College	18 %	12 %	
Alter >55		Grade school	8 %	12 %	
		High school	5 %	9 %	
		College	11 %	18 %	

bereits im ersten Unterkapitel kurz eingingen. Diese Autoren entwickelten den "Personal Attributes Questionnaire" (PAQ), der drei Skalen zur Messung von "Maskulinität", "Femininität" und "Maskulinität-Femininität" enthält. Jede dieser drei Skalen umfaßt eine Reihe bipolarer Eigenschaften (z. B. überhaupt nicht aggressiv - sehr aggressiv), die sich bei der Abgrenzung des "typischen" Mannes von der "typischen" Frau, d. h. bei der Bestimmung der Geschlechterstereotype, als trennscharf erwiesen hatten. Diese trennscharfen Items wurden nach folgenden Gesichtspunkten einer der drei Skalen zugeordnet: Die **Maskulinitäts**-Skala umfaßt jene vom Geschlechterstereotyp her als "männlich" zu bezeichnenden Eigenschaften, die sich gleichermaßen zur Charakterisierung des idealen Mannes wie der idealen Frau eignen. "Maskuline Items wurden als Eigenschaften definiert, die für beide Geschlechter sozial erwünscht sind, von denen jedoch angenommen wird, daß sie Männer in stärkerer Ausprägung besitzen." (SPENCE & HELMREICH 1978, p. 33). Unter den 23 Items der Langform bzw. den 8 Items der Kurzform dieser Skala befinden sich überwiegend Eigenschaften, die nach unserer Theorie als Indikatoren für seelische Gesundheit zu betrachten sind (z. B. aktiv, selbstbewußt, nicht ängstlich, kompetent, belastbar). Die Skores in dieser Skala korrelieren z. B. .72 (bzw. .70) mit einer Skala zur Messung des Selbstwertgefühls (SPENCE & HELMREICH 1978), einem zentralen Indikator für SGE. Angesichts der beträchtlichen inhaltlichen Überschneidungen von Skalen zur Messung der (positiv bewerteten Aspekte der) "Maskulinität" mit Skalen zur Messung der SGE kann folgendes von TAYLOR & HALL (1982) in einer sorgfältigen Analyse ermittelte Ergebnis wenig überraschen: "Maskulinität" erlaubt eine wesentlich bessere Vorhersage des psychischen Wohlbefindens als "Femininität" oder "Androgynität". (Der Beitrag von TAYLOR & HALL (1982) eignet sich ausgezeichnet zur Klärung einiger Ungereimtheiten der Androgynitätsforschung.)

Die **Femininitäts**-Skala setzt sich aus jenen vom Geschlechterstereotyp her als "feminin" zu bezeichnenden Eigenschaften zusammen, die sich gleichermaßen zur Beschreibung des idealen Mannes wie der idealen Frau eignen. Der größte Teil der Items dieser Skala erfaßt den Bereich "Selbsttranszendenz vs. Selbstzentrierung" (z. B. hilfsbereit, warmherzig, widmet sich anderen, liebt Kinder). Die restlichen Items stehen dem Bereich "starke Verhaltenskontrolle" (z. B. strenges Gewissen, besonnen, rücksichtsvoll) nahe. Die Skores in dieser Skala korrelieren .23 (bzw. .22) mit der oben erwähnten Skala zur Messung des Selbstwertgefühls.

Die Maskulinitäts-Femininitäts-Skala enthält jene trennscharfen bipolaren Eigenschaften, bei denen der eine Pol dem "idealen Mann", der andere Pol der "idealen Frau" näher steht (z.B. aggressiv vs. nicht aggressiv, weint leicht vs. weint nicht leicht, großes vs. geringes Bedürfnis nach Sicherheit, Gefühle leicht vs. nicht leicht verletzt). Diese Skala ist inhaltlich heterogen und nicht eindeutig auf seelische Gesundheit zu beziehen. Sie wird daher von uns nicht weiter berücksichtigt.

Die von SPENCE et al. (1975) sowie SPENCE & HELMREICH (1978) bei verschiedenen größeren Studentenstichproben gewonnenen Ergebnisse lassen sich wie folgt zusammenfassen:
- In der Maskulinitäts-Skala, die sich stark mit mehreren Indikatoren für seelische Gesundheit überschneidet, erreichen männliche Studierende in allen Fällen signifikant höhere Skores als Studentinnen.
- In der Femininitäts-Skala, die in der Mehrzahl ihrer Items einen spezifischen und eher peripheren Teilaspekt der seelischen Gesundheit, nämlich "Selbsttranszendenz vs. Selbstzentrierung" abdeckt, erzielen Studentinnen stets signifikant höhere Werte als ihre männlichen Kommilitonen.

Zur weiteren Hypothesenabklärung ziehen wir die Resultate zweier Fragebogenuntersuchungen an Erwachsenen, die den seelischen Gesundheitszustand ihrer Eltern beurteilen sollten, heran. Die erste unveröffentlichte Studie wurde von uns im Rahmen der Zusammenstellung der Eichstichprobe des IAF sowie im Zusammenhang mit der Überprüfung der Validität dieses Tests (BECKER 1982b) durchgeführt. In schriftlicher und anonymer Form wurden 333 Männer und Frauen aus der IAF-Eichstichprobe sowie 118 männliche und weibliche Neurotiker befragt, die sich in stationärer oder ambulanter Behandlung befanden. Eine der Fragen zielte darauf ab, ob der eigene Vater oder die eigene Mutter "seelisch krank" gewesen seien. Die Befragten sollten sich dabei ihre Eltern vorstellen, wie sie sie aus der Zeit ihrer Kindheit und Jugend in Erinnerung hatten. In der IAF-Stichprobe stuften 5.9 % ihren Vater und 12.9 % ihre Mutter als "seelisch krank" ein. Dieser Unterschied ist hochsignifikant (Chi-Quadrat = 8.89; $p < .005$). Die Neurotiker beurteilten 8.9 % der Väter und 19.5 % der Mütter als "seelisch krank" (Chi-Quadrat = 4.88; $p < .05$). In beiden Fällen lag die Prävalenzrate der Mütter etwa doppelt so hoch wie die der Väter. Analoge Ergebnisse wurden bei den Eigenschaften "schwermütig, deprimiert, sorgenvoll" und "kränkelnd (häufig krank)" ermittelt.

Eine vergleichbare Untersuchung an 142 neurotischen Psychotherapiepatienten und 108 normalen Kontrollpersonen wurde von BÖTTCHER (1968) durchgeführt. Das Alter der beiden parallelisierten Gruppen lag zwischen 20 und etwa 45 Jahren (MW = 32; s = 7.7). Der Anteil der Frauen betrug 56 % bzw. 53,5 %. BÖTTCHER erhob eine größere Anzahl von Fragen zur Persönlichkeit der Eltern, von denen ein Teil im Zusammenhang mit seelischer Gesundheit steht. Berücksichtigt man nur jene Eigenschaften, die sowohl von den Neurotikern als auch den Kontrollpersonen signifikant häufiger einem der beiden Elternteile zugesprochen wurden, so weisen diese in jedem Fall auf eine geringere seelische Gesundheit der Mütter hin. Es sind dies die Eigenschaften "ängstlich, unsicher, gehemmt", "entschlußschwach", "zu abhängig (aufopfernd, wenig eigenständig, ließ sich ausnutzen)", "unsachlich, subjektiv, Unreife des Urteils". Die Eigenschaften "seelisch labil, störbar", "kränkbar, verarbeitungsschwach, feindselig", "klagsam", "pessimistisch" wurden gleichfalls häufiger den Müttern als den Vätern zugeordnet, jedoch sind die Unterschiede nicht signifikant. Lediglich eine Eigenschaft, die man eventuell in Verbindung mit seelischer Gesundheit bringen kann, nämlich "zu ernst", wurde von beiden Gruppen signifikant häufiger den Vätern als den Müttern zugeordnet.

Die beiden zuletzt geschilderten Untersuchungen bedürfen der Kommentierung. Es ist sicherlich unorthodox, die seelische Gesundheit Erwachsener durch deren (erwachsene) Kinder retrospektiv beurteilen zu lassen, und es sind uns keine in der einschlägigen Literatur mitgeteilten Befunde zur Reliabilität und Validität solcher "Diagnosen" bekannt. Wir halten das Vorgehen aus folgenden Gründen zur Gewinnung von Grobinformationen dennoch für vertretbar: (1) Ernsthafte seelische Erkrankungen der eigenen Eltern dürften Kindern kaum verborgen bleiben. (2) Selbst wenn man mit einer unbekannten Anzahl von "Fehldiagnosen" (z.B. aufgrund von Abwehrhaltungen) rechnen muß, so ist nicht bekannt und nicht zu erwarten, daß Kinder entweder ihre Väter oder ihre Mütter konsistent zu positiv oder zu negativ beurteilen. (3) Unsere direkte Frage nach der seelischen Gesundheit der Eltern führte zu weitgehend dem gleichen Ergebnis wie die von BÖTTCHER (1968) vorgenommene Befragung bezüglich verschiedener Eigenschaften, die mit seelischer Gesundheit in Beziehung stehen.

Abschließend sei zu den beiden Untersuchungen angemerkt, daß die Aussagen zu den Eltern sich auf jene Generationen bezogen, die etwa zwischen 1924 und 1964 (bei BÖTTCHER etwa zwischen 1930 und 1955) Kinder im Schul- bzw. Jugendalter hatten. Die Untersuchungen liefern mit anderen Worten Hinweise darauf, daß die Geschlechterunterschiede bezüglich seelischer Gesundheit nicht erst in jüngster Zeit zu beobachten sind.

Betrachtet man die Befunde aus epidemiologischen Studien zur Prävalenz psychischer Störungen, die Befragungsergebnisse zur seelischen Gesundheit der eigenen Eltern, die Resultate unserer Auswertungen von Testmanualen und Geschlechterstereotypen, die Befunde der Repräsentativerhebung von GURIN et al. (1960) sowie aus den Untersuchungen von SPENCE und Mitarbeitern im Zusammenhang, so besteht kaum noch Zweifel an der - global gesprochen - geringeren seelischen Gesundheit erwachsener Frauen als erwachsener Männer. Damit bestätigen diese Befunde die Auffassungen der Laien, nicht jedoch die der Experten aus der Untersuchung von NUNNALLY (1961), über die wir zu Beginn des Kapitels 3 berichteten. Unsere Analyse hat jedoch gezeigt, daß sich nicht in allen Indikatorengruppen für seelische Gesundheit höhere Werte von Männern nachweisen lassen und daß im Indikatorenbereich "Selbsttranszendenz vs. Selbstzentrierung" Männer von Frauen übertroffen werden.

3.3 Erklärung der Geschlechtsdifferenzen

In diesem Unterkapitel wird der Versuch unternommen, die im Zusammenhang mit der seelischen Gesundheit relevanten Geschlechtsdifferenzen und deren Veränderungen zwischen Kindheit und Erwachsenenalter zu erklären. Unser Augenmerk richten wir dabei vor allem auf drei Fragen:
(1) Aus welchen Gründen werden in der Kindheit (bis etwa zur Pubertät) mehr Jungen als Mädchen wegen psychischer Störungen in Behandlung geschickt?
(2) Aus welchen Gründen weisen (erwachsene) Frauen in mehreren Indikatorenbereichen für seelische Gesundheit (vor allem emotionale Befindlichkeit, Selbstwertgefühl, Expansivität bzw. Selbstaktualisierung) niedrigere Werte, im Bereich "Selbsttranszendenz" jedoch höhere Werte auf als Männer?
(3) Weshalb neigen männliche Personen (Kinder, Jugendliche und Erwachsene) häufiger als weibliche Personen zu antisozialen Verhaltensstörungen ("conduct disorders", Soziopathie, Psychopathie, Kriminalität usw.) und aus welchen Gründen leiden mehr weibliche als männliche Personen unter neurotischen Störungen?

Die Erörterung dieser Fragen erfolgt in Anlehnung an das in Abschnitt 1.1.1 sowie im Schlußkapitel des Bandes 1 der "Psychologie der seelischen Gesundheit" entwickelte Analysemodell (vgl. auch Abbildung 1.1) und unter Bezugnahme auf unsere weiter entwickelte Theorie der seelischen Gesundheit. Wir skizzieren zunächst in thesenartig verkürzter Form unsere Antwort auf die drei aufgeworfenen Fragen, gehen sodann ausführlicher auf Entwicklungsprozesse und Einflußfaktoren in Kindheit, Jugendalter und Erwachsenenalter ein und ziehen in einem Schlußabschnitt Bilanz.

Zu Frage (1): Bis etwa zu Beginn der Pubertät werden Jungen gegenüber Mädchen durch eine Reihe biologischer und soziokultureller Faktoren benachteiligt. Ihre Entwicklung verläuft langsamer, es wird ein stärkerer Sozialisationsdruck auf sie ausgeübt, der ihre freie Entfaltung einengt, und die Umwelt (speziell die Eltern) zeigt ihnen gegenüber eine geringere Toleranz für normabweichendes Verhalten, so daß sie eher in Behandlung geschickt werden. Es ist, mit anderen Worten, für Jungen schwerer als für Mädchen, den externen und internen Anforderungen zu genügen.

Zu Frage (2): Im Jugend- und Erwachsenenalter verändern sich die Bedingungen zuungunsten des weiblichen Geschlechts. Viele Frauen haben mehr Stressoren und weniger förderliche Umweltbedingungen zu gewärtigen als Männer.

Aufgrund bestehender Geschlechterrollen und Aufgabenverteilungen sind die Chancen einer Selbstfindung und Selbstverwirklichung sowie die Möglichkeiten, Selbstbewußtsein zu erlangen oder zu bewahren, bei Frauen geringer als bei Männern. Frauen sehen sich vor eine größere Anzahl schwer lösbarer Konflikte gestellt als Männer. Es gibt auch einige erste empirische Hinweise auf eine geringere "Effizienz" des Bewältigungsverhaltens von Frauen. Nicht wenige Frauen versuchen, ihre Konflikte durch Verzicht auf eigene Kompetenzerweiterung und Selbstverwirklichung, d. h. im Sinne einer "selbstauslöschenden Strategie" (sensu HORNEY 1951, 1954) bzw. einer "masochistischen Orientierung" (sensu FROMM 1980) zu lösen. Hingegen wird die höhere "Selbsttranszendenz" der Frauen durch den an Geschlechtsrollenstereotypen orientierten Sozialisationsprozeß systematisch gefördert (vgl. auch MITSCHERLICH 1985).

Zu Frage (3): Geschlechtsspezifische Symptomwahlen resultieren aus dem Zusammenwirken biologischer Dispositionen und soziokultureller Einflüsse. Die stärkere Neigung des männlichen Geschlechts zu "conduct disorders", Soziopathie, Psychopathie und Kriminalität steht mit der größeren Aggressivität, geringeren Verhaltenskontrolle und stärkeren Selbstzentrierung des männlichen Geschlechts in Beziehung und ist mit dem männlichen Geschlechtsrollenstereotyp eher vereinbar als neurotische Störungen. Die größere Prävalenz neurotischer Störungen bei weiblichen Personen resultiert im wesentlichen aus deren stärkerer Verhaltenskontrolle und "Übersozialisiertheit", den häufigeren Konflikten zwischen eigener Selbstverwirklichung und Anpassung an von außen gestellte Erwartungen, der Tendenz, diese Konflikte auf Kosten der eigenen Selbstverwirklichung zu lösen sowie generell "neurosebegünstigende" Formen des Bewältigungsverhaltens zu wählen, und schließlich aus einer höheren gesellschaftlichen Tolerierung neurotischer Symptome (z. B. Ängste, Depressionen) bei Frauen.

Den folgenden Ausführungen sei die Bemerkung vorangestellt, daß wir das Problem der Geschlechtsdifferenzen und ihrer Entwicklung nur in Ausschnitten (nämlich in bezug auf unsere Fragestellung) und vereinfachend erörtern können. Eine umfassendere Darstellung würde den Rahmen dieses Buches sprengen und zumindest die Berücksichtigung des Erkenntnisstandes biologischer, sozial- und entwicklungspsychologischer, persönlichkeitspsychologischer, pädagogischer, soziologischer, ethnologischer und geschichtswissenschaftlicher Forschung erfordern. (Durch diese Bemerkung wird deutlich, daß wir Geschlechtsdifferenzen auf ein komplexes Ursachenbündel zurückführen und weder rein biologische noch rein sozialisationstheoretische Erklärungsansätze für problemangemessen erachten. Ferner halten wir eine entwicklungspsychologische Sichtweise im Sinne der lebenslangen Entwicklung für unverzichtbar). Ausführlichere Abhandlungen über Geschlechtsunterschiede, in denen auf konkurrierende Theorien, methodische Probleme und Gründe für teilweise widersprüchliche Untersuchungsbefunde eingegangen wird, findet der Leser unter anderem bei MACCOBY & JACKLIN (1974), BIERHOFF-ALFERMANN (1977), MERZ (1979) sowie DEGENHARDT & TRAUTNER (1979). Speziell über geschlechtsspezifische Sozialisation informiert BILDEN (1980).

3.3.1 Einflußfaktoren in der Kindheit

In Anlehnung an GOVE & HERB (1974) sowie GOVE (1979) vertreten wir die These, daß eine wichtige Bedingung für die geringere seelische Gesundheit von Jungen als Mädchen das höhere Ausmaß an **Streß** ist, dem Jungen in ihrer Kindheit ausgesetzt sind. Der Streß resultiert aus einer Wechselwirkung zwischen (teilweise biologisch bedingten) Personmerkmalen sowie externen Anforderungen während des kindlichen Sozialisationsprozesses. Vereinfacht ausgedrückt lastet auf Jungen zunächst ein stärkerer Sozialisationsdruck seitens ihrer Eltern und Erzieher als auf Mädchen, und sie haben es schwerer, die Koordinationsleistung zwischen dem Erfüllen externer und interner Anforderungen zu vollbringen. Im Gegensatz zu BILDEN (1980) gehen wir davon aus, daß Jungen zunächst (in mehreren, wenn auch nicht in allen Bereichen) gegenüber Mädchen benachteiligt sind. Später, im Jugend- und Erwachsenenalter, vollzieht sich allerdings eine Umkehr der Bedingungen zuungunsten der Frauen.

Unterschiede im Entwicklungstempo

Die Entwicklung von Jungen verläuft langsamer als die von Mädchen. Verwendet man als Indikator für das physische Entwicklungsalter das Skelettalter (gemessen am Verknöcherungszustand des Skeletts, speziell der Epiphysen), so sind Jungen gegenüber Mädchen zum Zeitpunkt der Geburt etwa vier Wochen im Rückstand (MERZ 1979). Bis zum Beginn der Pubertät vergrößert sich dieser Rückstand auf annähernd zwei Jahre. Das geringere Entwicklungstempo der Jungen zeigt sich auch im intellektuellen Bereich. So schneiden diese bei Schuleintritt in Schulreifetests signifikant schlechter ab als Mädchen (KRATZMEIER 1969; HETZER & TENT 1971). Vor allem in sprachlicher Hinsicht sind Mädchen den Jungen zunächst deutlich voraus. Ganz generell weisen mehr Jungen als Mädchen verschiedene Formen der Retardierung (z. B. verzögerte Sprachentwicklung, Enuresis nocturna, motorische Ungeschicklichkeit) auf, die nicht selten den Anlaß für beraterische oder therapeutische Interventionen bieten (RUTTER 1977; EME 1979; GRÄSER 1980; GRÄSER & REINERT 1980).

Unterschiede in Temperamentsmerkmalen und konstitutionellen Merkmalen

Es gibt einige Hinweise darauf, daß sich Jungen bereits in den ersten Lebenswochen von Mädchen durch ein höheres Aktivitätsniveau und höhere Irritierbarkeit unterscheiden (MERZ 1979; BILDEN 1980). Solche Temperamentsunterschiede beeinflussen in noch nicht hinreichend geklärter Weise das Pflegeverhalten der Eltern. Mütter vertreten jedenfalls häufig die Meinung, daß Mädchen leichter zu erziehen seien als Jungen (HOFFMAN 1977). Hierfür mag es mehrere Gründe geben. Zum einen ist Müttern die Erziehung von Töchtern aufgrund ihrer eigenen Erziehung vertrauter als die von Söhnen. Zum anderen können sich Mütter vermutlich leichter in die Erlebniswelt von Mädchen als von Jungen einfühlen. Darüber hinaus bereitet den Müttern die höhere **Aggressivität** ihrer Söhne mehr Probleme als das weniger aggressive Verhalten ihrer Töchter. Die erhöhte Aggressionsneigung der Jungen ist durch eine Vielzahl von Untersuchungen sehr gut empirisch belegt (MACCOBY & JACKLIN 1974; MERZ 1979). Sie läßt sich nur zu einem (eher geringen) Teil auf Sozialisationseinflüsse zurückführen. Genetische und hormonelle Faktoren sind mit großer Wahrscheinlichkeit in Rechnung zu stellen (vgl. auch VOGEL, WOLAND & WINTER 1979). Die größere Aggressivität der Jungen kommt im Kindergarten vor allem in Interaktionen mit anderen Jungen, sehr viel weniger jedoch gegenüber Mädchen zum Tragen (MERZ 1979; NICKEL & SCHMIDT-DENTER 1980). Sie erreicht ihren Höhepunkt im Alter von etwa vier Jahren, wenn Jungen offenbar besonders heftige Konkurrenzkämpfe um die Festlegung ihres Rangplatzes innerhalb der Jungenhierarchie austragen. "Aggressives" Verhalten von Mädchen geht häufiger in prosoziale Richtung, indem es auf die Einhaltung sozialer Regeln abzielt.

Ob sich Jungen und Mädchen in ihrer **Ängstlichkeit** voneinander unterscheiden, ist nach MACCOBY & JACKLIN (1974) nicht eindeutig zu beantworten. Orientiert man sich an Selbstaussagen und Lehrerurteilen, so ergibt sich das Bild einer größeren Ängstlichkeit von Mädchen. In Beobachtungsstudien wurde jedoch häufig kein Unterschied festgestellt. Im Jugend- und Erwachsenenalter läßt sich hingegen - wie wir oben sahen - die größere Ängstlichkeit von Frauen in vielen Bereichen nachweisen. In Übereinstimmung mit den oben beschriebenen Temperamentsunterschieden fanden NICKEL & SCHMIDT-DENTER (1980) im Vorschulalter mehr Mädchen, die in einer Clusteranalyse dem "abhängig/unsicheren" Typ zugeordnet wurden, während die Jungen bei dem "aktiv/aggressiven" Typ überwogen.

Als eine wichtige konstitutionelle Variable verdient die größere biologische "Vulnerabilität" der Jungen im Hinblick auf physische und vermutlich auch psychische Störungen Beachtung (EME 1979; RUTTER 1983). Mehr Jungen als Mädchen sind Frühgeburten oder werden durch prä-, peri- und postnatale ungünstige Einflüsse (z. B. Anoxie) einem erhöhten Risiko einer frühkindlichen Hirnschädigung ausgesetzt. Es werden auch mehr Jungen als Mädchen mit schweren oder leichteren Schwachsinnsgraden geboren.

Geschlechterstereotype und ihre Auswirkungen in Elternhaus und Kindergarten

Auch wenn Eltern, Kindergärtnerinnen, Lehrer und andere Erwachsene sich bewußt darum bemühen, Jungen und Mädchen gleich zu behandeln, so gelingt ihnen dies in der Realität häufig nicht. Dies zeigt sich bereits in der Reaktion Erwachsener gegenüber ihnen unbekannten Babys oder Kleinkindern. Sie versuchen als erstes einmal, das Geschlecht des betreffenden Kindes in Erfahrung zu bringen, um sich "richtig" zu verhalten. Dabei werden sie offenbar stark durch die vorherrschenden Geschlechterstereotype beeinflußt. Den Begriff **"Geschlechterstereotype"** verwenden wir in zweifacher Weise: (1) im Sinne impliziter Persönlichkeitstheorien über (beobachtbare) Unterschiede im Verhalten der beiden Geschlechter, (2) im Sinne von Geschlechterrollen, d. h. mehr oder weniger expliziten und konsensfähigen Erwartungen darüber, wie sich die beiden Geschlechter verhalten sollten, bzw. Auffassungen darüber, welche Eigenschaften beim weiblichen oder männlichen Geschlecht sozial erwünscht sind. Zwischen geschlechtsbezogenen impliziten Persönlichkeitstheorien und Vorstellungen über Geschlechterrollen bzw. Geschlechterideale bestehen enge Beziehungen (SPENCE & HELMREICH 1978). Geschlechterstereotype finden bereits in der typischen Beschreibung von Kleinkindern durch Erwachsene ihren Niederschlag. Erweckt man durch die Art der Kleidung den Eindruck, daß ein Kind das jeweils andere Geschlecht besitzt (indem man z. B. einen Jungen wie ein Mädchen kleidet), so werden bereits neugeborene "Mädchen" (als Mädchen angezogene Jungen) eher als hübsch ("süß"), zart und klein, "Jungen" hingegen eher als groß, aktiv und stark beurteilt (KELLER 1979). Nach BILDEN (1980) verlaufen die stereotypen Erwartungen in die Richtung, daß Jungen schon als Babys aktiver und stärker seien und mehr eigenen "Willen" hätten als Mädchen, die ihrerseits eher als schwach, fügsam und passiv angesehen werden.

Interessanterweise haben bereits drei- bis vierjährige Kinder analoge Vorstellungen über das "typische" Verhalten von Jungen und Mädchen ausgebildet (vgl. DANNHAUER 1973; MERZ 1979). So betrachten beide Geschlechter Mädchen als braver und hilfsbereiter, während Jungen häufiger die Attribute "stark", "dynamisch" und "ungehorsam" zugesprochen bekommen.

Die mehr oder weniger stereotypen Vorstellungen über Verhaltensunterschiede zwischen Jungen und Mädchen werden sicherlich auch erheblich durch die über Erwachsene gebildeten Geschlechtsrollenstereotype beeinflußt. Diese sind bereits mehr als der Hälfte der Fünfjährigen wohlvertraut (BEST et al. 1977). (Wie HAGEMANN (1981) in einer systematischen Auswertung von 116 Bilderbüchern, die in Bonner Kindergärten Verwendung fanden, nachweisen konnte, werden die Geschlechtsrollenstereotype in deutlich überzeichnender und das weibliche Geschlecht benachteiligender Weise auch durch die Inhalte von Kinderbüchern tradiert. Analoge Ergebnisse werden von BITTMANN (1980) berichtet.)

Die positiven Aspekte des männlichen Rollenstereotyps sind um den Bereich "agency" bzw. "Kompetenz/Leistungsfähigkeit" zentriert, während dem weiblichen Geschlecht "communion" bzw. "Wärme" und "Selbsttranszendenz" attribuiert werden (BAKAN 1966; ROSENKRANTZ et al. 1968; BROVERMAN et al. 1975; SPENCE et al. 1975). Von Jungen wird daher in stärkerem Maß als von

Tabelle 3.11: Leitbilder der Kindererziehung nach einer Repräsentativbefragung des EMNID-Instituts aus dem Jahre 1954. Entnommen aus FRÖHNER et al. (1956, p. 412-414). Bei den angegebenen Werten handelt es sich um Prozentzahlen.

Das Wichtigste bei der Erziehung	Jungen	Mädchen
1. Leistung und Strebsamkeit	34	27
a) Fleiß, Sparsamkeit, Tüchtigkeit	17	11
b) gute Berufs- und Schulausbildung, Klugheit	8	4
c) Sauberkeit, Ordentlichkeit	6	9
d) Selbständigkeit	3	3
2. Haltung und Charakter	28	29
a) Anständigkeit, Bescheidenheit, Hilfsbereitschaft, Sittlichkeit	25	27
b) Vertrauen	3	2
3. Respekt und Einordnung	20	15
4. Männliche bzw. weibliche Werte	3	11
5. Emotionale und religiöse Werte	2	2
6. Umgangsformen	1	1
7. Sozialer Aufstieg	0	0
8. Keine Angaben	12	15
	100	100

Mädchen erwartet, daß sie sich durch Kompetenz, Stärke und Durchsetzungsvermögen auszeichnen, während Mädchen eher nett und freundlich sein sollten.

FRÖHNER, STACKELBERG & ESSER (1956) berichteten über eine 1954 vom EMNID-Institut durchgeführte Repräsentativbefragung der Bevölkerung der Bundesrepublik. Von den 1.757 Interviewten wurden Eltern mit Kindern unter 16 Jahren nach ihren Leitbildern für die Kindererziehung befragt. Tabelle 3.11 enthält die für Jungen und Mädchen getrennt aufgeschlüsselten Antworten der Eltern. Faßt man die in den Kategorien 1a) und 1b) berücksichtigten Eigenschaften Fleiß, Sparsamkeit, Tüchtigkeit, gute Berufs- und Schulausbildung sowie Klugheit zusammen, so hielten von den Befragten 25 % diese Eigenschaften bei Jungen und 15 % bei Mädchen für am wichtigsten. (Bei konservativer Prüfung der Signifikanz dieses Unterschieds ergibt sich ein Chi-Quadrat von 12.5; df = 1; p < .001. Dieser Schätzung liegt die Annahme zugrunde, daß sich 800 der 1.757 Interviewten zu dieser Fragestellung geäußert haben.) Umgekehrt wurden "männliche" Werte von 3 % der Befragten bei Jungen und "weibliche" Werte von 11 % bei Mädchen für am wichtigsten erachtet. Dieser Unterschied ist - selbst bei konservativer Schätzung - sehr signifikant (Chi-Quadrat = 19.66; p < .00001). Als "weibliche Werte" wurden dabei die Eigenschaften "Weiblichkeit", "Mütterlichkeit" und "gute Hausfrau" bezeichnet. Wenngleich die Unterschiede in den für Jungen bzw. Mädchen für verbindlich erachteten Werten nicht sehr ausgeprägt sind, deuten die in Tabelle 3.11 zusammengestellten Ergebnisse doch darauf hin, daß die Erziehung von Jungen und Mädchen an traditionellen Geschlechtsrollenstereotypen orientiert ist. "Der Gesichtspunkt der **Lebenstüchtigkeit** wird allerdings bei Jungen noch etwas stärker betont als bei Mädchen." (FRÖHNER et al. 1956, p. 191).

Daß auf Jungen von seiten der Eltern ein stärkerer Leistungsdruck ausgeübt wird als auf Mädchen, wurde auch von HOFFMAN (1977) nachgewiesen. Das Problematische für Jungen ist nun, daß sie aufgrund ihrer langsameren Entwicklung diesen externen Anforderungen weniger gut genügen können, d. h. häufiger überfordert sind als Mädchen. Als eine pathologische Reaktion auf sprachliche Überforderung kann sich z. B. Stottern entwickeln, das bei Jungen eine mehrfach höhere Prävalenzrate aufweist als bei Mädchen (vgl. EISENSON 1965).

Auch ängstlich-sensible oder "weiche" Jungen bekommen nicht selten Druck von seiten ihrer Eltern, vor allem ihrer Väter, zu spüren. "Feminine" Züge werden bei Jungen sehr viel weniger toleriert als umgekehrt bei Mädchen "maskuline" Züge.

Es sind jedoch nicht nur die "femininen" Jungen, die mit verstärktem Sozialisationsdruck rechnen müssen, sondern auch die sehr aktiven, lauten und "aggressiven" Jungen. Im Gegensatz zu weit verbreiteten Auffassungen werden diese Verhaltensweisen von Eltern, Kindergärtnerinnen und Lehrern keineswegs gefördert, sondern zugunsten des weiblichen Stereotyps eingedämmt (MACCOBY & JACKLIN 1974; MERZ 1979; NICKEL & SCHMIDT-DENTER 1980). Man kann alle diese Beobachtungen in der These zusammenfassen, daß in der Kindheit die Entwicklung von Jungen mit größerer und kritischerer Aufmerksamkeit verfolgt wird als die der Mädchen und daß die Grenzen der tolerierten bzw. geförderten Persönlichkeitszüge bei Jungen enger gezogen sind als bei Mädchen.

In Übereinstimmung mit dem Geschlechtsstereotyp des "rauhen" Jungen und des "zarten, sensiblen" Mädchens erfahren viele Jungen eine etwas rauhere (aber nicht unbedingt weniger liebevolle) Behandlung als Mädchen (BIER-

HOFF-ALFERMANN 1979). Dies zeigt unter anderem die im Jahre 1954 durchgeführte Repräsentativbefragung des EMNID-Instituts (FRÖHNER et al. 1956). Von den Befragten mit Kindern unter 16 Jahren gaben 52 % an, daß sie bei Jungen Prügel als Strafmaßnahme einsetzen, während diese Strafart bei Mädchen nur in 34 % der Fälle genannt wurde. Auch BILDEN (1980) hebt hervor, daß Jungen häufiger eine physische Bestrafung erleben, während Mädchen eher unter ängstlicher Kontrolle gehalten werden. Es ist interessant, daß nach VOGEL et al. (1979) vergleichbare Beobachtungen bei Primaten gesammelt wurden. "Der Behandlungs- oder "Erziehungsstil", den Mütter ihren Kindern angedeihen lassen, ist bei höheren Primaten individuell recht variabel. Trotz dieser individuellen Variabilität ließen sich einige Unterschiede im Verhalten der Mütter gegenüber Söhnen und Töchtern generalisieren. MITCHEK & BRANDT (1970) haben diesen Unterschied auf der Basis ihrer Studien an Rhesusaffen auf die knappe, dabei wohl etwas vergröbernde Formel gebracht, daß man Mütter von männlichen Jungen als "punisher", Mütter von weiblichen Jungen als "protectors" charakterisieren könne. Als Konsequenz dieser unterschiedlichen Behandlung würden männliche Kinder eher "doers", weibliche dagegen eher "watchers"." (VOGEL et al. 1979, p. 162). Es ist durchaus denkbar, daß die bei Menschen und Primaten beobachtbare rauhere Umgangsform der Eltern und Peers gegenüber Jungen deren Aggressivität und Selbstbehauptungstendenz fördert (vgl. auch BECKER 1980a).

Als Beleg dafür, daß Jungen im Vorschulalter aufgrund herrschender Geschlechtsrollenstereotype nicht nur Nachteile erfahren, sei auf eine Untersuchung von RHEINGOLD & COOK (1975) verwiesen. Diese Autoren untersuchten die Ausstattung der Kinderzimmer von Jungen und Mädchen im Alter von einem Monat bis zu sechs Jahren aus der oberen Mittelschicht. Sie ermittelten erhebliche Unterschiede zwischen den Geschlechtern. Jungen besaßen eine größere Anzahl und Vielfalt von Spielzeugen als Mädchen, darunter vor allem mehr didaktisch wertvolles Spielzeug, das die intellektuellen Fähigkeiten und Interessen anregen soll. In den Spielzimmern der Mädchen fanden sich vor allem Puppen sowie Gegenstände, die zur Pflege der Puppen und des Haushalts geeignet sind. Dieser Befund fügt sich gut zu der Beobachtung, daß Eltern mehr Wert auf die intellektuelle und schulische Leistungsfähigkeit von Jungen als von Mädchen legen. Diese Aussage darf natürlich nicht dahingehend mißverstanden werden, daß Eltern die schulische Entwicklung ihrer Töchter gleichgültig sei. Sicherlich erhalten auch Mädchen von ihren Eltern Anerkennung für gute schulische Leistungen.

Durch unsere obige Darstellung könnte eventuell der Eindruck entstanden sein, als bilde sich das geschlechtsspezifische Verhalten ausschließlich aufgrund biologischer Geschlechtsunterschiede sowie infolge eines externen, an Geschlechtsrollenstereotypen orientierten Sozialisationsdrucks heraus. Dies wäre eine zu vereinfachte Sicht. Wir können aus Platzgründen nicht in Einzelheiten auf den Prozeß der Geschlechtsrollenübernahme und dazu vorliegende Theorien eingehen (vgl. etwa DEGENHARDT & TRAUTNER 1979; MERZ 1979; BILDEN 1980). Festzuhalten ist in jedem Fall, daß kognitiven Prozessen im Sinne der aktiven Verarbeitung der eigenen Erfahrungen durch das Kind und der aktiven Aneignung eines geschlechtsangemessenen Verhaltens ein hoher Stellenwert zukommt (vgl. auch KOHLBERG 1966).

Unterschiedliche Erfahrungen in den ersten Schuljahren

Wie aufgrund der langsameren Entwicklung und geringeren "Reife" der Jungen zu erwarten, bereiten ihnen der Schuleintritt und die schulischen Anforderungen in den ersten Schuljahren mehr Schwierigkeiten als den Mädchen (LEVINE 1977;

FEINBIER 1981). Nach ANTHONY (1970) werden Jungen in der ersten Klasse elfmal häufiger als Mädchen wegen sozialer, emotionaler und leistungsbezogener Unreife auffällig. Zu Beginn ihrer Schullaufbahn erreichen Jungen etwas schlechtere Schulleistungen als Mädchen, und erheblich mehr Jungen als Mädchen versagen in der Schule, so daß sie einmal oder mehrmals nicht versetzt werden (LÖWE 1981; MERZ 1979). Die anfängliche Überlegenheit der Mädchen zeigt sich vor allem im sprachlichen Bereich, in einer besseren Handschrift sowie einer generell besseren Anpassung an die Schulsituation (LEVINE 1977). Während Mädchen bessere Führungsnoten erhalten (TENT et al. 1976), ecken Jungen häufiger wegen Disziplinschwierigkeiten an (SARGES 1982). Jungen werden von Lehrkräften als ungehorsamer, fauler, aggressiver und undisziplinierter geschildert als Mädchen (BIERHOFF-ALFERMANN 1977). Die im Verhältnis zu den Jungen größere Bravheit und Gefügigkeit der Mädchen gegenüber Eltern und Lehrern läßt sich eventuell im Zusammenhang mit der größeren Ängstlichkeit der Mädchen als eine eher weibliche Strategie des Umgangs mit Stressoren interpretieren (vgl. MACCOBY 1983).

Man sollte aufgrund dieser häufigeren Anlässe für schulische Frustrationen und Schulunlust bei Jungen erwarten, daß diese öfter in der Schule fehlen als Mädchen. Nach einer Literaturübersicht und einer Untersuchung von HILDESCHMIDT et al. (1981) an über 600 Schülern ist dies jedoch nicht durchgängig der Fall. Es zeigt sich lediglich ein schwacher Trend in dieser Richtung. Hingegen stellen Jungen mehr "schwere Fälle" des Schulschwänzens und Schulverweigerns als Mädchen.

Fast alle Eltern legen großen Wert auf gute Schulleistungen ihrer Kinder, speziell jedoch ihrer Söhne. Dies konnten JACOBS & STRITTMATTER (1979) in einer groß angelegten Untersuchung von über 2000 Jungen und Mädchen der 5. bis 10. Klassen an Haupt- und Realschulen sowie Gymnasien nachweisen. Sie fanden, daß Eltern bessere Schulleistungen von Jungen als von Mädchen erwarten und diese Leistungsanforderungen durch strengere Erziehungsmaßnahmen durchsetzen wollen (vgl. auch KURY & BÄUERLE 1980). Es überrascht daher wenig, daß sehr viel mehr Jungen als Mädchen wegen Schulschwierigkeiten und damit in Verbindung stehenden Persönlichkeits- und Verhaltensstörungen in Behandlung geschickt werden (vgl. KESSLER 1966). Das schulische Leistungsniveau steht nach einer Untersuchung von FEIN et al. (1975) bei Jungen, nicht jedoch bei Mädchen, in signifikantem Zusammenhang mit ihrem Selbstwertgefühl: Jungen aus zweiten bis sechsten Klassen mit schlechten Leseleistungen hatten ein niedrigeres Selbstwertgefühl als bessere Schüler. Für Mädchen sind schlechte Schulleistungen offenbar nicht ganz so selbstwertrelevant wie für Jungen, und sie können schulische Leistungsschwächen in anderen Lebensbereichen und durch andere persönliche Qualitäten eher kompensieren.

3.3.2 Einflußfaktoren im Jugend- und Erwachsenenalter

Wir fassen das Jugend- und Erwachsenenalter in einem Abschnitt zusammen, weil sich in dieser Zeit die Lebensbedingungen im Hinblick auf ihre belastenden und förderlichen Aspekte für das männliche und weibliche Geschlecht zuungunsten der Frauen verändern. Bereits im Jugendalter wird es für viele Mädchen zunehmend schwieriger, den externen und internen Anforderungen zu genügen bzw. diese auszubalancieren. Die Zahl und Schwere der Konflikte in ihrem Leben nehmen zu. Nicht zuletzt aus diesem Grund verschlechtert sich auch ihre seelische Gesundheit in Relation zu der der Männer, wobei insbesondere die Inzidenzrate neurotischer Störungen bei Frauen ansteigt.

Einflüsse im Jugendalter

Etwa mit Eintritt der körperlichen Reifungsprozesse zu Beginn der Pubertät verändern sich die von außen an Mädchen herangetragenen Erwartungen im Sinne eines **verstärkten Drucks zur Übernahme der traditionellen weiblichen Rolle.** "Für Mädchen ist mit der Vorpubertät die Zeit der potentiellen Grenzüberschreitung als "halber Junge" ("tomboy") vorbei; von Eltern wie Gleichaltrigen haben sie Sanktionen für "zu jungenhaftes" Verhalten zu erwarten." (BILDEN 1980, p. 803). Zum Erwartungsprofil gehört es, attraktiv für das männliche Geschlecht zu sein, früher oder später Freundschaften mit Jungen zu schließen und sich auf die spätere Rolle als Ehefrau und Mutter vorzubereiten. Daß für die weitaus meisten Mädchen die Freundschaft mit Jungen und der Wunsch zu heiraten einen sehr hohen Stellenwert besitzen, ist vielfach nachgewiesen worden (z. B. DOUVAN & ADELSON 1966; BARDWICK 1971).

In diesem Zusammenhang überrascht nicht, welche große Bedeutung Mädchen und Frauen ihrem **Aussehen** beimessen (BERSCHEID & WALSTER 1974, STEINEBACH 1984) und daß sie ihre physische Attraktivität genauer beurteilen können als Männer (RAND & HALL 1983). Dies bedeutet aber zugleich, daß weibliche Personen, die weniger attraktiv aussehen oder die sich zumindest für weniger attraktiv halten, unter diesem Mangel oftmals besonders stark leiden. MATHES & KAHN (1975) fanden in einer Untersuchung von 211 "undergraduates" bei den weiblichen Studierenden Zusammenhänge zwischen fremdbeurteilter physischer Attraktivität und Indikatoren für seelische Gesundheit. Die Korrelationen zum Selbstvertrauen ($r = .24$), Neurotizismus ($r = -.22$) und zum Glücklichsein ($r = .37$) wurden signifikant. Bei männlichen Studierenden wich hingegen keine Korrelation signifikant von Null ab. In anderen Studien konnte dieses Ergebnis allerdings nicht repliziert werden (VAGT & MAJERT 1977; KÖHLER 1978), und die Forschung konzentriert sich inzwischen verstärkt auf den Einfluß der selbsteingeschätzten Attraktivität (vgl. VAGT 1979; KÖHLER 1983). In einer eigenen unveröffentlichten Untersuchung an 145 Frauen und 145 Männern im Alter zwischen 20 und 59 Jahren (MW = 36.19; s = 11.3) aus der Standardisierungsstichprobe des IAF (BECKER 1982b) fanden wir, daß 10.1 % der Frauen, jedoch nur 4.2 % der Männer stark unter ihrem Aussehen litten (Chi-Quadrat = 7.29; $p < .01$).

Nicht nur das eigene Aussehen kann für junge Mädchen zu einer Frustrationsquelle werden, sondern in noch stärkerem Maße der durch die Geschlechterrolle vorprogrammierte Konflikt zwischen einem Streben nach schulischem und beruflichem Erfolg einerseits und nach eigener Familie und Kindern andererseits. Viele weibliche Jugendliche versuchen, diesen Konflikt in der Form zu lösen bzw. zu entschärfen, daß sie ihren schulischen und beruflichen Ehrgeiz zügeln und auf bestimmte Formen der höheren Bildung sowie auf das Anstreben hochqualifizierter Berufe verzichten. Unter den Abiturienten und Studenten ist das weibliche Geschlecht deutlich unterrepräsentiert, obwohl sich in den letzten Jahren eine allmähliche Angleichung vollzogen hat (MERZ 1979; BILDEN 1980). Insbesondere für hochbegabte Frauen impliziert diese Entscheidung einen eindeutigen Verzicht auf Selbstverwirklichung sowie auf höheres eigenes Einkommen.

Für das männliche Geschlecht stellen sich die genannten Konflikte nicht in der gleichen Schärfe. Zu ihrer Geschlechterrolle und zumeist auch ihrem Selbstbild gehört es, sich primär auf den schulischen und beruflichen Erfolg zu konzentrieren. Ihr künftiger Weg ist relativ klar vorgezeichnet, und er wird nicht durch Fortpflanzungs- und nur selten durch Erziehungsaufgaben unterbrochen. Der im

Vorschul- und Grundschulalter zu beobachtende Entwicklungs- und Leistungsrückstand der Jungen wird mit zunehmendem Alter und Bildungsniveau nicht nur überwunden, sondern in manchen Bereichen sogar in einen Vorsprung umgewandelt (vgl. MULLIS 1975; FOX 1977). Dies gilt vor allem für die technischen, naturwissenschaftlichen und mathematischen Fächer, in denen Jungen ihren weiblichen Mitschülern mehr oder weniger deutlich überlegen sind (MERZ 1979). Unter den Hochbegabten, deren Identifikation sich beispielsweise die "Studienstiftung des deutschen Volkes" angelegen sein läßt, ist das männliche Geschlecht deutlich überrepräsentiert, so daß an weibliche Bewerber um ein Stipendium weniger strenge Maßstäbe angelegt werden müssen als an männliche (MERZ 1979; vgl. auch WELSH 1977).

Aus guten schulischen Leistungen leiten männliche Jugendliche einen wesentlichen Teil ihres Selbstbewußtseins und ihrer Zufriedenheit ab, während dies für weibliche Jugendliche nicht in gleicher Weise zutrifft (CONSTANTINOPLE 1965; WESSMAN & RICKS 1966; FEIN et al. 1975; BACHMAN & O'MALLEY 1977; LOCKSLEY & DOUVAN 1979). WESSMAN, RICKS & TYL (1960) fanden, daß weniger glückliche Studentinnen sich von zufriedeneren darin unterschieden, daß sie mehr Wert auf intellektuelle Leistungen legten und weniger Interesse an Freundschaften und sonstigen Sozialkontakten und Aktivitäten zeigten.

LOCKSLEY & DOUVAN (1979) berichteten über eine Untersuchung an männlichen und weiblichen Studierenden, die im Zusammenhang mit unserer allgemeinen Theorie der seelischen Gesundheit sowie den speziellen geschlechtsbezogenen Hypothesen besonders aufschlußreich ist. Zu ihren Fragestellungen gehörten die Überprüfung geschlechtsspezifischer Streßreaktionen sowie möglicher Zusammenhänge zwischen Studienleistungen und Streßreaktionen. Es stellte sich heraus, daß männliche Studierende mehr aggressive und Ärgerreaktionen zeigten als Studentinnen, die ihrerseits über mehr "neurotische" Symptome (Spannung, psychosomatische Symptome und - vom Trend her - Depression) klagten. Dieses Ergebnis steht mit den Untersuchungshypothesen sowie unseren eigenen Annahmen (vgl. Abschnitt 3.2) im Einklang.

Zur Überprüfung des Zusammenhangs von Studienleistungen und Streßreaktionen (bzw. Indikatoren für SGZU) verwendeten LOCKSLEY & DOUVAN zwei Maße für Studienerfolg. Als objektiver Indikator diente ein Notenmittel ("cumulative grade point average"), als subjektiver Indikator ein Differenzmaß zwischen wahrgenommenen Anforderungen der Eltern und Lehrer und selbstbeurteilter akademischer Leistungsfähigkeit. In Übereinstimmung mit unserer Theorie der seelischen Gesundheit stellte sich heraus, daß bei männlichen Studierenden die verschiedenen Streßreaktionen (bzw. Indikatoren für SGZU) mit dem objektiven Leistungsniveau in der erwarteten Richtung korrelierten: Je besser der betreffende Student in der Lage war, den von außen gestellten (schulischen Leistungs-)Anforderungen zu genügen, desto besser war seine SGZU. Bei Studentinnen deuteten einige Korrelationen in die gleiche Richtung, erreichten jedoch nicht immer das geforderte Signifikanzniveau. So verringerte sich beispielsweise der Grad der Depressivität von Studentinnen nicht mit besseren objektiven Studienleistungen. Dieser Befund läßt sich post hoc mit der Hypothese in Einklang bringen, daß die objektiven Studienleistungen für Studentinnen im Vergleich zu anderen externen sowie internen Anforderungen einen untergeordneten Stellenwert besitzen. Nach LOCKSLEY & DOUVAN können gute Studienleistungen bei Studentinnen Streß erzeugen, da sie eine Basis für soziale Vergleiche mit ihren männlichen Kommilitonen liefern und Entscheidungskonflikte im Hinblick auf die eigene berufliche und private Zukunft verschärfen. Einer Studentin, die in ihren Leistungen die Mehrzahl der weiblichen und männlichen

Kommilitonen übertrifft, dürfte es besonders schwer fallen, auf eine eigene berufliche Karriere zugunsten der traditionellen Rolle als Ehefrau und Mutter zu verzichten oder zumindest eine mehrjährige Unterbrechung ihrer eigenen Karriere der Kinder wegen in Kauf zu nehmen.

Bezüglich des subjektiven Leistungsindikators zeigte sich bei beiden Geschlechtern ein Trend in Richtung eines negativen Zusammenhangs zwischen Leistungsniveau und Streßreaktionen. Es wurde jedoch nur ein Teil der Ergebnisse signifikant, und zwar in erster Linie bei den Studentinnen. Dieser Befund läßt sich unseres Erachtens damit erklären, daß weibliche Personen im Laufe ihrer Sozialisation in stärkerem Maße als männliche Personen gelernt haben, auf die Erwartungen wichtiger Bezugspersonen einzugehen, und daß es für sie wichtiger und streßreduzierend ist, diesen sozialen Erwartungen zu genügen. GOVE (1979) spricht in diesem Zusammenhang von einer größeren **Abhängigkeit** bzw. **Fremdbestimmtheit** des Verhaltens von Frauen. BILDEN (1980, p. 793) formuliert diesen Gedanken wie folgt: "Von Geburt an beginnt offenbar der Prozeß der Vergesellschaftung von Männern eher als Subjekt, als zur Unabhängigkeit ermutigter Akteur, als eigenständiges anerkanntes Individuum, von Frauen als mehr vom Handeln anderer Abhängige, dem Willen anderer unterworfen bzw. sich einfügend und anpassend: mehr aktiver oder mehr passiver Sozialisationsmodus."

In diesem Zusammenhang sind die Ergebnisse einer von MORGAN & WALKER (1983) im Jahre 1975 an 1522 erwachsenen Frauen in den USA durchgeführten Repräsentativbefragung sehr aufschlußreich. Der Aussage "Es ist für eine Frau wichtiger, ihrem Ehemann zu helfen, als eine eigene Karriere zu haben" stimmten 55,5% der Befragten zu, und nur 30,7% lehnten sie ab. Die Aussage "Es ist für alle Beteiligten besser, wenn der Mann das Geld verdient und die Frau sich um das Heim und die Familie kümmert", fand bei 51,6% der Frauen Zustimmung und nur bei 39,6% Ablehnung.

Wir halten weitere Ergebnisse aus der Untersuchung von LOCKSLEY & DOUVAN (1979) für bemerkenswert. Obwohl die Studentinnen bessere Studienleistungen erzielten als ihre männlichen Kommilitonen, ist aus ihren Antworten auf ein **niedrigeres Selbstwertgefühl** zu schließen. Ferner steckten sie sich in Relation zu ihren Studienleistungen und im Vergleich mit männlichen Studierenden niedrigere Ziele und zwar sowohl im Hinblick auf ihren schulischen Abschluß als auch auf den künftigen Beruf. Studentinnen mit guten Leistungen neigten etwas stärker als solche mit schwächeren Leistungen dazu, den Zeitpunkt ihrer Eheschließung hinauszuschieben und eine geringere Anzahl von Kindern einzuplanen (r = .12; p < .05). In ihrer Gesamtheit betrachtet, stützen die von LOCKSLEY & DOUVAN (1979) erzielten Ergebnisse die These, daß Frauen in der Rolle von Studentinnen größere Konflikte erleben als Männer.

Wir wollen auf ein oben berichtetes Teilergebnis aus der Untersuchung von LOCKSLEY & DOUVAN im folgenden etwas näher eingehen, nämlich die bei weiblichen Jugendlichen beobachtete Diskrepanz zwischen Studienleistungen und Selbstbewußtsein. Für das Verständnis dieses Phänomens sind Experimente von RUSTEMEYER (1982) mit 14- bis 17jährigen Schülerinnen und Schülern als Versuchspersonen aufschlußreich. Ziel dieser Untersuchungen war es, die Wahrnehmungen eigener Fähigkeiten und die Attributionsmuster bei Erfolgen oder Mißerfolgen von Jungen und Mädchen zu vergleichen. Die Ergebnisse der drei Experimente lieferten ein einheitliches Bild: Auch bei gleich guten oder besseren Leistungen erlebten sich die Mädchen im Vergleich zu Jungen als weniger begabt. Die geringere Erfolgszuversichtlichkeit der Mädchen zeigte sich dann, wenn sie sich mit Jungen messen sollten, sie verschwand hingegen beim

Vergleich mit ihren Geschlechtsgenossinnen. Analoges gilt für Jungen. "Vergleichen sich nun Jungen mit anderen Jungen, sind sie nicht erfolgszuversichtlicher als Mädchen. Ziehen diese Jungen aber gleichaltrige Mädchen zum Vergleich heran, steigt ihre Zuversicht an. Das kann dadurch erklärt werden, daß Mädchen ein niedrigeres Fähigkeitsselbstbild haben als Jungen, und Jungen ein deutlich höheres Bild eigener Fähigkeiten besitzen als Mädchen." (RUSTEMEYER 1982, p. 157).

Da die weibliche Geringschätzung eigener Fähigkeiten unabhängig von der tatsächlichen Leistung erfolgt, kann der starke Einfluß des Geschlechterstereotyps "Männer sind im allgemeinen kompetenter als Frauen" vermutet werden. Diese offenbar tief verwurzelte Einstellung, die sich auch in der Untersuchung von STEINEBACH (1984) zeigte, in Verbindung mit dem Geschlechtsrollenstereotyp, daß Männer kompetitiver sein und und Frauen nicht mit Männern konkurrieren sollten, hindert manche Frauen daran, sich in Wettbewerbssituationen mit Männern zu begeben und ihre wahre Leistungsfähigkeit auf die Bewährungsprobe zu stellen. Der Gedanke, dem männlichen Geschlecht leistungsmäßig unterlegen zu sein, mag andererseits für bestimmte weibliche Jugendliche konfliktreduzierend wirken, da er ihnen die Entscheidung für Ehe und eigene Kinder und gegen eine anspruchsvolle eigene Ausbildung und Berufstätigkeit erleichtert.

Zur Komplettierung des Bildes über unterschiedliche Entwicklungsbedingungen bei männlichen und weiblichen Jugendlichen sei auf einen weiteren Aspekt der Benachteiligung des weiblichen Geschlechts hingewiesen. Es ist vielfach belegt, daß junge Mädchen im Hinblick auf ihre Sexualität bestimmten negativen Erfahrungen ausgesetzt sind, die bei Jungen fehlen (vgl. BILDEN 1980). Der mit Erreichung der sexuellen Reife einsetzende Menstruationszyklus ist bei einer Reihe von jungen Mädchen und erwachsenen Frauen von zyklischen Veränderungen in der Stimmungslage begleitet (CONGER 1977). MERZ (1979) spricht von prämenstruellen Depressionen, EME (1979) vom prämenstruellen Spannungssyndrom. Die Möglichkeit einer ungewollten Schwangerschaft bietet gleichfalls für viele weibliche Jugendliche und vor allem für deren Eltern einen Anlaß zu Sorgen. Dieses Problem hat sicherlich im Zuge der leichteren Erreichbarkeit besserer Antikonzeptiva an Brisanz verloren, aber dennoch müssen manche weibliche Jugendliche verstärkte elterliche Kontrollmaßnahmen über sich ergehen lassen, die ihren Verhaltensspielraum im Vergleich zu männlichen Jugendlichen einengen. Allgemein dürften hier noch die Spuren einer alten sexuellen Doppelmoral nachwirken, wonach Männer bei der Eheschließung über mehr sexuelle Erfahrung verfügen sollten als Frauen.

Einflüsse im Erwachsenenalter

Angesichts der Vielfalt menschlicher Lebensläufe und Schicksale im Erwachsenenalter erscheint es vermessen, generelle Aussagen über Einflußfaktoren auf die seelische Gesundheit erwachsener Frauen und Männer machen zu wollen. Als Moderatorvariablen zu berücksichtigen sind sicherlich der Familienstand, das Lebensalter, der sozioökonomische Status, die Anzahl und das Alter der eigenen Kinder, die Größe und Art des Wohnortes sowie nicht zuletzt die eigene berufliche Situation. Wenn wir im folgenden Einflußfaktoren auf die seelische Gesundheit von Frauen und Männern diskutieren, so beschränken wir uns notgedrungenermaßen zunächst auf einige besonders häufig anzutreffende Konstellationen. Die Situation kleinerer Sondergruppen (wie etwa Unverheiratete, Geschiedene, Arbeitslose) kommt erst in späteren Kapiteln zur Sprache. Da es unser primäres Ziel ist, zu erklären, weshalb Frauen - statistisch gesehen - weniger seelisch gesund sind als Männer und weshalb sie vor allem zu neurotischen Störungen neigen, konzentrieren wir uns speziell auf die Lebensbedingungen des weiblichen Geschlechts. Nur an wenigen Stellen und sehr unvollständig gehen wir in diesem Abschnitt explizit auf die Situation von Männern ein. Einen wichtigen Teil der selbstverständlich auch im Leben von Männern vorkommenden Stressoren besprechen wir im nächsten Kapitel über "Arbeit und seelische Gesundheit".

Eine unserer zentralen Thesen besagt, daß die bestehenden Geschlechterunterschiede zu einem ganz wesentlichen Teil durch die kulturell und biologisch determinierten Rollenverteilungen von Mann und Frau zustande kommen, wobei Geschlechtsrollenstereotype eine vermittelnde Funktion haben. Es wäre an dieser Stelle sehr interessant, auf Erkenntnisse der kulturanthropologischen Forschung zu den Geschlechterrollen einzugehen (vgl. etwa MEAD 1958, D'ANDRADE 1966). Wir müssen auf einen solchen Exkurs aus Gründen der Übersichtlichkeit und des begrenzten zur Verfügung stehenden Platzes verzichten und beschränken uns daher auf ein Zitat von MERZ (1979, p. 90), der sich mit dieser Thematik ausführlicher auseinandersetzt: "Insgesamt zeigen die ethnologischen Befunde, daß die Arbeitsteilung zwischen den Geschlechtern den Unterschieden im Körperbau und den Unterschieden der Belastung durch Schwangerschaft und Aufzucht der Kleinkinder unter den jeweils gegebenen ökonomischen Bedingungen weitgehend entspricht. Aus dieser Rollendifferenzierung ergeben sich dann weitere: Jedes Geschlecht führt bevorzugt solche Arbeiten aus, welche mit jenen zusammenhängen, die es aus biologischen Gründen übernommen hat (Herstellen der Werkzeuge etc.). Außerdem beeinflußt die ökonomische Bedeutung der übernommenen Arbeiten die Stellung in der Gesellschaft: Wer die ökonomische Leistung erbracht hat, kann über den Ertrag eher verfügen." Obwohl menschliches Verhalten stark durch Erfahrungen beeinflußt wird und Männer wahrscheinlich prinzipiell genau so gut wie Frauen in der Lage wären, "mütterliche" Funktionen zu übernehmen (BAUMRIND 1981), blieb tatsächlich jedoch die Pflege von Säuglingen und Kleinkindern in allen Kulturen weitgehend den Frauen überlassen. Bereits von frühester Kindheit an werden weibliche Personen - z. B. durch die Förderung des Spielens mit Puppen - auf ihre spätere Rolle vorbereitet. Nicht zuletzt um diese Aufgabe gut erfüllen zu können, werden ihnen über die Geschlechterstereotype Eigenschaften wie Selbstlosigkeit und Liebe als ideale Tugenden nahegebracht, während es für das männliche Geschlecht wertvoller erscheint, nach (beruflichem) Erfolg und nach Leistung zu streben, um der eigenen Familie später materiellen Wohlstand und Sicherheit bieten zu können. Wie MERZ (1979) anmerkt, gelingt es der Gesellschaft auf diesem Weg auch relativ elegant, die teilweise widersprüchlichen kulturellen Werte "Leistung und Erfolg" sowie "Selbstlosigkeit und Liebe" zu tradieren.

Aus der unterschiedlichen Rollenverteilung lassen sich auch die unterschiedlichen (erlernten) Bedürfnisstrukturen und wertbesetzten Lebensbereiche der beiden Geschlechter ableiten (NEULINGER 1968; GARAI 1970; SPENCE et al. 1975; RÜDDEL et al. 1982). Für die meisten Männer erlangen der Leistungsbereich und die berufliche Situation im Vergleich zur Familie eine gleichrangige oder vorrangige Bedeutung, während für die Mehrzahl der Frauen soziale Beziehungen (zum Ehemann, zu den Kindern, den eigenen Eltern sowie zu Freundinnen) ausschlaggebender sind (JACKSON 1980; MACKIE 1983; STEINEBACH 1984). Im Zusammenhang mit unserem Thema "seelische Gesundheit" ist es nun eine wichtige Frage, ob Frauen, die sich ganz der traditionellen Rolle als Ehefrau und Mutter widmen, in dieser Rolle tatsächlich ihre Erfüllung finden. Auch an dieser Stelle sei die Bemerkung vorausgeschickt, daß sich diese Frage sicherlich nicht in einer allgemein verbindlichen und für alle Frauen gültigen Weise beantworten läßt (vgl. hierzu auch das Kapitel "Förderung der seelischen Gesundheit in Partnerschaften"). Zweifellos trifft man Frauen an, die sich in der traditionellen Rolle wohlfühlen, wenn sie beispielsweise mehrere Kinder großziehen, über ein höheres Einkommen verfügen, einen ihren Bedürfnissen entsprechenden Bekanntenkreis Gleichgesinnter sowie bestimmte Hobbys haben und eine glückliche Ehe führen (vgl. BARUCH & BARNETT 1980). Es wäre auch nicht sehr sinnvoll, solchen Frauen generell mangelndes Problembewußtsein zu unterstellen und sie zur "Emanzipation" überreden zu wollen (vgl. auch Abschnitt 3.4). Es gibt andererseits empirische Befunde, die auf relativ hohe "psychische Kosten" zumindest einiger dieser Frauen hinweisen (z. B. ROSSI 1968; BIRNBAUM 1975; LIVSON 1976; MARACEK & BALLOU 1981; BELLE 1982).

BIRNBAUM (1975) untersuchte drei Gruppen von Frauen im Alter von etwa 40 bis 50 Jahren, die im Anschluß an ihr Universitätsstudium entweder nach der Geburt des ersten Kindes auf eine eigene Berufsausübung verzichteten ("Hausfrauen", N = 29) oder trotz Ehe und eigener Kinder einer Berufstätigkeit nachgingen ("verheiratete Berufstätige", N = 25) oder auf Ehe und Kinder verzichteten und einen anspruchsvollen Beruf ausübten ("alleinstehende Berufstätige", N = 27). Alle Frauen beantworteten anonym einen ausführlichen Fragebogen, der verschiedene Aspekte ihrer seelischen Gesundheit, ihres biographischen Hintergrundes sowie - mit Hilfe projektiver Items - ihrer Konflikte und Einstellungen erfaßte. Aus der Vielzahl interessanter Ergebnisse können wir nur einen Teil herausgreifen. Es zeigte sich, daß von den drei Gruppen die **"Hausfrauen"** ihre seelische Gesundheit am schlechtesten einschätzten, das geringste Selbstbewußtsein besaßen (vgl. auch BETZ 1984), die größten Identitätsprobleme hatten und am stärksten unter einem Mangel an Freunden litten. Im Vergleich zu den "verheirateten Berufstätigen" empfanden sie sich weniger attraktiv für Männer und unglücklicher in der Ehe. BIRNBAUM (1975) glaubt, klare Hinweise darauf gefunden zu haben, daß sich viele der von ihr befragten "Hausfrauen" zum Untersuchungszeitpunkt in einer ausgeprägten Sinn- und Selbstwertkrise befanden und zu Depressionen neigten (vgl. auch MARACEK & BALLOU 1981; ILFELD 1982).

Die **"verheirateten Berufstätigen"** waren hingegen trotz ihrer Doppelbelastung durch Beruf und Familie in ausgesprochen guter psychischer Verfassung. BIRNBAUM (1975, p. 410) beschreibt die typische Frau aus dieser Gruppe wie folgt: "Aktiv und selbstbewußt bewahrt sie eine komplexe persönliche Integration. Diese basiert auf einem hohen Energieniveau und der Erfahrung, daß Arbeit und eigenes Können lustvoll und intrinsisch befriedigend ... sind. Sie arbeitet nicht, weil sie es sollte, sondern weil sie es will und weil sie das, was sie tut, sehr genießt." Verständlicherweise klagten diese Frauen stärker als die "Hausfrauen" über Zeitmangel. Die Doppelfunktion konnten sie auch nur deshalb wahrnehmen, weil sie von ihren Ehemännern und Kindern Unterstützung im Haushalt erfuhren. Diese Frauen äußerten bei direkter Befragung keinen Zweifel daran, daß eine berufstätige Mutter eine genauso liebevolle Mutter sein kann wie eine nicht berufstätige Frau. Allerdings fand BIRNBAUM (1975) doch einige Hinweise auf gelegentliche Selbstzweifel darüber, ob sie sich für ihre Kinder genügend Zeit nehmen.

Auch die dritte Gruppe der **"alleinstehenden Berufstätigen"** verfügte über ein hohes Selbstwertgefühl und war mit der eigenen Lebenssituation im großen und ganzen sehr zufrieden. Das insgesamt recht positive Bild wurde lediglich durch gelegentliche Gefühle der Einsamkeit und den Eindruck, eine wichtige Lebenserfahrung verpaßt zu haben, etwas getrübt.

BIRNBAUM (1975, p. 19) stellte an das Ende ihres Beitrages folgende weitreichende Schlußfolgerungen: "Geht man von diesen überraschenden Befunden aus, so scheint es, daß wir nicht länger guten Gewissens Mädchen dazu erziehen können, ihre primäre persönliche Erfüllung und Identität in der Familie zu suchen. Wenn intelligente Frauen keine anderen Befriedigungsquellen als Ehe und Mutterschaft suchen, schwindet ihr Selbstbewußtsein allmählich, und sie werden von Einsamkeit und Unsicherheit geplagt. Die berufstätige Frau hingegen, ob sie verheiratet ist oder nicht, findet eine vitale Quelle ihrer persönlichen Identität und Zufriedenheit in ihrer Arbeit, die ihr allgemeines Selbstwertgefühl deutlich erhöht." (vgl. auch BETZ 1984).

In methodischer Hinsicht ist zu der Untersuchung von BIRNBAUM (1975) natürlich kritisch anzumerken, daß es sich um keine experimentelle Studie handelt, so daß die Ursache-Wirkung-Zusammenhänge nicht eindeutig aufgeklärt werden können. Als Störvariable sind jedenfalls Selbstselektionsprozesse nicht auszuschließen. Ferner besteht keine Veranlassung, die Ergebnisse auf andere Gruppen von Frauen, die nicht über einen Studienabschluß und nicht über die Chancen einer anspruchsvollen Berufsausübung verfügen, zu generalisieren.

In welche **Identitätskrise,** verbunden mit einer deutlichen Verschlechterung der seelischen Gesundheit, manche Frauen durch eine einseitige Zentrierung auf die Familie im Alter von etwa 40 Jahren geraten können, belegen auch Daten aus der "Oakland Growth Study", über die LIVSON (1976) berichtete. Erst als diese Frauen etwa zehn Jahre später sich neue (vor allem intellektuelle) Berufsfelder und Quellen des Selbstbewußtseins erschlossen, verbesserte sich ihre seelische Gesundheit wieder. Andererseits gab es in dieser Personenstichprobe auch eine Reihe traditionell eingestellter Frauen, die bisher mit ihrer Rolle sehr gut zurechtgekommen waren.

In den oben erwähnten Arbeiten wurden jeweils kleine und wenig repräsentative Personengruppen untersucht. Die Frage stellt sich, wie weit diese Ergebnisse verallgemeinert werden können. Sind Frauen ohne **Berufstätigkeit** weniger seelisch gesund als berufstätige Frauen? Wie WARR & PARRY (1982) herausstreichen, bedarf dieses Thema einer differenzierten Erörterung. Man muß zwischen verschiedenen Gruppen von Frauen (z. B. Alleinstehende mit und ohne Kinder, Verheiratete mit und ohne Kinder, die noch im Haus sind) sowie verschiedenen Indikatoren für seelische Gesundheit unterscheiden. Auf diesen grundlegenden Artikel werden wir in einem späteren Kapitel näher eingehen. An dieser Stelle glauben wir, aus einer Reihe von Arbeiten (GOVE & TUDOR 1973; BIRNBAUM 1975; PEARLIN 1975; HARRIS 1976; BARUCH & BARNETT 1980; SMITH 1981a; BRISCOE 1982; WARR & PARRY 1982; COLEMAN & ANTONUCCI 1983) folgende vorläufige Schlüsse ziehen zu können:
- Ob Frauen berufstätig sind oder nicht, beeinflußt ihre seelische Gesundheit nicht erheblich. Offensichtlich werden einige unverkennbare Vorteile der Berufstätigkeit durch eine Reihe von Nachteilen partiell wieder aufgehoben (vgl. auch BETZ 1984). In mehreren Untersuchungen wurden dementsprechend keine signifikanten Geschlechtsunterschiede ermittelt (vgl. Übersicht bei WARR & PARRY 1982). Andere Untersucher fanden hingegen signifikante Differenzen, die stets in eine Richtung wiesen, nämlich eine höhere seelische Gesundheit der berufstätigen Frauen.
- Insbesondere bei Frauen, die nicht mehr durch die Betreuung kleiner Kinder stark eingespannt sind sowie bei alleinstehenden Frauen scheint sich Berufstätigkeit auf die seelische Gesundheit positiv auszuwirken.

Im folgenden wollen wir uns näher mit der Situation verheirateter "Hausfrauen" mit Kindern befassen, d. h. mit jenen Frauen, die keinen sonstigen Beruf ausüben. Im Zusammenhang mit unserem Thema ist es dabei unvermeidlich, daß durch die Aufzählung belastender Bedingungen im Leben dieser Frauen ein zweifellos einseitiges Bild entsteht.

Die **Geburt eines Kindes** bringt für viele Frauen eine einschneidende Veränderung in ihrem Leben mit sich. Wenn sie sich voll der Pflege ihres Kindes widmen, bedeutet es für junge Mütter, die sich noch in der Ausbildung - z. B. an der Universität als Studentin - befinden, eine Unterbrechung oder sogar den Abbruch ihres Studiums. Andere bisher berufstätige Frauen scheiden für kürzere oder längere Zeit aus dem Berufsleben aus. Damit verzichten viele von ihnen auf eine wichtige Quelle für Selbstbewußtsein, materielle Unabhängigkeit, Sozialkontakte und auf Befriedigung aus einer mehr oder weniger interessanten Tätigkeit. Sie müssen ihr Leben völlig neu orientieren, was sicherlich eine erhebliche Anpassungsleistung von ihnen verlangt. Das sogenannte "freudige Ereignis" erweist sich bei genauerem Hinsehen für viele Paare als kritisches Lebensereignis, auf das eine Reihe von Frauen mit psychischen Störungen reagiert. Die bekanntesten davon sind die Kindbettpsychosen und die Post-partum-Depressionen, über deren teilweise biologische Determination Hypothesen vorliegen (vgl. auch den Übersichtsartikel von PITT 1982).

Vergleicht man damit die Auswirkungen einer Geburt auf das Leben von Männern, so sind diese in aller Regel sehr viel weniger einschneidend. Männer üben weiterhin ihren Beruf aus oder setzen ihre Ausbildung fort und behalten wichtige Befriedigungsquellen, nämlich vor allem den Beruf und die Familie, bei. Es ist für sie auch leichter als für Frauen mit kleinen Kindern, bestimmten sportlichen Aktivitäten und Hobbys nachzugehen.

Das Aufziehen eines oder mehrerer kleiner Kinder ist eine anstrengende Tätigkeit, die allerdings im allgemeinen keine hohe Anerkennung verschafft, sondern weitgehend als Selbstverständlichkeit von Frauen erwartet wird. Es gibt sicherlich sehr große interindividuelle Unterschiede zwischen Frauen im Hinblick auf die Befriedigung, die sie aus dieser Aufgabe für sich ableiten können (PEARLIN 1975). Im Vergleich zur Situation von Männern ist die Tätigkeit als Hausfrau und Mutter jedoch im allgemeinen wesentlich monotoner und weniger dazu geeignet, alle Fähigkeiten zum Einsatz zu bringen und eigene Interessen zu verfolgen. Hinzu kommen die häufig reduzierten Sozialkontakte zu Personen außerhalb der Familie, der Verzicht auf eigenes Einkommen sowie der nicht auf 8 Stunden begrenzte Arbeitstag. Ein zentrales Kennzeichen des Lebensstils vieler dieser Frauen ist die einseitige Zentrierung auf "Dienstleistungen" im Interesse der übrigen Familienmitglieder. BELLE (1982) spricht in diesem Zusammenhang vom **"stress of caring"** ("Umsorgen-Streß") sowie vom **"support gap"** ("Mißverhältnis der Unterstützung"). In nicht wenigen Familien ist das Gleichgewicht des Gebens und Nehmens zuungunsten der Frauen verschoben. Während sich die Kinder, der Ehemann und nicht selten die eigenen Eltern mit der Bitte um emotionale und tätige Unterstützung an eine Frau wenden, finden die Frauen nicht immer das gleiche Maß an Hilfe und Verständnis, wenn sie ihren Ehemann ansprechen, der beispielsweise nach einem anstrengenden Arbeitstag nicht mit den "kleinen Dingen des Alltags" belastet werden möchte (BURKE & WEIR 1979, 1982; vgl. hingegen SCHENK & PFRANG 1983). Frauen vertrauen sich in solchen Fällen, wenn sie Probleme haben, anderen Frauen und nicht dem eigenen Ehemann an (BERNARD 1981).

Da viele Männer weniger sensitiv für die Probleme ihrer Frauen zu sein scheinen als umgekehrt (BURKE & WEIR 1982), plädiert BELLE (1982) dafür, daß Männer analog zu Frauen, die an einem Selbstbehauptungstraining teilnehmen, um sich "männliche" Qualitäten anzueignen, an einem **"supportiveness training"** (Training in unterstützendem Verhalten) teilnehmen sollten. Eine ausgewogenere gegenseitige Unterstützung von Ehepartnern trägt sehr zu deren Zufriedenheit und zur seelischen Gesundheit von Frauen bei (BIRNBAUM 1975; BURKE & WEIR 1982).

Ein wesentliches Charakteristikum der nicht berufstätigen Frauen ist ihre einseitige Abhängigkeit von der Qualität der Ehe und der guten Entwicklung ihrer Kinder. Da die Beziehung zum Ehemann und die Anerkennung und Bestätigung durch den Ehemann für diese Frauen eine wesentlich größere Bedeutung erlangen als für berufstätige Frauen, leiden sie besonders stark unter einer gestörten Ehe (ILFELD 1976, 1982; PEARLIN & LIEBERMAN 1979; BROCKI 1980). Ein enger Zusammenhang zwischen einer Neigung zu Depressionen und Eheproblemen bei Frauen ist vielfach nachgewiesen. Nichtberufstätige Frauen erfahren aber auch eine stärkere Selbstwertbeeinträchtigung als ihre Ehemänner, wenn ihre Kinder Verhaltensstörungen entwickeln. Da Frauen die Hauptverantwortung für die Erziehung der Kinder zugesprochen wird, müssen sie sich auch in erster Linie für Fehlentwicklungen verantwortlich fühlen. Eine weitere negative Konsequenz aus der einseitigen Fixierung auf die Mutterrolle ergibt sich, wenn die Kinder erwachsen sind, das Elternhaus verlassen und damit Mütter eines wesentlichen Lebensinhalts beraubt werden. Wie oben bereits erwähnt wurde, erleben Frauen unter diesen Umständen nicht selten eine massive Identitäts- und Sinnkrise.

Im folgenden wenden wir uns der Situation berufstätiger Frauen mit Kindern zu. Auch hierbei sind in Abhängigkeit von der Anzahl und dem Alter der Kinder, der Freiwilligkeit oder Unfreiwilligkeit, dem Umfang und der Attraktivität der Berufstätigkeit sowie dem Ausmaß an Unterstützung durch Familienmitglieder große interindividuelle Differenzen in Rechnung zu stellen (PEARLIN 1975). Dennoch zeichnen sich einige Trends ab, die auf eine Benachteiligung der Frauen gegenüber den Männern hinauslaufen. In vielen Fällen müssen sich Frauen mit weniger qualifizierten, weniger angesehenen und schlechter bezahlten beruflichen Tätigkeiten zufriedengeben als Männer. Das liegt zum Teil an ihrer schlechteren Ausbildung. Darüber hinaus werden aber auf dem Arbeitsmarkt bei gleicher Qualifikation nicht selten Männer bevorzugt. WILEY & ESKILSON (1983) konnten empirische Belege dafür finden, daß innerhalb einer größeren Organisation Männer bei gleicher Qualifikation von ihren Vorgesetzten mehr Förderung erfahren als Frauen (und diese Förderung ist ein wichtiger Schlüssel zum Erfolg!). Wenn Frauen diese Beobachtung machen, besteht die Gefahr, daß sie aus dem Gefühl der Benachteiligung und Machtlosigkeit heraus ihre Erwartungen und Ansprüche senken und damit eine sich selbst erfüllende Prophezeiung in Gang setzen. Darüber hinaus glaubt man auch, Frauen Arbeitslosigkeit eher zumuten zu können als Männern. Frauen sind sehr viel stärker als Männer an Teilzeitbeschäftigungen interessiert, um ihren zusätzlichen Verpflichtungen in Familie und Haushalt besser nachkommen zu können. Solche Teilzeitbeschäftigungen werden jedoch nicht in genügender Zahl und Qualifikation (z. B. mit Aufstiegschancen) angeboten.

Da es vom traditionellen Rollenverständnis her den meisten Männern fernliegt, sich in größerem Umfang an der Erziehung von Kindern und dem Führen des Haushalts zu beteiligen, müssen berufstätige Frauen eine erhebliche **Doppelbelastung** in Kauf nehmen. Sie arbeiten im Vergleich zu Männern mehr Stunden am Tag und finden auch am Wochenende keinen "Feierabend" (GOVE & TUDOR 1973). Sie fühlen sich von daher häufig am Ende ihrer Kräfte (MARACEK & BALLOU 1981). Wie HAYNES & FEINLEIB (1980) zeigten, ist das Risiko für eine Herzerkrankung bei jenen Frauen am höchsten, die arbeiten und mehrere Kinder haben und sowohl zu Hause als auch am Arbeitsplatz anderen viel Unterstützung gewähren müssen. Daß andererseits viele Frauen mit dieser Doppelbelastung gut fertig werden und nur ungern auf ihren Beruf verzichten würden, ist ebenfalls eine Tatsache.

Zur Erklärung dieses scheinbaren Widerspruchs können die jeweiligen ökologischen Kontextbedingungen sowie die interindividuellen Differenzen in Bewältigungskompetenzen herangezogen werden. Die Bedeutung der zuletzt genannten Bewältigungskompetenzen konnte PEARLIN (1975) nachweisen. Er fand, daß jene Frauen mit den Belastungen und Frustrationen der Hausfrauenrolle besser fertig wurden (d. h. weniger zu Depressionen neigten), die in optimistischer Sicht davon ausgingen, daß sich diese Belastungen in Zukunft verringern würden, und die beim Vergleich mit anderen Hausfrauen ihre Situation als weniger schwierig einstuften. Ferner reduzieren sich die Konflikte zwischen Hausfrauen- und Berufsrolle, wenn Frauen dem Beruf eine weniger große Bedeutung beimessen und beispielsweise leichter nach Dienstende von der Arbeit abschalten können.

Als nächstes wollen wir uns mit der Frage beschäftigen, ob empirische Arbeiten Hinweise darauf liefern, daß das Leben von Frauen durch mehr **Stressoren** gekennzeichnet ist als das der Männer. Zu diesem Thema liegt eine ausführliche Diskussion von MAKOSKY (1980) vor. Diese Autorin gelangte zu dem Ergebnis, daß wir zur Zeit noch relativ wenig über den Zusammenhang von Geschlecht und Streß wissen. Die mit Skalen zur Messung kritischer Lebensereignisse gewonnenen Ergebnisse sind nicht eindeutig interpretierbar. Vieles spricht dafür, daß diese Skalen auf die Lebenssituation von Männern zugeschnitten sind und Stressoren im Leben von Frauen ungenügend erfassen. So wird insbesondere dem Phänomen der **"Streßansteckung"** ("contagion of stress") zu wenig Beachtung geschenkt. Darunter wird das Ausmaß an Streß verstanden, das von Ereignissen herrührt, die primär anderen Personen (Verwandten, Freunden usw.) zustoßen, aber indirekte Auswirkungen auf Frauen haben (LOWENTHAL, THURNHER & CHIRIBOGA 1975).

ILFELD (1976) versuchte in einer groß angelegten Untersuchung an 2.299 erwachsenen Einwohnern von Chicago, deren Belastung durch gegenwärtige soziale Stressoren festzustellen. Unter gegenwärtigen sozialen Stressoren verstand er "... jene Umstände oder Bedingungen der alltäglichen sozialen Rollen, die generell als problematisch oder unerwünscht betrachtet werden." (ILFELD 1976, p. 1234). Diese Definition unterscheidet sich von vielen anderen, in denen eher auf punktuelle Ereignisse im Sinne der kritischen Lebensereignisse abgehoben wird. Er verwendete 9 Skalen zur Messung gegenwärtiger sozialer Stressoren (z. B. berufliche Stressoren, finanzielle Stressoren, Stressoren im Zusammenhang mit der Ehe). Mit Hilfe multipler Regressionsanalysen wies er nach, daß Männer stärker unter beruflichen Stressoren leiden als Frauen. Frauen erzielten hingegen signifikant höhere Werte in den Bereichen "Finanzen", "Rolle als Eltern", "Stressoren in der Ehe" sowie "Stressoren im Zusammenhang mit dem Nichtverheiratetsein". In ihrer Gesamtheit betrachtet, sprechen die Ergebnisse unseres Erachtens für eine höhere Streßbelastung der Frauen.

Wir haben dieser Frage ebenfalls eine kleine Untersuchung gewidmet, die oben bereits erwähnt wurde. Befragt wurden 145 Frauen und 145 Männer im Alter zwischen 20 und 59 Jahren aus der Standardisierungsstichprobe des IAF. Die beiden Gruppen waren bezüglich ihres Alters und ihrer Schulbildung sorgfältig parallelisiert worden. Die Untersuchung erfolgte anonym und umfaßte unter anderem die Frage, welche von 21 vorgegebenen Sorgen und Problemen auf die betreffende Person stärker zutreffen als auf die meisten Gleichaltrigen. In fünf Fällen erbrachte die Auswertung signifikante Geschlechtsunterschiede, die stets auf eine stärkere Belastung der Frauen hindeuteten: (1) Ich fühle mich überfordert. (2) Ich fühle mich häufig am Ende meiner Kräfte. (3) Häufig gelingt es mir nicht, Dinge, die ich mir vorgenommen habe, auch durchzuführen bzw. zu beenden. (4) Ich fühle mich nicht genügend ausgefüllt. (5) Ich bin mit meinem Aussehen unzufrieden.

Die ersten drei Items unterstreichen die These, daß sich viele Frauen, darunter wahrscheinlich vor allem jene mit einer beruflichen Doppelbelastung, häufig überfordert fühlen. Nur im scheinbaren Widerspruch steht das Item (4). Wie oben bereits erwähnt wurde, leidet eine Teilgruppe von Frauen darunter, daß die einseitige Mutter- und Hausfrauenrolle sie nicht genügend ausfüllt. Auf das Item (5) wurde oben bereits im Zusammenhang mit den höheren Anforderungen, die an Frauen bezüglich ihres Aussehens gestellt werden, eingegangen.

Es interessiert vielleicht, in welchen Bereichen Männer von der Tendenz her über mehr Probleme klagen als Frauen. Es sind dies der berufliche sowie der gesundheitliche Bereich. In beiden Fällen erreichten die Unterschiede jedoch nicht das erforderliche 5%-Signifikanzniveau. Bildet man einen Gesamtskore über alle 21 Items, so erhalten die Frauen darin einen signifikant höheren Wert als die Männer.

Gegen diese Untersuchung sowie diejenige von ILFELD (1976), die beide auf Selbsturteilen beruhen, kann der Einwand erhoben werden, daß unklar bleibt, ob das Leben von Frauen tatsächlich belastender und frustrierender ist als das der Männer, oder ob Frauen lediglich stärker zum Klagen neigen. Gegen letztere Hypothese spricht, daß Frauen in beiden Untersuchungen nicht in allen Problembereichen höhere Werte erzielten als Männer (vgl. auch PEARLIN 1975). Im Zusammenhang mit unserer Theorie der seelischen Gesundheit verdienen unsere eigenen oben geschilderten Ergebnissen insofern Beachtung, als sie deutliche Hinweise darauf liefern, daß Frauen sich weniger als Männer in der Lage sehen, externen und internen Anforderungen zu genügen. Diese "Überforderung" sollte sich negativ auf die seelische Gesundheit der Frauen auswirken.

3.3.3 Geschlechtsdifferenzen im Bewältigungsverhalten und in der Verhaltenskontrolle

In diesem Unterkapitel suchen wir nach weiteren Antworten auf folgende beiden Fragen: (1) Aus welchen Gründen leiden mehr Frauen als Männer unter psychischen Störungen, und warum erreichen Frauen niedrigere Skores in den meisten Indikatoren für seelische Gesundheit als Männer? (2) Wieso neigen Frauen stärker zu neurotischen Störungen, Männer hingegen zu antisozialen Verhaltens- und Persönlichkeitsstörungen sowie zu Alkoholismus und Drogenabhängigkeit?

Das vorangegangene Unterkapitel über die "Erklärung der Geschlechtsdifferenzen" hat einiges zur Beantwortung dieser Fragen beigetragen, indem unter anderem auf den hohen Grad an Belastungen, Konflikten und Überforderungen oder von Unterforderungen und mangelnden Gelegenheiten zur Selbstverwirklichung vieler Frauen sowie auf die geschlechtsspezifische Bewertung und Tolerierung bestimmter Symptome hingewiesen wurde. Ausgehend von unserer Theorie der seelischen Gesundheit erscheint es für die Erklärung der geringeren seelischen Gesundheit von Frauen jedoch erforderlich, nicht nur das von den beiden Geschlechtern zu bewältigende Ausmaß an externen und internen Anforderungen, sondern auch die **"Bewältigungskompetenz"** zu berücksichtigen. Sollten Frauen über eine signifikant geringere Bewältigungskompetenz verfügen als Männer, so sollte sich dieses Defizit - vor allem in Phasen erhöhter Anforderungen - ungünstig auf die emotionale Komponente der seelischen Gesundheit auswirken (vgl. BILLINGS & MOOS 1982).

Geschlechtsdifferenzen im Bewältigungsverhalten

Wie unter anderem BECKER (1984b, 1985a) aufzeigte, sind unsere Kenntnisse über die Struktur und Effizienz des Bewältigungsverhaltens noch sehr begrenzt. Man findet jedoch in der einschlägigen Literatur gelegentlich Hinweise auf eine geringere Bewältigungskompetenz (Bevorzugung weniger "effizienter" Bewältigungsstrategien) von Frauen (PEARLIN & SCHOOLER 1978; BILLINGS & MOOS 1981). Theoretische und praktische Schwierigkeiten ergeben sich bei der Auswahl und Begründung von Kriterien der "Effizienz" des Bewältigungsverhaltens. Anknüpfend an einen Beitrag von BECKER (1984b, 1985a) schlagen wir folgendes Vorgehen zur empirischen Bestimmung "effizienten" Bewältigungsverhaltens vor: Als "effizient" - im Sinne der Gesundheitsförderlichkeit - betrachten wir jene Bewältigungsformen, die von seelisch gesünderen Personen signifikant häufiger verwendet werden als von seelisch weniger Gesunden bzw. von seelisch Kranken. Verfügt man über ein geeignetes Verfahren zur Messung verschiedener Bewältigungsformen, so kann man die betreffenden Bewältigungsindikatoren zu Indikatoren der seelischen Gesundheit in Beziehung setzen.

Wir haben entsprechende Analysen mit dem von JANKE, ERDMANN & KALLUS (1984) entwickelten **Streßverarbeitungsfragebogen (SVF)** durchgeführt. Dieser sorgfältig konstruierte Test erfaßt in 19 Skalen die "typischen" Reaktionen einer Person auf eine verallgemeinerte Belastungssituation ("wenn ich durch irgendetwas oder irgendjemanden beeinträchtigt, innerlich erregt oder aus dem Gleichgewicht gebracht worden bin ..."). Tabelle 3.12 gibt einen Überblick über die 19 Skalen zur Messung von Bewältigungsstrategien.

In einer von BECKER (1984b, 1985a) berichteten Untersuchung an 60 älteren Frauen (vgl. auch Kapitel 2) wurden die 19 SVF-Skalen mit einem auf 12 Indikatoren basierenden Maß für den Grad der seelischen Gesundheit korreliert. Dabei wurde eine größere Anzahl signifikanter Zusammenhänge ermittelt (z. B. korreliert die Skala "Resignation" -.67 ($p < .01$) mit "seelischer Gesundheit"). JANKE et al. (1984) teilen Korrelationen zwischen den 19 SVF-Skalen und der Neurotizismusskala des FPI mit, die in der Größenordnung recht gut mit den von BECKER (1984b, 1985a) ermittelten Koeffizienten übereinstimmen. Wir haben für die folgenden Berechnungen jene 9 SVF-Skalen herausgegriffen, die in beiden oben genannten Untersuchungen signifikant mit "seelischer Gesundheit" (bzw. Neurotizismus) korrelierten. Unsere Hypothese lautete, daß Frauen ein weniger effizientes Bewältigungsverhalten zeigen als Männer, d. h. sich in den genannten 9 SVF-Skalen signifikant von Männern in derselben Richtung unterscheiden, in der sich Personen mit geringerer von solchen mit höherer seelischer Gesundheit unterscheiden. Zur Überprüfung dieser Hypothese griffen wir auf die von JANKE et al. (1984, Tabelle 14a) mitgeteilten Mittelwerte und Standardabweichungen in den SVF-Skalen von 96 Männern und 104 Frauen im Alter von 20-64 Jahren aus der Standardisierungsstichprobe des SVF zurück. Ta-

Tabelle 3.12: Bezeichnung der Subtests des SVF sowie Beispielitems. Entnommen aus JANKE, ERDMANN & KALLUS (1984).

Subtest-Nr.	Abkürzung	Subtestbezeichnung	Beispielitem
1	BAG	Bagatellisierung	... sage ich mir, es geht schon alles wieder in Ordnung
2	HER	Herunterspielen durch Vergleich mit anderen	... nehme ich das leichter als andere in der gleichen Situation
3	SCHAB	Schuldabwehr	... denke ich, ich habe die Situation nicht zu verantworten
4	ABL	Ablenkung von Situationen	... lenke ich mich irgendwie ab
5	ERS	Ersatzbefriedigung	... erfülle ich mir einen lang ersehnten Wunsch
6	SEBEST	Suche nach Selbstbestätigung	... verschaffe ich mir Anerkennung auf anderen Gebieten
7	SITKON	Situationskontrollversuche	... mache ich einen Plan, wie ich die Schwierigkeiten aus dem Weg räumen kann
8	REKON	Reaktionskontrollversuche	... sage ich mir, du darfst die Fassung nicht verlieren
9	POSI	Positive Selbstinstruktion	... sage ich mir, du kannst damit fertig werden

Fortsetzung der Tabelle 3.12:

Subtest-Nr.	Abkürzung	Subtestbezeichnung	Beispielitem
10	BESOZU	Bedürfnis nach sozialer Unterstützung	... versuche ich, mit irgendjemandem über das Problem zu sprechen
11	VERM	Vermeidungstendenz	... nehme ich mir vor, solchen Situationen in Zukunft aus dem Weg zu gehen
12	FLU	Fluchttendenz	... neige ich dazu, die Flucht zu ergreifen
13	SOZA	Soziale Abkapselung	... meide ich die Menschen
14	GEDW	Gedankliche Weiterbeschäftigung	... beschäftigt mich die Situation hinterher noch lange
15	RES	Resignation	... neige ich dazu, zu resignieren
16	SEMITL	Selbstbemitleidung	... frage ich mich, warum das gerade mir passieren mußte
17	SESCH	Selbstbeschuldigung	... mache ich mir Vorwürfe
18	AGG	Aggression	... werde ich ungehalten
19	PHA	Pharmakaeinnahme	... neige ich dazu, irgendwelche Medikamente einzunehmen

Tabelle 3.13: Mittelwerte (MW) und Standardabweichungen (s) von 96 Männern (M) und 104 Frauen (F) im Alter von 20-64 Jahren in ausgewählten SVF-Skalen. Entnommen aus JANKE, ERDMANN & KALLUS 1984, Tabelle 14a. Signifikanzniveau (einseitig): x (p ≤.05), xx (p ≤.01), xxx (p ≤.001). sg (sk) bedeutet: höhere Skores bei seelisch Gesunden (seelisch Kranken).

SVF-Skala			M (N=96)	F (N=104)	t
Herunterspielen durch Vergleich mit anderen	sg	MW	10.88	8.63	3.39xxx
		s	4.76	4.62	
Bedürfnis nach sozialer Unterstützung	sk	MW	10.95	12.73	-2.15x
		s	5.96	5.73	
Fluchttendenz	sk	MW	10.23	10.88	-1.15
		s	3.90	4.08	
Gedankliche Weiterbeschäftigung	sk	MW	14.15	16.25	-2.70xx
		s	5.64	5.37	
Resignation	sk	MW	7.71	9.59	-2.66xx
		s	4.88	5.09	
Selbstbemitleidung	sk	MW	9.72	11.08	-1.81x
		s	5.31	5.29	
Selbstbeschuldigung	sk	MW	11.23	11.91	-1.07
		s	4.51	4.44	
Aggression	sk	MW	8.01	9.52	-2.10x
		s	4.99	5.16	
Pharmakaeinnahme	sk	MW	3.53	3.43	.19
		s	3.62	3.92	

belle 3.13 enthält die Ergebnisse der von uns berechneten t-Tests. In 8 von 9 Skalen entspricht die Richtung der Geschlechtsunterschiede unseren Erwartungen, wobei die Mittelwertsdifferenzen in sechs Fällen signifikant werden. Kein Unterschied zeigt sich hingegen in der Skala "Pharmakaeinnahme" (t = .19).

Ausgehend von den 9 SVF-Skalen charakterisieren wir im folgenden kurz die Geschlechtsdifferenzen im Bewältigungsverhalten. Männer versuchen erheblich stärker als Frauen, den Grad ihrer Belastung durch den Vergleich mit anderen

Personen herunterzuspielen. Frauen neigen hingegen stärker zur Resignation, zur gedanklichen Weiterbeschäftigung mit der problematischen Situation, zur Selbstbemitleidung und zu Aggressionen. (Diese höhere Aggressionsneigung der Frauen widerspricht der Mehrzahl der von anderen Untersuchern ermittelten Ergebnisse. Sie muß jedoch vor dem Hintergrund der für den SVF spezifischen Anweisung interpretiert werden.) Frauen haben ferner ein erhöhtes Bedürfnis nach sozialer Unterstützung. (Dieser Befund deckt sich mit Ergebnissen von ILFELD 1980 sowie STEINEBACH 1984.) Das bei Frauen häufiger anzutreffende Bewältigungsmuster erschwert nicht nur die (aktive) Bewältigung externer und interner Anforderungen, sondern begünstigt insbesondere die Entwicklung einer depressiven Symptomatik.

Wir halten die geschilderten Ergebnisse für bedeutsam, denn sie belegen - unseres Wissens zum ersten Mal - in methodisch überzeugender Weise geschlechtsspezifische Differenzen im Bewältigungsverhalten, und insbesondere eine geringere "Effizienz" des Bewältigungsverhaltens von Frauen. Mit Hilfe dieses Befundes läßt sich ein von BILLINGS & MOOS (1982) ermitteltes Untersuchungsresultat erklären oder zumindest gut einordnen: Diese Autoren hatten in einer aufwendigen Längsschnittstudie gefunden, daß sich negative Lebensereignisse stärker auf die seelische Gesundheit (Depressivität) von Frauen als von Männern auswirken. Diese größere "Vulnerabilität" der Frauen könnte unter anderem in ihrem weniger effizienten Bewältigungsverhalten begründet sein. Es bedarf sicherlich weiterer Untersuchungen - etwa kausalanalytischer Studien - unter Einbeziehung belastender Ereignisse, verschiedener Bewältigungsformen sowie verschiedener Indikatoren für seelische Gesundheit, um diese Hypothesen abzusichern.

Geschlechtsdifferenzen in Verhaltenskontrolle und deren differentialätiologische Bedeutung

Gleich zu Beginn sei der Leser darauf hingewiesen, daß die folgenden Ausführungen zur Zeit noch recht spekulativ sind, da uns zu einigen Gliedern in der Argumentationskette empirische Daten fehlen. Wie im ersten Kapitel dieses Bandes bei der Darlegung unserer Theorie der seelischen Gesundheit ausgeführt wurde, schreiben wir dem Superkonstrukt "Verhaltenskontrolle" eine differentialätiologische Bedeutung zu. (Zum Konzept der "Differentialätiologie siehe BECKER 1978.) Wir vermuten, daß Personen mit geringer seelischer Gesundheit in Abhängigkeit vom Ausprägungsgrad ihrer Verhaltenskontrolle zu unterschiedlichen Formen psychischer Störungen neigen. Bei starker Verhaltenskontrolle (d. h. unter dem Diktat eines "dominanten" internen Kontrollsystems) schweben Personen mit geringer seelischer Gesundheit in Gefahr, neurotische Störungen (Angstneurosen, Phobien, neurotische Depressionen, Zwangsneurosen) zu entwickeln. Die Kombination geringe Verhaltenskontrolle (bzw. starke Dominanz des biologischen Motivationssystems) und geringe seelische Gesundheit disponiert hingegen zu antisozialen Persönlichkeits- und Verhaltensstörungen bzw. zu Formen des "Ausagierens". Diese Gegenüberstellung von neurotischen und antisozialen bzw. psychopathischen Störungsformen entspricht der von EYSENCK begründeten klinischen Tradition. EYSENCK bringt diese beiden Störungstypen mit Unterschieden im Ausprägungsgrad von Introversion-Extraversion (bzw. mit Unterschieden in der "Konditionierbarkeit") in Verbindung, wir hingegen messen der Persönlichkeitsdimension "Verhaltenskontrolle" das größere differentialätiologische Gewicht bei.

Zur Zeit sind wir mangels eigener empirischer Daten (noch) nicht in der Lage, die von uns postulierten Differenzen von neurotischen und antisozialen bzw. psychopathischen Patienten im Merkmal "Verhaltenskontrolle" zu überprüfen. Unterstellt man einmal, daß sich diese Hypothese empirisch stützen läßt, so ergibt sich über folgende Argumentationskette eine Möglichkeit zur Erklärung der höheren Prävalenz neurotischer Störungen bei Frauen und antisozialer bzw. psychopathischer Störungen bei Männern: Frauen weisen eine höhere Verhaltenskontrolle auf als Männer. Da eine hohe Verhaltenskontrolle (in Verbindung mit geringer seelischer Gesundheit) zu neurotischen Störungen disponiert, sollten Frauen eher zu neurotischen Störungen neigen als Männer, die ihrerseits infolge ihrer geringeren Verhaltenskontrolle in Gefahr schweben, antisoziale bzw. psychopathische Störungen zu entwickeln.

Tabelle 3.14: Zusammenstellung von Untersuchungen zu Geschlechtsdifferenzen in verschiedenen Indikatoren für Verhaltenskontrolle. M = Männer, F = Frauen, MW = Mittelwert, s = Standardabweichung, t = t-Test (einseitig), x: $p \leq .05$; xx: $p \leq .01$.

Variable/Untersuchung		M	F	t
Ich-Überkontrolle (Eo); (MMPI) BECKER 1973	MW	11.6	13.1	-6.31xx
	s	3.2	3.2	
Neurotische Überkontrolle (NOC) NAKAMURA 1960	MW	11.38	13.78	-2.33xx
	s	4.69	4.69	
Angemessene Überkontrolle (OCA) NAKAMURA 1960	MW	12.70	13.67	-1.27
	s	3.51	3.29	
Überich-Stärke (G); (16 PF) CATTELL et al. 1970	MW	28.21	28.69	-2.00x
	s	5.71	5.01	
Überich-Stärke (G); (HSPQ) SCHUMACHER & CATTELL 1977	MW	20.9	22.5	-8.14xx
	s	5.3	4.7	
Pflichtbewußtsein (G); (16 PF) SCHNEEWIND et al. 1983	MW	16.07	17.33	-7.66xx
	s	4.72	4.45	
Selbstregulation und Selbstkontrolle,	MW	8.31	8.93	-3.44xx
	s	2.40	2.22	
Soziale Verantwortlichkeit (Re); (MMPI) BECKER 1973	MW	17.6	20.8	-10.73xx
	s	4.1	3.7	

Tabelle 3.15: Zusammenstellung von Untersuchungen zu Geschlechtsdifferenzen in verschiedenen Indikatoren für geringe Verhaltenskontrolle. M = Männer, F = Frauen, MW = Mittelwert, s = Standardabweichung, t = t-Test (einseitig), (x): p ≤.10; x: p ≤.05; xx: p ≤.01.

Variable/Untersuchung		M	F	t
Impulsivität (Im); (MMPI) BECKER 1973	MW	8.9	7.8	4.09xx
	s	3.6	3.7	
Impulsivität (Total) EYSENCK & EYSENCK 1977	MW	22.60	21.71	1.40(x)
	s	7.06	8.02	
Überschwenglichkeit (F); (16 PF) CATTELL et al. 1970	MW	26.18	25.86	.89
	s	7.89	7.75	
Überschwenglichkeit (F); (HSPQ) SCHUMACHER & CATTELL 1977	MW	20.4	20.0	1.98x
	s	5.3	5.0	
Begeisterungsfähigkeit (F); (16 PF) SCHNEEWIND et al. 1983	MW	9.47	8.90	3.30xx
	s	4.85	4.74	
Radikalismus (Q1); (16 PF) CATTELL et al. 1970	MW	20.13	17.61	12.60xx
	s	4.60	4.32	
Veränderungsbereitschaft (Q1); (16 PF) SCHNEEWIND et al. 1983	MW	12.49	10.95	9.67xx
	s	4.43	4.40	
Neurotische Unterkontrolle (NUC) NAKAMURA 1960	MW	9.82	9.41	.52
	s	3.76	2.79	

Da wir zur Zeit noch nicht über eine neu konstruierte Skala zur Messung von Verhaltenskontrolle verfügen, können wir die Hypothese einer systematischen Geschlechtsdifferenz im Merkmal Verhaltenskontrolle nur in Annäherung überprüfen. Wir haben in den Tabellen 3.14 und 3.15 einige Skalen zusammengestellt, die sich zur Messung von Teilkomponenten einer starken bzw. geringen Verhaltenskontrolle zu eignen scheinen und zu denen wir aus der Literatur Hinweise auf mögliche Geschlechtsdifferenzen gewinnen konnten. Aus diesen Tabellen geht recht eindeutig hervor, daß Frauen stärker zur Verhaltenskontrolle neigen als Männer. In allen Fällen stimmt die Richtung des Unterschiedes mit unserer Hypothese überein, und in den meisten Fällen werden die Geschlechtsdifferenzen statistisch signifikant. Ein Blick auf die Größe der Mittelwertsdifferenzen läßt allerdings erkennen, daß diese Unterschiede in einigen Untersuchungen bzw. Indikatoren nicht sehr ausgeprägt sind. Die endgültige Abschätzung der Größenordnung dieser Mittelwertsdifferenz in Verhaltenskontrolle bleibt künftigen Untersuchungen vorbehalten. Zum gegenwärtigen Zeitpunkt erscheinen die Ergebnisse jedoch vielversprechend, und sie können - unter Beachtung der oben genannten Vorbehalte - einen Beitrag zur Beantwortung unserer differentialätiologischen Fragestellung leisten.

3.4 Förderung der seelischen Gesundheit von Frauen

Der kritische Leser wird sich bei der Lektüre der vorangehenden Abschnitte dieses Kapitels gefragt haben, aus welchem Grund wir relativ viel Mühe darauf verwendet haben, den Nachweis einer geringeren seelischen Gesundheit von erwachsenen Frauen zu erbringen. Handelt es sich dabei um einen verdeckten Versuch zur "Diskriminierung" des weiblichen Geschlechts? Wir hoffen, daß dieser Verdacht durch die Art unserer bisherigen Darstellung wenig Nahrung gefunden hat. Um es jedoch explizit zu formulieren: Primäres Ziel der obigen Analyse war es, ein verschärftes Problembewußtsein zu wecken, da dieses erst die Voraussetzung für Reformen schafft.

Im vorliegenden Unterkapitel wollen wir ausgewählte Maßnahmen zur Diskussion stellen, von denen wir uns einen Beitrag zur Förderung der seelischen Gesundheit von Frauen erhoffen. Diesen Vorschlägen seien einige Vorbemerkungen vorangestellt: (1) Die folgenden Ausführungen bewegen sich meist auf einem vergleichsweise globalen Niveau und zielen primär auf die Herausarbeitung allgemeiner Prinzipien für Reformen ab. Sie bedürfen der Ergänzung durch Spezifikationen auf der Ebene konkreter Einzelmaßnahmen, die sich an spezifische Personengruppen unter spezifischen Kontextbedingungen richten. Einige dieser Spezifikationen kamen bereits in vorangehenden Abschnitten zur Sprache. (2) Wenn wir uns mit Möglichkeiten einer Förderung der seelischen Gesundheit von Frauen befassen, so ist uns bewußt, daß weder alle Frauen unter einer geringen seelischen Gesundheit leiden, noch alle Männer sich guter seelischer Gesundheit erfreuen. Es gibt mit anderen Worten eine Vielzahl von Frauen, die sehr gut in der Lage sind, externe und interne Anforderungen zu bewältigen, und auf der anderen Seite eine große Zahl von Männern, denen dies nicht gelingt und die gleichfalls einen Anspruch darauf haben, daß man sich - mit ihnen zusammen - Gedanken um Möglichkeiten zur Förderung ihrer seelischen Gesundheit macht. Unsere Entscheidung, in diesem Kapitel die Situation der Frauen in den Mittelpunkt zu rücken, ist schlichtweg darin begründet, daß Frauen - im statistischen Sinn - weiter vom Ideal der seelischen Gesundheit entfernt sind als Männer und daher auch mehr Aufmerksamkeit beanspruchen dürfen. Als Ausgleich für die etwas einseitige Zentrierung auf das weibliche Geschlecht wenden wir uns im nächsten Kapitel, das von Arbeit und seelischer Gesundheit handelt, stärker der Situation von Männern zu. Ferner finden in dem Kapitel über Partnerschaft die Bedürfnisse und Konflikte beider Geschlechter in ausgewogener Form Beachtung.

Wir leiten die Systematik der folgenden Ansatzpunkte zur Förderung der seelischen Gesundheit von Frauen aus unserer Theorie der seelischen Gesundheit ab. Auch bei der inhaltlichen Ausgestaltung der Vorschläge nehmen wir auf diese Theorie Bezug. Dennoch wäre es falsch, von der Vorstellung auszugehen, daß sich aus dieser Theorie bestimmte erfolgreiche Maßnahmen stringent deduzieren ließen. BRANDTSTÄDTER (1982, p. 29) hat dieses grundsätzliche Theorie-Technologie-Problem wie folgt prägnant charakterisiert: "Ein nach gängigen wissenschaftstheoretischen Gütekriterien qualifiziertes Theorienwissen ist nun allerdings keine Garantie für erfolgreiches Interventionshandeln. Dies hängt wesentlich damit zusammen, daß theoretische Hypothesen erst in Verbindung mit interpretativen und operativen Hilfsannahmen (technologische Annahmen, Hypothesen über Funktions- und Strukturcharakteristika der Systeme, in die eingegriffen werden soll, etc.) zur Anwendung gebracht werden können (vgl. hierzu eingehender BRANDTSTÄDTER 1980). Wichtig ist in diesem Zusammenhang auch die Feststellung, daß Theorien sich im allgemeinen auf idealisierte Wirklichkeitsausschnitte beziehen und schon aus diesem Grunde vielfach keine ausreichende Wissensgrundlage für konkrete Interventionen abgeben." Die folgenden Ausführungen beanspruchen daher nicht mehr, als ein unvollständiger und in Einzelaspekten korrekturbedürftiger Diskussionsbeitrag zu sein. Insbesondere ist es erforderlich, daß aus den Reihen der betroffenen Frauen Verbesserungsvorschläge eingebracht werden.

Der Kerngedanke unserer Theorie der seelischen Gesundheit besagt, daß eine Person in dem Maße seelisch gesund ist, in dem es ihr gelingt, externe und interne Anforderungen zu bewältigen. Eine Verbesserung der seelischen Gesundheit ist daher auf drei grundsätzlichen Wegen möglich: (a) durch die Veränderung der externen und internen Anforderungen, (b) durch die Verbesserung der individuellen Fähigkeiten zur Bewältigung externer und interner Anforderungen und (c) durch die Bereitstellung förderlicher Umweltbedingungen (z. B. Hilfen), die die Bewältigung externer und interner Anforderungen erleichtern. Unterscheidet man jeweils noch zwischen externen und internen Anforderungen, so handelt es sich nicht um drei, sondern um sechs grundsätzliche Wege. Wir werden weiter unten diese verschiedenen Möglichkeiten jeweils exemplarisch verdeutlichen. Zuvor legen wir jedoch unsere Leitideen offen, um dem Leser die Einordnung einzelner Maßnahmen zu erleichtern: (1) keine Benachteiligung von Frauen, (2) keine stärkere Einengung des Spielraumes gesellschaftlich akzeptierter Verhaltensweisen von Frauen als von Männern und (3) kein größerer selbstauferlegter oder von außen erzwungener Verzicht auf Selbstaktualisierung von Frauen. Diese drei Leitideen sind nicht unabhängig voneinander; die Prinzipien (2) und (3) können als spezifische Aspekte der fundamentalen Leitidee (1) aufgefaßt werden, da sie beide eine Kritik an herrschenden Geschlechtsrollenstereotypen beinhalten, die zu einer Benachteiligung von Frauen beitragen.

Veränderungen der externen und internen Anforderungen

Die zu besprechenden Maßnahmen laufen primär, jedoch nicht ausschließlich auf eine Verringerung entweder der Höhe oder der Konflikthaftigkeit von Anforderungen hinaus. Wie oben dargestellt wurde, gibt es eine wachsende Zahl von Frauen, die neben ihrer Rolle als Hausfrau und Mutter einer beruflichen Tätigkeit nachgehen und unter dieser Doppelbelastung leiden. Sie fühlen sich häufig überfordert, am Ende ihrer Kräfte und nervlich erschöpft. Die Lösung dieses Problems kann unseres Erachtens nicht darin liegen, daß man diesen Frauen generell von einer eigenen Berufstätigkeit abrät und ihnen empfiehlt, sich ausschließlich um Haus und Familie zu kümmern. Zum einen gibt es nicht wenige Fälle, in denen Frauen gezwungen sind, durch ihren Verdienst zur Sicherung eines familiären Mindesteinkommens beizutragen. Zum anderen möchten viele Frauen aus einleuchtenden Gründen nicht oder nur kurzzeitig auf ihre Berufstätigkeit verzichten, da diese ihnen eine Vielzahl von Vorteilen bringt (vgl. weiter oben). Im übrigen fragen sie sich zu Recht, aus welchem Grund sie eine mehr oder weniger anspruchsvolle schulische und berufliche Ausbildung bekommen haben, wenn sie später die erworbenen Fähigkeiten nicht einsetzen dürfen. Angesichts der Knappheit der vorhandenen Arbeitsplätze und der hohen Arbeitslosenquote ergeben sich aus dieser veränderten Situation in der Tat neue und nicht leicht zu lösende Probleme. Auch wir beanspruchen selbstverständlich nicht, hierfür Patentrezepte zur Verfügung zu haben. Wir glauben aber, daß der Weg in die Richtung einer gerechteren Verteilung der vorhandenen Arbeit und in Richtung einer generellen Arbeitszeitverkürzung verlaufen sollte. Der Grad an an Überforderung nicht weniger Frauen würde sich dadurch verringern, daß in genügender Anzahl attraktive Teilzeitbeschäftigungen angeboten würden.

Wie oben dargestellt wurde, gibt es jedoch nicht nur das Problem der Über-, sondern auch der Unterforderung bestimmter Frauen. Es erscheint wenig sinnvoll, wenn von zwei Partnern mit vergleichbarer (z. B. akademischer) Ausbildung der Mann ein berufliches Pensum zu bewältigen hat, das er nur mit großer Anstrengung und unter Verzicht auf andere Interessen meistert, während die Frau keinen Beruf ausübt und sich durch die Aufgaben in Haus und Familie in wesentlichen Bereichen völlig unterfordert fühlt. Die naheliegende Lösung kann unseres Erachtens nur so aussehen, daß Männer eine Verringerung ihrer Arbeitszeit und des von ihnen erwirtschafteten Familieneinkommens in Kauf nehmen, um ihren Frauen, die berufstätig sein möchten, entsprechende Chancen zu eröffnen. Das von Frau und Mann gemeinsam erwirtschaftete Einkommen würde sich dabei nicht verringern, sondern unter Umständen sogar erhöhen. Dank einer verkürzten Arbeitszeit der Männer würden diese in die Lage versetzt, bestimmte Aufgaben im Haushalt und in der Familie zu übernehmen, durch die sie ihre berufstätigen Frauen entlasten könnten.

Als ein Beispiel für eine mögliche Verringerung **interner** Anforderungen an Frauen seien bestimmte Inhalte des Systems erworbener Werte herangezogen. Wir denken dabei an stark wertbesetzte, durch den geschlechtsspezifischen Sozialisationsprozeß angeeignete oder verstärkte "typisch weibliche" Eigenschaften, wie Selbstlosigkeit, Einfühlungsvermögen, Hingabe an und Sorgen für andere Personen. Ohne Frage handelt es sich dabei um positiv zu bewertende soziale Eigenschaften, ohne die das menschliche Zusammenleben sehr viel "kälter" und liebloser würde. Die Problematik dieser Werte liegt allerdings darin, daß diese Eigenschaften in erster Linie von Frauen erwartet werden und Frauen in schwer lösbare Konflikte geraten können, nämlich zum Beispiel in einen Konflikt zwischen einer "altruistischen" Hingabe an den Ehemann, die Kinder oder die Eltern und einer "egoistischen" Hingabe an die Verwirklichung eigener (z. B. beruflicher) Lebensziele (vgl. auch BURGARD 1978). Auch hier könnte die Lösung in einer stärkeren Gleichbehandlung der beiden Geschlechter im Hinblick auf diesen Wertbereich bestehen. Dies würde bedeuten, daß einerseits instrumentelle Eigenschaften auch bei Frauen eine positive Bewertung erfahren und andererseits Verhaltensweisen wie Selbstlosigkeit, Hingabe, Einfühlungsvermögen und Sich-um-andere-Sorgen auch zu den für Männer wünschenswerten Eigenschaften erklärt werden. In der mehrfach erwähnten Untersuchung von STEINEBACH (1984) wurden an erwachsene Frauen und Männer unter anderem Fragen nach der "partnerbezogenen Änderungsmotivation" gestellt. Darunter wird der Wunsch verstanden, der Partner möge ein Verhalten eines bestimmten Handlungsbereichs künftig in stärkerem Maße zeigen. Dabei ergaben sich unter anderem folgende signifikante Geschlechtsunterschiede (größerer Wunsch der Frauen, ihr Mann möge sich in diesem Punkt ändern, als der Wunsch der Männer, ihre Frauen mögen sich ändern): Die Frauen wünschten sich bei ihren Männern mehr Aufgeschlossenheit (für fremde Meinungen aufgeschlossen sein, sich in andere hineindenken), mehr Selbstlosigkeit (Mitleid zeigen, eigene Interessen zurückstellen), mehr Vertrauensbereitschaft sowie mehr Spontaneität und Offenheit (seine Gefühle offen und unbefangen äußern, sich natürlich und direkt verhalten, Probleme offen ansprechen). Dabei handelt es sich jeweils um "typisch weibliche" Eigenschaften! Interessanterweise wünschten die Männer in keinem Bereich eine stärkere Änderung ihrer Frauen als umgekehrt. Die Männer scheinen also von den bestehenden Geschlechtsrollen zu profitieren und daher den Status quo beibehalten zu wollen.

Verbesserung der Bewältigungskompetenzen von Frauen und Bereitstellung förderlicher Umweltbedingungen

Zu den bemerkenswerten Ergebnissen der vorangehenden Analyse von Geschlechtsdifferenzen zählt die Beobachtung, daß Frauen über ein weniger effizientes Bewältigungsverhalten verfügen als Männer. Hervorgehoben seien insbesondere die stärkere Tendenz zur Resignation, zur Selbstbemitleidung sowie zur Anlehnung an andere Personen, von denen man sich Hilfe und eine Problemlösung erhofft. Es handelt sich dabei jeweils um relativ **passive** Formen der "Bewältigung", denen aktivere Formen der Bewältigung, wie z. B. adäquate Formen der Selbstbehauptung gegenüberstehen, die eher von Männern gewählt werden. Insbesondere feministisch orientierte Autorinnen (z. B. BURGARD 1978) richten ihre kritische Aufmerksamkeit auf den Prozeß, "... wie aus Kindern passive Mädchen und aktive Jungen gemacht werden." Nicht unmaßgeblich tragen die Geschlechtsrollenstereotype zu diesem Sozialisationsprozeß bei, der - wie oben gezeigt wurde - bereits im Kindergarten zu beobachten ist und sich unter anderem in der Art und Weise niederschlägt, wie Jungen und Mädchen sowie Männer und Frauen in Kinderbüchern charakterisiert werden. Ein Ansatzpunkt zur Förderung der seelischen Gesundheit von Frauen besteht mithin darin, sie von Anfang an zu **aktiveren** Formen der Bewältigung zu ermutigen bzw. derartige spontane Tendenzen nicht zu unterdrücken und als "unweiblich" zu diffamieren. Als einen wichtigen Bereich, in dem jungen Mädchen und Frauen mehr Raum für Initiativen und Aktivitäten zur Verfügung gestellt werden sollte, greifen wir die **Partnersuche** heraus. Zur Zeit schreiben die Geschlechtsrollenstereotype noch immer mehr oder weniger eindeutig vor, daß Männer bei der Partnersuche die Initiative ergreifen und Frauen sich von Männern umwerben und "erobern" lassen. So angenehm diese Konvention in mancher Hinsicht für Frauen sein mag, so sehr bestärkt sie andererseits ihre Passivitätshaltung und so sehr verringert sie die Chancen dafür, daß sich letztlich Paare finden, die wirklich gut zueinander passen.

Es sollte ferner alles im Elternhaus, im Kindergarten, in der Schule und in den Medien getan werden, um zu verhindern, daß Mädchen den Eindruck gewinnen, sie seien Jungen unterlegen oder in irgendeiner Hinsicht "minderwertig". Derartige früh erworbenen Einstellungen können nicht nur das Selbstwertgefühl und aktive Bewältigungsformen unterminieren, sondern eine Tendenz zur Anlehnung an das vermeintlich "stärkere" Geschlecht begünstigen. Frauen ihrerseits müssen der Versuchung widerstehen lernen, diesen zunächst sehr bequem erscheinenden Weg der Anlehnung an das "starke Geschlecht" unreflektiert zu wählen. Zumindest sollten sie sich bei ihrer Entscheidung nicht nur der Vorteile, sondern auch der Risiken einer "anaklitischen Strategie" bewußt sein.

Zur Gleichbehandlung der beiden Geschlechter gehört auch, daß Mädchen die gleichen Chancen einer ihrer Begabung und ihren Interessen angemessenen vorschulischen, schulischen und beruflichen Förderung erhalten wie Jungen. Werden den Mädchen diese Chancen - etwa im Rahmen der Schule - eingeräumt, so sollten sie diese auch nutzen und sich nicht vorschnell mit Blick auf vorherrschende Geschlechtsrollenstereotype oder aus einer gewissen Tendenz zur Anstrengungsvermeidung auf traditionell "weibliche" Fächer und Berufsperspektiven beschränken. Dies gilt beispielsweise für den zunehmend wichtiger werdenden Bereich der elektronischen Datenverarbeitung, für den sich zur Zeit wesentlich mehr Jungen als Mädchen interessieren. Auf diesem Weg verbauen sich diese Mädchen selbst attraktive berufliche Positionen, da sie später bei Stellenbewerbungen nicht über geforderte Fähigkeiten verfügen. Wir halten es für eine wichtige Aufgabe von Eltern, Pädagogen und Medien, hier Aufklärungs- und Motivationsarbeit zu leisten.

Zur Förderung der seelischen Gesundheit von Frauen tragen auch jene Maßnahmen bei, die Mädchen bzw. Frauen besser in die Lage versetzen, interne Anforderungen zu erfüllen. Wir denken dabei zum einen an die Notwendigkeit, Frauen zu mehr Selbstaktualisierung zu ermutigen und sie auf diesem Weg zu unterstützen. Unter **Selbstaktualisierung** verstehen wir dabei die Verwirklichung der im biologischen Motivationssystem angelegten Dispositionen (vgl. Kapitel 1). Dies bedeutet unter anderem die Entfaltung von Begabungen und Temperamentsmerkmalen sowie die Förderung und Weiterentwicklung von Interessen. Auch in diesem Bereich sollten Mädchen bzw. Frauen die gleichen Chancen eingeräumt werden wie Männern. Dies gilt nicht nur für die Kindheit und Jugend, sondern auch für das Erwachsenenalter. Aus der Untersuchung von STEINEBACH (1984) geht hervor, daß erwachsene Frauen von den Zielen der Selbstentwicklung, geistigen und körperlichen Leistungsfähigkeit, beruflichen Tüchtigkeit und Selbstbehauptung nach ihrem eigenen Urteil weiter entfernt sind als Männer. Zur Selbstaktualisierung und seelischen Gesundheit können dabei neben oder an Stelle einer Berufsausübung auch eine Vielzahl außerberuflicher (z. B. künstlerischer, politischer, weiterbildungsorientierter) Aktivitäten beitragen. Exemplarisch greifen wir das Feld der sportlichen Betätigung heraus. In diesem Bereich haben viele Mädchen und erwachsene Frauen ein ausgesprochenes Nachholbedürfnis. Erfreulicherweise wenden sich in den letzten Jahren immer mehr Mädchen und Frauen einer Vielzahl von Sportarten zu. Wir rechnen damit, daß derartige sportliche Betätigungen einen nicht unbedeutenden Beitrag zur Förderung der seelischen Gesundheit leisten können. Der Überprüfung dieser These sollten weitere Untersuchungen gewidmet werden.

Exemplarisch haben wir oben bereits einige Möglichkeiten aufgezeigt, wie durch veränderte Umweltbedingungen die Voraussetzungen dafür geschaffen werden können, daß Frauen künftig besser zur Bewältigung externer und interner Anforderungen in der Lage sind. Wir wollen weitere Beispiele herausgreifen und erneut die beiden wichtigen Lebensbereiche Familie und Beruf hervorheben. Wie in vorangehenden Abschnitten gezeigt wurde, hängen die Zufriedenheit in der Ehe und die seelische Gesundheit von Frauen zu einem erheblichen Grad davon ab, wieviel Verständnis und Unterstützung sie von ihrem Partner und von anderen Familienmitgliedern erhalten (vgl. auch SCHENK & PFRANG 1983). Mithin können Männer auch dadurch zur seelischen Gesundheit ihrer Frauen beitragen, daß sie nicht nur Verständnis für einen eventuellen beruflichen Wunsch ihrer Ehefrauen zeigen, sondern diese aktiv unterstützen und in bestimmten familiären Aufgaben entlasten. Wenngleich in jüngerer Zeit eine wachsende Zahl von Frauen und Männern solchen Ideen aufgeschlossen gegenübersteht, so gibt es in vielen Fällen doch Schwierigkeiten, sich auf die neuen Rollen einzustellen und das Verhaltensrepertoire entsprechend zu erweitern. Dies gilt gleichermaßen für manche Frauen in der Rolle einer selbstbewußten, aktiven und - wenn nötig - durchsetzungsfähigen Person, wie für Männer in einer Rolle, die traditionellerweise eher als "weiblich" apostrophiert wurde. Ganz generell ist damit zu rechnen, daß beim Aufweichen traditioneller Geschlechtsrollenstereotype (auf der Ebene gesamtgesellschaftlicher oder subgruppenspezifischer Erwartungen und Normen sowie auf der Ebene des konkreten Verhaltens von Frauen und Männern) Unsicherheiten, Mißverständnisse und anfängliche Frustrationen auftreten. Hier können informelle Erfahrungsaustausche im Bekanntenkreis und vor allem Selbsterfahrungsgruppen eine wichtige Hilfestellung geben. Eine spezielle Variante solcher Gruppen bilden die autonomen Frauengruppen. Aufschlußreich sind in diesem Zusammenhang Erfahrungen, die von Sozialpsychologen und Gruppentherapeuten im Hinblick auf die geschlechtshomogene oder -heterogene Zusammensetzung von Gruppen und die davon abhängigen anfänglichen und sich im Laufe der Zeit verändernden Interaktionsmuster gewonnen wurden (vgl. etwa ARIES 1976; MORELAND 1976; BERNARDEZ & STEIN 1979; SCHNEIDER-DÜKER 1981, 1983). Diese Erfahrungen belegen, daß bei einer geeigneten Gruppenzusammensetzung der "Mikrokosmos" Gruppe günstige Voraussetzungen für eine Erweiterung bisher praktizierter Verhaltens- und Erlebensmuster bietet.

Wie mehrfach erwähnt wurde, sind viele Frauen daran interessiert, ihren Lebens- und Erfahrungsbereich durch eine berufliche Tätigkeit zu erweitern. Ob eine solche Beschäftigung zur seelischen Gesundheit beiträgt oder nicht, hängt nicht zuletzt von der Art der ausgeübten Tätigkeit ab (vgl. Kapitel 4). Zu fordern ist in diesem Zusammenhang, daß Frauen bei gleicher beruflicher Qualifikation die gleichen Einstellungschancen und die gleichen Verdienstmöglichkeiten erhalten wie Männer. Zur Zeit ist dies durchaus noch nicht in allen Lohngruppen der Fall. Für besonders bedeutsam halten wir, daß Frauen nicht in größerem Ausmaß als Männer für monotone Aufgaben mit geringem Dispositionsspielraum und für Dienstleistungen herangezogen werden und daß ihnen faire berufliche Aufstiegschancen eingeräumt werden. Eine wichtige Voraussetzung dafür ist natürlich eine entsprechende Vorbildung und berufliche Qualifikation sowie die Bereitschaft, sich in gleichem Maße wie Männer beruflich einzusetzen und sich gegebenenfalls weiterzubilden.

Androgynität als neue Leitidee?

Wir möchten zum Abschluß dieser Aufzählung verschiedener Möglichkeiten zur Förderung der seelischen Gesundheit von Frauen kurz auf das **Androgynitätskonzept** eingehen (vgl. BEM 1974; SPENCE & HELMREICH 1978; TAYLOR & HALL 1982). Dieses besagt, daß Personen (Frauen oder Männer), die sich weder durch eine einseitig ausgeprägte "männliche" (instrumentelle) noch eine stark ausgeprägte "weibliche" (expressive) Geschlechtsrollenorientierung, sondern durch einen flexiblen und situationsangemessenen Einsatz von sowohl männlichen als auch weiblichen Verhaltensweisen auszeichnen (sogenannte "Androgyne"), besonders hohe Grade von seelischer Gesundheit erreichen. Unsere eigene Auffassung stimmt in mehreren Punkten mit diesem Konzept überein. Auch wir haben oben für eine Aufweichung starrer, tradierter Geschlechtsrollenstereotype (im Sinne von Normen und tatsächlich praktizierten Verhaltensweisen von Frauen und Männern) plädiert.

Im Gegensatz zu manchen Vertretern des Androgynitätskonzepts behaupten wir jedoch nicht, daß es für alle Menschen im Hinblick auf ihre seelische Gesundheit und die eheliche Zufriedenheit am besten ist, wenn sie androgyne Persönlichkeitszüge aufweisen. Statt die Androgynität zum neuen verbindlichen Standard zu erklären, an dem sich alle zu orientieren haben, und statt für eine aktive "Nivellierung" aller psychischen Geschlechtsdifferenzen zu plädieren, argumentieren wir für einen möglichst hohen Grad an individuellem Entfaltungsspielraum für beide Geschlechter. In Abhängigkeit von interindividuellen Unterschieden in den biologischen Motivationssystemen sollten männliche und weibliche Individuen sich im Hinblick auf eine stärkere Entfaltung instrumenteller oder expressiver Eigenschaften gemäß ihren individuellen Voraussetzungen und Dispositionen entwickeln dürfen. Dies bedeutet insbesondere, daß weder bei Jungen bzw. Männern expressive Tendenzen noch bei Mädchen bzw. Frauen instrumentelle Tendenzen unterdrückt werden sollten. Dabei kann sich herausstellen, daß die Mehrzahl der Individuen sich zu androgynen Personen entwickelt, während andere stark "männliche" (instrumentelle) oder stark "weibliche" (expressive) Züge an den Tag legen.

3.5 Zusammenfassung

Dieses Kapitel ist der Frage gewidmet, ob sich die beiden Geschlechter im Grad der seelischen Gesundheit sowie in der Prävalenz bestimmter psychischer Störungen unterscheiden und worauf die bestehenden Unterschiede zurückzuführen sind. Eine Literaturanalyse sowie eigene Untersuchungen führen zu folgenden Ergebnissen: Im Vorschul- und Schulalter verfügen Mädchen über eine bessere seelische Gesundheit als Jungen. Neben Sozialisationseinflüssen (unter anderem stärkerer Sozialisationsdruck auf Jungen) wird das anfänglich geringere Entwicklungstempo der Jungen für diesen Effekt verantwortlich gemacht. Im fortgeschrittenen Jugendalter sowie im Erwachsenenalter verändern sich die Verhältnisse zuungunsten des weiblichen Geschlechts. Es gibt eine Vielzahl von Hinweisen (Prävalenzraten psychischer Störungen, Ausprägungsgrade in Persönlichkeitsmerkmalen, Fremdurteile über seelische Gesundheit) darauf, daß Frauen seelisch weniger gesund sind als Männer. Diese globale Aussage läßt sich wie folgt differenzieren: Frauen neigen insbesondere zu neurotischen sowie funktionell-körperlichen Beschwerden, Männer hingegen weisen vor allem höhere Prävalenzraten in antisozialen Persönlichkeits- und Verhaltensstörungen auf.

Männer erreichen in den meisten Indikatorenbereichen für seelische Gesundheit höhere Skores als Frauen: Sie leiden seltener und weniger intensiv unter negativen Emotionen, besitzen ein höheres Selbstwertgefühl und größere Selbstsicherheit, verhalten sich "expansiver" und zeigen mehr Autonomie und weniger Abhängigkeit und Hilfesuchen. Lediglich im Bereich der (sozialen) Selbsttranszendenz (soziale Wärme, Mitgefühl etc.) werden Männer von Frauen deutlich übertroffen.

Zur Erklärung dieser Geschlechtsdifferenzen werden verschiedene Einflußfaktoren in der Kindheit sowie im Jugend- und Erwachsenenalter herangezogen. Das Leben vieler Frauen ist durch eine Häufung von Belastungen und Konflikten sowie durch erhöhte Anpassungsforderungen und verringerte Chancen zur Selbstverwirklichung gekennzeichnet. Berufstätige Frauen finden zwar unter günstigen Umständen zusätzliche Befriedigung und Anerkennung außerhalb der Familie, jedoch führt die Doppelrolle in Beruf und Familie nicht selten zu erhöhten Beanspruchungen, Konflikten und Überforderungen. Ferner erfahren Frauen auf dem Arbeitsmarkt eine Reihe von Benachteiligungen, die zum Teil auf ihre durchschnittlich geringere berufliche Qualifikation zurückgehen.

Zur Erklärung der geringeren seelischen Gesundheit der Frauen und ihrer Neigung zu neurotischen und funktionell-körperlichen Störungen tragen auch ihre weniger effizienten (z. B. passiveren) Formen des Bewältigungsverhaltens bzw. ihre stärkere Verhaltenskontrolle bei. Die Hypothesen einer erhöhten Verhaltenskontrolle von Frauen sowie von Neurotikern bedürfen zusätzlicher Überprüfungen.

In einem gesonderten Unterkapitel werden Möglichkeiten zur Förderung der seelischen Gesundheit von Frauen, die mit unserer Theorie im Einklang stehen, erörtert. Leitidee ist dabei das Vermeiden von Benachteiligungen von Frauen (Erweiterung des Spielraumes gesellschaftlich akzeptierter Verhaltensweisen von Frauen, gleiche Chancen zur Selbstaktualisierung, Veränderung der Höhe und Konflikthaftigkeit von Anforderungen). Es werden ferner Berührungspunkte und Unterschiede zwischen unserer Auffassung und dem Androgynitätskonzept aufgezeigt.

4. ARBEIT UND SEELISCHE GESUNDHEIT

Peter Becker

Wir beginnen dieses Kapitel mit einigen Anmerkungen zur interindividuell stark differierenden Bedeutung der Arbeit im menschlichen Leben und zu verschiedenen Interpretationsmöglichkeiten des Zusammenhangs von Arbeit und seelischer Gesundheit. Es folgen eine vergleichende Gegenüberstellung von Theorien zu der zuletzt genannten Fragestellung sowie eine Erörterung methodischer Probleme bei der empirischen Überprüfung dieser Ansätze. Breiten Raum widmen wir sodann empirischen Befunden zu arbeitsbezogenen Risikofaktoren sowie den Auswirkungen von Arbeitslosigkeit. Aus den Bedingungsanalysen werden präventive und korrektive Maßnahmen mit dem Ziel einer "Humanisierung der Arbeit" abgeleitet.

4.1 Bedeutung der Arbeit

Auf den ersten Blick erscheint es müßig, eine Erörterung der Bedeutung der Arbeit im menschlichen Leben mit Anmerkungen zum Arbeitsbegriff einzuleiten. Bei genauerer Betrachtung und einer vergleichenden Gegenüberstellung verschiedener Definitionen von Arbeit werden jedoch vielfältige Bedeutungsnuancen und unterschiedlich enge bzw. weite Arbeitsbegriffe sichtbar (SCHMALE 1983). Ein Beispiel für eine sehr weit gefaßte Definition liefert ROHMERT (1973): "In operationaler Definition wollen wir unter Arbeit im allgemeinen alles verstehen, was der Mensch zur Erhaltung seiner Existenz und/oder der Existenz der Gesellschaft tut, soweit es von der Gesellschaft akzeptiert und honoriert wird." (zit. nach SCHMALE 1983, p. 20). Nach dieser Definition fällt es schwer, Arbeit von Verhalten generell und von der Erholung dienendem Freizeitverhalten ("Muße") im besonderen abzugrenzen. Vergleichsweise eng erscheint hingegen der rein wirtschaftswissenschaftliche Arbeitsbegriff: "Arbeit ist jede auf ein wirtschaftliches Ziel gerichtete planmäßige Tätigkeit des Menschen, gleichgültig ob geistige oder körperliche Kräfte eingesetzt werden (Meyers Enzyklopädisches Lexikon, Band 2, p. 485).

SCHMALE (1983, p. 46) gelangt nach einer differenzierten Analyse verschiedener, darunter auch ontologischer Aspekte der Arbeit zu folgendem normativen Arbeitsbegriff: "Arbeit ist die auf der Basis eines dialektischen Prozesses der Vermittlung zwischen Mensch und Natur (Subjekt und Gegenstand) vom Menschen bewußt intendierte Veränderung der Natur zum Zwecke der Schaffung optimaler Lebensbedingungen unter Einsatz psycho-physischer Kräfte und unter Zuhilfenahme technologischer Energien und Mittel." Gemessen an dieser umfassenden Konzeption von Arbeit orientiert sich ein Großteil der in diesem Kapitel dargestellten empirischen und theoretischen Beiträge an einem engen berufsbezogenen Arbeitsbegriff. Implizit oder explizit wird Arbeit mit einer Tätigkeit gleichgesetzt, die man vorwiegend außerhalb der eigenen Wohnung gegen Bezahlung ausübt und für die man eine mehr oder weniger lange berufliche Ausbildung oder Einarbeitung benötigt. Bevorzugter Untersuchungsgegenstand ist dabei die **Industriearbeit.** Bestimmte andere Lebensbereiche bzw. Tätigkeitsfelder, in denen "gearbeitet" wird, bleiben ausgespart: Hierzu zählen unter anderem die Arbeitsfelder von Hausfrauen oder von Schülern und Studenten. Wir verfügen daher nur über bescheidene Kenntnisse des Ausmaßes an Belastungen, denen diese Personengruppen an ihrem "Arbeitsplatz" ausgesetzt sind, sowie über korrektive und präventive Interventionsnotwendigkeiten und -möglichkeiten.

Wir werden uns im folgenden auf den engen, berufsbezogenen Arbeitsbegriff stützen und die Bedeutung der so verstandenen Arbeit für den einzelnen und seine seelische Gesundheit diskutieren. Im Vergleich zur Familie fand dieses Thema seitens der klinischen Psychologie und der Persönlichkeitspsychologie nur eine randständige Beachtung. Traditionellerweise wird davon ausgegangen, daß sich die aktuellen und zurückliegenden Bedingungen in der Familie in stärkerem Maße auf die Entwicklung der Persönlichkeit (einschließlich der seelischen Gesundheit) sowie auf die Lebenszufriedenheit auswirken als die Bedingungen am Arbeitsplatz. Es ist KORNHAUSERs Verdienst, mit seiner 1965 publizierten Untersuchung von Automobilarbeitern die Aufmerksamkeit klinischer Psychologen auf Zusammenhänge von Arbeitsbedingungen und seelischer Gesundheit gelenkt zu haben. Im deutschsprachigen Raum dauerte es 13 weitere Jahre, bis eine Monographie zum Thema "Industrielle Psychopathologie" veröffentlicht wurde (FRESE, GREIF & SEMMER 1978). Erst in jüngster Zeit ist eine wachsende Zahl von Publikationen zum Thema Arbeit und seelische Gesundheit zu verzeichnen (FRESE 1977, 1978b; CAPLAN et al. 1982; SEIBEL & LÜHRING 1984).

Dabei gibt es sicherlich vielfältige Berührungspunkte zwischen Arbeit und seelischer Gesundheit. MARX kommt das Verdienst zu, als erster die negativen Auswirkungen "entfremdeter Arbeit" auf die Persönlichkeitsentwicklung des Menschen thematisiert zu haben. FREUD analysierte den Zusammenhang aus einem anderen Blickwinkel. Mit seiner berühmten Formel von der seelischen Gesundheit als der Fähigkeit "zu arbeiten und zu lieben", verwies er darauf, daß ein seelisch Gesunder "arbeitsfähig" ist (vgl. BECKER 1982a). Arbeitsfähigkeit ist dabei sowohl im engen als auch im übertragenen Sinn als Fähigkeit zum Triebaufschub sowie zur Sublimation zu verstehen. Eventuelle Auswirkungen des Arbeitslebens auf die seelische Gesundheit wurden jedoch von FREUD nicht systematisch erörtert. Erst bei MASLOW (1981) und FRANKL (1979) wird die Arbeit als Mittel zur Selbstverwirklichung bzw. als sinnstiftender Lebensinhalt thematisiert (vgl. auch KOVACS 1985). Aus dieser Perspektive betrachtet, kann die Arbeit zu einem positiven stabilisierenden Element im menschlichen Leben werden. Vorauszusetzen ist dabei, daß die konkreten Rahmenbedingungen der Arbeit geeignet sind, wesentliche "Bedürfnisse" des Menschen zu befriedigen. Auf dieses Thema werden wir weiter unten genauer eingehen. Hier beschränken wir uns auf folgende Anmerkungen: Bei angemessener Entlohnung kann Arbeit die materiellen Voraussetzungen für die Befriedigung physiologischer und Sicherheitsbedürfnisse schaffen. Sie ermöglicht Sozialkontakte, liefert einen sozialen Orientierungsrahmen und fungiert als Übungsfeld für soziale Kompetenzen. Je nach beruflichem Qualifikationsniveau und Dispositionsspielraum bietet sie die Gelegenheit zur Weiterentwicklung fachlicher Kompetenzen sowie zur Nutzung kreativer Potentiale. Die erfolgreiche Bewältigung hinreichend komplexer beruflicher Aufgaben stärkt das Selbstbewußtsein (THARENOU 1979) und fördert das soziale Ansehen. Darüber hinaus erhält der Tagesablauf durch die Arbeit eine Strukturierung. Es ist daher verständlich, daß zwischen 66 und 80 Prozent der berufstätigen Personen in repräsentativen Umfragen berichten, auch dann weiterarbeiten zu wollen, wenn sie finanziell nicht darauf angewiesen wären (MORSE & WEISS 1955; CAMPBELL et al. 1976; KASL 1979; KAHN 1981). Welche stabilisierende Wirkung Arbeit haben kann, läßt sich auch an den Auswirkungen des Arbeitsplatzverlustes ablesen. Wenngleich hier die spezifischen Rahmenbedingungen und interindividuelle Unterschiede im Bewältigungsverhalten in Rechnung zu stellen sind, erleben viele von einem Arbeitsplatzverlust Betroffene - sei es aufgrund von Entlassung oder Erreichen der Altersgrenze - diese Veränderung als kritisches Lebensereignis, das mehr oder weniger ausgeprägte psychische Störungen hervorrufen kann.

Zu den positiven Effekten der Berufsausübung zählt auch deren kompensatorische, ablenkende Funktion im Falle belastender Bedingungen im privaten Bereich (HAUENSTEIN et al. 1977; COLEMAN & ANTONUCCI 1983). So fanden BROWN & HARRIS (1978), daß Frauen mit gestörten Partnerbeziehungen, wenn sie von kritischen Lebensereignissen betroffen wurden, dann weniger zu Depressionen neigten, wenn sie berufstätig waren (vgl. auch Kapitel 3). Auf der anderen Seite wäre es verfehlt, neben den positiven Aspekten der Arbeit deren potentielle negative Begleiterscheinungen übersehen zu wollen. An dieser Stelle mögen die Schlagworte "Streß am Arbeitsplatz" und "Humanisierung der Arbeit" sowie einige knappe Ausführungen genügen. Wir werden auf dieses Thema in späteren Abschnitten genauer eingehen.

KASL (1973, 1979) und KAHN (1981) verweisen zu Recht auf die großen interindividuellen Unterschiede in der Bewertung der Arbeit durch Berufstätige. So verliert die Arbeit im allgemeinen an Bedeutung und Attraktivität, wenn man einen wenig anspruchsvollen, durch Monotonie, schlechte Bezahlung und geringes Prestige gekennzeichneten Beruf ausübt. Dies ist beispielsweise bei einer größeren Anzahl von Frauen in den unteren Lohngruppen der Fall, die primär extrinsisch motiviert (d.h. aus der Notwendigkeit, zum Lebensunterhalt beitragen zu müssen) arbeiten. In solchen Fällen – und nicht nur in diesen – stoßen Vorruhestandsregelungen bei Arbeitnehmern auf positive Resonanz. (Nähere Einzelheiten in KASL 1979.) Aber auch die ungebrochene Tendenz zur Verkürzung der (beruflichen) Arbeitszeit bleibt nicht ohne Auswirkungen auf den Stellenwert der Arbeit im Leben der Erwachsenen. Mit verringerter Arbeitszeit wächst die Zeit, die für andere Aktivitäten zur Verfügung steht und die für sonstige sinngebende Lebensinhalte (Familie, Freundschaften, Sport, freiwillige soziale Dienstleistungen, politische Betätigungen, künstlerische Aktivitäten usw.) genutzt werden kann.

FREEDMAN (1978, p. 14) zieht aus seinen Studien über die Arbeitslosigkeit in marktwirtschaftlich orientierten Ländern folgende Schlußfolgerung, die auf einen **Wertwandel** verweist. "Die meisten sehen zwar die Arbeit weiterhin als einen wesentlichen Teil ihres Lebens an, für eine ständig wachsende Zahl von Personen stellt sie jedoch nicht mehr das wichtigste Element dar. Das Schwergewicht verlagert sich immer mehr auf die gesamte Lebenserfahrung, zu der neben der Beschäftigung gute Familienbeziehungen, wertvolle Freundschaften, persönliche Interessen oder Freizeitbeschäftigung gehört." Analoge Ergebnisse wurden von KMIECIAK (1976a, b, 1978) für die Bundesrepublik Deutschland ermittelt. Danach erfolgt eine "... Umschichtung des klassischen, arbeitsidealisierenden bürgerlichen Wertsystems seitens der jüngeren Bevölkerungskreise sowie der breiten Mittelschichten" (KMIECIAK 1976b, p. 337). Parallel dazu sind Verschiebungen im Wertsystem der Erziehungskonzepte und Erziehungsziele zu beobachten: Gehorsam und Unterordnung verlieren an Bedeutung, während Selbständigkeit und freier Wille stärker betont werden (vgl. auch UDRIS 1979).

Gestützt auf empirische Studien faßt YANKELOVICH (1978) die arbeitsbezogenen Wertverschiebungen wie folgt zusammen:

1. Eine neue Generation von Arbeitnehmern fordert bessere Arbeitsbedingungen.
2. Die eigene Arbeit gibt heute weniger Menschen als früher Zufriedenheit und Sinn im Leben.
3. Arbeit wird nicht mehr in gleichem Ausmaß als sinnvoll empfunden. Für immer mehr Männer liegt der Sinn der Arbeit darin, eine angenehme Freizeit zu ermöglichen.
4. Für immer mehr Frauen liegt der Sinn der Arbeit darin, finanzielle Unabhängigkeit zu erreichen.
5. Es wird schwieriger, arbeitende Menschen zu Leistungen zu motivieren: Sie identifizieren sich nicht mehr mit ihrem Beruf, die Berufsrolle bestimmt nicht mehr das Verhalten. Geld und Erfolg sind keine großen Anreize mehr.
6. Die Weigerung von immer mehr Arbeitnehmern, in traditionellen Arbeitsverhältnissen mehr als das Notwendige zu tun, ist zugleich die Chance für die Verbesserung dieser Verhältnisse (vgl. UDRIS 1979).

Zwar klingen einige dieser Thesen etwas pauschalisierend, doch spiegeln sie Tendenzen wider, die nicht zuletzt eng mit der zunehmenden Verkürzung der Arbeitszeit großer Bevölkerungsgruppen einhergehen. Die 6. These von YANKELOVICH führt zur oben begonnenen Kritik an bestimmten Arbeitsplätzen zurück. Belastende Bedingungen am Arbeitsplatz können sich nicht nur auf direktem, sondern auch auf indirektem Weg negativ auf die körperliche und seelische Gesundheit auswirken. So können beispielsweise Frustrationen am Arbeitsplatz und daraus resultierende Gereiztheitsreaktionen, arbeitsbedingte Erschöpfungszustände, durch Schichtarbeit hervorgerufene Störungen in biologischen und sozialen Rhythmen oder am Arbeitsplatz erworbene ungünstige Handlungsstrukturen und Kontrollerwartungen auf den familiären und Freizeitbereich "durchschlagen" und dort zu neuen Frustrationen und Fehlentwicklungen beitragen (FRESE 1978a, b, 1981; HACKER & GRUNWALD 1981, HOFF 1985). Auf das in seiner theoretischen und praktischen Bedeutung bisher nur unzureichend analysierte Verhältnis von Arbeit und Freizeit (und zwar in seinen "objektiven" und subjektiv wahrgenommenen Aspekten) können wir an dieser Stelle nicht näher eingehen (vgl. etwa HABERMAS 1958, HOFF 1984, 1985).

FRESE (1981) verweist zu Recht darauf, daß der empirisch nachweisbare Zusammenhang von seelischer Gesundheit bzw. Krankheit und Arbeit nicht nur auf den oben diskutierten Wegen zustande kommen kann, sondern zwei weitere Möglichkeiten in Betracht zu ziehen sind. Nach der sogenannten **"Selektions- oder Drifthypothese"** geraten Personen mit psychischen Störungen in zunehmend schlechtere Arbeitssituationen. Diese Hypothese mag zwar auf einige Personen mit besonders schweren und chronifizierten psychischen Störungen zutreffen, da diese auf dem Arbeitsmarkt nur geringe Vermittlungschancen haben oder nach kurzer Beschäftigungsdauer den beruflichen Anforderungen nicht mehr gewachsen sind und sich demzufolge mit weniger qualifizierten Tätigkeiten zufrieden geben müssen. Sie kann jedoch nicht erklären, wieso Menschen unter ungünstigen Arbeitsbedingungen mit zunehmender Beschäftigungsdauer Verschlechterungen im Grad der seelischen und körperlichen Gesundheit erfahren (vgl. MASCHEWSKY 1981; KOHN & SCHOOLER 1982 sowie weiter unten). Als vierte Interpretationsmöglichkeit berücksichtigt FRESE (1981) die Beeinflussung der Arbeitssituation durch den Arbeitenden. Legt eine psychisch gestörte Person wenig Selbstbehauptung und Selbstvertrauen an den Tag, wird sie sich auch wenig für eine Verbesserung ihrer Arbeitsbedingungen einsetzen.

Wenngleich verschiedene Menschen ihrer Arbeit eine unterschiedliche Bedeutung beimessen und die komplexen Zusammenhänge von Arbeit, Freizeit und seelischer Gesundheit erst in Ansätzen verstanden werden, verdient der Arbeitsbereich neben der Familie bei der Theorienbildung über die Bedingungen seelischer Gesundheit sowie bei der Planung therapeutischer und präventiver Interventionen verstärkte Beachtung. Im folgenden Abschnitt wenden wir uns systematischer der theoretischen Analyse der Zusammenhänge von Arbeit und seelischer Gesundheit zu.

4.2 Theoretische Ansätze

Aus einer größeren Anzahl theoretischer Modellvorstellungen zum Zusammenhang von Arbeit und seelischer Gesundheit/Krankheit greifen wir drei Grundpositionen heraus, die wir als "motivationstheoretische", "kompetenztheoretische" sowie "passungstheoretische" Ansätze bezeichnen. Diese drei Grundpositionen basieren auf unterschiedlichen Leitideen. Motivationstheoretiker gehen von den "Bedürfnissen" (Motiven, Wünschen, Neigungen, Zielen usw.) des Individuums aus und rücken die Frage in den Mittelpunkt, inwieweit eine bestimmte Arbeit geeignet ist, "Grundbedürfnisse" oder "Fundamentalbedürfnisse" (THOMASCHEWSKI 1978) zu befriedigen (vgl. auch BECKER 1985b). Aus dieser Sichtweise sind jene Arbeitsbedingungen für die seelische Gesundheit förderlich, die wichtigen Motiven, wie etwa dem Leistungs- oder Affiliationsmotiv, Rechnung tragen. Pathogenen Charakter haben hingegen jene Arbeitsbedingungen, die zur Deprivation wichtiger Motive führen.

Für Kompetenztheoretiker ist hingegen die Frage bedeutsam, inwieweit die Fähigkeiten eines Individuums mit den beruflichen Anforderungen übereinstimmen. Psychische Störungen werden als Resultat einer quantitativen oder qualitativen Über- oder Unterforderung und nicht als Folge einer Motivdeprivation aufgefaßt. Umgekehrt wird angenommen, daß seelische Gesundheit (im Sinne von emotionaler Ausgeglichenheit, hohem Selbstwertgefühl usw.) durch die erfolgreiche Bewältigung angemessen komplexer (beruflicher) Anforderungen gestärkt wird.

Passungstheoretische Ansätze können in gewisser Weise als Synthese der motivations- und kompetenztheoretischen Positionen betrachtet werden. Dies zeigt sich besonders deutlich in der am "Institute for Social Research" der Universität Michigan entwickelten P(erson)-E(nvironment)-Fit-Theorie. Nach Auffassung dieser Forschergruppe resultiert seelische Gesundheit aus einer guten Passung zwischen einem Individuum mit bestimmten Kompetenzen und Bedürfnissen sowie einer Umwelt (einem Arbeitsplatz) mit bestimmten Anforderungen und Angeboten ("supplies"). Arbeitsbedingte psychische Störungen treten auf, wenn ein Individuum entweder über- oder unterfordert wird oder wenn die Angebote am Arbeitsplatz in einem Mißverhältnis zu den Bedürfnissen des Individuums stehen.

Wir beschränken uns im folgenden auf diese drei theoretischen Grundpositionen. Nicht näher dargestellt werden Analysen des Zusammenhangs von Arbeit und seelischer Gesundheit aus gruppendynamischer Sicht (DÄUMLING et al. 1974; SADER 1976; KÜCHLER 1979; MAIER 1983).

4.2.1 Motivationstheoretische Ansätze

Der Kerngedanke motivationstheoretischer Analysen des Zusammenhangs von Arbeit und seelischer Gesundheit läßt sich wie folgt veranschaulichen (vgl. Abbildung 4.1).

Im Mittelpunkt der Analyse steht die Motivationsstruktur des arbeitenden Individuums. Die entscheidende Frage lautet, inwieweit ein Individuum am Arbeitsplatz Bedingungen antrifft, die geeignet sind, seine Grundbedürfnisse zu befriedigen. Gelingt dies, so resultieren daraus hohe Arbeitszufriedenheit, psychisches Wohlbefinden und seelische Gesundheit. Kommt es im ungünstigen Fall zu einer Bedürfnisdeprivation, so ist die Arbeitszufriedenheit gering, es dominieren negativ getönte Emotionen, und die seelische Gesundheit wird beeinträchtigt (GARDELL 1977, 1978).

Schließt man sich dieser Betrachtungsweise an, so besteht eine Hauptaufgabe der Forschung darin, wissenschaftlich fundierte Aussagen über die Struktur und Dynamik menschlicher Motive zu machen. Wie HECKHAUSEN (1980) anmerkt, ist das Problem der Motivklassifikation bisher nicht befriedigend gelöst. Die Schwierigkeiten liegen unter anderem darin begründet, daß es sich bei Motiven um hypothetische Konstrukte (latente Dispositionen in Personen) handelt und

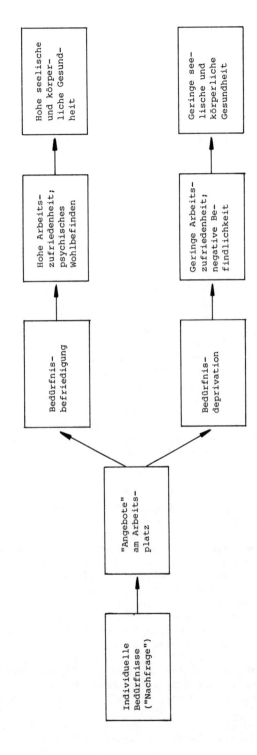

Abbildung 4.1: Schematische Darstellung des Zusammenhangs von Arbeitsbedingungen und seelischer Gesundheit aus motivationstheoretischer Sicht.

daß eine nützliche Motivtaxonomie weder auf zu hohem noch zu niedrigem Abstraktionsniveau formuliert sein darf (nähere Einzelheiten hierzu bei HECKHAUSEN 1980).

Theorie von MASLOW

MASLOWs (1954) Motivationstheorie fand im Bereich der Arbeits-, Betriebs- und Organisationspsychologie starke, wenn auch zum Teil kritische Beachtung (PORTER 1961; ARGYRIS 1966; LAWLER & SUTTLE 1972; LOCKE 1976; BETZ 1982, 1984; GROB 1982). Trotz seiner Einsicht in die schier unüberwindlichen Probleme einer inhaltlichen Motivklassifikation ließ sich MASLOW nicht von der Konzeptualisierung eines eigenen Modells abhalten. Dieses zeichnet sich vor allem durch zwei Charakteristika aus: Es werden nicht einzelne Motive, sondern Motivgruppen voneinander abgegrenzt, und diese Motivgruppen stehen in **hierarchischer** Beziehung zueinander. Die Hierarchie besteht in dreierlei Hinsicht, nämlich bezüglich der Vorrangigkeit einzelner Motive gegenüber anderen Motiven, bezüglich ihrer lebensgeschichtlichen Abfolge und Priorität sowie bezüglich ihres spezifischen Charakters (Wachstumsbedürfnisse versus Mangelbedürfnisse).

MASLOWs Modell wird häufig in Pyramidengestalt veranschaulicht (siehe unter anderem die ausführlichere Darstellung der Theorie bei HJELLE & ZIEGLER 1976; HECKHAUSEN 1980 oder BECKER 1982a). Die Basis der Pyramide wird von den physiologischen Grundbedürfnissen gebildet. Es folgen die Sicherheitsbedürfnisse (Sicherheit und Schutz vor Schmerz, Furcht, Angst und Ungeordnetheit), die Bedürfnisse nach sozialer Zugehörigkeit und Liebe, die Selbstachtungsbedürfnisse (Geltungs- oder Anerkennungsbedürfnisse) sowie - an der Spitze der Hierarchie - die Selbstverwirklichungsbedürfnisse. Letztere bezeichnet MASLOW (1977b) auch als Wachstums- oder Metabedürfnisse, im Gegensatz zu den "niederen" Bedürfnissen (auch Mangel- oder Defizitbedürfnisse genannt). Wie bereits erwähnt, stehen diese Motivgruppen in einem Verhältnis der Vorrangigkeit zueinander. Bedürfnisse auf einem niederen Niveau - insbesondere die physiologischen und die Sicherheitsbedürfnisse - müssen in der Regel zunächst hinreichend befriedigt werden, bevor sich das Individuum höheren Bedürfnissen zuwendet.

MASLOW zufolge können aus der Deprivation der niederen Bedürfnisse psychische Störungen resultieren. "Was macht Menschen neurotisch? Meine Antwort ... lautete in knapper Form, daß die Neurose in ihrem Kern und an ihrem Anfang eine Defizit-Krankheit zu sein schien; daß sie aus der Deprivation gewisser Befriedigungen entstand, die ich Bedürfnisse in demselben Sinne nannte, wie Wasser und Aminosäuren und Kalzium Bedürfnisse sind, weil ihr Defizit Krankheit hervorruft. Die meisten Neurosen bestanden, gemeinsam mit anderen komplexen Determinanten, aus unerfülltem Verlangen nach Sicherheit, Zugehörigkeit und Identifikation, nach engen Liebesbeziehungen, Respekt und Prestige." (MASLOW 1981, p. 37). Die Befriedigung der **Selbstverwirklichungsbedürfnisse** - verstanden als "... volle Anwendung und Nutzung der Talente, Kapazitäten und Fähigkeiten" (MASLOW 1977, p. 217) - trägt hingegen zur seelischen Gesundheit bei. Da ein Großteil der Menschen aus den verschiedensten Gründen primär auf die Befriedigung der Defizitbedürfnisse ausgerichtet ist, erreicht nur eine kleine Minderheit hohe Grade seelischer Gesundheit im MASLOWschen Sinne.

Aus dieser Theorie lassen sich unseres Erachtens einige Thesen zum Zusammenhang von Arbeit und seelischer Gesundheit ableiten. Für die optimale Förderung der seelischen Gesundheit ist es zunächst erforderlich, Arbeitsbedingungen zu realisieren, die eine Befriedigung der Defizitbedürfnisse ermöglichen. Dies wirkt der Neurosenbildung entgegen und schafft erst die Voraussetzungen dafür, daß sich Personen verstärkt ihrer Selbstverwirklichung, d. h. der vollen Nutzung ihrer Talente, Kapazitäten und Fähigkeiten, zuwenden. Der zweite Schritt zur Förderung der seelischen Gesundheit muß mithin darauf gerichtet sein, im Arbeitsbereich Gelegenheiten zur Selbstverwirklichung zu bieten.

Andererseits sollten Personen, deren Arbeitsplätze folgende Merkmale aufweisen, besonderen gesundheitlichen Risiken ausgesetzt sein: (1) Aufgrund von Schichtdienst, Lärm, Hitze oder anderen Stressoren können physiologische Grundbedürfnisse nicht adäquat befriedigt werden. (2) Der Erhalt des Arbeitsplatzes ist gefährdet, und die Sicherheitsbedürfnisse werden dadurch negativ tangiert. (3) Der Arbeitsplatz bietet wenig Gelegenheit zu sozialen Kontakten und zur Erlangung sozialer Anerkennung. (4) Die Arbeit schränkt den Dispositionsspielraum zu stark ein und erschwert oder verhindert den Einsatz kreativer Fähigkeiten.

Wir werden in späteren Abschnitten dieses Kapitels auf Möglichkeiten zur Überprüfung der Theorie und auf dazu vorliegende empirische Befunde eingehen. Es sei jedoch bereits an dieser Stelle vermerkt, daß MASLOWs Motivationstheorie eine Reihe von Schwächen aufweist (vgl. GODENAU 1984) und einzelne Versuche einer empirischen Überprüfung von Teilhypothesen keine Bestätigung derselben erbrachten. Besonders kritische Stellungnahmen zum wissenschaftlichen Wert der Theorie wurden von LOCKE (1976) sowie WISWEDE (1980) abgegeben. Unseres Erachtens ist es zur Zeit noch nicht möglich, zu einer endgültigen Beurteilung der Theorie zu gelangen, da gegen die empirischen Studien, auf die sich WISWEDE und andere Kritiker berufen, gleichfalls methodische Bedenken vorgebracht werden können. Berechtigt erscheint jedoch die Kritik an begrifflichen Unschärfen - etwa im Hinblick auf den Selbstverwirklichungsbegriff -, an der Vorstellung einer bei allen Menschen in gleicher Weise strukturierten fünfstufigen Hierarchie der Motive, an der These, daß sich Personen erst dann ihrer Selbstverwirklichung widmen, wenn alle Defizitmotive befriedigt sind, sowie an der mangelnden empirischen Untermauerung der Theorie durch MASLOW selbst, wozu auch der Verzicht auf geeignete diagnostische Verfahren zur Erfassung der Motivstärke und des Grades an Bedürfnisbefriedigung zählt.

Theorie von HERZBERG

Die Theorie von HERZBERG (1966) ist insofern für unser Thema besonders interessant, als sie - im Gegensatz zu der breiter konzipierten Theorie MASLOWs - speziell auf die Bereiche Arbeit und seelische Gesundheit zugeschnitten ist. Sie umfaßt im wesentlichen eine **Zweifaktorentheorie** der Motivation und Berufszufriedenheit sowie eine Zweifaktorentheorie der seelischen Gesundheit, die beide eng aufeinander bezogen sind.

Ausgangspunkt der Theorienbildung waren die Ergebnisse einer von HERZBERG, MAUSNER & SNYDERMAN (1959) durchgeführten Befragung von 203 in der Industrie beschäftigten Ingenieuren und Büroangestellten. Diese sollten Ereignisse am Arbeitsplatz aufzählen, die entweder eine deutliche Erhöhung oder Verringerung ihrer Arbeitszufriedenheit (bzw. ausgeprägt positive oder negative Gefühle) bewirkt hatten. Diese Interviewmethode wird in der Literatur unter der Bezeichnung "Methode der kritischen Ereignisse" diskutiert. Die Auswertung erbrachte, daß ganz bestimmte Klassen von Ereignissen, die HERZBERG als **"Satisfaktoren" bezeichnet, primär zur Arbeitszufriedenheit, nicht jedoch zur Arbeitsunzufriedenheit beitragen. Die wichtigsten darunter beziehen sich auf Leistungserfolg, Anerkennung, Arbeitsinhalt, Verantwortung, Aufstieg und Entfaltungsmöglichkeiten. Sie stehen in engem Zusammenhang mit der Arbeit als solcher und können - wenn man sich auf MASLOWs Theorie bezieht - mit der Befriedigung höherer Motive, insbesondere der Selbstverwirklichungsmotive, in Verbindung gebracht werden. Arbeitsunzufriedenheit wird hingegen durch Ereignisse hervorgerufen, die HERZBERG als **"Frustratoren"** (auch Hygienefaktoren, Dissatisfaktoren oder Kontextfaktoren) bezeichnet. Frustratoren betreffen vor allem die Bezahlung, interpersonelle Beziehungen, den Status und das Ansehen, den Führungsstil, physische Arbeitsbedingungen sowie Aspekte der Arbeitssicherheit. Im Gegensatz zu den Satisfaktoren kennzeichnen die Frustratoren nicht den Inhalt, sondern den Kontext der Arbeit.

Nach diesen Ergebnissen wird Arbeitszufriedenheit nicht einfach durch das Fehlen von Frustratoren und Arbeitsunzufriedenheit nicht durch das Fehlen von Satisfaktoren bewirkt. Satisfaktoren und Frustratoren scheinen - ebenso wie Zufriedenheit und Unzufriedenheit - zwei unabhängige Kategorien von Ereignissen bzw. von Befindlichkeiten darzustellen. HERZBERG bringt diese Ergebnisse mit seiner Theorie von der **"dualen Natur des Menschen"** in Verbindung. Sie besagt, daß Menschen zwei grundlegend verschiedene Arten von Motiven haben: Vermeidungsmotive und Wachstumsmotive. Vermeidungsmotive teilt der Mensch mit anderen (tierischen) Lebewesen. Sie betreffen die Vermeidung lebensgefährlicher Situationen, von Hunger, Schmerzen und der Deprivation anderer primärer Bedürfnisse sowie die Vermeidung erlernter Angstquellen. Wachstumsmotive entsprechen weitgehend den von MASLOW als Selbstverwirklichungsbedürfnisse bezeichneten Antrieben (vgl. HERZBERG 1966, Kapitel 4 und 5). Die in der oben erwähnten Befragungsstudie genannten Satisfaktoren sind nach HERZBERG Ereignisse, die primär zur Befriedigung der Wachstumsbedürfnisse beitragen. Dissatisfaktoren hingegen hängen eng mit den Vermeidungsmotiven zusammen.

Ausgehend von den postulierten Vermeidungs- und Wachstumsmotiven und deren "Befriedigungsschicksalen" stellt HERZBERG Beziehungen zu zwei gleichfalls von ihm postulierten Kontinua der seelischen Gesundheit bzw. seelischen Krankheit her (HERZBERG & HAMLIN 1961). Verkürzt gesprochen, sind Neurotiker (und andere psychisch Kranke) Menschen, die ihr Leben lang unter der Herrschaft der Vermeidungsmotive stehen. Je nach Ausprägungsgrad ihrer Störung nehmen sie unterschiedliche Positionen auf einem Kontinuum der seelischen **Krankheit** ein. Seelisch Gesunde hingegen widmen sich primär der Befriedigung ihrer Wachstumsmotive. Sie erreichen auf diesem Weg hohe Werte auf einem Kontinuum der seelischen **Gesundheit.** HERZBERG legt besonderen Wert auf die Feststellung, daß seines Erachtens seelische Gesundheit ebensowenig das Gegenteil von seelischer Krankheit, wie Arbeitszufriedenheit das Gegenteil von Arbeitsunzufriedenheit und wie Satisfaktoren das Gegenteil von Frustratoren sind.

HERZBERGs Theorie führt im Hinblick auf die gesundheitsförderlichen Arbeitsbedingungen zu weitgehend denselben Folgerungen wie die Theorie MASLOWs. So lassen sich Arbeitszufriedenheit und seelische Gesundheit am besten durch die Bereitstellung von Satisfaktoren erreichen. Ein Weg zu diesem Ziel führt über Prinzipien des "job enrichment" (Arbeitsbereicherung). Von primärer Bedeutung sind also nicht Kontextfaktoren, wie Bezahlung oder hinreichende Gelegenheit zu Sozialkontakten, sondern Satisfaktoren, d. h. die Bereitstellung von Aufgaben, die für die Person eine Bedeutung haben und das Leistungsvermögen sowie die Kreativität herausfordern (vgl. HERZBERG 1966, Kapitel 6).

Wie WISWEDE (1980) und GROB (1982) anmerken, stieß HERZBERGs Theorie bei vielen Arbeitswissenschaftlern und Berufspraktikern auf starke Resonanz. Ihr forschungsstimulierendes Potential fand in einer größeren Anzahl empirischer Studien seinen Niederschlag (KING 1970; WOFFORD 1971; LOCKE 1976; IMBACH & STEINER 1981). Nach unserer Auffassung ist die Theorie in der vorliegenden Form jedoch stark vereinfacht und empirisch nicht hinreichend abgesichert. Das zentrale Ergebnis der Befragungsstudie von HERZBERG et al. (1959) läßt sich auch attributionstheoretisch im Sinne einer selbstwertdienlichen Verzerrung interpretieren: Für befriedigende Ereignisse macht man in erster Linie sich selbst und die Arbeit verantwortlich, Unzufriedenheit auslösende Ereignisse führt man jedoch primär auf die äußeren Umstände zurück (vgl. auch LOCKE 1973, 1976). Nach einer Reihe von Untersuchungen, über die LOCKE (1976) zusammenfassend berichtet, läßt sich die von HERZBERG behauptete klare Abgrenzung von Satisfaktoren und Frustratoren nur der Tendenz nach, jedoch nicht in voller Schärfe aufrechterhalten.

KING (1970), der sich um eine Evaluation der Theorie bemühte, kritisierte ihre mangelnde Eindeutigkeit. Er ermittelte fünf verschiedene Varianten der Theorie, die nicht sauber genug auseinandergehalten wurden. WISWEDE (1980), FRÖHLICH (1982) und GROB (1982) stimmen in ihrer Kritik darin überein, daß HERZBERG zu sehr von der Vorstellung einer auf alle Menschen zutreffenden Struktur und Dynamik von Motiven ausgeht und interindividuellen Differenzen - auch im Hinblick auf Satisfaktoren und Frustratoren - zu wenig Beachtung schenkt. So kann z. B. die Höhe des Lohns (ein "Frustrator") durchaus zur Arbeitszufriedenheit beitragen; und es gibt durchaus Beschäftigte, die nicht an "Arbeitsbereicherung" (einem "Satisfaktor") interessiert sind (HULIN & BLOOD 1968; FORD 1969). RHODES (1983) stellt in einer umfassenden Literaturanalyse fest, daß altersbedingte interindividuelle Unterschiede in der Arbeitsmotivation und Arbeitseinstellung zu beachten sind. FRÖHLICH (1982) und GROB (1982) warnen ausdrücklich davor, sich bei der Planung von Arbeitsgestaltungsmaßnahmen von der Fiktion einer "Normalperson" leiten zu lassen, und sie plädieren in Übereinstimmung mit ULICH (1978) für das "Prinzip der differentiellen Arbeitsgestaltung".

Kritikwürdig erscheint uns auch HERZBERGs These von der Existenz zweier unabhängiger Kontinua von seelischer Gesundheit und seelischer Krankheit. Diese Annahme steht im Widerspruch zu einer großen Anzahl von Untersuchungen, und sie wird von HERZBERG in keiner methodisch überzeugenden Weise untermauert. Noch am ehesten ließen sich in diesem Zusammenhang Beziehungen zu Forschungsergebnissen von BRADBURN (1969) herstellen, der allerdings nicht von zwei Kontinua der seelischen Gesundheit bzw. seelischen Krankheit, sondern von zwei Kontinua der (habituellen) positiven und negativen Gefühle ausgeht, die beide den Grad des "psychischen Wohlbefindens" determinieren (vgl. hierzu die ausführliche Darstellung in BECKER 1982a).

4.2.2 Kompetenztheoretische Ansätze

Während bei den soeben besprochenen motivationspsychologischen Ansätzen die Kongruenz von individuellen Bedürfnissen und Angeboten am Arbeitsplatz von zentraler Bedeutung ist, verlagern kompetenztheoretische Ansätze den Schwerpunkt der Analyse auf die Kongruenz von arbeitsbezogenen Anforderungen und individuellen Kompetenzen (vgl. Abbildung 4.2). Entsprechen die beruflichen Anforderungen weitgehend den Kompetenzen eines Beschäftigten, fördern sie dessen Arbeitsmotivation und tragen über Erfolgserlebnisse zur seelischen und

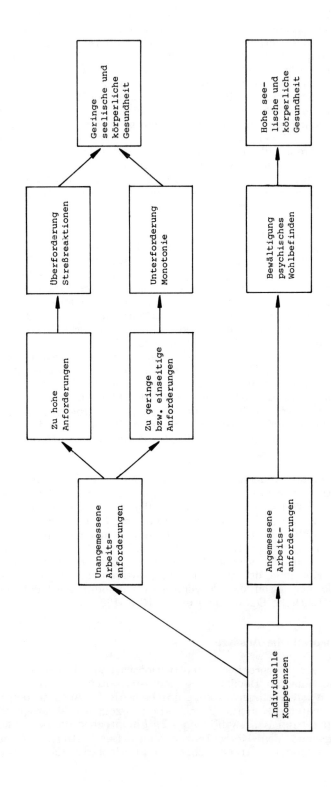

Abbildung 4.2: Schematische Darstellung des Zusammenhangs von Arbeitsbedingungen und seelischer Gesundheit aus kompetenztheoretischer Sicht.

körperlichen Gesundheit bei. Unangemessene Arbeitsanforderungen können sich hingegen negativ auf die Gesundheit auswirken. Dabei sind zwei Fälle zu unterscheiden:

1) Bei zu hohen Anforderungen kommt es zu überforderungsbedingten Streßreaktionen, die bei hinreichender Dauer und/oder Intensität die seelische und körperliche Gesundheit beeinträchtigen. Der Streßbegriff wird bekanntlich weder umgangssprachlich noch auf wissenschaftlicher Ebene einheitlich verwendet (SCHMIDT & BECKER 1977; GOLDBERGER & BREZNITZ 1982; KROHNE & LAUX 1982; LAUX 1983). Wir schließen uns jenen Streßkonzeptionen an, die LAUX (1983) als interaktionistisch bzw. transaktional bezeichnet (vgl. BECKER 1980a). Ein typisches Beispiel für eine interaktionistische Auf-

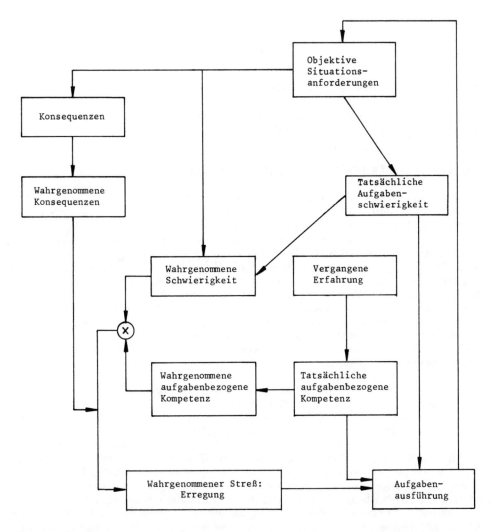

Abbildung 4.3: Streßmodell von McGRATH. (Entnommen aus McGRATH 1976, p. 1364).

fassung von Streß liefert die Definition von McGRATH (1970, p. 20): "... Streß bezieht sich auf ein (wahrgenommenes) substantielles Ungleichgewicht zwischen Anforderungen und Reaktionsmöglichkeiten unter Bedingungen, bei denen eine Nichtbewältigung der Anforderungen wichtige (wahrgenommene) Konsequenzen hat." (Übersetzung durch den Verfasser). McGRATH (1976) hat seine Streßkonzeption in der vorangehenden Abbildung 4.3 veranschaulicht.

Ähnliche Ungleichgewichts- bzw. Inkongruenzauffassungen von Streß werden auch von LAZARUS (1966) und SCHULZ & SCHÖNPFLUG (1982) vertreten. Auf diese erste Variante unangemessener Anforderungen gehen wir im Zusammenhang mit der Darstellung des Ansatzes von DÖRNER, REITHER & STÄUDEL (1983) näher ein.

2) Im Gegensatz zu den oben genannten Autoren betonen HACKER (1978) bzw. HACKER & RICHTER (1980) vor allem den zweiten Fall unangemessener Arbeitsanforderungen, der sich dann ergibt, wenn der Arbeitsplatz - in Relation zu den individuellen Kompetenzen - zu geringe bzw. zu einseitige Anforderungen stellt. Aus einer mehr oder weniger großen und permanenten qualitativen Unterforderung (eventuell in Verbindung mit einer quantitativen Überforderung) resultieren Zustände der Monotonie, die sich auf die seelische und körperliche Gesundheit ungünstig auswirken können.

Wir gehen im folgenden zunächst auf den Ansatz von DÖRNER et al. (1983), sodann auf einige Aspekte der HACKERschen Theorie ein.

Der Ansatz von DÖRNER, REITHER & STÄUDEL

Es mag verwundern, daß wir einen von DÖRNER, REITHER & STÄUDEL (1983) verfaßten Artikel "Emotion und problemlösendes Denken" in einem Kapitel "Arbeit und seelische Gesundheit" näher darstellen. Der Artikel wurde mit Sicherheit für einen anderen Zweck geschrieben, nämlich "... den Nachweis zu führen, daß die Bereiche der Emotionen und des problemlösenden Denkens sehr enge Beziehungen zueinander haben." (DÖRNER et al. 1983, p. 61). Da aber DÖRNER und Mitarbeiter ihre theoretischen Ausführungen im wesentlichen aus Beobachtungen des Verhaltens von Versuchspersonen unter simulierten Arbeitsbedingungen (z. B. Simulation der Leitung eines Industriebetriebes oder der Lenkung der Geschicke einer Kleinstadt in der Rolle des Bürgermeisters) ableiten und da emotionalen Prozessen im Zusammenhang mit seelischer und körperlicher Gesundheit ein hoher Stellenwert zukommt, gewinnt dieser Ansatz für unser Thema an Relevanz.

Zentrale Begriffe in dem Aufsatz von DÖRNER und Mitarbeitern sind "Kontrolle" und "Kompetenz". Unter **"Kontrolle"** wird verstanden, daß ein Individuum die Möglichkeit hat, die Umwelt oder die Innenwelt nach seinen Wünschen zu beeinflussen (aktive Kontrolle) oder Entwicklungen in der Zukunft vorauszusehen (passive Kontrolle). Lebewesen sind normalerweise bestrebt, kurz- oder langfristig das Ausmaß an Kontrolle über ihre Umwelt zu erhöhen. Dem Streben nach Kontrolle wird von DÖRNER et al. - ebenso wie von OESTERREICH (1981) - der Status eines angeborenen Primärmotivs zugestanden. Regelgröße dieses Motivs ist die "Unbestimmtheit" der für das Individuum persönlich bedeutsamen Sachverhalte. "Unbestimmtheit taucht bei einem Lebewesen in um so höherem Maße auf, je weniger es die Sachverhalte seiner Umgebung kategorisieren kann, je weniger es die zukünftigen Zustände der Komponenten der gegenwärtigen Situation voraussehen kann, und je weniger es Verhaltensweisen kennt, die es von der augenblicklich vorhandenen Situation zu der von ihm gewünschten bringen." (DÖRNER et al. 1983, p. 63). Bei länger andauernder hoher Unbestimmtheit bemüht sich das Individuum um eine Reduktion derselben; im umgekehrten Fall großer Vorhersagbarkeit wird hingegen hohe Unbestimmtheit zum Sollwert, d. h. das Individuum begibt sich auf die Suche nach unbekannten Sachverhalten und ungelösten Problemen.

Emotionen hängen nach DÖRNER et al. eng mit dem Verlust und dem Wiedergewinnen von Kontrolle zusammen. Negative Emotionen, wie Ärger, Wut, Trauer oder Angst resultieren aus eingetretenen oder antizipierten Verlusten von Kontrolle (vgl. eine ähnliche Konzeption bei BOESCH 1975, 1976; BECKER 1980a, 1981 sowie SCHWARZER 1981). Wiedergewinnen von Kontrolle ist begleitet von positiven Emotionen: Freude, Stolz, Triumph. Aus den Rückmeldungen über die Effekte eigenen Handelns bzw. bei Versuchen, Kontrolle zu erlangen, gewinnt das Individuum im Laufe der Zeit Erfahrungswerte über die eigene Fähigkeit, schwierige Situationen erfolgreich zu meistern. Für diese Fähigkeitseinschätzung verwenden DÖRNER et al. den Begriff der **"Kompetenz",** wobei sie noch eine Unterscheidung zwischen epistemischer und heuristischer Kompetenz einführen. (Dabei differenzieren sie unseres Erachtens nicht immer hinreichend zwischen subjektiver Kompetenz, d. h. Fähigkeitseinschätzung, und objektiver Kompetenz, d. h. tatsächlicher Problemlöse- oder Kontrollkompetenz. Zusätzlich verwenden sie den Begriff "Kompetenzeinschätzung", was zu terminologischen Unklarheiten beiträgt.) Eine hohe Kompetenzeinschätzung gibt Selbstvertrauen bzw. Selbstsicherheit und impliziert niedrige emotionale Belastung. Mißerfolge beim Lösen von Problemen verringern die Kompetenzeinschätzung und das Selbstvertrauen und erhöhen die emotionale Belastung.

DÖRNER und Mitarbeiter lassen es nicht bei diesen allgemeinen Feststellungen bewenden, sondern untergliedern den Problemlöseprozeß in mehrere ineinandergreifende Phasen. Geringe Kompetenz hat in diesen verschiedenen Phasen unterschiedliche Konsequenzen. Ein erster Schritt beim Problemlösen besteht häufig in der **Zielanalyse,** d. h. in der Zerlegung eines globalen Zieles in verschiedene, besser definierte Ziele. Geringe Kompetenz äußert sich entweder im Überspringen dieser Zielanalyse oder im "thematischen Vagabundieren", d. h. einem unsystematischen Springen von einem Denkobjekt zum anderen. Auf die Zielanalyse folgt als zweite Phase die **Informationssammlung und -prüfung,** die dazu dient, sich ein klares Bild von dem Realitätsbereich zu machen. Hierzu ist es erforderlich, Hypothesen zu bilden und zu testen, wobei sich ein distanziertes Verhältnis zu den eigenen Hypothesen als zweckmäßig herausstellt. Eine solche Distanz setzt ein hohes Maß an Selbstsicherheit und heuristischer Kompetenz voraus. Personen im Zustand geringer Kompetenz verkürzen diese Phase über Gebühr und "setzen" statt dessen Realität, d. h. sie transformieren Hypothesen in Realität.

Die dritte Phase ist dem **internen Probehandeln** gewidmet, wobei nach geeigneten Wegen vom Startpunkt zum gewünschten Ziel gesucht wird. Personen mit geringer Kompetenz und dem Zustand hoher emotionaler Belastung neigen hier zur "Kurzschlüssigkeit" (Wahl der erstbesten passend erscheinenden Handlungsmöglichkeit und "Durchwursteln") sowie zu "primitiven Terminierungsreaktionen" (aggressive, regressive und resignative Tendenzen).

Eine weitere wichtige Phase beim Problemlösen betrifft die **"Selbstregulation".** DÖRNER und Mitarbeiter verstehen darunter Prozesse der Selbstreflexion, d. h. des Nachdenkens über das eigene Denken. Durch Selbstreflexion lassen sich Verbesserungen der Problemlösegüte erzielen. Inkompetente Personen bzw. solche im Zustand erhöhter emotionaler Belastung schränken die Selbstreflexion ein. Genauer gesagt, scheint eine umgekehrt u-förmige Beziehung zwischen emotionaler Belastung und der Häufigkeit spontaner Selbstreflexionen zu bestehen: Bei sehr hoher wie auch sehr geringer emotionaler Belastung treten Selbstreflexionen am seltensten auf.

DÖRNER und Mitarbeiter beschreiben also in verschiedenen Phasen der Problemlösung die enge Verzahnung kognitiver und emotionaler Prozesse unter Vermittlung der Kompetenzeinschätzung, wobei sie die Möglichkeit positiver Rückkoppelung hervorheben: "Die Einflüsse positiver und negativer Emotionen haben wohl teilweise die - im Falle negativer Emotionen fatale - Eigenschaft der **Selbststabilisierung** durch positive Rückkoppelung. Niedrige Kompetenz führt zu emotionaler Belastung, diese führt zu Mißerfolgen des problemlösenden Denkens, diese senken die Kompetenz, ... Hohe Kompetenz führt zum Engagement in schwierigen Bereichen, kann hier zu Erfolgen führen und damit die Kompetenz nachträglich rechtfertigen." (DÖRNER et al. 1983, p. 83-84).

Ihre Bedeutung im Zusammenhang mit dem Thema dieses Kapitels erlangen die obigen Ausführungen in zweierlei Hinsicht: Zum einen läßt sich daraus ableiten, daß Personen mit einer (objektiven und subjektiven) Kompetenz, die nicht den beruflichen Anforderungen genügt, zu häufigen negativen Emotionen und Belastungsreaktionen neigen, Selbstwerteinbußen erleiden und auf Dauer in Gefahr schweben, seelische oder körperliche Störungen zu entwickeln. Da in einigen Berufen sehr hohe Anforderungen gestellt werden, trägt diese Analyse sicherlich zum Verständnis psychopathologischer Reaktionen der von qualitativer Überforderung betroffenen Personengruppe bei. Zum anderen ist unmittelbar einsichtig, daß Personen mit emotionalen Störungen, deren Ursachen außerhalb des Arbeitsbereiches liegen, Schwierigkeiten bei der Lösung komplexer beruflicher Probleme bekommen können, die ihrerseits den Grad der emotionalen Belastung soweit erhöhen, bis schließlich eine psychische oder somatische Dekompensation auftritt.

Der Ansatz von HACKER

HACKER (1978, 1980) sowie HACKER & RICHTER (1980) entwickelten eine allgemeine sowie eine spezielle Arbeits- und Ingenieurpsychologie von hoher theoretischer Komplexität und Geschlossenheit sowie anwendungsbezogener Fruchtbarkeit. Die folgenden Darlegungen können nur in sehr ausschnitthafter und einführender Weise mit diesem Ansatz vertraut machen. (Dem interessierten Leser wird das Originalstudium dieser Monographien sehr empfohlen. Einen guten Überblick über die handlungstheoretischen Grundlagen des Ansatzes vermitteln SEMMER & PFÄFFLIN 1978).

HACKER (1978) unterscheidet drei Grundformen menschlicher Tätigkeit: Arbeit, Lernen und Spiel. Im Zusammenhang mit unserem Thema kommt der Arbeitstätigkeit besondere Bedeutung zu. Sie ist durch folgende psychologisch relevante Eigenschaften gekennzeichnet (HACKER 1978, p. 54):

"1. Sie ist bewußte, zielgerichtete Tätigkeit;
2. gerichtet auf die Verwirklichung eines Ziels als vorweggenommenes Resultat (Produkt), das
3. vor dem Handeln ideell gegeben war;
4. sie wird willensmäßig auf das bewußte Ziel hin reguliert;
5. bei der Herstellung des Produkts formt sich zugleich die Persönlichkeit; diese persönlichkeitsformende Wirkung ist nicht auf die Fähigkeiten und Fertigkeiten beschränkt, sondern betrifft auch den Charakter."

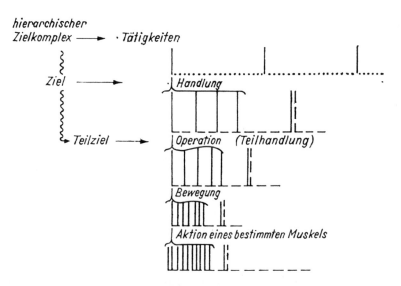

Abbildung 4.4: Vereinfachendes Schema des hierarchischen Aufbaus der Tätigkeit. (Entnommen aus HACKER 1978, p. 62).

An diesem Zitat sind zwei Hinweise bemerkenswert: die Hervorhebung der persönlichkeitsprägenden Wirkung (mithin auch deren Relevanz für das von uns als "seelische Gesundheit" bezeichnete Persönlichkeitsmerkmal), sowie die Verknüpfung der Arbeitstätigkeit mit dem Handlungsbegriff. Diese, sowie weitere hierarchische Verknüpfungen sind in der Abbildung 4.4 dargestellt.

Unter **"Handlung"** versteht HACKER die kleinste psychologische Einheit der willensmäßig gesteuerten Tätigkeit. Die Abgrenzung dieser Handlung von einer anderen erfolgt durch das bewußte Ziel, das die mit einem Motiv verbundene Vorwegnahme des Ergebnisses darstellt. Eine Handlung setzt sich aus Operationen, diese aus Bewegungen und diese aus Aktionen eines bestimmten Muskels zusammen.

Weitere zentrale Aussagen der Theorie von HACKER betreffen die psychische Struktur und Regulation von Arbeitstätigkeiten. "Hauptbestandteile (Komponenten) der psychischen Struktur sind das Entwerfen von Handlungsprogrammen, das vom antizipierten Endergebnis als Ziel ("Richten") ausgeht und die wirksamen technologischen Gesetzmäßigkeiten (Wissensvoraussetzungen) berücksichtigen muß ("Orientieren"), die auf Zustandsbeurteilungen einschließlich Soll-Ist-Vergleichen beruhenden Entscheidungen für Mittel und Wege der Herbeiführung des Ergebnisses (Operationenfolge) sowie die rückkoppelnden Kontrollprozesse des Vergleichens von ermitteltem Zwischenzustand und abgeleitetem Teilziel." (HACKER 1978, p. 75-76). Die entscheidenden Voraussetzungen einer effizienten psychischen Regulation von Arbeitstätigkeiten sind sogenannte **"operative Abbildsysteme" (OAS)**. Diese erfahrungsabhängigen Gedächtnisrepräsentationen erlauben ein Probehandeln vor der praktischen Ausführung einer Tätigkeit. Sie beziehen sich auf Arbeitsergebnisse oder Sollwerte, Ausführungsbedingungen von Arbeitstätigkeiten (z. B. Wissen um Funktionsweisen von Maschinen und um Fehlerquellen) sowie auf Transformationsbeziehungen zwischen Ist- und Sollzustand der Produkte (z. B. Signalwissen oder Wissen über erforderliche Maßnahmen zur Behebung oder Verhütung von Störungen). Das operative Abbildsystem reguliert Arbeitstätigkeiten durch die Bildung von Funktionseinheiten aus hierarchisch strukturierten Vornahmen und zu deren Realisierung benötigten Aktionsprogrammen. Die wirksame Funktionseinheit der Arbeitstätigkeit ist der Rückkoppelungskreis (TOTE-Einheit nach MILLER, GALANTER & PRIBRAM 1974; VVR-Einheit nach HACKER).

Die Regulation von Arbeitstätigkeiten erfolgt auf drei Ebenen. Die untere ("sensumotorische") Ebene umfaßt bewegungsorientierende Abbilder (Bewegungsentwürfe), die unselbständige Komponenten von Handlungen einschließlich automatisierter Vollzüge lenken. Auf der perzeptiv-begrifflichen Regulationsebene wird mit Hilfe von Varianten von Handlungsgrundmustern flexibel auf die jeweiligen situativen Anforderungen geantwortet. Die höchste ("intellektuelle") Regulationsebene kennzeichnet HACKER (1978, p. 104) wie folgt: "Komplexe begriffliche Abbildsysteme als Ergebnisse gegenwärtig erfolgender intellektueller Analyse und Synthese - in umfassendster Form als individuelle Arbeitspläne - bilden die höchste (bewußtseinspflichtige) Ebene der kognitiven Handlungsvorbereitung."

Welche Beziehungen lassen sich zwischen den soeben skizzierten theoretischen Rahmenvorstellungen über Arbeitstätigkeit und dem uns interessierenden Thema der seelischen (und körperlichen) Gesundheit herstellen? Zum einen bietet HACKERs Ansatz die Möglichkeit, Fehlhandlungen und Handlungsfehler differenziert zu analysieren. Fehlhandlungen können sicherlich gesundheitsbeeinträchtigende Wirkungen zeitigen. Diesem Aspekt schenkt HACKER (1978) jedoch wenig Beachtung. Seine Überlegungen zielen primär in eine andere Richtung. Er wirft die Frage auf, wie die Arbeit gestaltet werden muß, damit es nicht zu einer psychischen Fehlbeanspruchung kommt und statt dessen die Gesundheit und die Persönlichkeit der Arbeitenden gefördert werden (vgl. HACKER 1978, HACKER & RICHTER 1980).*

Leitideen entsprechender präventiver Arbeitsgestaltungsmaßnahmen sind dabei die **Vermeidung von Monotonie,** die aus einseitiger Beanspruchung und quantitativen Unterforderungen resultiert, sowie die **Persönlichkeitsbildung** durch eine Erhöhung von Freiheitsgraden und Tätigkeitskomplexitäten. Abzulehnen sind insbesondere eine Beschränkung beruflicher Tätigkeiten auf die sensumotorischen und perzeptiv-begrifflichen Regulationsebenen, d. h. eine vertikale Arbeitsteilung im Sinne einer Trennung zwischen Hand- und Kopfarbeit, die zu einer Partialisierung von Handlungen führt (FRESE 1978; MAIER 1983). Die förderungswürdigen Eigenschaften von Arbeitstätigkeiten charakterisiert HACKER (1978, p. 376) wie folgt: "Gerade die Eigenschaften von Arbeitstätigkeiten, die am meisten zur Persönlichkeitsentwicklung beizutragen vermögen, sind zugleich Ansatzpunkte wirksamer Motivierung für die Arbeit. Nicht nur befriedigend, sondern darüber hinaus motivierend wirken bestimmte Anforderungen der Arbeitstätigkeit und ihre gesellschaftliche Rolle. In der Systematik unserer Arbeitsbedingungslehre handelt es sich um tätigkeitsspezifische Arbeitsbedingungen, wie:
- Aufgaben mit hohem Entscheidungsspielraum und der Möglichkeit zur Ausnutzung der Befähigung sowie zur ihrer Weiterentwicklung;
- Aufgaben mit Freiheitsgraden für eine schöpferische Ausführungsweise;
- Aufgaben mit Selbständigkeit und Möglichkeiten der Verantwortungsübernahme;

---

* Auf Möglichkeiten der Nutzung des HACKERschen Ansatzes im Rahmen eines auch präventiv einsetzbaren Trainings sozialer Fertigkeiten weisen SEMMER & PFÄFFLIN (1978) hin.

- Aufgaben, deren Gelingen echtes Erfolgserleben und eine entsprechende gesellschaftliche Bewertung ermöglichen."

Das von HACKER vertretene Konzept einer "humanen" Arbeitsgestaltung wird durch empirische Befunde von KARASEK (1979) gestützt, auf die wir in einem späteren Abschnitt näher eingehen.

An dieser Stelle möchten wir eine erste bewertende Stellungnahme zu den beiden kompetenztheoretischen Ansätzen von DÖRNER et al. (1983) sowie HACKER (1978, 1980) abgeben. Zunächst einmal ist festzuhalten, daß sich diese beiden Ansätze in ihren jeweiligen Gewichtungen der als unangemessen betrachteten Arbeitsanforderungen sehr gut ergänzen. DÖRNER et al. (1983) berücksichtigen vor allem die schädlichen Folgen zu hoher Anforderungen bzw. zu geringer Kompetenzen, während HACKER die Gefahren zu geringer bzw. zu einseitiger beruflicher Anforderungen hervorhebt. Unseres Erachtens haben beide Sichtweisen - in bestimmten Fällen - ihre Berechtigung, und es erschiene uns unfruchtbar, alle Formen fehlgeleiteter Arbeitsgestaltung in das Prokrustesbett des einen oder anderen Modells pressen zu wollen.

Wo liegen die Begrenzungen kompetenztheoretischer Ansätze? Ganz generell gesprochen, sehen wir eine Schwäche in der relativen Vernachlässigung bzw. eingeengten Sichtweise der motivationalen Grundlagen menschlichen Verhaltens (d. h. interner Anforderungen) und in der Überbetonung externer Anforderungen.

HACKER (1978, p. 369) zitiert und übernimmt Aussagen von RUBINSTEIN (1958) zur Bedeutung der Arbeit für das menschliche Leben und die Persönlichkeitsentwicklung, die uns stark überzogen erscheinen: "Arbeit ist das Grundgesetz in der Entwicklung des Menschen ... Arbeiten heißt, sich in seinen Arbeitsprodukten objektivieren, sein eigenes Dasein bereichern und erweitern, Schöpfer und Gestalter sein." (RUBINSTEIN 1958, p. 705). "Nur in dem Maße, wie sich die Persönlichkeit gegenständlich und objektiv in den Produkten ihrer Arbeit realisiert, wächst sie durch diese und entwickelt sich. Zwischen der Person und den Produkten ihrer Arbeit, zwischen dem, was sie ist, und dem, was sie schafft, herrscht eine eigenartige dialektische Wechselbeziehung." (RUBINSTEIN 1958, p. 836). "Die Arbeit ist das wichtigste Mittel der Formung der Persönlichkeit ... In der Arbeitstätigkeit entwickeln sich die Fähigkeiten des Menschen, es bildet sich sein Charakter, seine weltanschaulichen Prinzipien werden gestählt und zu Einstellungen des praktischen Handelns umgeformt." (RUBINSTEIN 1958, p. 704).

Wenn man der Arbeit im Leben der Menschen eine derartige Bedeutung unterstellt, ergibt sich mit innerer Logik die Notwendigkeit zum Ergreifen persönlichkeitsförderlicher Arbeitsgestaltungsmaßnahmen. Wie an mehreren Stellen innerhalb dieses Kapitels angemerkt wurde, kann man jedoch - nach vorliegenden empirischen Befunden - berechtigte Zweifel daran hegen, daß alle Menschen der (beruflichen) Arbeit tatsächlich diesen hohen Stellenwert beimessen. Die durch kompetenztheoretische Ansätze nahegelegte Zentrierung auf den (externen) Anforderungs-Kompetenz-Komplex stellt unseres Erachtens eine unangemessene Verkürzung der motivationalen und existentiellen Grundlagen des menschlichen Lebens dar. Ausgeblendet werden dabei unter anderem die privaten Lebensbereiche (Familie, Freizeit usw.), die für viele Menschen eine zumindest gleichwertige persönlichkeitsformende und gesundheitliche Relevanz besitzen wie der Arbeits- und Leistungsbereich.

4.2.3 Passungstheoretischer Ansatz von FRENCH, RODGERS & COBB

Der von einer interdisziplinären Forschergruppe an der Universität von Michigan entwickelte passungstheoretische Ansatz ist ein allgemeines Modell der seelischen Gesundheit, das sich sehr gut auf den Arbeitsbereich übertragen läßt. Nach FRENCH, RODGERS & COBB (1974) ist seelische Gesundheit oder "Anpassung" das Resultat einer hohen Kongruenz (**"Passung"**) zwischen den Eigenschaften einer Person und den Eigenschaften ihrer Umwelt. Als besonders verhaltensrelevante Aspekte der Umwelt werden externe Anforderungen und Angebote ("supplies") betrachtet. Diesen stehen auf seiten der Person Kompetenzen (Fähigkeiten, interne Angebote) und Bedürfnisse (Motive, interne Anforderungen) gegenüber. Passung kann nun hinsichtlich (externer) Anforderungen und (interner) Kompetenzen sowie hinsichtlich (externer) Angebote und (interner) Bedürfnisse bestehen.

FRENCH und Mitarbeiter unterscheiden weiterhin zwischen objektiver und subjektiver Passung. Objektive Passung beinhaltet eine hohe Kongruenz zwischen objektiven (von der Person unabhängigen) Umweltmerkmalen und objektiven Personmerkmalen (Merkmalen, die die Person tatsächlich besitzt). Der Grad der subjektiven Passung bemißt sich hingegen an der Kongruenz von subjektiv wahrgenommenen Umweltmerkmalen und subjektiv wahrgenommenen Personmerkmalen (Selbstbild). In der Regel spiegelt die subjektive Passung in etwa die objektive Passung wider, jedoch werden vom Modell her Verzerrungen systematisch in Rechnung gestellt. Um zu präzisen quantitativen Aussagen über den Passungsgrad zu gelangen, ist es erforderlich, auf kommensurablen Dimensionen zu messen. So läßt sich beispielsweise die objektive Anforderungs-Kompetenz-Passung einer Schreibkraft im Hinblick auf die Geschwindigkeit des Maschineschreibens wie folgt bestimmen: Sie ergibt sich als Differenz von objektiver Schreibleistung (200), ausgedrückt als Anzahl der Anschläge pro Minute, und objektiver Anforderungen (300), gleichfalls ausgedrückt als Anzahl der Anschläge pro Minute (vgl. fiktives Beispiel in Tabelle 4.1). Das negative Vorzeichen des Ergebnisses (-100) verweist auf ein Kompetenzdefizit. In analoger Weise kann auch die Angebot-Bedürfnis-Passung berechnet werden. Als Beispiel

Tabelle 4.1: Charakterisierung einer Person mit inadäquater Schreibleistung (Anschläge pro Minute), die sowohl die Umweltanforderungen als auch ihre Kompetenz in defensiv verzerrter Weise wahrnimmt. (In Anlehnung an Tabelle 11.3 in FRENCH et al. 1974, p. 322).

	Objektive Beurteilung	Subjektive Beurteilung	Realität der Beurteilung
Umwelt (Anforderung)	300	250	Kontakt mit der Realität 50
Person (Kompetenz)	200	230	Selbsteinsicht -30
Passung	Objektive Passung -100	Subjektive Passung -20	

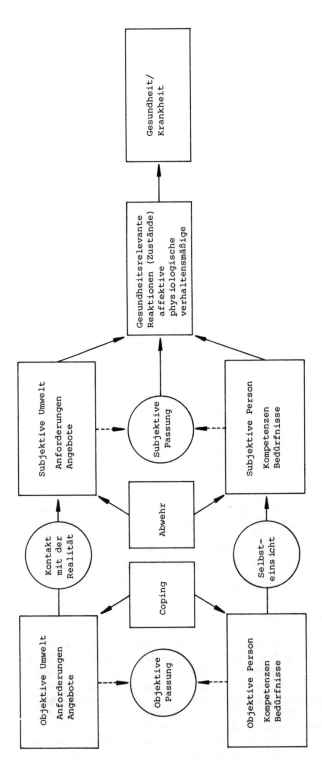

Abbildung 4.5: Das von FRENCH und Mitarbeitern entwickelte Modell der Person-Umwelt-Passung. In Kreisen stehende Begriffe entsprechen Diskrepanzen (Differenzen) zwischen angrenzenden Begriffen. Weitere Erläuterungen im Text. (In Anlehnung an HARRISON 1979, p. 176).

möge die subjektive Passung im Hinblick auf das Affiliationsmotiv dienen. Zu fragen wäre in diesem Fall nach den wahrgenommenen Kontaktmöglichkeiten, die am Arbeitsplatz bestehen (Anzahl, Dauer und Qualität der Sozialkontakte), sowie nach den wahrgenommenen Kontaktbedürfnissen der Person. Aus einem negativen Vorzeichen der Differenz wäre auf eine subjektive Bedürfnisdeprivation rückzuschließen. Eine Grundannahme des Modells lautet, daß negative Werte der subjektiven Passung Streßreaktionen bzw. negative Emotionen hervorrufen, die den Einsatz von Abwehrmechanismen erforderlich machen und zu seelischen und körperlichen Erkrankungen führen können (vgl. Abbildung 4.5).

Aus Abbildung 4.5 geht hervor, daß sich im Rahmen des von FRENCH und Mitarbeitern entwickelten Modells weitere für eine Theorie der seelischen Gesundheit relevante Konzepte einordnen und quantifizieren lassen. Bei Verwendung kommensurabler Dimensionen ergibt sich die Variable "Kontakt mit der Realität" als Differenzmaß zwischen objektiven und subjektiven Umweltmerkmalen. So könnte im Beispiel der Tabelle 4.1 die objektiv geringe Kompetenz-Anforderungs-Passung auf der Ebene der subjektiven Wahrnehmung dadurch verbessert werden, daß die Person die an sie gestellten Anforderungen auf einer Höhe von 250 Anschlägen pro Minute einschätzt. Dies gelingt jedoch nur zum Preis einer verzerrten Sicht der Außenwelt ("Kontakt mit der Realität").

Eine analoge Abwehrmöglichkeit besteht auf der Personebene. Als Ausdruck einer geringen Selbsteinsicht könnte die Person z. B. ihre Kompetenz überschätzen (von 200 auf 230 Anschläge pro Minute). Dadurch würde sich die subjektive Passung erneut verbessern, jedoch zum Preis eines defensiv verzerrten Selbstbildes.

An dieser Stelle beziehen wir zu den von FRENCH et al. angegebenen Formeln zur Berechnung des "Kontaktes mit der Realität" sowie der "Selbsteinsicht" Stellung. Vermutlich entgegen der Intention dieser Autoren ergeben sich um so höhere Werte in der Variable "Kontakt mit der Realität" je größer die Differenz (Diskrepanz) zwischen objektiver und subjektiver Ausprägung des Umweltmerkmals ist. Analoges gilt für "Selbsteinsicht". Um diesem Problem zu begegnen, wäre es zweckmäßig, die Variable in "geringer Kontakt mit der Realität" umzubenennen und anstelle der absoluten Differenz den Betrag der Differenz als Realitätsindikator zu verwenden. Entsprechendes gilt für die Variable "Selbsteinsicht".

Nachdem die Kernbegriffe des von FRENCH und Mitarbeitern entwickelten Ansatzes eingeführt wurden, stellt sich die Frage nach den Mechanismen, über die eine schlechte Person-Umwelt-Passung zu gesundheitsbeeinträchtigenden Streßreaktionen am Arbeitsplatz führen kann. (Bemerkenswert ist, daß FRENCH und Mitarbeiter stärker an den negativen Auswirkungen einer schlechten Passung als an den positiven Auswirkungen einer guten Passung interessiert zu sein scheinen. Dies zeigt sich an den von ihnen gewählten Beispielen und den jeweiligen "abhängigen Variablen".) HARRISON (1979, p. 178) formuliert den Grundgedanken des Modells wie folgt: "Ein Beruf ist in dem Maße belastend, in dem er nicht jene für die Bedürfnisbefriedigung des Individuums benötigten "Angebote" bereitstellt, und in dem die Fähigkeiten des Individuums, die für die Bereitstellung von "Angeboten" vorausgesetzt werden, hinter den Anforderungen des Berufes zurückbleiben. In beiden Fällen werden die Bedürfnisse und Werte des Individuums durch die "Angebote" am Arbeitsplatz nicht hinreichend berücksichtigt." (Übersetzung durch den Verfasser). Aus den **Frustrationen** des Individuums resultieren verschiedene Arten von Streßreaktionen: Psychologische Streßreaktionen umfassen Arbeitsunzufriedenheit, Angst oder Klagen über Schlaflosigkeit und Unruhe. Zu den physiologischen Streßreaktionen zählen unter anderem ein erhöhter Blutdruck oder Cholesterinspiegel. Auf der Verhaltensebene manifestiert sich Streß beispielsweise als häufiges Rauchen oder übermäßiges Essen. Bei längerer Dauer können diese Streßreaktionen zu psychischen oder physischen Erkrankungen führen.

Die oben in ihren Grundzügen beschriebene und in Abbildung 4.5 schematisch wiedergegebene Theorie von FRENCH und Mitarbeitern umfaßt eine Reihe weiterer Hypothesen, auf deren Darstellung und empirische Überprüfung im folgenden exemplarisch eingegangen wird. Nähere Einzelheiten sind den Arbeiten von FRENCH et al. (1974, 1977), COBB (1978), FRENCH (1978), HARRISON (1979), CAPLAN et al. (1980, 1982) sowie KAHN (1981) zu entnehmen.

Eine zentrale Hypothese besagt, daß es für die seelische und körperliche Gesundheit am günstigsten ist, wenn eine völlige Person-Umwelt-Kongruenz vorliegt, und daß sich sowohl ein Zuwenig an "Angeboten" im Verhältnis zu den Bedürfnissen (d. h. eine Bedürfnisdeprivation) als auch ein Zuwenig an Kompetenzen im Verhältnis zu den Anforderungen (d. h. eine Überforderung) gesundheitsbeeinträchtigend auswirken. Es stellt sich nun die Frage nach den Effekten

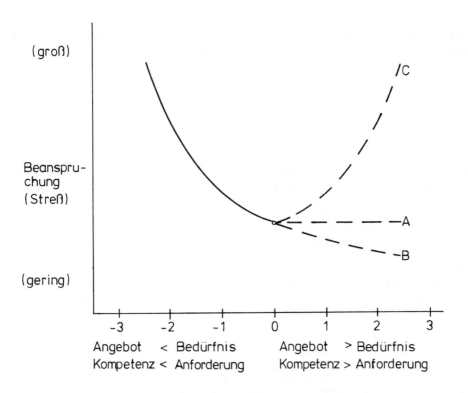

Abbildung 4.6: Drei hypothetische Kurvenverläufe zum Zusammenhang von Person-Umwelt-Passung und Beanspruchung (Streß). (In Anlehnung an HARRISON 1979, p. 186).

eines Mißverhältnisses mit umgekehrtem Vorzeichen, d. h. eines Zuviels an "Angeboten" bzw. eines Zuwenigs an Anforderungen (Unterforderung). Hier rechnen French et al. (1974, 1977) sowie HARRISON (1979) mit drei möglichen Konsequenzen (vgl. die in Abbildung 4.6 wiedergegebenen Kurvenverläufe A, B und C). Der asymptotische Verlauf A resultiert, wenn ein übergroßes "Angebot" bezüglich eines Bedürfnisses B1 nicht als "Angebot" für ein Bedürfnis B2 genutzt werden kann. (Ein Beispiel hierfür wäre ein Überangebot an Möglichkeiten zur Selbstverwirklichung, das nicht vollständig genutzt werden kann und auch keine Vorteile für die Befriedigung anderer Bedürfnisse bietet.) Im umgekehrten Fall, der dem monotonen Kurvenverlauf B in Abbildung 4.6 entspricht, kann beispielsweise ein Überangebot an Geld (Arbeitslohn) zur Befriedigung verschiedener Motive benutzt werden. Der u-förmige Kurvenverlauf C resultiert, wenn das Überangebot bezüglich Bedürfnis B1 (z. B. Überangebot an sozialen Kontakten am Arbeitsplatz) die Befriedigung eines anderen Bedürfnisses B2 (z. B. Wunsch nach Privatheit oder ungestörter Konzentration auf die Arbeit) beeinträchtigt. Ein weiteres Beispiel für den Kurvenverlauf C wäre eine (z. B. intellektuelle) Unterforderung, die zu Monotonie und geringem Selbstwertgefühl beitragen kann (vgl. HACKER & RICHTER 1980; MARTIN et al. 1980).

Die empirische Überprüfung dieser Hypothesen zeigt, daß alle drei Kurvenverlaufstypen unter bestimmten Umständen zu beobachten sind (HARRISON 1979; CAPLAN et al. 1980). So fanden CAPLAN et al. (1980, p. 92) beispielsweise kurvilineare Verläufe vom Typ C bei den Passungsmaßen bezüglich Arbeitskomplexität, Verantwortung für Personen und Rollenambiguität. Aus nicht näher erläuterten Gründen trat jedoch bei dem Passungsmaß bezüglich quantitativer Arbeitsbelastung ein anderer Verlaufstyp, nämlich Typ B, auf. Quantitative Unterforderung führt also nicht notwendigerweise zu erhöhter Belastung. Eine Schwäche der von FRENCH und Mitarbeitern vorgelegten Theorie besteht unseres Erachtens darin, daß nicht hinreichend genau vorhergesagt werden kann, welcher Kurvenverlauf im konkreten Einzelfall zu erwarten ist.

In jedem Fall ist zur Rechtfertigung und Stützung der Theorie der Nachweis erforderlich, daß die Verwendung des Passungsmaßes allein oder in Verbindung mit den beiden daran beteiligten Einzelmaßen für Umwelt- bzw. Personmerkmale bessere Prognosen von Beanspruchungsindikatoren erlaubt als diese beiden Einzelmaße für sich alleine betrachtet. Von HARRISON (1979, p. 193) zusammengestellte multiple Korrelationsanalysen zeigen in der Tat, daß das Passungsmaß zusätzliche Varianzanteile in sechs Streßindikatoren aufklärt. HARRISON (1979, p. 195) weist andererseits auf folgendes Problem der Theorie hin: "Ergebnisse, die unabhängige Effekte der Umwelt- und Personmerkmale belegen, lassen Zweifel daran aufkommen, ob die Theorie der Person-Umwelt-Passung dafür ausreicht, die gesamte Beziehung zwischen Arbeitsbelastung und Beanspruchung (Streß) zu erklären." (Übersetzung durch den Verfasser). Eine von CAPLAN et al. (1980, 1982) durchgeführte Untersuchung, auf die wir in einem späteren Abschnitt genauer eingehen, zeigt, daß diese Autoren neben einigen wenigen für die Theorie zentralen Passungsmaßen eine große Anzahl von Variablen, vor allem aus dem Bereich der subjektiven Umwelt, aber auch der subjektiven Person (vgl. Abbildung 4.5) als Prädikatoren der Beanspruchung heranzogen. Offenbar rechneten sie selbst nicht mit einer hinreichenden Varianzaufklärung durch die Passungsmaße allein.

Wir wollen bereits an dieser Stelle einige weitere Stellungnahmen zu dem von FRENCH und Mitarbeitern entwickelten Modell der Person-Umwelt-Passung abgeben. Dieses Modell besticht zunächst einmal durch die Eleganz, mit der es zentrale Variablen aus den Bereichen Arbeit und seelische Gesundheit sinnvoll miteinander verknüpft und quantitativen Analysen erschließt. Dabei berücksichtigt es sowohl die Umwelt als auch das Individuum in ihren objektiven und subjektiven Aspekten sowie auf seiten des Individuums sowohl dessen Bedürfnisse als auch seine Kompetenzen. Darüber hinaus besitzt es den Vorzug, daß es in mehreren Untersuchungen - darunter sehr aufwendigen - in seinen Grundannahmen gestützt werden konnte. Das Modell erwies auch insofern seine Fruchtbarkeit, als konkrete Maßnahmen zur Förderung der seelischen und körperlichen Gesundheit über eine Verbesserung der Person-Umwelt-Passung angeregt wurden. Auf der anderen Seite lassen sich gewisse Schwachstellen des Modells nicht übersehen, und es gibt - wie bei jedem Modell - offene Fragen und Verbesserungsmöglichkeiten, die zum Teil von den Modellkonstrukteuren selbst gesehen werden (vgl. etwa HARRISON 1979). FRENCH und Mitarbeiter berücksichtigen sowohl die objektive als auch die subjektive Person-Umwelt-Passung und heben die größere gesundheitsrelevante Bedeutung der **subjektiven** Passung hervor. Den Nachweis dieser Überlegenheit der subjektiven Passung erbringen sie jedoch nicht in überzeugender Weise, da sie sich in der Regel auf die Erfassung der subjektiven Passung beschränken. Die sicherlich nicht leicht zu lösenden methodischen Probleme der Messung objektiver Anforderungen und objektiver "Angebote" am Arbeitsplatz werden von FRENCH und Mitarbeitern weitgehend ausgeklammert. Offen bleibt auch der genauere Zusammenhang zwischen objektiver und subjektiver Passung. Welche Konsequenzen ergeben sich beispielsweise aus größeren Diskrepanzen zwischen objektiver und subjektiver Passung? Ganz generell stellt sich die Frage nach den Zusammenhängen zwischen allen vier Indikatoren für seelische Gesundheit, nämlich "objektive Passung", "subjektive Passung", "Kontakt mit der Realität" und "Selbsteinsicht". So kann eine Person mit geringer objektiver Passung durch eine Verringerung des "Kontaktes mit der Realität" und/oder der "Selbsteinsicht" eine perfekte subjektive Passung erreichen. Das Modell erlaubt keine klaren Aussagen darüber, welche gesundheitlichen Konsequenzen aus einer solchen Konstellation resultieren. Sollte die subjektive Passung der letztlich ausschlaggebende Prädiktor sein, was durch die Abbildung 4.5 sowie mehrere Äußerungen der Autoren nahegelegt wird, so müßte sich eine solche subjektiv angepaßte Person gesund entwickeln, was wenig plausibel erscheint.

Eine weitere Schwäche des Ansatzes besteht in der mangelnden Systematik der wichtigsten Dimensionen der Person-Umwelt-Passung. Es fehlen sowohl eine umfassende Klassifikation von Bedürfnissen als auch eine Einbeziehung der interindividuell unterschiedlichen Bewertungen (Gewichtungen) von Diskrepanzen auf verschiedenen Passungsdimensionen. Unklar bleibt auch die Verknüpfung der individuell gewichteten Person-Umwelt-Diskrepanzen in einem Gesamtpassungsmaß.

HARRISON (1979) wirft die Frage auf, ob - wie vom Modell behauptet - Nulldiskrepanzen zwischen Person und Umwelt in gesundheitlicher Hinsicht das Optimum darstellen. Möglicherweise wirken sich bestimmte Arten geringer Diskrepanzen auf die Gesundheit förderlich aus. Vielleicht werden vom Individuum - über die Zeit hinweg betrachtet - Fluktuationen zwischen Phasen der Nulldiskrepanz sowie kleinerer und mittlerer Diskrepanzen bevorzugt (vgl. DÖRNER et al. 1983). Es ist auch nicht auszuschließen, daß die Effekte von Nulldiskrepanzen vom absoluten Niveau der Merkmalsausprägung abhängen. So beinhaltet beispielsweise eine Nulldiskrepanz auf einem **hohen** Niveau der Arbeitskomplexität im allgemeinen zugleich eine gute Bezahlung, hohes Ansehen, großen Entscheidungsspielraum usw. Diese positiven Implikationen können sich im Vergleich zu den Implikationen einer Nulldiskrepanz auf niedrigerem Niveau der Arbeitskomplexität günstig auswirken. An dieser Stelle zeigt sich auch die Gefahr von Variablenkonfundierungen. Neben diesem Problem existiert die Gefahr einer teilweisen Kontamination von Maßen der subjektiven Person und der subjektiven Umwelt. Generell läßt sich anmerken, daß die Probleme der Variablenoperationalisierung von FRENCH und Mitarbeitern noch nicht zufriedenstellend gelöst sind.

Auf der theoretischen Ebene wird unseres Erachtens von den Autoren folgendes Problem ausgeklammert und übersehen: Diskrepanzen können nicht nur zwischen Umweltanforderungen und individuellen Kompetenzen sowie zwischen Umweltangeboten und individuellen Bedürfnissen auftreten. Denkbar ist auch der Fall dreier Arten von gleichzeitig vorhandenen Diskrepanzen, nämlich zwischen Kompetenzen (Istwerten) und Umweltanforderungen (von außen gesetzten Sollwerten), zwischen Kompetenzen und internen Anforderungen sowie zwischen externen und internen Anforderungen (Sollwerten). Folgendes Beispiel soll zur Erläuterung dienen: Eine Person mit einer Kompetenz von 200 (Anschlägen pro Minute), von der extern eine Kompetenz von 300 verlangt wird und die einen internen Sollwert von 250 hat, weicht in ihren Leistungen um 100 Einheiten von den externen, jedoch nur um 50 Einheiten von den internen Anforderungen ab. Welche dieser beiden Abweichungen wird in welchem Ausmaß verhaltenswirksam? Das Modell von FRENCH und Mitarbeitern macht hierzu keine Aussagen.

In späteren Abschnitten dieses Kapitels werden wir genauer auf die von CAPLAN und Mitarbeitern durchgeführten oder angeregten Untersuchungen eingehen.

4.3 Arbeitsbezogene Risikofaktoren

Nachdem wir uns im vorangegangenen Abschnitt mit Modellvorstellungen zum Zusammenhang von Arbeit und seelischer Gesundheit befaßt haben, wenden wir uns im folgenden empirischen Untersuchungen zu. Das Schwergewicht legen wir dabei auf Belastungsfaktoren am Arbeitsplatz. Daneben kommen auch Risikofaktoren auf seiten der Arbeitenden zur Sprache.

4.3.1 Belastungsfaktoren am Arbeitsplatz

Die Fülle der einschlägigen Literatur und der untersuchten Risikofaktoren macht ein selektives Vorgehen erforderlich. Tabelle 4.2 vermittelt einen Überblick über potentielle Stressoren am Arbeitsplatz und zählt in exemplarischer Weise dazu vorliegende Untersuchungen auf. Stressoren können dabei "objektiv" oder "subjektiv" definiert und gemessen werden. Die Analyse "objektiver" Stressoren ist eher charakteristisch für das naturwissenschaftlich orientierte ergonomische Belastungs- und Beanspruchungsmodell, während in sozialwissenschaftlichen Modellen subjektiv definierte Stressoren bevorzugt werden (vgl. SEIBEL & LÜHRING 1984). Diese von der Tendenz her zweifellos nachweisbare Aufspaltung des Forschungsgegenstandes erscheint uns wenig fruchtbar, denn dabei bleibt die Analyse der Zusammenhänge zwischen "objektiven" und "subjektiven" Bedingungen weitgehend auf der Strecke. Eine ausschließliche Beschränkung auf subjektive Daten birgt unter anderem die Gefahr in sich, daß es zu einer Konfundierung der unabhängigen und abhängigen Variablen sowie zum schwer kontrollierbaren Einfluß störender Antworttendenzen kommt. KASL (1978) warnt in diesem Zusammenhang vor einer Trivialisierung der Forschung.

Tabelle 4.2: Übersicht über potentielle Stressoren am Arbeitsplatz. Die Tabelle lehnt sich eng an Tabelle 25-1 in HOLT (1982, p. 422) an. (Im Literaturverzeichnis nicht aufgeführte Literatur in HOLT 1982).
==
1. Objektiv definierte Stressoren

Physikalische Kennzeichnung der Arbeitsplatzumgebung
- Physikalische, chronische Unfallgefahren (Althouse & Hurrell 1977)
- Luftverschmutzung, weniger unmittelbare Gefahren (House 1972)
- Extreme Hitze, Kälte, Feuchtigkeit, Druck usw. (Biersner et al. 1971, Seibel & Lühring 1984)
- Lärm (Glass & Singer 1972, Schulz & Schönpflug 1982)
- Schlechte Gestaltung des Mensch-Maschine-Systems (Hacker 1980, Swain & Guttmann 1980)

Zeitvariablen
- Wechsel der Zeitzone oder Länge des Arbeitstages (McFarland 1974)
- Nacht- und Schichtarbeit (Rentos & Shepard 1976, Akerstedt & Torsvall 1978)
- Termindruck (Pearse 1977)
- Zeitdruck (Schmidt 1978)

Soziale und organisatorische Kennzeichen der Arbeit und ihres Umfeldes
- Maschinengesteuerter Takt (Frankenhaeuser 1977, Murphy & Hurrell 1980)
- Organisatorische oder administrative Irrationalität (Cummings & DeCotiis 1973)
- Hohe Arbeitslast, Überforderung (Caplan 1972)
- Hohe Verantwortungslast (Cobb 1978)
- Monotonie (Martin et al. 1980)
- Partizipation
- Verfügbarkeit intrinsischer Belohnungen (House 1972)
- Verfügbarkeit extrinsischer Belohnungen (House 1972)
- Akkordlohn vs. Stundenlohn (Levi 1981)
- Schlechte Beziehungen zwischen Arbeitnehmern und Management (Colligan & Murphy 1979)

Veränderungen im Beruf
- Verlust des Arbeitsplatzes, Arbeitslosigkeit (Jahoda 1979, Kasl & Cobb 1982)
- Degradierung (Kasl & French 1962)
- Qualitative Veränderungen im Beruf (Lederer 1973)
- Zu hohe Beförderung (Brook 1973)
- Veränderungen im Schichtrhythmus (Theorell 1974, Akerstedt & Torsvall 1978)

2. Subjektiv definierte Stressoren

Rollenbezogene Stressoren
- Rollenambiguität (Kahn 1978)
- Rollenkonflikt (Kahn 1978, Caplan et al. 1982)
- Rollenbeanspruchung (MacKinnon 1978)
- Ausmaß der Kontrolle über Arbeitsprozesse (Frankenhaeuser & Gardell 1976, Frese 1978, Seibel & Lühring 1984)

Fortsetzung der Tabelle 4.2:
==
- Verantwortung für Menschen (Caplan et al. 1982, Seibel & Lühring 1984)
- Verantwortung für Dinge (Cobb 1978)
- Rückmeldung und Kommunikationsprobleme (Moch et al. 1979)

Sonstige Stressoren
- Arbeitskomplexität, qualitative Überforderung (Caplan et al. 1982)
- Quantitative Über- oder Unterforderung (Kahn 1978)
- Beziehung zum Vorgesetzten (Theorell 1974)
- Inadäquate Unterstützung durch Vorgesetzte (Pearse 1977, Caplan et al. 1982, Seibel & Lühring 1984)
- Beziehung zu Arbeitskollegen (Theorell 1974)
- Konflikt mit Untergebenen (Pearse 1977)
- Konflikt mit oder Druck von Gemeindemitgliedern (Kroes et al. 1974)
- Arbeitsplatzunsicherheit (Caplan et al. 1982, Seibel & Lühring 1984)
- Monotonie (Seibel & Lühring 1984)
- Ungerechte Bezahlung (Caplan et al. 1982)
- Mangelnde Nutzung von Fähigkeiten (Caplan et al. 1982)
- Konflikt zwischen Quantität und Qualität (Kahn 1978)

Person-Umwelt-Passung
- Rollenambiguität (Caplan et al. 1975)
- Verantwortung für Menschen (Caplan et al. 1982)
- Verantwortung für Dinge (French 1978)
- Quantitative Überforderung (Caplan et al. 1982)
- Arbeitskomplexität (Caplan et al. 1982), qualitative Überforderung (French 1978)
- Ausmaß der Kontrolle über Arbeitsprozesse (Harrison 1976)
- Partizipation (French 1978, Singer 1975)
- Aufstiegschancen (French 1978)
==
In Klammern angegebene Literatur hat hinweisenden Charakter. Es wird keine Vollständigkeit beansprucht.

Statt den bereits vorliegenden Überblicksartikeln und Monographien zu arbeitsbezogenen Risikofaktoren (vgl. unter anderem KASL 1973, 1978, 1979; FRESE et al. 1978; FRESE 1981; LEVI 1981; HOLT 1982; SEIBEL & LÜHRING 1984) eine weitere hinzuzufügen, gehen wir auf vier umfassendere empirische Studien näher ein. Diese Untersuchungen sollen Hinweise auf den empirischen Bestätigungsgrad der oben formulierten theoretischen Ansätze und einen Einblick in Forschungsprobleme liefern. Dem Thema "Schichtarbeit" widmen wir einen eigenen Abschnitt.

Die Untersuchung von KORNHAUSER 1965

KORNHAUSERs Monographie "Mental health of the industrial worker", in der er die Ergebnisse einer Untersuchung von Automobilarbeitern in Detroit beschreibt, gilt zu Recht als Klassiker der wissenschaftlichen Literatur über Arbeit und seelische Gesundheit. Primäres Ziel dieser Untersuchung war es, den Grad der seelischen Gesundheit und die Lebenseinstellungen von Industriearbeitern zu

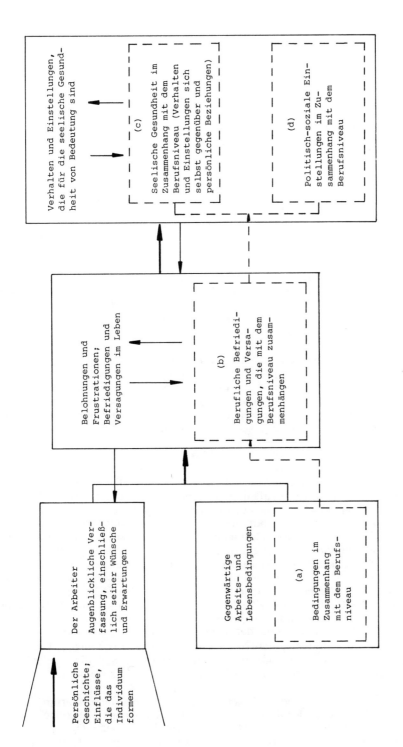

Abbildung 4.7: Schematische Darstellung der Annahmen von KORNHAUSER über den Zusammenhang von Arbeitszufriedenheit und seelischer Gesundheit. (Entnommen aus KORNHAUSER 1965, p. 83).

messen sowie den Einfluß des Berufsniveaus und der damit verbundenen Arbeitsbedingungen auf die seelische Gesundheit zu bestimmen. KORNHAUSER betrachtete seine Studie als explorativ. Er hatte keine spezifischen Hypothesen, die er prüfen wollte, sondern lediglich eine Grobstruktur möglicher Zusammenhänge, die in Abbildung 4.7 wiedergegeben ist.

Man erkennt unschwer, daß er eine motivationspsychologische Grundposition (vgl. vorangehender Abschnitt) vertritt. Im Mittelpunkt der Analyse stehen die Bedürfnisse der Berufstätigen, die durch die Bedingungen am Arbeitsplatz mehr oder weniger gut befriedigt werden, woraus ein mehr oder weniger hoher Grad an **Arbeitszufriedenheit** resultiert. Dieser Arbeitszufriedenheit schreibt er eine wichtige vermittelnde Rolle im Hinblick auf die seelische Gesundheit zu.

Wir wollen zunächst KORNHAUSERs methodisches Vorgehen beschreiben. In den Jahren 1953 und 1954 wurden 655 in der Detroiter Automobilindustrie beschäftigte Arbeiter interviewt. Die Auswertung beschränkte sich auf eine Teilgruppe von 407 Männern aus den Altersstufen 20 bis 29 und 40 bis 49 Jahre, die wenigstens drei Jahre an ihrem damaligen Arbeitsplatz beschäftigt waren. Weitere Daten wurden in 402 Interviews der Ehefrauen der Automobilarbeiter sowie aus den Personalakten gewonnen. 248 nicht in der Automobilindustrie beschäftigte Männer dienten als Kontrollgruppe. Die Interviews mit den Automobilarbeitern erfaßten vor allem folgende Bereiche: Lebenszufriedenheit; Einstellungen zu sich selbst, zu den eigenen Leistungen sowie zu anderen Personen; Zielvorstellungen und Werte; Merkmale der beruflichen Tätigkeit; Arbeitszufriedenheit und Einstellungen zur Arbeit; Lebensgeschichte, einschließlich früherer Anpassung und Einstellungen; gegenwärtige Bedingungen, Aktivitäten und Einstellungen außerhalb des Berufes; emotionale Anpassung, neurotische Symptome; soziale Einstellungen und "Lebensphilosophie".

Der Grad der seelischen Gesundheit wurde mit Hilfe von sechs Indikatoren bestimmt: (1) Angst und emotionale Spannung, (2) Selbstwertgefühl, (3) Feindseligkeit, (4) Soziabilität und Freundschaft versus Zurückgezogenheit, (5) allgemeine Lebenszufriedenheit, (6) Sinnfindung (personal morale) versus Anomie, soziale Entfremdung und Verzweiflung. Diese Variablen interkorrelierten mittelhoch (etwa zwischen .30 und .50). Ein Summenwert über die sechs Indikatoren diente als Globalmaß für seelische Gesundheit. In einer kleineren Validitätsstudie konnte KORNHAUSER die Gültigkeit dieses Globalmaßes nachweisen.

Bei der Darstellung der Ergebnisse beschränken wir uns auf einige zentrale Aspekte. Ein erstes wichtiges Ergebnis besagt, daß die seelische Gesundheit eines Automobilarbeiters mit dem **Berufsniveau** zusammenhängt. Klassifiziert man die Berufsniveaus im Hinblick auf die geforderten Fähigkeiten und die Vielfalt der Tätigkeiten sowie im Hinblick auf die Verantwortlichkeit und Bezahlung, so zeigt sich, daß die seelische Gesundheit mit der Höhe des Berufsniveaus ansteigt. Die besten Werte in seelischer Gesundheit erzielen Facharbeiter (56 % haben eine "hohe seelische Gesundheit"), während angelernte Arbeiter mit monotonen, repetitiven Tätigkeiten am schlechtesten abschneiden (nur 21 % haben eine "hohe seelische Gesundheit") (vgl. KORNHAUSER 1965, p. 57). In weitergehenden Analysen konnte KORNHAUSER zeigen, daß dieser Zusammenhang auch dann erhalten bleibt, wenn eine Reihe von Hintergrundvariablen, wie Schulbildung, Deprivation während der Kindheit, Selbstvertrauen, Angst, Glücklichsein während der Kindheit, kontrolliert wird. Dieses Ergebnis stützt die Annahme, daß das Berufsniveau tatsächlich Auswirkungen auf die seelische Gesundheit hat, und daß es sich nicht um Selektionseffekte handelt.

In einem nächsten Schritt ging KORNHAUSER der Frage nach, warum Personen in wenig qualifizierten Berufen eine geringe seelische Gesundheit haben. "Unsere zentrale Annahme lautet, daß die auf den Beruf bezogenen Gefühle die entscheidenden intervenierenden Variablen zwischen der Art der von den

Männern ausgeübten Arbeit und dem Grad ihrer seelischen Gesundheit sind. Wir erwarten, daß Arbeitszufriedenheit mit besserer, Arbeitsunzufriedenheit mit schlechterer seelischer Gesundheit zusammenhängt." (KORNHAUSER 1965, p. 79, Übersetzung durch den Verfasser). Wie aus Abbildung 4.7 hervorgeht, rechnet KORNHAUSER mit komplexen Wechselwirkungen zwischen diesen sowie weiteren Variablen. Diese Wechselwirkungen müssen bei der Interpretation des vorangehenden Zitats mitbedacht werden.

Zur Messung der **Arbeitszufriedenheit** verwendete KORNHAUSER ein globales Maß, das sich aus insgesamt 11 Indikatoren zusammensetzt. Beispiele für diese Indikatoren sind Fragen danach, ob der ausgeübte Beruf interessant erscheint, und Fragen nach der Zufriedenheit mit dem Arbeitgeber sowie mit der Entlohnung. Die Auswertung der Daten unter Verwendung dieses Arbeitszufriedenheitsmaßes erbringt eine deutliche Stützung der Annahmen KORNHAUSERs: (a) Unter den Facharbeitern befindet sich ein größerer Prozentsatz (83 %) mit hoher Arbeitszufriedenheit als unter den Arbeitern mit weniger qualifizierten Tätigkeiten. (Auf dem untersten Berufsniveau trifft man nur mehr 35 % mit hoher Arbeitszufriedenheit an.) (b) Es läßt sich für jedes Berufsniveau ein positiver Zusammenhang zwischen Arbeitszufriedenheit und seelischer Gesundheit nachweisen.

In einer zusätzlichen "Feinanalyse" überprüfte KORNHAUSER, welche der folgenden neun Arbeitsbedingungen bzw. Aspekte der beruflichen Tätigkeit am engsten mit dem Grad der seelischen Gesundheit zusammenhängen: Arbeitsplatzsicherheit; physikalische Bedingungen der Arbeit; Art der Entlohnung; Nutzung von Fähigkeiten, interessante Arbeit; repetitive, maschinengesteuerte Tätigkeit; Tempo und Intensität der Arbeit; soziale Bedingungen und Arbeitsklima; Ansehen des Berufs und Aufstiegschancen; Einkommen als Mittel zur Befriedigung ökonomischer Wünsche. Erfragt wurde jeweils die Zufriedenheit mit diesen neun Arbeitsbedingungen, und diese spezifischen Zufriedenheitsmaße wurden mit der seelischen Gesundheit in Beziehung gesetzt. Den mit Abstand engsten Zusammenhang zur seelischen Gesundheit weist der Komplex **"Gelegenheit zum Einsatz eigener Fähigkeiten; interessante Tätigkeit"** auf. KORNHAUSER (1965, p. 129) interpretiert dieses Ergebnis wie folgt: "... Nichteinsatz von Fähigkeiten ruft ein verringertes Selbstwertgefühl, Entmutigung, Leere sowie Mißerfolgs- und Unterlegenheitsgefühle hervor, während der Eindruck des persönlichen Wachstums und der Selbstverwirklichung sich infolge vielfältiger, verantwortungsvoller und herausfordernder Aufgaben einstellt, die Gelegenheit dazu bieten, seine eigenen Vorstellungen und Fähigkeiten zu verwirklichen." (Übersetzung durch den Verfasser). Den anderen acht beruflichen Aspekten kommt eine geringere Bedeutung zu. Am zweitwichtigsten ist das Einkommen. Das Tempo, die Intensität und die Monotonie der Arbeit, die Art der Supervision und andere menschliche Beziehungen am Arbeitsplatz sowie die Aufstiegschancen zeigen schwächere und unregelmäßige Beziehungen zur seelischen Gesundheit. Das Lohnsystem, die Arbeitsplatzsicherheit und die physikalischen Bedingungen der Arbeit (im Hinblick auf Hitze, Lärm, Schmutz usw.) scheinen - unter den Bedingungen dieser Untersuchung - so gut wie keinen Erklärungswert zu besitzen.

KORNHAUSER erfaßte weiterhin den Einfluß einer Reihe biographischer und Persönlichkeitsmerkmale auf die seelische Gesundheit. Bemerkenswert erscheint unter anderem folgendes Ergebnis: Eine besonders geringe seelische Gesundheit zeigt sich bei Personen mit gutem sozialem Hintergrund und entsprechend hohen Erwartungen, die aber gegenwärtig eher niedrig eingestufte Tätigkeiten ausüben. Dieses Resultat steht im Einklang mit KORNHAUSERs zentraler Annahme:

"Unsere Hauptinterpretation besagt, daß geringe seelische Gesundheit dann resultiert, wenn die Bedingungen der Arbeit und des Lebens zu einer permanenten Frustration führen, weil sie keine Wege eröffnen, um sich sehr erwünschten Zielen zu nähern, die zu unverzichtbaren Elementen der Selbstidentität eines Individuums als wertvolle Person geworden sind. Gehäufte Mißerfolge und Frustrationen führen zu einem verringerten Selbstwertgefühl und zur Unzufriedenheit mit dem Leben, die oft von Ängsten, sozialer Entfremdung und Rückzugsverhalten sowie einer Einengung von Zielen und einer Senkung von Ansprüchen begleitet sind ..." (KORNHAUSER 1965, p. 269. Übersetzung durch den Verfasser).

Es folgen einige Stellungnahmen zu KORNHAUSERs Untersuchung. Zweifellos hat KORNHAUSER Pionierarbeit geleistet, und bei der Bewertung seiner Studie muß der inhaltliche und methodische Kenntnisstand von vor etwa 30 Jahren berücksichtigt werden. Begrüßenswert ist die Tatsache, daß KORNHAUSER eine relativ umfassende Analyse der Zusammenhänge von Arbeit und seelischer Gesundheit vorlegt. Er erfaßt sowohl die Kriteriumsvariable "seelische Gesundheit" als auch potentielle Bedingungsvariablen sowie intervenierende Variablen in einer differenzierten Weise. Neben einer großen Anzahl subjektiver Merkmale verwendet er mehrere objektive Indikatoren des Berufsniveaus. Eines seiner wichtigsten Ergebnisse, nämlich der Zusammenhang von Berufsniveau und seelischer Gesundheit, läßt sich nicht - wie in manchen anderen Untersuchungen - mit den Alternativhypothesen einer Konfundierung von unabhängigen und abhängigen Variablen oder der Wirksamkeit von Antworttendenzen erklären. Ferner gelingt es KORNHAUSER, durch die Wahl einer bestimmten Untersuchungsgruppe (nur Männer bestimmter Altersstufen und eines bestimmten Berufsfeldes) und durch die Verwendung von Kontrollgruppen, den Einfluß bestimmter Störvariablen zu begrenzen.

Auf der anderen Seite weist die Arbeit einige Schwachstellen auf. Aus heutiger Sicht erscheint das Niveau der statistischen Datenauswertung unbefriedigend. Man findet nur selten Angaben zur statistischen Bedeutsamkeit der Ergebnisse. (Die oben aufgezählten Ergebnisse dürften zum größten Teil statistisch signifikant sein, jedoch fehlt der konkrete Nachweis.) Insbesondere werden keine komplexeren multivariaten Verfahren, von kausalanalytischen Methoden ganz zu schweigen, eingesetzt. Von daher bleibt z. B. die Frage ungeklärt, wieviel Prozent der Varianz in der abhängigen Variablen "seelische Gesundheit" mit Hilfe der Bedingungsvariablen und intervenierenden Variablen aufgeklärt werden kann und welches Gewicht einzelne Bedingungsvariablen im Kontext der anderen Bedingungen haben. Wenngleich KORNHAUSER einige Belege für seine Annahme vorbringt, daß der Arbeitszufriedenheit eine vermittelnde Rolle zukommt, so läßt sich diese Frage mit den von ihm eingesetzten Mitteln nicht adäquat beantworten, und es bleibt offen, ob nicht auch direkte gesundheitsrelevante Einflüsse von Arbeitsbedingungen ausgehen, die nicht über die Arbeitszufriedenheit vermittelt sind. Diese Möglichkeit werden wir in einem späteren Abschnitt bei der Besprechung einer Untersuchung von CAPLAN et al. (1982) empirisch stützen.

Wie KORNHAUSER selbst anmerkt, läßt sich mit Hilfe seiner Untersuchung nicht beurteilen, wie weit die empirischen Ergebnisse auf andere Berufsgruppen und Arbeitsbedingungen sowie auf weibliche Berufstätige generalisiert werden können. Diese Einschränkung betrifft nicht zuletzt die von KORNHAUSER ermittelte gesundheitliche Relevanz verschiedener Aspekte der Arbeit. Bezieht man ein breites Spektrum von Berufsniveaus, verschiedene Berufsfelder und weibliche Berufstätige mit ein, so können sich dadurch andere Gewichtungen ergeben. Darüber hinaus kann sich das Erklärungsgewicht einzelner Bedingungsvariablen seit den fünfziger Jahren aufgrund veränderter gesellschaftlicher und wirtschaftlicher Faktoren gleichfalls verändert haben.

Obwohl es sich von selbst versteht, sei hier abschließend angemerkt, daß es sich bei KORNHAUSERs Untersuchung weder um eine experimentelle noch um eine Längsstudie handelt. Der Nachweis einer Kausalwirkung bestimmter beruflicher Bedingungen auf die seelische Gesundheit läßt sich daher auf dem von KORNHAUSER beschrittenen Weg nur sehr indirekt und unvollkommen erbringen.

Die Untersuchung von KARASEK (1979)

Wir gehen auf diese Untersuchung aus einer Reihe von Gründen näher ein: Sie basiert auf repräsentativen Erhebungen bei berufstätigen Männern in zwei Ländern (USA und Schweden), umfaßt neben Querschnitts- auch Längsschnittsdaten und berücksichtigt sowohl objektive als auch subjektive Indikatoren für die als relevant erachteten unabhängigen und abhängigen Variablen. Ferner soll sie zu einer theoretischen Klärung widersprüchlicher oder "paradoxer" Ergebnisse aus der Literatur beitragen und Ansatzpunkte für eine optimale Arbeitsgestaltung liefern.

Nach KARASEKs Auffassung haben sich in der Arbeitswissenschaft zwei Forschungstraditionen herausgebildet: Eine Gruppe von Untersuchern - darunter KORNHAUSER (1965) - wendet sich primär dem Berufsniveau und damit verknüpften Variablen, wie dem beruflichen Entscheidungsspielraum, zu und prüft Zusammenhänge mit der Arbeitszufriedenheit sowie Indikatoren für seelische Gesundheit. Eine andere Gruppe von Untersuchern analysiert Stressoren am Arbeitsplatz (wie z. B. hohe Beanspruchung durch Zeitdruck) und deren Relevanz für das Auftreten von (psychischen oder physischen) Erkrankungen. KARASEK bemängelt, daß diese beiden Forschungsrichtungen wechselseitig zu wenig Notiz voneinander nehmen. Dies führt zu scheinbar widersprüchlichen und "paradoxen" Ergebnissen. So wird insbesondere der Begriff der "Arbeitsanforderungen" uneinheitlich verwendet. KARASEK möchte zur Überwindung bestehender Gräben und zur begrifflichen Klärung beitragen.

Er vertritt ein **Zwei-Faktoren-Modell der Arbeitsbeanspruchung** (job strain model), dessen zentrale Begriffe und Variablenrelationen im folgenden erläutert werden. Arbeitsbeanspruchung ist das Ergebnis des Zusammenwirkens zweier Arbeitsbedingungen, nämlich **"Kontrolle über die Arbeit"** (bzw. Entscheidungsspielraum bei der Arbeit; job decision latitude) und **"Arbeitsanforderungen"**. Beide Begriffe werden von KARASEK nicht ganz eindeutig definiert und nicht konsistent operationalisiert. "Arbeitsanforderungen" werden als Stressoren (im Sinne eines hohen Arbeitstempos, quantitativer Überforderung und Hektik sowie widersprüchlicher Anweisungen) aufgefaßt, die ein Individuum in einen Zustand erhöhter Aktivierung versetzen. "Kontrolle über die Arbeit" betrifft einerseits die Entscheidungsbefugnis (decision authority) - und zwar sowohl über eigene als auch fremde berufliche Tätigkeiten - und andererseits das Niveau der beruflichen Tätigkeit (skill discretion). Letzteres erstreckt sich von einfachsten repetitiven bis hin zu intellektuell anspruchsvollen, kreativen Tätigkeiten. Der Grad der Kontrolle über die Arbeit entscheidet darüber, wieviel Spielraum das durch die Arbeitsanforderungen aktivierte Individuum hat, eigenständig über die Arbeitsausführung zu entscheiden. Hohe Kontrolle über die Arbeit wird von KA-

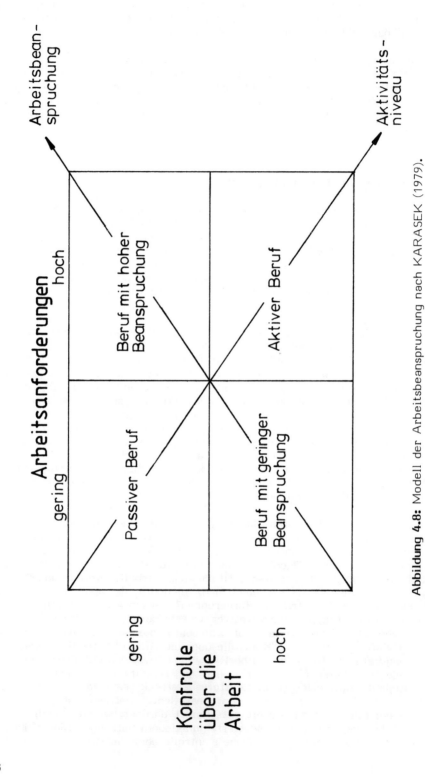

Abbildung 4.8: Modell der Arbeitsbeanspruchung nach KARASEK (1979).

RASEK positiv bewertet, da sie seines Erachtens die belastenden Wirkungen hoher beruflicher Anforderungen zu reduzieren vermag.

Aus den beiden Basisvariablen "Arbeitsanforderungen" und "Kontrolle über die Arbeit" leitet KARASEK durch einfache Differenz- bzw. Summenbildung zwei weitere Variablen "Beanspruchung durch die Arbeit" bzw. "Aktivitätsniveau" ab (vgl. Abbildung 4.8). Die zentrale Annahme KARASEKs lautet nun, daß die neu gebildete Variable **"Beanspruchung durch die Arbeit"** mit der abhängigen Variable "Symptome psychischer Beanspruchung" (z. B. Erschöpfung, Depressivität) zusammenhängt. Auf die Abbildung 4.8 bezogen bedeutet dies einen erwarteten Anstieg von Symptomen entlang der Hauptdiagonale A: Die meisten Symptome sollten bei der Kombination "hohe Arbeitsanforderungen"/"geringe Kontrolle über die Arbeit" auftreten.

Im folgenden beschreiben wir KARASEKs methodisches Vorgehen. In repräsentativen nationalen Befragungen wurden 911 berufstätige Männer im Alter von 20 bis 65 Jahren in den USA sowie 1.896 berufstätige Männer im Alter von 18 bis 66 Jahren in Schweden untersucht. Die schwedische Untersuchung war im Gegensatz zur amerikanischen als Längsschnittstudie (Erhebungen 1968 und 1974) angelegt. Unabhängige Variablen waren "Arbeitsanforderungen" und "Kontrolle über die Arbeit". Die Liste der abhängigen Variablen umfaßte "Erschöpfung", "Depression" (beide in den USA und Schweden erhoben), "Arbeitszufriedenheit" und "Lebenszufriedenheit" (beide nur in Schweden). Sowohl die unabhängigen als auch die abhängigen Variablen unterschieden sich also in beiden Studien teilweise voneinander. So wurde beispielsweise in Schweden die "Kontrolle über die Arbeit" über Beurteilungen des erforderlichen beruflichen Fähigkeitsniveaus, in den USA zusätzlich mit Hilfe der von den Beschäftigten eingeschätzten Entscheidungsbefugnis gemessen. Die Grundstruktur beider Untersuchungen stimmt jedoch hinreichend überein. Die Daten wurden mit Hilfe von Kreuzklassifikationen sowie multiplen Regressions- und Varianzanalysen ausgewertet. KARASEK legt besonderen Wert auf die statistische Überprüfung von "Wechselwirkungen" zwischen den beiden unabhängigen Variablen "Arbeitsanforderungen" und "Kontrolle über die Arbeit". Da er den Wechselwirkungsbegriff jedoch in unterschiedlicher und gelegentlich unüblicher Weise verwendet, kommt es zu widersprüchlichen Ergebnissen.

Die wichtigsten Ergebnisse sind in den Abbildungen 4.9 und 4.10 wiedergegeben. Folgt man der Darstellung der Ergebnisse durch KARASEK, so stützen sie sein Modell im großen und ganzen sehr gut. Dabei hebt KARASEK vor allem hervor, daß sich Personen an den extremen Enden der Hauptdiagonale A, die den Grad der Beanspruchung durch die Arbeit erfaßt (vgl. Abbildung 4.8), sehr deutlich in den abhängigen Variablen voneinander unterscheiden. In dieser Hinsicht wird sein Modell in der Tat empirisch gestützt. Bedenklich erscheint jedoch, daß KARASEK modellinkongruente Teilergebnisse zu übersehen scheint. So zeigen sich in mehreren Fällen auch an den extremen Enden der Hauptdiagonale B, die das "Aktivitätsniveau" erfaßt, deutliche Unterschiede in den betreffenden abhängigen Variablen. So führen beispielsweise "passive Berufe" (in den USA) zu weniger Erschöpfung, aber zu mehr Arbeits- und Lebensunzufriedenheit als "aktive Berufe". Ferner gibt es Hinweise auf kurvilineare, u-förmige Zusammenhänge, etwa zwischen Depressivität (in Schweden) und Kontrolle über die Arbeit (bzw. Berufsniveau).

Eine adäquate Darstellung der Ergebnisse darf sich also nicht auf die erwähnten Unterschiede der Extremgruppen der Hauptdiagonale A beschränken, vielmehr müssen die Ergebnisse der multiplen Regressions- sowie Varianzanalysen miteinbezogen werden. In dieser Hinsicht konfrontiert KARASEK den Leser mit vier bzw. sechs verschiedenen Auswertungsmethoden, deren Ergebnisse sich teilweise widersprechen. Unseres Erachtens sind die varianzanalytischen Ergebnisse am klarsten zu interpretieren. Denen zufolge werden von Fall zu Fall unterschied-

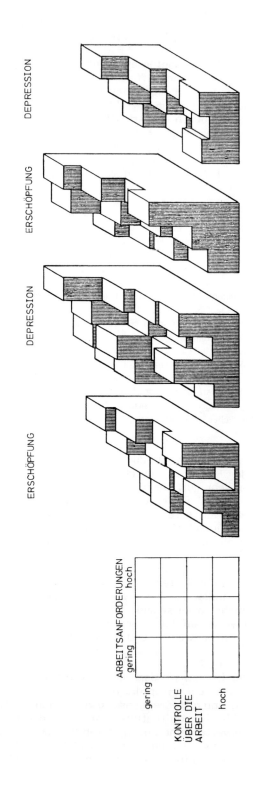

Abbildung 4.9: Empirische Überprüfung des Modells von KARASEK anhand der Indikatoren Erschöpfung und Depression. Die beiden linken Säulendiagramme beziehen sich auf Ergebnisse aus den USA, die beiden rechten auf Ergebnisse aus Schweden. (Entnommen aus KARASEK 1979, p. 294).

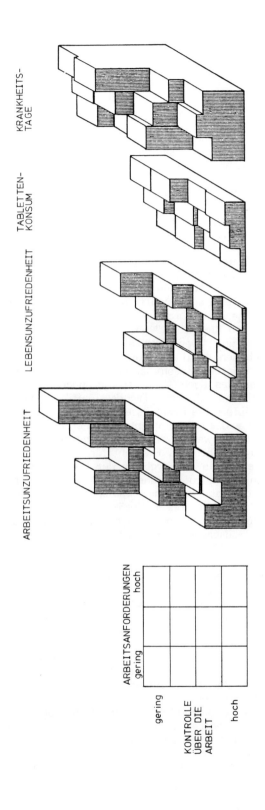

Abbildung 4.10: Empirische Überprüfung des Modells von KARASEK anhand der Indikatoren Arbeitsunzufriedenheit, Lebensunzufriedenheit, Tablettenkonsum und Krankheitstage. (Entnommen aus KARASEK 1979, p. 298).

liche Haupteffekte, nie jedoch Wechselwirkungen signifikant. Wir fassen die nach unserer Auffassung wichtigsten Ergebnisse KARASEKs wie folgt zusammen:

- Nervöse Erschöpfung und der Konsum von Beruhigungs- und Schlaftabletten hängen in erster Linie von den Arbeitsanforderungen ab, d. h. sie wachsen mit steigender quantitativer Überforderung in einem von Hektik geprägten Beruf.
- Arbeits- und Lebensunzufriedenheit sowie häufiges krankheitsbedingtes Fernbleiben vom Arbeitsplatz sind eine Funktion der Kontrolle über die Arbeit bzw. des Berufsniveaus. Wer einen anspruchsvollen Beruf mit mehr Kontrolle über die Arbeit ausübt, ist mit seiner Arbeit und seinem Leben zufriedener und fehlt seltener krankheitsbedingt am Arbeitsplatz als jemand mit einem weniger qualifizierten Beruf.
- Depressive Tendenzen korrelieren in erster Linie mit einem wenig attraktiven Beruf (mit geringer Kontrolle über die Arbeit), jedoch zugleich auch mit hohen (quantitativen) Arbeitsanforderungen. Insoweit stimmt dieser Teil, aber auch nur dieser Teil, der Ergebnisse relativ gut mit KARASEKs Modell überein.

Da die bisher mitgeteilten Befunde auf querschnittlich gewonnenen Zusammenhangsmaßen basieren, eignen sie sich wenig zur Überprüfung kausaler Beziehungen. Hier erhofft sich KARASEK einen größeren Aufschluß aus den Daten einer in Schweden durchgeführten Längsschnittstudie (erster Meßzeitpunkt 1968, zweiter 1974). In Beziehung gesetzt wurden Veränderungen in der unabhängigen Variablen "Beanspruchung durch die Arbeit" und Veränderungen in den abhängigen Variablen "Erschöpfung" und "Depressivität". In beiden Fällen läßt sich einer hier nicht wiedergegebenen Abbildung aus KARASEKs Artikel entnehmen, daß schwache, annähernd monotone Zusammenhänge zwischen diesen Veränderungsmaßen bestehen, wobei dies auch für Extremgruppen von Personen gilt. Leider teilt KARASEK nicht mit, ob diese Trends signifikant sind. Unterstellt man einmal Signifikanz, so liefern die Ergebnisse dennoch keine zwingenden Belege für einen postulierten kausalen Zusammenhang. Hier könnten lediglich experimentelle Studien, die sehr schwer zu realisieren und zu verantworten sind, weiterhelfen. KARASEK berücksichtigt z. B. nicht hinreichend die geringe Reliabilität von Differenzmaßen sowie das Problem der Regression zur Mitte. Er überprüft auch nicht im einzelnen, auf welchem Weg die Veränderungen in den "Beanspruchungen" durch die Arbeit zustande kamen (etwa durch Wechsel des Arbeitsplatzes oder des Berufes oder durch Veränderungen des Arbeitsplatzes) und welches die Gründe für diese Veränderungen waren. Von daher können Selbstselektionsprozesse nicht ausgeschlossen werden.

Welche Schlußfolgerungen lassen sich nun zusammenfassend aus KARASEKs Untersuchung ziehen? Ein zwingender Nachweis des Einflusses bestimmter Arbeitsbedingungen auf Indikatoren für geringe seelische und körperliche Gesundheit kann zwar auf dem von KARASEK eingeschlagenen Weg nicht erbracht werden, doch lassen sich die Befunde durchaus mit einer solchen Hypothese in Einklang bringen. Die Zusammenhänge sind unseres Erachtens allerdings komplexer und anders als KARASEK sie in seiner These von der Bedeutung der abgeleiteten Variable "Beanspruchung durch die Arbeit" formuliert. Welche der zwei Ausgangsvariablen "Arbeitsanforderungen" und "Kontrolle über die Arbeit" sowie der zwei algebraisch abgeleiteten Variablen "Beanspruchung durch die Arbeit" und "Aktivitätsniveau" den direktesten und höchsten Erklärungswert besitzen, hängt von der Wahl des Kriteriums ab. Lediglich beim Kriterium "Depressivität" erlaubt die von KARASEK für zentral erachtete Variable "Beanspruchung durch die Arbeit" die besten (Einzel-)Voraussagen. In anderen Fällen übernimmt die eine oder die andere der beiden Ausgangsvariablen diese Rolle. Da sich auch bei dem Kriterium "Depressivität" eine hinreichend gute Prognose durch die simultane Berücksichtigung der beiden Ausgangsvariablen ergibt, besteht unseres Erachtens keine Notwendigkeit, die abgeleitete Variable "Beanspruchung durch die Arbeit" einzuführen. Für die von KARASEK mehrfach betonte Existenz von "Wechselwirkungen" zwischen den beiden Ausgangsvariablen konnten keine überzeugenden Belege erbracht werden. Es genügt unseres Erachtens zunächst einmal, von einem zweifaktoriellen additiven Modell ohne Wechselwirkungen auszugehen.

Vergleicht man KARASEKs Ergebnisse mit den im vorangehenden Abschnitt besprochenen Resultaten der Untersuchung von KORNHAUSER (1965), so stellt man - soweit ein direkter Vergleich möglich ist - eine recht gute Übereinstimmung fest. Beide Untersucher fanden einen engen Zusammenhang zwischen dem **Berufsniveau** und der Arbeitszufriedenheit sowie zwischen dem Berufsniveau und bestimmten Indikatoren für seelische (und körperliche) Gesundheit; bei KORNHAUSER handelt es sich um ein zusammengesetztes Globalmaß für seelische Gesundheit, bei KARASEK sind es die Depressivität und das krankheitsbedingte Fernbleiben von der Arbeit sowie - von der Tendenz her - die nervöse Erschöpfung und der Gebrauch von Beruhigungs- und Schlafmitteln. Beide Untersuchungen stimmen ferner darin überein, daß sich **hohe quantitative Arbeitsanforderungen** (im Sinne der Berufshektik und des Zeitdrucks) ungünstig auf die Gesundheit auswirken können, wobei KARASEK hier die klareren Ergebnisse findet, weil er stärker zwischen verschiedenen Krankheitsindikatoren differenziert als KORNHAUSER.

Darstellung und Sekundäranalyse der Untersuchung von CAPLAN und Mitarbeitern

Die im folgenden zu besprechende Untersuchung wurde von einer Forschergruppe an der Universität von Michigan konzipiert, aus deren Feder auch die Theorie der Person-Umwelt-Passung stammt (vgl. die ausführliche Abhandlung dieses Ansatzes und die Definition bestimmter Termini in Abschnitt 4.2.3). Die Ergebnisse der Studie wurden 1980 in den USA und 1982 in einer deutschen Übersetzung veröffentlicht (CAPLAN et al. 1980, 1982). Wir gehen auf diese aufwendige, theoriegeleitete Studie unter anderem deswegen ein, weil sie für eine Reihe späterer Untersuchungen als Vorbild diente. UDRIS (1982, p. 15), der Herausgeber der deutschen Übersetzung, würdigt die Originalarbeit wie folgt: "Annähernd 40 Arbeiten konnte ich ausfindig machen, die sich direkt auf diese Untersuchung beziehen. Man kommt sozusagen nicht mehr daran vorbei - trotz einiger Probleme und Lücken in den vorliegenden Ergebnissen." Auch uns erschien es reizvoll, eine Sekundäranalyse eines kleinen Teils der von der Michigan-Gruppe mitgeteilten Ergebnisse unter Verwendung neuer kausalanalytischer Methoden vorzunehmen.

CAPLAN et al. (1982, p. 48) charakterisieren die Ziele ihres Projektes wie folgt: "... (1) die wesentlichen Dimensionen von Arbeitsstreß zu identifizieren, (2) ihre Verbreitung über eine Vielzahl von Berufen abzudecken, (3) die Auswirkungen dieser Streßbedingungen auf ein breites Spektrum von Streßreaktionen und Gesundheitsvariablen zu untersuchen." Wir beschränken uns aus Platzgründen im wesentlichen auf die dritte Zielsetzung und können nur einen kleinen Ausschnitt aus der Vielzahl interessanter Ergebnisse besprechen. (Die deutsche Übersetzung - und in noch stärkerem Maß das amerikanische Original - bieten eine Fülle aufschlußreicher Tabellen und Abbildungen, etwa zu berufstypischen Stressoren und Streßreaktionen und deren Zusammenhängen, sowie detaillierte Hinweise auf die Operationalisierung zentraler Variablen.)

Untersucht wurden insgesamt 2.010 Männer im Alter von knapp 20 bis über 60 Jahren aus 23 verschiedenen Berufen und aus 67 Organisationen. Das Niveau der ausgewählten Berufe reicht von Montagearbeitern am Fließband über Facharbeiter und mittlere Angestellte bis zu akademischen Berufen (z. B. Professoren oder praktische Ärzte). Die von uns herausgegriffenen Ergebnisse basieren in erster Linie auf einer geschichteten Zufallsstichprobe von 318 der 2.010 Männer. Neben 6 demographischen Merkmalen wurden 19 Variablen aus dem Bereich der subjektiven Umwelt, 4 Persönlichkeitsvariablen (Typ-A-Persönlichkeit, Flexibilität, Selbstbehauptung und Verleugnung), 4 Variablen aus dem Bereich der subjektiven Person, 4 Maße für Person-Umwelt-Passung, 7 Indikatoren für arbeitsbezogenes Gesundheitsverhalten und 4 Krankheitsmaße erhoben.

Da im Rahmen der Theorie der Person-Umwelt-Passung den vier **Passungsmaßen** eine zentrale Bedeutung zukommt, geben wir einige Erläuterungen zu ihrer Operationalisierung. Jedes dieser vier Maße basiert auf mehreren Itempaaren, die sich aus zwei korrespondierenden Elementen zusammensetzen, einem Umweltitem (U) sowie einem damit kombinierten Personitem (P). Ein U-Item könnte z.B. lauten: "Wie groß ist Ihre Arbeitsbelastung?" Das zugeordnete P-Item wäre dann: "Wie groß wünschen Sie sich Ihre Arbeitsbelastung?" Die Antworten auf die P- und U-Items werden mit Hilfe fünfstufiger LIKERT-Skalen erfaßt. Im Prinzip erfolgt dann pro Itempaar eine Differenzenbildung zwischen skaliertem vorhandenem Umweltmerkmal und von der Person gewünschtem Merkmal. Diese zu einem Passungsmaß gehörenden Differenzen werden aufsummiert. Bei einer Gesamtdifferenz von Null besteht völlige Passung. Eine negative Diskrepanz entsteht, wenn die Umwelt weniger von dem Merkmal bietet, als die Person wünscht. Ein positiver Differenzwert ergibt sich, wenn die Umwelt mehr von einem Merkmal fordert, als es der Person lieb ist. Von den vier verwendeten Passungsmaßen wird allerdings lediglich die Passung bezüglich quantitativer Arbeitsbelastung auf dem beschriebenen Weg bestimmt. Bei den verbleibenden drei Passungsmaßen werden hingegen nicht die Differenzwerte pro Item, sondern deren Beträge aufsummiert (vgl. CAPLAN et al. 1980, p. 226), da nur auf diesem Weg lineare Zusammenhänge mit den abhängigen Variablen zustande kommen. Am Beispiel der Passung bezüglich der Arbeitskomplexität erläutert, bedeutet dies, daß sowohl Personen, die sich eine höhere als auch eine geringere Arbeitskomplexität wünschen, als am Arbeitsplatz zur Zeit vorhanden ist, gleich behandelt werden und erhöhte Werte in einem Maß "schlechte Passung bezüglich Arbeitskomplexität" (abgekürzt: Arbeitskomplexität PU) erhalten. Diese unterschiedlichen Berechnungsweisen der Passungswerte müssen bei der Interpretation der empirischen Ergebnisse berücksichtigt werden. (In theoretischer Hinsicht kann es unseres Erachtens nicht befriedigen, wenn - ohne nähere inhaltliche Begründung - unterschiedliche Berechnungsweisen verwendet werden.)

Es folgen einige kurze Anmerkungen zur Operationalisierung der "abhängigen Variablen" Angst, Depression, Gereiztheit und somatische Beschwerden. CAPLAN et al. (1982) betonen, daß sie diese Variablen nicht als relativ stabile und situationsübergreifende Eigenschaften, sondern eher als momentane Zustandsbeschreibungen konzipieren wollten. Sie erläutern ihre Intention am Beispiel der Angst: "Es ist möglich, Angst einmal als Zustand und einmal als Eigenschaft zu messen, indem man einfach die Stammfrage ändert ... Wir waren an Angstreaktionen interessiert, die als Funktion der Arbeitsumgebung variierten. Die Stammfrage wurde folglich so formuliert, daß wiedergegeben wurde, wie sich die Person jetzt fühlt, anstatt wie sich die Person im allgemeinen fühlt: 'Wenn Sie jetzt über sich selbst und Ihre Arbeit nachdenken, wie häufig haben Sie ein solches Gefühl?'" (CAPLAN et al. 1982, p. 78). Im Zusammenhang mit der Variable "Beschwerden" fragen sie allerdings nicht nach dem momentanen (= heutigen oder während der letzten zwei oder drei Tage vorherrschenden) Befinden, sondern nach dem Befinden am Arbeitsplatz während des vergangenen Monats.

Unseres Erachtens sind die Anweisungen und die vorgegebenen Antwortkategorien für die Versuchspersonen nicht sehr eindeutig und konsistent formuliert, so daß diese nicht genau wissen, ob sie sozusagen ihre heutige Tagesform oder eher ihre typische Befindlichkeit und ob sie ihre generelle oder ausschließlich ihre arbeitsbezogene Befindlichkeit beurteilen sollen. (Jemand kann beispielsweise am Arbeitsplatz gereizt, nervös oder unglücklich sein, sich jedoch außerhalb der Arbeit bedeutend wohler fühlen und umgekehrt.)

Von wenigen Ausnahmen abgesehen, werden alle zur Berechnung der Skores in den verschiedenen Variablen benötigten Ausgangsinformationen von den befragten Berufstätigen selbst geliefert, ein Punkt auf den später kritisch einzugehen sein wird. Die Variablen besitzen im allgemeinen hohe Reliabilitäten (etwa .70 bis über .80).

Legt man die Zahl der erhobenen Variablen zugrunde, so handelt es sich zweifellos um eine aufwendige multivariate Studie. Leider werten die Untersucher die Zusammenhänge zwischen diesen Variablen ausschließlich auf der Ebene von Produktmomentkorrelationen zwischen je zwei Variablen aus. Es fehlen also komplexere statistische Verfahren wie multiple Regressions-, kanonische Korrelations- oder Pfadanalysen.

Abbildung 4.11 vermittelt einen Überblick über die wichtigsten signifikanten korrelativen Beziehungen. Die relativ verwirrende Abbildung ist - verkürzt gesprochen - in drei Segmente untergliedert: Im linken Teil befinden sich die Prädiktoren aus den Bereichen der subjektiven Umwelt sowie der Person-Umwelt-Passung. Wie die von ihnen ausgehenden Pfeile zeigen, wirken diese Variablen primär auf die in der Mitte der Abbildung durch den breiten schwarzen Rahmen gekennzeichnete Arbeitsunzufriedenheit (sowie auf zwei damit eng assoziierte Variablen "Unzufriedenheit mit Arbeitsbelastung" und "Sättigung"), die ihrerseits die im rechten Teil wiedergegebenen vier arbeitsbezogenen psychischen (und somatischen) Streßreaktionen (Angst, Gereiztheit, Depression und Beschwerden) beeinflußt. Wir betrachten diese vier Variablen als Indikatoren für geringe seelische Gesundheit. Der **Arbeitszufriedenheit** (bzw. Arbeitsunzufriedenheit) kommt also nach dieser Darstellung - ähnlich wie bei KORNHAUSER (1965) - die Rolle einer vermittelnden Variablen zu.

Die Art der von CAPLAN et al. (1982) gewählten Veranschaulichung mit Hilfe von Pfeilen erweckt den optischen Eindruck einer kausalanalytischen Auswertung der Daten. In Wirklichkeit handelt es sich jedoch - wie gesagt - ausschließlich um korrelative Zusammenhänge zwischen je zwei Variablen. Wir halten diese Art der Auswertung für verbesserungsfähig. Aus diesem Grund gehen wir nicht näher auf einzelne Zahlenwerte in Abbildung 4.11 ein. (Der interessierte Leser findet eine ausführliche Erörterung dieser Korrelationen in der Monographie von CAPLAN et al. 1982.) Statt dessen teilen wir die Ergebnisse einer Sekundäranalyse eines Teils der von den Untersuchern berechneten Korrelationen (vgl. CAPLAN et al. 1980, Appendix G) mit. Diese korrelativen Zusammenhänge wurden in Anlehnung an Abbildung 4.11 kausalanalytisch mit Hilfe des von JÖRESKOG & SÖRBOM (1983) entwickelten LISREL V-Programms ausgewertet.

Das erste von uns getestete Modell hat folgende Struktur: 4 Indikatoren aus dem Bereich der subjektiven Umwelt (Unterforderung bzw. mangelnde Nutzung von Fähigkeiten, Rollenkonflikte, Unterstützung durch den Vorgesetzten, Unterstützung durch andere) und 3 Indikatoren der Person-Umwelt-Passung (bezüglich der quantitativen Arbeitsbelastung, der Arbeitskomplexität sowie der Verantwortung für Personen) dienen als exogene Variablen, die den Grad der Arbeits-

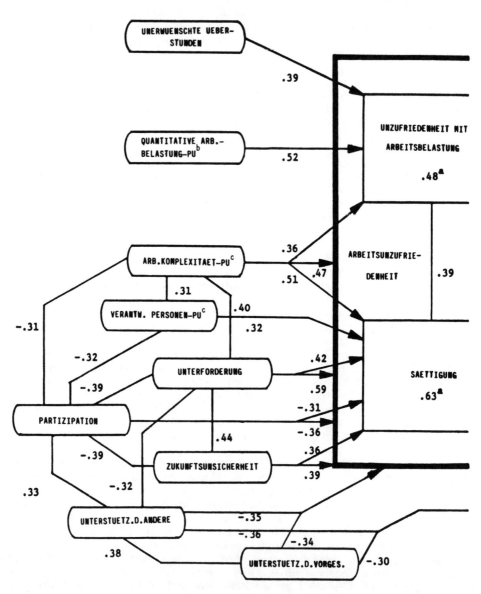

BEMERKUNG. ALLE KORRELATIONEN BERUHEN AUF DEN DATEN VON UNGEFAEHR 310 PERSONEN AUS DER GESCHICHTETEN ZUFALLSSTICHPROBE. DARGESTELLT SIND KORRELATIONEN > .30 ZWISCHEN STRESS-STRESS UND ZWISCHEN STRESS-STRESSREAKTION SOWIE > .20 ZWISCHEN STRESSREAKTION-STRESSREAKTION (MIT AUSNAHME FUER ARBEITSKOMPLEXITAET-U UND VERANTWORTUNG FUER PERSONEN-U; S. TEXT).
PFEILE BEZEICHNEN VERMUTETE KAUSALE BEZIEHUNGEN; LINIEN OHNE PFEILE WERDEN ALS NICHT-KAUSAL INTERPRETIERT.

Abbildung 4.11: Eine Interpretation der wichtigsten Korrelationen zwischen Streßbedingungen und Streßreaktionen auf individueller Ebene, die von CAPLAN

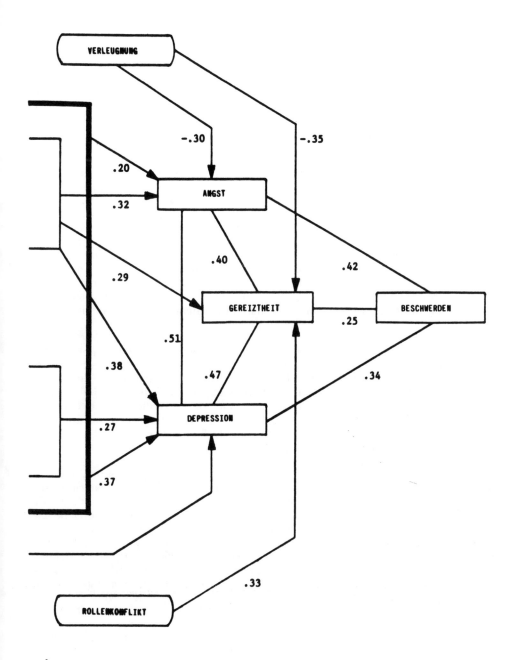

[a] KORRELATIONEN MIT DEM GESAMTINDEX FUER ARBEITSUNZUFRIEDENHEIT.
[b] HOHER WERT: GROESSERE ARBEITSBELASTUNG ALS ERWUENSCHT; NIEDRIGER WERT: GERINGER ALS ERWUENSCHT.
[c] HOHER WERT: SCHLECHTE UEBEREINSTIMMUNG/FIT (ENTWEDER MEHR ODER WENIGER ALS ERWUENSCHT).

und Mitarbeitern ermittelt wurden. (Entnommen aus CAPLAN et al. 1982, p. 94-95).

unzufriedenheit (endogene Variable) determinieren, die ihrerseits den Grad der seelischen (und körperlichen) Gesundheit beeinflußt. Letzteres Konstrukt wird mit Hilfe der Variablen Angst, Gereiztheit, Depression und Beschwerden erfaßt. Dieses Modell wird durch die oben diskutierten Ergebnisse von KORNHAUSER (1965) sowie weitere Untersuchungen, über die LOCKE (1976) zusammenfassend berichtet, nahegelegt. Auch die von CAPLAN et al. (1982) gewählte, in Abbildung 4.11 wiedergegebene Darstellung betont die vermittelnde Rolle der Arbeitsunzufriedenheit, wenngleich auch einige wenige korrelative Zusammenhänge (etwa zwischen Rollenkonflikt und Gereiztheit) auf direktem Weg, d. h. unter Umgehung der Variablen "Arbeitsunzufriedenheit", zustandezukommen scheinen. Die Überprüfung dieses ersten kausalanalytischen Modells mittels LISREL erbrachte klare Hinweise darauf, daß es nicht mit der zugrundeliegenden Korrelationsstruktur in Einklang zu bringen ist. (Das Chi-Quadrat von 101.61 bei 31 Freiheitsgraden ist hochsignifikant und verweist auf Modellabweichungen. Der höchste Modifikationsindex beträgt 22.24 für ein Element der Gamma-Matrix.) Damit läßt sich - bei Verwendung adäquater statistischer Methoden - eine Grundannahme nicht bestätigen, die CAPLAN et al. (1982) auf Seite 233 formulierten: "Größtenteils hängen jedoch die Ausprägungsgrade von Angst, Gereiztheit, Depression und somatischen Beschwerden miteinander zusammen (Korrelationen reichen von .25 bis .51) und scheinen eher von der Arbeitsunzufriedenheit beeinflußt zu werden als von den eigentlichen Merkmalen der Arbeit selbst."

Wir haben aus diesem Grund weitere Modelle getestet, bei denen neben einer Beeinflussung der vier Indikatoren für geringe seelische (und körperliche) Gesundheit durch die Arbeitsunzufriedenheit auch direkte Einflüsse seitens der 7 exogenen Variablen vorgesehen sind. Abbildung 4.12 gibt die Ergebnisse einer Modellüberprüfung mittels LISREL wieder, die zu befriedigenden Ergebnissen führte. Das Chi-Quadrat von 46.34 ist bei 29 Freiheitsgraden auf dem 2.2 %-Niveau signifikant. Der "Goodness of Fit Index" beträgt .97. Die höchste Residualkorrelation bleibt unterhalb von .10.

Die LISREL-Analyse zeigt, daß die vier Variablen Angst, Depression, Gereiztheit und somatische Beschwerden als Indikatoren für ein Konstrukt "geringe seelische Gesundheit" dienen können, wobei "Depression" die höchste Ladung (.79) und "Beschwerden" die niedrigste Ladung (.42) aufweist. **Geringe seelische Gesundheit** wird einerseits über Arbeitsunzufriedenheit (und deren Ursachen) vermittelt, sie hängt aber andererseits auf direktem Wege von drei der sieben exogenen Variablen ab: Zum einen wirken sich eine zu hohe quantitative Arbeitsbelastung (Menge der Arbeit, Zeitdruck bei der Arbeit) und Rollenkonflikte ungünstig auf die seelische Gesundheit aus, zum anderen geht von einer Unterstützung durch Arbeitskollegen ein positiver Einfluß aus. (Die Vorzeichen der Pfadkoeffizienten in Abbildung 4.12 müssen dabei in Gedanken umgekehrt werden, wenn statt von geringer seelischer Gesundheit von hoher seelischer Gesundheit die Rede ist.) Insgesamt lassen sich mit Hilfe der vier gerade erwähnten Einflußvariablen immerhin 37 % der Varianz in der seelischen Gesundheit aufklären.

Welches sind nun die wichtigsten Prädiktoren der **Arbeitsunzufriedenheit?** Das größte Gewicht kommt der Arbeitskomplexität PU sowie der Variablen "Unterforderung" bzw. "geringe Nutzungsmöglichkeit eigener Fähigkeiten" zu. Aus der oben besprochenen Berechnungsweise der "Arbeitskomplexität PU" kann nicht eindeutig entschieden werden, ob es eher die zu geringe oder auch die zu hohe Arbeitskomplexität ist, die Arbeitsunzufriedenheit auslöst. Beide Möglichkeiten müssen in Betracht gezogen werden, jedoch legt die Korrelation von .40

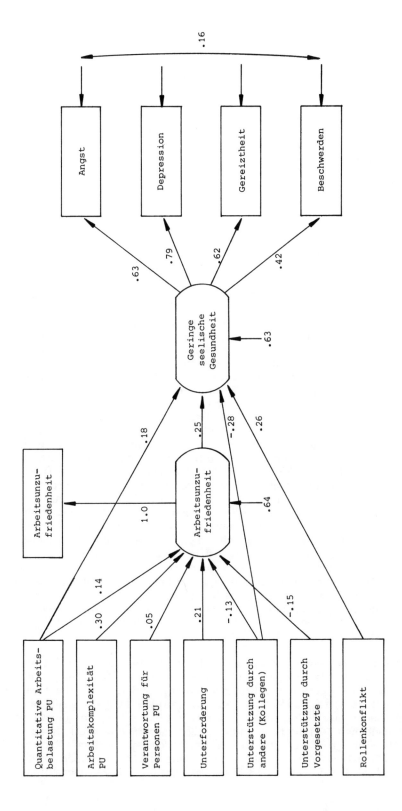

Abbildung 4.12: Ergebnisse einer kausalanalytischen Reanalyse der von CAPLAN et al. (1982) ermittelten Zusammenhänge zwischen Bedingungen am Arbeitsplatz, Arbeitsunzufriedenheit und seelischer Gesundheit.

zwischen "Arbeitskomplexität PU" und Unterforderung nahe, daß vor allem die zu geringe Arbeitskomplexität für die Unzufriedenheit verantwortlich ist. Zur Arbeitsunzufriedenheit trägt weiterhin eine hohe quantitative Arbeitsbelastung bei, während Unterstützung durch Vorgesetzte und Kollegen die Arbeitsunzufriedenheit vermindert. Entgegen dem Bild, das man aus Abbildung 4.11 gewinnt, zeigt unsere Sekundäranalyse, daß die "Verantwortung für Personen PU" keinen nennenswerten direkten Einfluß auf die Arbeitsunzufriedenheit oder die seelische Gesundheit ausübt. (Der korrelative Zusammenhang kommt vielmehr vermittelt über andere Bedingungsvariablen zustande.) Mit Hilfe der von uns herausgegriffenen Prädiktoren lassen sich 36 % der Varianz in der Arbeitsunzufriedenheit aufklären. Die Korrelation zwischen Arbeitsunzufriedenheit und geringer seelischer Gesundheit beträgt .42, wobei der Zusammenhang, wie Abbildung 4.12 zeigt, nur zu einem geringen Teil auf direktem Weg zustande kommt.

Vergleicht man die in Abbildung 4.12 wiedergegebenen Ergebnisse unserer Sekundäranalyse mit den oben besprochenen Resultaten der Untersuchungen von KORNHAUSER (1965) und KARASEK (1979), so konstatiert man einen hohen Grad an Übereinstimmung. Alle drei Untersuchungen weisen einen Zusammenhang zwischen Indikatoren für das **Berufsniveau** einerseits und **Arbeitszufriedenheit** sowie bestimmten Indikatoren für seelische Gesundheit (insbesondere Depressivität) andererseits nach. KARASEKs Ergebnisse und die unserer Sekundäranalyse stimmen ferner darin überein, daß bestimmte Aspekte der Arbeit, die KARASEK als "Arbeitsanforderungen" bezeichnet und für die wir in unserer Sekundäranalyse die Variablen "quantitative Arbeitsbelastung PU" und "Rollenkonflikt" als Indikatoren verwenden, bestimmte Aspekte der seelischen Gesundheit (insbesondere nervöse Erschöpfung, Gereiztheit, Depressivität und somatische Beschwerden) beeinflussen, ohne zugleich auch die Arbeitsunzufriedenheit in vergleichbarem Maße zu tangieren. Die Bedingungen für Arbeitszufriedenheit und (arbeitsbezogene) seelische Gesundheit sind also nicht identisch, und der Einfluß der Arbeitsbedingungen auf die seelische Gesundheit erfolgt nicht ausschließlich über die Vermittlung der Arbeitszufriedenheit. Hierfür liefert auch eine in CAPLAN et al. (1982, p. 164) wiedergegebene Tabelle Belege. Sie enthält unter anderem Informationen über die typischen (= durchschnittlichen) Werte verschiedener Berufsgruppen in den Variablen Arbeitszufriedenheit, Angst, Depression, Gereiztheit und Beschwerden. Daraus ist zu entnehmen, daß beispielsweise Professoren (mit oder ohne Verwaltungsaufgaben) sehr niedrige Werte in Arbeitsunzufriedenheit, jedoch (leicht) erhöhte Werte in Angst, Depression und Gereiztheit haben. Die hohe Arbeitszufriedenheit steht im Einklang mit dem hohen Berufsniveau und den damit verknüpften positiven Aspekten, wie Vielfalt und Komplexität der Aufgaben, hohes Einkommen und Sozialprestige. Die in Relation dazu eher niedrigen Werte in einigen Indikatoren für seelische Gesundheit dürften unter anderem durch die hohen Arbeitsanforderungen (quantitative Arbeitsbelastung PU und Rollenkonflikt) bedingt sein (vgl. Tabelle 4.3 in CAPLAN et al. 1982).

Diese Ergebnisse erscheinen uns im Hinblick auf die Ausführungen im Abschnitt über "kompetenztheoretische Ansätze" bemerkenswert. Es bestätigt sich, daß nicht nur bestimmte Formen der Unterforderung, sondern auch der **Überforderung** gesundheitsbeeinträchtigende Wirkungen zeitigen können. CAPLAN et al. (1982, p. 28) geben hierzu folgende Stellungnahme ab: "Die Montagearbeiter mit maschinengebundenem Arbeitstakt und ihre Springer treten deutlich als Berufsgruppen mit starkem Streß hervor (Unterforderung, geringe Partizipation, Mangel an adäquater Arbeitskomplexität). Andere Berufsgruppen haben hohe Werte für andere Arten von Streß (Professoren mit Verwaltungsaufgaben und

Ärzte haben hohe Arbeitsbelastung und große Verantwortung für das Wohlbefinden anderer.) Das starke Ausmaß psychischer Streßreaktionen und somatischer Beschwerden unter Montagearbeitern mit maschinengebundenem Arbeitstakt legt jedoch nahe, daß wir unsere Aufmerksamkeit darauf lenken sollten, ihre Arbeitsbedingungen zu verbessern." Diesem Appell von CAPLAN et al. ist zuzustimmen. Es spricht allerdings nichts dagegen, sich auch dem Phänomen der arbeitsbedingten Überbeanspruchung und den daraus eventuell resultierenden gesundheitlichen Beeinträchtigungen in anderen (z. B. akademischen) Berufen zu widmen.

Wir beschließen die Erörterung der von CAPLAN et al. (1982) durchgeführten Untersuchungen mit einigen Anmerkungen zum methodischen Vorgehen und zu dessen Angemessenheit im Hinblick auf die theoretischen Grundlagen. Wie in einem früheren Abschnitt über den passungstheoretischen Ansatz erläutert wurde (vgl. auch Abbildung 4.5), stehen zwei Arten von (objektiven sowie subjektiven) Passungen im Mittelpunkt der von CAPLAN, FRENCH und Mitarbeitern entwickelten Theorie der seelischen Gesundheit: Passungen zwischen Anforderungen und Kompetenzen sowie zwischen Angeboten und Bedürfnissen. Die subjektiven Passungen hängen dabei einerseits von den objektiven Passungen und andererseits von Personmerkmalen (wie Kontakt mit der Realität und Selbsteinsicht) ab. Es wäre nun konsequent gewesen, wenn sich CAPLAN und Mitarbeiter darum bemüht hätten, sowohl auf seiten der objektiven als auch der subjektiven Bedingungen die zwei Arten von Passungen zu erfassen. Dies hätte unter anderem erfordert, die objektiven (und subjektiven) Anforderungen und Angebote der jeweiligen Arbeitsplätze sowie die Kompetenzen und Bedürfnisse der Beschäftigten zu diagnostizieren. Statt dessen haben sich die Untersucher fast ausschließlich auf die subjektive Passung, und zwar primär zwischen Bedürfnissen (Wünschen) und Angeboten, beschränkt. Damit wurde die Chance einer umfassenderen Prüfung der Leistungsfähigkeit des passungstheoretischen Modells vertan.

Wie das folgende Zitat belegt, besteht sogar die Gefahr partiell zirkulärer bzw. uninterpretierbarer Ergebnisse: "Wegen früherer Untersuchungen ..., die nahelegen, daß die subjektive Umwelt als Prädiktor für Streßreaktionen wichtiger ist als die objektive Umwelt, wurde dem Pfeil (1) (d. h. dem Einfluß der subjektiven Umwelt auf die Streßreaktion; Anmerk. d. Verf.) in unserer Studie sehr viel Beachtung geschenkt. Anders ausgedrückt, besagt diese Hypothese, daß das, was die Person in ihrer Arbeitsumgebung wahrnimmt, wichtiger ist, als der eigentliche objektive Streß" (CAPLAN et al. 1982, p. 231). Denkt man diesen Gedanken konsequent zu Ende, so erübrigen sich Maßnahmen zur Verbesserung der objektiven Arbeitsbedingungen weitgehend, da es in erster Linie auf die Sicht der Beschäftigten ankommt. "Humanisierung der Arbeit" liefe dann auf eine Änderung der Sichtweisen von Beschäftigten hinaus. Die von CAPLAN et al. (1982) erhobenen Befunde sind mithin insofern schwierig zu interpretieren, als unklar bleibt, inwieweit die subjektive Umwelt und die subjektive Passung berufliche und eigenschaftspsychologische "Realitäten" widerspiegeln (vgl. auch KASL 1978).

Daß nicht nur auf der Ebene subjektiver Wahrnehmungen, sondern auch "objektiver" Arbeitsbedingungen signifikante Zusammenhänge mit abhängigen Variablen, wie Arbeitszufriedenheit und Indikatoren für geringe seelische Gesundheit, bestehen, zeigen unter anderem Korrelationen, die im Anhang der Originalarbeit (CAPLAN et al. 1980, Appendix G) zu finden sind. So korreliert der von DUNCAN verwendete berufliche Status, der Einkommen, Bildungsgrad und Prestige des typischen Vertreters des jeweiligen Berufs berücksichtigt und einen Indikator für das Berufsniveau darstellt, beispielsweise -.34 (N = 317) mit der Arbeitszufriedenheit, -.50 mit Langeweile bzw. Monotonie und -.14 mit somatischen Beschwerden. Ein weiteres Beispiel resultiert aus dem Vergleich zweier Arten von Montagearbeitern, von denen die einen im maschinengesteuerten Takt am Fließband, die anderen im selbstbestimmten Rhythmus in Montagegruppen arbeiten. Die in Teams arbeitenden Männer können ihre Fertigkeiten und Fähigkeiten besser nutzen, haben komplexere Aufgaben zu erfüllen und sind stärker an Entscheidungen beteiligt. Sie weisen im Vergleich zur Gruppe mit maschinengebundenem Takt signifikant niedrigere Werte in Sättigung, Angst und Depression auf.

Zusammenfassend gelangen wir zu folgenden Schlußfolgerungen: Unseres Erachtens gestattet die Untersuchung von CAPLAN et al. (1982) nur wenige auf methodisch überzeugendem Weg gewonnene Aussagen über den Einfluß von Arbeitsbedingungen auf Indikatoren für seelische Gesundheit. Dies liegt zum einen an der querschnittlichen Struktur der Untersuchung und den bekannten Interpretationsmehrdeutigkeiten korrelativer Zusammenhänge. Zum anderen kommt erschwerend hinzu, daß die wichtigsten Ergebnisse ausschließlich auf subjektiven Daten beruhen. Begrüßenswert erscheint uns, daß CAPLAN und Mitarbeiter in ihre Theorienbildung und Datenerhebung neben Stressoren am Arbeitsplatz auch förderliche Umweltbedingungen, nämlich Unterstützung durch Vorgesetzte und Arbeitskollegen, einbezogen und Hinweise auf deren positiven Einfluß gewinnen konnten (vgl. auch LaROCCO, HOUSE & FRENCH 1980).

Die Untersuchung von SEIBEL & LÜHRING 1984

Wir stellen die Untersuchung von SEIBEL & LÜHRING (1984) aus einer Reihe von Gründen dar: Es handelt sich um eine Studie jüngeren Datums, die bereits durch ihren Titel "Arbeit und psychische Gesundheit" Aufschlüsse zu der von uns in diesem Kapitel behandelten Thematik verspricht. SEIBEL & LÜHRING bemühen sich um eine breite Erfassung möglicher beruflicher und soziologischer Einflußvariablen auf die seelische Gesundheit. Zu begrüßen ist, daß sie sowohl objektive als auch subjektive Bedingungen am Arbeitsplatz und neben männlichen auch weibliche Arbeitnehmer (Arbeiter und Angestellte) in ihren Untersuchungsplan einbeziehen. Ferner greifen sie bei der statistischen Auswertung der Zusammenhänge zwischen Prädiktoren und Kriterien auf eine multivariate Methode, nämlich die multiple Regressionsanalyse, zurück.

Der theoretische Hintergrund und die wichtigste Fragestellung der Arbeit werden von SEIBEL & LÜHRING (1984, p. 8) wie folgt charakterisiert: "Wir räumen zwei sehr unterschiedlichen theoretischen Modellen die Chance ein, sich an unseren Daten zu bewähren und dazu beizutragen, Ursachen psychischer Störungen in der Arbeitswelt zu bestimmen: dem ergonomischen Belastungs- und Beanspruchungsmodell und dem sozialpsychologischen Streßmodell. Das naturwissenschaftlich orientierte ergonomische Modell geht von einem Reiz-Reaktionsschema ... aus, wobei der Zusammenhang zwischen einer objektiven Arbeitssituation und physiologischen und psychisch-mentalen Auswirkungen untersucht wird. Das sozialwissenschaftlich orientierte Streßmodell berücksichtigt neben den Merkmalen der unmittelbaren Arbeitsplatzsituation sowohl soziale Dimensionen der Arbeit im Betrieb (z. B. das Verhältnis zu Kollegen und Vorgesetzten) als auch überbetriebliche gesellschaftliche Bedingungen der Arbeit (z. B. Bedrohung durch Arbeitslosigkeit); das wichtigste Unterscheidungsmerkmal dieses Ansatzes liegt aber darin, daß die kognitive und emotionale Bewertung und Verarbeitung der Arbeitssituation durch das betreffende Subjekt berücksichtigt wird ... Wir gehen davon aus, daß jedes dieser Modelle einen Beitrag zur Erklärung arbeitsbedingter psychischer Störungen leisten kann. Ob dies zutrifft und wie groß der relative Beitrag eines jeden dieser Modelle ist, ist eine empirische Frage, die durch unsere Untersuchung zu klären sein wird."

Wir erläutern im folgenden das methodische Vorgehen der Untersucher. Zur Erfassung der Zusammenhänge zwischen (objektiver) Arbeitssituation, (subjektiver) Arbeitserfahrung und seelischer Gesundheit wurden zwei Instrumente eingesetzt: die Arbeitsplatzanalyse und die Arbeitnehmerbefragung. Die **Arbeitsplatzanalyse** dient der Erhebung von Daten über die objektive Arbeitssituation. Sie lehnt sich an den "Fragebogen zur Arbeitsanalyse" (FAA) von FRIELING & HOYOS (1978), den "Arbeitswissenschaftlichen Erhebungsbogen zur Tätigkeitsanalyse" (AET) von ROHMERT, LUCZAK & LANDAU (1975) sowie an industriesoziologische Verfahren an. Im einzelnen wurden folgende Aspekte der **objektiven** Arbeitssituation berücksichtigt: Arbeitszeitregelung, Lohnform, qualifikatorische Anforderungen, Komplexität der Arbeitsaufgabe, zeitliche Struktur der Arbeit, Wahrnehmungsanforderungen, Unfallgefährdung, Umweltbelastung (unter anderem Beleuchtung, Lärm, klimatische Bedingungen), physische Belastungen (unter anderem schwere Muskelarbeit), hierarchische Stellung, kooperative Struktur der Arbeit (u.a. Unterstützung durch Kollegen), Determinanten von Arbeitsgeschwindigkeit und Art der Arbeitsausführung, eigene Entscheidungsmöglichkeiten über Arbeitstempo und Art der Arbeitsausführung (Dispositionschancen).

Auf der Ebene der **subjektiven** Arbeitserfahrung gingen folgende Dimensionen in die Auswertung ein: zeitliche Struktur der Arbeit, Autonomie, Monotonie, psychische Beanspruchung, Beziehung zu Kollegen und Vorgesetzten, Verantwortung bei der Arbeit, Leistungskonflikt (Diskrepanzen zwischen normativ als ideal erachteten und real wahrgenommenen Kriterien betrieblicher und gesellschaftlicher Mobilität, vor allem bezüglich Beförderung), Aufstiegschancen und Beurteilung der beruflichen Karriere, drohende Arbeitslosigkeit und Arbeitsplatzunsicherheit.

Die seelische Gesundheit (bzw. das Ausmaß psychischer Beschwerden) wurde mit Hilfe der 22 Items des Langnertests (LANGNER 1962), der als reliables und valides Instrument zur Erfassung psychischer Beschwerden gilt, gemessen. (Im Langnertest wird seelische Gesundheit nur negativ als Abwesenheit von Beschwerdesymptomen diagnostiziert.) Die Angaben basieren auf Selbstbeschreibungen der untersuchten Arbeitnehmer. Sie beziehen sich auf den generellen, also nicht nur den arbeitsbezogenen Gesundheitszustand.

Die Untersuchung fand 1979 in neun (von 130 befragten!) Betrieben in der Bundesrepublik Deutschland statt. Insgesamt wurden 840 Arbeitnehmer, und zwar 348 männliche und 281 weibliche Arbeiter und 138 männliche und 73 weibliche Angestellte einbezogen. Für das Verständnis der unten zu besprechenden Ana-

Tabelle 4.3: Die Abhängigkeit der seelischen Gesundheit vom Geschlecht und beruflichen Status. LW = Skore in Langnertest (hoher Skore bedeutet geringe seelische Gesundheit). N = Anzahl der Personen. Entnommen aus SEIBEL & LÜHRING (1984, p. 49).

| Geschlecht | Beruflicher Status | | | | | |
| | Arbeiter | | Angestellte | | Insgesamt | |
	LW	(N)	LW	(N)	LW	(N)
männlich	5.1	(348)	4.5	(138)	4.9	(486)
weiblich	7.1	(281)	5.3	(73)	6.7	(354)
insgesamt	5.9	(629)	4.7	(211)	5.7	(840)

lysen sowie im Zusammenhang mit Kapitel 3 des vorliegenden Textes (über Geschlecht und seelische Gesundheit) ist folgendes in Tabelle 4.3 wiedergegebene Resultat von Bedeutung: Männer haben eine deutlich (signifikant?) höhere seelische Gesundheit als Frauen, und Angestellte haben eine höhere Gesundheit als Arbeiter. Leider haben SEIBEL & LÜHRING diese Unterschiede nicht mit Hilfe einer zweifaktoriellen Varianzanalyse auf Signifikanz überprüft. (Angesichts der Gruppengrößen vermuten wir, daß beide Haupteffekte: Geschlecht und beruflicher Status, signifikant sind.)

Wir besprechen zunächst die Zusammenhänge von **objektiver** Arbeitssituation und seelischer Gesundheit. Zwei eng miteinander zusammenhängende Bedingungsvariablen sind die qualifikatorischen Anforderungen sowie die Komplexität der Arbeit. SEIBEL & LÜHRING (1984, p. 53) lassen sich von folgender Annahme leiten: "Die vorliegenden Theorien über das Verhältnis von Arbeitssituation und psychischer Gesundheit legen die Hypothese nahe, daß psychische Beschwerden um so häufiger auftreten, je geringer die qualifikatorischen Anforderungen und die Komplexität der Arbeit sind." Diese Hypothese steht im Widerspruch zu den oben dargestellten kompetenz- und passungstheoretischen Annahmen, wonach nicht nur Unterforderungen und Bedürfnisdeprivationen, sondern auch (qualitative und quantitative) Überforderungen die Gesundheit beeinträchtigen können. Die Analyse der von SEIBEL & LÜHRING (1984, p. 52) in zwei Tabellen wiedergegebenen Resultate zeigt, daß die von den Autoren vertretene Hypothese keine klare Stützung erfährt. Vielmehr sprechen die Ergebnisse der Gesamtstichprobe für einen **umgekehrt u-förmigen Zusammenhang** zwischen qualifikatorischen Anforderungen (bzw. Komplexität der Arbeit) und seelischer Gesundheit: Sowohl bei sehr hohen als auch sehr geringen Anforderungen nimmt der Grad der seelischen Gesundheit im Vergleich zu mittleren Anforderungen ab. Bei der Untergruppe der männlichen Angestellten weicht der Zusammenhang besonders deutlich von der Erwartung der beiden Untersucher ab: Dort verringert sich die seelische Gesundheit in dem Maße, in dem die qualifikatorischen Anforderungen bzw. der Komplexitätsgrad der Arbeit steigen.

Versucht man, die bisher besprochenen Resultate zusammenzufassen, so zeichnen sich unseres Erachtens für die untersuchte Personengruppe folgende Trends ab:
- Männer haben eine bessere seelische Gesundheit als Frauen.
- Männer verrichten komplexere Arbeiten als Frauen.
- Angestellte, d. h. Personen auf einem höheren Berufsniveau, die mit komplexeren Aufgaben betraut sind, haben eine bessere seelische Gesundheit als Arbeiter. (Insoweit bietet ein anspruchsvoller Beruf auch in gesundheitlicher Hinsicht Vorteile.)
- Auf der höchsten Stufe qualifikatorischer Anforderungen verringert sich jedoch die seelische Gesundheit wieder, da dann offenbar Überforderungsreaktionen ins Spiel kommen.

Zu den weiteren von SEIBEL & LÜHRING herangezogenen objektiven Merkmalen der Arbeitssituation gehört die Autonomie bzw. Möglichkeit einer selbstbestimmten Art der Arbeitsausführung. Hier heben die beiden Untersucher eine in der Gesamtgruppe (N = 840) ermittelte Korrelation von .20 zwischen (hoher) Autonomie und (hoher) seelischer Gesundheit hervor. Dabei übersehen sie jedoch unseres Erachtens, daß es in der Gesamtgruppe zu einer Variablenkonfundierung kommt, da dort nicht nur Unterschiede in der Autonomie, sondern auch Geschlechtsunterschiede (höhere seelische Gesundheit und höhere Autonomie der Männer) zum Tragen kommen. Die oben berichtete Korrelation von .20 verschwindet, wenn man in den Gruppen der männlichen und weiblichen Arbeiter und Angestellten getrennte Auswertungen vornimmt. (Sowohl bei männlichen als auch bei weiblichen Angestellten besteht sogar ein genau entgegengesetzter Trend zu geringerer seelischer Gesundheit bei größerer Autonomie.)

Zu den **objektiven** Bedingungen der Arbeitssituation bleibt noch nachzutragen, daß sich bei keiner der oben aufgezählten Variablen aus den Bereichen "Umweltbelastungen" und "physische Belastungen" ein unmittelbarer Einfluß auf die seelische Gesundheit nachweisen läßt. Gleiches gilt auch bezüglich unterschiedlicher Lohn- und Arbeitsbewertungssysteme: Bei Akkordlohn treten nicht mehr psychische Beschwerden auf als bei Zeitlohn.

SEIBEL & LÜHRING (1984, p. 146) schätzen zusammenfassend die Bedeutung der objektiven Arbeitsbedingungen wie folgt ein. "Insgesamt ist der nachweisbare Einfluß der objektiven Bedingungen der Arbeitssituation auf die psychische Gesundheit äußerst gering." Sie setzen aus diesem Grund ihre Hoffnungen in ihre sozialpsychologische **Streßtheorie,** die von **subjektiv** perzipierten und bewerteten Arbeitsbedingungen ausgeht. Die Auswertung der Daten erfolgt dabei mit Hilfe schrittweiser multipler Regressionsanalysen, die getrennt für die Gesamtgruppe sowie für die vier Untergruppen berechnet werden. Dabei zeigt sich, daß den **einzelnen** Aspekten der subjektiven Arbeitssituation nur ein geringes Gewicht zukommt und daß erst die simultane Berücksichtigung mehrerer Prädiktoren größere Varianzanteile (zwischen 11.7 % bei männlichen und 28.3 % bei weiblichen Angestellten) aufzuklären erlaubt. (Der bei der Gesamtstichprobe aufgeklärte Varianzanteil von 18.1 % ist nur halb so hoch wie der unserer Sekundäranalyse der von CAPLAN et al. (1980, 1982) erhobenen Daten.) Die wichtigsten Ergebnisse sind in den Abbildungen 4.13 bis 4.17 wiedergegeben.

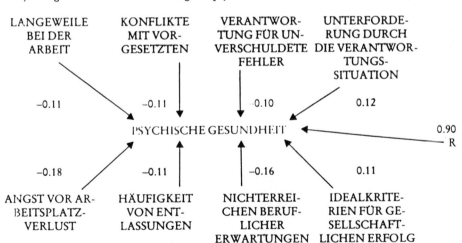

Pfaddiagramm 6.1: Arbeitserfahrung und psychische Gesundheit in der Gesamtstichprobe

Erklärter Varianzanteil: 18,1 %   Abbildung 4.13

Abbildungen 4.13-4.17: Pfaddiagramme zum Zusammenhang von Arbeitserfahrung und psychischer Gesundheit bei 5 Beschäftigtengruppen. (Entnommen aus SEIBEL & LÜHRING 1984, p. 146-148).

Pfaddiagramm 6.2: Arbeitserfahrung und psychische Gesundheit bei den männlichen Arbeitern

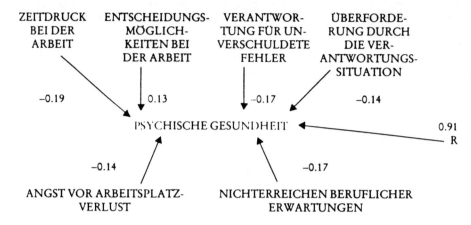

Abbildung 4.14

Pfaddiagramm 6.3: Arbeitserfahrung und psychische Gesundheit bei den Arbeiterinnen

Abbildung 4.15

Pfaddiagramm 6.4: Arbeitserfahrung und psychische Gesundheit bei den männlichen Angestellten

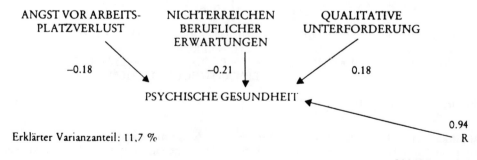

Abbildung 4.16

Pfaddiagramm 6.5: Arbeitserfahrung und psychische Gesundheit bei den weiblichen Angestellten

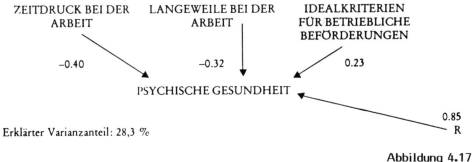

Abbildung 4.17

Vergleicht man die bei den vier Untergruppen ermittelten besten Prädiktoren miteinander, so findet man nur eine geringe Übereinstimmung. Lediglich die Variable **"Angst vor Arbeitsplatzverlust"** steht immer in negativem Zusammenhang zur seelischen Gesundheit. Dieses Ergebnis kann auf wenigstens drei Wegen interpretiert werden: Zum einen ist es denkbar, daß sich die subjektiv erlebte Arbeitsplatzunsicherheit, die auch mehr oder weniger genau dem tatsächlichen Risiko einer Entlassung entspricht (vgl. SEIBEL & LÜHRING 1984, p. 149), belastend auswirkt und die seelische Gesundheit beeinträchtigt. Nicht von der Hand zu weisen sind aber auch die alternativen Interpretationen, daß seelisch weniger Gesunde besondere Angst vor einem Arbeitsplatzverlust haben, und daß es dritte Variablen geben kann, die sowohl die Arbeitsplatzunsicherheit erhöhen als auch die seelische Gesundheit negativ beeinflussen.

Bei den männlichen Arbeitnehmern stimmen die Resultate der multiplen Regressionsanalysen ferner darin überein, daß sich das Nichterreichen beruflicher Erwartungen ungünstig auswirkt. Bei den weiblichen Beschäftigten übernimmt die Variable "Langeweile bei der Arbeit" eine ähnliche (negative) Funktion. Diese geschlechtsgebundenen Unterschiede könnten unseres Erachtens wie folgt interpretiert werden: Für Männer hat der berufliche Erfolg im allgemeinen eine größere (und selbstwertrelevantere) Bedeutung als für Frauen. Daher wirkt sich das Nichterreichen beruflicher Erwartungen für sie negativer aus als für Frauen. Die von SEIBEL & LÜHRING untersuchten Frauen übten weniger qualifizierte und interessante Tätigkeiten aus als ihre männlichen Kollegen. Für sie wird daher eher als für Männer die Langeweile (und Monotonie) zu einem Beanspruchungsfaktor.

Bei der weiteren Darstellung und Erörterung von Befunden auf der Ebene der **subjektiven** Arbeitssituation lehnen wir uns an die in der Gliederung von SEIBEL & LÜHRING (1984) vorgenommene inhaltliche Gruppierung der Bedingungsvariablen an. Dabei beschränken wir uns auf jene Ergebnisse, die sich nicht nur in der Gesamtgruppe, sondern auch in den Teilgruppen als weitgehend übereinstimmende signifikante Befunde oder Tendenzen abzeichnen. Ein gesundheitsbeeinträchtigender Einfluß geht offenbar von folgenden Variablen aus: Zeitdruck sowie Monotonie und Langeweile bei der Arbeit, konfliktreiche Beziehungen zu Kollegen und Vorgesetzten, Überforderung durch zu große Verantwortung und zu hohe Anforderungen in Relation zu den eigenen Fähigkeiten, ungerechtfertigtes Verantwortlich-Gemacht-Werden für Fehler anderer und schließlich eine nicht sehr erfolgreich verlaufene berufliche Karriere. Als positiv und gesundheitsförderlich scheint sich die Möglichkeit selbstbestimmter Arbeitsunterbrechungen herauszustellen, während andere Aspekte der perzipierten Autonomie nur in schwachem und inkonsistentem Zusammenhang zur seelischen Gesundheit stehen.

Vergleicht man die Prädiktionskraft subjektiver und objektiver Arbeitsbedingungen im Hinblick auf die seelische Gesundheit miteinander, so erweisen sich die subjektiven Faktoren als überlegen. Diesen Vorteil bei Verwendung subjektiver Daten muß man allerdings mit dem Preis größerer Mehrdeutigkeit bei der Ergebnisinterpretation bezahlen. Wie wir bereits bei der Diskussion der von CAPLAN et al. (1982) ermittelten Ergebnisse anmerkten, erweisen sich subjektive gegenüber objektiven Merkmalen der Arbeitssituation als unterlegen, wenn einschneidende Veränderungen der Arbeitsbedingungen wissenschaftlich legitimiert werden sollen. Zur praktischen Umsetzbarkeit ihrer Befunde äußern sich SEIBEL & LÜHRING (1984, p. 164) relativ zurückhaltend: "Eine praxisbezogene Anwendung der Untersuchung kann nicht bedeuten, aus einzelnen Aussagen des Berichtes ein überall anwendbares Rezeptbuch gegen psychischen Arbeitsstreß zusammenzuschneidern. Vielmehr ist es erforderlich, die hier allgemein aufgezeigten Zusammenhänge für die jeweilige betriebliche Situation zu konkretisieren, die im Einzelfall wirksamen Belastungsfaktoren zu ermitteln, im Hinblick auf die Gesamtbelastung zu beurteilen und hieraus realisierbare Gestaltungsmaßnahmen zu entwickeln."

4.3.2 Schichtarbeit

Unter die Kategorie "Schichtarbeit" fallen nach den Kriterien der amtlichen Statistik (vgl. MÜNSTERMANN & PREISER 1978) Wechselschichtarbeit, Nachtarbeit (zwischen 22.00 und 6.00 Uhr) sowie Sonn- und Feiertagsarbeit. Im Jahre 1975 leisteten von 21,307 Millionen abhängig Erwerbstätigen 4,752 Millionen entweder Schichtarbeit (einschließlich Nacht-, Sonn- und Feiertagsschichten) oder reine Nachtarbeit (MÜNSTERMANN & PREISER 1978, p. 3). Dies entspricht einem Anteil von 22.3 Prozent. Vergleichbare Zahlen werden aus den USA berichtet (SMITH et al. 1979; HOLT 1982). Die wichtigsten Formen der Schichtarbeit sind: (a) kontinuierliches Dreischichtsystem (regelmäßige Sonn- und Feiertagsarbeit; 13 freie Wochenenden im Jahr), (b) diskontinuierliches Dreischichtsystem (keine Sonn- und Feiertagsarbeit), (c) Zweischichtsystem, (d) Zwölf-Stunden-Schichten sowie (e) Dauernachtarbeit.

Während der letzten Jahre ist es zu einem bemerkenswerten Anstieg der Schichtarbeit gekommen. Wichtige Ursachen hierfür sind Arbeitszeitverkürzungen, Betriebskonzentrationen (in Großbetrieben der Industrie wird häufiger in Schicht gearbeitet als in Kleinbetrieben) sowie Veränderungen der Produktionstechnik und der Wirtschaftsstruktur (z. B. im Dienstleistungsbereich). Fragt man nach den Auswirkungen der Schichtarbeit auf die (seelische und körperliche) Gesundheit, so liefert die vorliegende wissenschaftliche Literatur kein vollständig konsistentes Bild. Dies liegt zum einen an den erheblichen methodischen Schwierigkeiten, die zu überwinden sind, zum anderen am teilweise unbefriedigenden Niveau der einschlägigen wissenschaftlichen Forschung. Nach einer Literaturanalyse kommentieren MÜNSTERMANN & PREISER (1978, p. 8) den Forschungsstand wie folgt: "Viele Ergebnisse der bisherigen Schichtforschung sind nicht haltbar, da in den Erklärungsansätzen zur Wirkung von Schichtarbeit ein theoretisches Modell der Wirkungskette fehlte und im streng wissenschaftlichen Sinne die Vergleichbarkeit der Untersuchungsgruppen nicht gegeben war. An künftige Untersuchungen müssen daher höhere methodische Anforderungen gestellt werden." (vgl. auch AGERVOLD 1976; AKERSTEDT & TORSVALL 1978).

Wir wollen so vorgehen, daß wir zunächst exemplarisch drei Untersuchungen aus jüngerer Zeit herausgreifen, deren Ergebnisse und methodische Stärken und Schwächen besprechen und dann allgemeine Schlußfolgerungen ziehen. (Umfassendere Darstellungen findet man bei ULICH 1964, MÜNSTERMANN & PREISER 1978, TASTE & COLLIGAN 1978, ULICH & BAITSCH 1979).

BALCK & VAJEN (1982) untersuchten an einer Gruppe von 196 Wechselschichtlern und einer Kontrollgruppe aus 24 Tagdienstlern in einer Rundfunkanstalt die Auswirkungen der Schichtarbeit auf die Gesundheit und die sozialen Beziehungen. Sie verwendeten dabei eine Variante eines quasiexperimentellen Versuchsplans ("posttest-only design with non-equivalent groups"), von dem COOK & CAMPBELL (1976) anmerken, daß er im allgemeinen zu nicht interpretierbaren Ergebnissen führt. Die Hauptprobleme bestehen darin, daß keine Prätestwerte vor Einführung der Bedingung (Schichtarbeit) vorliegen und eventuelle Selektionseffekte nicht ausgeschlossen werden können. Bei der Beschreibung der Wechselschichtler und der Kontrollgruppe wird zudem ersichtlich, daß sich diese nicht im durchschnittlichen Lebensalter, wohl hingegen im prozentualen Anteil der beiden Geschlechter unterscheiden. Letzteres Ergebnis eines höheren Anteils von Frauen in der Kontrollgruppe erlangt dadurch seine Bedeutung, daß Frauen - wie im Kapitel 3 dargestellt wurde - im allgemeinen eine geringere seelische Gesundheit aufweisen als Männer. (Die Nichtbeachtung dieses Gesichtspunktes führt eventuell zu einer Unterschätzung der Gruppendifferenzen.) BALCK & VAJEN versäumten es, die beiden Gruppen der Wechselschichtler und Tagdienstler bezüglich ihrer Arbeitssituation näher zu beschreiben und zu vergleichen. Es kommt damit eine weitere Unklarheit ins Spiel, da nicht zu beurteilen ist, ob eventuelle Gruppendifferenzen auf den Einfluß der Schichtarbeit und/oder andere Bedingungen (wie Berufsniveau und damit verknüpfte Variablen) zurückzuführen sind.

Die von BALCK & VAJEN (1982) untersuchten Wechselschichtler zeigten im Vergleich zur Kontrollgruppe signifikant mehr Irritationen im Magen-Darmbereich, mehr nervöse psychische Beschwerden (z. B. Konzentrations- und Gedächtnisstörungen) sowie mehr Müdigkeits- und Abgespanntheitssymptome. Ferner wurde innerhalb der Gruppe der Schichtdienstler eine Reihe signifikanter korrelativer Zusammenhänge zwischen dem Grad der subjektiv erlebten Belastung durch die Schichtarbeit und verschiedenen Störungen im gesundheitlichen und sozialen Bereich ermittelt. Da sich diese Zusammenhänge kaum eindeutig im Sinne einer Ursache-Wirkungs-Relation interpretieren lassen, gehen wir darauf nicht näher ein.

Ein wesentlicher Nachteil der Untersuchung von BALCK & VAJEN (1982) sowie der überwiegenden Mehrzahl der zur Schichtarbeit durchgeführten sonstigen Studien liegt in ihrem querschnittlichen Design begründet. Diesen Nachteil vermeiden die folgenden beiden Längsschnittstudien.

MEERS, MAASEN & VERHAEGEN (1978) verfolgten die gesundheitliche Entwicklung von 104 Arbeitern einer neu errichteten Drahtzieherei vom Zeitpunkt vor Einführung der Schichtarbeit bis sechs Monate sowie vier Jahre und vier Monate später. Alle erhobenen Daten zur Gesundheit sowie zur Persönlichkeit basieren auf Selbsturteilen, sind also subjektiver Natur. Von den 104 Arbeitern hatten 61 vor Antritt der neuen Stelle bereits in Schicht gearbeitet, die restlichen 43 verfügten über keine derartigen Erfahrungen. Die Schichterfahrenen hatten zu diesem Zeitpunkt signifikant mehr Beschwerden als die Schichtunerfahrenen. Dieses Ergebnis kann eventuell auf ungünstige Effekte zurückliegender Schichtarbeit hinweisen. (Eine solche Interpretation ist jedoch nicht zwingend.) Sechs Monate später wurden alle 104 Arbeiter erneut untersucht, und dabei trat eine signifikante Verschlechterung ihres selbsteingeschätzten Gesundheitszustands zutage. Geäußert wurden vor allem Klagen über Müdigkeit, Apathie, Verdauungsbeschwerden, Herzklopfen sowie Nervosität. Diese Verschlechterung läßt sich natürlich nicht eindeutig auf die Bedingungen der Schichtarbeit zurückführen. Nicht auszuschließen sind andere ungünstige Veränderungen der Arbeits- und Lebensbedingungen sowie reine Retesteffekte. Vier Jahre und vier Monate nachdem sie die Arbeit auf der neuen Anlage aufgenommen hatten, wurden 95 von ursprünglich 104 Arbeitern erneut untersucht. Bei den 64 Personen, die immer noch auf der Anlage beschäftigt waren, hatte sich die Gesundheit weiter verschlechtert, während sie sich bei den 31 Stellenwechslern ungefähr auf der nach sechs Monaten festgestellten Stufe eingependelt hatte. (Die 31 Stellenwechsler hatten durchschnittlich nach etwa zwei Jahren ihren alten Arbeitsplatz aufgegeben.) Die festgestellte Gesundheitsverschlechterung kann nicht auf den Effekt der Meßwiederholung zurückgeführt werden. Es scheidet auch die Hypothese aus, daß diejenigen, die den Arbeitsplatz wechselten, eine höhere seelische Gesundheit hatten. MEERS et al. (1978) fanden im Gegenteil zu Beginn der Untersuchung bei ihnen signifikant höhere Neurotizismuskores als bei jenen, die den Arbeitsplatz behielten. Aus diesem Grund wächst die Wahrscheinlichkeit dafür, daß die Bedingungen der Schichtarbeit in der von MEERS und Mitarbeitern untersuchten Drahtzieherei tatsächlich gesundheitsbeeinträchtigende Effekte zeitigten.

Während in der vorangehenden Studie die Auswirkungen der Einführung von Schichtarbeit studiert wurden, prüften AKERSTEDT & TORSVALL (1978) in einer methodisch recht überzeugenden Untersuchung den Effekt der mehr oder weniger vollständigen **Abschaffung von Schichtarbeit.** Versuchspersonen waren 400 Stahlarbeiter einer kleinen schwedischen Gemeinde. 1975 wurde ein Fragebogen zur Erfassung des Wohlbefindens in der "Baseline-Phase" eingesetzt. Ein Teil der Fragen bezog sich auf das "allgemeine Wohlbefinden", d. h. auf Schlafbeschwerden und negative Befindlichkeiten (wie Depressivität, Reizbarkeit und Ruhelosigkeit), gastrointestinale Beschwerden sowie Probleme im sozialen und Freizeitbereich. Andere Fragen zielten unmittelbar auf negative Effekte der Schichtarbeit ab. Einige Monate später sah sich die Firmenleitung aus wirtschaftlichen Gründen dazu gezwungen, Veränderungen bezüglich der Schichtarbeit einzuführen. Dadurch entstanden 7 Versuchsgruppen: (1) vom 3- oder 4-Schichtendienst zur Tagesarbeit, (2) vom 3- oder 4-Schichten- zum 2-Schichtendienst, (3) vom 4-Schichten- zum 3-Schichtendienst, (4) unveränderte Tagesarbeit, (5) unveränderter 2-Schichtendienst, (6) unveränderter 3-Schichtendienst und (7) unveränderter 4-Schichtendienst. Die Versuchsgruppen 4 bis 7 dienten dabei als Kontrollgruppen. (Leider teilen AKERSTEDT & TORSVALL nicht mit, nach welchen Gesichtspunkten Arbeiter in die eine oder andere Gruppe eingeordnet wurden. Wichtig ist jedoch der Hinweis, daß die Arbeiter darüber nicht selbst befinden konnten, so daß Selbstselektionsprozesse ausscheiden.)

Nach einem Jahr wurde die Gesundheitsbefragung wiederholt. Eventuelle Veränderungen bei den sieben Gruppen wurden varianzanalytisch auf Signifikanz überprüft. Arbeiter der Gruppe (2), die vom 3- oder 4-Schichtendienst auf einen 2-Schichtendienst (ohne Nachtarbeit) überwechselten, zeigten einen signifikanten Anstieg in allen Bereichen des allgemeinen Wohlbefindens sowie eine positivere

Einstellung zur Arbeit. Bei Arbeitern der Gruppe (1), die vom Mehrschichtendienst zur Tagesarbeit übergingen, wurden Verbesserungen im sozialen Wohlbefinden, eine Verkürzung der Schlafdauer an den arbeitsfreien Tagen, positivere Einstellungen zur Arbeit und eine seltenere krankheitsbedingte Abwesenheit registriert. Die bei der Gruppe (3) eingeführte Veränderung vom 4-Schichten- zum 3-Schichtendienst wirkte sich eher ungünstig aus (mäßige Verringerung des physischen und psychischen Wohlbefindens und deutlich negativere Einstellung zur Arbeit). Für die Interpretation der Ergebnisse ist es wichtig, daß sich in allen vier Kontrollgruppen keine signifikanten Veränderungen in den Befindlichkeits- und Einstellungsmaßen ergaben. AKERSTEDT & TORSVALL (1978) schließen aus ihrer Untersuchung, daß die Abkehr von der Nachtarbeit eine erhebliche Verbesserung des psychischen, physischen und sozialen Wohlbefindens bewirkt.

Nach der Darstellung exemplarisch ausgewählter Studien versuchen wir, eine **Zwischenbilanz des Forschungsstandes** zu ziehen (vgl. MÜNSTERMANN & PREISER 1978, HOLT 1982). Schichtarbeit bewirkt (a) eine Störung circadianer Rhythmen (des Schlafs, der Körpertemperatur, gastrointestinaler Funktionen usw.), woraus verschiedene vegetative und emotionale Beschwerden resultieren, und (b) Störungen in den Rhythmen des sozialen Zusammenlebens (Beeinträchtigungen beim Erfüllen sozialer und familiärer Rollen). Störungen des Typs (a) und (b) können sich in ihren Effekten gegenseitig potenzieren. Eine generelle Auswirkung der Schichtarbeit auf die Lebenserwartung ist bisher nicht nachgewiesen (TAYLOR & POCOCK 1972). Bemerkenswert sind ferner die erheblichen interindividuellen Differenzen in der Anpassung an die Bedingungen der Schichtarbeit: Während ein nennenswerter Teil der Beschäftigten (etwa 20 %) sich nicht an Schichtarbeit gewöhnen kann (vgl. auch GEBERT & von ROSENSTIEL 1981), werden andere relativ gut damit fertig und ziehen die Schichtarbeit aus verschiedenen Gründen (z. B. wegen besserer Bezahlung und besserer Freizeitmöglichkeiten) sogar der normalen Tagesarbeit vor. MÜNSTERMANN & PREISER (1978, p. 10) halten es aufgrund neuerer Untersuchungen für gesichert, "..., daß Schichtarbeit ein gesundheitlicher Risikofaktor sowie unspezifischer Belastungsfaktor ist, dessen Gefährdungspotential von den sonstigen Eigenschaften des Arbeitsplatzes, der Leistungsfähigkeit des Arbeitenden sowie der Dauer, über die das Risiko besteht, abhängt." Einzubeziehen sind selbstverständlich auch die Bedingungen außerhalb der Arbeit, wie die Möglichkeit zu ungestörtem Schlaf am Tage, die Einstellung des Ehepartners zur Schichtarbeit, die Berufstätigkeit und eventuelle Schichtarbeit des Ehepartners sowie die eheliche Beziehung, die sicherlich mit darüber entscheiden, wie negativ die Auswirkungen der Schichtarbeit im Einzelfall sind.

4.3.3 Persongebundene Risikofaktoren: Typ-A-Verhalten

Unter den arbeitsbezogenen Risikofaktoren auf seiten der Person hat zweifelsohne ein Verhaltensmuster, das von FRIEDMAN & ROSENMAN (1975) als Typ-A-Verhalten bezeichnet wurde, die stärkste Beachtung gefunden. Seit Ende der 50er Jahre berichteten FRIEDMAN, ROSENMAN und Mitarbeiter in einer Serie von Untersuchungen über Beobachtungen an Patienten mit koronaren Herzkrankheiten (KHK). Dabei identifizierten sie eine Reihe von Eigenschaften, wie Konkurrenzhaltung, Ehrgeiz, Aggressivität, chronischer Eindruck der Zeitnot, die für diese Patienten charakteristisch zu sein schienen. Das Kontrastmuster zum Typ-A-Verhalten wird als Typ-B-Verhalten bezeichnet und beinhaltet Zeit-haben, geringes Konkurrenzverhalten, wenig Aggressivität und größere allgemeine Entspanntheit und Gelassenheit. Beginnend im Jahre 1960 überprüften FRIEDMAN, ROSENMAN und Mitarbeiter in einer Längsschnittstudie (Western Collaborative Group Study) an 3.154 offensichtlich gesunden Männern im Alter von 39-59 Jahren, ob es sich bei dem Typ-A-Muster um einen Risikofaktor für KHK handelt. Die Auswertung der Daten nach 8 1/2 Jahren erbrachte eine etwa doppelt so hohe Inzidenzrate von KHK in der Gruppe mit Typ-A-Verhalten wie in der Kontrollgruppe mit Typ-B-Verhalten (ROSENMAN et al. 1975). Dieser Befund wurde inzwischen mehrfach repliziert. Exemplarisch erwähnt sei die "Framingham Heart Study" von HAYNES, FEINLEIB & KANNEL (1980), die über einen Zeitraum von acht Jahren bei Männern und Frauen mit Typ-A-Verhalten ein doppelt so hohes Risiko einer KHK ermittelte wie bei Typ-B-Verhalten. Eine vom amerikanischen "National Heart, Lung, and Blood Institute" einberufene Gutachterkommission gelangte in ihrem Abschlußbericht gleichfalls zu einer Einschätzung des Typ-A-Verhaltens als Risikofaktor für KHK (Review Panel on Coronary-Prone Behavior and Coronary Heart Disease 1981). Damit scheint die Bedeutung eines psychosozialen Risikofaktors neben den "klassischen" Risikofaktoren (erhöhter Blutdruck und Cholesterinspiegel, Rauchen, Übergewicht, Diabetes, mangelnde körperliche Betätigung, familiäre Häufung von KHK, Alter und Geschlecht) hinreichend nachgewiesen (MYRTEK 1981, PRICE 1982).

Andererseits verweisen PRICE (1982), DEMBROSKI et al. (1978, 1983) sowie MYRTEK (1983) auf eine Reihe offener Fragen, widersprüchlicher Ergebnisse und methodischer Probleme. Wir wollen zunächst auf eine Arbeit von PRICE (1982) eingehen, in der sie unter Rückgriff auf eine kognitive soziale Lerntheorie den Versuch unternimmt, zu einer Klärung des Typ-A-Verhaltens zu gelangen. Ausgangspunkt ihrer Überlegungen sollte eine präzise und umfassende deskriptive Analyse des Typ-A-Verhaltens sein. Zu diesem Zweck wertete PRICE insgesamt 101 im Zeitraum von 1959 bis 1979 veröffentlichte Artikel aus, in denen die **Elemente des Typ-A-Verhaltens** beschrieben wurden. Zu den am häufigsten genannten Merkmalen zählen unter anderem: Konkurrenzdenken, Zeitnot, Aggressivität, exzessiver Antrieb, Leistungsstreben, Ehrgeiz, Termindruck, erhöhtes Arbeitstempo, Ungeduld, Feindseligkeit, eine bestimmte (laute, explosible, akzelerierende) Sprechweise und Motorik, Ruhelosigkeit, hohe Identifikation mit dem Beruf und Erfolg im Beruf. Eine detaillierte Beschreibung des Typ-A-Verhaltens sowie seiner Diagnostik durch Interview und Verhaltensbeobachtung liefert ROSENMAN (1978).

PRICE (1982) beklagt, daß bisher kein überzeugender Versuch unternommen wurde, diese Verhaltenselemente in psychologisch konsistenter Weise zu verknüpfen. Zur Überwindung dieses Defizits schlägt sie ein integratives Modell vor, das die Interaktion zwischen Umweltbedingungen (am Arbeitsplatz), kognitiven und physiologischen Faktoren sowie beobachtbarem Verhalten betont. Besonderes Gewicht mißt sie bestimmten **Überzeugungen** und damit verbundenen Ängsten bei. Hierzu gehören die Überzeugungen, daß der eigene Wert (in den Augen anderer) von den erbrachten beruflichen Leistungen abhängt, daß keine allgemein verbindlichen moralischen Prinzipien existieren und daß aufgrund der Knappheit aller Ressourcen eigene Erfolge und Gewinne nur auf Kosten der Mißerfolge und Verluste anderer zu erreichen sind. Aus diesen Überzeugungen resultiert das Typ-A-Verhaltensmuster, das aufgrund einiger kurz- oder langfristig positiver Effekte (wie soziale Anerkennung, Status, materieller Erfolg) verstärkt wird.

PRICE (1982, p. 119) veranschaulicht das Zusammenwirken der verschiedenen Komponenten ihres Modells in einer Abbildung, die wir hier nicht wiedergeben, da sie unseres Erachtens einige in ihrem Text beschriebene sowie weitere von

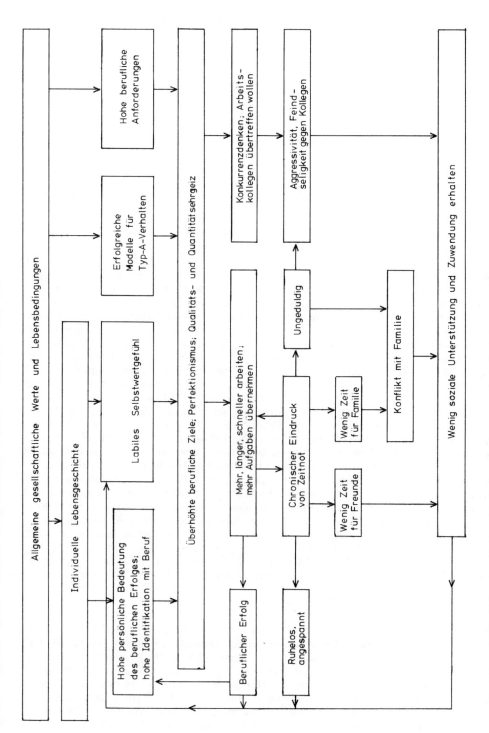

Abbildung 4.18: Hypothetisches Modell zum Typ-A-Verhalten. Nähere Erläuterungen im Text.

uns für relevant erachtete Beziehungen und Rückkoppelungen unberücksichtigt läßt. Statt dessen wählen wir eine eigene Darstellung (vgl. Abbildung 4.18), auf die wir uns im folgenden beziehen. Dabei verkennen wir nicht die wertvollen Anregungen, die wir von PRICE (1982) erhielten.

Wenngleich an verschiedenen Stellen empirische Befunde zur Stützung unseres Modells herangezogen werden, hat es - ähnlich wie das als Vorbild dienende Modell von PRICE - in einigen Aspekten einen spekulativen und heuristischen Charakter. Es ist auch insofern nicht umfassend, als es die physiologischen Zwischenglieder, die an der Entstehung der KHK beteiligt sind, ausklammert. Ferner gelten die folgenden Aussagen zunächst nur für männliche und ganztägig Berufstätige, die bereits längere Zeit ihren Beruf ausüben. Zu dieser Gruppe liegen die meisten empirischen Befunde vor. Inwieweit das Modell auch auf andere Personengruppen, insbesondere berufstätige Frauen, übertragbar ist, bedarf weiterer Überprüfungen.

Im Mittelpunkt der Analyse steht ein Individuum mit überhöhten beruflichen Zielen, ausgeprägtem Qualitäts- und Quantitätsehrgeiz sowie einem Hang zum Perfektionismus. Diese Merkmale werden auch in dem von JENKINS et al. (1967, 1971) zur Diagnostik des Typ-A-Verhaltens entwickelten Fragebogen (JAS) besonders betont. MYRTEK (1983) fand an einer deutschen Sportstudentengruppe eine Korrelation von .60 (N = 58; p < .001) zwischen der JAS-A/B-Skala und einer Skala zur Messung der Leistungsmotivation. Dieses motivationale Muster steht zum einen mit Bedingungen in der Person, zum anderen mit solchen in der Umwelt (Arbeitsplatz, Gesellschaft) in Beziehung. Auf seiten der Person erscheint uns deren **labiles Selbstwertgefühl** von zentraler Bedeutung zu sein. Ein labiles Selbstwertgefühl - im Gegensatz zu einem generell niedrigen Selbstwertgefühl - beinhaltet, daß die betreffende Person sich ihres persönlichen Wertes (insbesondere im Hinblick auf positiv bewertete Eigenschaften, wie Intelligenz und Kompetenz, die sie zur wichtigsten Grundlage ihres Selbstwertes macht) nicht sicher ist. Sie schwankt vielmehr zwischen Selbstüber- und -unterschätzung (vgl. hierzu auch HORNEY 1951, 1954 sowie FROMM 1980). Hinzu kommt als weiterer Faktor eine hohe Bewertung des beruflichen Erfolges, wobei dieser als Beweis für die eigene Kompetenz und damit als Beweis gegen die befürchtete eigene Wertlosigkeit interpretiert wird. Ein labiles Selbstwertgefühl sowie eine hohe Bewertung beruflicher Erfolge betrachten wir als Produkt der individuellen Lebensgeschichte (bzw. genauer: des Zusammenwirkens von Anlage- und Umweltfaktoren). Auf Einzelheiten dieser Beziehung wird an anderen Stellen innerhalb dieses Bandes näher eingegangen (vgl. auch MATTHEWS 1978). Unsere Hypothese von der Bedeutung eines labilen Selbstwertgefühls im Zusammenhang mit dem Typ-A-Verhalten wird durch Ergebnisse von KITTEL et al. (1982) gestützt. Diese Untersucher fanden bei 4.297 Männern im Alter von 40 bis 59 Jahren eine Korrelation von .45 (p < .001) zwischen dem oben erwähnten Maß für Typ-A-Verhalten (JAS; JENKINS et al. 1967, 1971) und der Neurotizismus-Skala des EPI. (Dabei unterstellen wir, daß erhöhte Neurotizismuskores nicht nur auf emotionale Labilität, sondern auch auf ein labiles Selbstwertgefühl hindeuten.)

Überhöhte berufliche Ziele, Perfektionismus, Qualitäts- und Quantitätsehrgeiz werden andererseits durch Bedingungen in der Umwelt, wie erfolgreiche Modelle mit Typ-A-Verhalten sowie durch hohe berufliche Anforderungen, begünstigt. Diese Motivationsbedingungen spiegeln darüber hinaus die allgemeinen Werte und Lebensbedingungen in unserer Leistungsgesellschaft wider. Um seine überhöhten beruflichen Ziele zu erreichen, sieht sich der Typ-A dazu genötigt, mehr, länger und schneller zu arbeiten als seine Kollegen, die er als Konkurrenten erlebt und übertreffen möchte. Daß Personen mit Typ-A-Verhalten tatsächlich mehr und länger arbeiten als Typ-B-Personen, konnten FRIEDMAN et al. (1960) zeigen. (Sie fanden bei den beiden Gruppen durchschnittliche Arbeitszeiten von 54 bzw. 42 Stunden pro Woche.) Typ-A-Personen nehmen auch seltener ihren Urlaub voll in Anspruch und haben Probleme damit, von der Arbeit abzuschalten (PRICE 1982). Der erhöhte Arbeitseinsatz der Typ-A-Personen steht - wie zu erwarten - mit Indikatoren für schulischen, beruflichen und gesellschaftlichen Erfolg in positivem Zusammenhang (METTLIN 1976; SHEKELLE et al. 1976; WALDRON et al. 1980). Der berufliche Erfolg verstärkt das Typ-A-Verhalten und hält die hohe Identifikation mit dem Beruf aufrecht.

Als Kehrseite der Medaille leiden Typ-A-Personen unter chronischer Zeitnot und damit zusammenhängenden emotionalen und vegetativen Reaktionen, wie Ruhelosigkeit, Angespanntheit, Ungeduld und leichte Gereiztheit. Wie Abbildung 4.18 zeigt, geraten sie leicht in einen Circulus vitiosus, indem sie aus dem Gefühl der Zeitnot heraus mehr und schneller arbeiten. Diese Haltung verstärkt andererseits den Eindruck der Zeitnot. Wegen ihres hohen zeitlichen und energetischen Einsatzes für berufliche Ziele verbleibt den Typ-A-Personen relativ wenig Zeit für ihre Familie und für Freunde. In Verbindung mit ihrer Ungeduld und Gereiztheit kann es leicht zu Konflikten mit der Familie kommen. Hinweise auf solche Konflikte liefern Untersuchungen von BECKER & BYRNE (1984) sowie von BURKE, WEIR & DuWORS (1979). Die zuletzt genannten Autoren befragten die Ehefrauen von 85 leitenden Verwaltungsangestellten mit Typ-A-Verhalten. Die Frauen berichteten über negative Auswirkungen des Typ-A-Verhaltens ihrer Männer auf das Familienleben, die eheliche Zufriedenheit sowie auf ihr eigenes Wohlbefinden. Aufgrund eingeschränkter Kontakte mit Freunden und wahrscheinlicher Konflikte mit der Familie sowie mit Arbeitskollegen erhalten Typ-A-Personen im Vergleich zu Typ-B-Personen weniger soziale Unterstützung und Zuwendung. Diese benötigen sie andererseits besonders dringend, um ihr labiles Selbstwertgefühl zu stabilisieren.

Wie oben bereits angedeutet wurde, sind im Zusammenhang mit dem Typ-A-Verhalten als Risikofaktor für KHK eine Reihe von Fragen noch offen. Nach einer von MYRTEK (1983) an 58 Sportstudenten durchgeführten sehr aufwendigen Untersuchung werden an zwei Stellen erhebliche Probleme deutlich: Zum einen zeigt es sich, daß die beiden am häufigsten zur Diagnostik des Typ-A- bzw. Typ-B-Verhaltens eingesetzten Verfahren, nämlich das "Strukturierte Interview" (SI) sowie das "Jenkins Activity Survey" (JAS) in dieser Untersuchung nur sehr niedrig korrelierten ($r = .20$; n.s.). Nach einer von MYRTEK (1983) vorgenommenen Metaanalyse mehrerer Studien ergibt sich eine (mittlere) Korrelation von .335 zwischen beiden Verfahren, die mithin nur etwa 11 % gemeinsame Varianz besitzen. Dieser Wert liegt unbefriedigend niedrig, und manche mit dem einen Verfahren erzielten Befunde lassen sich mit dem anderen nicht replizieren. (Zum Vergleich der beiden Verfahren siehe auch JENKINS 1978; ferner MYRTEK, SCHMIDT & SCHWAB 1984).

Als weiteren gravierenden Befund konnte MYRTEK (1983) in seiner Untersuchung von Sportstudenten unter Labor- und Feldbedingungen die von der Theorie her erwarteten Zusammenhänge zwischen Typ-A-Verhalten und psychophysiologischen Prozessen nur an wenigen Stellen stützen. MYRTEK (1983, p. 44) glaubt sogar feststellen zu müssen "..., daß das Typ-A-Konzept in Auflösung begriffen ist. Die Forschungstätigkeit der letzten Jahre hat mehr Fragen aufgeworfen, als sie beantworten konnte."

Aus unserer Sicht besteht - auch unter Berücksichtigung der von MYRTEK (1983) gewonnenen Befunde - kein zwingender Anlaß dazu, das Typ-A-Konzept zu verwerfen. Man kann sogar Zweifel daran hegen, ob die von MYRTEK gewählten Untersuchungsbedingungen geeignet sind, den Aussagenkern der Theorie des Typ-A-Verhaltens zu erschüttern. Zum einen wurden nicht die Personen im Alter von 40 bis 60 Jahren, die als Hauptrisikogruppe für KHK gelten, sondern wesentlich jüngere Personen untersucht. Möglicherweise bilden sich die psychophysiologischen Korrelate des Typ-A-Verhaltens erst im fortgeschritteneren Lebensalter heraus. Es handelte sich ferner nicht um Berufstätige, die seit Jahren den spezifischen Bedingungen des Arbeitslebens ausgesetzt sind, sondern um Studierende, die noch dazu als Sportstudenten im Hinblick auf ihre physische Kondition ausgelesen sind. Es kann auch bezweifelt werden, ob die im Labor und im Feld von MYRTEK realisierten Untersuchungsbedingungen hinreichend vergleichbar sind mit den Bedingungen, die Typ-A- und Typ-B-Personen im Beruf antreffen bzw. von sich aus herbeiführen. So können beispielsweise bestehende Unterschiede in der Leistungsmotivation durch entsprechende Versuchsanordnungen - etwa Wettkampfbedingungen - nivelliert werden. Die von MYRTEK (1983) durchgeführte aufwendige und methodisch sorgfältige Studie ist durchaus als wichtiger Beitrag zur Erforschung der psychophysiologischen Grundlagen des Typ-A-Verhaltens an einer spezifischen Personengruppe zu betrachten. Ihre Aussagekraft reicht jedoch nicht dazu aus, die durch zahlreiche andere Untersuchungen gestützte Bedeutung des Typ-A-Verhaltens als Risikofaktor für KHK entscheidend zu schwächen.

Im Zusammenhang mit dem in Abbildung 4.18 wiedergegebenen Modell des Typ-A-Verhaltens stellt sich unseres Erachtens die Frage nach der differentialätiologischen Spezifität dieser Zusammenhangshypothesen (vgl. BECKER 1978). Dieses Problem umfaßt zwei Aspekte: Zum einen handelt es sich beim Typ-A-Verhalten nur um eine von mehreren Ursachenkomponenten in einem komplexen Ursachenbündel der KHK (vgl. ROTHMAN 1976, BECKER 1984c). Es muß also eine Reihe weiterer Risikofaktoren hinzukommen, bevor die Wahrscheinlichkeit einer KHK hohe Werte erreicht (vgl. auch TRUETT, CORNFIELD & KANNEL 1967). Zum anderen kann man bezweifeln, daß das zunächst von FRIEDMAN & ROSENMAN (1975) beschriebene Typ-A-Verhaltensmuster ausschließlich zu KHK disponiert. Viele der in Abbildung 4.18 wiedergegebenen Zusammenhänge dürften auch das Risiko anderer psychischer und psychosomatischer Störungen erhöhen. Da uns hierzu keine empirischen Studien unter Verwendung verschiedener klinischer Gruppen bekannt sind, wollen wir es bei wenigen allgemeinen Bemerkungen bewenden lassen. Orientiert man sich an den Theorien von ADLER (1928, 1947), HORNEY (1951, 1954), FROMM (1980) oder ELLIS (1962, 1977), so stellt man eine nicht unbeträchtliche Übereinstimmung zwischen den von diesen Autoren formulierten Hypothesen zu den Ursachen neurotischer Störungen und den oben formulierten Hypothesen über den Zusammenhang von Typ-A-Verhalten und KHK fest. HORNEY unterstreicht unter anderem die psychopathologische Bedeutung eines labilen Selbstwertgefühls sowie einer latenten Feindseligkeit. ADLER und ELLIS heben das bei vielen Neurotikern zu beobachtende Streben nach Überlegenheit, die Konkurrenzhaltung sowie den Hang zum Perfektionismus hervor. Es liegen also einige Hinweise darauf vor, daß die unter dem Begriff "Typ-A-Verhalten" subsumierten Motive, Einstellungen und Verhaltensmuster nicht nur im Zusammenhang mit KHK, sondern auch mit anderen psychischen und psychosomatischen Störungen Beachtung verdienen. Es waren nicht zuletzt jene generellen psychopathologischen Bezüge, die uns dazu bewogen, in einem Kapitel über Arbeit und seelische Gesundheit auf das Typ-A-Verhalten einzugehen.

4.4 Arbeitslosigkeit

Ausgehend von einigen Anmerkungen zur Definition und Prävalenz von Arbeitslosigkeit befassen wir uns in diesem Abschnitt mit Theorien und empirischen Befunden zu den Auswirkungen der Arbeitslosigkeit auf die seelische (und körperliche) Gesundheit. Zu dieser Fragestellung liegen zahlreiche Überblicksartikel, Monographien und Sammelbände vor, von denen wir einige aufzählen: EISENBERG & LARZARSFELD (1938), BAKKE (1940), TIFFANY, COWAN & TIFFANY (1970), JAHODA, LARZARSFELD & ZEISEL (1975), COBB & KASL (1977), FRESE & MOHR (1978), WACKER (1978), BRENNER (1979), KASL (1979), KIESELBACH & OFFE (1979), FRIESSEM (1980), DOOLEY & CATALANO (1980), HAYES & NUTMAN (1981), JAHODA (1983).

Nach den offiziellen Bestimmungen der Bundesanstalt für Arbeit der Bundesrepublik Deutschland gelten als "arbeitslos" jene Arbeitssuchenden, die ..."a) nicht arbeitsunfähig erkrankt sind oder b) nicht oder nur geringfügig ... als Arbeitnehmer, Heimarbeiter, mithelfende Familienangehörige oder Selbständige tätig sind und c) nicht nur geringfügig ... oder bei einem bestimmten Betrieb oder als Heimarbeiter (ausgenommen Bezieher von Arbeitslosengeld) arbeiten wollen oder nicht nur eine Beschäftigung bis zu drei Monaten suchen." (zit. n. FRESE & MOHR 1978, p. 282). Die Arbeitslosenstatistik erfaßt mithin alle Arbeitssuchenden, die zwischen 15 und 65 Jahre alt sind, sich beim Arbeitsamt arbeitslos gemeldet haben und arbeitswillig sowie arbeitsfähig, d. h. für den Arbeitsmarkt verfügbar sind. Die Arbeitslosenquote entspricht dem prozentualen Anteil der bei den Arbeitsämtern als arbeitslos registrierten Personen an der Gesamtzahl der abhängig Erwerbstätigen. Die Arbeitslosenquote in der Bundesrepublik Deutschland schwankte in der Nachkriegszeit zwischen etwa 0.7 % (1965) und etwa 10.4 % (1950). Sie liegt in den letzten Jahren etwa bei 8-9 %. Die offiziellen Statistiken geben nur ein approximatives Bild (untere Grenze) der tatsächlichen Arbeitslosigkeit wieder, da unter anderem Personen, die sich durch Arbeitslosigkeit veranlaßt sehen, an Umschulungs- und Weiterbildungsmaßnahmen teilzunehmen, sowie Personen, die sich nicht arbeitslos melden, unberücksichtigt bleiben. Die in den letzten Jahren veröffentlichten Statistiken lassen keinen Zweifel darüber zu, daß erhebliche Anteile der Bevölkerung, darunter in zunehmendem Maße Jugendliche, direkt oder indirekt (als Familienangehörige eines Arbeitslosen) von Arbeitslosigkeit betroffen sind. Wir wollen uns im folgenden mit den Auswirkungen der Arbeitslosigkeit auf die seelische (und körperliche) Gesundheit befassen.

Daß ein deutlicher Zusammenhang zwischen Arbeitslosigkeit und seelischer Gesundheit (bzw. Krankheit) besteht, wurde in eindrucksvoller Weise von BRENNER (1979) nachgewiesen. Seine grundlegende Hypothese lautet: "Die psychiatrische Hospitalisierung nimmt während wirtschaftlicher Rezessionen zu und in Zeiten des Aufschwungs ab. Diese Hypothese setzt voraus, daß soziale Desorganisation, die sich wiederum in Symptomen und Intoleranz des abweichenden Verhaltens widerspiegelt, aus der Unfähigkeit der Individuen resultiert, sozial zugeschriebene Rollen auszuüben. Die Unfähigkeit, die eigene soziale Rolle zu erfüllen, ist häufig eine Folge der Abwärtsbewegungen in der wirtschaftlichen Aktivität, wobei mehr Personen an Einkommen, Prestige und Macht verlieren als gewinnen. Die Wirtschaft liefert die grundlegenden Mittel, mit denen das Individuum die Mehrzahl seiner Wünsche ebenso wie die unmittelbaren sozialen Verpflichtungen erfüllt, denen es sich gegenüber sieht. Die Unfähigkeit, seinen gewohnten oder beabsichtigten Lebensstil und die soziale Position aufrechtzuerhalten, zeigt, daß das Individuum nicht fähig ist, den Forderungen anderer Personen zu begegnen, welche das Netz seiner sozialen Beziehungen, Verantwortlichkeiten und Forderungen darstellen." (BRENNER 1979, p. 11-12).

Zur Überprüfung seiner Hypothesen wählte BRENNER unter anderem folgendes Vorgehen: Er wertete einerseits die offiziellen Statistiken des Staates New York aus den Jahren 1914 bis 1967 über die jährlichen Aufnahmen in allen staatlichen und privaten psychiatrischen Kliniken aus. Diesen stellte er einen jährlichen Beschäftigungs- (bzw. Arbeitslosigkeits-) Index für gewerbliche Wirtschaftszweige im Staat New York gegenüber. Das wichtigste Ergebnis der methodisch sorgfältig durchgeführten Untersuchung besagt, daß eine (signifikante) positive Beziehung zwischen jährlicher Arbeitslosenquote und psychiatrischen Krankenhausaufnahmen besteht. (Der engste Zusammenhang tritt in einigen Fällen mit einer zeitlichen Verzögerung von einem Jahr auf. Vgl. BRENNER 1979, p. 38). Nachdem die Grundhypothese durch diese Daten deutlich gestützt worden war, erweiterte BRENNER seine Auswertungen auf den Zeitraum von 1841 bis 1967, wobei er verschiedene Indizes für den Zustand der Wirtschaft kombinieren mußte. Wegen der hohen Bedeutung des dabei erzielten Ergebnisses zitieren wir dieses im folgenden wörtlich: "Die inverse Beziehung zwischen ökonomischen Veränderungen (wirtschaftlichen Rezessionen und Ansteigen der Arbeitslosigkeit; Anmerkung des Verfassers) und Aufnahmen in psychiatrischen Kliniken kann deshalb über einen Zeitraum von 127 Jahren beobachtet werden. Dies impliziert, daß ungeachtet veränderlicher praktischer Maßnahmen bezüglich der Krankenhausaufnahmen, der Verfügbarkeit von Betten, des Kriegseinflusses (einschließlich des amerikanischen Bürgerkrieges, der beiden Weltkriege und des Koreakrieges), der Verfügbarkeit spezifischer Behandlungen (wie Therapie mit Psychopharmaka, Psychotherapie, Verwahrung) und von Krankenhauspersonal und -einrichtungen, Veränderungen in der Zusammensetzung der Klientel psychiatrischer Kliniken (speziell durch Einwanderung und Wanderungsbewegungen), Definitionen psychischer Krankheit durch die Öffentlichkeit und innerhalb der Psychiatrie, alternativer Formen psychiatrischer Behandlung bezüglich der Hospitalisierung, Einstellungen gegenüber den psychisch Kranken und psychiatrischer Hospitalisierung, der Wohlfahrt, Veränderungen in den Kapazitäten der Institutionen, die die psychisch Kranken behandeln usw., die Beziehung zwischen wirtschaftlichem Wandel und psychiatrischer Hospitalisierung über nahezu 13 Jahrzehnte einigermaßen stabil gewesen ist." (BRENNER 1979, p. 41-42). BRENNER stellt eine Reihe von Argumenten zusammen, aus denen hervorgeht, daß der von ihm ermittelte Zusammenhang nicht (oder nur zu einem geringen Teil) auf zeitlich fluktuierende Intoleranzen der sozialen Gemeinschaft gegenüber psychischen Erkrankungen zurückzuführen ist. Für die Erklärung des Zusammenhangsmusters von Arbeitslosigkeit (sowie wirtschaftlicher Rezession) und psychiatrischer Hospitalisierung erscheint BRENNER die Beobachtung wichtig, daß der Zusammenhang bei jenen gesellschaftlichen Gruppen am deutlichsten ausgeprägt ist, die aufgrund ihres ökonomischen und sozialen Status während Rezessionen am meisten zu verlieren haben.

Von DOOLEY & CATALANO (1980) stammt ein Überblicksartikel, in dem weitere Untersuchungen zum Zusammenhang von wirtschaftlichen Veränderungen (vor allem Arbeitslosigkeit) und psychischen Störungen ausgewertet werden (vgl. auch CATALANO & DOOLEY 1977, 1983; DOOLEY & CATALANO 1979). Die beiden Autoren klassifizieren die Untersuchungen nach den dichotomen Kategorien "Querschnitt versus Längsschnitt-" sowie "Individual- versus Aggregatsstudien". Bei Individualstudien werden einzelne Individuen untersucht. Bei Aggregatsstudien, die man auch als Populations- oder Gemeindestudien bezeichnen könnte, werden - wie bei BRENNER (1979) - Populationsstatistiken ausgewertet. Da Individual- und Aggregatsstudien komplementäre methodologische Vorteile und Nachteile besitzen, empfiehlt es sich, beide Forschungsstrategien zu verfolgen und deren Ergebnisse zu vergleichen. Bezogen auf unsere Fragestellung verdient festgehalten zu werden, daß die weitaus überwiegende Zahl der von

DOOLEY & CATALANO (1980) zusammengestellten Arbeiten einen positiven Zusammenhang zwischen Arbeitslosigkeit und verschiedenen Indikatoren für seelische Gesundheit/Krankheit (wie psychiatrische Hospitalisierung, Suizid, Depression oder Selbstwertverlust) nachweist. Exemplarisch seien zwei methodisch recht überzeugende längsschnittliche Individualstudien herausgegriffen.

COHN (1978) untersuchte zwei (nicht mehr für die gesamte Bevölkerung repräsentative) Teilgruppen einer ursprünglich repräsentativen Gesamtgruppe von 5.000 Personen. Bei der ersten Gruppe handelte es sich um 537 Personen, die zum ersten Untersuchungszeitpunkt beschäftigt waren und ein Jahr später (zum zweiten Untersuchungszeitpunkt) ihren Arbeitsplatz verloren hatten. Die zweite Gruppe von 543 Personen diente Kontrollzwecken und umfaßte Personen, die zu beiden Zeitpunkten beschäftigt und nicht zwischenzeitlich arbeitslos waren. Die Gruppe der vom Arbeitsplatzverlust Betroffenen hatte ein signifikant niedrigeres Selbstwertgefühl als die Kontrollgruppe. Dabei wurde das Selbstwertgefühl zum ersten Untersuchungszeitpunkt kontrolliert, d. h. unabhängig von der Höhe des ursprünglichen Selbstwertgefühls verringerte sich dieses im Gefolge der Arbeitslosigkeit. Auf weitere wichtige Moderatorvariablen (Vorhandensein oder Fehlen anderer Rollen, Niveau vergangener Leistungen sowie wirtschaftliche Voraussetzungen für bestimmte Attributionsmuster) aus dieser Untersuchung kommen wir weiter unten zu sprechen.

FRESE (1979) befragte im Sommer 1975 eine Stichprobe von 147 arbeitslosen deutschen Arbeitern, die über 45 Jahre alt waren und von denen 51 zu Beginn des Jahres 1977 ein zweites Mal untersucht werden konnten. (Diese Teilstichprobe von 51 Personen unterschied sich nur in zwei der überprüften Variablen signifikant von der Ausgangsstichprobe. Die Hypothese ihrer Repräsentativität brauchte nicht verworfen zu werden, da zwei signifikante Differenzen nach Zufall zu erwarten waren.) Diese 51 Personen können in vier Gruppen eingeteilt werden:

1) Arbeiter, die wieder eine Arbeit gefunden hatten (N = 15).
2) Arbeiter, die zwischenzeitlich gearbeitet hatten, die aber zum Zeitpunkt der Erhebung 1977 wiederum arbeitslos waren (N = 14).
3) Arbeitslose, die zwischenzeitlich keine Arbeit gefunden hatten und auch noch 1977 ohne Arbeit waren (N = 12).
4) Rentner, d. h. Personen, die inzwischen auf Rente gegangen waren (N = 10).

Aus der Vielzahl der für die Theorienbildung aufschlußreichen Ergebnisse der Studie interessieren uns hier die Zusammenhänge von Arbeitslosigkeit und **Depressivität** (vgl. auch FRESE 1978b). Der Grad der Depressivität wurde mit Hilfe einer von ZUNG (1965) entwickelten Selbstbeurteilungsskala erfaßt. Abbildung 4.19 zeigt den (als linear unterstellten) Verlauf der Depressionswerte zwischen den beiden Meßzeitpunkten, getrennt für die vier Subgruppen. Während sich zum ersten Meßzeitpunkt die vier Gruppenmittelwerte nicht signifikant unterschieden, ergaben sich bei der Nachuntersuchung im Jahre 1977 mehrere signifikante Differenzen.

Bei den beiden Arbeitslosengruppen stiegen die Depressionswerte an, während sie bei Personen mit stabilen neuen Arbeitsverhältnissen sowie bei Rentnern zurückgingen. Dieses Ergebnis alleine beweist natürlich noch nicht den Einfluß der Arbeitslosigkeit auf die Depressivität. Die Hypothese erfuhr jedoch eine beträchtliche Stützung durch die Prüfung mehrerer konkurrierender Hypothesen unter Verwendung von partiellen und multiplen Korrelationen. Dabei stellte sich unter anderem heraus, daß der Zusammenhang von Arbeitslosigkeit und De-

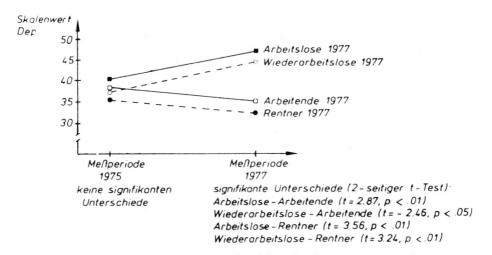

Abbildung 4.19: Zusammenhang zwischen Arbeitslosigkeit und Depressivität im Zeitverlauf. (Entnommen aus FRESE 1979, p. 252).

pressivität zu einem erheblichen Teil durch die mit Arbeitslosigkeit verbundenen finanziellen Schwierigkeiten vermittelt wurde. FRESE (1979, p. 255) zieht folgenden Schluß aus seiner Untersuchung: "Die Ergebnisse lassen es notwendig erscheinen, den möglichen Einfluß von Arbeitslosigkeit auf psychische Erscheinungen, wie Depressivität, ernst zu nehmen. Auch wenn bei der Interpretation dieser Ergebnisse Vorsicht geboten ist, muß doch betont werden, daß in diesem Gebiet hoher gesellschaftlicher Relevanz die Hypothese besser zu begründen war, daß Arbeitslosigkeit Probleme wie Depressivität verursacht, als die Gegenhypothese, nach der bestimmte individuelle Probleme wie Depressivität erst langanhaltende Arbeitslosigkeit hervorrufen."

Unsere bisherigen Ausführungen sollten belegen, daß Arbeitslosigkeit negative Auswirkungen auf die seelische Gesundheit haben kann. Dieser Zusammenhang, der im übrigen bereits in den dreißiger Jahren festgestellt wurde (vgl. EISENBERG & LAZARSFELD 1938, BAKKE 1940, JAHODA et al. 1975), kann nicht ernsthaft in Zweifel gezogen werden (vgl. auch STAFFORD et al. 1980; KIRCHLER 1984). Ebenso unbestritten ist die Tatsache, daß nicht alle Personen unter allen Umständen auf Arbeitslosigkeit mit ernsthaften und länger andauernden psychischen Symptomen reagieren (vgl. WARR 1983). So fand LITTLE (1976), daß 48 % der von ihm befragten männlichen Arbeitslosen mit ihren vorangegangenen Berufstätigkeiten unzufrieden waren und daher einen vorübergehenden Arbeitsplatzverlust als Chance und nicht als Krise werteten. Die in der Literatur vorfindlichen Versuche einer Klassifikation von Arbeitslosentypen belegen ebenfalls persönlichkeits- und situationsspezifische Reaktionsmuster auf Arbeitslosigkeit. JAHODA et al. (1975) untersuchten in der berühmten **"Marienthal-Studie"** aus den dreißiger Jahren die Auswirkungen der Arbeitslosigkeit auf die Einwohner eines Dorfes. Ausgehend von ausführlichen Interviews mit 100 Familien unterschieden sie folgende Typen von Arbeitslosen:

(1) **Ungebrochene:** Sie hielten die üblichen familiären Aktivitäten aufrecht, erlebten keine deutlichen Einbrüche in ihrem Wohlbefinden und ihrer Lebenslust, hatten Pläne und Hoffnungen für die Zukunft und unternahmen immer neue Anstrengungen zur Arbeitsbeschaffung.

(2) **Resignierte:** Sie hatten keine Pläne und Beziehungen zur Zukunft, schränkten ihre Bedürfnisse maximal ein, widmeten sich aber nach wie vor der Haushaltsführung und der Kinderpflege und hatten bei alledem ein Gefühl relativen Wohlbefindens.
(3) **Apathische:** Sie waren energie- und tatenlos, ließen die Wohnung und die Kinder ungepflegt, hatten keine Hoffnung mehr; unter ihnen fanden sich gehäuft Alkoholiker, und es traten gehäuft familiäre Verfallserscheinungen zutage.
(4) **Verzweifelte:** Sie hielten zwar noch den Haushalt in Ordnung und pflegten ihre Kinder, ihre Grundstimmung war aber ausgeprägt depressiv, und sie unternahmen kaum Versuche zur Verbesserung ihrer Situation.

In ähnlicher Weise erstellte OPASCHOWSKY (1976) auf der Grundlage von Einzel- und Gruppengesprächen folgende Typologie arbeitsloser Jugendlicher: Zuversichtliche, Pragmatische, Resignative und Apathische.

BRADBURN (1969) ermittelte in umfassenden repräsentativen Untersuchungen in den USA, daß sich unter den männlichen arbeitslosen Hauptsernährern der Familie immerhin 14 bis 15 % als "sehr glücklich" und 45 bis 50 % als "ziemlich glücklich" bezeichneten. (Bei Beschäftigten lagen die entsprechenden Werte signifikant höher, bei 30-33 % bzw. 58-63 %. BRADBURN 1969, p. 184). Auch COBB & KASL (1977) sowie KASL (1979) bestätigten in einer sehr aufschlußreichen Längsschnittstudie, auf die wir weiter unten näher eingehen werden, daß es unter bestimmten Umständen zu Formen der "Anpassung" an Arbeitslosigkeit kommen kann, die nicht von nennenswerten psychischen oder physischen Symptomen begleitet sind.

Angesichts dieser Befundlage und der nachgewiesenen Bedeutsamkeit interindividueller, situations- und phasenspezifischer Unterschiede in den Auswirkungen der Arbeitslosigkeit stellt sich die Frage, unter welchen Umständen mit welchen Auswirkungen zu rechnen ist. Mit diesem Problem wollen wir uns auf der theoretischen sowie auf der empirischen Ebene auseinandersetzen. Wie FRESE & MOHR (1978, p. 310) zu Recht konstatieren, "... ist der Mangel an theoretischen Integrationsversuchen festzustellen." FRESE & MOHR (1978), FRESE (1979) sowie FRESE & SEMMER (1979) bemühen sich um eine derartige theoretische Integration und gelangen dabei zu einem recht geschlossenen, brauchbaren Konzept. Sie orientieren sich primär an der Theorie der erlernten Hilflosigkeit von SELIGMAN (1979) bzw. an ihrer attributionstheoretischen Erweiterung durch ABRAMSON, SELIGMAN & TEASDALE (1978) (vgl. auch BECKER 1981; SCHWARZER 1981). FRESE und Mitarbeiter analysieren die Effekte der Arbeitslosigkeit mit Blick auf den damit verbundenen **Kontrollverlust** und daraus resultierende **Hilflosigkeit** und Depressivität (vgl. auch FRESE 1978). Wir stellen diesen Ansatz und daraus abgeleitete Hypothesen nicht in Einzelheiten dar, sondern versuchen im folgenden, zu einer eigenen Interpretation der Zusammenhänge von Arbeitslosigkeit und seelischer Gesundheit vor dem Hintergrund unserer Theorie der seelischen Gesundheit zu gelangen.

Wie in den Kapiteln 1 und 2 ausgeführt wurde, bemißt sich der Grad der seelischen Gesundheit eines Individuums daran, wie gut es ihm gelingt, externen und internen Anforderungen zu genügen. Auf die Auswirkungen der Arbeitslosigkeit übertragen, impliziert dieser Ansatz, daß die seelische (und körperliche) Gesundheit um so stärker beeinträchtigt werden sollte, je weniger ein Individuum bei der Antizipation und nach Eintritt von Arbeitslosigkeit in der Lage ist, äußeren Anforderungen (bzw. Erwartungen) sowie internen Sollwerten (Anforderungen des biologischen Motivationssystems und des internen Kontrollsystems, längerfristigen Plänen und "Projekten") zu entsprechen. Wie diese Formulierung erkennen läßt, sind wir mit KASL (1979) der Auffassung, daß Arbeitslosigkeit nicht nur als vollendete Tatsache, sondern auch als mehr oder weniger sicher erwartetes künftiges Ereignis die psychische Befindlichkeit mitbestimmt.

Wir gehen zunächst auf die Phase der bereits eingetretenen Arbeitslosigkeit ein. Hierzu sind zwei Fälle zu unterscheiden: Der häufigere Fall besteht darin, daß eine bisher beschäftigte Person arbeitslos wird. Daß es sich dabei in der Regel um ein psychisches Verlustereignis handelt, zeigen unter anderem Versuchspersonenurteile, die von GRÄSER, ESSER & SAILE (1979) mittels dreimodaler Faktorenanalyse sowie multidimensionaler Skalierung ausgewertet wurden. Im zweiten Fall handelt es sich um meist jüngere Personen, die ihre Ausbildung gerade abgeschlossen haben und vergeblich einen Arbeitsplatz suchen. Hier sollte nicht von einem Verlust, sondern von einem Mißerfolg gesprochen werden (vgl. BECKER 1981). Wenngleich die emotionalen Reaktionen auf persönlich bedeutsame Verluste und Mißerfolge einander gleichen können, so sind bei Verlusten doch eher Depressionen und Trauer und bei Mißerfolgen eher Angst- und Wutreaktionen zu erwarten (vgl. in diesem Zusammenhang die Reaktanztheorie von BREHM 1972 und WORTMAN & BREHM 1975 sowie theoretische Ausführungen von SCHWARZER 1981).

Unsere vorsichtige Formulierung läßt erkennen, daß es für präzisere Aussagen erforderlich ist, eine Reihe von Moderatorvariablen, wie die subjektive Wahrnehmung und Bewertung der Arbeitslosigkeit oder die Dauer bzw. Phase derselben, zu berücksichtigen. In jedem Fall besteht beim Verlust des Arbeitsplatzes die Situation darin, daß etwas, das man zuvor besaß, abhanden kommt, während beim vergeblichen Suchen nach dem ersten Arbeitsplatz ein angestrebter (attraktiv erscheinender) Sollwert nicht erreicht wird. Bezugssystemtheoretisch bzw. adaptionstheoretisch handelt es sich dabei um unterschiedliche Phänomene, deren differentiellen Auswirkungen in künftigen Untersuchungen verstärkte Aufmerksamkeit geschenkt werden sollte. (Die von FEATHER & DAVENPORT 1981 sowie FEATHER & BOND 1983 an arbeitslosen Jugendlichen bzw. Hochschulabsolventen durchgeführten Untersuchungen sind wegen methodischer Schwächen nicht sehr aussagekräftig.)

Nach diesen Zwischenbemerkungen kommen wir zu unseren Ausgangsüberlegungen zurück. Die Auswirkungen eines Arbeitsplatzverlustes auf die seelische Gesundheit sollten um so gravierender sein, je weniger es dem Individuum gelingt, externen und internen Anforderungen zu genügen. (Die im folgenden vorgenommene Unterscheidung zwischen externen und internen Anforderungen entbehrt stellenweise nicht einer gewissen Künstlichkeit. Aus didaktischen Gesichtspunkten halten wir dennoch an ihr fest.) In welcher Weise können sich die Voraussetzungen zur Erfüllung externer Anforderungen aufgrund von Arbeitslosigkeit verändern? Eine erhebliche Bedeutung kommt sicherlich den materiellen Konsequenzen der Arbeitslosigkeit zu (KASL 1979). Bestimmte Personengruppen werden von dem zu erwartenden **Einkommensverlust** besonders hart betroffen. Exemplarisch genannt seien Personen mit relativ niedrigem bisherigen Einkommen, geringen Ersparnissen und hohen Schulden sowie Personen, die Alleinernährer einer größeren Familie sind (vgl. AIKEN et al. 1968; JAHODA 1975 et al.; BRENNER 1979). Bei länger andauernder Arbeitslosigkeit können sich bei dieser Personengruppe erhebliche existentielle Probleme, Sorgen und alltägliche Frustrationen mit wahrscheinlich gesundheitsbeeinträchtigenden Effekten einstellen (vgl. SÖRGEL 1978; FRESE 1979). Das Ausmaß negativer Auswirkungen sollte auch davon abhängen, wieviele und wie bedeutsame sonstige externe Anforderungen eine arbeitslose Person noch erfüllen kann. In dieser Hinsicht sind beispielsweise bei arbeitslosen Frauen, die weiterhin den Rollenanforderungen im Haushalt und in der Kindererziehung genügen, weniger negative Effekte zu erwarten als bei jenen Männern, deren wichtigste externe Anforderung darin bestand, als Ernährer für den Lebensunterhalt ihrer Familie zu sorgen (vgl. JAHODA et al. 1975, BRENNER 1979). COHN (1978) konnte zeigen, daß arbeitslose Frauen mit Kindern, die weiterhin ihre Rolle als Mütter erfüllten, im Vergleich zu solchen ohne Kinder, einen weniger großen Selbstwertverlust erlebten. Die negativen Auswirkungen von Arbeitslosigkeit sollten sich auch bei jenen Männern verstärkt zeigen, von denen die soziale Umwelt in besonders hohem Maße erwartet, daß sie einen Beruf ausüben.

Um das Spektrum möglicher Effekte der Arbeitslosigkeit in seiner gesamten Breite abzudecken, sei auch auf eventuelle positive Aspekte verwiesen. So kann es bestimmten Personen während Phasen der Arbeitslosigkeit in manchen Bereichen - etwa in den Rollen als Ehemann, Erzieher der Kinder oder als Freund - besser als zuvor gelingen, externen Anforderungen zu genügen (vgl. KASL 1979).

Neben der Fähigkeit zur Bewältigung externer Anforderungen ist nach unserer Theorie die Fähigkeit zur Bewältigung **interner Anforderungen** zu beachten. Auch in dieser Hinsicht sind interindividuell unterschiedliche Effekte der Arbeitslosigkeit zu erwarten. Für Personen, denen die berufliche Arbeit als wichtige Quelle der Bedürfnisbefriedigung und Sinngebung dient, bedeutet Arbeitslosigkeit natürlich einen besonders schmerzlichen Verlust (vgl. FEATHER & DAVENPORT 1981). In diesem Zusammenhang zu nennen wären unter anderem der Verlust von Sozialkontakten am Arbeitsplatz, von sozialer Anerkennung und des Gefühls der eigenen Bedeutung als wertvolles Glied der sozialen Gemeinschaft sowie der Verlust von Gelegenheiten zur Selbstverwirklichung. Ein je größeres Gewicht jemand diesen Aspekten der beruflichen Tätigkeit beimißt und je mehr der bisher ausgeübte Beruf geeignet war, diese Bedürfnisse zu befriedigen, um so eher ist mit einer zumindest vorübergehenden Beeinträchtigung der seelischen Gesundheit zu rechnen, denn eine solche Person gerät zwangsläufig in eine schwere Anpassungskrise. So fand BAKKE (1940), daß Arbeitslose mit höherer beruflicher Qualifikation länger im Stadium der Desorganisation verweilten als weniger qualifizierte (vgl. auch FRESE & MOHR 1978, PELZMANN 1983).

Um zu einem Verständnis der Höhe der externen und internen Anforderungen an einen Arbeitslosen zu gelangen, ist es erforderlich, die objektiven und die subjektiv wahrgenommenen Gründe für die Arbeitslosigkeit mitzuberücksichtigen. Bei hoher allgemeiner Arbeitslosigkeit oder bei Massenentlassungen werden die externen Rollenerwartungen an Arbeitslose gesenkt. In solchen Fällen ist ein Arbeitsloser entweder überhaupt nicht oder nur eingeschränkt für seine Lage verantwortlich zu machen, und es wird in geringerem Maße von ihm erwartet, daß er seinen Arbeitsplatz behält, als es unter besseren wirtschaftlichen Rahmenbedingungen der Fall ist. Analoges gilt für den verinnerlichten Sollwert, daß man zur Sicherung des eigenen Arbeitsplatzes in der Lage ist. So fand COHN (1978), daß die Selbstwertbeeinträchtigung bei jenen Arbeitslosen geringer war, die in Gebieten mit höherer Arbeitslosigkeit lebten. Als intervenierende Variablen zur Erklärung dieses Befundes sind unterschiedliche Kausalattribuierungen, aber auch Bezugsgruppeneffekte anzunehmen. Bei hoher Arbeitslosenquote gewinnen externale Kausalattribuierungen an Gewicht. Diese besitzen eine geringere Selbstwertrelevanz als internale Kausalattribuierungen im Sinne des eigenen Versagens (vgl. KELLEY 1967, 1971; ABRAMSON et al. 1978). Eng verknüpft mit der Art der Kausalattribuierung ist die subjektiv eingeschätzte Wahrscheinlichkeit einer baldigen Wiederbeschäftigung. Es ist zu erwarten, daß Personen, die bei entsprechenden eigenen Bemühungen fest mit der baldigen Neubeschäftigung rechnen, ein höheres Aktivitätsniveau und eine geringere

Apathie, Resignation und Depressivität an den Tag legen als Personen mit pessimistischerer Zukunftssicht (vgl. auch PELZMANN 1983). Sowohl die Kausalattribuierung als auch die Erfolgsaussichten dürften sich mit wachsender Dauer der eigenen Arbeitslosigkeit in ungünstiger Richtung verändern. Am extremen Ende einer solchen Entwicklung befinden sich jene "hard core"-Arbeitslosen, die alle Hoffnungen begraben und ihre Ansprüche soweit gesenkt haben, daß sie selbst dann keine Arbeit mehr annehmen, wenn sie ihnen angeboten wird (vgl. FRESE & MOHR 1978).

Diese Bemerkungen leiten zu einem Aspekt der Arbeitslosigkeit über, der sicherlich verstärkte Beachtung verdient. Arbeitslosigkeit ist kein punktuelles Ereignis, sondern ein mehr oder weniger ausgedehnter **Prozeß.** Wie bereits an mehreren Stellen unserer Ausführungen anklang, verändern sich die Auswirkungen der Arbeitslosigkeit als Funktion der Zeit. Im einfachsten Fall sind dabei drei Phasen zu unterscheiden: die Antizipationsphase, die Phase der eingetretenen Arbeitslosigkeit sowie die Phase der Wiederbeschäftigung. Selbstverständlich können diese Phasen, insbesondere die Phase 2, für bestimmte Zwecke weiter unterteilt werden (vgl. EISENBERG & LAZARSFELD 1938; BAKKE 1940; FRESE & MOHR 1978; KIRCHLER 1984). Wir gehen im folgenden zunächst auf die **Antizipationsphase** ein.

Für die meisten Beschäftigten bedeutet drohende Arbeitslosigkeit eine Antizipation eines persönlich bedeutsamen Verlustes. Eine naheliegende emotionale Reaktion auf eine solche Situation ist Unsicherheit (vgl. KASL 1979) sowie Angst (BECKER 1980a). (Der Terminus Furcht wäre korrekter als Angst, jedoch besteht hierüber kein wissenschaftlicher Konsens. Da Angst von einigen Autoren auch als Oberbegriff für Furcht und Angst im engeren Sinne verwendet wird, sprechen wir im folgenden ebenfalls von Angst. Vgl. BECKER 1980a). SEIBEL & LÜHRING (1984) ermittelten in ihrer oben ausführlich beschriebenen Studie bei einem Teil der von ihnen untersuchten Arbeiter und Angestellten erhöhte Angst vor einem Arbeitsplatzverlust. Diese Erwartungsangst gehörte zu den besten Prädiktoren einer geringen seelischen Gesundheit. (Vgl. analoge Ergebnisse von SEMMER 1982 bezüglich des Kriteriums psychosomatischer Beschwerden.) Die Befürchtung, von einer Entlassung betroffen zu werden, war bei den Arbeiterinnen am stärksten und den männlichen und weiblichen Angestellten am schwächsten ausgeprägt und spiegelte damit im großen und ganzen die objektiven Risiken wider. Der Kongruenzgrad zwischen objektiver und subjektiver Arbeitsplatzgefährdung hängt einerseits von Persönlichkeitsmerkmalen und andererseits von spezifischen Umweltbedingungen ab. Zu den relevanten Persönlichkeitsmerkmalen zählt der individuelle Stil der Auseinandersetzung mit potentiellen Gefahren im Sinne des Gefahrenaufspürens ("sensitization") oder des Gefahrenleugnens ("repression") (vgl. BYRNE 1964; JANIS 1982; KROHNE & ROGNER 1982). Personen mit "repressiver" Bewältigungsstrategie neigen dazu, die Gefahr eines Arbeitsplatzverlustes zu leugnen oder herunterzuspielen. Sie verringern damit einerseits ihre emotionale Belastung in der Antizipationsphase, werden aber um so stärker emotional erregt, wenn sie der Arbeitsplatzverlust unvorbereitet trifft (vgl. BOSCH 1978; LICHTE 1978).

Den Einfluß der (betrieblichen) Umwelt auf die Wahrnehmung drohender und die Verarbeitung eingetretener Arbeitslosigkeit konnte PELZMANN (1983) nachweisen. Sie berichtet über die Auswirkungen der Stillegung einer Textilfabrik in Österreich auf zwei Gruppen von Arbeiterinnen. Aufgrund einander widersprechender Prognosen von zwei Betriebsräten hinsichtlich der Erhaltung von Arbeitsplätzen entwickelten die beiden Gruppen unterschiedliche Erwartungen. Gruppe A ging von der Erwartung aus, daß eine Weiterführung des Betriebes ausgeschlossen sei. Demgegenüber vertraute die Gruppe B der Prognose, daß Land und Bund alles in ihrer Macht Stehende zur Rettung von Arbeitsplätzen tun würden. PELZMANN (1983, p. 679-680) faßt die Auswirkungen der Betriebsstillegung wie folgt zusammen: "Wir beobachteten, daß von der Arbeitslosengruppe A, die nach der Betriebsstillegung davon ausging, daß die Öffentliche Hand bei der Rettung von Arbeitsplätzen versagt hatte und jeder Arbeitslose nun auf sich selbst gestellt sei, der Verlust des Arbeitsplatzes wesentlich rascher und unter geringeren psychischen Belastungen überwunden wurde. Der adjustierte Mittelwert für die Zahl der Erkundigungen nach Arbeit im Bekanntenkreis beträgt 1.88; der adjustierte Mittelwert für die Zahl der Bewerbungen beträgt 1.17. Beide Werte sind mehr als dreimal so hoch wie bei der Arbeitslosengruppe B, die sich von einer ungewissen Hoffnung auf Verhandlungen mit Ersatzbetrieben zur Rettung von Arbeitsplätzen und der Erwartung eigener Handlungsohnmacht gegenüber dem Arbeitsplatzverlust leiten ließ ... Die Kovarianzanalyse der erhobenen Daten ... belegt, daß diese Arbeitslosengruppe wesentlich weniger Mobilität entwickelte und signifikant weniger Erfolg bei der Arbeitssuche hatte ... Die Deutlichkeit, mit der Erwartungs-Effekte sichtbar wurden, legt den Schluß nahe, daß eine schonungslose Information über den Verlust der Arbeitsplätze den Arbeitslosen die Trennung von "ihrem Betrieb" erleichtert und Bewältigungsstrategien zur Überwindung mobilisiert."

Es liegen bisher nur wenige **Längsschnittstudien** vor, die den Effekt der antizipierten, eingetretenen und überwundenen Arbeitslosigkeit analysieren. Zu den methodisch besten und aufschlußreichsten zählt zweifellos die von KASL und Mitarbeitern durchgeführte Untersuchung (KASL, GORE & COBB 1975; COBB & KASL 1977; KASL 1979; KASL & COBB 1982). Aus Anlaß der Stillegung zweier Fabriken wurden über einen Zeitraum von mehr als zwei Jahren 100 von Arbeitslosigkeit betroffene Männer sowie 74 Kontrollpersonen untersucht. Die Mitglieder der Kontrollgruppe übten vergleichbare Berufe in anderen Fabriken aus, die nicht von Stillegung betroffen waren. Beide Gruppen waren bezüglich ihres Alters (Mittelwert etwa 49 Jahre), weiterer soziodemographischer Merkmale sowie ausgewählter Persönlichkeitseigenschaften vergleichbar. Die insgesamt 174 Männer wurden während verschiedener Phasen wiederholt in ihren Wohnungen aufgesucht. Dabei wurden strukturierte Interviews durchgeführt und Fragebogendaten sowie physiologische Meßwerte erhoben.

Phase 1: Der erste Besuch erfolgte etwa vier Wochen vor der geplanten Betriebsstillegung. Die Männer waren über ihre bevorstehende Entlassung informiert, aber zu diesem Zeitpunkt noch beschäftigt.

Phase 2: Der zweite Besuch fand etwa fünf bis sieben Wochen nach Stillegung der Fabrik statt. Zu diesem Zeitpunkt waren die Männer entweder arbeitslos oder hatten eine neue Arbeit gefunden, befanden sich aber noch in der Probezeit.

Phase 3: Die Besuche während dieser Phase erfolgten etwa vier bis acht Monate nach der Betriebsstillegung. Mehr und mehr Männer hatten inzwischen eine neue Arbeit gefunden, aber einige waren noch immer arbeitslos. Andere hatten bereits erneut den Arbeitsplatz gewechselt.

Phase 4: Die Versuchsteilnehmer wurden ein Jahr nach der Betriebsstillegung aufgesucht. Die meisten Männer befanden sich in festen neuen Arbeitsverhältnissen, aber einige hatten erneut den Arbeitsplatz gewechselt, und einige wenige waren noch immer arbeitslos.

Phase 5: Der letzte Besuch erfolgte etwa zwei Jahre nach der Betriebsstillegung. Eine bemerkenswert große Minderheit der Männer hatte im zurückliegenden Jahr weitere berufliche Wechsel und Arbeitslosigkeit durchgemacht.

Die wichtigsten erhobenen Meßwerte beziehen sich auf das Ausmaß der finanziellen Einbußen, auf zwölf Motivdeprivationen (Zufriedenheitsmaße bezüglich verschiedener Lebensaspekte, die mit Arbeit bzw. Arbeitslosigkeit in Beziehung

Tabelle 4.4: Veränderungen in Indikatoren für seelische Gesundheit sowie in physiologischen Indikatoren: Differenzen zwischen Untersuchungsgruppen mit unterschiedlichem Beschäftigungsstatus während der Untersuchungsphasen 2 und 3. Positive (negative) Werte bedeuten einen Anstieg (ein Absinken) mit der Zeit. (Entnommen aus KASL 1979, p. 194).

Indikator		1 (Antizipation) nach 2 (arbeitslos)	Ausmaß der Veränderung von 2 (wiederbeschäftigt) nach 3 (noch arbeitslos)	arbeitslos nach 3 (verzögert wiederbeschäftigt)	2 (wiederbeschäftigt) nach 3 (dauerhaft wiederbeschäftigt)
Depression	Mittlere Veränderung	0.30	−0.43	−0.39	−0.09	0.07
	Signif. d. Veränder.	<.10	<.05	ns	ns	ns
	Signif. d. Gruppendiff.	<.01				
Angst-Spannung	Mittlere Veränderung	0.19	−0.45	−0.51	−0.05	−0.14
	Signif. d. Veränder.	ns	<.025	<.10	ns	ns
	Signif. d. Gruppendiff.	<.01				
Psychophysiologische Symptome	Mittlere Veränderung	−0.18	−0.30	−0.71	0.38	0.10
	Signif. d. Veränder.	ns	ns	<.05	ns	ns
	Signif. d. Gruppendiff.	ns			<.05	
Mißtrauen	Mittlere Veränderung	0.17	−0.55	−0.56	0.12	−0.04
	Signif. d. Veränder.	ns	<.01	<.05	ns	ns
	Signif. d. Gruppendiff.	<.05				

Fortsetzung der Tabelle 4.4:

Indikator		1 (Antizipation) nach 2 (arbeitslos)	Ausmaß der Veränderung von 2 (wiederbeschäftigt) nach 3 (noch arbeitslos)	arbeitslos nach 3 (verzögert wiederbeschäftigt)	2 (wiederbeschäftigt) nach 3 (dauerhaft wiederbeschäftigt)
Pulsrate (Schläge/ Min.)	Mittlere Veränderung	2.43	-2.22	-3.36	-0.97	-1.65
	Signif. d. Veränder.	<.05	<.05	<.05	ns	ns
	Signif. d. Gruppendiff.	<.005				
Diastolischer Blutdruck (mm/Hg)	Mittlere Veränderung	1.36	-3.07	1.36	-1.65	-0.22
	Signif. d. Veränder.	ns	<.005	ns	ns	ns
	Signif. d. Gruppendiff.	<.01				
Harnsäurewert (mg/100 ml)	Mittlere Veränderung	0.09	-0.55	-0.37	-0.23	-0.01
	Signif. d. Veränder.	ns	<.001	ns	ns	ns
	Signif. d. Gruppendiff.	<.001				
Serum-Cholesterinspiegel (mg/100 ml)	Mittlere Veränderung	9.24	-2.40	-6.21	-18.97	-2.63
	Signif. d. Veränder.	<.025	ns	ns	<.001	ns
	Signif. d. Gruppendiff.	<.05				

stehen, z. B. Möglichkeiten, seine Fähigkeiten einzusetzen) sowie auf neun Indikatoren für seelische und körperliche Gesundheit (z. B. Depressivität, Selbstwertgefühl, psychophysiologische Symptome).

Aus der Vielzahl der Ergebnisse greifen wir nur jene heraus, die sich auf Aspekte der seelischen und körperlichen Gesundheit beziehen. Vergleicht man die Arbeitslosengruppe mit der Kontrollgruppe, so zeigen sich nur wenige und schwach ausgeprägte Unterschiede. Während der Antizipationsphase sind in der Arbeitslosengruppe die Depressionswerte leicht erhöht und die Mißtrauenswerte erniedrigt. Während der eingetretenen Arbeitslosigkeit zeigen sich etwas größere Abweichungen im Sinne einer erhöhten Depressivität sowie eines verringerten Selbstwertgefühls. Der im Vergleich zur Kontrollgruppe nur schwach ausgeprägte Effekt der Arbeitslosigkeit auf die seelische Gesundheit kann darin begründet liegen, daß nicht einzelne Arbeitnehmer, sondern die gesamte Belegschaft ihren Arbeitsplatz verlor, die Chancen einer baldigen Wiederbeschäftigung für die Angehörigen einer der beiden Firmen recht gut waren, die verlorenen Arbeitsplätze keine hohe Attraktivität besaßen und bestimmte Bedingungen, wie eine hohe soziale Unterstützung und psychische Abwehrmechanismen, zur psychischen Stabilisierung zumindest einer größeren Zahl von Arbeitslosen beitrugen.

Recht aufschlußreich sind jene Befunde, die auf **intraindividuellen** Vergleichen während verschiedener Phasen basieren (vgl. Tabelle 4.4). Es zeigen sich in allen Indikatoren für seelische Gesundheit sowie in den physiologischen Maßen weitgehend konsistente Ergebnisse. Beim Übergang von der Antizipations- zur Arbeitslosigkeitsphase sind lediglich ein schwacher Anstieg der Depressivität sowie signifikante Anstiege der Pulsfrequenz und des Cholesterinspiegels zu verzeichnen. Bei der Gegenüberstellung der Antizipations- und der Arbeitslosigkeits- mit der Wiederbeschäftigungsphase ergeben sich in der Wiederbeschäftigungsphase signifikant günstigere Werte (im Sinne einer besseren seelischen und körperlichen Gesundheit). Bemerkenswert ist auch die Tatsache, daß sich mit zunehmender Dauer der Arbeitslosigkeit die negativen Effekte nicht etwa verstärken, sondern abschwächen. (Dieses Ergebnis zeigt sich beim intraindividuellen Vergleich jener Personen, die sowohl in der Phase 2 als auch in der Phase 3 arbeitslos waren.) KASL (1979, p. 195) faßt seine Befunde wie folgt zusammen: "Alles in allem sprechen unsere Ergebnisse dafür, daß diese Industriearbeiter nicht so lange in einem Zustand der Erregung, Verzweiflung und arbeitsbezogenen Deprivation verblieben, wie die Erfahrung der Arbeitslosigkeit andauerte; statt dessen zeigten sie Anzeichen der Anpassung." Dieses Ergebnis von KASL läßt sich jedoch nicht ohne weiteres verallgemeinern, wie Untersuchungen von SÖRGEL (1978) und FRESE (1979) zeigen. In diesen beiden Studien konnten Hinweise dafür gewonnen werden, daß sich bei länger anhaltender Arbeitslosigkeit verschiedene psychische Symptome (vor allem Depressionen) und psychosomatische Symptome verstärken.

Die bisher vorliegenden Untersuchungen reichen nicht dazu aus, ein umfassendes Bild der interindividuell unterschiedlichen zeitpunktabhängigen Auswirkungen der Arbeitslosigkeit auf die seelische (und körperliche) Gesundheit der von Arbeitslosigkeit unmittelbar und mittelbar Betroffenen zu gewinnen (vgl. ELDER & LIKER 1982; WARR 1983; KIRCHLER 1984). Hier sind dringend weitere Untersuchungen erforderlich, die vom Versuchsplan und der Anzahl der Bedingungs- und Effektvariablen her der Komplexität des Phänomens gerecht werden.

4.5 Förderung der seelischen Gesundheit durch arbeitsbezogene Maßnahmen

Die vorangehenden Ausführungen haben gezeigt, daß die seelische (und körperliche) Gesundheit von Menschen in einem interindividuell unterschiedlich engen Zusammenhang zu bestimmten Bedingungen am Arbeitsplatz sowie zur drohenden oder eingetretenen Arbeitslosigkeit steht. In diesem Unterkapitel fragen wir nach den korrektiven und präventiven Konsequenzen dieser Erkenntnis. Dabei sind zwei Problemkreise zu bearbeiten: (1) Möglichkeiten einer Förderung der seelischen Gesundheit im Betrieb unter Berücksichtigung der Arbeitsbedingungen sowie der Persönlichkeitseigenschaften von Berufstätigen, (2) Förderungsmöglichkeiten im Zusammenhang mit (drohender oder eingetretener) Arbeitslosigkeit. Bei der Ableitung und Systematisierung der Maßnahmen lassen wir uns von folgenden Annahmen leiten: Ausgehend von unserer Theorie der seelischen Gesundheit ist zu erwarten, daß eine Förderung der seelischen Gesundheit über eine Verbesserung der Chancen der Individuen zur Bewältigung externer und interner Anforderungen möglich sein sollte. Diese Chancen können durch Interventionen auf wenigstens vier Ebenen vergrößert werden: der Ebene der Einzelperson, der Gruppe, der Organisation sowie der Gesetzgebung. Wir werden auf jede dieser vier Ebenen eingehen und dabei zwischen Interventionen eher technischer Natur (z. B. Arbeitsplatzgestaltung) und eher zwischenmenschlicher Natur (z. B. Veränderungen von Macht- und Kommunikationsstrukturen) unterscheiden.

Einschränkend seien einige Bemerkungen vorangestellt: (1) Das zu behandelnde Gebiet ist so breit und die einschlägige Literatur so umfangreich, daß wir nur in Ausschnitten und auf einführendem Niveau die Probleme erörtern können. Wir werden mehrfach auf weiterführende Literatur verweisen. (2) Trotz intensiver und in jüngster Zeit rapide angewachsener Forschungstätigkeit sind zahlreiche Fragen noch offen (WILPERT & QUINTANILLA 1984). Hierfür gibt es mehrere Gründe: Es fehlt in diesem Bereich bisher an umfassenden empirisch überprüften Theorien. Statt dessen existiert eine größere Anzahl konkurrierender Minitheorien (KLEINBECK & ERNST 1981; BECKER & LANGOSCH 1984). Diese theoretischen Ansätze spielen bei der praktischen Realisierung von Arbeitsstrukturierungsmaßnahmen nur eine untergeordnete Rolle. Wie HOYOS (1981) anmerkt, neigt man in Betrieben im allgemeinen zu ziemlich pragmatischen Lösungsversuchen. Die anwendungsorientierte Forschung in Betrieben hat generell mit ungewöhnlichen praktischen Schwierigkeiten zu kämpfen. Betriebe sind gewachsene Organisationen, in die man nur in begrenztem Umfang und in einem längerfristigen Prozeß eingreifen kann (FRIEDLÄNDER & BROWN 1974). Dabei sind die unterschiedlichsten Interessen und Befürchtungen der von den Maßnahmen Betroffenen, aber auch rechtliche Rahmenbedingungen (FRIELING 1981) ins versuchsplanerische Kalkül einzubeziehen (HESS 1981; MAIER 1983; BECKER & LANGOSCH 1984). Am "grünen Tisch" und nach den Regeln des klassischen Experiments geplante Felduntersuchungen sind nach Meinung von Experten meist zum Scheitern verurteilt. Vielmehr müssen bereits bei der Planung - und erst recht in der Durchführungsphase - Abstriche vom versuchsplanerischen Ideal gemacht werden, die zu Lasten der externen und internen Validität gehen können.

KLEINBECK & ERNST (1981, p. 10-11) formulieren dieses Dilemma wie folgt: "Die Randbedingungen in Industrieexperimenten - seien es nun wirtschaftliche, tarifvertragliche oder gesetzliche, nicht so sehr die technischen, diese können meist verändert werden - stehen oft den Prinzipien der experimentellen Kontrolle entgegen. Diese Schwierigkeiten dürfen aber nicht dazu führen, von vornherein auf jegliche methodische Exaktheit zu verzichten, um dann unter dem

Deckmantel der Forschung irgendwelche Veränderungen durchzuführen. Feldexperimentelle Untersuchungen zur Arbeitsstrukturierung bleiben wünschenswert, und es sollten Wege gefunden werden, sie möglich zu machen." CLEGG (1981) äußert sich gleichfalls zu den Konflikten des auf dem Gebiet der Arbeitsstrukturierung Forschenden. Seines Erachtens besteht ein schwer auflösbarer Widerspruch zwischen dem Bemühen um experimentelle Kontrolle und dem um ein vertieftes Verständnis der komplexen beruflichen Realität. Als ein der Aktionsforschung Nahestehender plädiert er dafür, "... daß bei dem heutigen Stand der Wissenschaft im Bezug auf Arbeitsstrukturierung mehr Nachdruck auf Verständnis zu legen ist, d. h. unser Verständnis von Praxis vertiefen." (CLEGG 1981, p. 20). Ein von ihm aufgrund langjähriger Praxiserfahrung entwickeltes komplexes Modell der Arbeitsstrukturierung, auf das wir weiter unten näher eingehen, belegt die Fruchtbarkeit seiner methodologischen Position.

Da in den vorliegenden Untersuchungen meist nur am Rande oder in Ausschnitten auf Indikatoren für seelische Gesundheit eingegangen wurde und kaum längerfristige Effekte überprüft wurden, läßt sich zur Zeit nur ein bruchstückhaftes Bild der Förderungsmöglichkeiten seelischer Gesundheit durch arbeitsbezogene Maßnahmen entwerfen. Manche der im folgenden diskutierten Ansatzpunkte für Interventionen haben eher einen programmatischen als wissenschaftlich gesicherten Charakter.

4.5.1 Maßnahmen in Betrieben bzw. bei Beschäftigten

In den letzten Jahren wurden unter der Leitidee der "Humanisierung der Arbeit" Zielvorstellungen entwickelt und Forschungsprojekte initiiert, die zur Verbesserung von Arbeitsbedingungen führen sollen. In der Bundesrepublik Deutschland wurde diese Entwicklung maßgeblich durch das vom Bundesministerium für Forschung und Technologie formulierte Aktionsprogramm "Humanisierung des Arbeitslebens" gefördert. Eine Zwischenbilanz der im Rahmen dieses Aktionsprogramms durchgeführten wissenschaftlichen Projekte, ihrer Zielsetzungen, Methoden, Ergebnisse und ungelösten Probleme, wurde von FRICKE (1981) und MARTIN (1981) im Rahmen eines Symposiums über "Arbeitsstrukturierung" gezogen (vgl. auch WILPERT & QUINTANILLA 1984).

WOBBE (1982) ist der Auffassung, daß im Laufe der Zeit der Begriff "Humanisierung der Arbeitswelt" zum Schlagwort degradiert wurde, hinter dem sich ein breites Spektrum von realistischen bis utopischen Vorstellungen verbirgt. Seines Erachtens wird die Humanisierungsdebatte nicht selten auf einer verschwommenen Ebene geführt, die konkrete Ansätze vermissen läßt. HESS (1981), der aus der Position der Arbeitgeber in der Metallindustrie zur "Humanisierung der Arbeit" Stellung bezieht, stößt sich daran, daß durch diese Formulierung die Inhumanität der derzeitigen Arbeitswelt unterstellt werde. Er hält dieser Auffassung Befragungsergebnisse entgegen, wonach ein erstaunlich hoher Prozentsatz von Beschäftigten der Metallindustrie im Jahre 1979 mit den aktuellen Arbeitsbedingungen zufrieden (77 %) oder sehr zufrieden (16 %) war. Sein Fazit lautet: "Wenn 93 % der Beschäftigten mit ihrer Arbeit zufrieden sind, 78 % das Verhältnis zu ihrem Vorgesetzten mit gut oder sehr gut bezeichnen, 68 % gern in ihrem Betrieb arbeiten und nur 4 % ihren Betrieb und ihre Beschäftigung darin nicht mögen, kann es um die Arbeitswelt nicht schlecht bestellt sein." (HESS 1981, p. 31). Unterstellt man einmal die Generalisierbarkeit dieses Ergebnisses auf andere Wirtschaftszweige und auf die aktuelle wirtschaftliche Situation, so ergibt sich daraus keineswegs, daß Humanisierungsforderungen der Legitimation entbehren. Zum einen arbeitet immerhin rund ein Drittel der Beschäftigten nicht gerne im jeweiligen Betrieb. Zum anderen ist aus mehreren Untersuchungen (z. B. der oben diskutierten Studie von KORNHAUSER 1965) bekannt, daß es Formen der resignativen Zufriedenheit gibt, die Ausdruck einer Anpassung an frustrierende Bedingungen mittels Anspruchsniveausenkung sind. (Die zum Teil naive Verwendung des Kriteriums Arbeitszufriedenheit wird auch von BRUGGEMANN et al. 1975 sowie von STUBBE 1981 kritisiert.) Und zum dritten besitzt das Kriterium der Arbeitszufriedenheit nur eine begrenzte Validität als Indikator für die Gesundheitsförderlichkeit von Arbeitsbedingungen. Unseres Erachtens besteht kein Zweifel an der Notwendigkeit von Bemühungen um eine Verbesserung von Arbeitsbedingungen, die der Erhaltung und Förderung der seelischen (und körperlichen) Gesundheit dienen. Wir wollen im folgenden einige konkrete Ansatzpunkte und erste Projekterfahrungen diskutieren.

Zuvor ist es erforderlich, auf das Problem der Auswahl geeigneter Indikatoren für die Effizienz von Maßnahmen einzugehen. Legt man unsere in Kapitel 1 formulierte Theorie der seelischen Gesundheit zugrunde, so bieten sich die dort aufgezählten sieben Indikatorenbereiche für Zustände der Gesundheit bzw. Krankheit an, die sich ohne Mühe auf den Arbeitsbereich übertragen lassen. **Gesundheitsförderliche Arbeitsbedingungen** wären demgemäß solche, die (1) ein günstiges Verhältnis von Zuständen der positiven und negativen emotionalen Befindlichkeit (d. h. unter anderem hohe Zufriedenheit mit den Arbeitsbedingungen) herbeiführen, (2) die Voraussetzungen für optimale Aktiviertheit schaffen, (3) Gelegenheit zur Expansivität und Selbstverwirklichung bieten, (4) die Entfaltung von Kompetenzen und produktives Verhalten ermöglichen, (5) die eigene Tätigkeit sinnvoll erscheinen lassen und zum persönlichen Engagement motivieren, (6) Autonomietendenzen und internale Kontrollüberzeugungen fördern und (7) ein hohes Selbstwertgefühl und Selbstsicherheit begünstigen.

Von Fall zu Fall wurden in empirischen Untersuchungen einzelne oder mehrere dieser Indikatoren herangezogen. Sie wurden häufig durch die folgenden, für den Arbeitsbereich spezifischen Indikatoren ersetzt oder ergänzt: Fehlzeiten (Absentismus), Konsum von Medikamenten, Stellenfluktuation, psychische Beanspruchungs- und physiologische Streßindikatoren (z.B. Katecholaminsekretion) und Persönlichkeitsförderlichkeit. Ein bisher wenig beachtetes Problem betrifft die Enge der Zusammenhänge zwischen diesen verschiedenen Indikatoren für seelische (und körperliche) Gesundheit. So lange diese Frage nicht geklärt ist, läßt sich die Vergleichbarkeit von Untersuchungen mit unterschiedlichen Effizienzkriterien nicht beurteilen. Festzuhalten ist in jedem Fall, daß bei den zu besprechenden Untersuchungen stets nur Teilaspekte des umfassenden Konstrukts der seelischen Gesundheit berücksichtigt wurden.

Die im folgenden dargestellten Interventionen untergliedern wir nach vier Ebenen, auf denen sie primär angesiedelt sind: die Ebenen der Einzelperson, Gruppe, Organisation sowie des Staates und seiner gesetzlichen Einflußmöglichkeiten. Es ist uns bewußt, daß diese Einteilung - und insbesondere die Abgrenzung der Gruppen- und Organisationsebene - in der Praxis nicht immer streng durchzuhalten ist.

Maßnahmen auf der individuellen Ebene

Nach unserer theoretischen Grundposition kann die Förderung der seelischen Gesundheit eines Beschäftigten auf zwei Wegen erfolgen, nämlich über die Verbesserung der Chancen zur Bewältigung externer oder interner (arbeitsbezogener) Anforderungen. Wir besprechen zunächst die Bewältigung externer beruflicher Anforderungen.

Das generelle Ziel von Interventionen ist hier die **Vermeidung von Überforderungen** bzw. die **Optimierung von Beanspruchung.** Läßt man sich vom Konzept der Person-Umwelt-Passung mit seiner Betonung interindividueller Differenzen leiten, so besteht eine grundsätzliche Interventionsmöglichkeit in der optimalen Zuordnung von Personen zu Arbeitsbedingungen. Dabei werden weder Personen noch Arbeitsbedingungen geändert. Das Problem wird vielmehr auf die Ebene erfolgreicher Selektion bzw. Plazierung verlagert. Bei Neueinstellungen versucht man, durch präzise Beschreibung des Aufgabengebietes und durch **Selektion** geeigneter Bewerber eine optimale Passung zu erreichen. **Plazierungsmaßnahmen** dienen dem gleichen Optimierungsziel, das durch Neuzuordnung von bereits Beschäftigten zu passenderen Aufgaben erreicht werden soll. Selektions- und Plazierungsstrategien verdienen sicherlich Beachtung. Sie unterliegen jedoch folgenden Begrenzungen: Die Selektion geeigneter Personen setzt voraus, daß diese sich bewerben und daß valide diagnostische Verfahren und Auswahlstrategien zur Verfügung stehen. Beide Voraussetzungen dürften häufig nur in begrenztem Ausmaß erfüllt sein. Analoge Probleme können sich bei Plazierungsversuchen ergeben. Eine weitere Schwierigkeit bei einem ausschließlichen Vertrauen auf Selektion ergibt sich aus den im Laufe der Zeit eintretenden Veränderungen von beruflichen Anforderungen und Personmerkmalen, die zu einem "Misfit" führen. Ein sehr grundsätzlicher Einwand gegen Selektions- und Plazierungsstrategien resultiert aus der Gefahr, daß in bestimmten Betrieben inhumane (= gesundheitsgefährdende) Arbeitsbedingungen vorhanden sind, die auf diesem Weg nicht überwunden werden können.

Ein möglicher Ausweg aus dieser Situation führt über **Personalschulung.** Durch ein geeignetes Training sollen Beschäftigte zusätzliche Qualifikationen erwerben, die sie in die Lage versetzen, den eventuell durch technische Innovationen veränderten beruflichen Anforderungen zu genügen. Solche Schulungsmaßnahmen können entweder betriebsintern oder als externe Weiterbildungsangebote realisiert werden. MAIER (1983, p. 180) formuliert folgende Bedingungen für ein Qualifikationskonzept zur Verwirklichung humaner Arbeit:
"- Qualifikation darf sich nicht nur auf einen spezifischen Arbeitsplatz beziehen, sondern muß arbeitsplatzübergreifend sein;
- hierzu ist eine breite systematische Basisqualifikation notwendig;
- spezielle Kenntnisse und Fertigkeiten sollten nach einem Stufenkonzept sukzessive vermittelt werden;
- Qualifizierungsprozesse dürfen nicht nach dem Einarbeitungsprozeß abgeschlossen sein, sondern müssen eine längerfristige Perspektive für die Mitarbeiter aufweisen;
- sie sollen weiterhin zur inner- und außerbetrieblichen Mobilität der Arbeitskräfte beitragen (hierfür ist eine Zertifizierung anzustreben);
- Arbeitsplätze bzw. Arbeitssysteme sind so zu gestalten, daß die Einarbeitung ohne Leistungsdruck möglich ist;
- Arbeitstätigkeiten mit Freiheitsgraden sollen zur arbeitsimmanenten Qualifizierung führen;
- komplexere Arbeitstätigkeiten, die mit einer erheblichen Erweiterung des Dispositionsspielraums verbunden sind, können nicht ausschließlich im Arbeitsprozeß erworben werden."

Vor der Realisierung von Schulungsmaßnahmen ist die interindividuell unterschiedlich große Bereitschaft zur Höherqualifizierung zu prüfen (z. B. in Abhängigkeit von Schicht, Familienstand, Alter, Intelligenz, Schulbildung). Ferner müssen die aus Höherqualifikationen resultierenden Forderungen nach höherer Eingruppierung mitbedacht werden (PORNSCHLEGEL 1981).

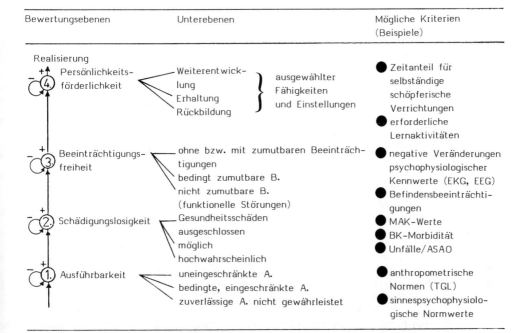

Abbildung 4.20: Hierarchisches System zur psychologischen Bewertung von Arbeitsgestaltungsmaßnahmen. (Entnommen aus HACKER 1980, p. 29).

Berufliche Überforderungen lassen sich natürlich auch durch **verbesserte Arbeitsbedingungen** vermeiden. Solche Verbesserungen sind einerseits durch technisch-ergonomische und andererseits durch organisatorische, zwischenmenschliche Maßnahmen zu erreichen. In diesem Zusammenhang erscheint uns ein von HACKER (1980) vorgeschlagenes hierarchisches System zur psychologischen Bewertung von Arbeitsgestaltungsmaßnahmen recht nützlich (vgl. Abbildung 4.20).

HACKER unterscheidet dabei vier Bewertungsebenen von Arbeitstätigkeiten: Ausführbarkeit, Schädigungslosigkeit, Beeinträchtigungsfreiheit und Persönlichkeitsförderlichkeit. Überforderungen wären demnach durch die Beachtung der Kriterien Ausführbarkeit, Schädigungslosigkeit und Beeinträchtigungsfreiheit zu vermeiden. (Nähere Einzelheiten zur Messung dieser Variablen sowie zur Umsetzung dieses Ansatzes in die betriebliche Realität sind der Monographie von HACKER 1980 zu entnehmen; vgl. auch MAIER 1983.) Wir beschränken uns an dieser Stelle auf den Aspekt der Beeinträchtigungsfreiheit.

Die Gefahr arbeitsbedingter Überforderung läßt sich in einigen Fällen dadurch verringern, daß die Anforderungen an einen Beschäftigten sowie seine Entscheidungskompetenzen hinreichend klar formuliert werden. In vorangehenden Abschnitten dieses Kapitels wurde bereits auf den belastenden Charakter von Rollenambiguitäten und Rollenkonflikten hingewiesen. In anderen Fällen führt der Weg zur Vermeidung von Überforderungen über die Bereitstellung von genügend viel Zeit zur Bewältigung der anstehenden Aufgaben. Dieses Ziel läßt sich z. B. durch eine Erhöhung des Dispositionsspielraums des Beschäftigten, durch die **Beseitigung von Akkordarbeit** und durch die permanente oder in Stoßzeiten erfolgende Delegation eines Teils der Aufgaben an andere Beschäftigte erreichen.

Exemplarisch stellen wir einen von GARDELL (1978) beschriebenen Versuch einer Umstellung vom Akkord- zum Monatslohn dar. Das Experiment erfolgte in einem schwedischen Sägewerk. Die Interventionseffekte wurden nach Ablauf eines Jahres evaluiert. Dabei zeigte sich, daß es in diesem Fall nicht zu einem Rückgang der Produktivität kam. Die Qualität der Arbeit verbesserte sich durch den ruhigeren und gleichmäßigeren Arbeitsrhythmus. Die Arbeiter betrachteten den weniger hektischen Arbeitsrhythmus als großen Vorteil. Im Zusammenhang mit der seelischen Gesundheit ist das Ergebnis von Interesse, daß sich bei etwa der Hälfte der Arbeiter nach ihren eigenen Angaben das Wohlbefinden im Betrieb, die Stimmung am Arbeitsplatz und das Selbstwertgefühl wesentlich oder etwas verbesserten. GARDELL (1978, p. 111) faßt die Ergebnisse verschiedener Versuche zur Abschaffung von Akkordlohn wie folgt zusammen: "Kürzlich durchgeführte Experimente über die Einführung von Monatslohn zeigen, daß Angespanntheit, Beanspruchung und schwere Unfälle sinken, in der Regel allerdings auch die Produktivität. Diese Ergebnisse legen die Schlußfolgerung nahe, daß hohe Produktivität, die durch Akkord erreicht wird, Beanspruchung und Verschleiß beim Arbeiter erhöhen."

Einen experimentellen Beleg für eine erhöhte Beanspruchung und eine daraus wahrscheinlich resultierende erhöhte Gesundheitsgefährdung durch die Einführung von Akkordlohn konnte LEVI (1981) erbringen. Freiwillige Teilnehmer an dem Versuch waren zwölf gesunde weibliche Büroangestellte im Alter von 18 bis 31 Jahren. Sie wurden vor Versuchsbeginn über den Diskussionsstand zur Kontroverse Monats- versus Akkordlohn und über das Versuchsziel aufgeklärt. Der Versuch erstreckte sich über vier aufeinanderfolgende Tage. Am zweiten und vierten Tag erfolgte die Entlohnung in der gewohnten Weise, nämlich unter Bezugnahme auf den bisherigen Monatslohn. Am ersten und dritten Tag wurde ein starker finanzieller Anreiz für Leistungssteigerungen (im Sinne des Akkordlohnes) eingeführt, wobei dieser erst dann zur Wirkung kam, wenn das gewohnte Leistungsniveau überschritten wurde. Unter der Akkordlohnbedingung kam es zu einer Verdoppelung der erbrachten Leistung bei unverändert niedriger Fehlerquote. Allerdings stiegen zugleich die subjektiven und objektiven Streßreaktionen signifikant an. Als objektiver Streßindikator diente dabei das Niveau der Adrenalin- und Noradrenalinsekretion.

Eine Auflistung von Bedingungen, die zu Überforderungsreaktionen beitragen, wäre unvollständig, wollte man das Problem des **Typ-A-Verhaltens** ausklammern. Wie in den vorangehenden Abschnitten dieses Kapitels ausgeführt wurde, besitzen Personen mit Typ-A-Verhalten, die sich mit ihrem Perfektionismus und stark ausgeprägten Qualitäts- und Quantitätsehrgeiz ständig selbst überfordern, ein etwa doppelt so hohes Risiko für koronare Herzerkrankungen wie der Typ B. Aus diesem Grund allein lohnt es sich, präventive Maßnahmen für diese Personengruppe in Betracht zu ziehen. Aber auch vom Standpunkt der Förderung der seelischen Gesundheit aus sind Personen mit Typ-A-Verhalten als Risikogruppe zu betrachten. Sie haben ein eher labiles Selbstwertgefühl und erleben gehäuft Zustände der Ruhelosigkeit, Angespanntheit und Feindseligkeit (vgl. Abbildung 4.18). Auf Situationen eines drohenden Kontrollverlustes reagieren sie mit weiterer Anstrengungssteigerung, die zeitweise durch Phasen der Hilflosigkeit unterbrochen wird (GLASS 1977). ROSKIES (1983), die über langjährige therapeutische Erfahrungen im Umgang mit Typ-A-Personen verfügt, setzt sich ausführlich mit Interventionsmöglichkeiten auseinander. Sie sieht prinzipiell drei Ansatzpunkte für korrektive Eingriffe: (1) Veränderung der (betrieblichen) Umwelt, so daß sie weniger Situationen eines drohenden Kontrollverlustes und weniger Leistungsdruck enthält, (2) Veränderungen in der subjektiven Wahrnehmung von Situationen, die Kontrollverlust zu implizieren scheinen, und Verringerung des überstarken Wunsches nach Kontrolle, (3) Veränderungen in den Reaktionen auf erste Streßanzeichen, also z. B. Einsatz effizienter Entspannungsmethoden.

Vor die Wahl gestellt, an welcher Stelle ein therapeutischer Eingriff mit der größten Aussicht auf Erfolg ansetzen sollte, entschied sich ROSKIES zunächst für die zuletzt genannte Förderung von **Selbstkontrollstrategien** zur Verringerung von Erregungszuständen. In einem therapeutischen Experiment wurden 27 physisch gesunde, beruflich erfolgreiche Männer nach Zufall entweder einem derartigen Selbstkontrollprogramm (progressive Muskelentspannung nach JACOBSON) oder einer Kontrollgruppe zugeordnet. Der Kontrollgruppe wurde eine Therapieform angeboten, die auf der Vermittlung von Einsichten und dem Lernen am Modell der männlichen und weiblichen Kotherapeuten basierte; diese zeigten ein entspanntes und wenig kompetitives Verhalten. Das Experiment verlief erfolgreich. Bei den Teilnehmern des Selbstkontrolltrainings ergaben sich signifikante Verringerungen in physiologischen und psychologischen Risikofaktoren (Cholesterinspiegel, systolischer Blutdruck, Gefühle der Zeitnot, Lebensunzufriedenheit). Dieser Erfolg kam ohne erkennbare Veränderung in den Ernährungs-, Rauch- und Bewegungsgewohnheiten und unter Beibehaltung der bisherigen Arbeitsdauer und beruflichen Verantwortung zustande. Zur Überraschung der Untersucherin traten in der Kontrollgruppe (Psychotherapiegruppe) annähernd gleich gute Behandlungseffekte auf.

Nicht zuletzt dieser unerwartete Befund, aber auch eine differenziertere theoretische Analyse bewogen ROSKIES dazu, ein zweites, erweitertes Behandlungsprogramm auf kognitiv-verhaltenstherapeutischer Grundlage zu entwerfen. Die progressive Muskelentspannung wurde dabei lediglich als erster Schritt eingeführt. Es folgten Übungen zur Kontrolle negativer Gefühle, vor allem Ärger, Angst und Depressivität. Diese basierten auf den Prinzipien der von ELLIS entwickelten rational-emotiven Therapie. Ergänzt wurden die Übungen durch ein Training in Kommunikations- und Problemlösestrategien. Zusammenfassend läßt sich das Maßnahmenpaket als **Streßbewältigungsprogramm** bezeichnen. Unter anderem am Beispiel des Umgangs mit Zeitdruck wurden die einzelnen Programmelemente eingeübt. Leider war zum Zeitpunkt der Publikation von ROSKIES (1983) dieses zweite Experiment noch nicht abgeschlossen, so daß keine Evaluationsdaten vorliegen. ROSKIES hält es aber in jedem Fall für bemerkenswert, daß es auf dem von ihr beschrittenen Weg innerhalb von kurzer Zeit gelang, eine größere Gruppe gesunder Risikopersonen zur Teilnahme zu bewegen, wobei die Abbruchquote sehr niedrig lag (nur 5 von 66 Teilnehmern).

Nach dieser Darstellung von Interventionen, die an der Bewältigung externer Anforderungen ansetzen, wenden wir uns im folgenden den internen Anforderungen von Individuen zu. Gesundheitsförderliche Arbeitsbedingungen wären unter diesem Blickwinkel solche, die es einem Individuum im Rahmen seiner beruflichen Tätigkeit ermöglichen, wichtige Bedürfnisse zu befriedigen. Die Klassifikation von Bedürfnissen ist bekanntlich ein schwer zu lösendes Problem. Für unsere Zwecke erscheint die von MASLOW (1977a, b) vorgeschlagene hierarchische Bedürfnisklassifikation geeignet. MASLOW unterscheidet zwischen physiologischen-, Sicherheits-, Affiliations-, Selbstwert- (bzw. Geltungs-) und Selbstverwirklichungsbedürfnissen.

Die **physiologischen Bedürfnisse** betreffen unter anderem die Bereiche Atmung, Nahrungsaufnahme, Körperhaltung, Bewegung und die Vermeidung von extremen Temperaturen sowie von Lärm- und Schadstoffbelastungen. Zur Frage, wie man bei der Arbeitsgestaltung diesen physiologischen Bedürfnissen Rechnung tragen kann, liegt eine Fülle ergonomischer Erkenntnisse vor (vgl. unter anderem THOMASCHEWSKI 1978; HACKER 1978, 1980; LEVI 1981). Wir beschränken uns an dieser Stelle auf einen wichtigen Teilbereich, nämlich das Problem der **Schicht- und Nachtarbeit.** Wie an früherer Stelle ausführlich erörtert wurde, stellt diese Arbeitsbedingung einen gesundheitlichen Risikofaktor dar, wobei durch Schicht- und Nachtarbeit nicht nur biologische, sondern auch soziale Rhythmen gestört werden. Es ist daher zu erwarten, daß die Beseitigung oder Einschränkung von Schicht- und Nachtarbeit günstige Auswirkungen auf die seelische (und körperliche) Gesundheit zeitigt. Ein entsprechender Nachweis wurde in einer von AKERSTEDT & TORSVALL (1978) durchgeführten und oben bereits andiskutierten Studie erbracht. Diesen Autoren gelang es, die in zahlreichen anderen Untersuchungen aufgrund versuchsplanerischer Mängel bestehenden Interpretationsmehrdeutigkeiten (vor allem Selbstselektionseffekte) zu vermeiden. Im Rahmen einer Längsschnittstudie wurde eine Gruppe von 400 Stahlarbeitern mehrere Monate vor und ein Jahr nach der Einführung veränderter Arbeitszeiten untersucht.

AKERSTEDT & TORSVALL (1978, p. 856) fassen ihre Ergebnisse wie folgt zusammen: "Die Arbeiter, die von der Dreier- oder Viererschichtarbeit zur Zweierschichtarbeit (ohne Nachtarbeit) wechselten, zeigten einen deutlichen Anstieg im Wohlbefinden bezüglich Schlaf/Stimmung, gastrointestinaler Funktion und sozialer Faktoren, zusammen mit verbesserten Einstellungen zu ihren Arbeitszeiten. Diejenigen, die von der Schicht- zur Tagesarbeit eingeteilt wurden, vermeldeten ein sehr gesteigertes soziales Wohlbefinden, eine Verkürzung der Schlafdauer an freien Tagen und erheblich verbesserte Einstellungen zu ihren Arbeitszeiten; ihre Ausfallrate wegen Krankheit ging ebenfalls zurück. Bei denen, deren Plan von der Viererschicht zur Dreierschicht geändert wurde, waren die Einstellungen zum Wechsel von schnell zu langsam rotierenden Schichtzyklen im wesentlichen negativ. Die Fragebogenwerte verblieben auf ihrem ursprünglichen Niveau bei den 269 Arbeitern, deren Pläne sich nicht verändert hatten." Offenbar bewirkte die Abkehr von der Nachtarbeit eine erhebliche Verbesserung des psychischen, physischen und sozialen Wohlbefindens. Kritisch ist zu der Untersuchung anzumerken, daß die Autoren keine Angaben darüber machen, (a) nach welchen Gesichtspunkten diejenigen Arbeiter ausgewählt wurden, bei denen Schichtumstellungen erfolgten bzw. unterblieben, (b) ob sich die sieben Gruppen nicht nur bezüglich ihrer Arbeitszeitregelung, sondern auch anderer Aspekte ihrer Arbeit (z. B. Dispositionsspielraum) unterschieden.

Als nächstes wenden wir uns den **Sicherheitsbedürfnissen** von Beschäftigten zu. Für die Mehrzahl der im arbeitsfähigen Alter Befindlichen bildet die Ausübung einer Beschäftigung gegen Entgelt die Grundlage ihrer materiellen Existenzsicherung. Arbeitnehmer sind daher in hohem Maße an einer dauerhaften Beschäftigung und einem gesicherten Einkommen interessiert. Arbeitsbezogene Maßnahmen zur Förderung der seelischen (und körperlichen) Gesundheit müssen mithin auch die Bereiche angemessene und "gerechte" Entlohnung sowie Sicherung von Arbeitsplätzen einbeziehen. Diese eigentlich selbstverständliche Erkenntnis ist bei der Planung von Humanisierungsprojekten zu berücksichtigen. Es darf im Rahmen solcher Projekte - etwa aufgrund von Rationalisierungsmaßnahmen - nicht zu Freistellungen oder Lohnabgruppierungen kommen. Die Ausklammerung der Entlohnungsfrage bei Humanisierungsprojekten führt zwangsläufig zu Konflikten und häufig zum Scheitern des gesamten Projektes.

KAHN (1981) und MAIER (1983) berichten über verschiedene **Modelle einer Partizipation** der Beschäftigten an der Unternehmensleitung (einschließlich Entscheidungen über Gehaltsfragen) sowie der Beteiligung am erwirtschafteten Gewinn oder am Unternehmensbesitz. LAWLER (1977) sammelte positive Erfahrungen mit einer stärkeren Einbeziehung von Arbeitnehmern in die Festlegung von Löhnen und Gehältern. Diese Art der Mitbestimmung förderte das Vertrauen und verantwortungsvolleres Verhalten unter den Mitarbeitern. Diese sind auch durchaus zu einer realitätsgerechten Beurteilung ihrer Leistung in der Lage. Da ein als gerecht empfundener Lohn zur allgemeinen Arbeitszufriedenheit und Arbeitsmotivierung beiträgt oder zumindest der Arbeitsunzufriedenheit vorbeugt, sind positive Auswirkungen auf die seelische Gesundheit zu erwarten, jedoch bisher nicht nachgewiesen bzw. überprüft worden. Die von KAHN (1981) beschriebenen Experimente einer Beteiligung der Beschäftigten am erwirtschafteten Gewinn oder sogar am Firmenbesitz lieferten ermutigende Ergebnisse. Eine größere Zahl derartig geführter Unternehmen in den USA, wie zum Beispiel die Lincoln Electric Company, waren bzw. sind nicht nur wirtschaftlich erfolgreich, sondern besitzen eine hohe Attraktivität für die Beschäftigten. Hierfür sprechen die niedrigen Absentismus- und Fluktuationsraten sowie die außergewöhnlich hohe Zahl von Bewerbungen auf ausgeschriebene Stellen in diesen Unternehmen. KAHN (1981, p. 160) faßt die vorliegenden Erfahrungen wie folgt zusammen: "Die Auswirkungen solcher Programme auf die Gesundheit wurden noch nicht untersucht. Ich würde vorhersagen, daß diese Pläne positive Effekte zeitigen. Dies liegt vor allem an der gestiegenen Zufriedenheit mit der Arbeitssituation und zum Teil am besseren Zugang zu Gütern und Dienstleistungen, der durch bedeutsame Einkommensverbesserungen ermöglicht wird."

Da mehrere in vorangehenden Abschnitten besprochene Untersuchungen einen deutlichen Zusammenhang zwischen der Angst vor Entlassung und verschiedenen Indikatoren für seelische (und körperliche) Gesundheit nachweisen, sind von einem verbesserten Kündigungsschutz bzw. von einer gesetzlichen Verankerung des Rechts auf baldige Wiederbeschäftigung gesundheitsförderliche Auswirkungen zu erwarten. Kündigungsschutz soll nicht nur vor materiellem Schaden bewahren, sondern auch die Abhängigkeit von der persönlichen Willkür des Arbeitgebers verringern. Den Sicherheitsbedürfnissen von Beschäftigten kommen auch solche Regelungen entgegen, die einen Schutz vor innerbetrieblicher Versetzung ohne Zustimmung des oder der Betroffenen bieten (THOMASCHEWSKI 1978). Neben den berechtigten Sicherheitsinteressen bestimmter Beschäftigter sind allerdings auch arbeitsorganisatorische sowie gesamtbetriebliche Belange zu berücksichtigen.

Wir wenden uns als nächstes den **Affiliationsbedürfnissen** zu. Darunter verstehen wir den Wunsch nach befriedigenden Sozialkontakten, Kooperation, gegenseitiger Unterstützung und Partizipation. Wenngleich Affiliationsbedürfnisse sicherlich interindividuell unterschiedlich stark ausgeprägt sind, tragen gute Sozialbeziehungen am Arbeitsplatz im allgemeinen beträchtlich zur Arbeitszufriedenheit und -motivation bei. Konflikte mit Arbeitskollegen, Vorgesetzten oder Untergebenen können hingegen erhebliche Spannungen hervorrufen, die sich bei längerer Dauer ungünstig auf die seelische (und körperliche) Gesundheit auswirken. Wir verweisen an dieser Stelle unter anderem auf die Untersuchung von CAPLAN et al. (1982) sowie auf Abbildung 4.12. Nach MAIER (1983, p. 268) ist bei der Humanisierungsdiskussion davon auszugehen, "... daß die Art bzw. Güte von sozialen Beziehungen einen wesentlichen Beitrag zur psychosozialen Entwicklung des Menschen leisten kann." Seines Erachtens fand der Aspekt der Kommunikation und Kooperation in Gruppen bisher noch nicht dieselbe Beachtung wie die Qualifikation oder Beanspruchung der Mitarbeiter. Wir werden auf einige Aspekte dieses Problems bei der Erörterung von Interventionsmaßnahmen auf Gruppenniveau - etwa die Einführung teilautonomer Gruppen - zu sprechen kommen. An dieser Stelle beschränken wir uns auf einige allgemeine Bemerkungen.

Präventive Gesichtspunkte lassen sich zum einen durch Selektions- und Plazierungsentscheidungen berücksichtigen. Um Frustrationen durch zu große oder zu geringe Kontaktdichte am Arbeitsplatz zu vermeiden, empfiehlt es sich, bereits bei der Einstellung neuer Mitarbeiter auf eine hinreichende Person-Umwelt-Passung (nicht nur im Leistungs-, sondern auch im Sozialbereich) zu achten. Ansonsten können durch betriebsinterne, vom Beschäftigten gewünschte Versetzungen einige Problemfälle gelöst werden. Die von vielen Arbeitnehmern, nicht zuletzt von jenen mit repetitiven, wenig Konzentration erfordernden Tätigkeiten gewünschte Möglichkeit zu Kommunikationen während der Arbeit hängt entscheidend von äußeren Rahmenbedingungen, wie dem vorherrschenden Lärmpegel, der räumlichen Distanz von Arbeitsplätzen sowie den Taktzeiten und Pausenregelungen ab. Hier lassen sich durch arbeitsorganisatorische Maßnahmen Verbesserungen herbeiführen, die nicht unerheblich zur Arbeitszufriedenheit beitragen bzw. der Unzufriedenheit entgegenwirken.

Im folgenden kommen wir auf die **Selbstwert-, Geltungs- bzw. Anerkennungsbedürfnisse** zu sprechen. Folgt man MASLOW, so wird das Selbstwertbedürfnis vor allem durch eigene Leistungen bzw. eigenes Können befriedigt. Dies impliziert im Arbeitsbereich, daß den Beschäftigten ausreichend Gelegenheit geboten wird, ihr fachliches Können unter Beweis zu stellen. Auf diesen Aspekt gehen wir im Zusammenhang mit den Selbstverwirklichungsbedürfnissen näher ein. Das Selbstwertgefühl wird andererseits durch verschiedene Formen der Anerkennung seitens des Betriebes gefestigt und erhöht. Hierzu zählen die Position innerhalb der Arbeitshierarchie sowie die Höhe des Gehalts, das man bezieht. Verbesserungen in diesen Zeichen der Anerkennung können in Einzelfällen zur seelischen Gesundheit der betreffenden Personen beitragen. Allerdings eröffnen sich auf diesem Weg keine breitenwirksamen Möglichkeiten zur Förderung der seelischen Gesundheit, denn es können nicht alle Mitarbeiter in der Betriebshierarchie aufsteigen oder in den Genuß von Gehaltserhöhungen gelangen. Es bedarf im übrigen weiterer gezielter empirischer Überprüfungen, welche Bedeutung solche "extrinsischen" Anerkennungen im Vergleich zu "intrinsischen" Quellen der Selbstachtung im Zusammenhang mit seelischer Gesundheit zukommt. Unseres Erachtens ist dabei mit erheblichen interindividuellen Unterschieden zu rechnen, wobei es von der Höhe und Stabilität des vorhandenen Selbstbewußtseins abhängen dürfte, welches Ausmaß an Anerkennung durch Arbeitskollegen und Vorgesetzte ein Beschäftigter wünscht. Mindestvoraussetzung für ein auf eigene Leistungen gegründetes Selbstbewußtsein ist eine hinreichend präzise und kontingente Rückmeldung über die Resultate der eigenen beruflichen Tätigkeiten.

Wie unsere Ausführungen im theoretischen Teil dieses Kapitels zeigten, wird der Befriedigung des **Selbstverwirklichungsbedürfnisses** im Zusammenhang mit der Förderung der seelischen Gesundheit eine besonders große Bedeutung beigemessen. Unter dem Selbstverwirklichungsbedürfnis verstehen wir vor allem den Wunsch nach Gelegenheiten zum Einsatz und zur Weiterentwicklung der eigenen Fähigkeiten sowie nach Autonomie (bzw. Dispositionsspielraum). Zu den bereits als "klassisch" zu bezeichnenden Versuchen einer Humanisierung des Arbeitslebens zählen daher Maßnahmen zur Erweiterung des Handlungsspielraumes durch neue Formen der Arbeitsstrukturierung. Diese betreffen zum einen den Tätigkeits- und zum anderen den Entscheidungs- und Kontrollspielraum. (Häufig wird auch von der horizontalen und vertikalen Dimension des Handlungsspielraumes gesprochen; vgl. ULICH et al. 1973). Im einzelnen handelt es sich um die Prinzipien der Arbeitserweiterung (job enlargement), des Arbeitswechsels (job rotation), der (individuellen) Arbeitsbereicherung (job enrichment) sowie der kollektiven Arbeitsbereicherung durch selbststeuernde bzw. (teil-)autonome Arbeitsgruppen (vgl. Abbildung 4.21).

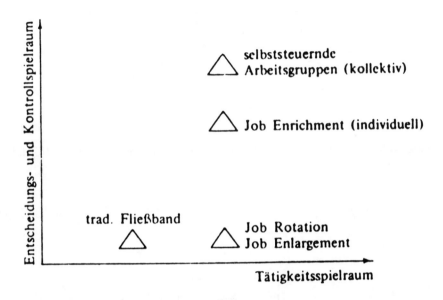

Abbildung 4.21: Erweiterung des Handlungsspielraums durch neue Formen der Arbeitsorganisation (Entnommen aus MAIER 1983, p. 35).

Diese Prinzipien werden unter anderem von ULICH et al. (1973), STEINMANN et al. (1976) sowie ESCHENBACH (1977) detailliert beschrieben (vgl. auch MAIER 1983). **Arbeitserweiterung** beinhaltet die Vergrößerung des Arbeitsinhalts des einzelnen Beschäftigten durch Kombination mehrerer qualitativ gleichartiger Aufgaben, die bisher von verschiedenen Arbeitern ausgeführt wurden (vgl. Abbildung 4.22). Hauptziel dieser Maßnahmen ist die Erzeugung von Abwechslung und eine Variation von Beanspruchung (Vermeidung von Monotonie, Sättigung, Ermüdung und einseitiger körperlicher Belastung).

Im Falle der individuellen **Arbeitsbereicherung** wird die Trennung zwischen ausführenden und dispositiven Tätigkeiten durch die Einbeziehung von Planungs-, Steuerungs- und Überwachungsaufgaben überwunden (vgl. Abbildung 4.23). Sie betrifft neben der horizontalen vor allem auch die vertikale Dimension des Handlungsspielraumes. "Arbeitsbereicherung vermindert die kognitive Unterforderung und ermöglicht einen Belastungswechsel, sowohl in physischer als auch in psychischer Hinsicht. Die größeren Verhaltensspielräume bieten mehr Möglichkeiten zur Übernahme von Verantwortung und zur Selbstentfaltung, da

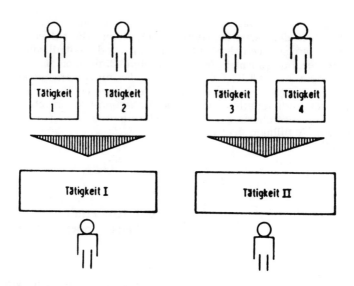

Abbildung 4.22: Prinzip der Arbeitserweiterung. (Entnommen aus FRIELING et al. 1980, p. 16).

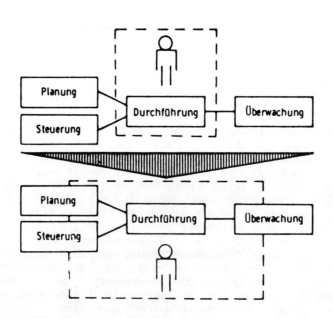

Abbildung 4.23: Prinzip der Arbeitsbereicherung. (Entnommen aus FRIELING et al. 1980, p. 17).

weitere Arten körperlicher und geistiger Aktivitäten zur Erfüllung der Arbeitsaufgaben notwendig sind." (MAIER 1983, p. 132). Auf eine besondere (kollektive) Variante der Arbeitsbereicherung, sogenannte "autonome", "teilautonome" oder "selbststeuernde" Gruppen werden wir weiter unten näher eingehen.

Beim **Arbeitswechsel** (job rotation) handelt es sich entweder um einen Aufgabenwechsel unter Beibehaltung des Arbeitsplatzes oder um einen Arbeitsplatzwechsel, bei dem zwei Mitarbeiter ihre Plätze und Aufgaben tauschen. Arbeitswechsel kann sowohl im Rahmen der Arbeitserweiterung als auch der Arbeitsbereicherung stattfinden.

Wie SOMMER et al. (1978) in einer Literaturübersicht zu den drei beschriebenen Formen der Arbeitsstrukturierung vermerken, wurden in Evaluationsstudien in der Regel neben erhöhter Quantität und Qualität der Produktion vor allem größeres Interesse an der Arbeit und zunehmende Arbeitszufriedenheit festgestellt, wenngleich auch gelegentlich über negative oder fehlende Effekte berichtet wird. Leider fanden bisher außer den genannten Kriterien keine weiteren Indikatoren für seelische Gesundheit Beachtung.

Als ein gangbarer Weg zur Erhöhung des Dispositionsspielraums im Produktionsbereich erweist sich die Einführung von **Puffersystemen,** die eine Entkoppelung des Menschen von der Maschine oder von arbeitsorganisatorischen Zwängen bewirken. Unter Puffersystemen werden technische Einrichtungen zwischen Fertigungsabschnitten in der Produktion verstanden, "... die in der Lage sind, Arbeitsgegenstände von einem produzierenden Abschnitt in dessen Ausstoßrhythmus aufzunehmen, zu speichern und im Verarbeitungsrhythmus eines nachfolgenden Abschnitts wieder abzugeben." (KERN et al. 1976, p. 68). Die Einrichtung von Puffersystemen ermöglicht unter anderem eine individuelle Pausenwahl sowie die Einführung einer gleitenden Arbeitszeit in der Produktion. Zur Förderung der seelischen (und körperlichen) Gesundheit können Puffersysteme insofern beitragen, als sie zwei Streßquellen, nämlich das Eingebundensein in fest vorgegebene Arbeitstakte sowie die besonders belastende Schicht- und Nachtarbeit, verringern. Einen Überblick über verschiedene Varianten von Puffersystemen gibt MAIER (1983).

Wir stellen als nächstes ein von HACKMAN & LAWLER (1971) sowie HACKMAN & OLDHAM (1976) entwickeltes **"Job-Characteristics-Model"** dar, das zwar primär als Modell der Arbeitsmotivation und -zufriedenheit konzipiert wurde, aber auch im Zusammenhang mit seelischer Gesundheit von Interesse ist. Es verknüpft das Bedürfnis nach Selbstverwirklichung mit fünf Kerndimensionen der Arbeitssituation, die über drei kritische psychologische Zustände der Person bestimmte persönliche und arbeitsbezogene Ergebnisse hervorbringen (vgl. Abbildung 4.24).

Unter Anforderungswechsel wird das Ausmaß an unterschiedlichen Aktivitäten und Fähigkeiten verstanden, die bei der Arbeit zum Einsatz gelangen. Identität der Aufgabe bezeichnet den Grad, in dem die Arbeit die Herstellung eines vollständigen Produktes ermöglicht. Die Wichtigkeit der Aufgabe betrifft die Frage, ob die berufliche Tätigkeit einen substantiellen Beitrag zum Leben oder zur Arbeit anderer Personen leistet. Diese drei Kerndimensionen bestimmen die erlebte Bedeutsamkeit der Arbeit. Unter Autonomie wird der Dispositionsspielraum des Individuums verstanden. Vom Grad der Autonomie hängt die erlebte Verantwortlichkeit für die Arbeit ab. Rückmeldung bezieht sich auf das

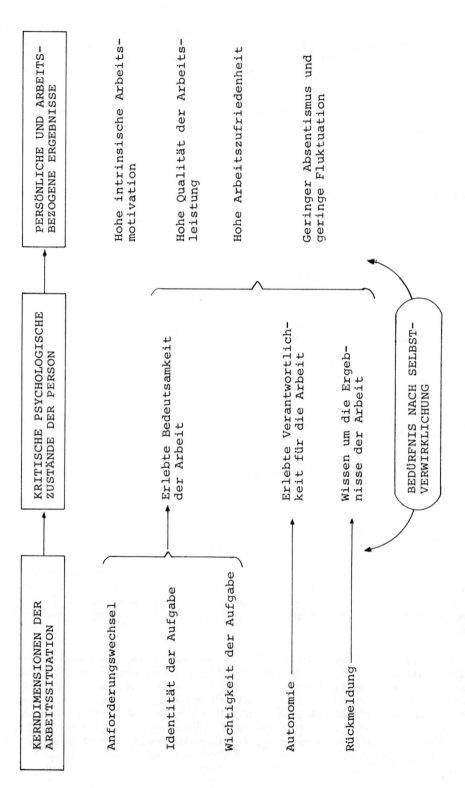

Abbildung 4.24: Das 'Job-Characteristics-Model' von HACKMAN & OLDHAM. (Entnommen aus HACKMAN & OLDHAM 1976, p. 256).

Ausmaß, in dem eine Person unmittelbare und präzise Informationen über die Effektivität ihrer Tätigkeit erhält.

Der Kerngedanke des Modells besagt, daß ein Beschäftigter in dem Maße positive Gefühle erlebt, in dem er erfährt (Wissen um die Ergebnisse der Arbeit), daß er persönlich (erlebte Verantwortlichkeit) bei einer relevanten Aufgabe (erlebte Bedeutsamkeit der Arbeit) erfolgreich war. Die positiven Gefühle haben Verstärkungscharakter und erhöhen die intrinsische Arbeitsmotivation und Arbeitszufriedenheit. Diese wiederum bewirken eine auch in der Zukunft hohe Qualität der Arbeitsleistung sowie geringen Absentismus und geringe Fluktuation. HACKMAN & OLDHAM (1975) entwickelten das **"Job Diagnostic Survey"** zur Messung der zentralen Variablen ihres Modells. Mit seiner Hilfe ließ sich das Modell in wesentlichen Aspekten empirisch stützen (HACKMAN & OLDHAM 1976). Auch KLEINBECK & SCHMIDT (1983) griffen in einem Feldexperiment zu den Auswirkungen von Arbeitsstrukturierungsmaßnahmen auf das "Job-Characteristics-Model" zurück. In Übereinstimmung mit ihren Hypothesen fanden diese Untersucher unter anderem einen signifikanten Anstieg der Arbeitszufriedenheit sowie eine signifikante Verringerung von Monotonie nach Einführung von Arbeitsstrukturierungsmaßnahmen, die an den fünf Kerndimensionen der Arbeitssituation ansetzen (vgl. auch SCHMIDT et al. 1981).

Maßnahmen auf der Gruppenebene

Zu den einschneidendsten Veränderungen auf dem Gebiet der Arbeitsorganisation zählt die Einführung **"autonomer"**, **"teilautonomer"** oder **"selbststeuernder" Gruppen.** Diese wurden in den 60er Jahren zunächst in Norwegen und später in Schweden sowie weiteren Ländern erprobt. Besonders bekannt wurden die von den Autofirmen Saab und Volvo realisierten Projekte, deren Leitidee die Abschaffung der Fließbänder war. Die Bezeichnung "autonome" (oder besser: teilautonome) Gruppen verweist darauf, daß diesen Gruppen im Rahmen der vorgegebenen Betriebsziele ein hoher Dispositionsspielraum bezüglich der Organisation komplexer Arbeitsabläufe zugebilligt wird. Sie übernehmen damit in eigener Regie Planungs-, Steuerungs-, Durchführungs- und Überwachungsfunktionen. Durch diese Form der "Demokratisierung" wachsen die Chancen für eine bessere Befriedigung der oben aufgezählten Bedürfnisse von Beschäftigten. In den skandinavischen Ländern fanden diese Projekte sowohl die Unterstützung der Gewerkschaften, die sich davon eine Erweiterung der Mitbestimmung von Arbeitnehmern versprachen, als auch der Betriebsleitungen, die mit einer höheren Arbeitszufriedenheit und Produktivität sowie geringerem Absentismus und geringerer Fluktuation rechneten.

Nach LEVI (1981) existieren in den skandinavischen Ländern sowie außerhalb derselben bereits mehrere hundert Fabriken, die nach den neuen Prinzipien organisiert sind. Eine "naive" Übertragung des skandinavischen Modells auf deutsche Verhältnisse ist jedoch nicht möglich, da die Besonderheiten des deutschen Betriebsverfassungsgesetzes den Autonomiebestrebungen Grenzen setzen (FRIELING 1981). Der Konfliktherd besteht darin, daß teilautonome Gruppen Vertretungsrechte beanspruchen, für die der Betriebsrat zuständig ist.

Wir greifen im folgenden ein von KEMP et al. (1983) durchgeführtes Feldexperiment zur Einführung teilautonomer Arbeitsgruppen heraus, das der Mehrzahl vergleichbarer Studien in methodischer Hinsicht überlegen ist. Die Chance zur Realisierung des Projektes ergab sich, als in Südostengland eine neue Kleiderfabrik errichtet wurde und das Konzernmanagement für die Einführung teilautonomer Arbeitsgruppen votierte. Diese sollten jeweils acht bis zwölf Personen umfassen und kollektiv für eine Vielzahl von Aufgaben, wie Aufteilung der Arbeit, Einhaltung der Produktionsziele, Pausenregelung oder Einstellung und Training neuer Mitarbeiter, verantwortlich sein. Da es nicht möglich war, Meßwerte vor Beginn des Experiments (Errichtung der Fabrik) zu erheben und diese mit späteren Meßwerten zu vergleichen, wurde ein anderer, ausgeklügelter Versuchsplan mit drei Kontrollgruppen realisiert (nähere Einzelheiten in KEMP et al. 1983). Diese Kontrollgruppen hatten dieselben Aufgaben zu erfüllen, arbeiteten jedoch unter den traditionellen Bedingungen, d. h. unter stärkerer Außenkontrolle. Während der ersten sechs Monate des Versuchs wurden Beobachtungs- und Interviewdaten erhoben. Danach beantworteten alle Versuchspersonen (N = 333; Durchschnittsalter: 31 Jahre; vorwiegend Frauen) eine Serie von Fragebögen zur Erfassung der wahrgenommenen Arbeitsbedingungen, der Einstellungen zur Arbeit sowie der "seelischen Gesundheit" (12 Items umfassender "General Health Questionnaire" zur Identifikation leichterer psychiatrischer Symptome).

Die Veränderung der Arbeitsstruktur erwies sich als erfolgreich, und mehrere, jedoch nicht alle der von den Untersuchern formulierten Hypothesen bestätigten sich. So wurden die neue Arbeitsrolle im Vergleich zur traditionellen als komplexer und die Dispositionsspielräume als erweitert wahrgenommen. Die Mitglieder der teilautonomen Arbeitsgruppen erreichten ferner bedeutsam höhere Niveaus der Arbeitszufriedenheit. Wider Erwarten unterschieden sich bei einer varianzanalytischen Auswertung die Mittelwerte der vier Gruppen jedoch nicht signifikant in dem Indikator für "seelische Gesundheit". (Lediglich auf der korrelativen Ebene - bei einer Gegenüberstellung der Experimental- mit allen Kontrollgruppen - ergab sich ein signifikantes Ergebnis in der erwarteten Richtung.) Wir halten es für denkbar und sogar wahrscheinlich, daß der Evaluationszeitpunkt (sechs Monate nach Inbetriebnahme der Fabrik) zu früh gewählt wurde, um mögliche günstige Auswirkungen auf die seelische Gesundheit feststellen zu können (vgl. WALL & CLEGG 1981). Nach Angaben der Untersucher gab es größere Anlauf- und Einarbeitungsschwierigkeiten als zunächst erwartet worden war. Diese mit der Zeit abklingenden Startschwierigkeiten könnten das Bild, das zu einem späteren Untersuchungszeitpunkt gewonnen worden wäre, zuungunsten der Untersuchungshypothese verzerrt haben. Ferner handelt es sich bei dem von KEMP et al. (1983) verwendeten Indikator für "seelische Gesundheit" um ein vergleichsweise grobes Instrument, das keine differenzierten Einblicke in eventuelle Veränderungen in Teilkomponenten der seelischen Gesundheit zuläßt.

Nach den uns bekannten Arbeiten - mit Ausnahme einer Untersuchung von WALL & GLEGG 1981 - ist bisher noch nicht definitiv zu beurteilen, ob die Einführung teilautonomer Gruppen tatsächlich einen Beitrag zur Förderung der seelischen Gesundheit leistet bzw. unter welchen Randbedingungen und in Relation zu welchen Kontrollbedingungen dies der Fall ist. Es dürfen auch bestimmte Gefahren und Konfliktpotentiale, die mit der Einführung teilautonomer Arbeitsgruppen verbunden sind, nicht übersehen werden. So berichtet LEVI (1981) über einen Fall, bei dem sich mehrere Mitglieder einer teilautonomen Gruppe selbst überforderten und Schulter- und Nackensymptome entwickelten, weil sie sich am Tempo des schnellsten Mitglieds ihrer Gruppe orientierten. Generell besteht die Gefahr, daß Konflikte, die zuvor gegenüber Vorgesetzten auftraten, in die Gruppe hineingetragen werden. Außerdem können sich aus diesem Organisationsmodell Status- und Rollenprobleme bei jenen Betriebsangehörigen ergeben, deren bisherige Vorgesetzten- und Überwachungsfunktionen mit dem neuen Konzept unvereinbar sind.

Neben der vergleichsweise einschneidenden Veränderung der Organisationsstruktur durch die Einführung teilautonomer Arbeitsgruppen werden seit vielen Jahren eher konservative Versuche einer **Optimierung von Gruppenprozessen** in Organisationen unternommen. Ziel dieser Bemühungen ist entweder die Verbesserung der Effizienz und der zwischenmenschlichen Beziehungen innerhalb der Gruppe oder die Verbesserung der Zusammenarbeit zwischen Gruppen (BECKER & LANGOSCH 1984). Wir gehen vor allem auf die Überwindung von Problemen innerhalb einer Gruppe ein.

Als Gruppe wird eine überschaubare Anzahl von Menschen bezeichnet, die über längere Zeit interagieren, gemeinsame Ziele, Aufgaben oder Interessen haben und sich gegenseitig in ihrem Verhalten - je nach dem Grad der Gruppenkohäsion - mehr oder weniger stark beeinflussen. Primäre Arbeitsgruppen sind die wichtigsten Subsysteme einer Organisation. Wegen der unter Umständen erheblichen Einflußnahme auf ihre Mitglieder kommt Gruppen auch im Zusammenhang mit der seelischen Gesundheit eine erhebliche Bedeutung zu. Eine Gruppe erreicht erst dann ihre volle Leistungsfähigkeit und Förderlichkeit für die seelische Gesundheit, wenn die internen Spannungen zwischen den Gruppenmitgliedern sehr begrenzt, die verschiedenen Fähigkeiten und Bedürfnisse gut aufeinander abgestimmt und Macht- und Vertraulichkeitsprobleme befriedigend gelöst sind. Eine derartige gut eingespielte Gruppe bezeichnet man als Team, den Weg dorthin als **Team-Entwicklung.** BEER (1976) zufolge beinhaltet Team-Entwicklung die fortgeschrittenste und am häufigsten verwendete Technik der Organisationsentwicklung. "Für die Team-Entwicklung lassen sich folgende Ziele aufstellen:
- Klärung der Aufgabe des Teams und seiner Rolle innerhalb der Organisation,
- Verbesserung der Zusammenarbeit mit anderen Arbeitsgruppen innerhalb der Organisation,
- Analyse und Verstehen der in der Gruppe ablaufenden Prozesse, z. B. der Wechselwirkung zwischen Sach- und Beziehungsproblemen,
- Entwicklung von "Spielregeln" und Verfahren zur besseren Bewältigung von Problemen auf der Sach- und der Beziehungsebene,
- Bewußtmachen der gegenseitigen Abhängigkeit der Gruppenmitglieder und Stärkung des gegenseitigen Beistands,
- Entwickeln der Kommunikation zwischen den Gruppenmitgliedern, um die Effektivität zu erhöhen,
- Entwickeln und Einüben von Regeln zu konstruktiver Bearbeitung von Konflikten,
- Verteilen und Akzeptieren der Rolle eines jeden Gruppenmitglieds." (BECKER & LANGOSCH 1984, p. 245-246).

Team-Entwicklung beginnt mit einer Informationssammlung über Gruppenprozesse und -probleme durch einen externen **Organisationsberater.** Danach treffen sich die Gruppenmitglieder mit dem Berater für mehrere Tage außerhalb der Organisation. Dort werden die anstehenden Probleme - gestützt auf Modelle der Team-Entwicklung und unter Verwendung verschiedener gruppendynamischer Techniken (wie Problem-Inventur, Blitzlicht, Rollenverhandeln) - bearbeitet. (Nähere Einzelheiten sind unter anderem bei DÄUMLING et al. 1974, BEER 1976 und BECKER & LANGOSCH 1984 zu finden.)

Zur Bearbeitung von Problemen zwischen Gruppen wurden ebenfalls spezielle Methoden entwickelt. BECKER & LANGOSCH (1984) beschreiben vier Ansätze: das von BLAKE et al. (1964) herrührende Konzept der Intergruppen-Entwicklung, das Konfrontationstreffen (BECKHARD 1975), die Dritt-Partei-Schlichtung und den Kooperations-Kontrakt.

Maßnahmen auf der Ebene der Organisation

Während die bisher beschriebenen organisatorischen Optimierungsstrategien auf einzelne Individuen oder Gruppen beschränkt blieben, befassen wir uns im folgenden mit umfassenderen Systemeingriffen, die auf eine Verbesserung der Effizienz größerer Abteilungen oder sogar der gesamten Organisation abzielen. Solche intendierten Veränderungsprozesse werden als **Organisationsentwicklung** (OE) bezeichnet.

Die 1980 gegründete "Gesellschaft für Organisationsentwicklung" (GOE) definiert Organisationsentwicklung wie folgt: "Die GOE versteht Organisationsentwicklung als einen längerfristig angelegten, organisationsumfassenden Entwicklungs- und Veränderungsprozeß von Organisationen und der in ihr tätigen Menschen. Der Prozeß beruht auf Lernen aller Betroffenen durch direkte Mitwirkung und praktische Erfahrung. Sein Ziel besteht in einer gleichzeitigen Verbesserung der Leistungsfähigkeit der Organisation (Effektivität) und der Qualität des Arbeitslebens (Humanität). Unter "Qualität des Arbeitslebens" bzw. "Humanität" im Arbeitsbereich versteht die GOE nicht nur materielle Existenzsicherung, Gesundheitsschutz und persönliche Anerkennung, sondern auch Selbständigkeit (angemessene Dispositionsspielräume), Beteiligung an den Entscheidungen sowie fachliche Weiterbildungs- und berufliche Entwicklungsmöglichkeiten." (BECKER & LANGOSCH 1984, p. 5).

Viele engagierte Befürworter der Organisationsentwicklung lassen sich von der Grundannahme leiten, daß Leistungsoptimierung und Verbesserung der Arbeits- und Entfaltungsmöglichkeiten von Beschäftigten sich gegenseitig nicht ausschließen (vgl. hingegen FRIEDLÄNDER & BROWN 1974). BECKER & LANGOSCH (1984) gehen sogar soweit, daß sie im Hinblick auf eine Organisation

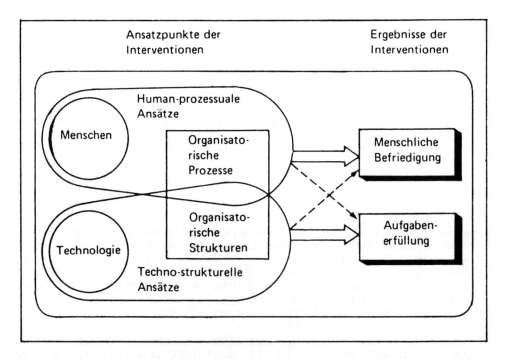

Abbildung 4.25: Darstellung human-prozessualer und technostruktureller Ansätze zur Organisationsentwicklung. (Entnommen aus BECKER & LANGOSCH 1984, p. 82).

den "Effizienz-Begriff" nicht mehr nur im Sinne der Rentabilität (Optimierung von Kosten-Nutzen-Relationen), sondern auch der "Gesundheit" einer Organisation und der in ihr tätigen Menschen verstehen. (Für die künftige Theorienbildung und anwendungsorientierte Forschung erscheint es uns reizvoll, Indikatoren für die "Gesundheit" einer Organisation zu entwickeln!)

Zur Veranschaulichung der Ansatzpunkte und Ziele von Organisationsentwicklung kann Abbildung 4.25 dienen. Sie verdeutlicht die enge Verschränkung human-prozessualer und techno-struktureller Ansätze (vgl. auch FRIEDLÄNDER & BROWN 1974). In der Regel vollzieht sich Organisationsentwicklung unter Mitwirkung eines Beraters. Nach BECKER & LANGOSCH (1984) unterscheidet sich dessen Rolle von der eines Unternehmensberaters dadurch, daß er weniger mit fertigen Lösungsvorschlägen (Empfehlungen) aufwartet als vielmehr bei der eigenständigen Problemlösung durch die Organisation Hilfestellung leistet. "Das Kernproblem im Zusammenspiel der Kräfte im Betrieb sind "Interaktionsprobleme": Interessengegensätze, Machtansprüche, Mißverständnisse und Meinungsverschiedenheiten, kurz: Schwierigkeiten in der gegenseitigen Verständigung. Hierbei ist nicht zu verkennen, daß auch die Meinungsbildung und die Entscheidung über technische und arbeitsorganisatorische Fragen letzten Endes Kommunikations- und Kooperationsprobleme sind." (BECKER & LANGOSCH 1984, p. 172). Ein Schlüssel zur Überwindung dieser Schwierigkeiten ist **Zusammenarbeit.** Konkrete Interventionsmaßnahmen zur Verbesserung der Zusammenarbeit (wie z. B. Qualitätszirkel oder Vorschlagsgruppen) werden unter anderem von GEBERT & von ROSENSTIEL (1981) und BECKER & LANGOSCH (1984) beschrieben. Die nicht nur in den Vereinigten Staaten, sondern auch in der Bundesrepublik Deutschland am weitesten verbreiteten Verfahren der Organisationsentwicklung sind die **"Survey-Feedback-Methode"** oder Abwandlungen derselben. Deren Effizienz konnte auch in Evaluationsstudien belegt werden (FRIEDLÄNDER & BROWN 1974; GEBERT & von ROSENSTIEL 1981; BECKER & LANGOSCH 1984). Survey-Feedback umfaßt im wesentlichen drei Schritte: 1) Erhebung des Ist-Zustandes einer Organisationseinheit mit Hilfe eines standardisierten Fragebogens oder Interviews, 2) Rückmeldung der Ergebnisse der Befragung, 3) Diskussion der Ergebnisse und Planung von Veränderungen unter Ausnutzung des Problemlösungspotentials der betreffenden Organisationseinheit.

Im folgenden stellen wir exemplarisch zwei erfolgreiche OE-Projekte dar. CLEGG (1981) und WALL & CLEGG (1981) berichten über ein Aktionsforschungsprojekt, das in einer mittelgroßen Süßwarenfabrik in England durchgeführt wurde. In einem Zeitraum von drei Jahren wurden die Probleme einer Abteilung analysiert und zu deren Überwindung zwei teilautonome Arbeitsgruppen eingeführt. Die betrieblichen Gewohnheiten wurden dahingehend verändert, daß den beiden Arbeitsgruppen ein erheblich erweiterter Dispositionsspielraum zur Verfügung gestellt wurde. "Die Übertragung von Entscheidungen in der Abteilung führte zu grundsätzlich neuen Arbeitsrollen, die entsprechende Veränderungen im technologischen Layout, in der Führungsstruktur, im Führungsstil, im Produktionsplan und in der Beziehung zu der Instandhaltungsabteilung notwendig machten oder nach sich zogen." (CLEGG 1981, p. 21). Aus dieser Formulierung wird die oben erwähnte enge Verzahnung human-prozessualer und techno-struktureller Aspekte erneut deutlich. Zur Veranschaulichung kann Abbildung 4.26 dienen. Diese Abbildung faßt zugleich das von CLEGG für die Praxis entwickelte Struktur- und Funktionsmodell zusammen. Es bestand insofern seine Bewährungsprobe, als die Organisationsmitglieder es als sehr plausibel bezeichneten. Es soll auch in Folgeprojekten benutzt und weiterentwickelt werden.

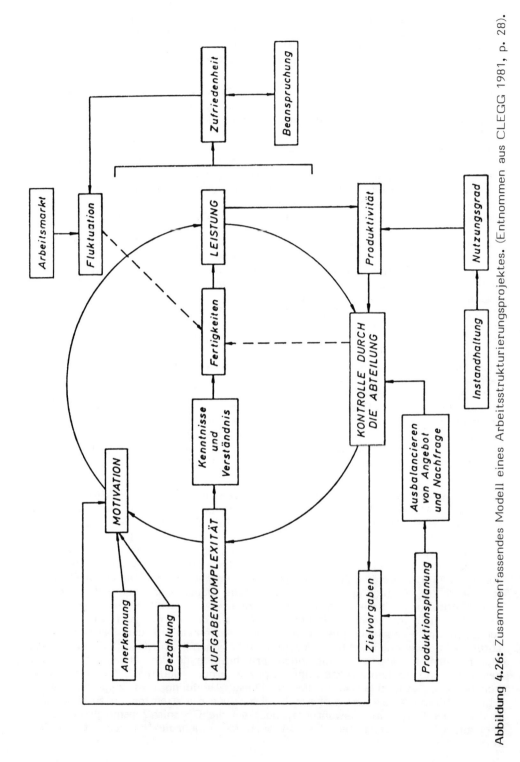

Abbildung 4.26: Zusammenfassendes Modell eines Arbeitsstrukturierungsprojektes. (Entnommen aus CLEGG 1981, p. 28).

CLEGG (1981) betrachtet seinen Umstrukturierungsversuch als sehr erfolgreich:
- Keiner der Arbeiter wollte zur alten Arbeitsmethode zurückkehren.
- Die berichtete Arbeitszufriedenheit war gestiegen und die Beanspruchung zurückgegangen.
- Kenntnisse und Verständnis dafür, wie die Abteilung arbeitet und wie sie bewertet wird, verbesserten sich bei den meisten Arbeitern.
- Einige kamen in den Genuß von Lohnerhöhungen.
- Die Informationssysteme waren nicht länger ein Vorrecht für Manager, sie waren nunmehr systematischer, verständlicher und genauer.
- Die Führungshierarchie wurde flacher mit nur einem Manager und nur einem Assistenten, während die Abteilung früher von einem Manager, zwei Vorgesetzten und einem Koordinator geführt worden war.

WALL & CLEGG (1981) untermauern die von CLEGG (1981) mitgeteilten positiven Einschätzungen durch sorgfältige Evaluationen im Abstand von sechs und achtzehn Monaten nach Einführung der teilautonomen Arbeitsgruppen. Im Zusammenhang mit dem Thema unseres Kapitels ist es bemerkenswert, daß es auf seiten der abhängigen Variablen nicht nur zu einer Verbesserung der intrinsischen Arbeitsmotivation, der allgemeinen Arbeitszufriedenheit und der Produktivität, sondern auch der "seelischen Gesundheit" kam. Letztere wurde mit Hilfe der 20-Item-Version des "General Health Questionnaire" von GOLDBERG (1972, 1978) erfaßt. Dieses Verfahren zielt auf psychiatrische Symptome ab und besitzt eine befriedigende bis gute Reliabilität (etwa .75 bis .85). Die Anzahl der berichteten Symptome verringerte sich statistisch signifikant vom ersten Meßzeitpunkt (vor Einführung der teilautonomen Arbeitsgruppen) zum zweiten (sechs Monate nach deren Einführung) und vom zweiten zum dritten Meßzeitpunkt (18 Monate nach deren Einführung). Der größte Effekt in den Variablen "allgemeine Arbeitszufriedenheit" und "seelische Gesundheit" trat dabei zwischen dem zweiten und dritten Meßzeitpunkt ein. Dies zeigt, daß in Evaluationsstudien das Beobachtungsintervall nicht zu kurz gewählt werden darf, wenn man eventuelle Effekte auf die seelische Gesundheit nachweisen will.

Bei der Diskussion ihrer Ergebnisse gehen WALL & CLEGG (1981) auch auf mögliche konkurrierende Erklärungen der beobachteten Effekte ein. Nach ihren Analysen ist es unwahrscheinlich, daß es sich um reine "Hawthorne-Effekte" oder um Auswirkungen der bei einigen Beschäftigten eingeführten Lohnerhöhungen handelt. Besonderen Wert legen die Autoren auf folgende Stellungnahme: "In früheren Querschnittsuntersuchungen wurde ein Zusammenhang von Arbeitsbedingungen und seelischer Gesundheit festgestellt. Die vorliegende Untersuchung verweist in sehr viel überzeugenderer Weise darauf, daß eine Neugestaltung der Gruppenarbeit eine beträchtliche Auswirkung auf die seelische Gesundheit haben kann. Dieser Gesichtspunkt verdient mehr Aufmerksamkeit, als er bisher in der Literatur gefunden hat..." (WALL & CLEGG 1981, p. 47-48).

KAHN (1981) beschreibt ein weiteres, in den USA durchgeführtes Projekt, das nach seiner geographischen Herkunft als **Topeka-Experiment** bezeichnet wird. Im Gegensatz zu dem oben dargestellten Projekt in England wurde 1971 in Topeka eine Fabrik (für Hundefutter) neu eröffnet, wobei von Anfang an den Beschäftigten ein ungewöhnlich hohes Maß an Eigenverantwortlichkeit und Aufgabenvielfalt angeboten wurde. Im Vergleich zu einer zweiten konventionell geleiteten Fabrik derselben Gesellschaft in derselben Region erwies sich das Experiment als außerordentlich erfolgreich. Die Produktionskosten lagen 5 % unter den Vergleichswerten, der Absentismus bewegte sich unterhalb von 1.5 %, und die Fluktuation war niedriger als 10 %. Während vier Jahren trat kein einziger ernsthafter Betriebsunfall auf. Die von Anfang an sehr positiven Einstellungen der Arbeiter blieben über die Jahre hinweg in den meisten Aspekten erhalten. In diesem Fall liegen leider keine präziseren Angaben zur seelischen Gesundheit der Beschäftigten vor.

Die Darstellung zweier erfolgreicher OE-Projekte soll nicht den Eindruck erwecken, als seien dies die typischen Resultate von Organisationsentwicklung. Wie unter anderem FRIEDLÄNDER & BROWN (1974), KAHN (1977) und GEBERT & von ROSENSTIEL (1981) anmerken, lassen sich zur Zeit kaum gesicherte und generalisierbare Aussagen zum Erfolg von OE-Maßnahmen machen. Dies liegt zum einen an der geringen Anzahl methodisch überzeugender Evaluationsstudien, wobei zusätzlich mit einer Nichtrepräsentativität der publizierten Studien zu rechnen ist. (In der Regel werden die erfolgreichen und nicht die erfolglosen Versuche publiziert.) Zum anderen bereitet es Schwierigkeiten, sich über die Erfolgskriterien zu einigen. Zu den am häufigsten verwendeten Kriterien gehören nach STEERS (1977) unter anderem: Anpassungsfähigkeit/Flexibilität, Produktivität, Zufriedenheit der Organisationsmitglieder, Gewinn, die Fähigkeit, Ressourcen aus der Umwelt zu beschaffen, Personalentwicklung und Fehlen von Streß. Da in unterschiedlichen Studien meist unterschiedliche Erfolgskriterien verwendet wurden, sind zusammenfassende Aussagen kaum zu rechtfertigen. Einen indirekten Hinweis auf eine nicht zu vernachlässigende Anzahl weniger erfolgreicher OE-Projekte kann man der folgenden Anmerkung von GEBERT & von ROSENSTIEL (1981, p. 252) entnehmen: "Das Wort Organisationsentwicklung (OE) ist im Verlaufe weniger Jahre in Deutschland so modisch geworden, daß es innerhalb vieler Organisationen mit "negativen Affektbesetzungen" aufgeladen wurde, was neuerdings dazu führt, daß man in diesen Organisationen - selbst wenn man Organisationsentwicklung betreibt - das Vorgehen mit anderen Worten kennzeichnet, z. B. Personalentwicklung, Bereichsentwicklung oder "problem- und aktionsorientierte Weiterbildung" ...".

GEBERT & von ROSENSTIEL legen ferner Wert auf die Feststellung, daß man als Psychologe beim Versuch der Veränderung einer Organisation oder bestimmter Subsysteme einer Organisation rasch an die Grenzen der eigenen Einflußmöglichkeiten stößt. Diese resultieren nicht nur aus den Gesetzmäßigkeiten der Organisation selber, sondern auch aus den Strukturen des Gesellschafts- und Wirtschaftssystems. Jene Zusammenhänge sind vom Organisationspsychologen mitzuberücksichtigen, wenn er zu einer realistischen Einschätzung der Chancen und Grenzen seiner beratenden Tätigkeit gelangen will.

Maßnahmen auf der Ebene der Gesetzgebung

Eine breitenwirksame Förderung der seelischen (und körperlichen) Gesundheit von Beschäftigten läßt sich besonders gut auf der Ebene der Gesetzgebung realisieren. Als vorbildlich gelten in dieser Hinsicht gesetzliche Regelungen, die Ende der 70er Jahre in Norwegen und Schweden eingeführt wurden (GARDELL 1977, LEVI 1981). So enthält das **Norwegische Gesetz zur Arbeitsumwelt** unter anderem folgende Regelungen (vgl. LEVI 1981, p. 119):
1. Allgemeine Erfordernisse: Die Technologie, Arbeitsorganisation, Arbeitszeit (z. B. Schichtpläne) und die Entlohnungssysteme sind so zu konzipieren, daß negative physiologische und psychologische Auswirkungen auf die Beschäftigten vermieden werden. Den Beschäftigten sind Möglichkeiten zur persönlichen Weiterentwicklung sowie zur Aufrechterhaltung und Entwicklung von Fähigkeiten einzuräumen.

2. Arbeitsplatzgestaltung: Monotone und repetitive Arbeit sowie maschinen- oder fließbandgesteuerte Arbeit, die keine Variation im Arbeitsrhythmus zuläßt, sind zu vermeiden. Es muß die Möglichkeit zu Kontakten mit anderen und zum Verstehen von Arbeitszusammenhängen sowie von Produktionserfordernissen und -ergebnissen geschaffen werden.
3. Planungs- und Kontrollsysteme (z. B. automatische Datenerfassungssysteme): Beschäftigte oder ihre gewählten Vertreter müssen über derartige Planungs- und Kontrollsysteme und Veränderungen derselben informiert werden.
4. Arbeit unter Sicherheitsrisiko: Akkordarbeit, so weit sie die Unfallgefahr erhöht, ist abzuschaffen.

Die 1978 in Kraft getretenen schwedischen Arbeitsgesetze verfolgen ganz ähnliche Ziele wie die norwegischen. Eine Besonderheit besteht darin, daß der schwedische Gesetzgeber eine Verbesserung der Arbeitsbedingungen durch Beratungen und Verhandlungen von Betriebsleitung und Arbeitnehmervertretung im jeweiligen Betrieb, d. h. unmittelbar vor Ort, vorsieht.

4.5.2 Maßnahmen im Zusammenhang mit Arbeitslosigkeit

Wie in vorangehenden Abschnitten dieses Kapitels nachgewiesen wurde, besteht kein Zweifel daran, daß Arbeitslosigkeit für die meisten davon Betroffenen einen erheblichen Stressor und gesundheitlichen Risikofaktor darstellt. Das übergeordnete Ziel aller Präventivmaßnahmen im Zusammenhang mit Arbeitslosigkeit muß daher die Überwindung der Arbeitslosigkeit sein. Geht man davon aus, daß eine als sinnvoll erlebte berufliche Tätigkeit wesentlich zur Entfaltung der Persönlichkeit (Nutzung und Weiterentwicklung von Fähigkeiten, Förderung sozialer Verhaltensweisen) beiträgt, so leitet sich aus Artikel 2 des Grundgesetzes für die Bundesrepublik Deutschland das Recht auf Arbeit ab: Artikel 2, Absatz (1) lautet: "Jeder hat das Recht auf die freie Entfaltung seiner Persönlichkeit, soweit er nicht die Rechte anderer verletzt und nicht gegen die verfassungsmäßige Ordnung und das Sittengesetz verstößt." Angesichts der unvertretbar hohen Arbeitslosenquote in den 80er Jahren können letztlich nur wirtschafts- und gesellschaftspolitische Maßnahmen eine Lösung des Problems herbeiführen. Unter den im Bundestag vertretenen Parteien und den Gewerkschaften besteht hierüber Einigkeit. Kontrovers sind hingegen die Vorstellungen über den geeigneten Weg zur Vollbeschäftigung. Sie reichen von der Förderung des wirtschaftlichen Aufschwungs über eine Fülle von Modellen zur gerechteren Verteilung der Arbeit (Verkürzung der Arbeitszeit, Abbau von Doppelverdienertum und von Nebenverdienstmöglichkeiten, Einschränkung von Schwarzarbeit, Teilzeitbeschäftigung, Job-Sharing) bis zu Sofortmaßnahmen für Arbeitslose oder von Arbeitslosigkeit unmittelbar Bedrohte (z. B. Schulabgänger).

Wenn es auch nicht das Ziel unseres Beitrages sein kann, diese Vorschläge genauer zu analysieren (vgl. jedoch Kapitel 3.4), so sollten sie zumindest an erster Stelle genannt werden, denn die anschließend zu besprechenden psychologischen Ansätze können lediglich auf der individuellen Ebene Probleme mildern helfen, nicht jedoch zu einer grundsätzlichen Lösung des Arbeitslosenproblems beitragen. Es besteht sogar die Gefahr, daß psychologische und pädagogische Maßnahmen, die einzelnen Personen dabei helfen, Arbeitslosigkeit zu vermeiden oder zu überwinden, im Rahmen eines "Verdrängungswettbewerbs" die Beschäftigungschancen anderer Arbeitssuchender verringern. SIEGRIST & WUNDERLI (1982, p. 90), die über drei erfolgreiche Programme des Arbeitsamtes Zürich berichten, sind sich dieses Dilemmas bewußt, wie der folgende Schlußsatz ihres Beitrages belegt: "Vorläufig haben wir mit der in dieser Arbeit beschriebenen

Betreuung von Arbeitslosen Erfolg. Allerdings auf Kosten jener, die durch unser Handeln immer mehr an den Rand gedrängt werden und deshalb möglicherweise nicht mehr in das Berufsleben eingliederbar sind. So müssen wir uns letztlich die Frage stellen, wie lange sich unsere Konzeption noch sinnvoll realisieren läßt und nicht in Widerspruch zu unseren Zielsetzungen gerät."

Wir wollen im folgenden drei grundsätzliche Möglichkeiten psychologisch-pädagogischer Maßnahmen besprechen: Aufklärung über Ursachen und Folgen der Arbeitslosigkeit, Präventivmaßnahmen bei zu erwartenden (Massen-)Entlassungen und Hilfen für bereits arbeitslos Gewordene.

Ein erster wichtiger Schritt besteht in der **Aufklärung** über die Ursachen und Folgen der Arbeitslosigkeit. Zu den angesichts der Massenarbeitslosigkeit als naiv zu bezeichnenden Vorstellungen, unter denen Arbeitslose zu leiden haben, gehört die These, daß jeder, der wirklich arbeiten will, auch Arbeit findet, bzw. daß Arbeitslose entweder unmotiviert oder unqualifiziert sind. Derartige hartnäckige Vorurteile sind erstaunlich weit verbreitet. Sie laufen darauf hinaus, das Opfer für seinen Schaden selbst verantwortlich zu machen. Ähnlich unrealistisch sind die nicht selten anzutreffenden Meinungen, daß es den Arbeitslosen in unserem Wohlfahrtsstaat ja nicht schlecht gehe und sie um ihren "bezahlten Urlaub" zu beneiden seien. In Wirklichkeit ist Arbeitslosigkeit auch heute noch mit erheblichen finanziellen Einbußen verbunden. Nach BRÜCKMANN (1976) verfügt ein Arbeitsloser im Durchschnitt nur noch über halb so viel Geld wie vor seiner Arbeitslosigkeit. Öffentlichkeitsarbeit von Experten mit dem Ziel einer Korrektur des vorurteilsbeladenen, verzerrten Bildes vom Arbeitslosen bedeutet demnach einen nicht unerheblichen Beitrag zur Milderung der negativen Folgen der Arbeitslosigkeit und einen weiteren Anstoß zur forcierten Überwindung dieses gesellschaftlichen Übels.

Weitere präventive Ansatzpunkte ergeben sich in der Phase vor zu erwartenden (Massen-)Entlassungen. Wie unsere Diskussion in dem Unterkapitel über Arbeitslosigkeit zeigte, werden die Bemühungen um einen neuen Arbeitsplatz durch frühzeitige und eindeutige Informierung der Belegschaft über eine geplante Betriebsstillegung gefördert (vgl. PELZMANN 1983). Die Chancen einer baldigen Neubeschäftigung steigen zusätzlich, wenn bereits mehrere Monate vor der geplanten Stillegung seitens des Betriebes **Trainings- und Umschulungsmaßnahmen** angeboten werden. WARR & LOVATT (1977) berichten über positive Erfahrungen bei einem entsprechenden Modellversuch in der britischen Stahlindustrie. Den von einer Massenentlassung betroffenen Stahlarbeitern wurden im Rahmen eines umfassenden Sozialplanes auch verschiedene Trainings- und Umschulungsmaßnahmen in den letzten Monaten vor der Schließung des Stahlwerkes angeboten, von denen 18 % der Beschäftigten Gebrauch machten. Eine sechs Monate nach der Betriebsstillegung durchgeführte Befragung erbrachte eine ausgesprochen positive Bewertung dieser Maßnahmen durch die ehemalige Belegschaft. Zum Befragungszeitpunkt hatten signifikant mehr Schulungsteilnehmer (70 %) als Nichtteilnehmer (51 %) eine neue Stelle gefunden. Die Teilnehmer beurteilten ihre neuen Arbeitsbedingungen auch positiver als die Nichtteilnehmer. Dieser Unterschied könnte eine Folge der Umschulungsmaßnahmen sein, die die Chancen dafür erhöhten, eine den eigenen Interessen entsprechende neue Beschäftigung zu finden. Hinsichtlich ihrer Entlohnung unterschieden sich die beiden Gruppen jedoch nicht signifikant.

Wir kommen im folgenden auf Maßnahmen zu sprechen, welche den bereits arbeitslos Gewordenen bei der Überwindung der Arbeitslosigkeit und ihrer negativen Begleiterscheinungen helfen sollen. Da es sich bei Arbeitslosen um eine sehr heterogene Gruppe von Personen handelt, müssen die Maßnahmen auf die Bedürfnisse der jeweiligen Zielgruppen abgestimmt werden. So wird der erforderliche Aufwand im allgemeinen um so größer sein müssen, je schwerer die betreffenden Personen auf dem Arbeitsmarkt zu vermitteln sind. Zu den diesbezüglichen Risikogruppen gehören unter anderem: ältere Arbeitnehmer (SIEGRIST 1979; SIEGRIST & WUNDERLI 1982), Ausländer, körperlich oder geistig Behinderte, ehemalige Straffällige (TWENTYMAN et al. 1978), Jugendliche ohne abgeschlossene Schulausbildung (SCHINKE et al. 1978) sowie sogenannte **"hard core"-Arbeitslose** (SALIPANTE & GOODMAN 1976). Für die zuletzt genannte Gruppe von Personen, die entweder nach kurzer Beschäftigungsdauer erneut kündigen oder entlassen werden oder die nach längerer vergeblicher Arbeitssuche völlig entmutigt resignieren, wurden in den USA spezielle Programme entwickelt und von SALIPANTE & GOODMAN (1976) evaluiert. Ausgehend von einer motivationstheoretischen Analyse formulierten diese Autoren Hypothesen über Bedingungen, denen Programme genügen müssen, wenn sie erfolgreich sein sollen. Diese Hypothesen konnten in einer umfangreichen Evaluationsstudie gestützt werden. Die berufsvorbereitenden Trainingsmaßnahmen dürfen z. B. nicht zu lange dauern und nicht zu "schulmäßig" ablaufen. Sie müssen ferner primär auf die künftigen beruflichen Fertigkeiten und weniger auf die Persönlichkeitsbildung ausgerichtet sein. So können sich beispielsweise bestimmte Formen des Rollenspiels, die eine direkte Konfrontation mit der eigenen Persönlichkeit beinhalten, ungünstig auswirken. Letzteres Ergebnis steht in einem gewissen Widerspruch zu den Beobachtungen und Ausbildungskonzepten von SIEGRIST (1979), HOCKEL & KOLB (1981) sowie SIEGRIST & WUNDERLI (1982). Diese Autoren legen im Rahmen ihrer Arbeitslosenprogramme beträchtlichen Wert auf persönlichkeitsförderliche Maßnahmen. Hier sind offensichtlich weitere Untersuchungen vonnöten, um die Voraussetzungen für präzisere Indikationen zu schaffen (vgl. auch SEIDENSTÜCKER 1984).

Wir stellen im folgenden einen von AZRIN et al. (1975) entwickelten Ansatz (**"Job-finding club"**) dar, der besondere Beachtung verdient, da er recht umfassend konzipiert ist, vielen anderen Projekten als Vorbild diente, evaluiert und inzwischen auf die Bedürfnisse verschiedener Sondergruppen übertragen wurde (AZRIN & PHILIP 1979, 1980).

Die Autoren betrachten die erfolgreiche Stellenbewerbung als komplexe Aufgabe, die eine Reihe von Fertigkeiten voraussetzt. Diese können am besten in einer strukturierten Lernsituation erworben werden. Die zu schaffende Lernsituation soll motivieren und Gelegenheit zu Feedback, Nachahmung, Übung und Aufrechterhaltung des Verhaltens bieten. Das von AZRIN et al. (1975) entwickelte Programm basiert auf einem "Systemansatz", der umfassende Hilfestellung bei Problemen wie den folgenden bietet: Entmutigung bei der Stellensuche, Bedürfnis nach familiärer Unterstützung, Lösen von Transportproblemen, benötigte professionelle Ratschläge, Verfassen eines Lebenslaufes und Bewerbungsschreibens, Verhalten während des Bewerbungsgesprächs, Techniken, um sich der Unterstützung durch Freunde zu versichern, rationelle Zeiteinteilung, Erweiterung der individuellen Auffassungen über geeignete berufliche Tätigkeiten.

Das Programm wurde in einer universitären Kleinstadt mit überdurchschnittlicher Arbeitslosenquote erprobt. Die Teilnehmer wurden auf verschiedenen Wegen, unter anderem über eine Zeitungsanzeige, geworben. Den Interessenten wurde die Notwendigkeit einer täglichen Anwesenheit in dem "Job-finding club" nahegebracht. Nach einer Programmbeschreibung wurden die Interessenten für jeweils eine Woche in Paare unterteilt, die annähernd gleiche Vermittlungschancen auf dem Arbeitsmarkt besaßen. Nach Zufall wurde einer der beiden

Partner der Experimentalgruppe (mit Beratung) bzw. der Kontrollgruppe (ohne Beratung) zugeordnet. In die Evaluation wurden nur jene Arbeitssuchenden einbezogen, die an wenigstens fünf Sitzungen teilgenommen hatten. Die verbleibenden 2 x 60 Personen waren im Durchschnitt 25 Jahre alt und im vorausgegangenen Jahr sechs Monate arbeitslos. Die Gruppe setzte sich aus 56 Männern und 64 Frauen zusammen. Wie bereits angedeutet und von AZRIN et al. (1975) detailliert beschrieben, umfaßte das Programm eine Vielzahl praxisnaher, ökonomischer und - wie die folgende Evaluation zeigt - effizienter Teilschritte.

Die Mitglieder der Experimentalgruppe (N = 60) fanden nach durchschnittlich 14 Tagen (Median) eine Stelle, während es in der Kontrollgruppe 53 Tage dauerte. Die Überlegenheit des "Job-finding clubs" ist statistisch hochsignifikant (p < .001). Die folgende Abbildung 4.27 zeigt, wieviel Prozent der jeweiligen Gruppenmitglieder nach einem, zwei oder drei Monat(en) eine Ganztagsbeschäftigung gefunden hatten. Für das 2-Monate-Intervall lauten die Vergleichszahlen 90 % versus 55 %. Die Untersucher ermittelten ferner, daß regelmäßige Teilnehmer das Wiederbeschäftigungsziel schneller erreichten als unregelmäßige Teilnehmer.

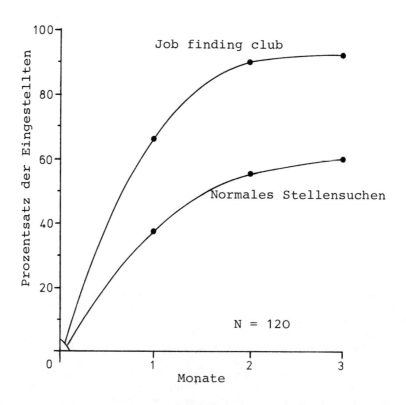

Abbildung 4.27: Kumulierte Prozentsätze von Personen, die eine Vollbeschäftigung gefunden haben. Die obere Kurve bezieht sich auf die Teilnahme des 'Job-finding-clubs', die untere Kurve auf die Kontrollgruppe. (Entnommen aus AZRIN et al. 1975, p. 24).

4.6 Zusammenfassung

Die Zusammenhänge von (beruflicher) Arbeit und seelischer Gesundheit fanden in den letzten Jahren eine verstärkte wissenschaftliche Beachtung. Ein Einfluß der Arbeit auf die seelische Gesundheit erscheint unmittelbar einsichtig, gehört doch die berufliche Tätigkeit für die Mehrzahl der Erwachsenen zu den wichtigsten Lebensinhalten bzw. "Sentiments" (CATTELL 1978). Daran hat auch ein von manchen Untersuchern in jüngerer Zeit festgestellter Wertwandel nichts Entscheidendes verändert. Diese im allgemeinen hohe persönliche Relevanz bringt es mit sich, daß die (berufliche) Arbeit sowohl zu einem bedeutsamen Stressor als auch zu einem unverzichtbaren sinnstiftenden Lebensinhalt (FRANKL 1973) werden kann. Es ist jedoch auch die umgekehrte Einflußrichtung von der seelischen Gesundheit zur Arbeit in Betracht zu ziehen: Menschen mit unterschiedlichen Graden seelischer Gesundheit fühlen sich den beruflichen Anforderungen unterschiedlich gut gewachsen und erleben die Arbeit in unterschiedlichem Maße als belastend.

Die im vorliegenden Kapitel dargestellten Theorien und empirischen Untersuchungen sind der zuerst genannten Betrachtungsweise, nämlich der Analyse des Einflusses der Arbeitsbedingungen auf die seelische Gesundheit, verpflichtet. Zur Strukturierung auf theoretischer Ebene bietet sich eine Dreiteilung in motivationstheoretische, kompetenztheoretische und passungstheoretische Ansätze an. MASLOW und HERZBERG zählen zu den prominenten Vertretern einer motivationspsychologischen Analyse des Zusammenhangs von Arbeit und seelischer Gesundheit. Aus diesem Blickwinkel betrachtet sind jene Arbeitsbedingungen für die seelische Gesundheit förderlich, die wichtigen Motiven des Menschen, wie unter anderem den Sicherheits-, den Anerkennungs- oder den Kompetenz- und Selbstverwirklichungsbedürfnissen Rechnung tragen. Für Kompetenztheoretiker ist hingegen die Frage bedeutsam, inwieweit die Fähigkeiten eines Individuums mit den beruflichen Anforderungen übereinstimmen. Psychische Störungen können sowohl aus quantitativen als auch qualitativen Über- oder Unterforderungen resultieren. Der von FRENCH et al. vertretene passungstheoretische Ansatz (Person-Environment-Fit-Theorie) läßt sich als eine Art Synthese aus motivations- und kompetenztheoretischen Positionen interpretieren. Nach Auffassung dieser Forschergruppe wird die seelische Gesundheit durch eine gute Passung zwischen einem Individuum mit bestimmten Kompetenzen und Bedürfnissen sowie einem Arbeitsplatz mit kongruenten Anforderungen und Angeboten gefördert.

Aus den genannten Theorien lassen sich Hypothesen zu arbeitsbezogenen Risikofaktoren ableiten, zu deren Überprüfung eine Reihe empirischer Studien durchgeführt wurde. Im vorliegenden Kapitel wird ausführlich und kritisch auf die Untersuchungen von KORNHAUSER (1965), KARASEK (1979), CAPLAN et al. (1982) sowie SEIBEL & LÜHRING (1984) zu Belastungsfaktoren am Arbeitsplatz, auf Untersuchungen zu den gesundheitlichen Auswirkungen von Schichtarbeit sowie auf Untersuchungen zum Typ-A-Verhalten als einem arbeitsbezogenen individuellen Risikofaktor eingegangen. Als relativ gut gesichert können folgende Ergebnisse gelten: (1) Es besteht ein positiver Zusammenhang zwischen dem Berufsniveau einerseits und der Arbeitszufriedenheit sowie bestimmten Indikatoren für seelische und körperliche Gesundheit andererseits. (2) Sowohl hohe quantitative Arbeitsanforderungen (im Sinne der Berufshektik und des Zeitdrucks) als auch qualitative Unterforderungen (im Sinne der Monotonie und des stark eingeschränkten Dispositionsspielraumes) zeitigen ungünstige Wirkungen. (3) Die Zusammenhänge zwischen Arbeitsbedingungen und seelischer und körperlicher Gesundheit fallen auf der Ebene subjektiv wahrgenommener Arbeitsbedingungen höher aus als auf der Ebene "objektiver Verhältnisse". (4) Schicht- und Nachtarbeit stellen gesundheitliche Risikofaktoren dar. Es bestehen erhebliche interindividuelle Differenzen in der Fähigkeit zur Bewältigung der mit diesen Arbeitsbedingungen verbundenen physischen, psychischen und sozialen Belastungen. (5) Am Beispiel des Typ-A-Verhaltens läßt sich zeigen, daß bei der Analyse des Zusammenhangs von Arbeitsbedingungen und seelischer Gesundheit von einem Modell wechselseitiger Beeinflussung von Person und Umwelt auszugehen ist.

Untersuchungen zu den Auswirkungen von Arbeitslosigkeit erbringen deutliche Belege für eine Beeinträchtigung der seelischen und körperlichen Gesundheit vieler von Arbeitslosigkeit Betroffenen. Die Effektstärke hängt von einer Reihe von Bedingungen, wie der Antizipierbarkeit, Dauer und generellen Verbreitung von Arbeitslosigkeit sowie von den Bedürfnissen, Wertvorstellungen und aktuellen wirtschaftlichen Verhältnissen der betreffenden Personen ab.

Ausgehend von der im ersten Kapitel dieses Buches entworfenen Theorie der seelischen Gesundheit ist zu erwarten, daß eine Förderung der seelischen Gesundheit durch arbeitsbezogene Maßnahmen über eine Verbesserung der Chancen von Individuen zur Bewältigung externer und interner Anforderungen gelingen sollte. Diese Chancen können durch Interventionen auf wenigstens vier Ebenen genutzt werden: der Ebene der Einzelperson, der Gruppe, der Organisation sowie der Gesetzgebung. Dabei ist zwischen Interventionen eher technischer Natur (z. B. Arbeitsplatzgestaltung) und eher zwischenmenschlicher Natur (z. B. Veränderungen von Entscheidungs- und Kommunikationsstrukturen) zu unterscheiden.

Zu den Maßnahmen auf der individuellen Ebene zählen unter anderem Selektions- und Plazierungsstrategien, Personalschulung, Arbeitserweiterung, Arbeitswechsel, Arbeitsbereicherung, die Einführung von Puffersystemen und die Beseitigung von Akkord- sowie von Schicht- und Nachtarbeit. Die Einführung "teilautonomer" bzw. "selbststeuernder" Arbeitsgruppen in bestimmten Produktionsbereichen (z. B. der Automobilindustrie) gehört zu den einschneidendsten und erfolgversprechenden Maßnahmen auf der Gruppenebene. Weitere neuere Ansätze, die sich noch im Erprobungsstadium befinden, sind die Team-Entwicklung sowie die Organisationsentwicklung. Auf der Ebene der Gesetzgebung erweisen sich die in skandinavischen Ländern verabschiedeten Arbeitsgesetze als vorbildlich, wenngleich einer direkten Übertragung auf deutsche Verhältnisse einige Hindernisse entgegenstehen.

Angesichts der nachweislichen negativen Auswirkungen länger andauernder Arbeitslosigkeit auf die seelische und körperliche Gesundheit sind verstärkte Anstrengungen zur Überwindung dieses gesellschaftlichen Mißstandes dringend geboten. Von der Zielsetzung her begrenzte Programme zur Förderung der Wiederbeschäftigung von Arbeitslosen - z. B. der von AZRIN et al. (1975) entwickelte Ansatz des "Job-finding-clubs" - können zwar einzelnen Personen entscheidende Hilfestellung leisten, sie setzen jedoch ungewollt einen Verdrängungsprozeß auf dem Arbeitsmarkt in Gang und sind untaugliche Mittel zur Lösung eines letztlich nur auf der wirtschaftlich-politischen Ebene überwindbaren gesellschaftlichen Übels.

Die in diesem Kapitel dargestellten Theorien und empirischen Befunde haben unseres Erachtens bedeutsame Implikationen nicht nur für die angewandte Arbeits-, Betriebs- und Organisationspsychologie, sondern auch für die Klinische Psychologie, und zwar in ihren diagnostischen, therapeutischen und präventiven Aufgabenstellungen sowie für die ätiologische Theorienbildung. Wurde der Arbeitsbereich im Vergleich zur Familie in der Vergangenheit von klinischen Psychologen eher stiefmütterlich behandelt, so ist es nun an der Zeit, ihm bei der Planung therapeutischer und präventiver Interventionen einen höheren Stellenwert einzuräumen.

5. ELTERNTRAINING

Beate Minsel

5.1 Historischer Abriß

Elterntrainings haben zum Ziel, die Erziehungskompetenz von Eltern zu optimieren, so daß es Müttern und Vätern besser gelingt, erwünschtes Verhalten bei ihren Kindern zu fördern, Fehlentwicklungen vorzubeugen und die Interaktionen in der Familie für alle Mitglieder angenehm zu gestalten. CROAKE & GLOVER (1977) geben einen historischen Überblick darüber, wie in den USA versucht wurde, diese Ziele zu erreichen. Ihr Aufsatz richtet sich ausdrücklich auf die primäre Prävention und läßt die therapeutisch ausgerichteten Ansätze außer acht.

Vor 1800 waren amerikanische Mütter auf Informationsimport über Erziehungsfragen aus Europa angewiesen. Die ersten Elterngruppen bildeten sich 1850 in Portland, nannten sich "Müttervereine" (maternal associations) und beschäftigten sich vorwiegend mit moralischer und religiöser Erziehung. BRODERICK & SCHRADER (1981) geben an, daß seit 1883 Müttergruppen bestanden haben, die darüber diskutierten, wie pädagogische Prinzipien in ihr eigenes Erzieherverhalten übernommen werden könnten. Im neunzehnten Jahrhundert entstanden auch die ersten Elternzeitschriften (Mother's Assistant 1841 und Parent's Magazine 1840-1850). Die älteste Organisation, die durchgängig Elternbildungsprogramme durchführte, ist die Child Study Association of America, die 1888 gegründet wurde. Um die Jahrhundertwende fanden erste Kongresse zum Thema "Wohlergehen von Kindern" statt, und nach dem ersten Weltkrieg begannen öffentliche Gesundheitsorganisationen, Programme für Elternbildung zu unterstützen.

Eine erste große Fragebogenerhebung bei Organisationen, von denen angenommen werden konnte, daß sie Elternbildung betreiben, fand 1930 statt. 2.533 Organisationen wurden angeschrieben, 24 % antworteten. Von diesen berichteten 61 %, daß sie Elternbildung durchführten, bei 20 % liefen bereits größere Elternbildungsprogramme.

1923 gab es am Vassar College die ersten Elternvorbereitungskurse auf Collegeniveau. Ein Jahr später begannen ähnliche Kurse an der Bostoner Universität (BRODERICK & SCHRADER 1981). Anfang der 30er Jahre waren Kurse über Erziehung und Familienleben an den Universitäten schon sehr beliebt.

Als Beispiel geben wir einen Ausschnitt des Programms am 3. März 1934 der Universität Südkalifornien wieder (nach BRODERICK & SCHRADER, p. 10).

Vormittag (Vorträge):
- Frauen im Beruf oder zu Hause,
- Die Familie im sozialen Wandel,

Nachmittag (Diskussionen):
- Sexualerziehung für Jugendliche,
- Häusliche Sexualerziehung von Kindern,
- Freiwillige Sterilisation,
- Aktuelle Familienliteratur,
- Soll Elternschaft bestraft werden?,
- Familienbeziehungen,
- Scheidungsrecht.

Diese universitären Kurse wurden überwiegend nicht von Psychologen, sondern entweder von Hauswirtschaftlern (die selbständig die Definition ihres Fachgebietes erweitert hatten) oder Soziologen durchgeführt.

In den späten 30er Jahren und vor allem während des 2. Weltkrieges ging das Interesse an Elternbildung stark zurück, eine erneute Expansion begann in den späten 40er Jahren und hält bis heute an.

Teilnehmer der direkt an Eltern adressierten Programme waren häufiger Mitglieder aus höheren sozioökonomischen Schichten, häufiger Mütter als Väter, und die Programme richteten sich öfter an Eltern jüngerer (als älterer) Kinder. Die Inhalte betrafen Entwicklungsnormen für Kinder, Persönlichkeitspsychologie, Techniken der Kinderaufzucht, Disziplinierungsmethoden, Emotionen und Emotionsausdruck, interpersonelle Kommunikation, praktische Ratschläge und theoretische Ansätze. Die Methoden wurden aus anderen Bereichen entlehnt, vor allem aus der Beratung, Psychotherapie und der Didaktik. 1932 wurden bereits folgende Methoden angewendet: Gruppenunterricht für Eltern, Einzelunterricht durch Gespräche, Mitarbeit der Eltern im Kindergarten, Anleitung zu Kinderbeobachtung und spezielle Ratschläge, z. B. Leseempfehlungen. Hinzu kamen Informationen, die über Massenmedien verbreitet wurden (Radio, Fernsehen, Schriften, Vorträge vor größerem Publikum) (CROAKE & GLOVER 1977).

Heutzutage wird Elterntraining als **primäre Prävention** fast ausschließlich in Gruppen durchgeführt. Individuelle Beratung oder Training sind dagegen eher in den Bereich der Therapie einzuordnen. Eine Kombination beider Ansätze besteht darin, individuelle Elternberatung vor einem Publikum durchzuführen. Für die beratenen Eltern erhofft man sich eine therapeutische, für die zuhörenden Eltern eine präventive Wirkung. Dieses Modell wird zur Zeit von CROAKE (nach CROAKE & GLOVER 1977) erprobt. Neu ist dieser Ansatz freilich nicht, wurde er doch schon im Jahre 1928 in den von Alfred Adler initiierten Wiener Erziehungsberatungsstellen praktiziert (Alexandra ADLER 1947, BIERMANN 1969). Hier bestand das Publikum allerdings meistens aus jüngeren Ärzten und Lehrern, die die Fallbearbeitung erlernen sollten.

Die zweite Tradition, auf der Elterntrainings aufbauen, ist die Psychotherapie. Vor allem die Psychoanalyse betonte die Bedeutung der frühen Kindheit für die Entstehung von psychischen Störungen. Von daher hätte es nahegelegen, primärpräventive Ratschläge für Eltern zu erarbeiten. Das geschah zunächst jedoch nicht, sondern die Psychoanalyse weitete sich auf die Kinderbehandlung aus. S. FREUD selbst behandelte noch keine Kinder, ermunterte aber seine Schüler dazu. Von ihm selbst wird ein Beispiel einer vermittelten Behandlung berichtet, die als die "Geschichte des kleinen Hans" in die Literatur einging. "FREUD sah den Buben nur einmal, sprach aber wiederholt mit dessen Vater, der ihm als aufmerksamer und verständiger Beobachter, zudem Arztkollege, regelmäßig über die Entwicklung und das Verhalten seines Kindes berichtete, das an einer Pferdephobie litt. Daraufhin erteilte FREUD aus der Deutung des Verhaltens und der Spiele des Kindes seine therapeutischen Ratschläge" (BIERMANN 1969, p. 3).

Die psychoanalytische Kindertherapie entwickelte sich ausgehend von den Wiener Anfängen in zwei Richtungen, nämlich die Schweizer und die Wiener Schule. Die Schweizer Schule (PFISTER, SCHNEIDER, ZULLIGER) führte zu einer psychoanalytisch orientierten Pädagogik, die vor allem auf die Lehrerausbildung Auswirkungen hatte. Aus der Wiener Schule entstanden die Berliner, die Londoner und die nordamerikanische Schule der Kinderpsychotherapie. Renommierte Vertreter sind HUG-HELLMUTH, Anna FREUD, AICHHORN und KLEIN (BIERMANN 1969). Melanie KLEIN war die einzige, die eine Zusammenarbeit zwischen Therapeut und Eltern ausdrücklich ablehnte (gleichzeitig war sie wohl diejenige, die die wenigsten Therapien selbst durchgeführt hat). Alle anderen Autoren betonten mehr oder weniger stark das pädagogische Element in der Kinderbehandlung sowie die Notwendigkeit zur Zusammenarbeit mit dem Elternhaus. Anna FREUD erstellte aufgrund ihrer systematischen Untersuchungen und Behandlungen von Kindern und Jugendlichen einen Symptomkatalog von kindlichen Verhaltensstörungen (Hampstead Index), und sie wies auf die Entwicklungsbedingtheit vieler Symptome hin. Viele Symptome verschwinden ohne Behandlung. Von Anna FREUD wurden die Eltern in den Therapieplan einbezogen, indem sie selbst behandelt oder beraten oder über den Therapiefortschritt ihrer Kinder informiert wurden. In ihrer Arbeit "Psychoanalyse und Erziehung" (1954) vertritt sie die Auffassung, daß bestimmte Krisen in der Entwicklung zwangsläufig seien (primäre orale Entwöhnung, Sauberkeitserziehung, Ödipuskomplex, Geschwisterrivalität) und auch durch Umerziehung der Eltern nicht vermieden werden könnten.

In der weiteren Entwicklung wandten sich die Kinderpsychotherapeuten einerseits speziellen Störungsbildern (z. B. Verwahrlosung, psychosomatische Erkrankungen) andererseits aber auch methodischen Varianten (z. B. der Gruppenbehandlung) zu. In der Nachfolge der von SLAVSON entwickelten Aktivitätsgruppen für Kinder und Jugendliche entstanden später die nicht-direktive Gruppentherapie von ROGERS und AXLINE und schließlich die "filial therapy" von GUERNEY und Mitarbeitern, bei der die Eltern die Rolle des Therapeuten für ihr eigenes Kind übernehmen.

Die zahlreichen Berichte über Elternbehandlung, Elternerziehung bzw. Elterntraining vor etwa 1960 bezogen sich vorwiegend auf die Beschreibung der Programme. Von wissenschaftlicher Kontrolle dieser Programme konnte man bis dahin noch nicht sprechen (CROAKE & GLOVER 1977).

Seit den 60er Jahren wurden dann die ersten systematischen Versuche unternommen, kindliche Verhaltensstörungen dadurch zu verhindern bzw. in einem sehr frühen Stadium zu behandeln, daß die Eltern zur Realisierung bestimmter Verhaltensweisen angeleitet wurden, die dazu geeignet sein sollten, die Kontingenzen innerhalb der Familie zu verändern und/oder das Familienklima zu verbessern (vgl. MINSEL 1975a). Die Forschungsbemühungen richteten sich vor allem auf die Evaluation, d. h. auf die Suche nach geeigneten Meßinstrumenten und den Nachweis der Wirksamkeit der Programme, sowie auf die inhaltliche und organisatorische Ausgestaltung dieser Trainings. Diese waren meist explizit einer therapeutischen Schule verpflichtet. Nach L'ABATE (1981) sind die wichtigsten theoretischen Ansätze, auf denen die heutigen Elterntrainings basieren, der Ansatz von ADLER (DREIKURS & SOLTZ 1970), die Verhaltensmodifikation und die Humanistische Psychologie (vor allem GUERNEY und GORDON). Andere therapeutische Schulen, die ebenfalls Eingang in das Elterntraining gefunden haben, werden weiter unten abgehandelt, ebenso die kombinierten Ansätze, die verschiedene theoretische Richtungen berücksichtigen.

5.2 Kategorisierungsversuche für Elternarbeit

In "Psychologie heute" (Sonderteil "Elternschule", 1977) werden drei Formen der Elternbildung unterschieden: die institutionelle, die informelle und die funktionelle. Die Einteilung bezieht sich vor allem darauf, von welchen Organisationen Angebote an Eltern gemacht werden und welche Zielsetzungen damit verfolgt werden. Unter **institutioneller Elternbildung** wird verstanden, daß innerhalb einer Institution (z. B. Volkshochschule, Wohlfahrtsverbände, konfessionelle Verbände) Elterninformationen oder -trainings angeboten werden, deren Inhalte sich nach den von den Dozenten vermuteten Bedürfnissen der Eltern richten. Da eine detaillierte Bedürfnisanalyse bisher fehlt, sei die Gefahr der "Arbeit an Eltern" anstatt der "Arbeit mit Eltern" gegeben. Die institutionelle Elternbildung ist noch am ehesten mit psychologischer Intervention im herkömmlichen Sinne zu vergleichen, weil Aussagen über die Zielgruppe und die Art der Intervention gemacht werden können und zumindest die Möglichkeit einer Evaluation gegeben ist. Diese ist nämlich bei der **informellen Elternbildung**, die von den Massenmedien (Fernsehen, Rundfunk, Zeitschriften) vermittelt wird, überhaupt nicht gegeben. Auch können wohl nur grobe Schätzungen darüber abgegeben werden, wieviele Personen überhaupt von solchen Maßnahmen erreicht werden. Viele derartige Elternprogramme sollen nachmittags im Fernsehen gelaufen sein, zu einer Zeit, wo eher Kinder als die Eltern vor dem Gerät sitzen.

Mit **funktioneller Elternbildung** ist gemeint, daß Eltern vermehrt zu einer Mitwirkung in Erziehungseinrichtungen (Kindergarten, Schule) ermuntert werden. Diese Maßnahmen haben eindeutig politischen Charakter, es geht nämlich darum, die durch den Gesetzgeber eingeräumten, aber meist viel zu wenig genutzten, demokratischen Mitbestimmungsmöglichkeiten auszuschöpfen. Als Nebeneffekt erhofft man sich von dieser Aktivierung der Eltern unter anderem die Förderung von Kontakten und von Solidarität sowie die Organisation gegenseitiger Hilfe (z. B. bei der Kinderbetreuung). Aus den genannten Zielsetzungen folgt zwangsläufig, daß Maßnahmen funktioneller Elternbildung nicht mit herkömmlichen Verfahren evaluiert werden können (z. B. mit Vorher-nachher-Einstellungsmessungen, Beobachtungen der Kinder o. ä.). Denn dadurch, daß die Betroffenen selbst aktiv geworden sind und maßgeblich an der Gestaltung der Veränderungen im familiären und außerfamiliären Bereich beteiligt waren, sind sie selbst zu Gestaltern ihrer eigenen Intervention geworden. Die Entwicklung, die durch diese von den Betroffenen selbst initiierten Maßnahmen eingeleitet wird, kann von einem Forscher nicht, oder nur äußerst grob vorhergesagt werden. Damit werden Hypothesenbildung und -prüfung unmöglich. Außerdem würden durch eine Überprüfung der Effekte "von außen" die Betroffenen wieder in eine gewissermaßen unmündige "Versuchspersonenrolle" zurückverwiesen, was der Logik des funktionellen Elternbildungsansatzes widerspricht. Zur Evaluation bietet sich also allenfalls ein Aktionsforschungsansatz an. Die damit zu gewinnenden Ergebnisse sind natürlich mit denen herkömmlicher Forschungsansätze nur bedingt vergleichbar.

Für die Beschreibung und Analyse von Elternarbeit, die der "Förderung der seelischen Gesundheit" dient, bietet sich vor allem die **institutionelle Elternbildung** an. Hier werden Programme so beschrieben, daß sie nachvollziehbar sind, z. T. liegen auch Analysen über die Effekte vor. Die funktionelle Elternbildung soll hier weitgehend ausgeklammert werden, es sei denn, es lassen sich Hinweise darauf finden, daß seelische Gesundheit bei Eltern oder Kindern eine ausdrückliche Zielsetzung ist. Auf die informelle Elternbildung werden wir kurz eingehen, jedenfalls soweit es gedruckt vorliegende Materialien betrifft.

Als weitere Einteilungsprinzipien von Elternarbeit können die theoretischen Grundlagen, die Zielvorgaben und Zielgruppen sowie die vermittelten Inhalte dienen. So unterscheidet TAVORMINA (1974) zwei grundlegende Modelle von Elterntrainings, nämlich die kindzentrierten Ansätze und die verhaltensmodifikatorischen Ansätze (vgl. auch MINSEL 1975a).

Die **kindzentrierten** Ansätze gehen auf die Theorie von Carl ROGERS zurück. Die Methode basiert auf einem grundsätzlichen Vertrauen des Helfers in die Selbstheilungskräfte des Klienten. Die Verantwortung für Wachstum und Veränderungen liegt in der Person selbst, der Therapeut bzw. Trainer hilft dem Klienten durch die Verwirklichung der drei therapeutischen Grundhaltungen: einfühlendes Verstehen, nicht an Bedingungen geknüpfte Wertschätzung und Echtheit. LEVANT (1978) klassifiziert die klientenzentrierten Familienerziehungsprogramme in drei Gruppen:

1. Programme, bei denen ein Familienmitglied als Helfer trainiert wird und dann die therapeutische Methode mit einem anderen Familienmitglied durchführt (Eltern als Therapeuten für ihre eigenen Kinder). Beispiele sind ROGERS Tochter, die, von ihm in Spieltherapie ausgebildet, ihrer Tochter (ROGERS Enkelin) half, ein Sauberkeitserziehungsproblem zu lösen, oder - aus dem Bereich der Tiefenpsychologie - die bereits erwähnte Therapie des kleinen Hans, in größerem Rahmen die von GUERNEY und Mitarbeitern entwickelte "filial therapy" (GUERNEY 1964; FIDLER et al. 1969). Auf diese Ansätze wird hier nicht näher eingegangen, weil sie psychotherapeutisch und nicht primär-präventiv ausgerichtet sind.

2. Programme, die mit Eltern und Kindern gemeinsam durchgeführt werden. Ein Beispiel ist das PARD (Parent-Adolescent Relationship Development), das entwickelt wurde, um dysfunktionale Eltern-Kind-Beziehungen zu verbessern, indem Mutter bzw. Vater und Kind trainiert werden, wie sie ihre Gefühle zum Ausdruck bringen und empathisch auf die Äußerungen des Partners eingehen können. Dieses ursprünglich für therapeutische Zwecke erarbeitete Konzept wurde später auch für primär-präventive Interventionen eingesetzt (GUERNEY 1977).

3. Programme, die für die primäre Prävention entwickelt wurden. Beispiele sind das PET (Parent Effectiveness Training) von GORDON (1972, 1978), Anteile des Elterntrainings von PERREZ et al. (1974, 1985) und des Präventiven Elterntrainings von MÜLLER (1978, 1980, 1981). Die Programme werden weiter unten ausführlich dargestellt.

Die **verhaltensmodifikatorischen** Programme basieren auf den Erkenntnissen der Lernpsychologie und zielen auf eine "Änderung des familiären Umfeldes" (INNERHOFER 1978) ab. "Im Elterntraining werden primär Veränderungen im verstärkenden Verhalten der Eltern angestrebt. Aber auch angemessene Hilfestellung, die Bildung von Lernreihen sowie Bedingungen für Modellernen werden angestrebt." (INNERHOFER 1978, p. 2843). Auch hier lassen sich eher therapeutisch orientierte (z. B. INNERHOFER 1976) und eher präventiv orientierte Ansätze (z. B. MÜLLER 1978, 1980, 1981) unterscheiden.

Eine Gliederung nach dem methodischen Vorgehen wird von WALDER et al. (1969) vorgenommen. Sie sprechen von "Educational groups", "Individual consultations" und "Controlled learning environments". Letztere Methode besteht darin, Eltern oder Erziehern im Labor oder der natürlichen Umgebung eine unmittelbare Rückmeldung über die Angemessenheit des Erziehungsverhaltens zu geben. Individual consultations sind Beratungssituationen meist für klinische Fälle. Educational groups sind Elterntrainings, wie sie hier verstanden werden: In Gruppen werden Kenntnisse und Fertigkeiten vermittelt, die mit Kindererziehung zu tun haben.

Wir wollen bei unserem anschließenden Überblick über Elternprogramme und damit verbundene Probleme keiner strengen Systematik folgen, sondern die uns besonders wichtig bzw. interessant erscheinenden Ansätze anhand einer Gliederung besprechen, die uns nach Durchsicht der Literatur als augenblickliche

Hauptrichtungen im Bereich des Elterntrainings erscheinen. Als Trends zeichnen sich ab:

1) Bewährte Trainings werden in breitem Maße implementiert. Als Trainer werden nicht mehr nur Psychologen, sondern vermehrt auch verwandte Berufsgruppen (z. B. Pädagogen, Sozialarbeiter, Lehrer) eingesetzt. Es existieren einige spezielle Ausbildungsprogramme für die Durchführung von bestimmten Elterntrainings (MINSEL 1978; GORDON 1979).
2) Man versucht, Risikofamilien zu identifizieren und für diese gezielt Präventionsmaßnahmen zu entwickeln. Dabei geht es vor allem darum, bei den Kindern Entwicklungsrückständen bzw. Fehlentwicklungen vorzubeugen und Vernachlässigung und Kindesmißhandlung zu verhindern. Diese Maßnahmen müssen möglichst frühzeitig einsetzen und mit medizinischen und pädagogischen Vorbeugemaßnahmen kombiniert werden (GORDON 1971; BEEBE 1978; NAYMAN & WITKIN 1978; GARBARINO & STOCKING 1980a; OLDS 1980; TIETJEN 1980).
3) Der Selbsthilfeansatz sowie "natürliche Ressourcen" finden verstärkt Beachtung (WARREN 1980).
4) Für bestimmte Elterngruppen (die jedoch noch nicht direkt als Risikogruppen angesprochen werden können) werden spezielle Programme entwickelt, z. B. für Eltern, die ihr erstes Kind erwarten oder kürzlich bekommen haben (SCHNEIDER 1975; WENTE & CROCKENBERG 1976; McGUIRE & GOTTLIEB 1979; RUBENSTEIN et al. 1979), oder für Eltern mit behinderten oder chronisch kranken Kindern (z. B. RUBIN 1978).
5) Weiterhin werden verschiedene Trainingsansätze hinsichtlich ihrer Wirksamkeit evaluiert und miteinander verglichen (REISINGER et al. 1976; SADLER et al. 1976; JUDAH 1979; TRAMONTANA et al. 1980).
6) Schließlich ist eine Reihe von Büchern zum Selbsttraining erschienen, die teilweise recht hohe Auflagen erreicht haben (z. B. GORDON 1972; PERREZ et al. 1974, 1985; KÖHLE & KÖHLE 1980; siehe auch die vergleichende Bewertung von SCHMIDTCHEN & BENECKEN 1977). Inwieweit diese Bücher allerdings tatsächlich zum Eigentraining genutzt werden, ist nicht bekannt. Vermutlich eignen sie sich besonders zur Unterstützung von inhaltlich ähnlichen Kursen.

5.3 Darstellung ausgewählter Programme

5.3.1 Allgemeine Programme zur primären Prävention

BROWN (1977) beschreibt die vier in den USA am meisten verbreiteten Elterntrainingsprogramme. Dies sind
1. das GORDON-Familientraining (bei BROWN als "Eltern-Erfolgs-Training" bezeichnet, im Amerikanischen: Parent Effectiveness Training = PET) nach GORDON (1972, 1978),
2. das "Training zu engagierter Elternschaft" (Parent Involvement Program = P.I.P.), das an der Realitätstherapie von GLASSER (1972, 1974) orientiert ist (veröffentlichte Trainingsmaterialien werden nicht angegeben),
3. Verhaltensmodifikation: Hierzu gehört das "Programm zu verständnisvoller Elternschaft" sowie das Elterntraining von INNERHOFER,
4. ein Training nach den Gedanken von DREIKURS & SOLTZ (1970), welches der Theorie von Alfred ADLER verpflichtet ist (Adlerian Mother Study Groups = AMS).

Im Anschluß an die Darstellung dieser vier Programme wird auf einige weitere Programme eingegangen, die sich ebenfalls auf breiterer Basis durchgesetzt haben und andere inhaltliche Schwerpunktsetzungen haben.

5.3.1.1 Das GORDON Familientraining (Parent-Effectiveness-Training, PET)

Dieses Training sollen in den USA bis zum Jahre 1977 rund 250.000 Eltern absolviert haben. Zur gleichen Zeit gab es rund 8.000 nach dieser Methode ausgebildete Kursleiter, die überwiegend sozial-helferischen Berufen entstammen (Lehrer, Schulpsychologen, Erziehungsberater, Sozialarbeiter). Auch in der Bundesrepublik ist ein zunehmender Trend zum PET zu verzeichnen. Zur Zeit gibt es in der Bundesrepublik 300 ausgebildete Gordon-Trainer und einen Trainer-Ausbilder. Das Buch "Familienkonferenz" stand im Jahre 1976 auf Platz 45 der 2.000 bestgängigen Buchtitel und war damit das bestverkaufte Psychologiebuch im deutschen Sprachraum (BESTSELLER 1976). Inhaltlich ist das PET der humanistischen Psychologie verpflichtet. Leitidee des Programms ist, daß Eltern auf jede Art von Zwang gegenüber ihren Kindern verzichten sollen. Dieses Ziel wird dadurch angestrebt, daß die Eltern zunächst lernen, auf welche Weise sie partnerschaftlich mit dem Kind sprechen können, wobei sie gleichzeitig für ihre bisherigen Kommunikationsfehler (die "typischen Zwölf") sensibilisiert werden. Die neu erworbene Gesprächstechnik und die damit verbundene Einstellungsänderung schaffen die Voraussetzungen für das Praktizieren der "niederlagelosen Methode" bei der Konfliktlösung, wie sie weiter unten beschrieben wird.

Das Training richtet sich vor allem auf die Kommunikation zwischen Eltern und Kindern. Typische Kommunikationsfehler sollen reduziert, günstige Kommunikationsformen sollen erlernt werden. Als ungünstig für die Kommunikation werden die "typischen Zwölf" angesehen:

1) befehlen, anordnen, auffordern,
2) warnen, drohen,
3) moralisieren, predigen,
4) Vorträge halten, belehren, Fakten liefern,
5) urteilen, kritisieren, Vorwürfe machen,
6) loben, zustimmen,
7) beschimpfen, lächerlich machen,
8) interpretieren, analysieren,
9) trösten, einfühlen,
10) forschen, fragen, verhören,
11) zurückziehen, ablenken, ausweichen,
12) beraten, Lösungen geben (GORDON 1978, p. 40 ff.).

Warnen, loben und trösten, die in anderen theoretischen Kontexten durchaus als günstig angesehen werden, bezeichnet GORDON von seiner Warte aus als Kommunikationssperren, weil sie - ebenso wie die anderen genannten Verhaltensweisen - eine Oben-Unten-Relation zwischen Eltern und Kind ausdrücken.

Zunächst bestand bei GORDON und seinen Mitarbeitern eine von ihm selbst als "puristisch" bezeichnete Auffassung - daß nämlich die typischen Zwölf immer, in jeder Situation, als Kommunikationssperren wirkten, weil mit großer Wahrscheinlichkeit folgende Effekte beim Kind ausgelöst werden: Das Kind wird in die Defensive gedrängt, Gefühle von Unzulänglichkeit, Zorn und Schuld entstehen, das Kind fühlt sich nicht akzeptiert und mißverstanden, und es resultieren Frustrationen. Von den Eltern gewinnt es den Eindruck, diese würden ihm eine eigene Problemlösung nicht zutrauen oder sie seien uninteressiert. Später revidierte GORDON (1978) seine Auffassung: Es sei wichtig, die Kommunikationssperren in den **meisten** Situationen zu vermeiden. Außerdem seien die typischen Zwölf dann unproblematisch, wenn das Verhalten des Kindes weder für es selbst noch für den Elternteil störend sei. Für solche Fälle werden auch Beispiele angegeben, etwa:

Vater und Sohn basteln gemeinsam an einem Spielzeughaus.
"Vater: Gib mir den Hammer. Aber schnell! (Befehl)
Sohn: Geht in Ordnung. Er liegt hier.
Vater: Wenn Du mir andauernd das Werkzeug wegnimmst, werden wir nicht fertig, bevor es dunkel wird. (Vortrag halten)
Sohn: Wir brauchen zwei Hämmer. Dann kann ich den Fußboden vernageln, während Du das Dach festnagelst.
Vater: Klar, warum fragst Du nicht Herrn Silas nebenan, ob er uns einen leiht? (beraten, Lösung geben)
Sohn: Das ist eine gute Idee. Ich bin gleich zurück.
Vater: Du bist schon ein patenter Junge." (loben)
(GORDON 1978, p. 45, die Kategorisierung der Vater-Äußerungen wurde durch die Autorin vorgenommen.)

In diesem Beispiel scheint die Beziehung zwischen Vater und Sohn trotzdem ungetrübt. Nach der orthodoxen Methode - unter Anwendung der GORDONschen Prinzipien - hätte das Gespräch etwa folgendermaßen verlaufen sollen:

Vater: Ich kann schon wieder den Hammer nicht finden.
Sohn: Ach so, der liegt hier.
Vater: Ich werde ganz nervös, wenn ich weiterarbeiten möchte, und das Werkzeug ist weg. Ich fände es nämlich toll, wenn wir heute noch fertig würden.
Sohn: Wir brauchen zwei Hämmer. Dann können wir gleichzeitig arbeiten.
Vater: Hast Du eine Idee, wo wir noch einen herkriegen könnten?
Sohn: Ich werde mal unseren Nachbarn fragen, ob er uns seinen leiht.
Vater: Die Idee finde ich gut.

Für eine derartige unbelastete Situation ist es mehr oder weniger gleichgültig, nach welchen Gesprächsregeln kommuniziert wird. GORDON weist allerdings darauf hin, daß unbelastete Gespräche leicht zu Problemgesprächen werden können, und dafür ist es dann wichtig, eine andere Gesprächsform zu wählen.

Bei Problemgesprächen mit dem Kind geht es zunächst darum, zu erkennen, ob das Problem eher beim Kind, eher beim Erzieher oder bei beiden liegt. Wenn das Problem beim Kind liegt (z. B. das Kind hat sich über einen Spielkameraden geärgert, oder es langweilt sich), soll der Erzieher **"aktiv zuhören"**. Diese Gesprächstechnik entspricht dem aus der Gesprächspsychotherapie bekannten reflektierenden Sprechen (z. B. "Du bist ganz wütend auf Klaus", "Du weißt jetzt gar nicht, was du anfangen sollst"). Durch Äußerungen dieser Art wird dem Kind Verständnis vermittelt, und es wird dazu angeregt, weiter über sein Problem zu sprechen und alleine oder mit Hilfe des Erziehers eine Lösung zu finden. Die Übung des aktiven Zuhörens gliedert sich meistens in 2 Abschnitte: Zunächst wird geübt, aus einer Äußerung (die z. B. im Rollenspiel auftaucht oder die schriftlich oder mündlich vorgelegt wird) das beteiligte Gefühl herauszulesen. In einem weiteren Schritt wird geübt, wie man darauf eingehen kann.

Wenn das Problem beim Erzieher selbst liegt (z. B. er fühlt sich gestört, weil der Plattenspieler sehr laut gestellt ist; oder er kommt müde nach Hause und möchte erst mal etwas Zeit für sich haben, aber die Kinder bombardieren ihn gleich mit Fragen), soll er sein eigenes Befinden oder seine Bedürfnisse in Form von **Ich-Botschaften** kommunizieren. Eine Ich-Botschaft könnte etwa lauten: "Ich möchte mich so gern auf dieses Buch konzentrieren, aber das gelingt mir nicht, weil die Musik so laut ist." Wichtig ist, daß in der Aussage keine verletzenden oder ermahnenden Anteile enthalten sind. Außerdem wird angestrebt, daß der Erzieher sein primäres Gefühl erkennt und auch mitteilt (etwa bei dem Beispiel mit der lauten Musik: Der Erzieher merkt, daß er sich nicht konzentrieren kann, die Musik stört ihn dabei. Als Folge davon tritt Ärger auf. Primär ist das Sich-nicht-konzentrieren-können). Diese Gesprächstechnik bedeutet nicht, daß der Erzieher sein Gefühl unterdrückt oder das Kind "schont", indem er unangemessen "sanft" mit ihm umgeht. Es ist vielmehr ausdrücklich beabsichtigt, daß das Kind damit konfrontiert wird, was es in seiner Mutter/seinem Vater durch sein Verhalten auslöst. Der Erzieher soll sein Gefühl offen äußern und Ärger oder Enttäuschung nicht nur benennen, sondern auch paraverbal oder nonverbal deutlich machen (z. B. durch entsprechende Stimmführung oder "Auf-den-Tisch-Hauen"). Die Unterschiede zum sonst häufig zu beobachtenden Interaktionsstil zwischen Eltern und Kindern bestehen in folgendem:

- Das Kind wird nicht beschimpft oder beschuldigt. Der Erzieher bleibt bei sich, wenn er auch deutlich macht, daß sein Gefühl durch Verhaltensweisen des Kindes ausgelöst wurde.
- Das Kind wird nicht pauschal abgewertet, sondern es erfährt, welches spezifische Verhalten dem Elternteil Probleme macht.
- Das Kind kann selber entscheiden, ob es sein Verhalten ändert und auch, in welche Richtung die Änderung geht.
- Dem Kind werden dieselben Rechte wie dem Erwachsenen zugestanden im Hinblick auf das Äußern von Gefühlen und das Erarbeiten von Lösungsvorschlägen.

Ein Teil der Konflikte zwischen Eltern und Kind wird durch den Einsatz von aktivem Zuhören und Ich-Botschaften bereits aus dem Wege geräumt. Ein weiterer Teil kann durch Umstrukturierung der äußeren Umgebung vermieden werden. (Wenn der beste Teppich nicht mehr im Windfang liegt, wird er auch nicht schmutzig, wenn man mit dreckigen Schuhen ins Haus kommt.) Solche Änderungen der häuslichen Situation werden im Kurs besprochen. (Dies ist übrigens auch ein wichtiger Diskussionspunkt beim Elterntraining nach INNERHOFER, auf das wir weiter unten näher eingehen.)

Konflikte, die dann noch übrigbleiben, sind solche, die die Interessen von Eltern und Kindern berühren. Diese sollen nach der **niederlagelosen Methode** gelöst werden. Diese Methode gliedert sich in 6 Schritte:

1) Der Konflikt wird beschrieben, und jede Partei legt ihre Bedürfnisse dar (Ich möchte ..., du möchtest ...).
2) Zusammen mit dem Kind werden möglichst viele Lösungsmöglichkeiten gesucht und - wenn nötig - aufgeschrieben.
3) Die Lösungen werden bewertet.
4) Eltern und Kind suchen eine Lösung aus, die beide Parteien zufriedenstellt.
5) Die Ausführung des Vorschlags wird besprochen.
6) Nachdem die Ausführung abgeschlossen ist, wird nochmals überlegt, ob die Lösung für alle Partner zufriedenstellend und praktikabel war.

Bei Schritt 4 muß darauf geachtet werden, daß die Familie nicht in alte Verhaltensmuster zurückfällt, d. h. entweder die Eltern sich autoritär durchsetzen oder das Kind sich einseitig durchsetzt und die Eltern nachgeben. Vielmehr muß nach einem echten Kompromiß gesucht werden. Ein ähnliches Programm zur Konfliktlösung, das im Elterntraining erarbeitet werden kann, ist im "Elterntraining" von PERREZ et al. (1974, 1985) beschrieben.

Der PET-Kurs umfaßt 10 Lektionen à 180 Minuten. Die Eltern erhalten einen Karton mit Übungsmaterialien (Übungsbuch, Tagebuch, verschiedene Spielmaterialien). Es sind Kursgebühren zu entrichten, deren Höhe je nach Trainer und Institution schwankt. In den USA scheinen die Gebühren so hoch zu sein, daß Eltern teilweise längere Zeit dafür sparen müssen oder nur einer der Eltern daran teilnehmen kann (vgl. die Fallbeispiele in GORDON 1978). Außerdem wird von den Eltern erwartet, daß sie das Buch "Familienkonferenz" lesen. Für den Kursleiter liegen ein Ordner mit didaktischen Hinweisen (pro Lektion ca. 20-50 Schreibmaschinenseiten, KIESCHNIK et al. 1979), weitere Unterrichtsmaterialien, wie z.B. Rollenspielkarten, und ein Demonstrations-Tonband vor. (Die Trainermaterialien sind nicht allgemein zugänglich, man erhält sie erst nach erfolgreicher Absolvierung des GORDON-Gruppenleitertrainings. An dieser Stelle möchten wir Karl-Peter Breuer/Bonn herzlich dafür danken, daß er uns die Materialien leihweise zur Verfügung gestellt hat.)

Die Übungen sind sehr vielfältig. Zum Einsatz gelangen Partnerübungen, Rollenspiele, Demonstration eines Tonbandes, Gruppengespräche, Vortrag des Leiters, Übungen an schriftlichem Material, "begleitetes Bilderlebnis" (eine Phantasieübung ähnlich dem katathymen Bilderleben). Es werden Probleme mit Kindern vom Säuglingsalter bis hin zum Teenageralter behandelt. Über die Problembesprechung hinaus wird in letzter Zeit auch vermehrt einbezogen, was die Familie an gemeinsamen Aktivitäten unternehmen kann. Der Kurs endet damit, daß die Teilnehmer sich gegenseitig ein Zertifikat aushändigen. Es können Fortsetzungskurse unter Leitung des Trainers angeboten werden. Manche Eltern schliessen sich zusammen, um eine eigene Fortsetzungsgruppe ohne Leiter zu organisieren.

Die Evaluation der Elternkurse erfolgt normalerweise über schriftliche Rückmeldungen der Teilnehmer, in denen sie den Kurs, den Leiter und ihren persönlichen Lernerfolg beurteilen. GORDON selbst berichtet über weitere Evaluationen, die an Stichproben von Teilnehmern durchgeführt wurden. Verwendet wurden Tiefeninterviews und Fragebogen. Einige Eltern führten Tagebuch über ihre Erfahrungen mit dem PET. Die Ergebnisse sind bei GORDON (1978) dargestellt, sie haben eher anekdotischen Charakter. GORDON selbst schreibt: "Sicherlich war es keine Forschungsstudie im engeren wissenschaftlichen Sinn. Unsere Elternstichprobe war nicht anhand eines systematischen (Vorgehens) oder einer Zufallsstichprobe zusammengestellt worden. ... Außerdem liefert unsere Studie nur **Berichte** von Eltern über ihre Reaktion und Erfahrungen und nicht die Ergebnisse irgendwelcher Testverfahren" (1978, p. 313). Wenn auch die weite Verbreitung des Programms für sich spricht, so sind doch methodisch saubere Evaluationsstudien unverzichtbar, um die kurz- und langfristigen Effekte präziser beurteilen und den Ansatz weiterentwickeln und verbessern zu können.

5.3.1.2 Das Training zu engagierter Elternschaft (P.I.P.)

Zu diesem Training gibt es kein zugrundeliegendes Standardwerk. Es basiert auf der Realitätstherapie von GLASSER (1972), deren wesentliche Prinzipien hier kurz dargestellt werden sollen (vgl. auch BARR 1976).

Grundgedanke der Realitätstherapie ist, daß verantwortungsbewußtes Handeln Glück und Zufriedenheit erzeugt, nicht umgekehrt. Verantwortungsbewußt handelt ein Mensch dann, wenn er seine Bedürfnisse (besonders die nach Liebe und Wertschätzung) befriedigen kann, ohne anderen dabei zu schaden. Die Besonderheit der Realitätstherapie gegenüber anderen Therapieformen liegt darin, daß ausschließlich das gegenwärtige Verhalten betrachtet wird, während die in der Vergangenheit liegenden Ursachen ausgeklammert bleiben. Eine psychische Störung resultiert dann, wenn jemand sich nicht rational entscheiden kann, weil ihm z. B. Handlungsalternativen nicht bewußt sind, oder weil er ausschließlich seinem Gefühl folgt. Verantwortungsbewußtes Handeln dagegen (das GLASSER, ähnlich wie auch A. ELLIS, mit seelischer Gesundheit gleichsetzt) besteht darin, sich alle möglichen Handlungsalternativen sowie deren Konsequenzen und Nebenwirkungen vor Augen zu halten, einen Plan zu machen, wie das angestrebte Ziel zu erreichen ist, und diesen Plan durchzuführen. Darin wird der Klient vom Therapeuten unterstützt. GLASSER legt Wert darauf, daß der Klient sowohl sein augenblickliches Verhalten als auch die Alternativen gemäß seinem eigenen Wertmaßstab beurteilt. Er ermuntert den Klienten, seinen eigenen Maßstäben zu folgen; in dieser Hinsicht vertritt er eine ähnliche Position wie ROGERS. Als wesentlich wird die freundschaftliche Beziehung angesehen, die der Therapeut mit dem Klienten eingehen muß. Der Wunsch nach guter persönlicher Beziehung wird als ein biologisches Grundbedürfnis angesehen. Darauf aufbauend, kann die weitere therapeutische Arbeit erfolgen: Nachdem der Klient motiviert ist, sein Verhalten konstruktiv zu ändern (GLASSER spricht von "Erfolgs-Identifikation", die aus der guten zwischenmenschlichen Beziehung erwächst), kann er die Handlungsalternativen mit dem Therapeuten diskutieren und einen Plan machen, der dann in Form eines Verhaltensvertrages schriftlich niedergelegt wird.

Beim P.I.P. geht es darum, ausgehend von einer freundschaftlichen Beziehung zwischen Eltern und Kindern, Verhaltensänderungen herbeizuführen. GLASSER nimmt an, daß die geforderte freundschaftliche Beziehung zwischen den meisten Eltern und Kindern nicht mehr besteht, weil die Eltern im Laufe der Zeit gar nicht mehr bemerken, wenn das Kind Kummer hat, und weil sie es bestrafen, wenn sie selbst Kummer haben. Für das Kind sei es aber wichtig, die Gewißheit zu haben, daß jemand da ist, der sich um es sorgt und der an es glaubt, damit es zu einer realitätsnahen Selbsteinschätzung gelangt und sein Verhalten verändert. Dabei ist es das Hauptziel, daß das Kind lernt, verantwortlich zu handeln. Der Kurs vermittelt den Eltern, wie sie dieses Ziel beim Kind erreichen. Das P.I.P. wird an der Universität in Los Angeles von GLASSERs Mitarbeitern durchgeführt. Es umfaßt 7 Schritte, die im wesentlichen dem psychotherapeutischen Vorgehen in der Erwachsenen-Psychotherapie entsprechen; d. h. der Erwachsene lernt, wie er mit seinen Kindern "therapeutisch" umgehen soll.

1. Schritt: Durch Gespräche zwischen Eltern und Kind wird eine persönliche und aufrichtige Beziehung aufgebaut.

2. Schritt: Die Mutter/der Vater hilft dem Kind, sein eigenes Verhalten zu verstehen, z.B. durch Fragen, wie "Was tust Du denn da?" Das Kind soll erkennen, daß es selber sich zu dem Verhalten entschlossen hat. "Warum"-Fragen sind ungeeignet, weil sie zu Rationalisierungen oder Abschieben von Schuld führen können.

3. Schritt: Das Kind wird ermutigt, Stellung zu seinem Verhalten zu beziehen. Der Erzieher enthält sich einer Stellungnahme.

4. Schritt: Die Mutter/der Vater hilft dem Kind, kleine realistische Ziele ins Auge zu fassen (Kinder überfordern sich leicht). Dadurch soll das Kind dazu veranlaßt werden, das, was es sich vorgenommen hat, auch wirklich von Anfang bis Ende ohne Hilfe durchzuführen. Nur solche Handlungen werden als (selbst-)verantwortlich bezeichnet. Außerdem wird dadurch eine Erfolgs-Identifikation etabliert.

5. Schritt: Zur Stärkung der Motivation beim Kind verlangt der Erzieher, daß das Kind seinen Plan verbindlich macht, z.B. durch Aufschreiben des Plans oder durch Handschlag.

6. Schritt: Wenn das Kind es nicht schafft, den Plan einzuhalten, wird zu Schritt 3 zurückgegangen. Der Erzieher soll aber engagiert und geduldig bleiben.
7. Schritt: Erfolg soll gelobt werden. Strafen sind verboten, weil sie die Eltern-Kind-Beziehung belasten. Statt dessen sollen Konsequenzen mit dem Kind verabredet werden, die aus bestimmten Verhaltensweisen folgen.

Inwieweit diese Prinzipien tatsächlich eingehalten werden, bleibt allerdings fraglich, wenn man sich Berichte von Kinderbehandlungen, die GLASSER selbst durchgeführt hat, anschaut. KOENIG (1976, p. 66) beschreibt z. B. folgendes:

"Zu ihm (W. Glasser) in die Sprechstunde kam Aaron, ein kluges, aber schwieriges Kind von elf Jahren, das bereits bei mehreren Therapeuten gewesen war. Glasser gewann den Eindruck, daß das klassische psychiatrische Vorgehen ... die persönliche Verzweiflung des Jungen nur noch vergrößern würde. Nach einem anderen Zugang zu Aarons Schwierigkeiten verzweifelt suchend, griff er sich den Jungen, 'pflanzte' ihn auf einen Stuhl und erklärte ihm, er solle sich ja besser benehmen oder --- 'Als ich ihm in aller Offenheit bedeutete, daß er das unangenehmste, lümmelhafteste Kind sei, das mir je begegnet wäre, war er erstaunt, ... Ich erklärte ihm klipp und klar, daß er sich ändern müsse, wenn er seine Therapie fortsetzen wolle, denn weder ich noch ein anderer Therapeut könnten an ihm, so wie er wäre, Gefallen finden.'"

Die hier deutlich gewordenen Bewertungen stehen zumindest teilweise im Widerspruch zu Schritt 3. In seiner offenen, direkten Art erinnert das Vorgehen GLASSERs an dasjenige von A. ELLIS in der rational-emotiven Therapie.

Zum methodischen Vorgehen des P.I.P. teilt BROWN keine Einzelheiten mit, außer daß es in Gruppen durchgeführt wird, daß das Trainerverhalten den Eltern gegenüber den besprochenen Prinzipien entsprechen soll und daß verschiedene hektographierte Materialien eingesetzt werden. Denkbar sind Gruppendiskussionen über die theoretischen Grundlagen und praktischen Anwendungen, Übungen im Rollenspiel, in denen die Gespräche mit dem Kind eingeübt werden, Modellverhalten des Trainers, Vorführung und Besprechung von Filmen, die in bereits trainierten Familien aufgenommen wurden, Tonaufzeichnungen zu Hause von echten Gesprächen mit dem Kind und anschließendem Feedback in der Gruppe oder auch Arbeit an schriftlichen Trainingsmaterialien, in denen z. B. typische Erziehungssituationen vorgegeben werden. Evaluationsstudien zum P.I.P. sind uns nicht bekannt.

5.3.1.3 Verhaltensmodifikation

Bei dem von BROWN (1977) mit dem etwas irreführenden Titel "Training zu verständnisvoller Elternschaft" bezeichneten Verfahren werden die Eltern in Verhaltensmodifikation ausgebildet. Theoretische Grundlage sind die Überlegungen zum operanten Lernen, wie es bereits im vorigen Jahrhundert THORNDIKE in das "Gesetz vom Effekt" gefaßt hat: Positive Konsequenzen des Verhaltens stärken das Verhalten, negative Konsequenzen schwächen es (THORNDIKE 1898). Hinzu kommen Befunde, wie sie aus experimentellen Untersuchungen resultieren, nämlich z. B. daß die Konsequenzen unmittelbar erfolgen müssen, um wirksam zu sein, daß intermittierende Verstärkung bei bereits erlerntem Verhalten wirksamer ist als kontinuierliche oder daß Verhaltensweisen durch Nicht-Beachten gelöscht werden können. Diese Grundüberlegungen sind für Laien leicht einsichtig und stimmen mit der Alltagserfahrung überein. Alle Eltern arbeiten mit Lob und Strafe, allerdings meistens nicht so systematisch, daß die gewünschten Effekte beim Kind sicher eintreten. Ein Ziel der Verhaltensmodifikation besteht also darin, Eltern zu konsequenterem Verhalten anzuleiten (übrigens nicht nur dem Kind, sondern auch sich selbst gegenüber!). Ein weiteres Ziel besteht darin, den Gebrauch von Strafen wegen der damit verbundenen unerwünschten Nebenwirkungen (schlechtes Modellverhalten, die Beziehung zwischen Eltern und Kind wird gestört, das Kind wird ängstlich) zugunsten von positiver Bekräftigung bzw. Löschung zu vermindern.

Beim Training wird zunächst eine Einführung in die lerntheoretischen Grundlagen (meist durch schriftliches Material) gegeben. In deutscher Sprache eignen sich z. B. FLORIN & TUNNER 1970, PATTERSON & GULLION 1974, BECKER 1974. (Ersteres lag 1976 auf dem Platz 330 der meistverkauften deutschen Bücher und nahm damit unter den deutschen Psychologiebüchern den 12. Rang ein (BESTSELLER 1976). Das zeigt, daß die Verhaltensmodifikation auch in deutschen Elternkreisen eine große Verbreitung gefunden hat.) Die praktische Trainingsphase gliedert sich in folgende Schritte:

1. Protokollierung der Häufigkeit einer bestimmten Verhaltensweise des Kindes und graphische Darstellung in einem Koordinatensystem (Abszisse = Zeitachse, meistens Tage-Einheiten, Ordinate = Häufigkeit des Verhaltens, z.B. beim Problem "Unordnung" wieviele Teile Spielzeug um 18 Uhr im Wohnzimmer herumliegen).
2. Festlegung einer Methode zur Veränderung des Verhaltens, z.B. Einsatz von positiven Bekräftigungen, Löschung durch Ignorieren, milde Bestrafungen, Forderung nach Wiedergutmachung. Die Methode wird entweder von den Eltern selbst bestimmt oder in Zusammenarbeit mit dem Trainer und den anderen Gruppenteilnehmern festgelegt.
3. Durchführung des Modifikationsprogramms und weitere Protokollierung des Verhaltens (wie bei 1).
4. Manchmal wird die Beeinflussungsmethode eine Weile ausgesetzt. Das Kind wird weiter beobachtet, und es wird geprüft, ob das Kind seine alten Verhaltensweisen wieder annimmt.
5. Das Modifikationsprogramm wird wieder aufgenommen.
6. In einer Schlußsitzung berichten die Eltern sich gegenseitig über ihre Programme und die Erfolge damit.

Beim behavioralen Elterntraining kommen vor allem zwei Trainingsmethoden zum Einsatz:

Verbale Methoden in Form von schriftlichen Instruktionen oder Büchern (siehe oben) oder Wissenstests zu behavioralen Prinzipien (GORDON & DAVIDSON 1981). Zu den verbalen Methoden gehören auch: Erklärung von Lernprinzipien durch den Leiter, Operationalisierung von Verhaltensweisen, Suche nach geeigneten Verstärkern, Festlegung der "kleinen Schritte".

Die andere Gruppe von Methoden nennen GORDON & DAVIDSON (1981) **Handlungsmethoden** (performance methods). Hierunter fallen direkte Demonstrationen und Manipulationen. Demonstration von günstigem Elternverhalten ist möglich durch Filme oder Tonbänder oder dadurch, daß der Therapeut das Verhalten vormacht. Unter Manipulation versteht man das Ausformen des Elternverhaltens z. B. mit Hilfe von Lichtsignalen oder durch akustische Instruktionen mit einem Walkie-talkie. Das häufig eingesetzte Rollenspiel gehört auch hierher. - Anhand von Video-Demonstrationen scheinen Eltern ebenso gut zu lernen wie mit anderen Methoden. Man kann also viele Trainerstunden sparen, wenn man gute Demonstrationsbänder zur Verfügung hat. Unabhängig davon, welche Methoden im Kurs angewendet werden: die Hauptarbeit wird von den Eltern zu Hause geleistet. Darüber, was in der direkten Interaktion zwischen Eltern und Kindern geschieht, hat der Trainer keine Kontrolle.

Die Erfahrungen mit den Verhaltensmodifikationsprogrammen werden als sehr positiv geschildert. GORDON & DAVIDSON (1981) bezeichnen die Verhaltensmodifikation als effektivsten Ansatz, um Verhaltensänderungen bei Kindern mit abgegrenzten Verhaltensproblemen zu erreichen. Dabei fallen die Berichte der Eltern selbst positiver aus als die von unabhängigen Beurteilern. Erfahrene Trainer sind effektiver als unerfahrene (Studenten). Manche Verhaltensweisen der Kinder ändern sich bereits während der Beobachtungsphase in die erwünschte Richtung (BROWN 1977, vgl. auch MINSEL 1976). Die Gründe dafür sind bis jetzt nicht systematisch untersucht worden. Folgendes läßt sich vermuten: Das unerwünschte Verhalten des Kindes, z. B. Trödeln bei den Hausaufgaben, wurde bisher bekräftigt, dadurch, daß die Mutter das Kind ermahnte oder sich ihm in ähnlicher Weise zuwandte. Wenn die Mutter jetzt ihr Verhalten ändert und statt dessen eine Eintragung in ihre Tabelle macht, kann es sein, daß durch das Nicht-Beachten das Verhalten des Kindes gelöscht wird. Eine andere mögliche Erklärung ist die, daß das Kind, wenn es über das Vorgehen aufgeklärt ist, aufgrund eigener Überlegungen sein Verhalten ändert.

Es werden außerdem Generalisierungen bezüglich anderer Verhaltensänderungen beim behandelten Kind sowie bei den Geschwistern beobachtet. Dadurch wird insgesamt das Familienklima verbessert.

Die Beobachtungen bezüglich der Generalisierungen können wir aus eigener Erfahrung allerdings nicht ganz bestätigen. Bei unseren Trainings (MINSEL 1975, 1976) traten vielmehr häufiger Geschwisterrivalitäten auf, und zwar wahrscheinlich vor allem dadurch, daß das behandelte Kind insgesamt wesentlich mehr Zuwendung erhielt als die nichtbehandelten Geschwister. Lösungen, die in unseren Gruppen erarbeitet wurden, waren z. B.: Die anderen Geschwister lernen gleichzeitig auch etwas und bekommen dafür Belohnungen (z. B. ein Vierjähriges lernt die Farben). Oder die Kinder hatten die Möglichkeit, bestimmtes Elternverhalten zu modifizieren (z. B. häufiges Schimpfen der Mutter, zu seltenes Mit-den-Kindern-Spielen des Vaters).

Das Elterntraining von INNERHOFER

Die Forschungsgruppe unter Leitung von INNERHOFER hat am Max-Planck-Institut für Psychiatrie in München Trainingsprogramme für Eltern entwickelt, die ebenfalls an der Verhaltensmodifikation orientiert sind (INNERHOFER 1976, 1977a, b; INNERHOFER & WARNKE 1978, 1980; WARNKE & INNERHOFER 1978). Wichtigste Ziele sind der Abbau unerwünschten Verhaltens und der Aufbau erwünschten Verhaltens beim Kind. Dabei wird - im Gegensatz zu den meisten anderen verhaltensmodifikatorischen Programmen, bei denen vor allem operantes Verhalten beim Kind verstärkt wird und die Kontingenzverhältnisse optimiert werden (vgl. z. B. bei BENTELE et al. 1976) - nicht nur das elterliche Konsequenzverhalten (z. B. Belohnung und Bestrafung), sondern auch das "Präsequenzverhalten" (das Elternverhalten, welches einem bestimmten Kindverhalten vorausgeht) beachtet und trainiert. Zu letzterem Bereich gehören z. B. Instruktionen an das Kind und vor allem Möglichkeiten der Hilfestellung. Damit wird der Verhaltensaufbau beim Kind erleichtert.

Einen ähnlichen, für verhaltensmodifikatorische Elterntrainings wichtigen Aspekt stellt CAESAR (1980) heraus. Sie spricht von "Umwelt- und Situationsgegebenheiten, die als verhaltensauslösende Bedingungen kindlichen Handelns betrachtet werden können" (p. 391). Damit ist gemeint, daß Eltern im Training auch lernen sollen, wie sie für das Kind eine entwicklungsstufengemäße, anregende Umwelt bereitstellen können.

Das Training nach INNERHOFER hat eine deutliche therapeutische Orientierung. INNERHOFER arbeitet mit Gruppen von je 4 Eltern (Ehepartner werden grundsätzlich in unterschiedliche Gruppen eingeteilt. In der großen Mehrzahl der Fälle haben allerdings nur die Mütter teilgenommen.) und führt das Training in Kompaktform durch (2 ganze Tage oder 4 halbe Tage hintereinander). Diese Kursorganisation erlaubt es nicht, daß die Eltern umfangreiche Hausaufgaben durchführen. Dementsprechend muß alles, was später mit dem Kind gemacht werden soll, im Kurs so eintrainiert werden, daß es zu Hause ohne aufwendige Hilfestellung des Psychologen funktioniert. Das Training geht in 4 Schritten vor sich:

1. Schritt: Im Rollenspiel (ein Teilnehmer spielt Mutter/Vater, ein Teilnehmer spielt Kind) wird eine Interaktionssequenz vorgeführt. Die anderen Teilnehmer lernen daran die systematische Verhaltensbeobachtung. Zusätzlich ist noch ein "Selbsterfahrungselement" in dieser Übung enthalten, wenn nämlich die betroffene Mutter oder der betroffene Vater das eigene Kind spielt und ein anderer Teilnehmer ihre/seine Rolle übernimmt. Der Erzieher spürt dann "am eigenen Leibe", welche Effekte das Verhalten des Erwachsenen hat.
2. Schritt: Die registrierten Beobachtungen aus dem Rollenspiel werden ausgewertet und interpretiert. Auf diese Weise werden Lerngesetze durch eigene Beispiele anschaulich gemacht.
3. Schritt: Es werden Lösungen für konkrete Problemsituationen gesucht und wiederum im Rollenspiel ausprobiert. Dabei bauen die Teilnehmer auf ihren Beobachtungen des ersten Rollenspiels und dessen Auswertung auf.
4. Schritt: Die günstigste der gefundenen Lösungen wird in weiteren Rollenspielen eingeübt. Es wird besprochen, wie das neu erworbene Verhalten unter den gegebenen Umständen zu Hause implementiert werden kann. Schließlich werden die erarbeiteten Verhaltensänderungen mit allen Familienmitgliedern besprochen. Damit soll eventuellen Schwierigkeiten, die durch diese Veränderungen eintreten können, vorgebeugt werden.

Von INNERHOFER werden zwar Evaluationsmethoden aber keine -daten genannt. Es ist anzunehmen, daß die Evaluation überwiegend einzelfallspezifisch erfolgt ist, wie auch sonst in der Verhaltenstherapie üblich (INNERHOFER 1978). Die vorliegenden Effekte bei Einzelfällen sind bei vielen ähnlichen Programmen ausführlich dokumentiert (vgl. auch DANGEL & POLSTER 1984; YULE 1977).

Andere Verhaltensmodifikationsprogramme

Einen ganz ähnlichen Aufbau hat Teil A ("Das Verhaltenstraining") des **Präventiven Elterntrainings von MÜLLER** (1976, 1978, 1980). Hier ist das Training in sieben Abschnitte gegliedert, nämlich: "Schaffung der Voraussetzung für Verhaltensänderungen, Darstellung problematischer Erziehungssituationen im Verhaltensspiel, Erfassung und Bewertung von Interaktionen in der Familie, Kennenlernen lerntheoretischer Prinzipien, Möglichkeiten der Veränderung aktueller Erziehungsschwierigkeiten, Einübung und Einsatz alternativen Verhaltens, Entspannung und Selbstkontrolle" (MÜLLER 1980, p. 48ff.).

Ein präventives Elterntraining auf behavioraler Grundlage für Eltern von 18 Monate alten Kindern wird bei LÜTHI & VUILLE (1980) beschrieben. Das Training erstreckt sich über 6 Abende, der Aufbau ist ähnlich wie bei INNERHOFER. Die Evaluation erfolgte über einen Wissenstest. Die Eltern zeigten Lernfortschritte in der Terminologie der Verhaltensmodifikation. die Kenntnis der Erziehungsmaßnahmen erweiterte sich um die Maßnahmen Einsatz von Aktivitätsverstärkern, Ignorieren und Time-Out. Die Konfliktlösekompetenz veränderte sich nicht.

Kritik

INNERHOFER (1977) äußert sich kritisch zu Gefahren und Grenzen des Elterntrainings. Er warnt davor, allzu simplifizierte Programme, die eher einer "Gebrauchsanweisung für ein technisches Gerät" als einer Erziehungshilfe ähneln, anzuwenden. Vielmehr müßten die Persönlichkeit des Kindes sowie die Eltern-Kind-Beziehung mitberücksichtigt werden. Das Training sei für schwerwiegende Probleme beim Kind nicht geeignet. Dadurch, daß der Trainer die Eltern mit dem Programm nach Hause entläßt und weiter keine Kontrolle ausübt, könne es zum Mißbrauch der Techniken kommen. Eine weitere Gefahr sieht er darin, daß ein Programm zu früh abgebrochen wird, womit u. U. mehr Schaden angerichtet wird, als wenn gar kein Programm gelaufen wäre. Durch die Veränderungen in der Familie kann emotionaler Streß entstehen, auf den der Trainer ebenfalls keinen Einfluß mehr hat. Einem großen Teil dieser Gefahren könnte begegnet werden, wenn das Training nicht als Block, sondern verteilt über mehrere Wochen angeboten würde, wie es bei den meisten anderen Programmen der Fall ist. Andererseits hat die Organisation als Block natürlich den Vorteil, daß intensiver gearbeitet werden kann und daß weniger Personen den Kurs abbrechen oder zwischendurch fehlen.

INNERHOFER (1976) führte ganz ähnliche Trainings auch mit Lehrern und Erziehern durch. Bei der Gruppe der Heimerzieher fiel auf, daß diese wesentlich mehr als Eltern oder Lehrer an Hilfsmöglichkeiten für die Kinder (Präsequenzen) interessiert waren und dafür weniger an Kontrollmöglichkeiten. Dafür waren die Interaktionen der Erzieher problematischer, es traten starke Spannungen unter den Kollegen auf, die mit Kommunikationsübungen angegangen werden mußten (vgl. dazu z. B. das Programm von MÜLLER).

Schriftliche Instruktionen zur Verhaltensmodifikation

Zum Eigenstudium bzw. zur Unterstützung von verhaltenstheoretisch ausgerichteten Elternkursen wurden Materialien erstellt, die im folgenden besprochen werden.

1) Der Übungsteil "Lernprinzipien" im Elternverhaltenstraining (PERREZ, MINsel & WIMMER 1974, 1985).
Das Vorgehen gliedert sich in 6 Lernschritte:

1. Verhaltensbeschreibung: Übungen zum Operationalisieren von Verhaltensweisen. Diese Übung lehnt sich an die Überlegungen von MAGER (1965) an, der für schulische Lernziele fordert, daß sie überprüfbar, erreichbar und eindeutig sein müssen. Bei der Verhaltensmodifikation im Elternhaus geht es ebenfalls darum, Soll- und Ist-Zustände von Verhalten zu betrachten. Die Operationalisierung besteht darin,
- daß das Verhalten als beobachtbare Tätigkeit beschrieben wird (z.B. Kind zieht den Mantel aus und läßt ihn auf den Boden fallen, ...),
- daß die Bedingungen angegeben sind, unter denen das Verhalten gezeigt wird, (... wenn es aus der Schule, vom Flötenunterricht oder -- kommend die Wohnung betritt, ...),
- sowie ein Maßstab angegeben wird, mit dem das Verhalten nach Möglichkeit quantitativ erfaßt werden kann (... das ereignet sich pro Woche zehn- bis zwölfmal).

In diesem ersten Schritt "Verhaltensbeschreibung" werden zunächst die ersten beiden Kriterien für die Operationalisierung erfüllt. Der Maßstab ergibt sich im zweiten Schritt aus den Ergebnissen des Protokolls.

2. Verhaltensbeobachtung und Art der Protokollierung: Daraus ergibt sich der Ist-Wert des Verhaltens. Anschließend muß ein Soll-Wert festgelegt werden, dabei wird auf vorher formulierte Erziehungsziele sowie auf entwicklungspsychologische Kenntnisse (was ist "normal" für ein Kind dieses Alters?) zurückgegriffen.

3. Positive Bekräftigung: Verstärker werden ausgewählt, und es wird deren unmittelbarer und kontingenter Einsatz geübt.

4. Positive Verstärkung und Verhaltensbeobachtung: Wie in Schritt 3 wird die positive Bekräftigung weitergeführt, außerdem wird das Verhalten wie in Schritt 2 weiter beobachtet.

5. Beobachtungslernen: Der Erzieher überlegt sich anhand einer Liste von Erziehungszielen, wie angemessen sein Modellverhalten in verschiedenen Bereichen ist.

6. Bedingungen eines "gestörten" Verhaltens: Anhand eines Beispiels soll der Leser das bisher erarbeitete Wissen über Entstehung, Aufrechterhaltung und Abbaumöglichkeiten störenden Verhaltens anwenden.

Die Aufgabe des Lesers besteht darin, die Texte im Buch zu studieren, Übungsaufgaben schriftlich zu bearbeiten (diese kann er mit Lösungsvorschlägen der Autoren vergleichen) und konkrete Übungen mit seinem Kind durchzuführen.

2) "Mit Kindern leben"
Dieses Buch von PATTERSON & GULLION (1974) hat einen etwas anderen Aufbau. Es handelt sich um einen Lückentext. Wie bei einem linearen Lernprogramm muß der Leser ständig mitdenken und die fehlenden Wörter in den Text eintragen. Auf einen allgemeinen Teil, in dem Lernprinzipien erläutert werden, folgt ein spezieller Teil, in dem besonders häufig auftretende Verhaltensstörungen und deren Behandlung beschrieben werden (z. B. aggressives, ängstliches, zurückgezogenes Verhalten). Besonders viel Wert wird darauf gelegt, daß die Bekräftigungsprogramme in kleinen Schritten durchgeführt werden. Außerdem wird ausführlich behandelt, wie man die materiellen Verstärker nach und nach durch nichtmaterielle Verstärker ersetzt.

3. "Behandlung kindlicher Verhaltensstörungen".
Dieses Buch von FLORIN & TUNNER (1970) ist dem eben beschriebenen inhaltlich und formal sehr ähnlich. Zusätzlich enthält es einen Anhang, in dem beispielhaft beschrieben wird, wie man einem geistig behinderten Kind die Benennung und Unterscheidung der Farben beibringen kann. Dieser Teil des Buches ist ein gutes Beispiel dafür, wie erwünschtes Verhalten beim Kind aufgebaut werden kann.

4. "Spielregeln für Eltern und Erzieher".
Dieses Lehrprogramm von BECKER (1974) gliedert sich in zehn Lehreinheiten (z. B. Konsequenzen, verschiedene Arten von Verstärkern und Strafen, wann man verstärken soll). Jede Einheit besteht aus einem Lehrtext mit Beispielen und Abbildungen und einem Lückentext, mit dem der Leser seinen Lernfortschritt selbst überprüfen kann. Es werden Anregungen gegeben, wie man Verhaltensbeobachtungen protokollieren und Modifikationsprogramme planen und durchführen kann. Im Anhang werden Anregungen für Trainer gegeben, die Elterngruppen leiten wollen.

Nach GORDON & DAVIDSON (1981) berichten die meisten Studien, die sich mit den Effekten von schriftlichem Material befaßten, daß das Wissen der Eltern nach Lesen der Texte sich signifikant verbessert. Ob die generellen Prinzipien jedoch auch zu Hause angewendet werden, ist nicht bekannt (p. 539). Die Übertragung des Gelernten auf das Verhalten zu Hause ist möglicherweise vor allem dann zu erwarten, wenn es sich bei den Texten um Anweisungen in bezug auf klar abgegrenzte Einzelverhaltensweisen handelt. Dafür wollen wir noch zwei Beispiele anführen.

Programme für spezielle Verhaltensprobleme

McMAHON & FOREHAND (1978) gaben drei Müttern von Kindern, die zwischen 2.5 und 5 Jahren alt waren, eine Broschüre, in der der Aufbau angemessenen Verhaltens bei Tisch abgehandelt wird. Das Tischverhalten von Kindern wird für wichtig gehalten, weil es dem Kind soziale, interaktionale und kulturelle Werte vermittelt. Unabhängige Beobachter protokollierten das Verhalten der Kinder und der Mütter während der Mahlzeiten, bevor und nachdem die Mütter die Broschüre gelesen hatten. Bei den Kindern wurden problematische Verhaltensweisen (z. B. Mit-Essen-Werfen, Schreien, Aufstehen vor Ende der Mahlzeit, Mit-Essen-Spielen), Gehorchen und Nichtgehorchen protokolliert. Bei den Müttern wurde erhoben, wie oft sie das Kind lobten, Anweisungen gaben und Auszeittechniken anwendeten. In allen drei Fällen verringerten sich die problematischen Verhaltensweisen der Kinder deutlich, die Verbesserungen nahmen in einer Follow-up-Phase teilweise noch zu. Die Mütter verbesserten ihr kontingentes Verhalten. Dieses war nach der Intervention und in der Follow-up-Phase zwar immer noch niedrig, die Ergebnisse lagen aber in derselben Größenordnung wie die Erfolge von Elterntrainings, die in der Literatur berichtet werden.

CLARK et al. (1977) schildern mehrere Experimente, die dazu dienen sollten, einen Elternratgeber für Einkaufsverhalten bei den Kindern zu erstellen und zu evaluieren. Viele Eltern, andere Kunden und Angehörige des Verkaufspersonals leiden darunter, daß Kinder und Eltern sich im Laden verlieren, daß die Kinder die Waren anfassen, ihre Eltern mit Kaufwünschen belästigen oder im Laden herumrennen, schreien oder sich mit anderen Kindern prügeln. Die Prozedur, die Eltern anwenden sollen, besteht darin, den Kindern auf dem Weg zum Geschäft die Verhaltensregeln zu erklären und ihnen in Aussicht zu stellen, daß sie sich selbst im Anschluß an den elterlichen Einkauf für den Wert einer Mark etwas kaufen können, wenn sie die Regeln eingehalten haben. Für jede Regelverletzung werden zehn Pfennig abgezogen. Eltern und Kinder wurden im Laden beobachtet, und zwar vor dem Lesen des Elternratgebers, kurz danach und 4 bis 7 Wochen später. Bei insgesamt 12 Familien zeigte sich, daß nach Lesen des Ratgebers Äußerungen von Eltern, mit denen sie die Kinder zu etwas zwingen wollten, abnahmen, belehrende Äußerungen zunahmen. Das störende Verhalten bei den Kindern verringerte sich. Eine anschließende Fragebogenerhebung ergab, daß die Eltern mit dem Programm zufrieden waren und daß die Kinder die neue Art des Familieneinkaufs sehr zu schätzen wußten. Die Autoren weisen darauf hin, daß es wichtig ist, daß die Kinder von derartigen Programmen nicht nur in bezug auf gute Manieren, sondern auch in bezug auf ihr sonstiges Sozialverhalten profitieren sollten - außerdem sollten sie auch Spaß daran haben.

Aus dieser letzten Bemerkung läßt sich auch die Brücke schlagen zum Thema Elterntraining als Förderung seelischer Gesundheit. Die beiden zuletzt beschriebenen Arbeiten sollten nicht einseitig als Modifikationsprogramme für eingeschränkte (dem Leser vielleicht sogar als irrelevant erscheinende) Verhaltensbereiche betrachtet werden, sondern als Beispiele dafür, wie - ausgehend von einem problematischen familiären Interaktionsproblem, das immer wiederkehrenden Anlaß zu Streit und Ärger bietet - das Familienklima harmonisiert werden kann.

Die beschriebenen Maßnahmen leisten nicht nur auf dem Wege einer Harmonisierung des Familienklimas einen Beitrag zur Förderung der seelischen Gesundheit des Kindes. YULE (1977) weist darauf hin, daß man sich bei der primär-präventiven Arbeit vor allem auf die Verhinderung später möglicherweise zu erwartender Störungen konzentrieren sollte. Da epidemiologische Untersuchungen zeigen, daß vor allem die Kinder, deren soziale Fertigkeiten gegenüber Gleichaltrigen ungenügend ausgebildet sind, in der Folge ernsthaftere emotionale Probleme entwickeln, sollte man die sich grundsätzlich als effektiv erweisenden behavioralen Techniken vermehrt dazu nutzen, den Kindern soziale Kompetenzen zu vermitteln.

5.3.1.4 Das Training nach DREIKURS & SOLTZ (Adlerian Mother Study Groups - AMS)

DREIKURS & SOLTZ (1970) führen die Zunahme von Erziehungsschwierigkeiten und Erziehungsunsicherheiten darauf zurück, daß mit fortschreitender Demokratisierung der Gesellschaft die althergebrachten Erziehungsnormen und Umgangsformen (wie z. B. absolute Unterordnung des Kindes unter die Gebote des Vaters) nicht mehr gelten, ohne daß allgemeingültige neue Vorstellungen an deren Stelle getreten wären. Neue Methoden, mit denen man die Kinder nach demokratischen Gesichtspunkten erziehen kann, werden in dem Buch beschrieben und in den Kursen eingeübt. Zentrale Leitideen sind: Gleichwertigkeit, Freiheit, Verantwortlichkeit und Ordnung. "Gleichwertigkeit heißt, daß alle ohne Rücksicht auf ihre persönlichen Unterschiede und Fähigkeiten denselben Anspruch auf Achtung und menschliche Würde haben" (p. 14). Dies ist die allgemeine Auffassung, wie sie sich in den westlichen Kulturen entwickelt hat. Ein weiteres Merkmal der Demokratie ist Freiheit, die aber nur durchgehalten werden kann, wenn die Freiheit der anderen ebenfalls geachtet wird. Die Freiheit muß Verantwortlichkeit einschließen in dem Sinne, daß die allgemein verbindlichen Regeln (Gesetze, Straßenverkehrsordnung usw.) eingehalten werden, da sonst rasch chaotische Zustände eintreten würden. Verantwortlichkeit bezieht sich also auf die Einhaltung von Ordnung, welche nicht autoritär gesetzt, sondern aufgrund eines demokratischen Entscheidungsprozesses zustande gekommen ist.

Bei der Erziehung geht es darum, daß die Kinder "angeregt und ermutigt werden, ihren Teil an der Aufrechterhaltung der Ordnung **freiwillig** auf sich zu nehmen" (p. 17).

Als Grundbedürfnis des Kindes wird der Wunsch nach Zugehörigkeit angesehen. Ein Kind, das sich unsicher ist, ob seine Familie es wirklich akzeptiert und es als zugehörig empfindet, entwickelt verschiedene störende Verhaltensweisen, wie Fordern ungebührlicher Aufmerksamkeit, Kampf um Überlegenheit, Vergeltung und Rache und schließlich Resignation und Hilflosigkeit. Alle diese Verhaltensweisen sind Zeichen von Entmutigung beim Kind. Aufgabe der Eltern ist es, sich nicht auf den Machtkampf einzulassen, sondern Ermutigung und Disziplin einzusetzen. Ermutigung wird erreicht durch die Übertragung von Verantwortung an das Kind, das Setzen realistischer Ziele sowie durch die Vermeidung von unnötigen Hilfestellungen. Disziplin erfolgt durch das Setzen "natürlicher" oder "logischer" Konsequenzen. "Natürliche" Konsequenzen sind Folgen von Verhalten, die ohne Einwirkung anderer Personen auftreten (z. B. wenn das Kind auf seinen Spielsachen herumtrampelt, gehen sie kaputt; wenn es zu spät aus dem Haus geht, verpaßt es den Schulbus). "Logische" Konsequenzen sollen die Eltern dann ziehen, wenn keine natürlichen Konsequenzen eintreten oder wenn diese zu gefährlich sind (z. B. ein Kind, das ohne auf den Verkehr zu achten über die Straße läuft, muß das richtige Verhalten nochmal üben und darf eine Weile nicht alleine rausgehen).

BROWN, die ein solches Training besucht hat, äußert sich kritisch zu den teilweise rigorosen Methoden, die den Eltern nahegelegt werden, sowie zu dem Gewicht, das das Suchen nach Konsequenzen innerhalb der Gruppenarbeit einnimmt. Als rigoros muß man z.B. den Umgang mit kindlichen Ängsten betrachten. DREIKURS vertritt den Standpunkt, daß das Zeigen von Angst für das Kind eine hervorragende Methode ist, die Aufmerksamkeit der Eltern zu erreichen (z.B. wenn das Kind nachts im Dunkeln schreit, weil es vorgibt, Angst zu haben). Wenn die Angstreaktionen nicht beachtet würden, würde sich auch gar keine Ängstlichkeit entwickeln, und das wiederum würde Eltern und Kindern in der Zukunft eine Menge Ärger und Schmerzen ersparen. Aus den Beispielen bei DREIKURS & SOLTZ wird deutlich, daß tatsächlich nur solche Situationen gemeint sind, bei denen das Kind gelernt hat, durch Schreien oder Weinen die Aufmerksamkeit der Eltern auf sich zu ziehen. Bei tatsächlicher Angst des Kindes werden Ermutigungstechniken empfohlen. BROWN hat an dieser Stelle die Argumentation von DREIKURS & SOLTZ mißverstanden.

Möglicherweise ist das DREIKURS-Programm zur primären Prävention und nicht zur sekundären besonders geeignet. Wenn nämlich noch keine ernsthaften Machtkämpfe in einer Familie bestehen, sind auch keine rigorosen Maßnahmen erforderlich, um sie abzustellen. Vielmehr könnte man die Eltern in ihren Wahrnehmungen sensibilisieren und vor allem Ermutigungstechniken trainieren.

Von FREEMAN (1975) liegt eine vergleichende Erfolgsstudie zum AMS vor. Verglichen wurden Mütter, die am AMS teilgenommen haben (N = 15 mit zusammen 27 Kindern) mit Müttern, die an "Traditional Mothers' Discussion Groups" (TMD) teilgenommen hatten (N = 14 mit zusammen 25 Kindern) und mit Müttern, die keine Behandlung erfahren hatten (N = 7 mit zusammen 14 Kindern). Die Mütter hatten nach Ende des Trainings (bzw. der entsprechenden Zeit) Fragebögen zu ihren Erziehungseinstellungen und zu den Verhaltensweisen ihrer Kinder (beobachtbare und zählbare Verhaltensweisen) auszufüllen. Ein von jeder Mutter zu benennender Informant füllte einen Fragebogen zu Erziehungsmaßnahmen aus. Beide Trainingsmaßnahmen zeigten in vielen Bereichen die erwarteten Unterschiede zur Kontrollgruppe. Unterschiede zwischen den Trainings konnten nur in einigen Fällen gesichert werden. Letztere sollen hier kurz aufgeführt werden:
- AMS-Mütter zeigten weniger Strafmaßnahmen in Form von Entzug von Privilegien und Einsperren,
- AMS-Mütter benützten seltener Bestechungen, um ihre Kinder zum Handeln zu bewegen,
- aber sie machten auch weniger Vorschläge als die TMD-Mütter,
- AMS-Mütter nahmen den Kindern seltener Pflichten ab.

Unerwartet war das Ergebnis, daß TMD-Mütter ihren Kindern mehr Beteiligung an Familienentscheidungen erlaubten und mehr mit ihren Kindern spielten.

Alle diese Ergebnisse basieren auf Fremdbeurteilungen. In den Aussagen der Mütter selbst fanden sich keine Unterschiede zwischen den Trainingsgruppen. Nach den hier mitgeteilten Daten kann eine Überlegenheit eines der beiden Programme nicht konstatiert werden. Zu dieser Studie ist vor allem kritisch anzumerken, daß für die AMS-Gruppe keine Verhaltensweise erfaßt werden konnte, die nach dem Training häufiger oder intensiver als bei den anderen Gruppen auftrat. Gerade auf die "erwünschten" bzw. "richtigen" Verhaltensweisen sollte im Training wie bei der Evaluation besonderes Augenmerk gerichtet werden, in der gleichen Weise, wie man Eltern im Training dazu anleitet, nicht nur unerwünschtes Verhalten beim Kind abzubauen, sondern erwünschtes aufzubauen. Eine Inspektion der von FREEMAN verwendeten Meßinstrumente zeigt, daß fast ausschließlich unerwünschtes Verhalten gemessen wurde, und zwar beziehen sich in der Fremdbeobachtung 16 Items auf ungünstiges Verhalten der Mutter (z. B. "Schlagen", "Enttäuscht sein über die Manieren des Kindes") und nur ein Item auf erwünschtes Verhalten der Mutter ("Vorschläge machen: z. B. 'Du kannst das machen' anstatt 'Du mußt ...'"). Allerdings scheint der im Anhang der Veröffentlichung abgedruckte Fragebogen nicht vollständig zu sein, da er nur 17 Items enthält, während weiter vorn im Aufsatz davon gesprochen wird, daß er 28 Items enthält.

Die Angaben zum Verhalten des Kindes betreffen ausschließlich unerwünschte Verhaltensweisen (53 Items, z. B. "Kam zu spät zum Mittagessen", "laut", "hat gelogen"). Diese Betonung der Negativ-Aspekte in der Evaluation könnte auch eine unerwünschte Nebenwirkung auf die Mütter hinsichtlich der Generalisierung ihres gelernten Verhaltens über die Zeit haben. Wenn sie nämlich darauf hingewiesen werden, vor allem unerwünschtes Verhalten des Kindes zu beobachten, kann das erwünschte Verhalten leicht aus dem Blick geraten.

Zu jeder der genannten Verhaltensweisen mußte die Mutter angeben, ob das Verhalten an einem bestimmten Tag aufgetreten war oder nicht und wenn ja, ob sie sich darüber geärgert hatte. In die Auswertung ging die Anzahl der Verhaltensweisen der Kinder ein, über die sich die Mütter geärgert hatten. Bei der AMS-Gruppe waren das im Mittel 4,6 %, bei der TMD-Gruppe 5,8 % und bei der Kontrollgruppe 9,3 %. Die Ergebnisse einer Varianzanalyse waren signifikant, ebenfalls der Unterschied AMS versus Kontrollgruppe. Kritisch anzumerken ist hier, daß über die tatsächlichen Veränderungen bei den Kindern keine Angaben gemacht werden. Die Vorher-Werte wurden nicht erhoben, außerdem kann es sein, daß die trainierten Mütter lediglich ihre Toleranzschwelle erhöht hatten. Ferner wäre noch interessant gewesen, ob in der Kontrollgruppe im Vergleich zu den Trainingsgruppen bestimmte kindliche Verhaltensweisen als störend erlebt wurden. Damit hätte man noch einen qualitativen Trainingseffekt nachweisen können.

5.3.1.5 Das "Präventive Elterntraining"

Das "Präventive Elterntraining" (MÜLLER 1976, 1978, 1980) stellt eine Kombination aus Verhaltensmodifikation (vgl. Abschnitt 5.3.1.3) und Kommunikationstraining dar. Neben der Einflußnahme auf die Eltern-Kind-Beziehung ist es ein ausdrückliches Ziel, die Partnerbeziehung zu stärken, indem die Kommunikation der Partner untereinander verbessert wird. Dieses Ziel resultiert aus der Erkenntnis, daß Erziehungsschwierigkeiten häufig dann entstehen, wenn die elterliche Partnerbeziehung gestört ist.

Das Kommunikationstraining läuft in 6 Schritten ab, die folgendermaßen beschrieben werden:

"1) Bewußtmachen der verschiedenen Kommunikationselemente und -kanäle,
2) Mitteilung von Gefühlen, Wünschen, Bedürfnissen und Erwartungen,
3) Zuhören und Antworten,
4) häufige Kommunikationsmuster und -fallen,
5) Rückmeldung geben und empfangen,
6) konstruktive Konfliktlösung" (MÜLLER 1980, p. 49 f.).

Dieser Trainingsteil hat große Ähnlichkeiten mit dem PET von GORDON.

Das "Präventive Elterntraining" wird in Gruppen durchgeführt, die Ehepartner nehmen an derselben Gruppe teil. Trainingsmethoden sind Einzel- und Partnerübungen, Kleingruppenarbeit, Rückmeldung anhand von Videoaufnahmen und Selbsterfahrung. Das Training umfaßt 20 Sitzungen, drei bis sechs Monate nach Abschluß werden noch zwei bis drei Auffrischungssitzungen angeboten. Der Kurs findet entweder als Kompakttraining (4 ganze Tage plus 6 aufeinanderfolgende Abende), als Langzeittraining (1 bis 2 mal wöchentlich am Abend) oder als Kurztraining (4 ganze Tage) statt. Vom Münchner Familienkolleg sind bis Mitte 1979 über tausend Eltern nach dieser Methode trainiert worden. Eine unbekannte Zahl von Eltern kommt hinzu, die an Kursen von Trainern, die am Münchner Familienkolleg ausgebildet worden sind, teilgenommen haben.

Damit kann man dieses Training zusammen mit dem PET von GORDON sowie den Verhaltensmodifikationsprogrammen zu den zur Zeit einflußreichsten in Deutschland zählen.

5.3.1.6 Das Elternverhaltenstraining von PERREZ, MINSEL & WIMMER

Theoretische Grundlagen dieses Programms sind:
- die Prinzipien der Verhaltensmodifikation, wenn es um den Aufbau erwünschten Verhaltens beim Kind geht,
- die Annahmen von ROGERS zu den Entwicklungsbedingungen einer "fully functioning person", wie sie vor allem von TAUSCH & TAUSCH (1977) für die Erziehungspsychologie konkretisiert wurden,
- die Ergebnisse der Erziehungsstilforschung (z. B. LUKESCH 1975), soweit sie Hinweise auf ein Erziehungsverhalten liefern, das die seelische Gesundheit der Kinder fördert (vgl. auch Kapitel 1.2.2).

Dieses Training wird im deutschen Sprachraum seit 1971 praktiziert. Anhand eines Arbeitsbuches können die Inhalte auch im Selbststudium erarbeitet werden. Es sind ca. 200 Praktiker (überwiegend Diplom-Psychologen und Sozialarbeiter) sowie eine größere Anzahl von Studenten in speziellen Kursen mit dem Programm vertraut gemacht worden. Aus unsystematischen Rückmeldungen wissen wir, daß die meisten Trainer das Programm gemäß ihren eigenen Zielvorstellungen mehr oder weniger modifizieren. Dies ist ein erwünschter Effekt. Wir haben immer wieder die Erfahrung gemacht, daß ein Trainer die Inhalte und Methoden am glaubwürdigsten vertritt, die er selbst entwickelt hat bzw. mit denen er sich voll identifiziert.

Inhaltlich stellt das Training eine Verbindung von Verhaltensmodifikationstechniken und Anleitungen zu kindzentriertem Verhalten dar.

Der Kurs beginnt mit einer Erziehungszieldiskussion. Die Eltern äußern in der Gruppe ihre Vorstellungen darüber, was sie gerne beim Kind erreichen möchten, zunächst global (z. B. Selbständigkeit, Lebensfreude, ...), später bezogen auf die erlebten defizitären Verhaltensweisen (z. B. Friedfertigkeit, Ordnung, Eifer bei den Hausaufgaben ...). Auf die hier genannten Ziele - besonders auf die Globalziele - wird im Verlauf des Kurses immer wieder hingewiesen. Damit soll vermieden werden, daß die Eltern mit den später erlernten Techniken ihre Kinder zu stark manipulieren (z. B. wenn eine Mutter das Ziel "Selbständigkeit" für ihr Kind hat, kann sie nicht gleichzeitig verlangen, daß es immer und unmittelbar ihre Anweisungen befolgt).

Das nächste Trainingselement ist die Verhaltensmodifikation einzelner störender Verhaltensweisen beim Kind. Wir haben diese Methode weiter oben bereits beschrieben. Im letzten Teil des Kurses wird kindzentriertes Verhalten geübt. Dafür liegen Schätzskalen für partnerbezogene Äußerungen sowie schriftliche Übungsmaterialien vor. Die Eltern lernen, wie sie die Gefühle bei ihrem Kind erkennen und ansprechen können. Übungsmaterial für den Bereich "Lenkung" wurde erst für das Trainingsbuch (PERREZ et al. 1974) entwickelt. Bei den Gruppentrainings (MINSEL 1975, 1976) wurde dieser Verhaltensaspekt nur unsystematisch bearbeitet. Außerdem wurden mit den Eltern - je nach Bedarf - allgemein interessierende Themen diskutiert, z. B. Gebrauch von Strafen, Taschengeld, Fernsehkonsum, Umgang mit "schwierigen" Lehrern.

Das Training zum Erkennen und Bearbeiten von Konflikten wurde für das Trainingsbuch neu entwickelt, nachdem sich in der Evaluation gezeigt hatte, daß die Teilnehmer diesen Bereich nur ungenügend beherrschten. Dieser Trainingsabschnitt ist, ebenso wie die Übungen zum Lenkungsverhalten, bislang nicht evaluiert. In der 4. Auflage des Buches (1985) sind außerdem Übungen zur Ursachenzuschreibung enthalten.

In seltenen Fällen wurden einzelne Eltern oder Paare im Anschluß an das Training individuell mit Gesprächspsychotherapie weiter behandelt.

Für die Standardform liegen Evaluationsdaten vor. In einem Pre-post-Kontrollgruppendesign wurden bei den Eltern Erziehungseinstellungen, Äußerungen auf schriftlich vorgegebene Erziehungssituationen und Persönlichkeitsdaten erhoben (Neurotizismus, Extraversion, Rigidität, direktive Einstellung). Die Kinder wurden mit dem HANES getestet (Hamburger Neurotizismus- und Extraversionsskala, die Neurotizismus, Extraversion und Tendenz zu sozialer Erwünschtheit mißt, BUGGLE et al. 1968) und schätzten Vater und Mutter getrennt nach "Verständnis" und "Lenkung" ein. Bei den Kindern waren keine unmittelbaren Trainingseffekte nachweisbar. Bei den Eltern traten hinsichtlich der Persönlichkeitsvariablen und Erziehungseinstellungen keine Veränderungen ein. Die Antworten auf Erziehungssituationen änderten sich hingegen bedeutsam: Die Eltern verwirklichten nach dem Training mehr Verständnis und weniger Lenkung in partnerbezogenen Äußerungen gegenüber dem Kind. Für den Bereich "Lenkung" wurden differentielle Trainereffekte festgestellt: Den Trainern, die eine Ausbildung in klientenzentrierter Psychotherapie hatten, gelang es besonders gut, das Lenkungsverhalten bei Eltern abzuschwächen. Einzelne Erziehungssituationen wurden auch inhaltsanalytisch ausgewertet. Es zeigte sich für die trainierten Eltern (gegenüber der Wartegruppe):
- sie sprechen vermehrt die Gefühle des Kindes an,
- sie ermahnen weniger,
- sie stellen weniger Fragen.
Diese Änderungen lagen im Sinne der Kursziele.

Eine Nachbefragung nach drei bis sechs Monaten bestätigte die Effekte bei den Eltern. Die Kinder wurden nicht nachuntersucht.

Kritisch zur Standardform des Trainings ist zu sagen, daß sie zu stark mittelschichtorientiert war, weil sehr viel an schriftlichem Material gearbeitet und diskutiert wurde. Durch Einsatz von Rollenspielen lassen sich auch Unterschichteltern wesentlich besser ansprechen.

5.3.1.7 Familientraining

In neuerer Zeit haben sich Psychotherapeuten vermehrt der Familientherapie zugewandt, deren Grundkonzepte wir im folgenden darstellen. Nach BRODERICK & SCHRADER (1981) ist das Jahr 1952 als das eigentliche Geburtsjahr der Familientherapiebewegung anzusehen. Zu diesem Zeitpunkt begannen an einem Dutzend verschiedener Orte in den USA Therapeuten und Forscher unabhängig voneinander, sich mit Familientherapie zu beschäftigen. Die wissenschaftliche Diskussion, wie sie sich in Publikationen niedergeschlagen hat, folgte dann mit erheblicher zeitlicher Verzögerung: 1973 existierte nur eine einzige englischsprachige Zeitschrift (Family Process), in der Artikel zur Familientherapie erschienen, 1981 gab es bereits ein Dutzend und noch einmal so viele in anderen Sprachen (GURMAN & KNISKERN 1981). Die Familientherapie-Bewegung läßt sich auf verschiedene Quellen zurückführen, nämlich die Entwicklung der Sozialarbeit und der Sozialpsychiatrie, die frühen Sexualberatungsdienste, die Familienbildung und die Eheberatung (BRODERICK & SCHRADER 1981). Grundlegend ist der Systemgedanke, wie er z. B. schon 1930 von der Sozialarbeiterin Charlotte TOWLE anläßlich einer Round-table-Diskussion der American Orthopsychiatric Association formuliert wurde: "Man kann nicht ein Familienmitglied behandeln, ohne die ganze Gruppe zu beeinflussen. Manchmal muß die ganze Familie in die Behandlung einbezogen werden. Man kann es nicht dem Zufall überlassen, auf welches Familienmitglied man die Behandlung zentriert" (zit. nach BRODERICK & SCHRADER 1981, übers. v. Verf.). TOWLE selbst fand zwar keinen Anklang, aber später wurden von verschiedenen Therapeuten ähnliche Überlegungen wieder angestellt. Beispielhaft soll das systemische Denken nach KERR (1981) kurz dargestellt werden. "Individuelle Betrachtung und systemische Betrachtung sind zwei grundsätzlich verschiedene Arten, menschliches Verhalten zu konzeptualisieren" (p. 234). Bei individueller Betrachtung wird die Ursache für die Symptome im Individuum gesucht (z. B. in seiner Lerngeschichte, seinen intrapsychischen Konflikten o. ä.). "Bei systemischer Betrachtung ist das Auftreten eines Symptoms ein Zeichen für eine akute oder chronische Störung des Gleichgewichts der emotionalen Kräfte in dem für das Individuum wichtigen Beziehungssystem, meistens der Familie" (p. 234). Symptome treten dann auf, wenn die Anpassungsfähigkeit des Individuums nicht mehr ausreicht, sei es, weil das streßinduzierte Ungleichgewicht zu groß oder weil die Reserven des Systems zu schwach sind. Andere Theoretiker sehen das Symptom selbst als funktional für die Aufrechterhaltung des Systemgleichgewichts an. Z. B. hat MAHLER-SCHÖNBERGER schon 1947 die Familie als ein System von Personen bezeichnet, die sich gegenseitig mögen und durch komplementäre, unbewußte Motive zusammengehalten werden. Falls die Eltern neurotisch sind, besteht ein pathologisches emotionales Gleichgewicht, welches leicht störbar ist. Ein Kind kann dann die Rolle des Stabilisators übernehmen, indem es "häufig unbewußt dazu benutzt wird, die Lücken in der unerfüllten emotionalen Beziehung zwischen Vater und Mutter zu schließen" (p. 704).

Alle diese Überlegungen bedeuten für die primäre Prävention (hier: Elterntraining), die ja auch einen Eingriff in das Familiensystem beinhaltet, daß unkontrollierbare Effekte bei den nicht behandelten Familienmitgliedern sowie für das gesamte Familiensystem zu erwarten sind, wenn nicht die ganze Familie in die Intervention einbezogen wird. Konsequenterweise gehen darum familientherapeutisch orientierte Praktiker und Forscher zum Familientraining über.

L'ABATE (1981) unterscheidet zwei Hauptrichtungen bei den Familientrainings, nämlich Familiengruppen (family clusters) und Familienanreicherungsprogramme (family enrichment).

Familiengruppen bestehen aus 4 bis 5 kompletten Familien, die sich mit einem Leiter treffen, um sich gegenseitig zu unterstützen und Fertigkeiten zu trainieren. Dabei werden vier Ziele verfolgt:

(a) gegenseitiges Mitteilen der Einsichten und Wertvorstellungen,
(b) durch die gegenseitige Unterstützung soll persönliches Wachstum gefördert werden,
(c) die Familiensysteme dienen sich gegenseitig als Modell,
(d) die Eltern können andere Kinder, die Kinder andere Eltern beobachten.

Meist trifft sich die Gruppe zum Abendessen, anschließend wird das Programm durchgeführt, aufgelockert durch gemeinsames Singen, Spielen und Unterhalten. Inhalte des Programms sind: Kommunikation in der Familie, Familiengeschichte und -identität, Werte, Tod, Armut, Konfliktlösung, Freiheit/Verantwortlichkeit, Macht u. ä.

Bei den **Familienanreicherungsprogrammen** handelt es sich um strukturierte Interventionen, die ihre empirische und technologische Grundlage im Bereich der programmierten Instruktion haben. Als theoretische Grundlagen werden genannt: allgemeine Informations-Prozeß-Systeme, Kommunikationstheorie und transaktionale Psychologie.

Das gesamte Programmpaket besteht aus 26 verschiedenen Programmen, von denen jedes drei bis sechs Lektionen (= Sitzungen) umfaßt. Jede Lektion besteht aus fünf bis sechs Übungen, die die Familie aktiv durchführen soll.

Die Programme beziehen sich inhaltlich z. B. auf affektive und kognitive Prozesse, Umgang mit Geld, behaviorale Lernprinzipien, Rollendifferenzierung, Verhandeln in der Familie. Sechs Spezialprogramme richten sich an bestimmte Gruppen und sind gedacht für alleinerziehende Eltern, Familien mit Adoptivkindern, Familien mit körperlich oder geistig behinderten Kindern, Alkoholikerfamilien und Familien, in denen Jugendliche Drogenprobleme haben.

Weitere Familienanreicherungsprogramme wurden unter einer Entwicklungsperspektive für verschiedene Phasen des Familienzyklus erstellt, sie beschäftigen sich mit der Verlobungszeit, Sexualität, Ehe, Elternschaft, dem höheren Lebensalter, dem sexuellen Bewußtsein bei Heranwachsenden, der Trennung der Teenager vom Elternhaus und der Kommunikation zwischen Eltern und Heranwachsenden. Der Schwerpunkt dieser Programme liegt auf der Mann-Frau-Beziehung, die als grundlegend für die seelische Gesundheit der Kinder und der Familie als ganzes angesehen wird. Die meisten Familienanreicherungsprogramme sind für einzelne Familien gedacht, einige eignen sich auch für Gruppentrainings.

Der typische Verlauf der Intervention ist folgender:
1. Das Paar bzw. die Familie wird zu einem Erstgespräch eingeladen, in dem die Motivation geklärt, das Programm vorgestellt und die Wahlmöglichkeiten erläutert werden. Diese Sitzung führt zu einem schriftlichen Kontrakt.

2. Das Paar/die Familie wird einem Vortest unterzogen.
3. Das Paar/die Familie wird über das am besten passende Programm informiert.
4. Das Programm wird durchgeführt.
5. Als Nachtest werden dieselben Instrumente wie im Vortest vorgelegt.
6. In einer Follow-up Sitzung wird ein Resümee gezogen, eventuell werden vom Leiter weitere Empfehlungen ausgesprochen.

Die Vorteile des Modells liegen nach L'ABATE (1981) vor allem darin, daß dysfunktionale Muster im System geändert werden können, weil mit der ganzen Familie gearbeitet wird, daß Fertigkeiten eingeübt werden, die destruktive Konflikte minimieren und die Freude am Familienleben maximieren und daß das Training auch von der Familie alleine weitergeführt werden kann. Der strukturierte Ansatz erlaubt eine relativ einfache Messung der Effektivität. Aufgrund einer guten Durchstrukturierung eignen sich die Programme auch zum Training von professionellen und paraprofessionellen Familienhelfern.

L'ABATE (1981) verglich die Effekte der Familienanreicherungsprogramme bei klinischen und nicht-klinischen Familien mit unbehandelten Gruppen und stellte die besten Effekte bei den nicht-klinischen Gruppen fest.

Zu einem ähnlichen Ergebnis kam WILDMAN (1977, zit. nach L'ABATE 1981), der folgende 4 Gruppen untersuchte: (1) klinische Paare, die mit Psychotherapie behandelt wurden, (2) klinische Paare, die Anreicherungsprogramme erhielten, (3) nicht-klinische Paare, die Anreicherungsprogramme erhielten und (4) nicht-klinische Paare ohne Behandlung. Gruppe (1) erwies sich im Vortest als mehr gestört als Gruppe (2), im Nachtest waren beide vergleichbar hinsichtlich ihrer ehelichen Anpassung. Gruppe (3) hatte mehr profitiert als Gruppe (2), in Gruppe (4) traten keine Veränderungen ein. Diese Befunde lassen sich so interpretieren, daß für klinische Gruppen sowohl Therapie als auch Anreicherungsprogramme geeignet sind (eine genauere differentielle Indikation läßt sich nicht treffen, weil die Gruppen (1) und (2) im Vortest nicht vergleichbar waren) und daß Anreicherungsprogramme besonders für nicht-klinische Gruppen - d. h. zur primären Prävention - zu empfehlen sind. Katamnesen müßten zeigen, ob die Effekte so geartet sind, daß sie langfristig die Vulnerabilitäten von Familiensystemen herabsetzen bzw. ihre Adaptivität erhöhen.

In Deutschland werden vom Münchner Familienkolleg seit 1979 "Präventive Familientrainings" durchgeführt (MÜLLER 1981, MÜLLER & MOSKAU 1983). Von der Organisation und den Zielen her sind sie den Familiengruppen nach L'ABATE zuzuordnen. Die Übungen entsprechen denen im Präventiven Elterntraining, das wir an anderer Stelle beschrieben haben. Angaben über die Anzahl bereits erreichter Eltern oder über die Effekte stehen bislang aus.

An der humanistischen Psychologie orientierte Familienanreicherungsprogramme werden beschrieben bei BRANCH (1976), PRUNTY (1976) und COWLEY & ADAMS (1976).

5.3.1.8 Kritische Bewertung

Offene Fragen bzw. Kritikpunkte bei Elterntrainings bestehen in folgenden Bereichen:
- Mit welchen Methoden lassen sich Ziele im Sinne der Förderung der seelischen Gesundheit erreichen?

- Lassen sich langfristige Effekte von Elterntrainings nachweisen, wenn ja: welche?
- Die Programme sind überwiegend mittelschichtorientiert.
- Die differentielle Auswirkung einzelner Maßnahmen auf Eltern, Kinder und die Beziehung zwischen ihnen ist zu wenig untersucht. Die Indikationsfrage ist ungeklärt.
- Über unerwünschte Nebeneffekte ist zu wenig bekannt.
- Die Frage der Generalisierung wird zu selten beachtet.
- Viele Teilnehmer brechen die Programme vorzeitig ab.
- Wie kann man möglichst ökonomisch arbeiten, d. h. welche Personen sollen am Training teilnehmen, welche Fertigkeiten sind schnell vermittelbar, und wie gut müssen die Trainer qualifiziert sein?

Zur Art der Zielerreichung

Wenn man die Ziele von Eltern- und Familientrainings auf einen Nenner bringen soll, so kann man sagen: Allen geht es darum, die Beziehung zwischen Eltern und Kindern zu verbessern, zu mehr Partnerschaftlichkeit, Höflichkeit und Freude in der Familie beizutragen, unnötige Konflikte zu vermeiden und zu einer partnerschaftlichen bzw. demokratischen Lösung der Konflikte zu verhelfen.

Wie diese Ziele zu erreichen sind, wird unterschiedlich gesehen. Die Verhaltensmodifikation lehnt sich wohl am engsten an bekannte und bewährte Erziehungsmittel an. Belohnung, Bestrafung und Nicht-Beachtung sind allen Eltern geläufig, nur werden sie meistens nicht so konsequent eingesetzt, daß "optimale" Effekte erzielt werden können. Genau hier liegt aber auch die Gefahr der Verhaltensmodifikation: Den Eltern werden Manipulationstechniken vermittelt, mit denen sie eine Vielzahl von Zielen, darunter auch solche, die unter dem Aspekt der seelischen Gesundheit als bedenklich angesehen werden müssen, erreichen können. Im Zusammenhang mit dem INNERHOFER-Programm haben wir diesen Kritikpunkt bereits diskutiert. Eine Abschwächung dieser Gefahr kann dadurch erreicht werden, daß vor Einstieg in das Training eine Abstimmung der Erziehungsziele erfolgt (z. B. CAESAR 1980) oder daß Methoden der Verhaltensmodifikation im Training mit anderen Methoden (z. B. Einüben kindzentrierten Verhaltens) kombiniert werden (vgl. MINSEL 1975b). Anderen Elterntrainingsmethoden stellt sich dieses Problem scheinbar nicht, weil die Ziele in den Methoden enthalten sind, sei es partnerschaftliches Umgehen miteinander in der Familie, wie bei GORDON oder GLASSER, oder der Abbau von Machtkämpfen, wie bei DREIKURS & SOLTZ. Nichtsdestoweniger können auch hier unerwünschte Nebenwirkungen auftreten, worauf z. B. GORDON (1978) hinweist, wenn er betont, daß es nicht auf die Veränderung der Gesprächstechnik, die dann zur Manipulation des Kindes mißbraucht werden kann, ankommt, sondern vor allem auf die Veränderung der Einstellung dem Kind gegenüber.

Mit welcher Methode ein gesundes Familienklima am ehesten erreicht werden kann, läßt sich beim augenblicklichen Forschungsstand nicht entscheiden. Ein mögliches Gütekriterium für Elterntrainings könnte sein, ob den Eltern Wissen und Fertigkeiten zum Aufbau von erwünschtem Verhalten beim Kind (und bei sich selbst) und nicht nur zum Abbau unerwünschten Verhaltens vermittelt werden. Manche Verhaltensmodifikationsprogramme erwecken den Eindruck, daß hauptsächlich letzteres angestrebt wird.

Allen Trainings gemeinsam ist, daß eine einigermaßen intakte Eltern-Kind-Beziehung vorausgesetzt wird. Weder "aktives Zuhören" noch "Ich-Botschaften" noch Bekräftigungen oder andere Maßnahmen werden sonst Effekte beim Kind bewirken. Von den meisten Autoren wird außerdem betont, daß "ernstere" Störungen - sei es beim Kind, bei den Eltern oder in der Beziehung - zusätzlicher therapeutischer Hilfe bedürfen. Damit bleibt als Hauptanwendungsgebiet von Eltern- und Familientrainings vor allem die primäre Prävention. Ob die Programme hier tatsächlich das halten, was sie versprechen, müßten Langzeitkatamnesen zeigen.

Zum Problem der langfristigen Effekte

Bereits durchgeführte Langzeitkatamnesen sind uns nicht bekannt. Sie wären auch - abgesehen von den bekannten Schwierigkeiten bei Längsschnittuntersuchungen - mit zusätzlichen methodischen Problemen verbunden:
- Primäre Präventionsprogramme sind vor allem auf Breitenwirkung angelegt. Möglicherweise profitieren auch solche Personen, die gar nicht an den Programmen teilgenommen haben. So wurde bei den Trainings von MINSEL anhand unsystematischer Beobachtungen festgestellt, daß z. B. nichttrainierte Väter ihre Erziehungseinstellungen ändern, wenn die Ehefrauen am Training teilgenommen haben. Eine experimentelle Bestätigung dieses Befundes findet sich bei FIRESTONE et al. (1980). Entsprechende Befunde wären für andere Personen denkbar, mit denen die Trainingsteilnehmer engen Kontakt haben. Für eine Evaluation bedeutet dies, daß es sehr schwierig sein dürfte, eine adäquate Kontrollgruppe zu finden.
- Langzeitstudien ohne Kontrollgruppe(n) wären von geringem Wert, da die spontane Remissionsrate gerade im Kindesalter noch erheblich über der im Erwachsenenalter liegen dürfte.

Zur Mittelschichtorientierung der Programme

Ein weiterer häufig und zu Recht vorgebrachter Kritikpunkt an Elterntrainings besagt, daß die Programme zu einseitig mittelschichtorientiert seien. Dazu tragen u. a. auch die Kosten bei, die den Teilnehmern entstehen (z. B. beim GORDON-Programm). Man würde vor allem jene Familien erreichen, denen sowieso genügend Ressourcen zur Verfügung stehen bzw. die diese eher nutzen. Demgegenüber würden Familien, die es eigentlich "nötig" haben, weil z. B. Vernachlässigung oder Mißhandlung der Kinder zu befürchten ist, nicht erreicht. Mit diesem Problem setzen wir uns im nächsten Kapitel auseinander. Doch zunächst wollen wir uns noch der Indikationsfrage zuwenden.

Zur Indikationsfrage

Inzwischen kann als gesichert gelten, daß eng umgrenzte, leichtere Verhaltensprobleme von Kindern dadurch behoben werden können, daß Eltern unter Anleitung verhaltenstherapeutische Techniken anwenden (vor allem operantes Konditionieren, shaping, time out, Modellverhalten, vgl. INNERHOFER 1978). Im Rahmen der eher klientenzentrierten Ansätze konnten Kurzzeiteffekte vor allem für das Elternverhalten oder die Erziehungseinstellung gesichert werden (MINSEL 1975, GORDON 1978, SHERRETS et al. 1980), dagegen stehen die Beweise für Langzeitwirkungen und für die Effekte auf das Verhalten oder das Wohlergehen der Kinder aus. Diese unbefriedigende Situation läßt sich zu einem Teil auf die wenig konsistenten Befunde der Erziehungsstilforschung sowie der Entwicklungspsychologie der Eltern-Kind-Beziehung zurückführen. Und selbst wenn einzelne Zusammenhänge als hinreichend substantiell und gesichert gelten könnten, so ließen sich daraus immer noch nicht Voraussagen ableiten, wie sich das Kindverhalten in Abhängigkeit von der Änderung des Elternverhaltens ändert, weil aus Korrelationen nicht auf Kausalität geschlossen werden kann (GRIFFORE 1980). Außerdem ist es möglich, daß z. B. beim Vergleich zweier Programme das eine Programm bei den Eltern, das andere Programm bei den Kindern größere Effekte zeitigt (s. z. B. BASTINE 1978).

Hier wird die aus der Klinischen Psychologie bekannte und ungelöste differentielle Indikationsfrage "welche Therapiemethode, durch wen angewandt, bewirkt unter welchen Bedingungen bei welchen Patienten welche Effekte?" (GRAWE 1982, SEIDENSTÜCKER 1984) noch erweitert und verkompliziert. Sie müßte für das Elterntraining nämlich lauten: "Welche Trainingsmethode, durch wen angewandt, bewirkt unter welchen Bedingungen bei welchen Eltern welche Effekte und führt bei welchen Kindern unter welchen Bedingungen nach welcher Zeit zu welchen Auswirkungen?" Diese Frage ist noch weit von einer Beantwortung entfernt und vielleicht gar nicht zu lösen, wie ein analoges Forschungsgebiet, nämlich die Aptitude-Treatment-Interaction-Forschung, gezeigt hat. Hier stand man schließlich vor einer solchen Fülle von widersprüchlichen Ergebnissen, daß die ganze Forschungsrichtung mehr oder weniger aufgegeben wurde (FLAMMER 1977). Eine alternative Forschungsstrategie wird von KROHNE & ROGNER (1981) vorgeschlagen. Sie plädieren dafür, anstatt empirisch die Effektivität bestimmter Trainings zu bestimmen, theoriegeleitet eine quasi-experimentelle Prüfung der von der Theorie her postulierten Auswirkungen elterlicher Erziehungsmaßnahmen vorzunehmen. In dem Zusammenhang ist ein bereichsspezifisches Vorgehen, d. h. die Beschränkung auf zunächst nur wenige abhängige Variablen, von Vorteil. Die Autoren entschieden sich für die Ängstlichkeit und die Angstbewältigung beim Kind (p. 318). Ganz entsprechend argumentiert L'ABATE (1981), wenn er ausführt, daß seine Familienanreicherungsprogramme direkte Ableitungen aus theoretischen Annahmen seien. Bei der Evaluation seiner Programme werde immer gleich die Theorie mitgetestet. Wissenschaftstheoretischen Standards genügt dieses Vorgehen allerdings nicht, denn eine eindeutige Zurückweisung theoretischer Annahmen ist aufgrund der Ergebnisse von Interventionen in der Familie nicht möglich. Allenfalls lassen sich unterstützende Argumente für eine Theorie finden. (Zum Zusammenhang von Theorie und Technologie sowie zur Frage der Interventionspraxis als Prüfstein entwicklungspsychologischer Theorien siehe auch BRANDTSTÄDTER 1980).

Zum Problem der schädlichen Nebenwirkungen

Weiterhin ungeklärt ist die Frage nach unerwünschten Nebeneffekten. Meist wird sie nicht einmal gestellt (TRAMONTANA et al. 1980). GRIFFORE (1980) weist darauf hin, daß die auf dem Markt erhältlichen Elternratgeber häufig in unzulässiger Weise vereinfachen und generalisieren (ein Argument, das auf viele Elterntrainings ebenfalls zutreffen dürfte), und daß es besser wäre, Eltern mehr Originalbefunde in allgemeinverständlicher Form anzubieten. Damit entzieht er sich aber unseres Erachtens zu stark der Verantwortung, denn wie sollen Laien in der Lage sein, Handlungsmaximen aus Forschungsbefunden abzuleiten, wenn das nicht einmal den Fachleuten gelingt? Sicher wäre es falsch, so lange auf ein Elterntraining in breiterem Rahmen zu verzichten, bis die oben angesprochene differentielle Indikationsfrage gelöst ist. Die vielen ungeklärten theoretischen und methodischen Fragen sollten den Anlaß zu einer intensivierten "angewandten Forschung", wie sie von KORNADT (1985) gefordert wird, bieten. Hierzu ist eine verstärkte Kooperation von Elterntrainern mit reichen praktischen Erfahrungen und günstigen Voraussetzungen für systematische Datenerhebungen sowie von Forschern angezeigt. Starre theoretische und ideologische Positionen sollten zugunsten einer flexiblen und offenen Haltung gegenüber den Eltern, mit denen gearbeitet wird, aufgegeben werden (vgl. auch SHERRETS et al. 1980).

Zum anderen möchten wir an die Forscher appellieren, ihr Augenmerk verstärkt auf mögliche schädliche Nebenwirkungen zu richten, indem sie z. B. versuchen, diese systematisch zu erfassen bzw. zumindest nicht bereits bekannt gewordene zu verschweigen. So berichten TRAMONTANA et al. (1980) über eine unveröffentlichte Dissertation von KNIGHT (1974), in der das PET von GORDON mit einer unbehandelten Kontrollgruppe verglichen wurde. Die Eltern, die am PET teilgenommen hatten, waren im Nachtest ängstlicher als die Kontrollgruppeneltern, und ihre Kinder näßten nachts häufiger ein als die enuretischen Kinder aus der Kontrollgruppe.

Eine der wenigen Arbeiten, die sich explizit mit Nebenwirkungen von Elterntrainings befaßt, ist die von DUBEY & KAUFMAN (1982). Zunächst wurde an 52 Eltern, die einen 10wöchigen Verhaltensmodifikationskurs besucht hatten, ein Fragebogen ausgeteilt, auf dem die Eltern in eigenen Worten folgende Fragen beantworten sollten: "Welche neuen Probleme traten während des Kurses auf? Wie hat der Kurs die Beziehung zu Ihrem Kind (gemeint ist das "Problemkind") verändert? Wie hat der Kurs die Beziehung zu Ihren anderen Kindern verändert? Wie hat der Kurs die Beziehung zu Ihrem Partner verändert?" (p. 66 f.). Aus den Antworten wurden 6 Kategorien gebildet, die sich auf Bemerkungen zu unerwünschten Nebenwirkungen bezogen, z.B. "Mein Kind will jetzt für gutes Verhalten immer belohnt werden" oder "Meine anderen Kinder sind eifersüchtig, weil ich meinem 'Problemkind' zu viel Beachtung schenke." (p. 67).

Eine Befragung von 119 Trainingsteilnehmern nach Abschluß des Trainings mit diesen 6 Fragen ergab:
- Drei der Nebenwirkungen wurden von jeweils 19-25 % der Eltern angegeben.
- Die anderen drei Nebenwirkungen erreichten eine Nennungshäufigkeit von über 35 %. Das oben zitierte Item (Kind verlangt Belohnungen für gutes Verhalten) wurde von 52 % der Eltern bejaht!
- Glücklicherweise wurde für die meisten Nebenwirkungen aber nur eine schwache Intensität angegeben.
- Die mittlere Anzahl der genannten Nebenwirkungen betrug pro Person 1.70.

Die Autoren kommen zu dem Schluß, daß Nebenwirkungen bedeutsam sind und daß diese schon während des Kurses thematisiert werden sollten.

Zum Problem der Generalisierung der Trainingseffekte

FOREHAND & ATKESON (1977) weisen darauf hin, daß vier Arten von Generalisierung bei Elterntrainings noch nicht genügend gesichert sind, nämlich: zeitliche Generalisierung (die Trainingseffekte bleiben auch nach dem Kursende längere Zeit bestehen), Situationsgeneralisierung (die Behandlungseffekte treten auch außerhalb des Labors auf), Verhaltensgeneralisierung (in anderen Verhaltensbereichen als denen, die im Training behandelt wurden, treten Veränderungen auf), Geschwister-Generalisierung (Verhaltensänderungen bei den Geschwistern des in Behandlung befindlichen Kindes). Zu jedem dieser vier Bereiche gibt es Untersuchungen, die eine Generalisierung belegen und andere, die die Nullhypothese stützen. Meistens werden die Generalisierungsprobleme jedoch nicht thematisiert oder nur beiläufig erwähnt (z. B. bei BASTINE 1978). Weitere vernachlässigte Forschungsbereiche sind u. a. die Zusammenhänge zwischen verschiedenen Erfolgskriterien, die Effektivität einzelner Trainingsmethoden (z. B. Rollenspiel, unmittelbare Rückmeldung) und der Einfluß individueller Differenzen zwischen den Eltern auf den Lernerfolg.

Zum Problem der vorzeitigen Abbrecher

Ein weiteres ernstes Problem im Zusammenhang mit Elterntrainings sind die hohen Abbruchquoten, vor allem bei Gruppentrainings (nach KROHNE & ROGNER 1981 zwischen 50 und 70 %). Dazu liegen Erkenntnisse vor bezüglich der Personengruppen, die mit großer Wahrscheinlichkeit vorzeitig die Gruppe verlassen, sowie bezüglicher einiger Maßnahmen, mit denen diesem Phänomen zu begegnen ist.

Bei Unterschichteltern ist eher zu erwarten, daß sie einen Kurs vorzeitig verlassen (SADLER et al. 1976, INNERHOFER & WARNKE 1978), das gleiche gilt für Eltern mit schlechterer Ausbildung oder mit älteren Kindern (SADLER et al. 1976) sowie für Mütter, die zeitlich überlastet sind (KOCH & DIRLICH-WILHELM 1980). Zur regelmäßigen Teilnahme motivierende Maßnahmen können sein:
- das Erheben einer (geringen) Gebühr (SADLER et al.1976),
- häufige, verabredete Anrufe durch den Leiter, bei denen der Fortschritt zu Hause erfragt und bekräftigt wird (GORDON & DAVIDSON 1981),
- eine eventuelle Einzelbehandlung von Kind oder Eltern davon abhängig zu machen, daß die Eltern regelmäßig einen Elternkurs besucht haben.

MÜLLER (1980) berichtet von einer Ausfallquote von "fast gleich Null" innerhalb von 6 Jahren bei über 1.000 Eltern. Dieser Erfolg wird darauf zurückgeführt, daß einige Wochen vor Beginn des Trainings Vorbesprechungen stattfinden, in denen die Teilnehmer Informationen über den inhaltlichen und organisatorischen Ablauf erhalten, wo die Notwendigkeit der Teilnahme beider Eltern betont wird und die Trainingstermine als für alle verpflichtend abgesprochen werden. Wahrscheinlich findet durch dieses Vorgehen eine Selektion besonders motivierter Eltern statt.

Auch INNERHOFER (1976) berichtet über eine vollständige, begeisterte Teilnahme von 100 Eltern. Die anfängliche Befürchtung hoher Drop-out-Quoten bewahrheitete sich nicht, vielmehr hatte man nachher das Problem, mit den hohen Anmeldezahlen fertig zu werden.

Ökonomische Gesichtspunkte

Wenn man die Trainings unter ökonomischem Aspekt betrachtet (also wieviele Familien durch wieviele Trainerstunden mit Aussicht auf wünschenswerte Effekte erreicht werden können), muß man sich verschiedene Fragen stellen:

a) **Welche Personen** sollen an der Intervention teilnehmen? Wie oben bereits erwähnt, reicht es häufig aus, die Mütter zu trainieren und die Väter auszusparen. Bei diesem Vorgehen können insgesamt mehr Familien erreicht werden. Durch diese Art der Personenwahl trägt man allerdings zur Verfestigung der traditionellen Rollenverteilung bei, wonach die Erziehung der Kinder primär eine Aufgabe der Frauen ist (vgl. Kapitel 3). Auch angesichts der gestiegenen Zahl berufstätiger Frauen sollte überdacht werden, ob nicht in verstärktem Maße Väter am Erziehungsprozeß beteiligt und zur Übernahme von Erziehungsverantwortung motiviert werden sollten. Möglicherweise hängt die

Auswahl der einzubeziehenden Personen auch mit der Art der Fragestellung zusammen. FOREHAND & ATKESON (1977) weisen darauf hin, daß z. B. Selbstkontrolltechniken den Kindern direkt beigebracht werden sollen. Elterntrainings sollten für solche Fälle allenfalls ergänzend angeboten werden.

b) **Welche Fertigkeiten** bei Eltern sind nicht nur von einem theoretischen Standpunkt, sondern auch vom Erleben der Kinder her wünschenswert, und wie leicht bzw. wie schwer sind diese Fertigkeiten erlernbar?

Zu diesen Fragen gibt es bisher unseres Wissens nur indirekte Hinweise. GORDON (1978) meint nach Beobachtungen in seinen Elterntrainings, die Ich-Botschaften seien leichter zu erlernen als das aktive Zuhören. Unsere eigenen Erfahrungen (MINSEL & BIEHL 1980) gehen in die entgegengesetzte Richtung. In letzterer Untersuchung zeigte sich außerdem, daß Eltern, die in Problemsituationen häufiger über sich sprechen, von ihren Kindern als verständnisvoller wahrgenommen werden. Dabei spielte es keine Rolle, ob es sich bei den Elternäußerungen um Ich-Botschaften im engeren Sinne handelte oder nicht. - Für viele elterliche Verhaltensweisen (z. B. Bekräftigungen, kontingentes Verhalten) müßte vielleicht auch festgelegt werden, welche minimale Auftretenshäufigkeit im Kurs anzustreben ist. - In bezug auf diese quantitativen und qualitativen Kriterien ist noch ein breites Forschungsfeld zu bearbeiten.

c) **Welche Personengruppen** sollten durch hochqualifizierte Fachleute trainiert werden, und für welche Personengruppen eignen sich auch Paraprofessionelle oder Laien? Entsprechend muß die Frage für die einzelnen Programme bzw. Programmteile gestellt werden.

Die Frage nach der **Trainerqualifikation** wird in der Literatur kontrovers diskutiert. Wahrscheinlich muß die Qualifikation um so höher sein, je "gestörter" die Teilnehmer sind und je unstrukturierter das Trainingsprogramm ist. Oben haben wir bereits erwähnt, daß Eltern auf ökonomische Weise über Filme Modellverhalten dargeboten werden kann und daß klar abgegrenzte Problembereiche mit Hilfe von spezifischen Elternratgebern angegangen werden können.

5.3.2 Programme für Risikofamilien

Unter Risikofamilien wollen wir solche Familien verstehen, die Stressoren von hoher Intensität bzw. Dauer ausgesetzt sind, die unter weniger förderlichen Umweltbedingungen leben oder deren Mitglieder sich durch geringe Bewältigungskompetenzen oder erhöhte konstitutionelle Vulnerabilitäten auszeichnen, so daß sie einem vergrößerten Störungsrisiko des Gesamtsystems oder einzelner Mitglieder ausgesetzt sind (zur Definition der Variablen siehe BECKER 1982a). **Konstitutionelle Vulnerabilitäten** beim Kind, die den Eltern die Erziehung schwer machen können, liegen z. B. bei einem sogenannten "schwierigen Kind" (THOMAS & CHESS 1977) oder bei Überempfindlichkeit gegenüber Allergenen oder anderen Organüberempfindlichkeiten vor.

Als **Stressoren** kommen in Frage: zurückliegende Belastungen, deren Wirkungen aber weiter fortbestehen (z. B. ein ungünstiges Erziehungsklima in den Herkunftsfamilien der Eltern; GELLES 1973) sowie Belastungen, die im Moment bestehen (z. B. eine unbefriedigende partnerschaftliche Beziehung zwischen den Eltern, unzureichende wirtschaftliche Verhältnisse der Familie, Arbeitslosigkeit, Schichtarbeit oder Alleinerziehung der Kinder durch einen Elternteil). **Förderliche Umweltbedingungen** sind neben den institutionellen Hilfsmöglichkeiten der psychosozialen und medizinischen Versorgung, Sozialhilfe usw. vor allem die informellen Ressourcen, wie nachbarschaftliche, freundschaftliche und verwandtschaftliche Kontakte. Jedenfalls wird in Untersuchungen zu Risikofamilien immer wieder berichtet, daß diesen Familien solche Kontakte offenbar fehlen (s. z. B. GOTTLIEB 1980). Andererseits unterscheiden sich auch verschiedene Nachbarschaften danach, wie unterstützend sie wirken können (GARBARINO & SHERMAN 1980). Eine Taxonomie von Nachbarschaften gibt WARREN (1980).

Mangelnde **Kompetenzen** betreffen vor allem die Eltern. Risikofamilien zeichnen sich dadurch aus, daß es den Eltern nicht gelingt, sich mit kleinen Kindern angemessen zu beschäftigen (GORDON 1971), eine kindgemäße Routine und Disziplin einzuhalten oder mit Gefühlen angemessen umzugehen, was dann zu Vernachlässigung oder Mißhandlung des Kindes führen kann.

Die meisten Programme für Risikofamilien richten sich vor allem darauf, die Erziehungskompetenzen zu verbessern. Daneben oder begleitend werden aber auch Anstrengungen unternommen, förderliche Umweltbedingungen herzustellen. Die Organisation solcher spezifischer Programme muß im Gegensatz zu den oben besprochenen, etablierten Programmen wesentlich flexibler gestaltet sein. Da viele Risikofamilien von sich aus keine professionelle Hilfe aufsuchen, müssen die Hilfsangebote an die Familien herangebracht werden. Die Arbeit muß meistens intensiver durchgeführt werden, oft hat sie Ähnlichkeit mit Maßnahmen der Krisenintervention. Außerdem dürfen den Familien keine Kosten entstehen.

Im folgenden wollen wir uns den Programmen für einzelne Risikogruppen genauer zuwenden. Für folgende Risikogruppen wurden Programme entwickelt: Familien, in denen Kindesmißhandlung oder -vernachlässigung vorkommt, und Familien, in denen ein Kind Entwicklungsrückstände aufweist.

5.3.2.1 Programme für Risikofamilien in bezug auf Kindesmißhandlung und -vernachlässigung

Die Hauptprobleme bei der Arbeit mit diesen Familien bestehen zunächst darin, diese zu identifizieren und zur Mitarbeit zu bewegen. Für die Identifikation müssen die Risikofaktoren bekannt sein, die Eltern vulnerabel für Mißhandlung und Vernachlässigung machen. Zu diesem Forschungsbereich liegt eine umfangreiche Literatur vor, auf die wir hier nur verweisen können (z. B. die ausführliche Darstellung von ENGFER 1982).

GARBARINO & STOCKING (1980b) geben einen Überblick zu Faktoren, die zu Kindesmißhandlungen führen. Dies sind zum einen zurückliegende Erfahrungen, wie emotionale Deprivation in der eigenen Kindheit, sowie aktuelle Persönlichkeitsmerkmale der Eltern, wie wenig Empathie, niedriger Selbstwert, soziale Zurückgezogenheit. Zur Vorhersage, welche dieser risikobehafteten Eltern tatsächlich zu Kindesmißhandlern werden, bedarf es zusätzlicher Variablen. Eine wesentliche Bedingung scheint die **soziale Isolierung** zu sein (wenig Beziehungen außerhalb der Familie, keine "Verwurzelung" in der Umgebung, langandauerndes Vermeiden von Aktivitäten, die Kontakte mit anderen Erwachsenen herstellen könnten). Dadurch entsteht ein Mangel an sozialer Unterstützung und Rückmeldung, wodurch der Umgang mit Emotionen sowie die Impulskontrolle erschwert werden. Die benötigte Unterstützung ist am besten durch möglichst permanente, informelle Kontakte zu leisten. Deshalb gehen viele Überlegungen in die Richtung, wie man solche Kontaktmöglichkeiten schaffen kann (z. B. GOTTLIEB 1980; WARREN 1980; PANCOAST 1980; COLLINS 1980) bzw. wie man risikoreiche Umwelten/Nachbarschaften identifizieren und eventuell modifizieren kann (WARREN 1980; GARBARINO & SHERMAN 1980; BURGESS & RICHARDSON 1984).

Das Bundesministerium für Jugend, Familie und Gesundheit (1979) gibt prä-, peri- und postnatale Risikofaktoren an. Risikofaktoren während der Schwangerschaft sind (außer den bereits erwähnten): - ungewolltes Kind, - erstes Kind, - Unerfahrenheit der Mutter im Umgang mit einem Baby, - Alter der Mutter unter 20 Jahren, - kurz aufeinanderfolgende Schwangerschaften, - komplikationsreiche Schwangerschaft, - übermäßige Sorge, das Geschlecht des Kindes betreffend, - ernsthafte Überlegungen der Eltern, eine Schwangerschaftsunterbrechung vornehmen zu lassen, - unzureichende materielle Voraussetzungen für das Kind (p. 46).

Perinatale Risikofaktoren betreffen vor allem die Frühphase der Eltern-Kind-Beziehung. Diese kann dadurch belastet sein, daß die Geburt sehr schwer verläuft, daß das Kind das "falsche" Geschlecht hat, daß das Kind mißgebildet ist oder z.B. durch Krankheit oder Frühgeburt eine Trennung von Mutter und Kind notwendig wird. Schon im Kreißsaal soll die gestörte Einstellung zum Kind erkennbar sein.

Postnatale Risikofaktoren betreffen den Umgang der Mutter mit dem Kind (beim Schreien, Füttern, Saubermachen, Sprechen, Spielen) und die Reaktionen der übrigen Familienmitglieder auf das Kind.

Nach GRODNER (1977) sind die meisten dieser Bedingungen dem "psychopathologischen Modell" zuzuordnen, welches besagt, daß Kindesmißhandler eine Persönlichkeitsstörung (z. B. sadomasochistische Tendenzen, soziale Isolierungstendenzen, inadäquates Selbstbild oder Abhängigkeit) aufweisen. Erwähnt werden in diesem Zusammenhang auch eigene Mißhandlungserfahrungen der Eltern zur Zeit ihrer Kindheit (vgl. auch die Transmissionstheorie von BECKER 1978). Dem gegenüberzustellen sei das "Umweltmodell", das externe Stressoren als Hauptursache für Kindesmißhandlung postuliert (z. B. Größe der Familie, Arbeitslosigkeit, niedriger sozialer Status). Ein drittes ätiologisches Modell ist das systemische, welches Mißhandlungen als "Teil der Beziehungsmuster und reziproken Transaktionen zwischen Eltern und Kind (und anderen Familienmitgliedern), in denen alle Personen ihren Part spielen" ansieht (p. 32). In dieses Modell können sowohl das psychopathologische als auch das Umweltmodell zwanglos integriert werden. Es wird z. B. berücksichtigt, welche Rolle das Kind selbst im Rahmen seiner Mißhandlung einnimmt. Folgende Dynamik kann sich ergeben: schwieriges/unattraktives Kind - erste Mißhandlung - das Kind wird noch schwieriger - weitere Mißhandlung.

Zunächst wollen wir zu den verschiedenen Risikofaktoren zurückkehren. Welche Voraussagekraft ihnen im einzelnen zukommt, ist bisher nicht geklärt. Die Gefahr, "falsche Positive" zu erhalten (hier: Voraussage, daß Mißhandlung stattfinden wird, die sich in der Realität als falsch erweist) dürfte ziemlich groß sein. Nach TAYLOR & RUSSELL (zit. nach GUILFORD 1956) hängt die Genauigkeit der Vorhersage von der Höhe des Validitätskoeffizienten, von der Grundrate, mit der das betreffende Merkmal in der Population auftritt, und von der Selektionsquote ab. Wenn diese drei Parameter bekannt sind, läßt sich berechnen bzw. in den TAYLOR-RUSSELL-Tafeln ablesen, wieviele Individuen, die aufgrund des Prädiktors als auffällig klassifiziert wurden, tatsächlich das kritische Merkmal besitzen.

Angenommen, die Grundrate für Kindesmißhandlungen in der Population betrage 5 %. Ferner sei angenommen, wir besäßen ein Vorhersageinstrument für Kindesmißhandlung, das eine Validität von r_{tc} = .60 hat. (Dieser Wert ist für ein Prognoseinstrument schon recht hoch.) In einer Entbindungsklinik würden jetzt 1.000 Familien mit dem Ziel untersucht, die potentiell mißhandelnden Eltern herauszufiltern, damit sie einem Präventionsprogramm zugeführt werden können. Hätte man keinen Prädiktor (Test), so würde man alle 1.000 Familien präventiv behandeln. Diese Strategie würde zwar erhebliche Kosten verursachen, man hätte dafür aber auch die Gewähr, keinen der potentiellen Mißhandler zu verpassen. Die folgende Tabelle zeigt, wie sich die Vorhersage "mit Test" verbessern würde.

Tabelle 5.1: Anzahl richtig und falsch klassifizierter Mißhandler in Abhängigkeit von Selektionsquote. Voraussetzung: Grundquote = 5 %, r_{tc} = .60 (abgelesen aus der TAYLOR-RUSSEL-Tafel in GUILFORD 1956, p. 385).

Selektionsquote: in die Stichprobe werden die obersten ...% aufgenommen	Mißhandler (N=50)		Nicht-Mißhandler (N=950)	
	richtig erkannte Mißhandler	nicht erkannte Mißhandler	als Mißhandler klassifizierte Nicht-Mißhandler	richtig erkannte Nicht-Mißhandler
40	48	2	352	598
30	39	11	261	689
20	34	16	176	784
10	28	22	72	878
5	15	35	35	915
2,5	10	40	15	935

Aus der Tabelle wird deutlich, daß abhängig von der Selektionsquote unterschiedliche Anzahlen von Fehlklassifikationen in Kauf genommen werden müssen. Bei einer Selektionsquote von 40 % hätte man zwar fast alle Kindesmißhandler erkannt, könnte diese aber nicht von den 88 % ebenfalls in der Stichprobe enthaltenen Nicht-Mißhandler unterscheiden. Setzt man die Selektionsquote bei 2,5 % fest, so klassifiziert man nur noch wenige Nicht-Mißhandler falsch, übersieht dafür aber auch 80 % der Mißhandler. Hier muß eine Güterabwägung zwischen α- und β-Fehler stattfinden: Ist es schädlicher, Familien, die nie ihre Kinder mißhandeln würden, als potentielle Mißhandler zu etikettieren (α-Fehler), oder ist es schädlicher, Eltern, die ihr Kind mißhandeln werden, nicht zu erkennen, die erforderliche Hilfe zu versagen und die Kinder einer massiven Gefahr auszusetzen (β-Fehler)? Hinzu kommen ökonomische Überlegungen, die die Kosten der Prognose selbst und die Anzahl der möglichen Teilnehmer an Präventionsprogrammen betreffen.

Nach unserer Meinung ist es besonders wichtig, den β-Fehler klein zu halten und gleichzeitig eine Etikettierung der Familien zu vermeiden. Dies könnte durch Programme erreicht werden, die eine möglichst große Breitenwirksamkeit haben und möglichst wenig den Anschein der "Behandlung" erwecken. Geeignet erscheinen z. B. Informationen, die durch die öffentlichen Medien verbreitet werden, oder Informationsbroschüren über Kinderpflege und -erziehung, die an alle Eltern von Neugeborenen verschickt werden. Das Bundesministerium für Jugend, Familie und Gesundheit (1979) schlägt ferner vor: Enttechnisierung der Geburt und Einführung von Kursen über Erziehungsfragen an Schulen sowie in der Erwachsenenbildung. Ob solche Maßnahmen "greifen", bleibt dahingestellt. Auf jeden Fall müßten sie durch gesetzgeberische Maßnahmen unterstützt werden, die gewährleisten, daß kinderreiche Mütter und Väter nicht aus finanzieller Not ihre Kinder vernachlässigen und daß genügend große Wohnungen in ausreichender Zahl zu angemessenen Mietpreisen zur Verfügung gestellt werden.

Im folgenden wollen wir einige psychologische Präventionsprogramme zur Verhinderung von Kindesmißhandlung und -vernachlässigung vorstellen.

OLDS (1980) beschreibt einen gemeindenahen Ansatz zur Prävention von Kindesmißhandlungen. Es handelt sich um das Programm PEIP (Prenatal/Early Infancy Project). Dieses wurde in den siebziger Jahren in der Appalachen-Region im Staate New York eingesetzt, wo die Kindesmißhandlungsrate und die Kindersterblichkeit sehr hoch waren. Zuvor waren in Zusammenarbeit mit institutionellen Unterstützungssystemen zwei Problembereiche identifiziert worden: daß die Familien, die präventive Gesundheitsdienste am nötigsten brauchen, diese meistens nicht in Anspruch nehmen, und daß mögliche Risiken durch die Praktiker nicht frühzeitig genug erkannt werden.

Aus diesen Gründen entschloß man sich, die Mütter schon während der Schwangerschaft von trainierten Krankenschwestern zu Hause aufsuchen zu lassen. Die Krankenschwestern waren für folgende grundlegende Aufgaben verantwortlich: Unterrichtung der Eltern über die Bedingungen, die die intra- und extrauterine Entwicklung beeinflussen, Aufbau von Unterstützung innerhalb der Familie und des Freundeskreises zur Förderung des Gesundheitsverhaltens und der Erziehungskompetenzen, Hinweis auf andere Hilfsmöglichkeiten in der Gemeinde.

Die Besuche begannen bereits während der Schwangerschaft der Mutter. Mitmachen konnte jede Mutter, die ihr erstes Kind erwartete, obwohl als eigentliche Risikogruppe jene Mütter angesehen wurden, die noch Teenager bzw. unverheiratet oder arm waren. Bei einem Teil der Familien wurden die Besuche bis zum 2. Geburtstag des Kindes fortgesetzt. In der pränatalen Phase hatten die Krankenschwestern folgende Risikofaktoren in den Familien zu beachten, die sich aufgrund epidemiologischer Untersuchungen als voraussagekräftig für spätere Kindesmißhandlung erwiesen hatten:

"- Hatte einer der Eltern eine schwierige oder gewalttätige Kindheit erlebt?
 - Hatten die Eltern realistische Vorstellungen von einem Baby und den Anforderungen, die auf sie zukommen?
 - Hatte einer der Eltern emotionale Probleme, vor allem schwache Impulskontrolle?
 - Gab es Faktoren, die später Streß hervorrufen und die Impulskontrolle herabsetzen könnten (z.B. Arbeitslosigkeit, Überbelegung der Wohnung, Eheprobleme)?
 - Konnten die Eltern auf Unterstützung anderer rechnen, z.B. Familie, Freunde, Nachbarn?" (OLDS 1980, p. 182, Übersetzung d. Verf.).

Der erstgenannte Risikofaktor konnte nur festgestellt werden, Interventionen waren hier nicht möglich. Dagegen konnten die anderen Risikofaktoren modifiziert werden.

Die in der postnatalen Phase besonders stark beachteten Aspekte beschreibt OLDS wie folgt:

"- Die Eltern werden ermuntert, sensitiv auf die manchmal schwer zu erkennenden Signale zu achten, mit denen das Baby seine Bedürfnisse kundgibt.
 - Den Eltern wird gezeigt, mit welchen Spielen und Aktivitäten sie die kognitive und motorische Entwicklung ihres Kindes anregen können.
 - Den Eltern wird verdeutlicht, wie wichtig es ist, mit dem Säugling zu sprechen, um dessen Sprachentwicklung anzubahnen.

- Den Eltern wird gezeigt, wie sie die Wohnung so gestalten können, daß das Kind Gelegenheit zum Explorieren und Lernen erhält, ohne sich selbst zu verletzen oder etwas zu beschädigen.
- Die Eltern lernen, wie sie mit positiven Bekräftigungen Disziplinprobleme lösen können, z.B. Sauberkeitserziehung, Eßschwierigkeiten, Einhalten der Schlafenszeiten."

(OLDS 1980, p. 184, Übersetzung d. Verf.).

Da die Beratungen bei den Müttern zu Hause stattfanden, konnte darauf geachtet werden, daß auch andere Personen, wie z. B. andere Familienmitglieder oder Freunde, einbezogen wurden. Es war ein explizites Ziel des Programms, diese Kontakte zu stärken, damit die Mutter Unterstützung in ihrer natürlichen Umgebung erhielt.

Eine Evaluation des Programms ist geplant. Es sollen vier Gruppen von Familien untersucht werden, die unterschiedlich lange von Schwestern besucht worden sind und denen unterschiedlich oft Transportmöglichkeiten zu medizinischen Vorsorgeuntersuchungen zur Verfügung gestellt worden sind. Evaluationskriterien sind Gesundheit und Entwicklung von Müttern und Kindern. Ein weiteres Kriterium müßte natürlich die Abwesenheit von Kindesmißhandlung sein.

TIETJEN (1980) berichtet über ein Experiment in Schweden. Alle Eltern von Neugeborenen in einer bestimmten Gemeinde werden zu Elterngruppen eingeladen. Während der ersten 3 Lebensjahre des Kindes finden 12 Gruppensitzungen statt, die je nach Themenstellung von Kinderkrankenschwestern, Ärzten, Zahnärzten, Sozialarbeitern oder Ernährungsfachleuten geleitet werden. Neben der Informationsübermittlung zu den einzelnen Fachthemen sowie zu weiteren formellen Hilfsangeboten in der Gemeinde ist es ein Ziel, Kontakte zwischen Eltern zu stiften, aus denen sich persönliche Beziehungen entwickeln können. Diese informellen Kontakte können dann schließlich die formellen Hilfsangebote weitgehend ersetzen. Eine Evaluation dieser Studie teilt TIETJEN leider nicht mit.

Das Programm von NAYMAN & WITKIN (1978) setzt ein, wenn das Risiko zur Kindesmißhandlung bzw. -vernachlässigung bereits offenkundig geworden ist. Die Autoren diskutieren die Möglichkeit, einem mißhandelten Kind dadurch zu helfen, daß das Kind zeitweise in eine Pflegefamilie gegeben wird. Die Autoren argumentieren folgendermaßen: Bei diesem Modell (das Kind in eine Pflegefamilie zu geben) entstünden Probleme mit der Rückeingliederung des Kindes in die Familie. Durch die Trennung verändere sich die Beziehung zwischen Eltern und Kind, außerdem sei es schwierig festzustellen, ob die Eltern bereits in hinreichendem Maße ihre Kompetenzen erweitert haben, so daß man das Kind in die Familie zurückgeben könne. Die Überprüfung der Kompetenzen könne eigentlich nur in Anwesenheit des Kindes erfolgen.

Eine Alternative zum Herausnehmen des Kindes aus der Familie stellt die gemeinsame Unterbringung von Eltern und Kind in einer Pflegefamilie dar. Dieses "Parent/Child Foster Placement (P/CFP)" wird bei NAYMAN & WITKIN (1978) beschrieben. Die grundlegenden Gedanken dieses Programms sind folgende: Mißhandelnde oder vernachlässigende Eltern haben ein Kompetenzdefizit, das am besten dadurch ausgeglichen werden kann, daß die Beziehung zwischen Kind und Eltern gestärkt und eine positive Verhaltensänderung bei den Eltern herbeigeführt wird, während gleichzeitig für die Sicherheit des Kindes gesorgt wird. Die Verhaltensänderung gelingt am besten innerhalb einer gesunden, funktionierenden Familie. Deshalb stellt das P/CFP besonders geeignete Pflegefamilien zur Verfügung, in die ein Elternteil (meistens die Mutter) und das vernachlässigte oder mißhandelte Kind für eine gewisse Zeit aufgenommen werden können. Während dieser Zeit soll die Mutter mit Hilfe der Pflegeeltern Erziehungskompetenzen erwerben. Dabei werden sie durch professionelle Helfer unterstützt. Die P/CFP-Familien erhalten eine offizielle Lizenz, nachdem sie vorher an einem speziellen Training teilgenommen haben. Für jede Eltern-Kind-Dyade, die eine P/CFP-Intervention erhalten soll, wird die Pflegefamilie individuell ausgesucht. Dabei werden auch die Wohnmöglichkeiten mitberücksichtigt. An einem Fallbeispiel wird dargestellt, wie eine solche Intervention ablief und welchen Erfolg sie hatte. Weitere Daten stehen aus.

GRODNER (1977) beschreibt einen systemorientierten Ansatz zur Intervention mit mißhandelnden Familien. Der institutionelle Rahmen ist eine therapeutische Schule bzw. ein Kinderzentrum mit 60 Plätzen. Hier haben die Eltern Gelegenheit, unter therapeutischer Supervision mit ihrem Kind zu spielen. In Situationen, wo die Interaktion für Mutter/Vater oder Kind zu schwierig wird, wird auch Einzelarbeit angeboten. Das Programm beginnt mit einer Aufnahmeprozedur, bei der Eltern und Kind zusammen interviewt und beobachtet werden. Dabei werden die Interaktionen in der Familie sorgfältig registriert. Anschließend wird das Kind alleine beobachtet und getestet, während parallel dazu ein Interview mit den Eltern durchgeführt wird. Ziel dieses Interviews ist es, die Eltern zur Mitarbeit zu bewegen und einen Behandlungsplan zu erstellen. Die Behandlungspläne werden - je nach den Kompetenzen der Eltern - individuell ausgearbeitet. Dabei kommt eine Vielzahl von Methoden zur Anwendung.

"Insgesamt kann man sagen, die Eltern interagieren mit ihrem Kind und beobachten die Interaktionen zwischen Therapeut und Kind. Direktes Training, Modeling, Rückmeldung und ständige Unterstützung sind die Methoden zur Veränderung der Eltern-Kind-Interaktionen. Theoretische Grundlagen und Techniken reichen von der Verhaltensmodifikation bis hin zum PET und werden nach Bedarf eingesetzt. Die Eltern erhalten die Chance zu lernen, wie sie mit ihrem Verhalten und ihren Gefühlen in kritischen Situationen umgehen können, die unter anderen Umständen zu mißhandelndem Verhalten geführt haben." (p. 34).

Das beschriebene Programm wendet sich besonders an sogenannte schwierige, schwach motivierte Eltern. Die (hier nicht näher spezifizierten) Erfolge werden zurückgeführt auf Individualisierung in der Programmgestaltung und vor allem auf die freundliche, respektvolle, unterstützende und informelle Atmosphäre, die es den Teilnehmern ermöglicht, ihre extrem feindselige Einstellung gegenüber Hilfsorganisationen abzulegen.

LUTZKER (1984) beschreibt ein verhaltenstheoretisches Programm, das Projekt 12-Ways. Klienten sind Familien, die als Risikogruppen identifiziert wurden und meistens wegen geringen Einkommens oder Arbeitslosigkeit bereits öffentliche Hilfe bekommen. Etwa 70 % sind bereits durch Mißhandlungen oder Vernachlässigungen auffällig geworden, die restlichen 30 % sind Präventionsfälle. Die Familien werden von den Trainern zu Hause aufgesucht, und die Mutter bzw. der Vater lernt anhand eines standardisierten Programms, wie man dem Kind klare Instruktionen geben und diese mit Hilfe von konsequentem Verhalten auch durchsetzen kann. Dieses Programm wird ergänzt durch ein Streß-Reduktions-Training, Durchsetzungs-Training, Selbstkontroll-Training für Eltern, Eheberatung, Alkoholentwöhnung, soziale Unterstützungsgruppen, Job-Such-Training, Training zum Umgang mit Geld, Gesundheitserziehung und Ernährungslehre und Training zur Erhöhung der Sicherheit im Haushalt, ein Training grundlegender Fertigkeiten (z. B. Sauberkeit, Radfahren) für die Kinder und Anregungen für die Freizeitgestaltung der ganzen Familie.

Die Evaluation erfolgte individuell anhand klinischer Beobachtungen und mit Einzelfallexperimenten, die sich überwiegend als erfolgreich erwiesen. Mit dem Goal-Attainment-Scaling lassen sich die Einzelfälle mit den unterschiedlichen Problemen vergleichbar machen. Die Methode besteht, vereinfacht gesagt, darin, daß der Klient die Ziele der Behandlung in operationalisierter und quantitativ abgestufter Form angibt. Nach Abschluß der Behandlung kann man prüfen, ob das jeweilige Ziel erreicht, teilweise oder nicht erreicht worden ist. Die Präventionsklienten im Projekt 12-Ways nannten durchschnittlich 3 Ziele, davon wurden im Schnitt 1.5 erreicht und 0.24 teilweise ereicht. Ein weiteres wesentliches Kriterium ist die Frage, ob später Mißhandlungen oder Vernachlässigungen bei den Kindern auftraten. Das wurde in 2 % der Fälle beobachtet. Dieses Ergebnis hebt sich deutlich positiv von dem Ergebnis einer Prospektivstudie ab, die feststellte, daß bei einer entsprechenden Risikogruppe in einem Intervall von 20 Monaten 10 % Mißhandlungen aufgetreten waren (EGELAND 1979, zit. nach LUTZKER 1984). Zieht man außerdem noch in Betracht, daß die Drop-out-Quote bei Projekt 12-Ways äußerst niedrig war, so muß man das Programm als äußerst erfolgreich bezeichnen.

5.3.2.2 Programme für Risikofamilien in bezug auf Entwicklungsrückstände der Kinder

Primäre Prävention von Entwicklungsrückständen ist besonders für bestimmte Bevölkerungsgruppen angezeigt. So wird in der Literatur immer wieder berichtet, daß Kinder, die im Schulalter als "culturally disadvantaged" bezeichnet werden, vermehrt aus Familien der unteren sozioökonomischen Schichten kommen, ohne Vater aufwachsen oder vor allem aus bestimmten ethnischen Minoritäten stammen. In den USA spielen die Minoritäten eine erheblich größere Rolle als in Europa, und es wurden beträchtliche Forschungsanstrengungen unternommen, um z. B. für die ursprünglich spanisch sprechenden Familien Elterntrainings zu implementieren. Für den deutschen Sprachraum sind diese Untersuchungen nicht unmittelbar relevant, obwohl der Hinweis auf bestimmte Probleme, die dort bei der Elternarbeit auftreten, auch für eventuelle Vorhaben in der Bundesrepublik - z. B. mit Gastarbeiterfamilien - aufschlußreich sein können.

Als Risikogruppen für Entwicklungsrückstände werden neben Angehörigen der unteren sozialen Schichten vor allem die Kinder angesehen, die bei einer alleinstehenden Mutter aufwachsen, die nie verheiratet gewesen ist (GORDON 1971). Dieses Ergebnis gilt für den Staat Florida. TIETJEN (1980) berichtet ein ähnliches Phänomen für Schweden: Alleinstehende Mütter nehmen die sozialen Dienste weit häufiger in Anspruch und erhalten auch mehr informelle Hilfen als verheiratete Mütter. Trotzdem kommen in jener Gruppe Kindesmißhandlungen überzufällig häufig vor. BUCHHOLZ et al. (1982) führen die Schwierigkeiten alleinerziehender Mütter darauf zurück, daß diese sich isoliert fühlten, da sie von den Nachbarn geringschätzig behandelt würden, und daß sie beginnenden Schwierigkeiten mit den Kindern schlecht gewachsen seien, weil sie selber Partnerlosigkeit bzw. -verlust verkraften müßten. Ein großer Teil der Frauen sei zudem chronisch krank (vor allem Kreislaufbeschwerden).

Im folgenden sollen einige Programme dargestellt werden, die speziell für die erwähnten Risikogruppen entwickelt wurden. Im Gegensatz zu den Programmen im nächsten Kapitel handelt es sich hier um solche, die für Gruppen bestimmt sind, die zeitlich überdauernd ungünstigen Umweltbedingungen ausgesetzt sind.

GORDON (1971) beschreibt ein Programm, mit dem versucht wurde, den "Teufelskreis der Armut" zu durchbrechen. Damit ist gemeint, daß man durch frühzeitige Intervention die Chancen eines Neugeborenen, auf ein höheres intellektuelles Niveau zu kommen, verbessert und gleichzeitig dem erwachsenen Betreuer des Kindes Kompetenzen vermittelt, die dessen Selbstwertgefühl stärken.

Als Trainer wurden "benachteiligte" Frauen eingesetzt. (Als benachteiligt gelten Personen, die in ihrer kindlichen Sozialisation mangelnden Anregungsbedingungen ausgesetzt gewesen sind.) Jede dieser Frauen betreute 10 Mütter, jeweils 3 Trainerinnen wurden wiederum von einem studentischen Supervisor betreut. Die Trainerinnen besuchten die Mütter einmal in der Woche und zeigten ihnen, wie sie mit dem Kind spielen und sprechen könnten. Als Materialien wurden die "Stimulation Exercises" eingesetzt, die dazu dienen sollen, in der sensu-motorischen Phase nach PIAGET die Aktivitäten des Kindes anzuregen.

Zur Überprüfung der Effekte wurden vier Gruppen gebildet: (1) Mütter, die vom 3. bis 12. Lebensmonat des Kindes besucht worden waren, (2) Mütter, die nur im 2. Lebensjahr des Kindes besucht worden waren, (3) Mütter, die 2 Jahre lang betreut worden waren, und (4) eine unbetreute Kontrollgruppe (die Gruppengrösse lag zwischen 25 und 36). Abhängige Variablen waren der Entwicklungsstand der Kinder und die Erziehungseinstellungen der Mütter. Folgende Ziele wurden durch das Programm angestrebt und in der Evaluation überprüft: 1) Entwicklungsförderung bei den Kindern, 2) Kompetenz- und Selbstwertförderung bei den Müttern, 3) Informationssammlung bezüglich der familiären Sozialisation in dieser Population, 4) die Demonstration, daß benachteiligte Frauen erfolgreich als Eltern-Trainer arbeiten können (dies sollte ein Beispiel dafür sein, was diese Gruppe zu leisten imstande ist). Das erste Ziel wurde nach Meinung des Autors erreicht. Die Kinder in den behandelten Gruppen waren den Kontroll-Kindern in einer Entwicklungsskala überlegen (Daten wurden allerdings nicht mitgeteilt). In bezug auf das zweite Ziel wurden Teilerfolge erreicht. Die Mütter, die an dem Programm teilgenommen hatten, veränderten sich in Richtung auf eine internalere Kontrollüberzeugung, dagegen änderte sich der Selbstwert nicht. - Die Hauptergebnisse zu dem dritten Ziel waren, daß sogenannte unterprivilegierte Familien keine einheitliche Gruppe darstellen. D. h. bei der Risikogruppe sozial schwache Familien, wie sie in dieser Untersuchung definiert war, findet man eine erhebliche Varianz, was die Qualität der Mutter-Kind-Beziehung und die Anregungen, die das Kind in der Familie erhält, betrifft. Der Einsatz von kulturell deprivierten Frauen als Elternerzieher wird sowohl für diese selbst als auch für die Familien, mit denen sie zusammenarbeiten, für sinnvoll gehalten (Bestätigung der vierten Zielsetzung). Es wird allerdings gefordert, das ganze Programm in einen wesentlich breiteren Rahmen von sozialen Unterstützungssystemen einzupassen, wenn die Nachteile, die unterprivilegierte Familien haben, dauerhaft ausgeglichen werden sollen.

TIETJEN (1980) berichtet über einige Modelle, die in Schweden mit Erfolg durchgeführt werden. Es handelt sich um die oben bereits erwähnten Elterngruppen für Eltern von Neugeborenen oder die sogenannte "offene Vorschule", in der die Eltern an den täglichen Aktivitäten des Kindes teilnehmen und zusätzlich mit anderen Eltern zusammenkommen, um Erfahrungen auszutauschen. Eine weitere neue Methode ist die Nachbarschaftsarbeit. Dabei handelt es sich um gemeindenahe Initiativen (meistens von Sozialarbeitern, die dafür speziell ausgebildet sind) mit dem Ziel, die Kontakte innerhalb der Nachbarschaft zu verbessern und für alle Bewohner bedeutsame Aktivitäten zu ermöglichen, z. B. indem Teenager-Clubs, Altenclubs usw. gegründet werden, eine Stadtteilzeitung herausgegeben wird oder gegenseitige Kinderbetreuung organisiert wird. Leider gibt TIETJEN weder Zahlen über die Beteiligung an den genannten Programmen an, noch macht sie Aussagen über eine eventuelle Evaluation.

Von der Arbeitsgruppe "Familienzentrum Neuperlach" wird eine Beratungsstelle für sozioökonomisch benachteiligte Familien in München beschrieben (BUCHHOLZ et al. 1982). Das Familienzentrum ist in einer Trabantenstadt in unmittelbarer Nähe der Klientel untergebracht. Vordringliches Ziel ist es, Hilfe zur Selbsthilfe anzubieten. Die verwendeten Methoden beschränken sich nicht auf psychologische Beratung bzw. Therapie, sozialtherapeutische, sozialpädagogische und sonderpädagogische Angebote, sondern es wird ein ganzheitliches Vorgehen angestrebt, indem z. B. die Klienten zu Behördengängen begleitet werden und indem Stadtteilarbeit betrieben wird (Mitarbeit in Gremien und Ausschüssen, Mitwirkung bei der Stadtplanung, Zusammenarbeit mit anderen Organisationen). An Fallbeispielen wird geschildert, wie das Vorgehen im einzelnen ablaufen kann. Angaben zur Evaluation fehlen.

BERGERSEN (1977) beschreibt ein verhaltensorientiertes Training für Eltern entwicklungsgefährdeter Kinder. Die Risikogruppe der "Entwicklungsgefährdeten" wurde anhand folgender Kriterien zusammengestellt: Geburtsgewicht bei Prozentrang 10 oder darunter, Frühgeburt in oder vor der 36. Schwangerschaftswoche, vermutetes bzw. bekanntes biologisches Risiko in Form von pre-, peri- oder neonatalen Schädigungen des zentralen Nervensystems, Rückstände in der psychomotorischen Entwicklung (einschließlich Down-Syndrom, Turner-Syndrom, Marfan-Syndrom, Tay-Sachs-Syndrom oder Phenylketonurie), das Kind wird in eine Lebenssituation hineingeboren, die aufgrund der familiären oder physikalischen Umgebungsbedingungen für die normale Entwicklung des Kindes abträglich ist. Zunächst wurde der Entwicklungsstand jedes Kindes in folgenden Bereichen erhoben: kognitive und motorische Entwicklung und Beziehung zwischen Kind und primärer Bezugsperson (meistens der Mutter). Davon ausgehend wurden die einzelnen Programmschritte individuell konzipiert. Für die Bereiche Motorik, Kommunikation und Sozialverhalten gibt es jeweils einen Satz von Karten (The Portage Guide to Early Education), die in einer Entwicklungssequenz angeordnet sind. Auf jeder Karte steht ein Entwicklungsziel, das in Form einer Verhaltensbeschreibung operationalisiert ist, und es werden Empfehlungen gegeben, mit welchen Übungen man das Ziel erreichen kann. Die Mütter wurden in der Zeit, als das Neugeborene wenige Wochen alt war, bis zu dessen 30. Lebensmonat einmal wöchentlich zu Hause von einem Berater besucht. Dieser besprach anhand der von den Müttern angefertigten Aufzeichnungen die bereits erzielten Fortschritte des Kindes sowie die nächsten auf dem Kartenmaterial festgehaltenen Entwicklungsschritte. Auch in diesem Bereich fehlt bisher eine Evaluation.

5.3.3 Programme für spezielle Elterngruppen

Unter speziellen Elterngruppen wollen wir die Zusammenschlüsse von solchen Eltern verstehen, die aufgrund ihrer Situation spezifische Bedürfnisse haben, ohne daß man sie jedoch als Risikogruppe bezeichnen könnte, nämlich junge Eltern, die ihr erstes Kind bekommen haben, Pflegeeltern oder Eltern mit chronisch kranken oder behinderten Kindern. Wegen der je spezifischen Probleme oder Informationsbedürfnisse kann man diese Personen zu Gruppen zusammenfassen und spezielle Programme für sie "zuschneiden". Wir werden hier nur Programme für junge Eltern und Pflegeeltern darstellen. Die Programme für Eltern von chronisch kranken oder behinderten Kindern übergehen wir, weil sie inhaltlich und methodisch wenig Neues bringen, es handelt sich meistens um auf die speziellen Fähigkeiten und Bedürfnisse dieser Kinder abgestimmte Verhaltensmodifikationsprogramme mit den Zielen, gelernte Hilflosigkeit zu verhindern und die Selbständigkeit zu fördern (vgl. z. B. FELDMAN et al. 1982; CATALDO 1984).

5.3.3.1 Programme für Eltern, die ihr erstes Kind bekommen haben

Die Geburt des ersten Kindes kann man mit einer gewissen Berechtigung als kritisches Lebensereignis ansehen. Die Partnerschaft erweitert sich zur Triade, und dies hat Auswirkungen auf die Interaktionen, die Zeiteinteilung, die Neuverteilung der Aufgaben und viele weitere Bereiche. Neben den unmittelbaren Veränderungen durch das Baby im täglichen Leben, die starke Belastungen darstellen können (z. B. Verringerung der für die Partnerschaft zur Verfügung stehenden Zeit, Bindung ans Haus, Schlafmangel), werden von vielen Paaren starke Unsicherheiten bezüglich der Erziehungskompetenz erlebt. Dies trifft vor allem für die jungen Väter zu, die als Modell zumeist nur den "Vater als Geldverdiener" erlebt haben, in der Regel bisher nicht als Babysitter gearbeitet und sich zumeist wenig mit Fragen des Familienlebens, der Kindererziehung usw. auseinandergesetzt haben (WENTE & CROCKENBERG 1976). Mit präventiver Zielsetzung wurden deshalb eine Reihe von Elternvorbereitungsprogrammen entwickelt. Ihr Hauptanliegen ist zumeist eine Stärkung der Partnerschaft, weniger eine Einführung in Kindererziehung. Deshalb werden diese Programme im Kapitel "Die Förderung seelischer Gesundheit in Partnerschaften" behandelt. Hier wenden wir uns den Programmen zu, die einsetzen, wenn das Baby bereits geboren ist.

Den meisten Paaren fehlt eine Vorbereitung auf die Elternrolle, welche über Kenntnisse der Babypflege und -ernährung hinausgeht. Die entstehenden Unsicherheiten bei den jungen Eltern bewegen diese häufig dazu, die Dienstleistungen der Kinderärzte übermäßig stark in Anspruch zu nehmen. Aus diesem Grunde wurden von 2 Ärzten soziale Unterstützungsgruppen für junge Eltern organisiert (McGUIRE & GOTTLIEB 1979). Deren Ziel war es, den Kontakt mit Personen herzustellen, die sich in einer ähnlichen Situation befinden, und damit eine Möglichkeit zum sozialen Vergleich zu schaffen, indem Gespräche über tägliche Erfahrungen in der Familie angeregt sowie die Problemlösekompetenz in bezug auf die Ausgestaltung der Elternrolle vergrößert werden. Die Trainingsmethode ist etwa mit derjenigen vergleichbar, die die Kontrollgruppe "herkömmliche Müttergruppen" in der Untersuchung von FREEMAN (1975) erhielt und die vergleichbare Effekte wie die "Adlerian Mother Groups" erzielte. Von den Ärzten wurden Informationspapiere zur Verfügung gestellt, die die Paare zu Hause lesen konnten. Die Ärzte selbst versuchten nicht, eine Gruppenleiterposition einzunehmen, sondern als gleichberechtigte Gruppenmitglieder zu agieren. In dieser Rolle wurden sie auch überwiegend von den Teilnehmern wahrgenommen. Die Themen für die Gruppendiskussionen wurden von allen Teilnehmern gemeinsam festgelegt.

Die Evaluation erfolgte mittels eines Vorher-nachher-Test-Vergleichs der behandelten Gruppen (24 Elternpaare) mit einer Kontrollgruppe, die lediglich die schriftlichen Materialien erhalten hatte. Folgende Variablen wurden erhoben: das Ausmaß, in dem die Paare soziale Unterstützung bei ihrer Elternschaft wahrnahmen, das Erleben von Streß und der Gesundheitsstatus. Die Datenerhebung erfolgte vor den Gruppensitzungen und 5 Wochen nach deren Beendigung. Das einzige signifikante Ergebnis war, daß die Paare der Experimentalgruppen

Themen, die die Kinderaufzucht betreffen, öfter mit Personen ihrer sozialen Umgebung besprachen als die Kontrollgruppe. Dieser Befund wird so gedeutet, daß die Gruppendiskussionen dazu geführt haben, daß die Eltern ermutigt wurden, auch mit anderen Personen für sie wichtige Themen zu erörtern.

5.3.3.2 Programme für Pflegeeltern

Pflegeeltern können als Laienhelfer angesehen werden, die Kindern bzw. Jugendlichen, die sonst in Heimen aufwachsen müßten, eine familienähnliche Situation zum Aufwachsen bieten. Diese Situation kann sich allerdings nur dann günstig auf das Erleben und Verhalten der Pflegekinder auswirken, wenn die Unterbringung des Kindes stabil ist. Letztere Tatsache - ob das Kind in der Pflegefamilie bleiben kann oder nicht - stellt gleichzeitig ein klares und leicht zu beobachtendes Kriterium für die Güte der Beziehung zwischen Pflegeeltern und -kind dar (das gilt natürlich nur unter der Voraussetzung, daß die die Unterbringung prüfende Instanz ein valides Urteil abgibt und daß nicht vom Gesetz her andere Unterbringungsmöglichkeiten für das Kind als in jedem Falle vorteilhaft definiert werden, wie z. B. die Adoption). Forschungsergebnisse weisen folgende Bedingungen als Vorhersagefaktoren für ein positives Ergebnis der Unterbringung in einer Pflegefamilie aus: (a) Alter der Pflegeeltern über 45 Jahre, (b) die Eltern sind vertraut mit Kindererziehung. Negative Ergebnisse dagegen sind zu erwarten, wenn die Pflegeeltern sehr religiös sind oder wenn bereits eigene Vorschulkinder in der Familie leben (LEVANT & SLATTERY 1982).

TAVORMINA et al. (1977) kommen in einem Literaturüberblick zu dem Schluß, daß die Unterbringung von Kindern in Pflegefamilien insgesamt eher als ein Mißerfolg zu bewerten ist. Das liegt einerseits daran, daß Pflegekinder meistens besonders schwierig sind, weil sie vor allem aus unterprivilegierten Familien stammen und aufgrund häufig wechselnder und unsicherer Lebensumstände schwere emotionale und soziale Anpassungsprobleme haben. Noch größer sind die Schwierigkeiten, wenn das Kind geistig oder körperlich behindert ist: Diese Kinder sind nur äußerst schwierig in Pflegefamilien zu vermitteln. Aus den Charakteristika der Pflegeeltern (z. B. Alter, Motive, Ausbildungsstand, Fähigkeiten, ein besonderes Kind zu akzeptieren und adäquat mit ihm umzugehen) lassen sich Vorhersagen über den Erfolg einer Pflegevermittlung ableiten. Allerdings sind bisher die Pflegeväter fast nicht untersucht worden. - Aus der Pädagogischen Psychologie sowie aus der Therapieforschung ist bekannt, daß durch geeignete Zuordnung von z. B. Schülern zu Lehrern oder Klienten zu Therapeuten ein erwünschtes Behandlungsergebnis erheblich erleichtert werden kann. Eine entsprechende Strategie wäre bei der Vermittlung von Pflegefamilien und -kindern zu fordern. Hier sind noch umfangreiche Forschungsarbeiten zu leisten. Nach TAVORMINA et al. (1977) sieht es zur Zeit so aus, daß die verantwortlichen Sozialarbeiter "nach Augenmaß" die Unterbringung vornehmen, dabei werden die am leichtesten zu handhabenden Kinder in den besten Familien untergebracht.

Eine vielversprechende Maßnahme zur Erhöhung der Chancen für eine erfolgreiche Pflegeunterbringung besteht darin, die Pflegeeltern vorher zu trainieren und - wenn das Kind bereits in der Familie ist - weiter zu betreuen und zu supervidieren. TAVORMINA et al. beschreiben einige Trainingsansätze, bei denen vorwiegend Informationen vermittelt und/oder Verhaltensmodifikationstechniken trainiert wurden. Diese Ansätze erwiesen sich, trotz guter didaktischer Aufbereitung und relativ hohen Zeit- und Personalaufwandes, nicht als effektiv, oder sie waren noch zu neu, um über ihre Effekte sichere Aussagen machen zu können. Die Autoren weisen darauf hin, daß die Trainingssequenz neben der Verbesserung der Erziehungskompetenz auch zur Selektion herangezogen werden kann, weil nämlich einige prospektive Pflegeeltern während des Trainings selber merken, daß ihnen die Aufgabe zu schwierig ist, oder weil die Trainer bestimmte Unfähigkeiten bei einzelnen Teilnehmern erkennen.

Neuere Trainingsansätze stammen von L. GUERNEY (1977), LEVANT & SLOBODIAN (1981) und LEVANT & SLATTERY (1982). GUERNEY (1977) berichtet über ein Training, das einmal wöchentlich für zwei Stunden stattfand und 10 Wochen dauerte. Gruppenleiter waren graduierte Studenten mit Trainingserfahrung. Das Programm lehnte sich an die "filial therapy" von GUERNEY an, ein überwiegend kindzentrierter Ansatz, der sehr viel Ähnlichkeit mit dem oben beschriebenen Elterntraining von PERREZ et al. (1974, 1985) hat. Zusätzlich waren in dem Programm Informations- und Diskussionselemente enthalten, die sich auf die spezielle Situation von Pflegekindern beziehen. Trainingsteilnehmer waren 44 Pflegeeltern, die Pflegekinder im Alter zwischen 5 und 12 Jahren hatten. Die Trainingseffekte (Testdaten vor und nach dem Training) wurden den Daten von 22 vergleichbaren Pflegeeltern, die nicht an einem Training teilgenommen hatten, gegenübergestellt. Die trainierten Eltern verbesserten sich signifikant in der "Porter Parental Acceptance Scale" (ein Maß für die Fähigkeit, das Kind zu akzeptieren). Außerdem gaben sie auf projektive Erziehungssituationen mehr angemessene Antworten (wie z. B. Reflektieren, Ich-Botschaften, Strukturierung, Grenzen setzen, Bekräftigen) und weniger unangemessene Antworten (wie z. B. Kritik, Machtgebrauch, Bestrafung, Nicht-Akzeptieren). Die genannten Effekte sind mit denen von Elterntrainings, bei denen leibliche Eltern trainiert werden, vergleichbar. GUERNEY selbst merkt an, daß die Langzeitwirkungen sowie die Auswirkungen auf die Pflegekinder nicht untersucht worden sind. Sie erhielt allerdings Rückmeldungen in der erwarteten Richtung von den Eltern.

Das Programm von LEVANT und Mitarbeitern (LEVANT & SLOBODIAN 1981; LEVANT & SLATTERY 1982) besteht in einem verhaltensorientierten Fertigkeiten-Training. Inhalte sind die Kommunikation zwischen Eltern und Kind (Zuhören und Sprechen nach dem klientenzentrierten Konzept) und "Elternfertigkeiten" (Akzeptieren, Strukturieren, Regeln setzen, Konfliktlösung). Für jede Fertigkeit wird zunächst ein Diskriminationstraining durchgeführt, bevor die Fertigkeit selbst eintrainiert wird.

Zur Überprüfung der Trainingseffekte bei den Müttern wurden die Daten der Pflegekinder (9 Mädchen, 5 Jungen im Alter von 7 bis 17 Jahren) herangezogen, davon waren 8 in der Trainingsgruppe und 6 in der nicht behandelten Kontrollgruppe. Die abhängigen Variablen wurden mit Fragebogen erfaßt und waren: Selbstbewußtsein, Untersozialisierung und emotionale Spannung. Die Offenheit der Kinder wurde aufgrund von Verhaltensbeobachtungen festgestellt. Ein signifikanter Effekt konnte nur für die Variable emotionale Spannung festgestellt werden: diese nahm bei den Pflegekindern trainierter Mütter ab und bei den Kontrollkindern zu.

Dieser Befund muß insofern etwas skeptisch betrachtet werden, als in der Studie von LEVANT & SLOBODIAN (1981) kein Lerneffekt bei den Müttern nachgewiesen werden konnte. Allerdings korrelierte das Ausmaß der Konfliktlösefertigkeiten der Mütter signifikant mit der emotionalen Spannung bei den Kindern. Die Autoren meinen, das Training wäre effektiver gewesen, wenn es länger als 10 Wochen gedauert hätte. Im Kurs hätte häufig zur nächsten Einheit übergegangen werden müssen, obwohl noch nicht alle Mütter die vorher trainierte Verhaltensweise beherrschten. Auch hätte mehr Zeit zur Diskussion der individuellen Probleme der Mütter bereitgestellt werden müssen. Hinzu komme, daß die Pflegekinder zu Beginn des Trainings eher niedrige Werte in seelischer Gesundheit gehabt hätten, von daher sei eine Verbesserung nicht so leicht zu erwarten gewesen. Letzterer Ansicht muß man aus methodischer Sicht widersprechen: Allein schon von der Testregression her ist zu erwarten, daß sich die Werte verbessern. Dies zeigt sich auch in den mitgeteilten Tabellen bei der Wartegruppe: Die Werte für Selbstbewußtsein steigen um eine halbe Standardabweichung, die für Untersozialisiertheit sinken um eine ganze Standardabweichung, während die Werte für emotionale Spannung und Offenheit fast konstant bleiben.

Die Programme von GUERNEY sowie LEVANT und Mitarbeitern liefern wertvolle Grundlagen für die weitere Arbeit mit Pflegefamilien.

5.4 Schlußbetrachtung

Im Bereich der Elterntrainings liegen viele verschiedene Methoden vor, die sowohl für allgemeine Präventionsziele eingesetzt werden können, als auch auf die Bedürfnisse spezieller Elterngruppen (z. B. sogenannte Unterschichteltern oder Risikogruppen hinsichtlich Kindesmißhandlung) angepaßt werden können. Defizite bestehen unseres Erachtens zur Zeit vor allem in ihrer ungenügenden Breitenwirksamkeit sowie in der mangelhaften Absicherung ihrer kurz- und langfristigen Effekte.

Die Breitenwirkung wird dadurch erschwert, daß häufig die Personen, für die man Trainings als wichtig erachtet (also vor allem die Risikogruppen), nicht genügend zur Teilnahme motiviert werden können. Das mag einerseits daran liegen, daß diese Population ohnehin an Bildungsangeboten aller Art seltener teilnimmt (zum Teil auch bedingt durch Doppelbelastung, fehlende Möglichkeit der Kinderbeaufsichtigung, Schichtarbeit), daß die Art der Bekanntmachung von Programmen überwiegend bei Mittelschichtangehörigen Interesse weckt oder daß bei den Risikopersonen der Verdacht aufkommt, einer Behandlung zugeführt und damit (möglicherweise für längere Zeit) in bestimmter Weise "abgestempelt" zu werden. Andere Faktoren, die die Breitenwirksamkeit einschränken, sind das geringe Programmangebot und die Kürze der Trainings. Aus eigener, unsystematischer Beobachtung wissen wir, daß bei der Implementierung eines Programms in einer Gemeinde zunächst Angehörige der Mittelschicht teilnehmen und erst nach und nach, eventuell erst nach Jahren, z. B. Eltern aus der Unterschicht den Entschluß fassen, das Programmangebot anzunehmen. Im Sinne einer Breitenwirkung wäre also zu fordern, daß Institutionen sich langfristig verpflichten müßten, Elterntrainings anzubieten. Die Werbung dafür sollte vielleicht eher mit dem Attribut "altbewährt" als "neu" geführt werden.

Die Notwendigkeit der Absicherung kurz- und langfristiger Effekte sowie der Überprüfung schädlicher Nebenwirkungen haben wir oben (siehe 5.3.1.8) bereits diskutiert. Für Risikogruppen stellt sich dieses Problem noch pointierter. Aus anderen Bereichen der primären Prävention liegen einige Befunde vor, die zeigen, daß behandelte Risikogruppen nach langer Zeit psychisch kränker und verhaltensauffälliger waren als nicht behandelte (vgl. z. B. McCORD 1978 für die Langzeitkatamnese von primärer Prävention nach 30 Jahren). Solche Ergebnisse sind fatal und revidieren die häufig auch von Fachleuten vertretene Meinung, daß ein verantwortlich geplantes und durchgeführtes Training auf jeden Fall nützlich ist.

Zum Schluß möchten wir folgende Vorschläge formulieren, auf welche Weise seelische Gesundheit in Familien gefördert werden kann:

1) Im Rahmen der Elternarbeit sollte **mehr Selbsthilfe** initiiert werden. Ausgehend von Trainings, die durch professionelle Trainer angeboten werden, könnte man versuchen, das Training schrittweise an besonders geeignete und engagierte Eltern zu delegieren, oder man könnte Räume und Mittel bereitstellen, damit die Gruppen, die sich bereits kennen, sich weiter ohne Leiter treffen können. Dadurch könnten die professionellen Trainer für die Arbeit mit neuen Gruppen freigestellt werden, und das würde wieder zu mehr Breitenwirksamkeit beitragen. Gleichzeitig könnte dank des längeren Zusammenbleibens der Gruppen und durch vermehrte Übung und Erfahrungsaustausch ein längerfristiger Trainingseffekt erreicht werden. Selbsthilfegruppen unterliegen möglicherweise auch nicht so stark dem Etikettierungsproblem und würden vielleicht andere Eltern ansprechen, die sich nicht unbedingt an einen Psychologen gewandt hätten. Außerdem würden durch die Gruppen persönliche Kontakte und Freundschaften zwischen Eltern gestiftet, die im Sinne eines sozialen Unterstützungssystems wirken könnten.

2) **Informationen über Elternschaft und Erziehungsfragen sollten früher als bisher vermittelt werden,** z. B. im Rahmen des Sozialkundeunterrichts an Schulen. Man könnte dadurch zum einen alle künftigen Eltern erreichen, zum anderen könnte man bei Jugendlichen das Interesse wecken, sich mit Kindern zu beschäftigen, wodurch die theoretisch vermittelten Unterrichtsinhalte praktisch eingeübt werden würden. Vor allem für Einzelkinder (sowohl als Betreuer wie als Betreute) wären günstige Effekte im Sinne des sozialen Lernens zu erwarten. Als Organisationsform wären z. B. "Patenschaften" älterer Klassen für jüngere Klassen innerhalb derselben Schule denkbar.

Im Bereich der Leistungsförderung liegen bereits entsprechende Erfahrungen vor, z. B. daß ältere Schüler jüngeren Nachhilfe geben (SANDER 1978) oder sogar daß ältere Schüler als therapeutische Helfer für jüngere Schüler eingesetzt werden, wodurch bei den jüngeren Streß reduziert werden kann (THIEL et al. 1978).

Erfahrungen mit Freizeitaktivitäten altersheterogener Gruppen gibt es aus der Pfadfinderbewegung sowie aus der evangelischen und katholischen Jugendarbeit. Es wäre interessant festzustellen, ob vor allem Männer, die als Jugendliche in der geschilderten Weise aktiv waren, weniger Anpassungsprobleme an die eigene Vaterschaft entwickeln.

3) **Kinder sollten im Rahmen ihrer Möglichkeiten in die Trainingsangebote einbezogen werden,** wie es teilweise bei den Familienanreicherungsprogrammen schon geschieht. Damit könnte man einerseits den Vorwurf entkräften, daß bei den Trainings Manipulationstechniken vermittelt werden, andererseits könnte man die Familien zu gemeinsamen Aktivitäten hinführen. Effekte der Trainingsinhalte für die Eltern auf die Kinder könnten direkt beobachtet werden. Da die Kinder während der Arbeitszeiten sinnvoll untergebracht wären, könnte man im Block arbeiten, z. B. während der Wochenenden oder in den Ferien.

Bei allen diesen Vorschlägen muß man im Auge behalten, daß psychologisch/pädagogische Maßnahmen nur vor einem entsprechenden gesellschaftlichen Hintergrund erfolgreich sein können. Der vielbeklagten Kinderfeindlichkeit in unserem Lande müßte mit konkreten Maßnahmen begegnet werden, wie z. B. den folgenden: Bau von kinder- und familienfreundlichen Wohnungen, Bereitstellung von erschwinglichen Freizeitmöglichkeiten für Familien, Verkehrsberuhigung in Wohngebieten, Abbau von Schichtarbeit für Eltern, kinderfreundliche Gestaltung von Läden, Gaststätten, Verkehrsmitteln und Schulen. Das sind nur Beispiele für günstige Umweltgestaltungen, die Eltern und Kindern erheblichen Streß nehmen könnten. Für die Förderung seelischer Gesundheit in Familien ist die psychologisch orientierte Prävention eine wesentliche, aber bei weitem nicht die einzige Komponente. Sie muß vor allem durch politische Initiativen unterstützt werden, die Familienfreundlichkeit nicht nur propagieren, sondern handelnd verwirklichen.

5.5 Zusammenfassung

Elterntraining dient der Optimierung von Erziehungskompetenz, wodurch Fehlentwicklungen bei Kindern vorgebeugt und erwünschtes Verhalten bei Eltern und Kindern gefördert wird. Die Programme lassen sich einteilen in solche, die sich an unausgelesene Elterngruppen wenden (allgemeine Programme zur primären Prävention) und in solche für Risikogruppen (potentiell vernachlässigende oder mißhandelnde Eltern) oder für spezielle Elterngruppen (z. B. Eltern mit dem ersten Kind oder Pflegeeltern). Im Hinblick auf die theoretische Fundierung und das methodische Vorgehen lassen sich die Trainings verschiedenen Menschenbildern und Interventionsmodellen zuordnen, nämlich der Verhaltensmodifikation, der humanistisch orientierten Psychologie und Psychotherapie, der Realitätstherapie sowie ekklektischen Interventionsansätzen. Die Trainings werden überwiegend in Gruppen und ohne Anwesenheit der Kinder durchgeführt. Inhaltliche Schwerpunkte sind die Verbesserung der Kommunikation und Konfliktlösung zwischen Eltern und Kindern sowie der Abbau unerwünschten und der Aufbau erwünschten Verhaltens nach lerntheoretischen Prinzipien.

Neuere Ansätze beziehen ganze Familien in das Training ein. Die zugrundeliegende Idee dabei ist, daß durch eine Intervention bei einzelnen Familienmitgliedern schwer zu kontrollierende Effekte bei den nicht behandelten Mitgliedern auftreten können. Im Sinne einer optimalen fortlaufenden Effektkontrolle wird es für günstig gehalten, mit dem gesamten Familiensystem zu arbeiten. Ziele sind neben der Optimierung der intrafamiliären Kommunikation und Konfliktlösung auch die Reflexion von Themen wie Sexualität, Freiheit und Verantwortung, Macht oder Tod, die in der Familie von Bedeutung sind.

Darüber, wieviele Eltern an Elterntrainings teilgenommen haben und wie hoch die Angebotsdichte ist, können wir keine Aussage machen. Die Angebote werden vor allem von nicht berufstätigen Müttern der mittleren und oberen Mittelschicht wahrgenommen. Dagegen werden Personen aus Risikogruppen nur sehr vereinzelt erreicht. Hier besteht noch ein dringender Bedarf an gemeindenahen Angeboten. Die verstärkte Teilnahme von Vätern an den Trainings wäre ebenfalls wünschenswert, bei einzelnen Trainings ist sie verpflichtend.

Die Evaluation der Elterntrainings beschränkt sich meist auf eine Globalbeurteilung durch die Teilnehmer nach Beendigung der Kurse. In einigen Fällen wird auch die Erreichung von Lernzielen (wie z. B. Kommunikationskompetenz) überprüft bzw. die Veränderung von Erziehungseinstellungen gemessen. Die kurzfristigen Effekte fallen bescheiden bis zufriedenstellend aus, sie hängen vor allem mit der Kompetenz der Trainer zusammen. Langzeitkatamnesen fehlen ebenso wie die systematische Erforschung möglicher schädlicher Nebenwirkungen. Weiterhin ist die Auswirkung von Elterntrainings auf die Kinder - mit Ausnahme der Verhaltensmodifikation - weitgehend unerforscht. Für die Verhaltensmodifikation läßt sich sagen, daß sie besonders bei Kindern mit abgegrenzten Verhaltensproblemen indiziert ist. Verhaltensprobleme, die auf mangelnder Selbstkontrolle beruhen, sollten dagegen bei den Kindern direkt - ohne den "Umweg" über die Eltern - modifiziert werden. Weiteren Forschungen muß es vorbehalten bleiben, zu klären, welche Trainings für welche Eltern mit welchen Problemen geeignet sind. Hierzu müßten vermehrt Vergleichsuntersuchungen durchgeführt werden.

Im Sinne einer Förderung der seelischen Gesundheit in Familien ist außerdem zu fordern, daß mehr Selbsthilfe initiiert wird, daß Informationen über Elternschaft und Erziehungsfragen früher und mit größerer Breitenwirkung als bisher vermittelt werden (z. B. in der Schule) und daß familienpolitische Maßnahmen ergriffen werden, die eine förderliche Umweltgestaltung ermöglichen.

6 DIE FÖRDERUNG SEELISCHER GESUNDHEIT IN PARTNERSCHAFTEN

Beate Minsel

6.1 Einleitung

Partnerschaft und Ehe nehmen einen hervorragenden Platz im individuellen und sozialen Leben ein. Der Staat stellt Ehe und Familie unter seinen besonderen Schutz, was sich in mannigfachen Gesetzen niederschlägt. Ob sich diese Gesetze auf die seelische Gesundheit der einzelnen Menschen bzw. der Familien auswirken, können wir hier nicht untersuchen - zumindest kann aber der Legislative unterstellt werden, daß sie dieses Ziel verfolgt.

Auch für das Selbstkonzept und die Selbstdefinition einer Person hat der "Familienstand" einen zentralen Stellenwert, das gilt zumindest für Verheiratete (MACKIE 1983).

Die hohe positive Valenz der Ehe ist trotz Zunahme von Scheidungsraten und Alternativmodellen zu Ehe und Kleinfamilie ungebrochen. Als Belege dafür können der weitverbreitete Wunsch nach einer festen Partnerbeziehung, eine statistisch sehr hohe Heiratsquote (vgl. JÄCKEL 1980) und die Tatsache, daß sogar die meisten Geschiedenen wieder heiraten (FTHENAKIS 1985), angesehen werden.

Partnerschaft oder Ehe können als ein wichtiges (wenn auch störanfälliges) Element förderlicher Umweltbedingungen gelten, weil sie eine stabile und verläßliche Quelle zur Befriedigung wesentlicher Bedürfnisse darstellen.

Zu Beginn wollen wir uns mit einigen terminologischen Problemen auseinandersetzen. Danach gehen wir auf die wichtigsten Theorien über Partnerschaft und über Risikofaktoren in Partnerschaften ein und stellen schließlich die Programme zur Förderung seelischer Gesundheit in Partnerschaften dar. Dabei wird insbesondere jeweils zu prüfen sein, inwieweit theoretische Vorstellungen über gesunde Partnerschaften bzw. für gut gehaltene Interventionsmaßnahmen einer empirischen Überprüfung standgehalten haben.

Terminologische Probleme und Meßprobleme

Im folgenden Abschnitt wollen wir uns damit beschäftigen, mit welchen Begriffen wünschenswerte Partnerschaften belegt werden können, was im einzelnen mit den Begriffen gemeint ist und welche Vor- und Nachteile hinsichtlich des Bedeutungsgehalts sie jeweils haben. Eng damit verbunden ist das Problem der Diagnostik, d. h. anhand welcher Kriterien ein wie auch immer gearteter Partnerschaftszustand festgestellt werden kann.

In der Literatur werden Partnerschaften bzw. Ehen nach ihrer Qualität unterschiedlich dichotomisiert, z.B. in
erfolgreich – nicht erfolgreich
glücklich – unglücklich
zufrieden – unzufrieden
befriedigend – unbefriedigend
funktionierend – nicht funktionierend
stabil – instabil

unauffällig – gestört
nicht klinisch – klinisch
gut – schlecht
gelungen – nicht gelungen
gesund – gestört.

Die rechts aufgeführten Begriffe stehen jeweils für den nicht wünschenswerten bzw. behandlungsbedürftigen Zustand, während die links aufgeführten Begriffe teilweise Idealvorstellungen wiedergeben (z.B. glücklich, gelungen, zufrieden), teilweise auch nur die Abwesenheit von Störungen kennzeichnen (z.B. unauffällig, nicht klinisch).

GRAY-LITTLE & BURKS (1983) gliedern in einem Übersichtsreferat die Termini folgendermaßen: Ausgangspunkt ist, daß die Qualität bzw. der Erfolg einer Ehe an den Produkten bzw. dem Ergebnis (outcome) der Ehe gemessen wird. Dafür kommen drei Kriterien in Frage, nämlich die Stabilität, die Zufriedenheit und die Kinder. Die Stabilität läßt sich in drei objektiv feststellbare Kategorien aufteilen, nämlich: 1. die Partner sind verheiratet und leben zusammen, 2. sie sind verheiratet und leben getrennt, 3. sie sind geschieden. Die Zufriedenheit mit der Ehe bzw. in der Ehe kann über Selbstauskünfte oder Fremdurteile (durch Personen, die das Paar gut kennen) festgestellt werden. Bei den Selbstauskünften muß zwischen den individuellen Beurteilungen der Einzelpartner und der zusammengefaßten Beurteilung beider Partner unterschieden werden. Bei dem Kriterium "Kinder" wird festgestellt, ob die Kinder seelisch gesund oder auffällig sind. Es wird angenommen, daß eine erfolgreiche Ehe mit größerer Wahrscheinlichkeit seelisch gesunde Kinder hervorbringt als eine nicht erfolgreiche Ehe.

Zu allen diesen Kriterien läßt sich begründete Kritik vorbringen. Bei den Stabilitätskategorien muß man sich fragen, ob die Varianzen hinsichtlich seelischer Gesundheit innerhalb der Kategorien tatsächlich kleiner sind als zwischen den Kategorien. Es ist z. B. denkbar, daß ein Paar, welches noch zusammenlebt und eine Trennung (im Sinne von getrennten Wohnungen) erwägt, erheblich unglücklicher ist und mehr Konflikte erlebt als ein Paar, das in begrenzter Trennung lebt (auf die begrenzte Trennung gehen wir im Zusammenhang mit Programmen für die Scheidungsphase näher ein). Die Kategorie "geschieden" kann in bezug auf die Untersuchungseinheit Ehesystem nur als Prognosekategorie verwendet werden, da nach der Scheidung eben keine Ehe mehr besteht. Im übrigen sind geschiedene und unglückliche Paare nur teilweise identisch (vgl. THORNES & COLLARD 1979). Hinsichtlich der Zuordnung bleiben Fragen offen, z. B. wo ordnet man die Paare ein, die innerhalb eines Haushalts getrennt leben? Wo ordnet man die Paare ein, die trotz erfolgter Scheidung noch zusammenleben? Mit dem Kriterium Zufriedenheit erfaßt man eine psychologisch relevante Variable. Hier ergibt sich aber einerseits das Problem, daß die Selbstauskünfte über Zufriedenheit in der Ehe oft überraschend hoch ausfallen - d. h. auch durch Fremdbeurteiler als weniger glücklich bezeichnete Paare beurteilen sich selbst als glücklich (teststatistisch liegt ein "Deckeneffekt" vor). Andererseits ergibt sich das Problem, daß die Urteile der Partner im Durchschnitt nur zu .30 korrelieren. Das deutet darauf hin, daß das Eheglück von Mann und Frau möglicherweise sehr unterschiedlich erlebt wird, und es stellt sich die Frage, wie ein zusammengefaßtes Maß beider Urteile (wenn man das Paar als Untersuchungseinheit auffaßt) inhaltlich zu interpretieren ist.

Zum Kriterium 'seelisch gesunde Kinder' ist anzumerken, daß deren Gesundheit nicht nur von der Qualität der elterlichen Ehebeziehung abhängt. Außerdem eignet sich das Kriterium nur für Paare mit Kindern in einem bestimmten Alter.

Wenn wir nochmal auf die oben aufgeführte Liste zurückkommen und uns überlegen, mit welchem Begriff wir in unserem Zusammenhang, nämlich Förderung seelischer Gesundheit, einen wünschenswerten Partnerschaftszustand kennzeichnen wollen, so müssen wir zunächst die subjektive Bewertung der Partner selbst einbeziehen. D. h. als wünschenswert muß eine Partnerschaft bezeichnet werden, die von den Partnern selbst als glücklich, befriedigend, gut oder gelungen bezeichnet wird. (Dabei wollen wir über die Höhe des Konsenses zwischen beiden Partnern zunächst keine Aussage machen.) Diese subjektive Bewertung muß aber unseres Erachtens ergänzt werden durch eine Bewertung von außen, d. h. ist das Paar in der Lage, die Aufgaben, die an es herangetragen werden, zu erfüllen - gemeinsame Aufzucht von Kindern, Betreuung der eigenen Eltern, Bewältigung von beruflichen oder gesellschaftlichen Anforderungen? D. h. die Begriffe funktionierend oder erfolgreich gehören ebenfalls zu einem wünschenswerten Zustand einer Partnerschaft. In Anlehnung an die Definition seelischer Gesundheit in Kapitel 1 und 2 wollen wir für eine wünschenswerte Partnerschaft bzw. einen wünschenswerten Partnerschaftszustand den Begriff **gesunde Partnerschaft** verwenden. Wir verstehen dabei unter gesund, daß die Partner jeder für sich und gemeinsam in der Lage sind, interne und externe Anforderungen zu bewältigen. In diesem Kapitel wollen wir unser Augenmerk vor allem darauf richten, auf welche Weise die Partner gegenseitig ihre Bedürfnisse (interne Anforderungen) befriedigen können und wie sie gemeinsam bzw. einzeln, nach gegenseitiger Abstimmung, externen Anforderungen gerecht werden können. Welche Personmerkmale oder Fertigkeiten dafür wichtig sind, wollen wir im Abschnitt "Theoretische Ansätze zu gesunden und gestörten Partnerschaften" untersuchen. Doch zunächst gehen wir noch kurz auf das Problem der Messung von Gesundheit in Partnerschaften ein.

Wie bereits erwähnt, müssen dabei zwei Aspekte unterschieden werden, nämlich Glück/Zufriedenheit einerseits und Funktionieren andererseits. Zur Messung von Glück/Zufriedenheit werden meistens Selbstauskünfte herangezogen, sei es in Form von globalen Einschätzungen ("Wie zufrieden sind Sie in Ihrer Partnerschaft?") oder in Form von Fragebögen, die die Zufriedenheit mit verschiedenen Aspekten des ehelichen Zusammenlebens abdecken. Zur Feststellung, ob die Partnerschaft funktioniert, können ebenfalls Fragebögen eingesetzt werden. Darin wird z. B. erfragt, wie gut die eheliche Kommunikation ist oder wieviel Zuwendung man vom Partner erfährt. Teilweise werden auch die vermuteten Antworten des Partners erfragt (z. B. bei KUNZ 1978; HEIL 1984), und aus der Übereinstimmung der tatsächlichen und vermuteten Beantwortung wird auf z. B. Wahrnehmungsgenauigkeit oder gegenseitiges Verständnis geschlossen.

Einen Überblick über die im Deutschen vorliegenden Verfahren gibt SCHOLZ (1978). Weitere amerikanische Verfahren sind bei GUERNEY (1977) dargestellt.

Ein anderer methodischer Zugang zur Erfassung des Funktionierens in der Ehe ist die Verhaltensbeobachtung. Diese kann von den Partnern selbst zu Hause durchgeführt werden, wie es aus der Verhaltenstherapie bekannt ist (vgl. z. B. KNOX 1979) oder aber im Labor in standardisierten oder unstandardisierten Situationen erfolgen. Einige für den deutschen Sprachraum adaptierte Beobachtungssysteme sind bei SCHOLZ (1978) dargestellt. Einen Überblick über die amerikanischen Verfahren geben FILSINGER & LEWIS (1981). Es sei an dieser Stelle schon angemerkt, daß in letzterem Werk an mehreren Stellen beklagt wird, daß man eigentlich gar nicht genau weiß, was man beobachten soll bzw. welche diagnostische Relevanz einzelne zur Beobachtung vorgeschlagene Merkmale haben. Andererseits sind theoretisch gut begründete Konstrukte oft nicht hinreichend operationalisiert, so daß sie (bzw. Indikatoren für sie oder Teilbereiche von ihnen) nicht beobachtet werden können und nur über Ratings erfaßbar sind, z. B. das Konstrukt "Kohäsion" bei OLSON (1981). In den Bereichen der theoretischen Ableitung von Konstrukten zur Kategorisierung von Partnerschaften, deren Operationalisierung und Messung sowie der empirischen Überprüfung (z. B. durch Vergleich gesunder und gestörter Paare) ist also noch erhebliche Arbeit zu leisten.

6.2 Theoretische Ansätze zu gesunden und gestörten Partnerschaften

Die Grundfrage, die eine Theorie zur seelischen Gesundheit in Partnerschaften beantworten müßte, lautet:
> Wer sollte wen (unter Umständen wann) heiraten, und wie sollten sich die beiden in allen denkbaren Lebensbezügen verhalten, damit man von einer gesunden Partnerschaft sprechen kann?

Die Frage betrifft sowohl die voreheliche Phase, in der das Kennenlernen, die Partnerwahl und der Entschluß zur Heirat erfolgen, als auch die Ehezeit selbst. Von theoretischer Seite her liegen unterschiedliche Vorstellungen darüber vor, nach welchen Gesetzmäßigkeiten eine günstige Entwicklung in den beiden Phasen verläuft. Wir wollen deshalb diese beiden Lebensabschnitte auch getrennt abhandeln und gehen zunächst auf die Theorien zur Partnerwahl und später auf die Theorien zur Gestaltung einer dauerhaften Partnerschaft bzw. Ehe ein.

6.2.1 Theorien zur Partnerwahl

Das psychologische Alltagswissen fordert, daß Heiratswillige zueinander passen sollen, wobei über die Art der Passung zwei konkurrierende Meinungen bestehen, nämlich entweder, daß sich die Partner möglichst ähnlich sein sollen oder aber daß sich Gegensätze anziehen. Diese beiden Thesen werden auch in den wissenschaftlichen Theorien diskutiert. Unter einem dynamischen Aspekt kann man die Passung als das Ergebnis gegenseitiger Anpassung betrachten. Andere Theorien postulieren, daß man versucht, zwischenmenschliche Beziehungen aus der (frühen) Kindheit wiederzubeleben oder aber, daß man sich einen Partner wählt, von dem man einen möglichst hohen "Nutzen" bei gleichzeitig möglichst niedrigen "Kosten" erwarten kann.

6.2.1.1 Theoretische Ansätze, die die Ähnlichkeit der Partner betonen

Bei der Ähnlichkeit zwischen Partnern muß man unterscheiden hinsichtlich der Ähnlichkeit in bezug auf soziologische Merkmale, wie Rasse, Schicht-, Religionszugehörigkeit oder Alter (Endogamie) und der Ähnlichkeit in bezug auf psychologische Merkmale wie Persönlichkeitszüge, Einstellungen und Interessen (Homogamie).

Die Ähnlichkeitstheoretiker gehen davon aus, daß das gegenseitige Verstehen der Partner um so größer und das Konfliktpotential um so kleiner ist, je ähnlicher sich die Partner in bestimmten Bereichen sind.

Nach JÄCKEL (1980) stellt **Endogamie** eine "Regel" in der Partnerwahl dar. Besonders gleiche Schichtzugehörigkeit und etwa gleiches Alter werden berücksichtigt, wogegen die Bedeutung von Konfession, ethnischer Herkunft und Rassenzugehörigkeit abnimmt. Die Frage, inwieweit Endogamie zu einer späteren gesunden Partnerschaft beiträgt, kann nicht beantwortet werden, weil dazu keine schlüssigen Daten vorliegen.

Bei den homogamietheoretischen Ansätzen kommt es darauf an, wie die Homogamie operationalisiert wird. Die Ähnlichkeit kann sich auf einzelne Persönlichkeitskomponenten, wie z. B. Einstellungen, Wertvorstellungen, Interessen, Rollenvorstellungen oder Temperament oder aber auf die globale psychische Ähnlichkeit beziehen. Je nach Merkmal findet man unterschiedlich hohe positive Korrelationen zwischen den Partnern, die jedoch so gut wie nie über eine Höhe von .40 hinauskommen. Für den Partnerwahlprozeß scheint in der frühen Stufe vor allem die Übereinstimmung in bestimmten Wertvorstellungen wichtig zu sein. Bei fortschreitender Intimität nimmt die Korrelation zwischen den Partnern hinsichtlich der Wertvorstellungen ab. Letzterer Befund ist schwierig zu interpretieren. Falls die Übereinstimmung in wichtigen Wertvorstellungen als Filter wirkt (d. h. daß man sich nur mit solchen Partnern eingehender beschäftigt, die ähnliche Wertvorstellungen wie man selber haben), dann dürfte der Zusammenhang nicht mit zunehmender Intimität verschwinden (STROEBE 1977). Die Korrelationen der eherelevanten Einstellungen und Wünsche nehmen dagegen mit zunehmender Intimität zu (JÄCKEL 1980).

Die **Verträglichkeitstheorie von SCHUTZ** (vgl. STROEBE 1977) geht davon aus, daß die Partner in zwei von drei Bedürfnisbereichen einander ähnlich sein sollen. SCHUTZ beschränkt sich auf drei Bedürfnisse, die sich aufgrund von Faktorenanalysen von Variablen zwischenmenschlicher Beziehungen immer wieder als grundlegend erwiesen haben, nämlich Einbeziehung, Kontrolle und Affekt. Das Bedürfnis nach Einbeziehung beinhaltet den Wunsch nach Kontakt und Anerkennung, es variiert zwischen Außenseitertum und extremer Soziabilität. In dieser Variablen sollten die Partner ähnlich sein. Das Bedürfnis nach Affekt variiert zwischen dem Wunsch nach engen, intensiven Beziehungen mit anderen und Vorliebe für kühle Distanz. Auch in dieser Hinsicht sollten sich die Partner ähnlich sein. Dagegen wird für das Bedürfnis nach Kontrolle mit den Extremausprägungen "absolute Macht und Einfluß" vs. "Flucht vor Verantwortung und Wunsch, geführt zu werden", Komplementarität für günstig gehalten. Aus den Ausprägungsgraden der Bedürfnisse beider Partner läßt sich ein Verträglichkeitswert berechnen. Dieser sollte für Verlobte und Ehepaare höher sein als für zufällig zusammengestellte Paare. Diese Annahme ließ sich empirisch nicht belegen. Bei der Diskussion der Frage, ob Verträglichkeit von Bedürfnissen überhaupt ein relevantes Konstrukt in der Partnerschaftsforschung ist, weist STROEBE (1977) auf folgende Punkte hin:
- die Bedürfnisse müssen spezifisch in bezug auf den Partner erfragt werden und nicht - wie in den meisten Untersuchungen - allgemein auf beliebige Interaktionspartner bezogen,
- neben der Verträglichkeit der Bedürfnisausprägungen der Partner sollte auch die Verträglichkeit der jeweiligen Rollenvorstellungen mit der Persönlichkeit sowie die Verträglichkeit der Rollenvorstellungen beider Partner untereinander mit in Betracht gezogen werden.

6.2.1.2 Theoretische Ansätze, die die Komplementarität der Partner betonen

Von WINCH (1958, zit. nach JÄCKEL 1980 und STROEBE 1977) stammt die Theorie der Komplementarität der Bedürfnisse. Der Grundgedanke der Theorie ist folgender: Jeder Mensch strebt nach der Befriedigung seiner Bedürfnisse und sucht die Interaktion mit solchen Menschen, bei denen die Bedürfnisse besonders gut befriedigt werden können. Die heterosexuelle Paarbildung stellt einen Spezialfall für solche Interaktionen dar. Liebe stellt sich nach WINCH dann ein, wenn jeder Partner die eigenen Bedürfnisse ausleben kann und bei der Verwirklichung des Verhaltens gleichzeitig bestimmte Bedürfnisse des anderen befriedigt. Dabei kann sich die Komplementarität der Bedürfnisse beider Partner auf zwei Arten ergeben: entweder ein bestimmtes Bedürfnis ist bei Partner A stark, bei Partner B schwach ausgeprägt (z. B. Dominanz) oder aber bei Partner A ist ein Bedürfnis stark ausgeprägt (z. B. das Bedürfnis, andere zu bemuttern = nurturance) und bei Partner B ist das passende, komplementäre Bedürfnis stark ausgeprägt (z. B. das Bedürfnis, bemuttert zu werden = succorance). Diese Theorie wurde vielfach empirisch überprüft. Die Ergebnisse sprechen überwiegend gegen die von WINCH formulierten Annahmen (zur ausführlichen Kritik vgl. STROEBE 1977 und JÄCKEL 1980).

In der bereits oben erwähnten Verträglichkeitstheorie von SCHUTZ wird angenommen, daß bezüglich der Verhaltensdimension Kontrolle (Wunsch nach absoluter Macht und Autorität vs. Bedürfnis, vor Entscheidungen zu fliehen und Verantwortung anderen zu überlassen) Komplementarität bestehen sollte. Diese These fand ebenfalls keine empirische Unterstützung. Es scheint vielmehr das Gegenteil richtig zu sein: Jene Ehen erweisen sich in vielen Untersuchungen als am glücklichsten, bei denen die Machtverteilung egalitär war (GRAY-LITTLE & BURKS 1983).

Die Nichtbewährung der zunächst sehr plausibel klingenden Annahmen von WINCH und SCHUTZ ist möglicherweise darauf zurückzuführen, daß die komplementären Bedürfnisse bzw. Bedürfnisausprägungen einseitig je einem Partner zugeordnet werden und daß nicht beachtet wird, ob ein Bedürfnis typischerweise als männlich oder weiblich angesehen wird (bei Rollenübereinstimmung wäre z. B. weniger Kritik von außen zu erwarten als bei Nichtübereinstimmung). Man könnte möglicherweise die Annahme sich ergänzender Bedürfnisse bestehen lassen, wenn man zwei zusätzliche Annahmen machen würde, nämlich daß die Bedürfnisse Zustands- und nicht Wesenszugcharakter haben und daß es auf die Abstimmungsprozesse zwischen den Partnern ankommt, die regeln, wie die gegenseitigen Bedürfnisse befriedigt werden. Derartige Annahmen werden z. B. in den psychodynamischen Theorien gemacht, etwa bei WILLI (1975), der auf die Möglichkeit der Regression innerhalb der Partnerschaft hinweist (ein Partner kann zeitweise in einen kindähnlichen Zustand zurückgehen, der andere beschützt ihn), oder in der Transaktionsanalyse, die auf die Komplementarität von Kind-Ich und Eltern-Ich hinweist.

6.2.1.3 Partnerwahl als Wiederholung von Beziehungen aus der Kindheit

TOMAN (1960) (siehe auch JÄCKEL 1980) nimmt an, daß außerfamiliäre Beziehungen, wovon die Partnerwahl einen Spezialfall darstellt, nach dem Vorbild innerfamiliärer Sozialbeziehungen gesucht werden und - unter sonst vergleichbaren Bedingungen - um so mehr Aussicht auf Erfolg haben, je ähnlicher sie den früheren, innerfamiliären Sozialbeziehungen sind (**Duplikationstheorem**). Die Ähnlichkeit wird an Altersrang und Geschlecht in der Geschwisterkonstellation bemessen: Ein Mann und eine Frau passen dann besonders gut zueinander, wenn der Mann mit einer älteren Schwester und die Frau mit einem jüngeren Bruder aufgewachsen ist oder wenn die Frau einen älteren Bruder und der Mann eine jüngere Schwester hat. Bei allen anderen Verbindungen kommt es entweder zum Rangkonflikt (z. B. wenn beide Partner die ältesten sind, zum Kampf um die dominante Position) oder zum Geschlechtskonflikt oder zu einer Kombination beider Konfliktarten. Das Duplikationstheorem ließ sich empirisch nicht sichern (zur ausführlichen Kritik der Ergebnisse vgl. JÄCKEL 1980, ERNST & ANGST

1983). Als Beispiel greifen wir auf das Zahlenmaterial von THORNES & COLLARD (1979) zurück, die eine Zufallsstichprobe von Personen in England untersuchten, die innerhalb eines bestimmten Zeitraums die Scheidung eingereicht hatten, und diese Personen mit einer Zufallsstichprobe von Verheirateten verglichen. Alle Personen wurden befragt, ob sie und ihre Partner mit Brüdern und/oder Schwestern aufgewachsen waren. Wir haben die Prozentangaben aus der Veröffentlichung auf die Ausgangshäufigkeiten zurückgerechnet. Die Häufigkeiten bei den Geschiedenen lassen sich mit denen der nicht Geschiedenen vergleichen (letztere Werte stehen als Erwartungswerte in Klammern). Leider läßt sich an den Daten das Duplikationstheorem nicht vollständig überprüfen, weil die Angaben, ob die Brüder oder Schwestern älter oder jünger waren, nicht in der Tabelle enthalten sind. Immerhin wäre aber zu erwarten, daß

- Frauen, die keine Brüder haben, häufiger die Scheidung einreichen als Frauen mit Brüdern, weil jene keine frühen Erfahrungen mit etwa gleichaltrigen Jungen haben;
- Männer, die keine Schwestern haben, aus dem entsprechenden Grund häufiger die Scheidung einreichen als Männer mit Schwestern;
- die höchste Scheidungsrate bei den Paaren vorliegt, wo der Mann keine Schwestern und die Frau keine Brüder hat.

Die Befunde sind uneinheitlich. Frauen mit Brüdern haben relativ häufiger die Scheidung eingereicht (das spricht gegen das Duplikationstheorem), vor allem dann, wenn sie mit einem Mann verheiratet waren, der selbst keine Schwestern hatte (Stützung des Duplikationstheorems). Frauen ohne Brüder haben relativ seltener die Scheidung eingereicht, vor allem dann, wenn sie einen Bruder von Schwestern geheiratet hatten. D. h. für die Frauen bestätigt sich das Duplikationstheorem für den eigenen Geschwisterstatus nicht: Eine Frau läßt sich eher scheiden, wenn sie mit Brüdern aufgewachsen ist. Das Duplikationstheorem scheint aber für den Partner zu stimmen: Von einem Mann mit Schwestern trennt man sich nicht so leicht wie von einem Mann ohne Schwestern.

Tabelle 6.1: Geschwisterstatus von Frauen (N = 333), die die Scheidung eingereicht haben, und von ihren Männern. In Klammern die Werte von nicht geschiedenen Frauen (N = 371) - analog der Prozentrechnung auf N = 333 heruntergerechnet. (Nach dem Zahlenmaterial von THORNES & COLLARD 1979).

		die Frau hatte		
		Brüder	keine Brüder	Σ
der Mann hatte	Schwestern	158 (161)	54 (74)	212 (235)
	keine Schwestern	84 (64)	37 (34)	121 (98)
	Σ	242 (225)	91 (108)	333 (333)

$$\chi^2_{df=3} = 11.98, \ p < .01$$

Tabelle 6.2: Geschwisterstatus von Männern (N = 184), die die Scheidung eingereicht haben, und von ihren Frauen. In Klammern die Werte von nicht geschiedenen Männern (N = 199) - analog der Prozentrechnung auf N = 184 heruntergerechnet. (Nach dem Zahlenmaterial von THORNES & COLLARD 1979).

		die Frau hatte		
		Brüder	keine Brüder	Σ
der Mann hatte	Schwestern	77 (88)	39 (39)	116 (127)
	keine Schwestern	48 (37)	20 (20)	68 (57)
	Σ	125 (125)	59 (59)	184 (184)

$$\chi^2_{df=3} = 4.65, \; p = .20$$

Für die Männer sind die Unterschiede zwischen Verheirateten und Personen, die die Scheidung eingereicht hatten, nicht signifikant. Als Trend deutet sich jedoch an, daß die Männer sich eher trennen, wenn sie selber keine Schwestern hatten.

THORNES & COLLARD selbst haben die befragten Personen, die vier oder weniger Geschwister hatten, danach aufgeteilt, ob sie nach TOMAN in einer perfekt komplementären, einer mäßig ausbalancierten oder einer konfliktträchtigen Geschwisterkonstellation aufgewachsen waren (die Operationalisierungen sind nicht angegeben) und kommen zu folgendem Ergebnis:

Tabelle 6.3: Geschwisterkonstellation bei Verheirateten und Geschiedenen (aus den Prozentzahlen rückgerechnete absolute Werte, nach THORNES & COLLARD 1979, in Klammern: aus der Tabelle berechnete Erwartungswerte).

Geschwisterkonstellation	Geschiedene (N = 413)	Verheiratete (N = 480)
perfekt komplementär	87 (84.63)	96 (98.36)
mäßig ausbalanciert	235 (226.16)	254 (262.84)
konfliktträchtig	91 (102.21)	130 (118.79)

$$\chi^2_{df=2} = 3.05, \; \text{n.s.}$$

Die Unterschiede zwischen Verheirateten und Geschiedenen sind nicht signifikant. In der untersten Zeile deutet sich ein Trend an, daß Paare aus konfliktträchtigen Geschwisterkonstellationen bei den Geschiedenen unter- und bei den Verheirateten überrepräsentiert sind. Nach TOMAN wäre das Gegenteil zu erwarten.

Nach den vorliegenden empirischen Befunden hat sich das Duplikationstheorem nicht bewährt. Vor allem die Annahmen über den Altersrang müssen aufgrund der Daten zurückgewiesen werden. Vermutlich liegt das daran, daß hier noch Zusatzannahmen gemacht werden müssen, nämlich, daß älteste Kinder eher nach Dominanz streben, während jüngere sich lieber führen lassen, wofür es ebenfalls keine empirischen Belege gibt. Etwas besser fundiert ist die Annahme, daß das Aufwachsen mit Geschwistern des anderen Geschlechts das spätere Zusammenleben mit einem Ehepartner erleichtert (vgl. die Literaturanalyse von JÄCKEL 1980 und die empirischen Ergebnisse von ERNST & ANGST 1983). Daß es tatsächlich auf Geschwister des anderen Geschlechts ankommt, zeigen die Tabellen bei THORNES & COLLARD: Es gibt danach keine Zusammenhänge zwischen Größe der Herkunftsfamilie und Scheidungshäufigkeit oder zwischen Einzelkindstatus und Scheidungshäufigkeit bzw. der Häufigkeit schwerwiegender Eheprobleme (bei Verheirateten), wohl aber Zusammenhänge zwischen der Scheidungshäufigkeit bei Männern und der Tatsache, ob diese Schwestern hatten oder nicht. Darüber, wie dieser Befund psychologisch zu erklären ist, können wir nur spekulieren: Kommt es darauf an, frühzeitig den Umgang mit einem etwa Gleichaltrigen des anderen Geschlechts zu üben? Entwickelt sich dadurch mehr Verständnis oder Toleranz? Werden vielleicht in reinen Jungen-Familien eher der ehelichen Partnerschaft abträgliche Interaktionen eingeübt?

Ein weiterer theoretischer Ansatz, der Erfahrungen aus der frühen Kindheit mit der Partnerwahl in Verbindung setzt, ist das **Kollusionsprinzip** von WILLI (1975). WILLI stützt sich bei seinen Überlegungen auf Erfahrungen aus der klinischen Praxis in der Ehetherapie.

"Kollusion meint ein uneingestandenes, voreinander verheimlichtes Zusammenspiel zweier oder mehrerer Partner auf Grund eines gleichartigen, unbewältigten Grundkonfliktes" (p. 59).

In der Psychoanalyse werden die vier frühkindlichen Entwicklungsstufen beschrieben sowie die Störungen im Erwachsenenalter, die aufgrund von Fixierungen in den einzelnen Phasen entstehen. Wenn nun zwei Partner zusammenkommen, bei denen die Fixierung in derselben Phase vorliegt, kann das gemeinsame Konfliktthema so in den Vordergrund der Beziehung rücken, daß die persönliche Reifung der einzelnen behindert wird. Entsprechend den Entwicklungsphasen spricht WILLI von vier Beziehungsthemen:

1. Das narzißtische Beziehungsthema: Es behandelt die Frage von Nähe und Distanz, von Sich-selber-Aufgeben vs. Verschmelzung.
2. Das orale Beziehungsthema: Hier geht es um die Frage, inwieweit man den anderen beschützen und ihm helfen muß und inwieweit man sich selber umsorgen läßt.
3. Das anal-sadistische Beziehungsthema: Es kreist um die Frage, wer der Führer und wer der Geführte ist und wieviel Kontrolle in der Partnerschaft ausgeübt werden soll.
4. Das phallisch-ödipale Beziehungsthema: Es beinhaltet die Frage, wie weit der Mann sich verpflichtet fühlt, sich männlich-stark zu geben und inwieweit er Schwäche zeigen darf. Für die Frau stellt sich die Frage wie weit sie auf die Entwicklung "männlicher" Eigenschaften verzichtet und sich an ihn "anlehnt".

Diese vier Themen spielen in jeder Paarbeziehung eine Rolle. Pathologisch werden die Beziehungsthemen dann, wenn das Paar auf rein emotionales Ausagieren der Problematik regrediert, indem die Konflikte, die in der Kindheit mit Eltern bzw. Geschwistern nicht befriedigend gelöst werden konnten, dem Partner gegenüber wiederbelebt werden. Auch wenn es zunächst so scheint, daß zwei Partner gerade wegen ihrer komplementären Erwartungen innerhalb desselben Beziehungsthemas besonders gut zusammenpassen (und vielleicht deshalb sich gerade diesen Partner gesucht haben), so führt die Verbindung doch unweigerlich zum Konflikt. Am Beispiel des oralen Paarkonfliktes läßt sich das verdeutlichen: Beide Partner versuchen, sich von ihren frühen oralen Frustrationen zu heilen, der eine, indem er zum "Pflegling" regrediert und auf eine zuverlässige "Pflegeperson" in Form des Partners hofft, der andere, indem er zur "Pflegeperson" progrediert. Da der "Pflegling" aufgrund seiner neurotischen Fixierung aber die Zuverlässigkeit der "Pflegeperson" anzweifelt, schraubt er zur Probe seine Ansprüche immer höher, was bei der "Pflegeperson" zunächst zu verstärkten Anstrengungen, im weiteren Verlauf aber zu Vorwurf und Ablehnung und damit beim "Pflegling" zu Enttäuschung und Unzufriedenheit führt. Ein weiterer pathologischer Aspekt ist, daß jedes dauerhafte regressive Verhalten zu einem Selbstwertgefühl führen muß, weil eine Partnerschaftlichkeit im Sinne von Gleichwertigkeit der Partner ausgeschlossen ist.

Das Kollusionsprinzip hat sich laut WILLI in der klinischen Praxis als Strukturierungshilfe bewährt. Als Kritik gelten natürlich alle Einwände, die von empirischer Seite gegen die psychodynamische Störungslehre vorgebracht worden sind, vor allem die mangelhafte Validität, mit der beliebige Paarkonflikte einem der vier Beziehungsthemen zugeordnet werden. Eine empirische Prüfung der Frage, ob Paare, die sich aufgrund komplementärer Bedürfnisse - entstanden aufgrund von Fixierungen in derselben Entwicklungsphase der Libido - eine besonders schlechte Prognose haben, steht aus.

6.2.1.4 Partnerwahl als Optimierung des Kosten-Nutzen-Verhältnisses

Die Austauschtheorien entstammen ursprünglich den Wirtschaftswissenschaften und der Soziologie und beschäftigen sich damit, wie ökonomische Handlungen zustandekommen. Diese bestehen in einem Tauschhandel von Sachwerten. Entsprechend haben die sozialen Austauschtheorien den Tauschhandel von Unterstützungen zum Gegenstand.

Bereits von SPENCER (1896) und später auch von HOMANS (1961, beide zit. nach EKEH 1974) wurde angenommen, daß der soziale Austausch dem Austausch von Gütern vorausgeht. Während SPENCER den, seiner Meinung nach nicht nach Nützlichkeitsgesichtspunkten stattfindenden, Austausch-Verhaltensweisen einen primitiv religiösen Charakter zuschrieb, strich HOMANS heraus, daß sie einen Nützlichkeitswert hätten, indem er sie mit Handlungen und Gefühlen in Verbindung brachte. Seine drei Grundannahmen sind folgende:
1. Der Mensch ist durch Hoffnung auf Erfolg motiviert.
2. Erfahrungen reduzieren Entscheidungsunsicherheiten für Handlungen, die eine zukünftige mögliche Erfolgsquelle sicherstellen.
3. Der Mensch bleibt gern in einer Beziehung, die belohnend für ihn ist, wenn aber das Gesetz der ausgleichenden Gerechtigkeit verletzt wird, tritt Ärger auf.

HOMANS machte ausdrücklich Aussagen für dyadische Interaktionen, leitete die Gültigkeit seiner Annahmen aber aus Beobachtungen in Gruppen ab. Für Partnerwahl und Ehe lassen sich folgende Schlüsse ableiten: Bei der Partnersuche stützt sich der Mensch auf Erfahrungen und verhält sich möglichen neuen Partnern gegenüber so, wie es in analogen früheren Situationen bereits erfolgreich war. Wenn er sich in einer Beziehung befindet, die belohnend für ihn ist, so wird er versuchen, die reziproken belohnenden Aktivitäten zu vermehren, um die Beziehung aufrechtzuerhalten, und er wird im Zweifelsfall die bekannte, belohnende Beziehung einer neuen Beziehung mit ungewissem Belohnungswert vorziehen.

Nach der Theorie des sozialen Austauschs von THIBAUT & KELLEY (1959) sind Menschen bestrebt, aus sozialen Beziehungen - gleich welcher Art - einen größtmöglichen Nutzen zu ziehen, wobei gleichzeitig die eigenen Kosten möglichst klein zu halten sind. Auf die Partnerwahl übertragen würde das heißen, daß man nach einem Partner Ausschau hält, von dem man sich etwas verspricht, z. B. Prestigegewinn, indem man einen Partner wählt, der aus einer guten Familie kommt, oder materiellen Vorteil, wenn man sich einen Partner sucht, der eine gute berufliche Position hat, oder auch Erhöhung des Selbstwertes, wenn man nach einem Partner sucht, der einen bestätigt und bewundert. Dabei verhält sich der Mensch wie ein Käufer, der unter dem ihm bekannten Angebot das optimale Produkt aussucht (in der Sprache der Austauschtheorie kommt hier das Vergleichsniveau ins Spiel). Die optimale Partnerkombination müßte dann vorliegen, wenn die Verhaltensweisen, die man von seinem Partner als Nutzen erwartet, von diesem leicht und ohne viel Aufwand (Kosten) bereitgestellt werden können. Das ist besonders in der ersten Stufe der Partnerwahl wichtig, die MURSTEIN (1970) mit "stimulus stage" bezeichnet. D. h. normalerweise beschäftigen sich Menschen überhaupt nur mit anderen näher, wenn für sie selbst irgendetwas dabei herauskommt. Erst in späteren Stadien der Beziehung werden andere Gesichtspunkte wichtig - wie etwa Ähnlichkeiten in Wertvorstellungen oder Übereinstimmungen in Rollenerwartungen (value-stage und role-stage bei MURSTEIN).

Vom Verhaltensaspekt des Austauschs muß der **Einstellungs**aspekt unterschieden werden. Nach MURSTEIN et al. (1977) kann man Menschen nach ihrer Austausch-Orientierung differenzieren, diese reicht von einem extremen "Auge-um-Auge"-Denken bis hin zu der Einstellung, daß man aus Liebe alles tun kann, ohne sich zu überlegen, was man dafür wiederbekommt. Der Austausch-Orientierte fühlt sich unwohl, wenn ihm ein Gefallen getan wird, für den er sich nicht revanchieren kann, ebenso erwartet er aber auch, daß das, was er für andere tut, gleichgewichtig an ihn zurückgegeben wird. Der Nicht-Austausch-Orientierte dagegen kümmert sich um Ausgewogenheit nicht, ist sich der Ungleichheit vielleicht nicht einmal bewußt, statt dessen richtet er sein Verhalten nach seinen eigenen Idealen aus.

Für die Partnerwahlphase scheint eine hohe Austauschorientierung beider Partner günstig zu sein (MURSTEIN 1976). Dasselbe trifft auch auf gleichgeschlechtliche College-Freundschaften zu (MURSTEIN et al. 1977). Interessanterweise findet man aber für Ehepaare den entgegengesetzten Befund: Die niedrigste eheliche Anpassung weisen jene Personen auf, die selber eine austauschorientierte Einstellung haben und deren Partner ebenfalls austauschorientiert sind. Das trifft besonders auf die Ehemänner zu (MURSTEIN et al. 1977). Das wird darauf zurückgeführt, daß die Männer darunter leiden, daß sich die Frauen von ihrer traditionellen weiblichen Rolle entfernt haben, womit die männlichen Privilegien in Frage gestellt werden.

Für das tatsächliche Verhalten liegen entsprechende Untersuchungen nicht vor. Man kann aber annehmen, daß der tatsächliche Austausch einen nicht unerheblichen Einfluß auf die eheliche Zufriedenheit hat (vgl. die Ausführungen zu "egalitären" Partnerschaften in Punkt 6.2.2.2). Mit dem Austausch von offenem Verhalten beschäftigen sich die Verhaltenstheoretiker, auf die wir weiter unten noch eingehen.

Eine gewisse Schwäche der sozialen Austauschtheorien besteht darin, daß nicht expliziert wird, was ausgetauscht wird und auf welche Weise verschiedene Handlungen in eine gemeinsame Metrik gebracht werden können. In bezug auf die Austauschorientierung haben MURSTEIN et al. (1977) das Problem so gelöst, daß sie nach denselben Handlungen fragen (z. B. "Wenn ich dreimal das Geschirr abgewaschen habe, erwarte ich von ihm/ihr, daß er/sie es die nächsten drei Male tut"). In der tatsächlichen Interaktion von Paaren treten aber meistens Austauschprozesse auf, die unterschiedliche Handlungen einander gegenüberstellen (z. B. am Wochenende macht einer die Einkäufe, der andere säubert die Wohnung). Besonders befriedigend müßte eine Partnerschaft dann sein, wenn die Aufgabenverteilung den Vorlieben und Abneigungen der Partner entspricht. In dem Falle haben beide niedrige Kosten und einen hohen Nutzen.

6.2.2 Ehetheorien

Nach HOLMAN & BURR (1980) sind Partnerschaften und Familien in den siebziger Jahren vor allem auf der Grundlage von drei theoretischen Orientierungen betrachtet worden, nämlich dem symbolischen Interaktionismus, der Austauschtheorie und der Systemtheorie. (Da wir auf die Austauschtheorien im Zusammenhang mit den Theorien zur Partnerwahl bereits eingegangen sind, lassen wir sie hier weg). Daneben werden als etwas seltener zugrundegelegte Theorien genannt: Behaviorismus, Entwicklungstheorien sowie einige eher der Soziologie zuzuordnende theoretische Ansätze. Für uns sind im Zusammenhang mit seelischer Gesundheit in Partnerschaften außerdem noch Ansätze wichtig, die sich auf die Koorientierung der Partner beziehen.

6.2.2.1 Symbolischer Interaktionismus

Ein Grundgedanke des symbolischen Interaktionismus besagt, daß der Mensch gelernt hat, auf Symbole zu reagieren, die für ihn die gleiche Bedeutung haben wie für seine Interaktionspartner, und daß er selbst durch das Hervorbringen von Symbolen vorhersagbare Reaktionen bei anderen auslöst (MEAD nach JÄCKEL 1980, siehe auch GRAUMANN 1972). Für letzteres muß er die Fähigkeit zur Rollenübernahme besitzen, d. h. er muß sich in den Interaktionspartner hineinversetzen können, um die Reaktion auf eine bestimmte eigene Aktion vorhersagen zu können. Rollenübernahme kann zu Empathie oder Sympathie führen, letztere sind aber keine notwendigen Bestandteile. Auch die Übernahme des Standpunktes des Interaktionspartners ist nicht notwendiger Bestandteil der Rollenübernahme. Die Rollenübernahme kann sich auf den je spezifischen Interaktionspartner oder auf den "generalisierten Anderen" beziehen. Auf Partnerschaften bezogen kann man sagen, daß die Rollenübernahme der Partner den gegenseitigen Anpassungsprozeß fördert: In der Phase, in der jemand beginnt, sich für einen möglichen Partner näher zu interessieren, stimmt er oder sie zunächst seine Aktionen auf den "generalisierten Anderen" ab, wobei es für ihn oder sie wichtig ist, die (informellen) Regeln zu kennen, nach denen die Kontaktaufnahme mit dem anderen Geschlecht erfolgt, und über soziale Kompetenzen zu verfügen. Als Folge des häufigeren Kontaktes entwickelt sich Sympathie. Er oder sie lernt den Partner immer besser kennen und stellt seine Aktionen immer mehr auf diesen spezifischen Partner ein. Möglicherweise ist in dieser frühen Phase der Partnerschaft in der Rollenübernahme auch die Übernahme des Standpunktes des Partners enthalten; die oben erwähnten empirischen Ergebnisse zu Ähnlichkeiten von befreundeten Partnern in bezug auf wichtige Lebenseinstellungen deuten jedenfalls darauf hin. Im weiteren Verlauf der Entwicklung wird die Empathie zunehmend wichtiger, wie wir unten noch sehen werden.

Obwohl die Annahmen des symbolischen Interaktionismus sich nicht direkt empirisch überprüfen lassen, bietet diese Theorie doch eine Anzahl von Anregungen zum Verständnis von gesunden und gestörten Partnerschaften. Ein grundlegender Begriff im symbolischen Interaktionismus ist das Selbst, welches sich durch die Interaktion mit Bezugspersonen herausbildet. Man sieht sich nicht nur mit den eigenen Augen, sondern auch mit den Augen der andern. Je nachdem wie sich wichtige Bezugspersonen verhalten, welche Rollen- und Verhaltenserwartungen sie mitteilen und welche Verhaltensweisen sie belohnen und bestrafen, wird sich das Selbstwertgefühl und die Selbstdefinition in Richtung auf seelisch gesund bzw. seelisch krank entwickeln (PIONTKOWSKI 1976).

6.2.2.2 Systemtheorie

Die Systemtheorie betrachtet die Familie als ein komplexes Ganzes, das aus verschiedenen Subsystemen zusammengesetzt und durch charakteristische Strukturen, Beziehungen und Interaktionen gekennzeichnet ist. Eines dieser Subsysteme ist die eheliche Dyade. Familientheoretiker und -therapeuten fordern, daß das eheliche Subsystem für die beiden Partner Priorität haben soll; damit soll eine wichtige Voraussetzung für die seelische Gesundheit sowohl der einzelnen Familienmitglieder als auch für die Familie als System gegeben sein. Wichtige Begriffe in der Systemtheorie sind: Kohäsion, Adaptabilität und Grenzen. Die Begriffe werden nicht präzise oder nicht einheitlich operationalisiert. Mit Kohäsion ist der Zusammenhalt der Mitglieder untereinander gemeint, mit Adaptabilität, wie die Familie oder der einzelne mit Macht und Kontrolle umgeht. Über die "Grenzen" wird gesagt, daß sie weder starr noch verschwommen, sondern durchlässig sein sollen. Für das Individuum könnte man die optimale Ausprägung der Grenze vielleicht mit erreichter Identität im Sinne von ERIKSON gleichsetzen, die gut strukturiert und relativ stabil ist, aber durch intensive oder lang andauernde Erfahrungen modifizierbar ist. Was auf der Ebene der Familie unter Grenze verstanden werden soll, ist wesentlich schwieriger auszumachen. Auf jeden Fall hat sie etwas mit der Kontakthäufigkeit und -intensität mit Personen außerhalb der Familie zu tun. Die Beziehungen nach außen sollen vorhanden aber nicht zu eng sein, jedenfalls nicht so eng wie innerhalb der Familie.

Als Beispiel für die systemtheoretische Sichtweise von Paaren ziehen wir den Ansatz von OLSON und Mitarbeitern heran (SPRENKLE & OLSON 1978). Ihr Zirkumplex-Modell für Ehesysteme spannt sich zwischen zwei als unabhängig gedachten Dimensionen, nämlich Kohäsion und Adaptabilität, auf. Entsprechende Konstrukte finden sich auch bei anderen Systemtheoretikern, die sich mit Familienforschung befassen. Kohäsion variiert zwischen Trennung innerhalb der Familie (extrem niedrige Kohäsion) und vollkommener Verbundenheit (extrem hohe Kohäsion). Adaptabilität variiert zwischen extremer Morphogenese (Chaos in der Familie, gekennzeichnet durch Passivität, fehlende gegenseitige Kontrolle, endlose Diskussionen, dramatische Rollenveränderungen, Fehlen expliziter Regeln) und extremer Morphostase (Rigidität in der Familie, gekennzeichnet durch aggressive Durchsetzung, autoritären Führungsstil, begrenzte Verhandlungsbereitschaft, stereotype Rollen, rigide Regeln, die unbedingt eingehalten werden müssen). Jede Dimension wird in vier Abschnitte eingeteilt (extrem niedrig, unter Mittelwert, über Mittelwert, extrem hoch). Durch diese Einteilung entstehen acht Paar-(oder Familien-)typen, die in zwei konzentrischen Kreisen angeordnet werden (vgl. Abbildung 6.1). Da die Beziehung zwischen den Dimensionen kurvilinear gedacht wird, können nicht alle 16 Kombinationen auftreten.

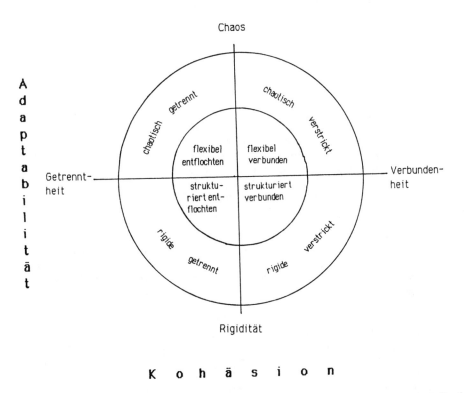

Abbildung 6.1: Acht Ehe- bzw. Familientypen im Zirkumplex-Modell (aus SPRENKLE & OLSON 1978, p. 240)

Die vier Typen im inneren Kreis werden für seelisch gesund gehalten. Je nachdem, wie es die Situation erfordert, kann sich das Paar innerhalb des inneren Kreises bewegen, z. B. in Phasen, wo in kurzer Zeit viele Aufgaben zu bewältigen sind, wäre es günstig, sich auf der Adaptabilitätsdimension strukturiert zu verhalten. Im Urlaub und in der Freizeit oder wenn kleine Kinder zu betreuen sind, könnte mehr Kohäsion verwirklicht werden als in Phasen, wo beide Partner im Beruf stark eingespannt sind.

Die Hypothese, daß Familien bzw. Paare, die im inneren Kreis des Zirkumplex-Modells angesiedelt werden können, seelisch gesünder sind als Paare oder Familien im äußeren Kreis, konnte durch Vergleich von klinischen mit nicht klinischen Gruppen bestätigt werden (SPRENKLE & OLSON 1978; OLSON 1981).

Wie oben bereits erwähnt, ist bei den systemtheoretischen Modellen kritisch anzumerken, daß die Konstrukte unzureichend oder nicht einheitlich operationalisiert sind. Dies trifft bei dem Zirkumplex-Modell vor allem auf die Kohäsion zu, welche lediglich durch Beurteiler global eingeschätzt wurde. Dagegen liegen zur Adaptabilität und ihr verwandten Konstrukten Operationalisierungen vor, die sich auch in einer Laborsituation, in der das Paar gemeinsam Probleme bewältigen muß, beobachten lassen. Die Operationalisierungen beziehen sich, wie oben bereits erwähnt, auf Durchsetzung, Kontrolle, Verhandlungsbereitschaft, Art der Rückmeldung, Rollendifferenzierung und Regeln. Als günstig wird angesehen, wenn jeder Partner sich dem anderen gegenüber durchsetzen kann, wenn beide die Führung übernehmen können, erfolgreiche Verhandlungen stattfinden, positive und negative Rückmeldungen gegeben werden, die Rollen nicht rigide festgelegt sind und wenn es viele explizite und wenig implizite Regeln gibt. Paare mit diesen Merkmalen konnten unter Streßbedingungen Probleme besser lösen und hatten höhere Eheanpassungswerte in einem Fragebogen als andere Paare.

Zu ähnlichen Schlüssen kommen GRAY-LITTLE & BURKS (1983) in einem Übersichtsartikel über den Zusammenhang zwischen Macht und Zufriedenheit in der Ehe. Ihre Kernaussage ist, daß Paare mit egalitärer Macht die höchste Zufriedenheit aufweisen, während Paare, in denen die Frau dominant ist, die größte Wahrscheinlichkeit haben, unglücklich zu sein. Zur Erklärung letzteren Befundes diskutieren die Autorinnen drei Hypothesen, nämlich Antworttendenz, Rolleninkongruenz und die Annahme, daß die Ehemänner in diesen Ehen die übliche Verantwortung nicht übernehmen können oder wollen.

Die Antworttendenz-Hypothese geht davon aus, daß Personen, die in einem Bereich nicht sozial erwünscht antworten (nämlich daß die Frau dominant ist) dies auch in einem anderen Bereich nicht tun (indem sie zugeben, in der Ehe unzufrieden zu sein). Da diese These noch nicht direkt untersucht worden ist, kann man sie nur als spekulativ bezeichnen. Die Rolleninkongruenz-Hypothese besagt, daß bei den Frau-dominanten Paaren die Abweichung von kulturellen Normen (sei es, daß die individuellen Rollenerwartungen von denen der sozialen Gruppe abweichen oder daß die individuellen oder Gruppenrollenerwartungen vom tatsächlichen Verhalten in der Ehe abweichen) zu Unzufriedenheit führt. Bei der dritten Erklärung, daß nämlich die Ehemänner ihre Führungsrolle nicht adäquat wahrnehmen, ist zu beachten, daß vor allem die Frauen mit ihrer dominanten Position unzufrieden sind, weniger die Männer. Die Unzufriedenheit rührt möglicherweise daher, daß die Frau Funktionen übernehmen muß, die sie eigentlich lieber dem Mann überlassen würde. Gestützt wird diese Annahme durch die Tatsache, daß in den Frau-dominanten Paaren besonders häufig Kontrolltechniken, die mit Zwang verbunden sind, angewendet werden. Die Frau versucht also, dem Mann mit aller Kraft die Führungsrolle zuzuschieben, und treibt ihn dadurch nur noch mehr in Rückzug und Passivität. SIMON (1984) weist aufgrund klinischer Fallbeobachtungen darauf hin, daß auch Ohnmacht ein sehr wirksames Machtmittel sein kann, das über die Manipulation der Schuldgefühle des Partners wirkt.

Für egalitäre Paare hat sich in vielen Untersuchungen die höchste Zufriedenheit in der Partnerschaft ergeben. Egalitär kann zweierlei bedeuten, nämlich, daß die Entscheidungen gemeinsam getroffen werden (synkratische Egalität) oder daß die Bereiche gleichmäßig aufgeteilt sind, in denen je einer der beiden entscheidet (autonome Egalität). Wenn man die egalitären Paare in diese beiden Gruppen aufteilt, so findet man eine höhere Zufriedenheit bei synkratischer Egalität. Nach den bisherigen Befunden läßt sich folgende Rangfolge in der ehelichen Zufriedenheit feststellen: Am zufriedensten sind die Paare mit synkratischer Egalität, es folgen die Mann-dominanten Paare, dann die autonom egalitären und schließlich die Frau-dominanten Paare. Eine einigermaßen einheitliche theoretische Erklärung dafür ist folgende: Egalität entspricht der modernen Norm für eine partnerschaftliche Ehe, damit verhalten sich die egalitären Paare rollenkonform. Dagegen sind die Mann-dominanten Paare nach dem Maßstab der traditionellen Ehe rollenkonform. Bei den synkratisch egalitären Paaren kommt als zusätzlicher, zufriedenheitsfördernder Faktor noch hinzu, daß die Partner durch die vielen gemeinsamen Entscheidungen sehr viel Kontakt miteinander haben. Außerdem kann man annehmen, daß sich bei längerer Dauer des synkratischen Stils auch eine besonders zufriedenstellende Kommunikation zwischen den Partnern einstellt.

6.2.2.3. Behaviorismus

Die Überlegungen der mit Partnerschaften befaßten Verhaltenstheoretiker stellen eine Weiterentwicklung und Spezifizierung der sozialen Austauschtheorien dar. Als Beispiel greifen wir die Überlegungen von JACOBSON (1981) heraus. Dieser Autor äußert sich sowohl zur Theorie als auch zu den Behandlungsmöglichkeiten für Ehepaare.

Behandlungsprogramme, die auf den Lerntheorien aufbauen, gehen davon aus, daß sowohl funktionales als auch dysfunktionales Verhalten erlernt ist und durch die Anwendung experimentell begründeter Lernprinzipien verändert werden kann (GROEGER 1982). Für die Verhaltensänderung ist ein "Änderungsagent" notwendig, der Kontrolle über die Verteilung von Belohnung und Bestrafung hat (z. B. ist ein Therapeut für den Klienten oder die Mutter für das Kind ein solcher Änderungsagent). In der Partnerschaft übernehmen die Partner wechselseitig füreinander diese Rolle, wobei es besonders darauf ankommt, daß und wie sie miteinander verhandeln. JACOBSON bezeichnet seine Theorie als ein soziales Lernmodell. Die grundlegenden Aussagen sind folgende:
1) Die Bekräftigungsrate, die man vom Partner erhält, bestimmt nicht nur den Grad subjektiver Befriedigung, sondern auch das Ausmaß, in dem Anerkennung an den Partner zurückgegeben wird (Reziprozität).
2) Für eine erfolgreiche Partnerschaft ist die Konfliktlösungsfertigkeit besonders wichtig, weil das reale Verhalten der Partner meistens nicht den wechselseitigen Erwartungen entspricht und jeder an den anderen Verhaltensänderungsansprüche hat, was unweigerlich zu Konflikten führt.
3) Erfolgreiche Paare passen sich effizient an die Erfordernisse des täglichen Zusammenlebens an. Vor allem weiten sie ihre Bekräftigungen auf immer mehr Bereiche positiven Austausches aus. Die während der Werbungsphase wirkenden Bekräftiger sind auf bestimmte Situationen beschränkt und nutzen sich mit der Zeit ab. Dieser unausweichlichen Sättigung muß durch Variation der gemeinsamen Aktivitäten, Entwicklung neuer gemeinsamer Interessen, Ausweitung des sexuellen Repertoires und der Gestaltung einer Kommunikation, die den beiden das gegenseitige Interesse erhält, entgegengewirkt werden.
4) Ungeachtet der Lerngeschichten der Partner hängen die Entwicklung, die Aufrechterhaltung und der Erfolg der Partnerschaft vor allem von der Art der gegenseitigen Austauschprozesse und von den Einflüssen der Umwelt, denen die Partner ausgesetzt sind, ab. Den Persönlichkeitsmerkmalen der Partner kommt eine geringere Bedeutung zu.

Als Beispiel für einen Umwelteinfluß führt JACOBSON die Frauenbewegung an, die für Frauen den Standard, an dem sie die Adäquatheit ihrer Ehe messen, verändert hat. Die Frauen fordern eine mehr egalitäre Partnerschaft, und dadurch verändert sich die Verteilung der instrumentellen und nicht instrumentellen Aufgaben in der Ehe. JACOBSON führt empirische Belege aus der Partnerschafts-Forschung sowie aus klinischen Beobachtungen an, die seine Aussagen stützen. Als weitere Belege lassen sich die Validierungsstudien der verhaltensorientierten Instrumente zur Partnerschaftsdiagnostik anführen, die hinsichtlich Reziprozität und dem Verhalten in Konfliktsituationen immer wieder die erwarteten Unterschiede zwischen gestörten und nicht gestörten Partnerschaften erbrachten (z. B. SCHOLZ 1978).

6.2.2.4 Entwicklungstheorien

Die Entwicklungstheorien beschreiben Partnerschaften unter einem Prozeßaspekt. Es werden Aussagen darüber gemacht, welche individuellen Voraussetzungen die Partner zu Beginn einer Partnerschaft haben sollten und welche Aspekte in den darauffolgenden gemeinsamen Phasen wichtig werden. ERIKSON, der menschliche Entwicklung für die gesamte Lebensspanne mit ihren typischen Krisen beschrieben hat, nennt für das frühe Erwachsenenalter die Krise "Intimität vs. Isolation" mit dem günstigen Ausgang Liebe. Als Voraussetzung für einen günstigen Ausgang muß die vorangegangene Krise, Identität vs. Rollenkonfusion, erfolgreich, nämlich mit dem Ausgang Sicherheit über die eigene Identität, bewältigt worden sein. Die erwachsene Liebe unterscheidet sich von der jugendlichen Verliebtheit dadurch, daß Intimität möglich ist, ohne daß man Angst haben muß, durch die erhöhte Nähe einen Teil seines Selbst zu verlieren, während letztere häufig nichts anderes ist als das Suchen nach sich selbst, wozu man die Rückmeldungen und Bestätigungen des Partners benutzt (HJELLE & ZIEGLER 1976). Aus den theoretischen Überlegungen kann man ableiten, daß Ehen, die zu jung geschlossen werden, weniger glücklich oder stabil sein müßten, was durch die Scheidungsstatistiken belegt wird. Als Beispiel bringen wir die Zahlen aus der bereits erwähnten Studie von THORNES & COLLARD (1979). Sie verglichen Verheiratete und Geschiedene hinsichtlich des Alters, das die Braut bei der Hochzeit gehabt hatte (vgl. Tabelle 6.4).

Wie man sieht, sind unter den geschiedenen Paaren die sehr jungen Bräute deutlich überrepräsentiert.

LEMAIRE (1980) demonstriert an klinischen Fällen, daß ohne ausreichende Identität keine Intimität zwischen den Partnern möglich ist. Dem stehen die Ergebnisse von GLENN & WEAVER (1978) gegenüber, die bei einer repräsentativen Stichprobe von ca. 1.300 weißen verheirateten Amerikanern zwischen 18 und 59 Jahren keine signifikante Korrelation der selbsteingeschätzten Zufriedenheit mit der Ehe und dem Alter bei der Eheschließung fanden. Statt dessen ermittelten sie einen Trend in die entgegengesetzte Richtung, nämlich, daß die befragten Personen um so zufriedener in der Ehe waren, je jünger sie bei der Heirat gewesen waren. GLENN & WEAVER leiten daraus ab, daß Teenager-Ehen nicht länger als soziales Problem angesehen werden können. Diese Schlußfolgerung ist unseres Erachtens aus mehreren Gründen falsch:
1. Da nur verheiratete Personen untersucht wurden, sind in der Stichprobe nur noch die ehemaligen Teenagerehen enthalten, die Bestand gehabt haben. Über die bereits geschiedenen Ehen können keine Aussagen mehr gemacht werden.
2. Die Regression ist vermutlich nicht linear. Darauf deuten die Zahlen in der untersten Zeile in Tabelle 6.4 hin. Bei den Geschiedenen überwiegen auch die

Tabelle 6.4: Alter der Braut bei der Hochzeit, bei Geschiedenen (N = 520) und Verheirateten (N = 570). Aus den Prozentzahlen rückgerechnete absolute Zahlen aus THORNES & COLLARD (1979, p. 164), in Klammern: aus der Tabelle berechnete Erwartungswerte.

Alter der Braut	Geschiedene	Verheiratete	Σ
unter 20	229 (184,5)	160 (204,5)	389
20-24	224 (260,5)	325 (288,5)	549
25-29	36 (49,4)	68 (54,6)	104
30 und älter	26 (20,4)	17 (22,6)	43
Σ	515[1]	570	1085

$$\chi^2_{df=3} = 39.99, p < .001$$

[1] Da sich die Prozentzahlen nur zu 99 % addieren, erscheint hier eine kleinere Summe als oben angegeben.

Paare, bei denen die Braut bei der Eheschließung älter als 30 Jahre war, d. h. daß Eheprobleme nicht nur bei sehr jungen, sondern auch bei relativ alten Personen, die das erste Mal heiraten, zu erwarten sind. Wenn aber in Wirklichkeit eine U-förmige Beziehung zwischen Heiratsalter und seelischer Gesundheit in der Partnerschaft besteht, so kann die lineare Regression natürlich nur insignifikant sein.

Einen weiteren indirekten Beleg für die Theorie von ERIKSON liefern andere Daten von THORNES & COLLARD (1979). Sie fragten ihre Versuchspersonen danach, ob vor der Ehe ernsthafte Partnerprobleme aufgetreten waren. Von der Theorie her ist zu erwarten, daß um so eher Probleme angegeben werden, je jünger die Partner bei der Hochzeit waren. Personen, die im Alter von über 20 Jahren geheiratet haben, müßten dagegen weniger voreheliche Probleme gehabt haben und sich auch seltener haben scheiden lassen. Zur Überprüfung dieser Voraussagen haben wir mit den Daten von THORNES & COLLARD (1979) eine Konfigurationsfrequenzanalyse (LIENERT 1971) gerechnet. Die Ergebnisse sind in Tabelle 6.5 wiedergegeben.

Weit häufiger, als zu erwarten, treten die Kombinationen "geschieden-jung-mit Problemen" und "verheiratet-alt-ohne Probleme" auf. Als Antitypen (selteneres Auftreten als aufgrund der Grundquoten zu erwarten) sind die Kombinationen "geschieden-alt-ohne Probleme", "verheiratet-jung-ohne Probleme" und "verheiratet-alt-mit Problemen" zu bezeichnen. Damit haben sich die oben formulierten, aus ERIKSONs Theorie abgeleiteten, Hypothesen bestätigt.

Nach ERIKSON folgt auf die Intimitätskrise die Herausforderung des mittleren Erwachsenenalters mit dem Thema "Generativität vs. Stagnation". Generativität bedeutet die Fürsorge für jene, die nach einem kommen. Das können die

Tabelle 6.5: Ergebnisse der Konfigurationsfrequenzanalyse mit den Merkmalen geschieden (g) vs. verheiratet (v), Alter der Braut bei der Hochzeit (<20 = j), ≥ 20 = a) und Vorhandensein vorehelicher Probleme (ja = +, nein = -). Daten von THORNES & COLLARD (1979, p. 188, aus den Prozentangaben rückgerechnete absolute Zahlen). *: p <.05, **: p <.01, ***: p < .001.

Merkmals-kombination	f_o	f_e	χ^2
g j +	71	40.9	22.15***
g j -	159	145.8	1.20
g a +	75	73.1	.05
g a -	215	260.2	7.85**
v j +	35	44.8	2.14
v j -	126	159.5	7.04**
v a +	58	80.1	6.10*
v a -	351	285.5	15.03***
Σ	1090	1089.9	61.56

eigenen Kinder sein. Es ist aber auch möglich, daß der Mensch andere, selbsttranszendente Ziele verfolgt, die der nachfolgenden Generation von Nutzen sein können. Für die Partnerschaft läßt sich daraus ableiten, daß die Partner sich hinsichtlich ihrer Wertvorstellungen abstimmen müssen, daß sie gemeinsam ihre Kinder aufziehen oder z. B. religiöse, politische oder kulturelle Aktivitäten entwickeln, die über die Zweisamkeit hinausweisen. Einen Forschungsansatz, der sich hier einordnen läßt, obwohl er sich nicht auf die ERIKSONsche Theorie beruft, werden wir weiter unten vorstellen (BRANDTSTÄDTER et al. 1984). Die gemeinsame Sinnfindung der Partner kann nach ERIKSONs Meinung die vielbeschworene "Midlife crisis" gering halten.

Als letzte Lebensphase beschreibt ERIKSON das hohe Lebensalter mit dem Konflikt "Ich-Integrität vs. Verzweiflung". In dieser Phase blickt der Mensch zurück auf sein Leben, zieht eine Bilanz und schließt sein Leben ab. Viele Menschen können diese Phase nicht mehr mit ihrem Partner erleben, wenn dieser gestorben ist. Für diejenigen aber, die noch verheiratet zusammenleben, trägt eine glückliche Ehe immer noch zur seelischen Gesundheit bei. STINNETT et al. (1978) entwickelten die Marital Need Satisfaction Scale, die unter anderen die Bereiche "Sinnfindung im persönlichen Leben" und "Integration der bisherigen Lebenserfahrungen" mißt. Die Autoren konnten zeigen, daß verheiratete über 60jährige, die hinsichtlich der genannten Bereiche mit ihrer Ehe zufrieden waren, auch sonst mit ihrem Leben zufrieden waren.

Wir kommen nochmal auf das mittlere Erwachsenenalter zurück. BRANDTSTÄDTER et al. (1984) untersuchen die Entwicklung von Paaren und gehen dabei unter anderem von folgenden Grundannahmen aus:
1) "Partnerbeziehungen sind Kontexte, in denen sich zusammen entwickelnde In-

dividuen in ihrer persönlichen Entwicklung mehr oder weniger erfolgreich kontrollieren und koordinieren",
2) "eheliche Zufriedenheit und dyadische Anpassung hängen von der gegenseitigen Koordination von entwicklungsbezogenen Werten, Überzeugungen und Kontrollbemühungen ab" (p. 1).

Die Koordination von Entwicklungsperspektiven nimmt eine Schlüsselstellung für die Voraussage von seelischer Gesundheit in der Partnerschaft ein. Damit wird zugleich der Widerspruch zwischen Ähnlichkeit und Komplementarität aufgehoben. Die Autoren gehen in einer Querschnittsuntersuchung von über 650 Paaren im Alter von 30-59 Jahren unter anderem folgender Fragestellung nach:
- Welche Beziehung besteht zwischen dyadischer Anpassung und Ehezufriedenheit einerseits und den Entwicklungsorientierungen und -koorientierungen des Paares andererseits? Dazu wurden den Versuchspersonen 17 Entwicklungszieldimensionen vorgelegt (z. B. Gesundheit, emotionale Stabilität, harmonische Partnerschaft, Erfolg im Beruf), die unter anderem nach persönlicher Wichtigkeit und danach, wie weit man von diesem Ziel entfernt ist, einzuschätzen waren. Außerdem wurde die eheliche Zufriedenheit mit einem Fragebogen erfaßt. Das Ergebnis war, daß die Vorhersage der ehelichen Anpassung und Zufriedenheit bei verschiedenen Altersgruppen verschiedene Bereiche von Konsens oder Konflikt beinhaltet. Für manche Zieldimensionen ist es günstig, wenn die Partner übereinstimmen (z. B. harmonische Partnerschaft, emotionale Stabilität oder Empathie) für andere, wenn die Partner nicht übereinstimmen (z. B. Unabhängigkeit, Durchsetzungsfähigkeit, beruflicher Erfolg). Als "gemeinsamen Nenner" für die Übereinstimmungen bzw. Unterschiede betonen die Autoren die Kompatibilität der Entwicklungsziele. Im Zusammenhang mit der Theorie von ERIKSON ist besonders der Zielbereich "Verpflichtung auf Ideale" interessant. Die Übereinstimmung der Partner in diesem Zielbereich korreliert mit der ehelichen Anpassung nur bei den 48-53jährigen Frauen sowie bei den 48-59jährigen Männern nennenswert ($r = .33$ bzw. $.39$). Möglicherweise wird dieser Zielbereich erst in der späteren Lebensmitte für die Partnerschaft wichtig. Andere Zielbereiche, die sich mit Generativität sensu ERIKSON in Verbindung bringen lassen, waren in dieser Studie nicht enthalten. Interessante Ergebnisse wären zu erwarten, wenn man die Kompatibilität von beruflichen und vor allem außerberuflichen Interessen erforschen würde. Inwieweit sollte ein Paar gleiche Interessen haben, die Gemeinsamkeit herstellen, und inwieweit sollten die Interessen unterschiedlich sein und einen gegenseitigen Anregungsgehalt darstellen? Zu dieser Frage sind uns keine Untersuchungen bekannt.

6.2.2.5 Koorientierung, Wahrnehmung und Verstehen

Im Gegensatz zu den bisher dargestellten Theorien gehen die Wahrnehmungstheorien davon aus, daß für das menschliche Erleben letztlich nicht die tatsächlichen Verhaltensweisen oder Persönlichkeitszüge des Partners maßgeblich sind, sondern wie die Verhaltensweisen bzw. Persönlichkeitszüge von der jeweiligen Person wahrgenommen werden. Nach JÄCKEL (1980) lassen sich die wahrnehmungstheoretischen Ansätze in drei Gruppen aufteilen, nämlich solche, die sich damit beschäftigen, welchen Stellenwert die exakte gegenseitige Partnerwahrnehmung für die Beziehung hat (Problem der Empathie), eine weitere Gruppe, die sich damit beschäftigt, welche Ähnlichkeiten eine Person zwischen sich und ihrem Partner wahrnimmt, und schließlich eine dritte, die die Bedeutung der Übereinstimmung der Selbst- und Fremdwahrnehmung in der Partnerschaft untersucht.

Empathie, verstanden als "gedankliches Hineinversetzen in den anderen" (operationalisiert als Übereinstimmung des vermuteten Selbstbildes mit dem tatsächlichen Selbstbild, z. B. Partner A füllt einen Fragebogen für sich selber aus und Partner B füllt ihn aus, wie er/sie meint, daß A ihn ausfüllen würde) korreliert positiv mit Zufriedenheit in der Ehe. Dabei sind allerdings folgende Fragen ungeklärt: Führt Zufriedenheit zu mehr Empathie oder umgekehrt? Ist Empathie eine Folge von Homogamie, d. h. fällt das Sich-Einfühlen in den Partner besonders leicht, wenn der Partner einem in psychologischen Merkmalen ähnlich ist? (JÄCKEL 1980).

Auch die **vermutete Ähnlichkeit** zwischen dem Partner und sich selber (intraindividueller Vergleich) korreliert positiv mit Ehezufriedenheit. Da die tatsächliche Ähnlichkeit niedriger ist und wenn überhaupt, wesentlich schwächer mit der Zufriedenheit korreliert (Homogamietheorie), muß die vermutete Ähnlichkeit verzerrt sein. Gemäß der Gleichgewichtstheorie wird das Partnerbild dem Selbstbild angeglichen.

Mit Empathie und vermuteter Ähnlichkeit werden also zwei verschiedene - zum Teil sogar widersprüchliche - Aspekte der Partnerwahrnehmung erfaßt, die beide zur Ehezufriedenheit beitragen.

Diese Überlegungen lassen sich anhand der Daten von HEIL (1984) illustrieren. Er untersuchte Paare mit dem Trierer Partnerschaftsinventar (TPI), mit dem unter anderem folgende Variablen erhoben werden:
Selbstbild (der Mann beurteilt sein Verhalten sich selbst gegenüber; die Frau beurteilt ihr Verhalten sich selbst gegenüber).
Vermutetes Partner-Selbstbild (der Mann gibt an, wie die Frau sich sich selber gegenüber verhält; die Frau gibt an, wie der Mann sich sich selber gegenüber verhält).

Nach den obigen Überlegungen müßten die Selbstbilder niedriger korrelieren (tatsächliche Ähnlichkeit) als das vermutete Partner-Selbstbild mit dem tatsächlichen Selbstbild des Partners (Empathie) und als das eigene Selbstbild mit dem vermuteten Partner-Selbstbild (vermutete Ähnlichkeit). Die Daten von HEIL bestätigen diese Vermutung (vgl. Tabelle 6.6).

Aus anderen Untersuchungen ist bekannt, daß Frauen höhere Empathieleistungen erbringen als Männer. Der Unterschied zwischen Männern und Frauen ist hier

Tabelle 6.6: Interkorrelationen ausgewählter Variablen aus dem Trierer Partnerschaftsinventar (aus: HEIL 1984, p. 153) TÄ= Tatsächliche Ähnlichkeit, VÄ = Vermutete Ähnlichkeit, E = Empathie, N = 100 Paare (50 glückliche, 50 unglückliche Paare).

Variable	2	3	4
1 Mann über sich	TÄ .19	VÄ .30	E .39
2 Frau über sich		E .31	VÄ .56
3 Mann über (Frau über Frau)			.01
4 Frau über (Mann über Mann)			

vergleichsweise gering, dagegen ist die vermutete Ähnlichkeit bei Frauen deutlich stärker ausgeprägt als bei Männern.

Die letzte Gruppe der Wahrnehmungstheorien beschäftigt sich mit der **Kongruenz der Wahrnehmungen.** Damit ist gemeint, daß Übereinstimmung besteht zwischen dem Selbstbild von A und dem Bild, das B über A hat. Je höher diese Übereinstimmung, desto höher soll die Ehezufriedenheit sein. Diese Hypothese ließ sich empirisch nicht immer bestätigen. Nach JÄCKEL (1980) hat sie trotzdem den größten Erklärungswert für die Ehezufriedenheit: "Wenn Übereinstimmung zwischen dem Selbstbild des einen Partners und der Wahrnehmung durch den anderen herrscht, wird ... die Empathie beträchtlich erleichtert; auch eventuell günstige Wirkungen auf die Zufriedenheit, die von der vermuteten Ähnlichkeit ausgehen, werden nur von Dauer sein, wenn auch tatsächlich übereinstimmende Partnerwahrnehmungen vorliegen" (p. 45).

Zur Illustration greifen wir wieder auf die Daten von HEIL zurück. Da hier Interaktionsvariablen erfragt wurden, kann man vergleichen, wie z.B. der Mann meint, sich der Frau gegenüber zu verhalten, und wie die Frau sein Verhalten ihr gegenüber wahrnimmt. Die Korrelation beträgt .23, im umgekehrten Fall (partnerbezogenes Verhalten der Frau aus ihrer und seiner Sicht) .28. Die Höhe der Korrelationen sagt noch nicht sehr viel aus, da sie sich auf die Gesamtgruppe glücklicher und unglücklicher Paare bezieht. Betrachtet man die Differenzmaße (d.h. in wievielen Items die Partner nicht übereinstimmende Urteile abgegeben haben), so zeigt sich, daß die Werte in der unglücklichen Gruppe etwa eine Standardabweichung über den Werten der glücklichen Gruppe liegen. Ein Ergebnis in der gleichen Größenordnung ergibt sich, wenn man die glücklichen und unglücklichen Paare hinsichtlich ihrer Differenzmaße im Bereich Empathie vergleicht. (Für die vermutete Ähnlichkeit können keine Aussagen getroffen werden, da HEIL diese Differenzen nicht berechnet hat). Welcher Wahrnehmungsaspekt - Empathie, vermutete Ähnlichkeit oder Kongruenz - wieviel zu seelischer Gesundheit in der Partnerschaft beiträgt, kann vorerst nicht entschieden werden.

Eine Möglichkeit, die verschiedenen Wahrnehmungsfacetten, die in Partnerschaften relevant sind, gleichzeitig zu erfassen und direkt miteinander zu vergleichen, bietet das bereits erwähnte TPI. Theoretische Grundlagen sind der symbolische Interaktionismus (Perspektivenübernahme) sowie handlungstheoretische Überlegungen. Mit dem Fragebogen soll die Struktur der Koorientierung erfaßt werden. Mit **Koorientierung** ist folgendes gemeint: "Ausgehend von der Überlegung, daß sich die jeweiligen Vorstellungen der Partner voneinander und über ihre Partnerschaft in erster Linie aus den individuellen und aufeinander bezogenen Handlungen der beiden Partner bestimmen ..., wurde in der Erhebung von Handlungsorientierungen eine nützliche Gegenstandsfestlegung gesehen. Da sich die Handlungsorientierungen von zwei Personen in einer Partnerschaft zwangsläufig wechselseitig durchdringen, beinhaltet diese Gegenstandsfestlegung auch interpersonelle Bezüge. Diesen interpersonell-gegenständlichen Bezügen sollte mit der Entscheidung für den Begriff 'Koorientierung' Rechnung getragen werden" (p. 243).

Im TPI hat jeder der beiden Partner 6 Bereiche zu beurteilen, nämlich der Mann:
- sein eigenes Verhalten sich selbst gegenüber,
- sein Verhalten der Partnerin gegenüber,
- wie er ihr Verhalten ihm gegenüber sieht,
- wie er das selbstbezogene Verhalten der Partnerin sieht,
- wie er meint, daß die Partnerin sein Verhalten ihr gegenüber beurteilt, und
- wie er meint, daß die Partnerin sein Verhalten sich gegenüber beurteilt.
Die Frau hat die entsprechenden Urteile abzugeben.

Jeder Wahrnehmungsaspekt kann nun mit jedem anderen verglichen werden (insgesamt sind also $\binom{12}{2}$ = 66 Vergleiche möglich, einige Beispiele haben wir eben bereits gegeben), wodurch differenzierte Einblicke in Partnerschaften möglich werden. Das TPI kann als valide bezeichnet werden, da sich sowohl nach objektiven als auch nach subjektiven Kriterien gebildete Gruppen von glücklichen und unglücklichen Paaren hinsichtlich wesentlicher Koorientierungsmerkmale voneinander unterscheiden. Besonders interessant wäre eine Längsschnittuntersuchung von Paaren mit diesem Instrument.

6.2.3 Integration und Zusammenfassung

Wenn wir die als gesichert geltenden theoretischen Überlegungen und empirischen Befunde zu Partnerwahl und Zufriedenheit in der Ehe zusammenfassen wollen, so läßt sich folgendes festhalten: Als Voraussetzung für eine gesunde Partnerschaft gelten Endogamie, das Aufwachsen mit Geschwistern und eine abgeschlossene Identitätsfindung. Eine große Bedeutung für die Interaktion kommt der gegenseitigen Attraktivität zu, die anfangs auf physische Merkmale, später mehr auf Verhaltensmerkmale gegründet ist, sowie dem ausreichenden Kennen des Partners, wodurch einerseits Empathie andererseits die Abstimmung von Rollenerwartungen und Rollenselbstdeutungen ermöglicht wird.

Im Verlauf der Ehe werden die Kompatibilität von Entwicklungszielen, die Wahrnehmungskomponenten Empathie und Kongruenz sowie gegenseitige Unterstützung wichtig, die jedoch nicht von einer stark ausgeprägten Austauschorientierung begleitet sein sollten. Die Bereiche Macht, Intimität und Kommunikation sollten befriedigend geregelt sein (vgl. auch REITER 1983; HEIL 1985).

Wenn man aus den genannten Bedingungen Prinzipien für die Förderung seelischer Gesundheit in Partnerschaften ableiten soll, so lassen sich nicht nur Empfehlungen bzw. Warnungen für Personen, die noch nicht verheiratet sind, formulieren, sondern auch Zielvorgaben für mögliche Trainings. Die Logik für die Ableitung von Zielvorgaben ist folgende: Aus der Kenntnis der Unterschiede zwischen gesunden und weniger gesunden Partnerschaften wird geschlossen, daß die weniger gesunden Partnerschaften verbessert werden können, wenn sie in Richtung der Merkmale der gesunden Partnerschaften verändert werden. Dabei muß natürlich vorausgesetzt werden, daß das Kriterium "gesund" unabhängig von den zu modifizierenden Merkmalen definiert wird, weil man sonst zu Zirkelschlüssen kommt. Auf jeden Fall sollten objektive Kriterien einbezogen werden, wie z. B. Dauer der Beziehung, Scheidungsabsicht oder Fremdurteile über die Qualität der Beziehung. Nach unseren bisherigen Überlegungen kommen als Veränderungsbereiche in Partnerschaften vor allem in Frage:
- interpersonelle Wahrnehmungsfertigkeiten,
- interpersonelle Kommunikation, Konfliktregelung und Verhandlungsfertigkeiten,
- Umgang mit Macht und
- Nähe-Distanz-Regulation.

Eine zentrale Rolle nimmt in diesem Katalog die **interpersonelle Kommunikation** ein: Sie stellt die notwendige Grundlage für die anderen Fertigkeiten dar oder erleichtert diese zumindest ganz erheblich. Wenn wir zum Beispiel die Wahrnehmungsfertigkeit "Empathie" herausgreifen und die operationale Definition, wie wir sie oben verwendet haben, beibehalten, nämlich als Übereinstimmung zwischen der Selbstwahrnehmung von A und der durch B vermuteten Selbstwahrnehmung von A - so kann natürlich B durch das Herbeiführen von quasi-experimentellen Situationen seine Wahrnehmung immer wieder testen und sukzessive optimieren. Wesentlich einfacher und schneller dürfte jedoch Empathie zu erreichen sein, wenn A Bestandteile seiner Selbstwahrnehmung immer wieder mitteilt. Noch augenfälliger wird die Bedeutung der Kommunikation, wenn man an den Austausch gegenseitiger Verhaltenserwartungen, das Abstimmen von Aufgabenverteilungen oder die Konfliktregelung denkt.

Zur Art, wie die interpersonelle Kommunikation gestaltet werden sollte, kommen wir im Abschnitt "Vorstellungen über seelisch gesunde Partnerschaften" zu sprechen.

6.2.4 Partnerschaftstypologien

Die Frage, warum sich manche Partnerschaften glücklich, stabil und relativ streßfrei gestalten, andere hingegen nicht, motivierte verschiedene Forscher zur Aufstellung von Partnerschaftstypologien, aus denen Voraussagen über die Qualität und Dauer der Partnerschaft abgeleitet werden können. Beispielhaft seien hier einige Typologien vorgestellt.

HANDY (1978) nimmt zwei Motive im Menschen an, die für Partnerschaften besonders relevant sind, nämlich das Umsorge- und Zärtlichkeitsmotiv und das Leistungs- und Dominanzmotiv. Jede Kombination von Ausprägungsgraden der beiden Motive ist möglich. Wenn man - der Einfachheit halber - nur starke und schwache Ausprägung unterscheidet, so läßt sich jede beliebige Person in folgendes 4-Felder-Schema einordnen. Jedes Feld entspricht einer primären Bedürfnisstruktur.

		Umsorge-/Zärtlichkeitsmotiv	
		hoch	niedrig
Leistungs-/Dominanz-motiv	hoch	A engagiert	B Druck machend
	niedrig	D fürsorglich	C existentialistisch

Abbildung 6.2: Primäre Lebensstile nach HANDY (1978) (aus COOPER 1981, übersetzt von den Autoren)

In einer Partnerschaft treffen zwei Personen mit ihrer je primären Bedürfnisstruktur zusammen. 16 Kombinationen sind möglich, von denen jedoch nur vier häufig vorkommen, nämlich:

1) Mann: B, Frau: D. Dieses ist die häufigste Kombination, die der traditionellen Geschlechtsrollenverteilung entspricht. Die Frau hat das primäre Interesse, für Familie und Haus zu sorgen, während der Mann vorwiegend im Beruf engagiert ist. Diese Ehen sind gut strukturiert und erzeugen relativ wenig Streß. In der Zeit, in der die Kinder noch klein sind, besteht mehr Streß für die Frau als für den Mann.

2) Beide Partner haben die primäre Bedürfnisstruktur B. Beide sind karriereorientiert. Schwierigkeiten entstehen dadurch, daß beide sich im Grunde jemanden wünschen, der sie umsorgt (einen D-Partner). Wegen der Aufteilung der Familienaufgaben kann es Streit geben, der Haushalt gleicht häufig einem Chaos.

3) Beide Partner haben die primäre Bedürfnisstruktur A. Diese Paare bevorzugen es, viele Bereiche gemeinsam zu haben. Das Streßniveau ist hoch, weil jeder an sich den Anspruch hat, sowohl in der Familie als auch im Beruf viel zu leisten. Auseinandersetzungen zwischen den Partnern sind häufig, diese führen aber meistens zu Kompromissen.

4) Der Mann ist engagiert (A), die Frau fürsorglich (D). Die Beziehung ist intensiv und emotional. Die herkömmlichen Rollenverteilungen werden in Frage gestellt. Vor allem der Mann kommt unter Streß, weil er den Anspruch hat, vielen unterschiedlichen Anforderungen gerecht zu werden.

Wenig Streß besteht, wenn die Partner sich in ihren Bedürfnisstrukturen ergänzen (BD) und die Stile zusätzlich den herkömmlichen Rollenerwartungen entsprechen. Allerdings sind in diesem Fall auch beide Partner einseitig ausgerichtet. Wenn man davon ausgeht, daß zunehmend sowohl Männer als auch Frauen stärker androgyn orientiert sind als in der Vergangenheit, so ist zu erwarten, daß der Partnerschaftstyp AA (beide sind engagiert) häufiger werden wird. HANDY nimmt an, daß diese Paare besonderem Streß ausgesetzt sind. Vermutlich ist für diese Paare eine gute Kommunikation besonders wichtig, wie sie z. B. bei den Enrichment-Programmen trainiert wird. - Es ist auch denkbar und wahrscheinlich, daß sich die primären Bedürfnisstrukturen mit den Lebensphasen ändern. Eine Frau, die zunächst berufstätig ist und dann Kinder bekommt, wird ihr Fürsorgemotiv gegenüber dem Leistungsmotiv mehr in den Vordergrund stellen. Das erfordert Anpassungsleistungen sowohl von ihr selber als auch vom Partner. Entsprechende Anpassungsleistungen müssen erbracht werden bei einer späteren Rückkehr in den Beruf oder wenn einer oder beide zeitweilig im Beruf erhöhten Anforderungen ausgesetzt sind.

Die Typologie erinnert in der Betonung der Bedürfnisstrukturen an die oben erwähnte Theorie von WINCH. Allerdings wird hier nicht von vornherein eine ganz bestimmte Kombination von komplementären Bedürfnissen postuliert, das dürfte der Realität in Partnerschaften besser gerecht werden. Problematisch dürfte die empirische Überprüfung sein, weil man nicht nur Bedürfnisse valide erfassen, sondern diese auch in eine Wichtigkeitshierarchie bringen müßte, welche situationsunabhängig und einigermaßen zeitstabil zu sein hätte. Die Frage ist, ob es sich bei den vier von HANDY genannten Partnerkombinationen wirklich um Partnerschaften handelt, die aus Personen mit spezifischen, überdauernden Bedürfnisstrukturen bestehen, oder um Momentaufnahmen von Paaren, die ihre anstehenden gemeinsamen Lebensaufgaben auf eine bestimmte Art und Weise zu meistern versuchen.

HALL & HALL (1979) nehmen folgende Klassifikation berufstätiger Paare vor:

1) Akkomodatoren: Einer der Partner konzentriert sich vor allem auf das Berufsleben, der andere mehr auf die Familie. Im Gegensatz zu HANDY nehmen die Autoren an, daß Mann und Frau beide Rollen einnehmen können. In diesem System gibt es relativ wenig Streß.

2) Gegner: Beide Partner sind sehr am Beruf, wenig an der Familie interessiert. Unter Umständen entsteht eine Wettbewerbssituation. Dieser Partnerschaftstyp erzeugt viel Streß.

3) Allianz: Beide Partner sind sowohl an der Familie als auch am Beruf interessiert. Je nach Schwerpunkt lassen sich zwei Untergruppen unterscheiden:

a) Beide ziehen die primäre Befriedigung aus ihrer Partnerbeziehung und aus der Familie,
b) beide sind hauptsächlich am Beruf interessiert. Die Arbeit wird delegiert, man geht häufig auswärts essen. Streß kann entstehen, wenn zu wenig Zeit gemeinsam verbracht wird.
4) Akrobaten: Beide Partner sind sowohl in ihre Berufs- als auch Familienrollen stark involviert. Die hohen und vielfältigen Ansprüche, die jeder an sich hat, können zu Überlastung führen.

Die Akkomodatoren, Gegner und Akrobaten entsprechen im wesentlichen den Typen BD, BB und AA bei HANDY, wobei bei HALL & HALL nicht festgelegt ist, wer welche Rolle einnimmt. Die Allianz ist ein modifizierter AA-Typ. Eine empirische Bestätigung des Modells steht aus. - Ein wesentlicher Gesichtspunkt in beiden Typologien ist die Überlegung, daß jeder Mensch ein Bedürfnis nach Geborgenheit und Fürsorge hat. Von einem Partner, der ein niedriges Fürsorgemotiv hat, ist die Befriedigung dieses Bedürfnisses nicht zu erwarten. Unter diesem Defizit dürften vor allem die Frauen zu leiden haben (vgl. Kapitel 3). Das Defizit kann wohl zum Teil ausgeglichen werden durch den Umgang mit eigenen Kindern, aber die - im Vergleich zu den Männern - eher niedrige Zufriedenheit vieler Frauen mit der Ehe läßt sich wohl auch damit erklären, daß ihre Wünsche nach Empfangen von Zärtlichkeit zu wenig erfüllt werden. Dies zeigen z. B. Umfrageergebnisse, wie sie in den Medien veröffentlicht werden: In jüngster Zeit wird von Frauen auf die Frage, wie sie sich den idealen Ehemann vorstellen, vermehrt geantwortet "einfühlsam/zärtlich". Andere Eigenschaften, wie intelligent oder strebsam, sind im Gegensatz zu früher unwichtiger geworden (vgl. auch den HITE-Report). Weiterhin zeigen die Auswertungen der freien Antworten auf die Frage "Wer hat im allgemeinen mehr Spaß an der Sexualität - der Mann oder die Frau? Was glauben Sie woran das liegt?" in der Untersuchung von THORNES & COLLARD (1979), daß ca. 70 % der Befragten angaben, beide Geschlechter hätten gleich viel Spaß und ca. 25 %, der Mann hätte mehr Spaß. Die Gründe dafür wurden von den Frauen unter anderem darin gesehen, daß die Männer häufig nur auf körperliche Befriedigung bedacht seien, während sich die Frauen mehr emotionale Beteiligung wünschten.

Eine psychologisch weitaus differenziertere Typologie, die allerdings nicht auf die Randbedingungen, wie z. B. Kinder oder Berufstätigkeit eingeht, wird von SAGER (1981) vorgelegt. Er unterscheidet sieben verschiedene Einzelpartnertypen, nämlich:

- den gleichartigen Partner
- den romantischen Partner
- den elternhaften Partner
- den kindlichen Partner
- den rationalen Partner
- den kameradschaftlichen Partner
- den parallelen Partner.

Jeder wird anhand eines Profils nach den Dimensionen Abhängigkeit/Unabhängigkeit, Aktivität/Passivität, Dominanz/Submission, Ängstlichkeit, interpersonelle Nähe/Distanz, Sexualität und kognitiver Stil (intuitiv versus elaboriert/hypothesentestend) beschrieben (vgl. Tabelle 6.7). Entscheidend für die Partnerschaft sind nach SAGER die individuellen Kontrakte, die jeder einzelne weitgehend unausgesprochen in die Zweierbeziehung einbringt. Die Kontrakte beinhalten Erwartungen, wie sich der Partner verhalten soll, sowie eigene Handlungsbereitschaften. Diese sind überblicksartig und vereinfacht in Tabelle 6.7 dargestellt. Aus den sieben Typen lassen sich 28 Zweierkombinationen bilden, wobei nicht berücksichtigt wird, welcher Typ jeweils vom Mann oder von der Frau verkörpert wird. Ausgehend von der Art der grundlegenden Motive und Be-

Tabelle 6.7: Persönlichkeitsprofile der sieben Partnertypen nach SAGER (1981)

Partner-typ	Abhängigkeit/ Unabhängigkeit	Aktivität	Dominanz	Ängstlichkeit	Persönlichkeitsdimensionen			Kognitiver Stil
					interpersonelle Nähe/Kontrolle	sexuelle Ansprechbarkeit		
gleich-artiger Partner	sucht Unabhängigkeit, ist kooperativ	eher aktiv	kein Besitz-streben in bezug auf den Partner, fühlt sich d. Partner verpflichtet	niedrig bis mittel	ist fähig zu enger Intimität ohne Anklammerung	mittel bis hoch		eigener gut definierter Stil, Stil des Partners wird akzeptiert
roman-tischer Partner	sucht Abhängigkeit vom Partner	keine Angabe	besitzer-greifend und kontrollierend	hoch, viele Abwehrmechanismen	verwechselt häufig Liebe mit Angst, den Partner zu verlieren	sehr intensiv		intuitiv bis mäßig gut organisiert
eltern-hafter Partner	scheint unabhängig zu sein, ist aber darauf angewiesen	eher aktiv	dominant, wettbewerbs-orientiert, muß seine Überlegen-heit beweisen	große Angst vor Verlassen-werden	großes Bedürfnis zu besitzen und zu kontrollieren	gut		gut organisiert; mißbilligt den Stil des Partners
kind-licher Partner	sucht Abhängigkeit	überwiegend passiv	ordnet sich normalerweise dem Partner unter	hoch, viele Abwehrmechanismen	wenn Partner emotional abhängig, gebraucht er Macht, indem er z.B. mit Verlassen droht	positiv bis enthusiastisch		ein bißchen chaotisch und intuitiv

Fortsetzung der Tabelle 6.7:

Persönlichkeitsdimensionen

Partnertyp	Abhängigkeit/ Unabhängigkeit	Aktivität	Dominanz	Ängstlichkeit	interpersonelle Nähe/Kontrolle	sexuelle Ansprechbarkeit	Kognitiver Stil
rationaler Partner	abhängiger als er scheint, Gefühle werden verborgen	aktiv in praktischen Dingen, dem Partner wird die Aktivität in bezug auf die Emotionen überlassen	mittel, kein Wettbewerb mit dem Partner	niedrig	erscheint distant, obwohl er Nähe gut aushalten kann	fähig zu tiefer, dauerhafter Liebesbeziehung	hoch organisiert; ist überzeugt, daß er immer recht hat
kameradschaftlicher Partner	mittel	eher aktiv	mäßiger Machtgebrauch, nicht wettbewerbsorientiert	zieht Zusammenleben vor, hat aber keine Angst vor dem Verlassenwerden	mittel	Leidenschaft ist nicht wichtig aber Akzeptanz, Fürsorge, Verpflichtung	gut organisiert, akzeptiert Stil des Partners
paralleler Partner	eher unabhängig, erwartet, daß der Partner das respektiert	eher aktiv	jeder soll in seinem eigenen Bereich das Sagen haben	die Angst vor Verlassenwerden wird abgewehrt durch Verteidigung der Distanz	unfähig zu unterbrochener Nähe; übt extreme Kontrolle aus, um den Partner an Verletzung der Distanz zu hindern	variiert, meist rein körperlich, guter Techniker, wenig Emotionen	eher rigide, nicht in der Lage, den Stil des Partners als ergänzend anzuerkennen

dürfnisse, die beide in die Partnerschaft einbringen, sind prognostische Hypothesen bezüglich des Verlaufs und der wahrscheinlich auftretenden Probleme sowie Hypothesen über die Wirksamkeit spezifischer klinischer Interventionen möglich. Die Typen bleiben allerdings nicht unbedingt über die gesamte Partnerschaft stabil, sondern können sich z. B. als Folge der Anpassung an den Partner oder als Folge des Alternsprozesses verändern. Tabelle 6.7 gibt die "Profile" der Einzelpartner wieder.

Bezogen auf die Zweierkombinationen in Partnerschaften läßt sich kurzgefaßt folgendes festhalten: Jede Kombination kann zwar befriedigend verlaufen oder scheitern, die besten Prognosen ergeben sich nach SAGER anhand klinischer Beobachtungen und theoretischer Überlegungen jedoch für folgende Kombinationen:

- gleichartiger Partner mit romantischem oder kameradschaftlichem Partner,
- romantischer Partner mit romantischem oder elterlichem Partner,
- elterlicher Partner mit kindlichem Partner,
- zwei kameradschaftliche Partner,
- zwei parallele Partner.

Besondere Schwierigkeiten sind zu erwarten bei:

- gleichartigem Partner mit elterlichem, kindlichem oder rationalem Partner,
- romantischem Partner mit kindlichem, rationalem oder parallelem Partner,
- zwei elterlichen Partnern oder elterlichem und parallelem Partner,
- kindlichem Partner mit parallelem Partner.

Nach einer Zusammenschau der sehr ausführlichen Darstellung bei SAGER scheint der **kameradschaftliche Typ** insgesamt die beste Prognose für eine befriedigende Partnerschaftsentwicklung - unabhängig davon, mit welchem Partnertyp er zusammentrifft - zu haben, während ein kindlicher oder ein rationaler Mensch die meisten Schwierigkeiten in einer Partnerschaft zu erwarten hat.

Falls die Hypothesen von SAGER stimmen, lassen sich aus diesen Befunden auch Präventionsziele für Menschen ableiten, die sich (noch) nicht in einer dauerhaften Partnerbeziehung befinden. Personen, die dazu tendieren, beschützt und verhätschelt zu werden, den Richtlinien anderer zu folgen und selber keine Verantwortung zu übernehmen (kindlicher Partner) müßten zunächst einmal lernen, ihre Passivität abzulegen und "reifere" Anpassungsmechanismen an den Partner zu entwickeln. Im Gegensatz dazu ist der rationale Mensch vielleicht zu einseitig "erwachsen", indem er sich dagegen abschirmt, daß Emotionen sein Verhalten beeinflussen, und Spontaneität und Gefühlsausdruck seinem Partner überläßt. Für diesen Typ wären erlebnisorientierte Interventionen angezeigt.

Eine empirische Bestätigung des theoretischen Modells steht bislang aus. SAGER selbst kritisiert an seinem System, daß die Auswahl der Typen beliebig und wahrscheinlich nicht erschöpfend ist. Weitere Probleme scheinen uns zu sein, daß keine Häufigkeitsangaben und keine Aussagen über die Entstehungsbedingungen der Typen gemacht werden und die Interrelationen und Gewichtungen der Indikatoren unklar bleiben. Weiterhin scheint es uns nicht unwichtig zu sein, welcher der beiden Typen jeweils durch den Mann oder die Frau repräsentiert ist. Es ist vorstellbar, daß Rollenverteilungen, die mit den herkömmlichen Geschlechtsrollenerwartungen übereinstimmen (z.B. der Mann ist rational, die Frau romantisch), stabiler sind als umgekehrt.

Eine Ehetypologie, die von dem Zweiersystem (nicht von der jeweiligen Kombination der Einzelpartner) ausgeht, legen LEDERER & JACKSON (1968, zit. nach BODIN 1981, p. 278f) vor. Die Autoren halten folgende drei Aspekte in der ehelichen Beziehung für wichtig:

1) Funktionsfähigkeit - ist das Verhalten der Partner geeignet, gemeinsame Ziele zu erreichen, und inwieweit wird es den gegenseitigen Bedürfnissen und Erwartungen gerecht?
2) Zeitliche Vereinbarkeit - sind die kurz- und langfristigen Ziele beider Partner miteinander vereinbar?
3) Vektorbeziehungen - "in welcher Richtung und mit welcher Geschwindigkeit verändert sich die Ehe? Entwickeln sich die Gatten auf eine in echte Zusammenarbeit mündende Verbindung hin oder steuern sie auf eine heillose Zwietracht zu, weil sie immer weniger Einigkeit über die Richtung und die Art der Veränderung innerhalb ihrer Beziehung erreichen können?" (LEDERER & JACKSON 1976, p. 92).

Jede Ehe könne zu einem bestimmten Zeitpunkt einer von acht Kategorien mehr oder weniger gut zugeordnet werden. Übergeordnete Kategorisierungsgesichtspunkte sind die unabhängigen Dimensionen Stabilität und Befriedigung. Die Kategorien sind von oben nach unten nach ihrer Güte geordnet, d. h. die gesündeste Partnerschaft steht oben, die pathologischste unten (die deutsche Übersetzung der prägnanten Etiketten haben wir von WEIDINGER übernommen (LEDERER & JACKSON 1976) und geben die englischen Originalbezeichnungen in Klammern).

I Stabile, befriedigende Ehen
1. Die **Castor- und Pollux-Typen** (the Heavenly Twins):
Sie passen von Beginn ihrer Partnerschaft an in allen Lebensbereichen vollkommen zueinander.
2. Die **Genies des Teamwork** (the Collaborative Geniuses):
Sie sind besonders kooperativ, flexibel und kreativ in der Anpassung aneinander und gleichen damit anfängliche Inkompatibilitäten aus.

II Instabile, befriedigende Ehen
1. Die **Mußezeitkämpfer** (the Spare-Time Battlers):
Ihre Stimmungen und Interaktionen schwanken zwischen extremer Anspannung und außerordentlicher Befriedigung, meistens ist die Stimmungslage jedoch ausgeglichen. Sie verbringen wenig Zeit miteinander, weil der Mann äußerst beschäftigt ist. Das versucht die Frau, verdeckt zu sabotieren.
2. Die **Pfandleiher** (the Pawnbrokers):
Sie vollbringen ständig unausgesprochene Anpassungsleistungen, um den Mangel an liebevoller emotionaler Zuwendung wettzumachen (die Anpassungsleistungen entsprechen dem geliehenen Geld, die Aufrechterhaltung der Ehe dem Pfand).

III Instabile, unbefriedigende Ehen
1. Die **überdrüssigen Streithähne** (the Weary Wranglers):
Sie wissen genau, wie sie sich gegenseitig den meisten Schmerz zufügen können. Dritte Personen werden als Koalitionspartner herangezogen.
2. Die **psychosomatischen Drückeberger** (the Psychosomatic Avoiders):
Statt offener Opposition leiden sie einsam, sei es unter der Verbundenheit selbst oder unter der Verpflichtung, den Kranken zu versorgen.

IV Stabile, unbefriedigende Ehen
1. Die **schrecklichen Zwei** (the Gruesome Twosome):
Sie können weder miteinander noch ohne einander leben. Gegenseitige Kritik wird aus Angst vor Vergeltung vermieden. Anforderungsreiche Aktivitäten außerhalb der Partnerschaft (z.B. Religionsausübung) sind ein Ausgleich für den Schmerz innerhalb der Partnerschaft.
2. Die **paranoiden Propheten** (the Paranoid Predators):
Sie sind mißtrauisch und geringschätzig anderen Personen gegenüber; die gemeinsame Kritik an anderen bildet das Fundament der Beziehung. Geborgenheit, die in der eigenen Beziehung fehlt, wird außerhalb gesucht, z.B. in extremistischen Organisationen.

Von theoretischer Warte aus ist an dieser Typologie zu bemängeln, daß die Beziehungen zwischen den Konzepten Funktionalität, Kompatibilität und Vektor-Relationen sowie Stabilität und Befriedigung nicht expliziert werden. Völlig unklar wird die Kategorisierung, wenn man sich mit der Tatsache auseinandersetzt, daß zwischen den Typen Übergänge bestehen sollen: "Eine Ehe kann von einer Kategorie in die andere und zurückgleiten." (LEDERER & JACKSON 1976, p. 93). Zwischen welchen Typen jeweils nennenswerte Übergangswahrscheinlichkeiten bestehen, wird nicht gesagt. Von praktischer Warte aus ist zu kritisieren, daß es sich nicht um ein reliables Klassifikationsschema handelt, sondern eher um eine Demonstration dessen, was überhaupt in einer Ehe möglich ist. Fraglich ist, ob es alle Ehetypen überhaupt gibt, z.B. ergab sich die Kategorie der "Genies des Teamwork" mehr aus der Systematik als aus der Beobachtung. Meßverfahren, die eine Zuordnung von Paaren zu der Typologie erlauben, existieren nicht.

Insgesamt kann man zu diesen sowie weiteren, hier nicht beschriebenen Partnerschaftstypologien (siehe dazu REITER 1983) festhalten, daß sie entweder aus der klinischen Beobachtung der Forscher entstanden sind oder deduktiv aus sozialpsychologischen Minitheorien abgeleitet wurden. Nicht zuletzt dürften die persönlichen Partnerschaftserfahrungen der einzelnen Forscher eingeflossen sein. Auf keinen Fall können die Typologien für sich in Anspruch nehmen, die Realität (d. h. das ganze Spektrum unauffälliger wie klinisch auffälliger Ehepaare) abzubilden (LEDERER & JACKSON 1976). Wie viele andere Typologien bestechen die Ehetypologien durch ihre Prägnanz, sie haben aber gleichzeitig den Nachteil, daß die meisten Ehen eben nicht den reinen Typen entsprechen, sondern Mischformen darstellen. Weitere Nachteile bestehen darin, daß die Modelle eher statisch orientiert sind. Veränderungsmöglichkeiten werden zwar angedeutet, ihre Gesetzmäßigkeiten aber nicht expliziert. Dies wäre noch zu akzeptieren, wenn man an einer Feststellung des Status quo interessiert wäre, aber letzteres ist ebenfalls nicht möglich, da ein solides diagnostisches Instrumentarium, mit der die Typen reliabel bestimmt werden könnten, fehlt. So bleibt als Wert der Typologien eigentlich nur, daß sie eine eingängige Strukturierungshilfe für eine Globalklassifizierung von Partnerschaften darstellen, die aber vermutlich eher den Laien amüsiert, als dem Therapeuten oder gar dem Forscher nützt.

6.3 Risikofaktoren in der Partnerschaft

Neben den Möglichkeiten des persönlichen Wachstums, den Befriedigungsmöglichkeiten wesentlicher Bedürfnisse und den Chancen, gemeinsame Projekte zu verfolgen, können Partnerschaften ebenso eine erhebliche Quelle für Streß und dessen Folgeerscheinungen darstellen. Das HOLMES-RAHE Life Stress Inventory z. B. skaliert Lebensereignisse mit Gewichtszahlen zwischen 11 und 100 (vgl. Tabelle 6.8). Eine Summe von 150 oder mehr innerhalb eines Jahres stellt einen ernsthaften Risikofaktor für psychosomatische Erkrankungen dar. Man kann der Tabelle entnehmen, wie leicht allein durch Lebensveränderungen, die mit der Partnerschaft zusammenhängen, dieser kritische Wert erreicht werden kann: Zudem sind viele der aufgeführten Ereignisse keineswegs selten, z. B. nehmen Trennungen und Scheidungen in den westlichen Industrienationen immer noch zu.

Wir wollen in diesem Kapitel der Frage nachgehen, welche Bedingungen dafür verantwortlich zu machen sind, daß Partnerschaften unglücklich verlaufen. Dabei sind als objektiv feststellbare Faktoren zu Beginn der Partnerschaft das (zu) niedrige Heiratsalter sowie die voreheliche Schwangerschaft zu nennen. Bei der Betrachtung bereits bestehender Ehen gehen wir auf Gewalttätigkeit in der Ehe ein, weil diese eine besonders schädigende Bedingung nicht nur für die Be-

Tabelle 6.8: Partnerbezogene Lebensereignisse aus dem HOLMES-RAHE Life-Streß Inventory. Die Rangzahl entspricht dem Rangplatz in der gesamten Skala (aus COOPER 1981, p. 121 f., Übers. von den Autoren).

		Gewicht
1.	Tod des Ehepartners	100
2.	Scheidung	73
3.	Trennung vom Ehepartner	65
7.	Eheschließung	50
9.	Versöhnung mit dem Partner	45
12.	Schwangerschaft	40
13.	Sexuelle Schwierigkeiten	39
19.	größere Änderungen in der Zahl der Auseinandersetzungen mit dem Partner	35
23.	Sohn oder Tochter verläßt das Haus	29
26.	Ehefrau beginnt außer Haus zu arbeiten oder hört damit auf	26

troffenen selber, sondern auch für die Kinder ist. Außerdem werden wir uns mit den Streßfaktoren beschäftigen, die im Zusammenhang mit Berufsanforderungen auftreten, da dieser Bereich den Wandel von Rollenvorstellungen, wie er sich zur Zeit vollzieht, besonders gut demonstriert.

6.3.1 Risikofaktoren im Zusammenhang mit früher Eheschließung

Die Tatsache, daß Ehen, in denen die Partner sehr jung sind, besonders störanfällig sind, wird unterschiedlich erklärt. Oben sind wir bereits auf die Theorie von ERIKSON eingegangen, nach der die unzureichende Identitätsbildung eines oder beider Partner es nicht ermöglicht, daß eine befriedigende Intimität zustandekommt. Andere Forscher glauben, daß der Grund der Instabilität jugendlicher Ehen darin zu suchen ist, daß die Partner sich noch in einer beschleunigten emotionalen Entwicklung befinden, von daher sei die Chance groß, daß sie sich in unterschiedliche Richtungen entwickeln und später nicht mehr zusammenpassen. Es gibt Untersuchungen, die zeigen, daß Mädchen, die früh heiraten, in Persönlichkeitstests stärkere Veränderungen zeigen als Mädchen, die nicht früh heiraten (vgl. die Literaturübersicht bei THORNES & COLLARD 1979). Dieser Befund stützt die Aussage anderer Forscher, daß in der Ehe vor allem die Frauen Anpassungsleistungen an die Männer vollbringen, nicht umgekehrt (siehe z. B. LANDIS 1965, STINNETT et al. 1978). Das Risiko für die Ehe könnte darin bestehen, daß die Anpassungsleistung zu einseitig in Richtung auf die Persönlichkeit des Mannes erfolgt und letztlich unbefriedigend für die Frau ist. Zwei weitere Faktoren stehen in engem Zusammenhang mit früher Eheschließung, nämlich voreheliche Schwangerschaft und Zugehörigkeit zur Schicht der ungelernten Arbeiter. Beide Faktoren stellen schon für sich allein Risikofaktoren für eine spätere Scheidung dar (THORNES & COLLARD 1979).

BISHOP & LYNN (1983) setzen sich aus einer systemischen Perspektive mit den Faktoren auseinander, die dazu führen, daß bei Ehepaaren, in denen die Partner sehr jung sind, Probleme auftauchen. Diese Risikofaktoren sind (vgl. auch Tabelle 6.14):

bei dem einzelnen Individuum:
- ungelöste Identitätsprobleme,
- unreife Bewältigungsformen,

im Ehesystem:
- Isolation der Partner voneinander, keine befriedigende Intimität,
- keine Klarheit oder Übereinstimmung in Zielen, Werten und Erwartungen hinsichtlich der Familie und der ehelichen Beziehung,
- die eheliche Dyade hat keine Priorität gegenüber den anderen Familienbeziehungen oder der Berufsrolle,

im Familiensystem:
- mangelnde Kenntnisse und Fertigkeiten hinsichtlich der Gestaltung des Familienlebens,
- mangelnde Klarheit oder Konsistenz im Sorge- und Führungssystem (d.h. wie werden die Aufgaben verteilt, wie werden Entscheidungen getroffen usw.),

außerhalb der Familie:
- inadäquate (unterbrochene oder zu enge) Beziehungen zu Gleichaltrigen,
- niedriges oder unregelmäßiges Einkommen,
- inadäquate (unterbrochene oder zu enge) Beziehungen zur erweiterten Familie,
- mangelnde Kenntnis von Gemeinderessourcen oder kein Kontakt zu ihnen.

BISHOP & LYNN haben diesen Risikofaktoren Interventionsschwerpunkte und -modelle zugeordnet, auf die wir weiter unten eingehen.

6.3.2 Risikofaktor "voreheliche Schwangerschaft"

Viele Ehen werden auch heute noch - trotz Zugangsmöglichkeiten zu Empfängnisverhütung und Liberalisierung der Abtreibungsgesetze - aufgrund einer bestehenden Schwangerschaft geschlossen. Exakte Zahlen liegen uns nicht vor, wir schätzen den Anteil auf etwa 30 %. Allein schon aufgrund dieser hohen Grundquote muß es bedenklich stimmen, daß diese Ehen besonders störanfällig sind. Wie wir im vorigen Abschnitt bereits gesehen haben, geht voreheliche Schwangerschaft vor allem mit jungem Alter der Braut und niedrigem Sozialstatus einher. Die Daten aus der Untersuchung von THORNES & COLLARD (1979) belegen in eindrucksvoller Weise, daß die Kombinationen "geschieden-voreheliche Schwangerschaft - Alter der Braut unter 20" und die entgegengesetzte Merkmalskombination, nämlich "verheiratet - keine voreheliche Schwangerschaft -

Tabelle 6.9: Konfigurationsfrequenzanalyse der Merkmale verheiratet/geschieden (V/G), voreheliche Schwangerschaft ja/nein (+/-) und Alter der Braut bis 20/über 20 (jung/alt). Daten von THORNES & COLLARD (1979). **: p < .01, ***: p < .001.

Variablen-kombination	f_o	f_e	χ^2
G + jung	108	47.9	77.48***
G + alt	60	84.1	6.91**
G - jung	122	139.5	2.20
G - alt	230	249.3	1.49
V + jung	49	51.6	.13
V + alt	58	92.2	12.69***
V - jung	112	152.9	10.94***
V - alt	351	273.3	22.09***
Σ	1090	1090.2	133.93

Alter der Braut über 20" Typen im Sinne der Konfigurationsfrequenzanalyse darstellen (vgl. Tabelle 6.9).

Die Kombination dieser 3 Variablen führt zu markanteren Ergebnissen als alle möglichen Zweierkombinationen. (Das Merkmal Sozialschicht konnte in unsere Analyse nicht aufgenommen werden, weil die Zellenhäufigkeiten nicht zu berechnen sind.)

Erklärungen dafür, daß eine wegen einer Schwangerschaft jung geschlossene Ehe besonders störanfällig ist, könnten darin liegen, daß die durch das Kind auftretenden Belastungen nicht gemeistert werden, daß gegenseitige Schuldzuschreibungen der Partner die Beziehungen belasten oder daß sich die Partner um einen Teil ihrer Jugend betrogen fühlen. JÄCKEL (1980) nimmt an, daß der Partnerwahlprozeß noch nicht vollständig abgeschlossen ist, wenn die Eheschließung verfrüht erfolgt. Diese letzte Phase, in der die gegenseitigen Erwartungen geklärt und die Vorstellungen über die Gestaltung der Ehe abgestimmt werden, wird in die Ehe hineinverlegt. Der negative Ausgang der Phase kann nicht mehr als Filter im Sinne des Unterlassens der Heirat wirken, sondern stellt sich als ein Scheitern der Ehe dar. Wenn diese Überlegungen stimmen, dann müßten die Ehen, die wegen einer Schwangerschaft geschlossen wurden und geschieden werden, früher scheitern als die Ehen, die aus anderen Gründen geschlossen wurden. Als ein mögliches Kriterium schlagen THORNES & COLLARD (1979) die De-facto-Dauer der Ehe vor und operationalisieren diese als die Anzahl an Jahren, in denen die Partner miteinander Sexualverkehr gehabt haben. Die Autorinnen stellten bei ihrer Stichprobe von Geschiedenen fest, daß bei 46 % derjenigen, die die Ehe wegen einer Schwangerschaft geschlossen hatten, die Kohabitation nach weniger als 5 Jahren aufhörte, bei den anderen Geschiedenen waren es nur 31 %. Damit werden die oben genannten Erklärungen gestützt.

6.3.3 Gewalttätigkeit in der Partnerschaft

Gewalttätigkeiten sind ein weiterer Risikofaktor in der Partnerschaft. Unter den Gewalttätigkeiten haben vor allem die Frauen zu leiden: Wenn bei partnerschaftlichen Konflikten körperliche Verletzungen auftreten, so sind in 94 % der Fälle Frauen die Opfer, nur in 14 % die Männer (diese Zahlen wurden polizeilichen Protokollen entnommen. BERK et al. 1983). Nicht wenige Männer scheinen den Trauschein mit einer Prügellizenz zu verwechseln (FINKELHOR et al. 1983).

Doch nicht nur die Opfer selbst leiden unter den Gewalttätigkeiten, auch für die Kinder sind kurzfristige und vor allem langfristige Schäden zu erwarten. Kurzfristig: das Kind (meistens das jüngste) wird als schwächstes Glied in der familiären "Hackordnung" von seiner durch den Vater mißhandelten Mutter mißhandelt (MARTIN 1983). Langfristig: die Wahrscheinlichkeit, später selber zum Mißhandler zu werden oder sich vom Ehemann weiter mißhandeln zu lassen, steigt stark an, da das Verhalten in der eigenen Herkunftsfamilie via Modell oder als Opfer gelernt wird (FAGAN et al. 1983; HERRENKOHL et al. 1983; WALKER 1983). Weitere Langzeiteffekte sind: Depressivität, Suizidgedanken, Selbstverachtung, Unfähigkeit zu vertrauen und intime Beziehungen aufzubauen (FINKELHOR 1983).

WALKER (1983) stellte in einer Studie, in der sie 403 mißhandelte Frauen befragte, folgende Bedingungen fest, die besonders häufig im Zusammenhang mit Gewalttätigkeiten auftreten:

1) Der Mann entstammt einer niedrigeren sozioökonomischen Schicht als die Frau, ist schlechter ausgebildet als sie oder gehört zu einer anderen ethnischen oder religiösen Gruppe.
2) Der Mann vertritt die Meinung, daß in der Partnerschaft die herkömmliche Geschlechtsrollenverteilung gelten soll. Die Zuneigung der Frau wird daran gemessen, wie gut sie diesen Erwartungen nachkommt.
3) Der Mann ist unsicher und braucht ein großes Maß an Zuwendung.
4) Der Anfang der Beziehung ist gekennzeichnet durch besonders viel Aufmerksamkeit und Charme seitens des Mannes. Die bereits früh erkennbare Neigung zur Eifersucht wird von der Frau als schmeichelhaft erlebt.
5) Früher sexueller Kontakt (bezogen auf die Entwicklung der Beziehung) und frühe Schwangerschaft.
6) Alkohol- und Drogenmißbrauch.

FAGAN et al. (1983) führen zusätzlich an:

7) Schwere und Prävalenz von Gewalttätigkeit sind bedingt durch Gewaltexposition während der Kindheit, sei es als Zeuge oder als Opfer.
8) Jüngere Männer sind gewalttätiger als ältere.

WILLI (1978) fand Gewalttätigkeit vor allem bei folgenden Männern:

"- bei Alkoholikern,
 - bei Männern mit sexuellen Potenzstörungen, die sich von ihren Frauen lächerlich gemacht fühlen,

- bei alternden Männern, die, beunruhigt durch den spürbaren Kräfteschwund, fürchten, von ihren jüngeren Ehefrauen nicht mehr ernst genommen zu werden,
- und bei Arbeitern, die sich wegen ihrer niedrigen Lohnklasse von ihren Frauen verachtet fühlen." (p. 17).

Zusätzlich kann man sich fragen, ob es vielleicht bestimmte Frauentypen gibt, die dazu prädisponiert sind, Opfer von Gewalttätigkeiten ihrer Ehemänner zu werden. Mit dieser Frage setzen sich WARDELL et al. (1983) kritisch auseinander. Vier theoretische Ansätze sind in diesem Zusammenhang einschlägig:
1) Die **traditionelle Geschlechtsrollenerziehung** begünstigt es, daß Frauen sich schlagen lassen und sich nicht wehren. Das heißt die Frauen machen sich selber zu Komplizen, indem sie sich nicht aktiv auflehnen. - Nach Meinung von WARDELL et al. liegen jedoch keine empirischen Hinweise darüber vor, daß Nicht-Geschlagene weniger traditionell eingestellt sind als Geschlagene.
2) Die **Frauen verhalten sich provokativ,** sie sind nörglerisch und zänkisch. Dieser Hypothese widerspricht der Befund, daß der Gewaltanwendung meistens keine verbale Auseinandersetzung vorausgeht (nach einer Studie von GAYFORD 1975, in 77 % der Fälle). Beim Problem der "nörgelnden Ehefrau" müsse man sich fragen, was Ursache und was Folge sei - das Nörgeln oder das Schlagen.
3) **Erlernte Hilflosigkeit.** Der Frau stehen keine Kompetenzen zur Verfügung, um die Gewaltanwendung zu umgehen, sie aktiv zu bekämpfen bzw. der Situation zu entfliehen. WARDELL et al. argumentieren dagegen, daß es für eine geschlagene Frau vielleicht tatsächlich keine bessere Möglichkeit gibt, als in der Situation zu bleiben, und sie führen zum Vergleich das ebenso (ir)rationale Verhalten von jemandem an, der seinen Doktor macht, obwohl in absehbarer Zeit keine Stellen an der Universität frei werden. - Dieses Beispiel zeigt zwar in gewisser Weise rigides Verhalten, ist aber wohl mit der Situation von mißhandelten Frauen nicht ganz zu vergleichen. Auf jeden Fall müßte man sich fragen, woran es liegt, daß es manchen gelingt, ihr Leben umzustrukturieren und anderen nicht. Ein anderes Argument, das ebenfalls im Zusammenhang mit erlernter Hilflosigkeit steht, ist folgender "Beweis": Man kann feststellen, daß ein hoher Prozentsatz der von den Ehemännern mißhandelten Frauen bereits als Kind im Elternhaus mißhandelt worden ist. Letztere Tatsache gilt gleichzeitig als Bedingung für die erlernte Hilflosigkeit.

Dieser Beweis gilt solange nicht, wie die Häufigkeiten in den verbleibenden Zellen des denkbaren 4-Felder-Schemas unbekannt sind (vgl. Tabelle 6.10).

Die Häufigkeiten in den Feldern A und B seien z.B. aufgrund einer Befragung bekannt. Meistens ergibt sich eine beeindruckend hohe Zahl in Feld A. Die Hypothese, daß eine Frau, die bereits als Kind geschlagen worden ist, dies mit großer Wahrscheinlichkeit auch in der Ehe zu erwarten hat, kann jedoch nur dann aufrechterhalten werden, wenn die Häufigkeiten in einer Kontrollgruppe entsprechend abweichend sind. Zahlenbeispiele für zwei Stichproben von je 30 Personen haben wir in Tabelle 6.11 zusammengestellt.

Die Annahme einer gleich großen Kontrollgruppe ist insofern gerechtfertigt, als die Prävalenz von tätlichen Auseinandersetzungen in der Ehe mit 50 % angesetzt werden kann (STRAUS 1983). Die Daten für Kontrollgruppen liegen nicht vor (Felder C und D). Wie die Daten mindestens verteilt sein müßten, zeigt die Tabelle 6.11.

Nach STRAUS (1983) kann man davon ausgehen, daß über 97 % aller Amerikaner bis zum Teenageralter geschlagen worden sind. Die körperlichen Strafen nehmen zwar mit dem Alter des Kindes ab, aber bei 50 % der Jugendlichen hören sie erst auf, wenn sie das Elternhaus verlassen. Bei einer derartig hohen Grundquote lassen sich dann nur noch bei sehr großen Stichproben Signifikanzen

Tabelle 6.10: 4-Felder-Schema zur Überprüfung der Transmissionshypothese in bezug auf "Geschlagenwerden" bei Frauen.

	Ehemann	
	schlägt	schlägt nicht
Herkunftsfamilie — hat geschlagen	A	C
Herkunftsfamilie — hat nicht geschlagen	B	D

Tabelle 6.11: Notwendige Häufigkeiten in den unbekannten Zellen C und D für FISHERs Exact Probability Test (2-seitige Fragestellung, α = 5 %) zur Stützung der Transmissionshypothese (Gruppe "Ehemann schlägt" und Gruppe "Ehemann schlägt nicht" jeweils N = 30).

Zellenhäufigkeit			
A	B	C höchstens	D mindestens
30	0	24	6
28	2	21	9
26	4	18	12
24	6	15	15
22	8	13	17
20	10	11	19
18	12	9	21
16	14	7	23
14	16	5	25
12	18	4	26
10	20	2	28
8	22	1	29
6	24	0	30

feststellen, und man wird dann zu Recht nach der praktischen Relevanz des Befundes fragen. - STRAUS unterteilt die in Familien auftretenden Gewaltanwendungen unter anderem nach dem Schweregrad. Er kommt allerdings aufgrund seiner Daten aus einer repräsentativen Stichprobe zu der Schlußfolgerung, daß dieselben ätiologischen Faktoren der Kindesmißhandlung, dem Schlagen der Ehefrau und schwächerer Gewaltanwendung zwischen Ehepartnern zugrundeliegen.

4) **Personal resource theory.** Nach dieser Hypothese kommt Gewalttätigkeit am häufigsten in jenen Familien vor, in denen das von der Geschlechtsrollenerwartung her dominante Mitglied (der männliche Erwachsene) die überlegenen Fähigkeiten oder Ressourcen nicht besitzt, auf denen sein überlegener Status normalerweise basieren sollte. Ein Ausgleich wird dadurch geschaffen, daß der Mann seine körperliche Überlegenheit demonstriert. Der implizit angenommene "Fehler" der Frau besteht darin, dem Mann nicht das Gefühl zu geben, daß er der Überlegene ist.

Aus der "Opferforschung" wird gefolgert, daß das Opfer sich ändern muß. Je nach Theorie soll die Frau die herkömmliche Geschlechtsrolle ablegen, bzw. eigene Handlungsmöglichkeiten entwickeln, um die erlernte Hilflosigkeit zu überwinden, oder das provozierende Verhalten unterlassen oder ihr eigenes Streben nach Überlegenheit in der Ehe aufgeben (womit sie den Mann zwingt, auf seine Weise das Gleichgewicht wiederherzustellen). Nach WARDELL et al. (1983) sind dies alles langfristig gesehen ungeeignete Methoden, solange sich die Einstellung, körperliche Züchtigung in der Familie sei normal, in der Gesellschaft nicht ändert.

6.3.4 Risikofaktoren im Zusammenhang mit Berufsanforderungen

Die herkömmlichen Rollendefinitionen von Mann und Frau geraten verstärkt ins Wanken, vor allem im Zusammenhang mit der zunehmenden Berufstätigkeit von Frauen (vgl. COOPER 1981), möglicherweise in der Zukunft auch durch vermehrte Arbeitslosigkeit bei Frauen und Männern. Durch unzureichend entwickelte Bewältigungsmechanismen kann Streß entstehen, der sich nicht nur auf die beteiligten Individuen selbst, sondern auch auf die gesamte Familie und/oder die Menschen, mit denen man zusammenarbeitet, auswirkt.

Für Ehemänner bestehen klare und eindeutige Rollenerwartungen: Sie sollen eine Berufstätigkeit ausüben und damit die ökonomische Basis der Familie sicherstellen. Demgegenüber ist für eine Ehefrau die Situation weit weniger eindeutig. Für sie stehen im Zusammenhang mit bestimmten Lebensereignissen, wie z. B. der Geburt von Kindern oder dem Verlassen des Elternhauses durch die Kinder, Entscheidungen an, die das Leben ganz erheblich verändern (vgl. auch Kapitel 3).

COOPER & MARSHALL (1977) betrachten die Aufgaben, die auf Ehefrauen zukommen, aus einer Entwicklungsperspektive. Drei Phasen werden unterschieden: die erste Zeit der Ehe ohne Kinder, die Zeit, in der die Kinder geboren und aufgezogen werden, und das "leere Nest". Zu allen Zeiten kann die Frau außerhalb des Hauses berufstätig sein oder nicht, und sie kann mit ihrem Zustand zufrieden oder unzufrieden sein.

Aus der Kombination dieser drei Dimensionen ergeben sich die Typen und Entwicklungsverläufe, wie sie in Abbildung 6.3 dargestellt sind.

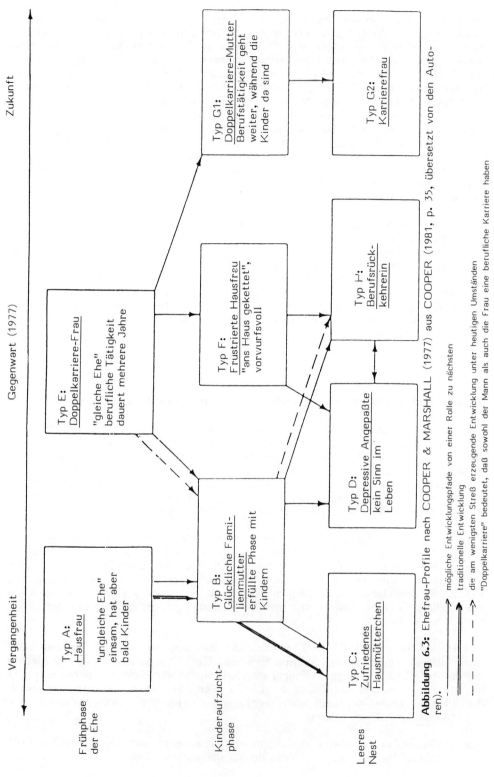

Abbildung 6.3: Ehefrau-Profile nach COOPER & MARSHALL (1977) aus COOPER (1981, p. 35, übersetzt von den Autoren).

Die Abbildung bezieht sich auf die Gruppen von Ehefrauen sogenannter "white-collar-workers". White-collar-workers sind Personen, die überwiegend am Schreibtisch arbeiten, und solche, die in der Verwaltung oder in der Wirtschaft gute Aufstiegschancen haben. Von dieser Gruppe (der Männer) wird angenommen, daß sie besonderem Streß ausgesetzt sind, weil von ihnen einerseits gefordert wird, daß sie selber beruflich mobil sind, sie andererseits Ehefrauen haben, die aufgrund ihrer guten Ausbildung (wenn sie Karriere machen wollen) derselben Anforderung ausgesetzt sind. - Für Arbeiterfamilien bestünden zwar auch Probleme, diese seien aber nicht so dramatisch, weil diese Frauen traditionellerweise in typisch weiblichen Berufen arbeiten (ohne Aufstiegschancen, Mobilität nicht erforderlich).

COOPER beschreibt die einzelnen Frauentypen und stellt anschließend Überlegungen an, wie die Gewinn-Verlust-Bilanz für den Ehemann, die Frau selbst

Tabelle 6.12: Gewinn-Verlust-Tafel: Rollen der Ehefrau und Gewinn-Verlust-Konsequenzen für Mann, Frau und Betrieb des Mannes (modifiziert nach COOPER 1981, p. 49). In Klammern die möglichen Übergänge zu anderen Rollen, bei mehreren Alternativen ist die günstigste unterstrichen.

	Rolle der Ehefrau	Gewinn (+), Verlust (-) fraglich (?) für		
		Ehemann	Ehefrau	Betrieb des Mannes
A	Hausfrau (→ B)	+	-	+
B	Glückliche Familienmutter (→ C, → D, → H)	+	+	+
C	Zufriedenes Hausmütterchen	+	+	+
D	Depressive Angepaßte (→ H)	+	-	+
E	Doppelkarriere-Frau (→ B, → F, → G1)	?	+	?
F	Frustrierte Hausfrau (→ D, → H)	-	-	-
G1	Doppelkarriere-Mutter (→ G2)	?	?	?
G2	Karriere-Frau	?	+	+
H	Berufsrückkehrerin (→ D)	?	+	+

und die Organisation, für die der Mann arbeitet, aussieht. (Die Einstellung des Autors berufstätigen Frauen gegenüber wird schon daraus deutlich, daß ihm der Arbeitgeber der Frau offensichtlich gleichgültig ist). Mit Gewinn ist gemeint, daß die Bedürfnisse und Erwartungen in der Realität erfüllt werden.

Aus der Tabelle 6.12 wird deutlich, daß die traditionellen Rollen der Frau, sofern es ihr gelingt, damit zufrieden zu sein, für alle Parteien die meisten Vorteile bringen. Demgegenüber stellt die Berufstätigkeit der Frau - egal in welcher Lebensphase - zumindest potentiell einen Risikofaktor dar.

Hier sehen wir uns einem Dilemma gegenüber, das - zumindest auf der individuellen Ebene - nicht lösbar erscheint. Einerseits: Von jungen Mädchen wird erwartet, daß sie eine ihrer Begabung entsprechende Schul- und Berufsausbildung absolvieren. Wenn sie im Beruf sind, sollen sie sich ebenso einsetzen wie ihre männlichen Kollegen, d. h. z. B. in akademischen Berufen, höheren Positionen in der Wirtschaft oder der Verwaltung, daß man zumindest zeitweise bereit ist, mehr als 40 Stunden pro Woche zu arbeiten, daß man bezüglich des Wohnorts flexibel ist, daß einen nichts hindert, kurzfristig Dienstreisen zu unternehmen oder kurzfristig über Wochenenden oder Abendstunden zu disponieren. Andererseits: Sobald eine solche Frau verheiratet ist (und zwar mit einem Mann, der genau eine derartig gut ausgebildete Berufsfrau gesucht hat), ist sie zusätzlichen, zumeist entgegengesetzten Erwartungen ausgesetzt, nämlich, die Freizeit für den Partner zu reservieren, ihren Wohnort danach zu wählen, wo **er** arbeitet, ihn bei seinen gesellschaftlichen Verpflichtungen zu unterstützen usw. D. h. die Partner müssen in Verhandlungen eintreten, z. B. darüber, wessen berufliches Interesse wann und für wie lange Priorität haben soll, wer von beiden eventuell einen längeren Anfahrtsweg zu seiner Arbeitsstelle in Kauf nehmen soll usw. Für den Fall, daß Kinder geplant sind, verschärft sich der Konflikt. Wenn man z. B. die Kinderaufzucht und -erziehung nicht vollständig delegieren will, müssen zusätzliche Entscheidungen über die Verteilung von Betreuungsaufgaben gefällt werden. Im Falle einer Verteilung der Aufgaben auf beide Partner sind Konflikte vorprogrammiert. Zusätzliche Streßquellen stellen berufsbedingte Umzüge dar. Dies gilt besonders für Kinder, die ihre gewohnte Umgebung verlieren, aber auch für denjenigen Ehepartner, der hauptsächlich für die Kinderbetreuung zuständig ist, weil er sein gewohntes soziales Netz zunächst verliert.

Die weite Verbreitung dieses Problems zeigen folgende Zahlen: 1981 und 1982 sind in der Bundesrepublik jeweils knapp 3 Millionen Personen von einer Gemeinde in eine andere umgezogen (mündliche Mitteilung des Statistischen Bundesamtes). Bei einer Einwohnerzahl von 61.6 Millionen im Jahre 1981 entspricht das einer jährlichen Umzugsinzidenzrate von knapp 5 %. Dabei sind die Pendler und Wochenendheimfahrer mit zweitem Wohnsitz in einer anderen Gemeinde noch nicht berücksichtigt. Der größte Teil der Umzüge dürfte berufsbedingt sein. Leider läßt sich aufgrund dieser Zahlen nicht abschätzen, wieviele Familien innerhalb eines längeren Zeitraums von wievielen Umzügen betroffen sind. Die Mobilität scheint in den USA höher zu sein als in der Bundesrepublik, aber auch hierzulande ist sie bereits erheblich.

Angesichts der zunehmenden Verknappung von Arbeitsplätzen dürfte die Forderung nach Mobilität noch größer werden. Wenn die Mobilität wächst, wird der umzugsbedingte Streß ebenfalls zunehmen, und außerdem wird es für Ehepaare, bei denen beide Partner berufstätig sind, immer schwieriger werden, ihren Fähigkeiten und Wünschen angemessene Arbeitsplätze am selben Ort zu finden.

6.3.5 Schlußfolgerungen für die Förderung seelischer Gesundheit in Partnerschaften

Je nach Art des Risikofaktors, dem eine Ehe primär ausgesetzt ist, sind verschiedene Maßnahmen denkbar. Vor zu früher Eheschließung sollte gewarnt werden, und die Informationen über Empfängnisverhütung sowie deren Zugänglichkeit für Jugendliche sollten verbessert werden. Falls die Ehen aber doch sehr jung geschlossen werden, sollten Hilfen angeboten werden, die zunächst die Identitätsbildung jedes einzelnen Partners fördern und außerdem die Kommunikationsfertigkeiten trainieren, um die Verhandlungen der Partner über Aufteilung der Aufgaben sowie die Abstimmung über Entwicklungsziele zu erleichtern.

Zur Abwendung von Gewalttätigkeiten in Partnerschaften und Familien könnte eine generelle Einstellungsänderung in der Gesellschaft, die Gewaltfreiheit beinhaltet, beitragen. Außerdem erscheinen frühzeitige präventive Maßnahmen erfolgversprechend, die einsetzen, bevor feste Partnerschaften bestehen, und die darauf abzielen, die einzelnen in ihrer seelischen Gesundheit zu fördern. Ein hohes Selbstwertgefühl, eine Einstellung gegenüber anderen Menschen, die von Achtung und Vertrauen geprägt ist, sowie ausreichende soziale Kompetenzen, die das Verdeutlichen und angemessene Durchsetzen eigener Bedürfnisse sicherstellen, dürften am ehesten dazu beitragen, daß Gewalttätigkeiten aus dem Verhaltensrepertoire gestrichen werden können.

Für die Reduktion von Streßfaktoren im Zusammenhang mit der Berufstätigkeit erscheinen vor allem politische Maßnahmen geeignet. Das schließt nicht aus, daß man Paare z. B. durch Kommunikationstraining in die Lage versetzt, über die anstehenden Entscheidungen zu verhandeln. Die Schwierigkeiten, die durch Anforderungen des Berufs entstehen, können damit aber nicht beseitigt werden. In den Kapiteln "Geschlecht und seelische Gesundheit" und "Arbeit und seelische Gesundheit" haben wir einige Vorschläge unterbreitet, in welche Richtungen sich mögliche Problemlösungen bewegen könnten.

6.4 Vorstellungen über gesunde Partnerschaft

Bevor wir uns den Förderprogrammen für seelische Gesundheit in Partnerschaften zuwenden, wollen wir klären, was eigentlich unter einer gesunden Partnerschaft zu verstehen ist. Aus den Theorien zur Partnerwahl und zur Partnerschaft können einige Ableitungen vorgenommen werden. Auch die Abwesenheit oder geringe Ausprägung von Risikofaktoren trägt zur Gesundheit in der Partnerschaft bei. Trotzdem scheint es uns wesentlich, die positiven Varianten von Partnerschaften herauszustellen. Aus ihrer Vielfalt werden auch die unterschiedlichen Schwerpunktsetzungen der einzelnen Programme deutlich. Inwieweit die Vorstellungen über gesunde Partnerschaften auch mit den Partnerschaftstheorien kompatibel sind, wird im einzelnen zu klären sein. In der wissenschaftlichen Literatur findet man nur selten explizite Aussagen über gesunde Partnerschaften. Was darunter zu verstehen ist, läßt sich jedoch meist aus den Zielen von Präventionsprogrammen für Paare oder aus den Angaben zu den Besonderheiten gestörter Partnerschaften ableiten. DURLAK (1983) z. B. beschreibt unzufriedene Paare folgendermaßen: schlechte Kommunikation; übermäßiger Gebrauch aversiver Kontrolle; ungenaue Kenntnis der Einstellungen und Gefühle des Partners; physische Intimität und Ausdruck von Zärtlichkeit sind unbefriedigend; Unfähigkeit, Konflikte auszutragen und wechselseitig befriedigende Problemlösungen zu finden. Für zufriedene Paare müßten die gegenteilgen Attribute zutreffen, ob diese allerdings hinreichend sind, bleibt offen. Aus den Zielvorstellungen der Präventionsprogramme für Partnerschaften gehen Gesundheitsvorstellungen hervor, die sich auf Persönlichkeitsmerkmale bzw. Fertigkeiten der einzelnen Partner beziehen, sowie Aussagen, die sich auf das eheliche System als ganzes beziehen. Weitere Gesichtspunkte betreffen den Prozeß der Partnerschaft, dessen typische Phasen, Krisen und optimalen Ergebnisse.

6.4.1 Individuenbezogene Kriterien

Aussagen, die sich auf die einzelnen Partner beziehen, lassen sich am besten unter dem Begriff der "Reife" subsumieren. Nach ERIKSON (1971) könnte man davon sprechen, daß die Krise "Identität vs. Rollenkonfusion" erfolgreich bewältigt worden ist. Im Verlauf der Partnerschaft geht es darum, die Krise "Generativität vs. Stagnation" für sich selbst und gemeinschaftlich zu lösen. Eine ähnliche Sichtweise - wenn auch aus einer anderen theoretischen Perspektive - vertreten NUNNALLY et al. (1975) (wir kommen darauf noch zurück).

Der grundlegende Gedanke bei der Betonung individuenbezogener Kriterien besagt, daß eine Partnerschaft um so gesünder ist, je gesünder jeder einzelne Partner ist. Diese Annahme klingt plausibel, stimmt aber nicht uneingeschränkt. McINTOSH (1975) konnte z. B. zeigen, daß keine signifikante Korrelation zwischen der individuellen seelischen Gesundheit, gemessen mit dem EPI, und der ehelichen Anpassung besteht, wohl aber zwischen ehelicher Anpassung und Kommunikationsparametern. Auch die unten zitierte Arbeit von WILCOXON & HOVESTADT (1983) stützt eher die Homogamietheorie (daß die Partner psychologisch ähnlich sein sollen) als die Annahme, daß beide Partner möglichst seelisch gesund sein sollen. Zu diesen beiden Befunden muß einschränkend angemerkt werden, daß die seelische Gesundheit der beiden Partner jeweils nur anhand von Befindlichkeitsmaßen festgestellt wurde. Hätte man auch Kompetenzaspekte einbezogen, wäre ein deutlicherer Zusammenhang zwischen seelischer Gesundheit des einzelnen und Anpassung in der Ehe zu erwarten gewesen.

Im Abschnitt Ehetheorien haben wir bereits auf die Bedeutsamkeit von Kommunikations- und Konfliktlösungsfertigkeiten sowie der interpersonellen Wahrnehmung hingewiesen. Diese Bereiche werden auch von den Autoren, die sich mit der Förderung seelischer Gesundheit befassen, als Zielbereiche angegeben. Andere Ziele sind implizit der Theorie der Komplementarität der Bedürfnisse verpflichtet. Zum Beispiel fordern die transaktionsanalytisch ausgerichteten Programme, daß die Ich-Zustände "nurturing parent" (fürsorgliche Elternfigur) und "free child" (unbeschwertes Kind) jedem Partner leicht zugänglich sind (CAPERS & CAPERS 1976). Im Gegensatz zur oben geschilderten Theorie von WINCH werden hier die Bedürfnisse nach Fürsorge bzw. Umsorgtwerden nicht als statisch, sondern als wechselnd angenommen. Die Partner sollen sich abstimmen und jeweils komplementäre Ich-Zustände einnehmen, ausgenommen bei der Sexualität. Hier wird es für günstig gehalten, wenn beide sich im Zustand des free child befinden. Diese dynamische Sichtweise der Bedürfnisbefriedigung erscheint plausibel. Überprüft ist sie allerdings nicht.

LEDERER & JACKSON (1976) legen eine Checkliste vor, anhand derer man sich und den Partner vor der endgültigen Bindung überprüfen kann. In drei "interpersonalen Vergleichstests" wird festgestellt, wie groß die Ähnlichkeit zwischen den beiden Partnern ist. Bereiche, in denen die Ähnlichkeit überprüft wird, sind:

familiärer Hintergrund, Herkunft, Religion, Erfahrungen in der Herkunftsfamilie, Interessen, Einstellungen zu Ehe, Kindern und Beruf. Entsprechend der Homogamie- und der Endogamietheorie sowie ihren Idealtypen "Castor und Pollux" gehen die Autoren davon aus, daß die Chancen für eine glückliche Ehe um so größer sind, je größer die Übereinstimmungen beider Partner in den einzelnen Beantwortungen sind.

Der Grundidee können wir durchaus zustimmen, glauben aber, daß die vorliegende deutsche Übersetzung des Fragebogens noch erhebliche Mängel hat und den deutschen Verhältnissen nicht immer gerecht wird, z.B. wenn gefragt wird, in der wievielten Generation die Eltern Deutsche sind. Bei anderen Items erscheint die Art der Skalierung problematisch, etwa in Test B, Abschnitt III, Item 5.

"In der Beziehung zu meinem künftigen Gefährten (meinem Ehepartner) glaube ich, daß

a) er (sie) mehr zu sagen hat als ich
b) wir beide gleichviel zu sagen haben
c) ich mehr zu sagen habe als er (sie)
d) keiner von uns viel zu sagen hat."

Bei der Auswertung wird davon ausgegangen, daß der Unterschiedlichkeitsgrad (und damit die Nicht-Passung zwischen den Partnern) zunimmt, je größer der Abstand zwischen den angekreuzten Antwortalternativen ist. Wenn aber z.B. beide Partner Antwort c ankreuzen (= maximale Ähnlichkeit), so deutet dies auf eine symmetrische Interaktion hin, die an anderer Stelle gerade als destruktiv abgelehnt wird. Derartige Unstimmigkeiten finden sich in dem Fragebogen öfter.

Daß die Ähnlichkeit der Partner hinsichtlich bestimmter Erfahrungen in den Herkunftsfamilien zum Eheglück beiträgt, konnten WILCOXON & HOVESTADT (1983) empirisch stützen: Sie untersuchten Ehepaare mit der "Family of Origin Scale" (FOS). Diese unpublizierte Skala soll die selbstberichteten Gesundheitserfahrungen in der Herkunftsfamilie messen. Wir nehmen an, daß es sich um Erfahrungen hinsichtlich der seelischen Gesundheit handelt, da die inhaltliche Validität durch Experten für Ehe- und Familientherapie bestätigt wurde. Die Diskrepanz zwischen Mann und Frau in der FOS korreliert negativ mit der ehelichen Anpassung, wie sie im Fragebogen (Dyadic Adjustment Scale - DAS) gemessen wird. Dieses Ergebnis ist insofern erstaunlich, als man annehmen sollte, daß die FOS-Werte selbst mit den DAS-Werten positiv korrelieren. Das heißt, es wäre zu erwarten, daß die Anpassung an die partnerschaftliche Dyade um so eher gelingt, je erfreulichere Erfahrungen man in seiner Kindheit gesammelt hat. Diese Hypothese ließ sich nicht bestätigen. Es scheint vielmehr so zu sein, daß die Anpassung am besten an einen Partner gelingt, der ähnliche Erfahrungen bezüglich des Familienklimas wie man selbst gesammelt hat, egal ob diese nun positiv oder negativ waren.

6.4.2 Kriterien der Interaktion

Als wichtigste Aspekte der Interaktion werden von den meisten Autoren die Qualität der Kommunikation sowie der sexuellen Beziehung genannt. Die einfachste Definition gesunder Partnerschaft findet sich bei KNOX (1979). Für ihn liegt sie dann vor, wenn die Partner selbst sich als glücklich bezeichnen. Glück kann erreicht werden durch ein Interaktionsverhalten, welches den Partnern die größtmögliche Befriedigung der Bedürfnisse sichert. Dieses Verhalten führt dazu, daß die Ehe funktioniert und ist erlernbar. Wesentliche Elemente sind die offene Kommunikation und die Ausarbeitung von Verträgen. Wie andere Verhaltenstherapeuten auch bewegt sich KNOX im Rahmen der Verhaltenstheorie, die mit der Austauschtheorie eng verwandt ist.

NUNNALLY et al. (1975) betonen, daß ein funktionierendes System **Regeln** hat, die die Interaktion definieren. Dabei werden zwei Arten von Regeln unterschieden, nämlich solche, die Stabilität gewährleisten, und solche, die Veränderungen ermöglichen. Letztere sind vor allem für den Umgang mit Konflikten wichtig. In diesem Zusammenhang sind zwei Voraussetzungen günstig, nämlich Bewußtheit der Regeln und Interaktionsmuster sowie Kommunikationsfertigkeiten zur Veränderung von unbefriedigenden Regeln und Interaktionsmustern. Weiterhin ist es wichtig, daß die Partner Konflikten nicht aus dem Wege gehen, sondern Konflikte ohne Abwehr und kreativ austragen (ZINKER & LEON 1976). Eine für günstig erachtete Form der Konfliktlösung ist die "niederlagelose Methode" nach GORDON (1972, siehe auch Kapitel 5).

FLIEGEL et al. (1983) haben sich empirisch mit der Frage von Kommunikation, Zufriedenheit und Verstehen in der Partnerschaft auseinandergesetzt. 110 zusammenlebende Paare wurden gebeten, unabhängig voneinander Fragebögen zur Zufriedenheit mit verschiedenen Teilbereichen des Zusammenlebens (Beziehungsaspekte, Kommunikation und Partnerschaft allgemein) auszufüllen. Derselbe Fragebogen war dann so auszufüllen, wie die Personen annahmen, daß der Partner ihn ausfüllen würde. Die Summe der absoluten Differenzen zwischen den vermeintlichen und realen Werten wurde als Verstehensmaß verwendet. Das Merkmal "Kommunikation" wurde mit anzukreuzenden Reaktionsmöglichkeiten auf vorgegebene Situationsbeschreibungen erfaßt. Mit Hilfe der Methode der Pfadanalyse wurde versucht, die kausalen Beziehungen zwischen den Variablen herauszustellen: Bei den Frauen hängt die Zufriedenheit von ihrer eigenen Kommunikationsfertigkeit und ihrem Verstehen ab. Bei den Männern hängt die Zufriedenheit ebenfalls vom Verstehen, aber auch von den kommunikativen Fertigkeiten ihrer Frauen ab. Die Befunde werden dahingehend interpretiert, daß die Interaktionsaspekte nicht für beide Partner die gleiche Bedeutung haben und daß (jedenfalls in der hier untersuchten Stichprobe) "die Frau eher für die gefühlsmäßige Beziehung innerhalb der Partnerschaft verantwortlich" ist (p. 10).

Familientherapeuten betonen aus systemtheoretischer Sicht die Priorität des ehelichen Subsystems. Damit ist gemeint, daß für beide Partner die eheliche Beziehung in Relation zu allen sonstigen Rollen und Funktionen innerhalb und außerhalb der Familie den höchsten Stellenwert haben soll. LEDERER & JACKSON (1976) halten folgende Elemente für die wichtigsten in befriedigenden Ehen: gegenseitiger Respekt, gegenseitige Toleranz und vor allem ein funktionierendes "Quid-pro-Quo" (d. h. Verhaltensregeln, die dem größten beiderseitigen Wohl dienen). Für das Aushandeln des Quid-pro-Quo ist vor allem die verbale Kommunikation wichtig. Mit der Betonung des Quid-pro-Quo sowie ihrer Bezeichnung der Ehe als "Handelsgeschäft" bewegen sich LEDERER & JACKSON ausdrücklich auf dem Boden der Austauschtheorie. In bezug auf die verbale Kommunikation kommt es vor allem darauf an, daß die Partner sich zuhören und daß Mißverständnisse ausgeräumt werden. Die Autoren schlagen die offene Kommunikation vor nach dem Muster: A sendet eine Botschaft, B gibt Rückmeldung (= Überprüfung, ob die Botschaft richtig aufgefaßt wurde), A bestätigt die Rückmeldung.

JACOBSON (1981, p. 561) legt aus einer behavioristischen Sichtweise fest: "Erfolgreiche Paare passen sich effektiv an die täglichen Anforderungen des Zusammenlebens an. Vor allem weiten sie ihre Bekräftigungen auf immer neue Bereiche aus und erreichen damit immer mehr positiven Austausch." WILLI (1975) formuliert aus der psychoanalytischen Sicht folgende Auffassung von gesunder Partnerschaft: "In einer gesunden Paarbeziehung profitieren die Partner von der

Möglichkeit, in freischwingender Balance partiell progredieren und regredieren zu können ... Da man in der Paarbeziehung mit dem Ausgleichsverhalten des Partners rechnen kann, darf man sich eher mal regressives Verhalten leisten, ohne Angst vor sozialem Abgleiten haben zu müssen. Die Bewältigung in stellvertretenden Hilfsfunktionen andererseits hebt das Selbstwertgefühl. Das gegenseitige Stützen und Gestütztwerden vermittelt den Partnern ein hohes Maß an Befriedigung und gibt eine wesentliche Motivation zur Paarbildung. Vorübergehend teilweise regredieren zu können, ist für die Reifung eine wichtige Voraussetzung."

EPSTEIN & BISHOP (1981, p. 456ff) bewerten die Prozesse und Strukturen in Ehe und Familie nach sechs Dimensionen, nämlich Problemlösen, verbale Kommunikation, Rollenverteilung, affektive Ansprechbarkeit, affektive Beteiligung und Verhaltenskontrolle. Für jeden Bereich werden Beobachtungs- bzw. Bewertungskategorien angegeben (vgl. Tabelle 6.13). Obwohl es sich um ein Familienevaluationssystem handelt, führen wir es hier auf, weil die Merkmalsausprägungen der Eltern für besonders wichtig gehalten werden.

Der Vorteil dieses Systems liegt in seiner Breite der Erfassungsdimensionen. Die Erfassung selbst muß allerdings überwiegend klinisch-intuitiv oder über Selbstauskünfte erfolgen. Die für gesund gehaltenen Merkmalsausprägungen haben hypothetischen Charakter, systematische empirische Überprüfungen stehen aus.

Zur Stützung der Relevanz der hier verwendeten Konstrukte gibt es allerdings eine Menge empirischer Hinweise, auf die wir hier nicht im einzelnen eingehen können. Beispielhaft sei ein Vergleich "gestörter" und "harmonischer" Ehen von SCHOLZ (1982) aufgeführt. Seine Versuchspaare mußten eine aus zehn Sachverhalten bestehende gemeinsame Rangreihe ihrer Eheprobleme erstellen. Der Dialog wurde aufgezeichnet und nach den Stufen des Problemlöseprozesses, die im wesentlichen denen von EPSTEIN & BISHOP entsprechen, kodiert. Anhand einer Diskriminanzfunktion konnten 93 % der gestörten und 84 % der harmonischen Ehen korrekt klassifiziert werden. In die Diskriminanzfunktion gingen folgende Variablen ein:

"- Analyse des Ist-Zustandes und Erklärung desselben;
- vollständige Problemanalyse mit Benennung der Transformationsabsicht und des Zielzustandes;
- Analyse der Operationsphase, d.h. strategische Steuerung;
- Beschreibung problemfremder Sachverhalte;
- Zielzustandsanalyse." (p. 16).

Die harmonischen Paare erreichten höhere Werte in allen genannten Variablen bis auf "Beschreibung problemfremder Sachverhalte". Das heißt, sie arbeiteten rationaler und zielorientierter.

LEDERER & JACKSON (1976) halten einen flexiblen Interaktionsstil, den sie als "parallel" bezeichnen, für wünschenswert. Dieser Interaktionsstil zeichnet sich - je nach situativer Anforderung - durch Komplementarität (Ergänzung der Interaktionspartner, z. B. einer fragt, der andere antwortet) oder durch Symmetrie (gegenseitiger Austausch von Zuständigkeiten, wechselseitiges Zustimmen, wechselseitiges Instruieren) aus. Bei diesem Interaktionsstil haben beide Partner etwa gleichermaßen Kosten und Nutzen zu erwarten. Ein ausschließlich symmetrischer Interaktionsstil wird abgelehnt, weil er einseitig wettbewerbsorientiert ist.

Die **sexuelle Beziehung** ist - wie auch die verbale Interaktion - ein wesentlicher Teilbereich der Partnerbeziehung. Mit der "gesunden" sexuellen Beziehung setzen sich HEIMANN et al. (1981) auseinander. Nach ihrer Meinung sind die Aussagen des Paares zu zwei Gesichtspunkten wesentlich:
1) Ob insgesamt die sexuelle Interaktion genossen wird,

Tabelle 6.13: Dimensionen zur Erfassung und Bewertung der Interaktionen in Familien nach EPSTEIN & BISHOP (1981).
===

(1) **Problemlösen,** instrumentelle und affektive Probleme
  7 Prozeßstufen: 1. Problemidentifikation
  2. Kommunikation über das Problem mit den richtigen Personen
  3. Entwicklung von Aktionsalternativen
  4. Entscheidung für eine Alternative
  5. Aktion
  6. Beobachtung der Interaktion
  7. Bewertung des Erfolgs

  am effektivsten: alle 7 Stufen werden durchlaufen
  am wenigsten effektiv: keine Problemidentifikation (Stop vor Schritt 1)
  Erfassungsmodus: Befragung der Familie/des Paares über kürzlich aufgetretene Probleme. Ähnlich wie bei einer Verhaltensanalyse werden die einzelnen Prozeßstufen erhoben.

(2) **Verbale Kommunikation** im instrumentellen und affektiven Bereich
  2 unabhängige Dimensionen:
  1. Klar vs. maskiert (Erkennbarkeit des Inhalts der Botschaft, optimale Klarheit besteht, wenn die Information relevant, kurz und konsistent mit der übrigen Kommunikation ist).
  2. Direkt vs. indirekt (wird der intendierte Empfänger direkt angesprochen? Auch nonverbale Signale, wie Anblicken sind wichtig).

  am effektivsten: klar und direkt ("Tom ich ärgere mich über dich, weil du so spät nach Hause kommst")
  am wenigsten effektiv: maskiert und indirekt ("Männer sind schrecklich"
  Erfassungsmodus: Beobachtung der Kommunikationsmuster während des Interviews und Fragen, die sich auf die Kommunikation beziehen ("Können Sie dem anderen alles sagen?", "Wie haben Sie die Botschaft aufgefaßt?", "War es das, was Sie wirklich gemeint haben?" usw.).

(3) **Rollenverteilung,** bezogen auf notwendige und ergänzende Familienfunktionen (Wir beschränken uns hier auf die notwendigen Funktionen, weil nur diese in die Bewertung der Funktionsfähigkeit eingehen.).
  Die notwendigen Funktionen sind auf 3 Bereiche verteilt:
  A instrumenteller Bereich (Bereitstellung ökonomischer Ressourcen)
  B affektiver Bereich (Ernährung und Unterstützung, sexuelle Befriedigung der Erwachsenen)
  C gemischter Bereich (Erfüllung der Aufgaben des täglichen Lebens, z.B. Beaufsichtigung der Kinder; Erhaltung und Handhabung des Familiensystems).

  am effektivsten: wenn alle notwendigen Familienfunktionen klar an verantwortliche Individuen verteilt sind.
  am wenigsten effektiv: wenn keine Verantwortlichkeit und Zuordnung der notwendigen Familienfunktionen besteht.

Fortsetzung der Tabelle 6.13:

Erfassungsmodus: Interview ("Wer macht was?") bezogen auf die oben genannten Bereiche mit der ganzen Familie. Zur Sexualität wird das Paar in Abwesenheit der Kinder befragt.

(4) **Affektive Ansprechbarkeit** bezieht sich auf angenehme Gefühle (Liebe, Glück, Freude ...) und unangenehme Gefühle (Angst, Ärger, Trauer, Enttäuschung ...)

am effektivsten: die ganze Breite der Gefühle, dem Stimulus in Qualität und Intensität angemessen, tritt auf.
am wenigsten effektiv: der Gefühlsbereich ist eingeschränkt (stereotyp), und/oder Intensität und Qualität sind dem Kontext nicht angemessen.
Erfassungsmodus: Die Erfahrungen mit den Emotionen werden mit der Familie insgesamt und mit den Mitgliedern einzeln diskutiert.

(5) **Affektive Beteiligung.** 6 Stile werden unterschieden:
1. Abwesenheit von Beteiligung (kein Interesse aneinander)
2. Beteiligung ohne Gefühl (lediglich intellektuelles Interesse am anderen)
3. Narzißtische Beteiligung (das Interesse an den anderen ist primär egozentrisch)
4. Empathische Beteiligung (echtes, auch gefühlsmäßiges Interesse an den Belangen der anderen)
5. Einmischung (Überbehütung)
6. Symbiotische Beteiligung (die Grenzen zwischen den Individuen sind aufgehoben).

am effektivsten: empathische Beteiligung
am wenigsten effektiv: Abwesenheit von Beteiligung und symbiotische Beteiligung
Erfassungsmodus: Befragung der Familie.

(6) **Verhaltenskontrolle,** ist in 3 Situationskategorien relevant:
- gefährliche Situationen
- Ausdruck und Befriedigung psychobiologischer Bedürfnisse
- Verhalten anderen Menschen gegenüber innerhalb und außerhalb der Familie

4 Verhaltensstile zur Verhaltenskontrolle:
1. rigide
2. flexibel
3. laissez-faire
4. chaotisch (zufallsmäßiger Wechsel zwischen den anderen 3 Stilen).

am effektivsten: flexibel
am wenigsten effektiv: chaotisch
Erfassungsmodus: Befragung der Familie bezüglich der Regeln, die es in der Familie gibt.

2) ob die Realität mit den Erwartungen, wie eine sexuelle Beziehung sein sollte, übereinstimmt (bzw. das Ausmaß der Übereinstimmung).

Außer diesen eher allgemeinen Kriterien werden folgende Punkte für wichtig erachtet:
A Zur adäquaten sexuellen Funktion:
1) Spaß an sexueller Aktivität,
2) Übereinstimmung in bezug auf Häufigkeit,
3) Vielfalt sexueller Praktiken (größere Vielfalt ist wünschenswert),
4) Erregung und Orgasmus tritt oft genug und im richtigen Moment auf,
5) sexuelle Bewußtheit und Selbstakzeptanz,
6) Kenntnis und Akzeptanz der Sexualität des Partners.

B Weitere Beziehungsfaktoren:
1) Flexibilität (beim Problemlösen, beim Geben und Nehmen von Zärtlichkeit, in bezug auf die Geschlechtsrolle),
2) Offenheit der Kommunikation über Sexualität,
3) aktive Intimität,
4) Vertrauen und Verpflichtung (Vertrauen äußert sich in dem Ausmaß, in dem man dem Partner Verletzbarkeit mitteilt, die Verpflichtung besteht darin, dieses Vertrauen nicht zu mißbrauchen),
5) Liebe,
6) erotische Anziehung,
7) Freiheit, Autonomie und Verantwortlichkeit.

Die systematische Erforschung der Zusammenhänge der Faktoren untereinander und ihrer Beziehung zur Zufriedenheit mit der sexuellen Beziehung ist bisher nicht geleistet worden.

6.4.3 Kriterien, die den Prozeß betreffen

Die meisten Programme zur Förderung seelischer Gesundheit in Partnerschaften sind wachstumsorientiert, d. h. sie postulieren ein Wachstumspotential der Beziehung, das die Möglichkeit zu individueller Selbstaktualisierung sowie zu erfüllterem Zusammenleben vergrößert. Da jede Veränderung Instabilität und damit Unsicherheit erzeugt, steht die Wachstumstendenz in dialektischer Beziehung zu der ebenfalls vorhandenen Beharrungs- (oder Stabilisierungs-)tendenz. Dieser Konflikt wird von OTTO (1976b) folgendermaßen beschrieben: Bei Paaren, die schon längere Zeit zusammenleben, stellt sich eine Routine ein, die Veränderungsmöglichkeiten stark erschwert. "Abgesehen vom inneren Widerstand des einzelnen gegen persönliches Wachstum (bzw. Selbstaktualisierung) muß ein weiterer Faktor in Betracht gezogen werden, nämlich die Tendenz von zwei Personen, die viel Zeit miteinander verbringen, sich zu verstricken und in eingespielten Interaktionsgewohnheiten zu erstarren. Das führt oft zu einem routinierten Zusammenleben, das nahezu vollständig ohne Dynamik ist, beherrscht von dem Grundsatz "bloß alles so lassen, wie es ist." ... Die meisten Ehen sind in einem gewissen Grade von diesem Prozeß betroffen" (p. 15f). OTTO meint, daß außereheliche Affären häufig ein Anzeichen für erstarrte Ehebeziehungen sind. Das Festhalten an den alten Gewohnheiten in der Ehe vermittelt eine gewisse Sicherheit, gleichzeitig verhindert es aber genau das, was die Beziehung verbessern könnte. Die Angst vor Veränderung hält Paare auch davon ab, an entsprechenden Programmen teilzunehmen. Die beiden Kräfte, Wachstums- und Beharrungstendenz, in ein befriedigendes Gleichgewicht zu bringen, ist eine komplexe Aufgabe; sie wird zusätzlich noch dadurch erschwert, daß unsere Kultur den Paaren folgende Stolpersteine in den Weg legt (MACE 1976): (1) den Mythos der Natürlichkeit, der besagt, daß jeder in der Ehe glücklich werden kann, wenn er nur seinem "Instinkt" folgt; (2) die Forderung nach Privatheit, die darauf pocht, daß das, was in der Ehe passiert, mit niemandem sonst besprochen werden darf, und (3) den Zynismus, mit dem über Ehe gesprochen (meistens gewitzelt) wird. Nach MACE wird über Ehe selten ernsthaft diskutiert, meist wird sie offen oder verdeckt lächerlich gemacht. In Wirklichkeit könne die Ehe, wenn sie wirklich funktioniert, eine tief befriedigende Beziehung sein. Dazu sei allerdings sehr viel Übung in sehr komplexen Fertigkeiten nötig sowie die Hilfe und Unterstützung anderer verheirateter Paare.

Im Märchen (wozu auch viele moderne Liebesgeschichten gehören) wird uns vor Augen gestellt, wie sich zwei Partner trotz widriger Umstände endlich doch kriegen. Typische Märchenschlußsätze sind: "Mein Schneiderlein fuhr da ruhig in die Kirche, und die Prinzessin ward ihm an die Hand getraut, und er lebte mit ihr vergnügt wie eine Heidelerche.", oder "Sie teilten den Apfel des Lebens und aßen ihn zusammen; da ward ihr Herz mit Liebe zu ihm erfüllt, und sie erreichten in ungestörtem Glück ein hohes Alter" (beides Brüder GRIMM, nach PICHLER o. J.). Wie dieser Prozeß nun weitergeht, nachdem sich Partner glücklich bekommen haben, damit haben sich verschiedene Theoretiker auseinandergesetzt. So unterschiedlich diese Auffassungen auch sind - eines haben sie jedenfalls gemeinsam: daß es sich nicht um eine gleichförmig glückliche Periode bis ans Lebensende handelt.

Den theoretischen Vorstellungen ist gemeinsam, daß Krisenzeiten und Übergänge von einer Lebensphase zur nächsten angenommen werden, die von den Partnern gemeinsam bewältigt werden müssen. So beschreibt z. B. STANTON (1981) die gesunde Familie bzw. das gesunde Paar folgendermaßen: Die normalen Übergänge und Krisen werden ohne übermäßige Schwierigkeiten gemeistert, eine erleichternde Bedingung dafür ist, daß die Hierarchie und die Beziehungsstrukturen den gängigen kulturellen Vorstellungen entsprechen.

SCHMITT & SCHMITT (1976) sehen die Ehe als einen Prozeß an, in dem Ekstase und Konflikt in dialektischer Beziehung zueinander stehen. Die Partner haben sowohl den Wunsch nach größerer Einheit und Zusammengehörigkeit als auch nach größerer Trennung und Identität. Die Phase des Kennenlernens und die Zeit, in der der Entschluß reift, zu heiraten, sind gekennzeichnet durch das Streben nach Zugehörigkeit. Es folgen die Flitterwochen, in denen die Einheit erlebt wird. Im weiteren Verlauf der Beziehung treten Konflikte auf, die dazu führen, daß die Partner sich innerlich voneinander lösen. Werden diese Konflikte befriedigend gelöst, tritt eine zweite Ekstase mit einem zweiten Honeymoon ein. Der erwünschte (für seelisch gesund gehaltene) Zielzustand einer Partnerschaft liegt dann vor, wenn die beiden Partner sich frei fühlen können, zwischen interpersoneller Nähe und Distanz zu wählen.

Abgestimmt auf die geschilderten Phasen verläuft das Trainingsprogramm von SCHMITT & SCHMITT, auf das wir weiter unten näher eingehen.

Von NUNNALLY et al. (1976) wird ein "Präventives Stabilisierungsmodell für Paare" vorgestellt. Zielvorstellungen im Sinne gesunder Partnerschaft sind: gegenseitiges Vertrauen und Konsens sowie Stabilität und Produktivität in der Beziehung. Diese Ziele werden erreicht durch Informationsaustausch und gegenseitige Abstimmung der Erwartungen. Dadurch, daß das Ehesystem dynamisch ist, bleibt die erreichte Stabilität jedoch nicht beliebig lange erhalten. Durch äußere Einflüsse (z. B. Wechsel des Arbeitsplatzes, des Wohnortes, der finanziellen oder sozialen Ressourcen) und/oder innere Einflüsse (Altern, ein Kind wird geboren, Veränderungen im Werte-System) wird die Stabilität unweigerlich erschüttert, d. h. die Beziehung kommt in eine "Klemme" bzw. an einen Wahlpunkt. Aufmerksame Paare bemerken dies früh, verhandeln neu und stimmen ihre Erwartungen gegenseitig ab. (Dies kann unter Umständen auch zur Beendigung der Beziehung führen.) Andere lassen die Beziehung schleifen, bis offen zutage tritt, daß die gegenseitigen Erwartungen nicht mehr erfüllt werden. Diese Erkenntnis führt zu Unsicherheit und Angst. Vier verschiedene Handlungsmöglichkeiten stehen zur Verfügung:

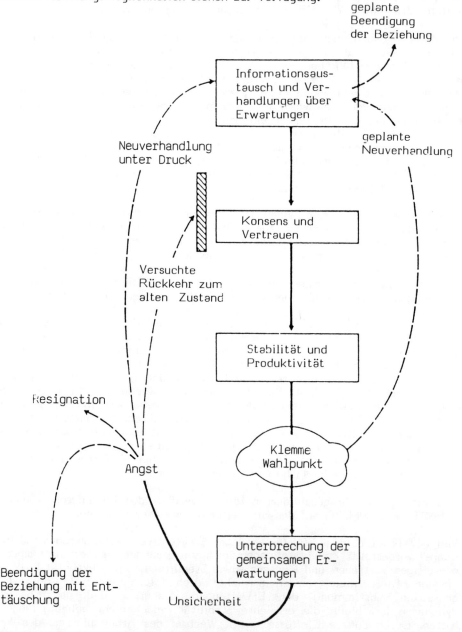

Abbildung 6.4: Präventives Stabilisierungsmodell für Paare (aus NUNNALLY et. al. 1976, p. 184)

a) man beendet die Beziehung,
b) man resigniert und bleibt in der unbefriedigenden Beziehung,
c) man versucht, zum alten Zustand von Konsens und Vertrauen zurückzukehren, was jedoch aufgrund der veränderten Randbedingungen nicht möglich ist,
d) unter Zwang fängt man an, neu zu verhandeln.

Das Trainingsprogramm von NUNNALLY et al. (1975) richtet sich vor allem darauf, die "Klemme" rechtzeitig zu erkennen und Kommunikationsfertigkeiten für die geplante Neuverhandlung an die Hand zu geben.

6.5 Interventionsprogramme

Die Interventionsprogramme zur Förderung seelischer Gesundheit in Partnerschaften lassen sich nach verschiedenen Gesichtspunkten gliedern, wobei wir nach Durchsicht der Literatur drei Beschreibungsdimensionen zugrundelegen können, nämlich
1. Prävention vs. Therapie,
2. Art der zugrundeliegenden therapeutischen bzw. weltanschaulichen Orientierung,
3. Zeitpunkt, an dem das Programm ansetzt.

Die Präventionsprogramme werden mit Enrichment oder auch Enhancement bezeichnet. Damit ist gemeint, daß eine bereits funktionierende Partnerschaft bzw. Familie noch zusätzlich angereichert oder verbessert wird (vor allem in den Bereichen Kommunikation und Sexualität). Dabei liegt der Schwerpunkt auf dem edukativen Aspekt. Die Frage ist nicht "was ist defizitär/dysfunktional in der Partnerschaft", sondern "wie ist es gut", und letzteres wird trainiert (GUERNEY 1977).

Wichtige zugrundeliegende therapeutische bzw. weltanschauliche Orientierungen sind die Tiefenpsychologie (vor allem Transaktionsanalyse), die humanistische Psychologie, die Verhaltensmodifikation und die Familientherapie mit ihrer systemorientierten Sichtweise, sowie christliche oder jüdische Wertvorstellungen und Kombinationen mehrerer therapeutischer Richtungen oder von therapeutischem und religiösem Gedankengut.

Die Phasen einer Beziehung, an denen die Programme ansetzen, reichen von der Zeit, in der man einen Partner kennenlernt (Behandlung sogenannter Dating-Probleme) über Ehevorbereitungskurse, junge Ehen, in denen das erste Kind erwartet wird, und ältere Ehen (besser: Ehen unbestimmten Alters) bis hin zu der Unterstützung von Paaren, die sich scheiden lassen. Edukatives Arbeiten ist vor allem in den Phasen Ehevorbereitung, Vorbereitung auf das erste Kind und bei den unauffälligen Ehen unbestimmten Alters möglich, während die Programme für Dating-Probleme oder Scheidungsprobleme als Angebote für Risikogruppen angesehen werden können. Wir werden bei der Beschreibung der Programme in chronologischer Reihenfolge vorgehen, um die Darstellung möglichst übersichtlich zu gestalten.

6.5.1 Programme zur Behandlung von Dating-Problemen

Junge Leute, die selten oder nie mit etwa gleichaltrigen Personen des anderen Geschlechts Rendezvous haben, werden in der amerikanischen Literatur als "Non-Daters" bzw. "Minimal Daters" bezeichnet. Diesem Problem wurde im amerikanischen Schrifttum in den siebziger Jahren einige Beachtung geschenkt, vermutlich nicht nur deshalb, weil das Sich-Verabreden in der amerikanischen Gesellschaft einen wesentlich höheren Stellenwert hat als bei uns und entsprechend dieses Problem in der Studentenberatung eines der häufigsten ist (JAREMKO 1983). Eine Rolle spielt sicher auch, daß die fast ausschließlich studentischen Versuchspersonen leicht für klinische Experimente zu rekrutieren sind.

Das Non-Dating-Problemverhalten wird unterschiedlich konzeptualisiert. Als Symptome sind fast immer Ängste vor heterosexuellen Kontakten, unzureichende Fertigkeiten für die Kontaktaufnahme und den Umgang mit dem anderen Geschlecht sowie negative Selbstbewertungen im Umgang mit Personen des anderen Geschlechts zu beobachten (siehe z. B. MacDONALD et al. 1975). Ein sorgfältig ausgearbeitetes Meßinstrument zur Erfassung der heterosozialen Adäquatheit (HAT) wurde von PERRI & RICHARDS (1979) vorgelegt. Die Entwicklungsverzögerung bezüglich Verabredungen mit Personen des anderen Geschlechts wird als Vorläufer schwerer psychologischer Probleme, ihre Behandlung als wirksame Erleichterung einer weiteren gesunden Entwicklung angesehen (MARTINSON & ZERFACE 1970). Die Prävalenzrate liegt - je nach Operationalisierung - bei 8 bis 34 Prozent bei Collegestudenten. Für andere Personen wird sie eher noch höher geschätzt. Man kann das Non-Dating-Problem als Folge einer konditionierten Angst vor dem anderen Geschlecht ansehen, d. h. die Ängstlichkeit hält die Personen davon ab, Übungsmöglichkeiten für entsprechende soziale Fertigkeiten aufzusuchen. Oder man kann die Auffassung vertreten, daß Non-Daters die Fertigkeiten, die zu erfolgreichen, bekräftigten Rendezvous führen, aus irgend einem anderen Grund nicht erworben haben. Die Angst wäre in diesem Fall rein reaktiv und die negative Selbstevaluation eine realitätsgerechte Kognition. Letztere Meinung vertreten MacDONALD et al. (1975). Sie halten Gegenkonditionierung, z. B. durch systematische Desensibilisierung, für nicht ausreichend und den Aufbau einer positiven Selbstbewertung allein für kein angemessenes Therapieziel.

JAREMKO (1983) faßt die soziale Ängstlichkeit (wozu auch die Angst vor Datings gehört) als einen komplexen Prozeß auf, bei dem drei Komponenten interagieren und dazu führen, daß die Situationen aversiv erlebt werden und die Person mit geringer Wahrscheinlichkeit sozial kompetentes Verhalten zeigt. Die Komponenten sind: physiologische Reaktionen, die von JAREMKO mit Emotionen gleichgesetzt werden, kognitive Prozesse (vor allem negative Selbst- und Situationsbewertungen) und offenes Verhalten. Der Zusammenhang wird so gedacht, daß die physiologischen Reaktionen die kognitiven Bewertungen verstärken. (Jemand fühlt z. B. in Gegenwart eines attraktiven Mädchens verstärktes Herzklopfen und feuchte Hände, interpretiert diese Symptome als Angst und klassifiziert die Situation als eine, die höchstwahrscheinlich negativ verlaufen wird.) Die Mißerfolgsantizipationen wiederum verstärken die negativen Aussagen über sich selbst, letztere wieder die physiologische Aktivität. Der gesamte Zirkel führt zu Vermeidungsverhalten. Die Schlußfolgerungen aus diesem Analysemodell sind:

a) der Zirkel kann prinzipiell an verschiedenen Stellen durchbrochen werden,
b) bei der Behandlung sozialer Angst ist es vor allem wichtig, Flucht oder Vermeidung zu verhindern, damit die Angstreaktionen gelöscht und Selbstwirksamkeitserwartungen aufgebaut werden können,
c) die Klienten müssen sich zunächst über den Zirkel bewußt werden, dann müssen sie sowohl Fertigkeiten, die den Zirkel unterbrechen, als auch solche, die eine erfolgreiche Interaktion sicherstellen, erlernen.

Auf das diesen Überlegungen zugrundeliegende Streß-Impfungsprogramm gehen wir weiter unten ein. Zunächst werden die Verhaltenstrainings besprochen.

Die von MacDONALD et al. (1975) entwickelte Behandlungsmethode bestand in einem **Training sogenannter Dating-skills,** welche in der Gruppe im Rollenspiel durchgeführt wurde. Eine weitere Gruppe erhielt zusätzlich Hausaufgaben. Als Kontrollgruppen dienten eine Aufmerksamkeits-Placebo-Gruppe sowie eine Gruppe von Personen, die auf die Behandlung warteten. Abhängige Variablen waren zwei Angstfragebögen, eine Stimmungsskala, Angst-Ratings aus den Beobachtungen in den Rollenspielen und die berichtete Anzahl der Rendezvous in der vergangenen Woche. Die behandelten Gruppen trafen sich sechs Wochen lang einmal in der Woche für zwei Stunden. Die Behandlungsgruppen zeigten größere Verbesserungen als die Kontrollgruppen. Dabei bestanden erhebliche Unterschiede zwischen den beiden behandelnden Therapeuten. Die Anzahl der Verabredungen pro Woche z. B. stieg in der von Therapeut 1 geleiteten Gruppe im Mittel von .17 auf .50, beim anderen Therapeuten stieg sie in einer Gruppe von 0 auf .17 und sank in der anderen Gruppe von .17 auf 0. (Bei sechs Versuchspersonen pro Gruppe bedeutet der Wert von .17, daß einer aus der Gruppen ein Rendezvous gehabt hatte!) Leider wurde der gut durchdachte Versuchsplan (vier Behandlungen einschließlich Kontrollgruppe, zwei Therapeuten, die jede Behandlung mit sechs Personen durchführten) nicht entsprechend statistisch ausgewertet. Mit den intervallskalierten Daten hätte man eine 2x4 Varianzanalyse berechnen können und die Wechselwirkungen zwischen Therapeuten und Therapieform feststellen können, statt dessen wurden aber pro Gruppe nur t-Teste für die Pre-post-Differenzen berechnet. Das Training selbst ist bei LINDQUIST et al. (1975) ausführlich beschrieben.

HINTON (1979) führte ein **Training sozialer Fertigkeiten** mit zufällig zusammengestellten Paaren während sogenannter Übungs-Dates durch. Verglichen wurden Paare, bei denen beide Partner sich vor dem Training extrem selten verabredeten (seltener als einmal in zwei Monaten) mit solchen Paaren, in denen ein Minimal-Dater mit einem Partner zusammengebracht wurde, der/die sich häufig verabredete. Außerdem wurden zwei Kontrollgruppen einbezogen. Alle Personen zeigten die gleichen Veränderungen in die erwartete Richtung, nämlich Abnahme der sozialen Ängstlichkeit und Zunahme der sozialen Fertigkeiten und der Verabredungsfrequenz. Wieso zwischen behandelten und nichtbehandelten Personen keine Unterschiede auftraten, konnte nicht geklärt werden. Möglicherweise handelte es sich bei den Versuchspersonen um solche, die einerseits nicht besonders ängstlich und andererseits besonders motiviert waren, ihr Verhalten zu verändern.

Ein ähnliches Experiment stammt von MARTINSON & ZERFACE (1970). Männlichen Non-Daters wurden in einem Zeitraum von fünf Wochen pro Woche je eine andere Partnerin für eine Verabredung vermittelt. Eine weitere Behandlung wurde mit diesen Personen nicht durchgeführt. Verglichen wurde diese Maßnahme mit dem Angebot von fünf Einzelkontakten bei einem Berater, von denen durchschnittlich 3.2 Sitzungen wahrgenommen wurden, sowie mit dem Warten auf eine Behandlung. Hinsichtlich der Veränderungen in manifester Angst sowie der Verabredungshäufigkeit drei und acht Wochen nach Abschluß des Programms wurden keine signifikanten Gruppenunterschiede gefunden. Aber die spezifische Angst in einer imaginierten Situation (sich dem Telefon nähern, um ein Mädchen anzurufen, mit dem man sich verabreden möchte) sank bei der Gruppe mit arrangierten Dates bedeutsam ab gegenüber den Veränderungen in den beiden anderen Gruppen. Positive Effekte von arrangierten Dates berichten auch CHRISTENSEN & ARKOWITZ (1974). Sie bezogen auch weibliche Versuchspersonen mit ein, leider werden aber keine geschlechtsspezifischen Behandlungseffekte mitgeteilt. Wir gehen auf diese Untersuchung nicht näher ein, weil die Evaluation lediglich mit Selbsteinschätzungen der Versuchspersonen vorgenommen wurde und außerdem keine Kontrollgruppe einbezogen war.

BANDER et al. (1975) führten mit fünf Gruppen männlicher Studenten (je 15 bis 20 Teilnehmer) folgende Behandlungen durch: (a) "Umschulung" (reeducation), ein gestuftes Rollenspiel und Training sozialer Fertigkeiten (acht Sitzungen), (b) Kombinations-Therapie, die aus einer verkürzten "Umschulung" mit zusätzlicher systematischer Desensibilisierung bestand (acht Sitzungen), (c) Placebo, hier wurden aus der Gestalttherapie entnommene Bewußtheitsübungen durchgeführt, die jedoch nicht spezifisch für Dating-Probleme waren (acht Sitzungen), (d) minimaler Kontakt (Kontrollgruppe), in Form einer Wartegruppe, (e) Microlab, eine vierstündige Seminarsitzung zusammen mit Studentinnen, die den Zweck der Übung sowie die Besonderheit der männlichen Seminarteilnehmer nicht kannten; hier wurde besprochen, wie man Kontakte knüpft und welche Bedeutung Selbstöffnung und nonverbales Verhalten haben. Bei den behandelten Gruppen (a und b) zeigten sich die erwarteten Effekte, nämlich Abnahme in Sich-unwohl-fühlen in sozialen Situationen (social distress) und Verringerung der Angst vor Frauen. Die beiden Gruppen unterschieden sich in den Effekten nicht voneinander, so daß eine zusätzliche Behandlung mit systematischer Desensibilisierung überflüssig erscheint. Die Abnahme sozialer Ängstlichkeit durch Training allein unterstützt die oben erwähnte Konzeptualisierung von MacDONALD et al. (1975), wonach die Ängstlichkeit eine Folge ungünstiger Erfahrungen als Resultat mangelhafter sozialer Fertigkeiten ist. In manchen Bereichen hatte das Microlab vergleichbare Effekte wie die eigentliche Behandlung.

MELNICK (1973) verglich verschiedene verhaltenstherapeutische Methoden miteinander. 59 männliche Studenten, die sich entweder seltener als zweimal pro Woche verabredeten oder sich in sozialen Situationen mit Mädchen unwohl fühlten oder Veränderungswünsche bezüglich erfolgreicherem Dating-Verhalten bekundeten, wurden per Zufall einer von sechs Gruppen zugeteilt:

- NT: keine Behandlung,
- THER: Therapie-Kontrollgruppe (4 Sitzungen á 40 Minuten mit einer Therapeutin, die einen reflektierenden Gesprächsstil verwirklichte),
- VIC: stellvertretende Konditionierung; die Teilnehmer sahen in 4 Einzelsitzungen Videobänder von Paaren bei Verabredungen mit der Instruktion, zu überlegen, welche Verhaltensweisen sie für sich selbst anwenden könnten,
- PM: Modeling mit einem Partner, d.h. die Studenten sahen zunächst ein kurzes Videoband (wie bei VIC) und machten anschließend ein Rollenspiel mit einer Studentin, wobei sie vom Versuchsleiter Tips bekamen,
- SO: Kombination von Modeling mit einem Partner und Selbstbeobachtung; zusätzlich zur Prozedur PM sahen die Teilnehmer anschließend ein Videoband ihres eigenen Verhaltens mit der Aufgabe, sich zu überlegen, was sie das nächste Mal besser machen könnten,
- REIN: Kombiniertes Modeling, Selbstbeobachtung und Bekräftigung; zusätzlich zur Prozedur SO erhielten die Versuchspersonen während des Anschauens der eigenen Videoaufnahme intermittierende Bekräftigungen für angemessenes Verhalten.

Abhängige Variablen waren die Verhaltenseinschätzungen bezüglich der Variablen Angemessenheit, maskuline Selbstbehauptung, Ängstlichkeit und Freundlichkeit durch zwei Rater, die die Versuchsperson in einer simulierten Dating-Situation (vor und nach der Behandlung) einzustufen hatten. Die Gruppen mit Selbstbeobachtung (SO und REIN) zeigten in allen vier Bereichen größere Verbesserungen als die beiden Kontrollgruppen (NT und THER). In den Bereichen "maskuline Selbstbehauptung" und "Ängstlichkeit" übertrafen sie auch die beiden anderen Behandlungsgruppen (VIC und PM). Für die ebenfalls erhobenen Angstindikatoren (Antwortlatenz und Sprachunsicherheiten), das Selbstkonzept sowie die Anzahl der Verabredungen ergaben sich keine bedeutsamen Gruppenunterschiede. Nach Meinung des Autors sind aus der Lerntheorie abgeleitete Behandlungsmaßnahmen geeignet, Dating-Probleme zu verringern, wobei besonders der Rückmeldung eine hohe Wirksamkeit zukommt. Das Beobachten erfolgreicher Dater allein bringt keinen Effekt, wahrscheinlich deshalb, weil stellvertretendes Lernen vor allem die Wahrnehmungsdiskrimination verbessert, unter der Voraussetzung, daß das erforderliche Verhaltensrepertoire vorliegt und die Situation klar strukturiert ist. Letzteres trifft jedoch für die Interaktion mit einem noch relativ unbekannten Verabredungspartner nicht zu. Zu einer ähnlichen Beurteilung von Modellernen kommen übrigens GROFFMANN et al. (1980) bei einem Überblick über die Behandlung verschiedener Ängste (unter anderem auch soziale Angst). Nach ihrer Meinung ist Modellernen effektiver als keine Behandlung. Noch bessere Effekte sind aber bei einer Kombination mit Verhaltensübungen, Instruktionen, Rückmeldung und Verstärkung zu erwarten.

Eine Möglichkeit, die vielen verschiedenen Interventionsmethoden quasi in einem Programmpaket zusammenzufassen, bietet das **Streß-Impfungs-Training.** Als Beispiel für die Behandlung von Dating-Problemen greifen wir das Training von JAREMKO (1983) heraus. JAREMKOs theoretische Konzeptualisierung von sozialer Ängstlichkeit ist oben bereits beschrieben worden. In Abbildung 6.5 ist sie noch einmal zusammengefaßt.

Die Mitte der Abbildung bildet der sich selbst verstärkende Zirkel von physiologischer Erregung über automatische Bewertung der Situation und negative Selbstbewertungen. Dieser Zirkel kann an den Punkten A, B oder C unterbrochen werden. In Frage kommen unterschiedliche Maßnahmen, die auf den Klienten individuell abgestimmt und nach einem Baukastensystem kombiniert werden können. Am Punkt A kommt z. B. in Frage: Kaugummikauen gegen trockenen Mund oder Entspannungstraining. Am Punkt B findet eine Neubewertung des Stressors statt. Es wird eine Sequenz von bewältigenden Selbstkommunikationen erarbeitet und zunächst in der Therapiegruppe, später in vivo, geübt, wie die automatischen negativen Bewertungen zu überwinden sind. Am Punkt C werden die negativen durch positive Selbstbewertungen ersetzt. Am Punkt D müssen soziale Fertigkeiten trainiert werden, die die Voraussetzung dafür bilden, daß der Klient sich überhaupt sozialen Situationen stellen kann. Punkt E stellt das bisherige Verhalten dar und soll nach Möglichkeit vermieden werden. Dem Klienten wird klargemacht, daß er von Punkt E aus wieder größere Angst in sozialen Situationen zu erwarten hat.

JAREMKO et al. (1979, zit. nach JAREMKO 1983) verglichen ihr Training, das sich vor allem auf die Punkte A, B und C konzentrierte und durch drei Übungsinteraktionen mit verschiedenen Partnern des anderen Geschlechts komplettiert wurde, mit dem Training sozialer Fertigkeiten nach MacDONALD et al. (1975), das wir oben bereits dargestellt haben, und bei dem nach der Terminologie in Abbildung 6.5 vor allem am Punkt D trainiert wird. Beide Gruppen verbesserten sich in den Fragebogendaten (soziale Vermeidungs- und Enttäuschungsskala, Angst vor negativer Bewertung, Selbstwirksamkeit bei Verabredungen), nicht jedoch in einem Selbstbewußtseins-Fragebogen. Die Streßimpfungsgruppe zeigte die größeren Verbesserungen im emotionalen Bereich: Verringerung der Angst, mehr Freude und interpersonelle Nähe bei Interaktionen mit gegengeschlechtlichen Partnern. Die Verhaltenstrainingsgruppe schätzte ihre Selbstwirksamkeit

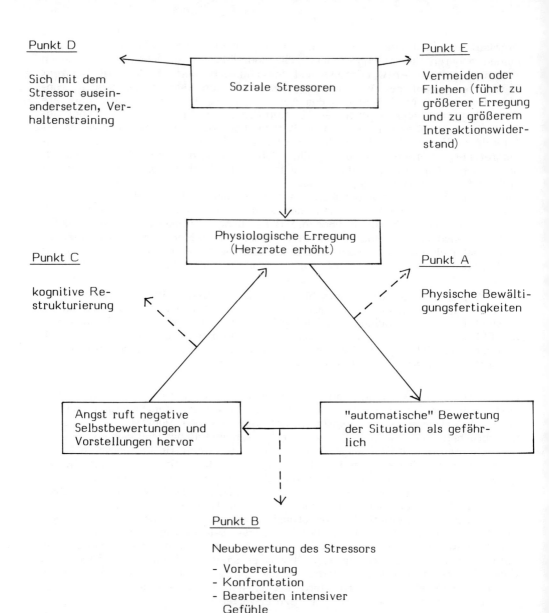

Abbildung 6.5: Behandlungsmodell für Streßimpfung sozialer Ängstlichkeit nach JAREMKO (JAREMKO 1983, p. 437).

höher ein und wies nach dem Training eine größere Anzahl von Interaktionen auf (gemessen mit einem Interaktionstagebuch).

Zusammenfassend kann man feststellen, daß die diversen Trainings für Datingverhalten zwar Tendenzen in der erwünschten Richtung erbringen, aber - zumindest kurzfristig - nicht die Effekte zeitigen, die sich Trainer und Klienten erhofft haben, nämlich daß sich die Klienten oft und gern verabreden. Möglicherweise wären bei längerfristigen Katamnesen positivere Behandlungswirkungen nachzuweisen, da man ja davon ausgehen kann, daß das Zusammentreffen mit einem gegengeschlechtlichen Partner, sobald es als angenehm erlebt wird, eine stark bekräftigende Wirkung hat. Ein Mangel an methodischem Wissen besteht unseres Erachtens zur Zeit noch in der Behandlung von Frauen mit Dating-Problemen. Die oben zitierten Forscher gingen offenbar alle davon aus, daß ein angemessenes Verhalten im heterosozialen Bereich vor allem für Männer wichtig ist, da diese schließlich die Initiative ergreifen müssen. Selbst wenn man diese Norm übernimmt, was per se schon ein Problem darstellt (vgl. Kapitel 3), so könnte man doch überlegen, auf welche Weise man jungen Frauen Hilfen an die Hand geben könnte, damit sie sich im Umgang mit Männern weniger ängstlich und in einer für sie selbst befriedigenderen Weise verhalten können.

Die Probleme "soziale Ängstlichkeit" und "mangelhafte soziale Fertigkeiten" bestehen bei den Non-Daters meistens schon längere Zeit und sie dürften sich auch auf den Umgang mit gleichgeschlechtlichen Peers erstrecken. Zu fordern wäre daher eine möglichst frühe Erfassung und Behandlung von sozial ängstlichen oder sozial imkompetenten Kindern. Dadurch könnte der von JAREMKO (1983) beschriebene Teufelskreis frühzeitig durchbrochen und der Weg zum Lernen in der natürlichen Umgebung freigemacht werden. Trainingsprogramme, die bereits im Kindergartenalter ansetzen, werden von LA GRECA (1980) und SHURE & SPIVACK (1974, 1975, 1979, 1980) beschrieben. Auch für das Schulalter liegen Programme vor, z. B. von ZEEMAN & MARTUCCI (1976), HALLAHAN & KAUFFMAN (1976), PETERMANN (1983). Speziell auf das Jugend- und Erwachsenenalter zugeschnitten ist das Programm von HINSCH & PFINGSTEN (1983). Einen Überblick über soziales Kompetenztraining in verschiedenen Altersgruppen gibt DURLAK (1983).

6.5.2 Psychologische Ehevorbereitung

Die Zeit vor dem Entschluß zu heiraten bzw. vor der Hochzeit ist für die meisten Paare mit erheblicher Unsicherheit verbunden. Gegenseitige Wahrnehmungen und Erwartungen werden "getestet", die Etablierung eines intimen Verhältnisses bedeutet den Übergang in ein reiferes Lebensstadium, Veränderungen der eigenen Person in Richtung auf Anpassung an den Partner werden notwendig. Diese Prozesse finden in einer Phase erhöhter Selbstbewußtheit statt, d. h. in einem Stadium, wo man sich besonders intensiv mit seinen Gefühlen und Wertvorstellungen auseinandersetzt (GINSBERG & VOGELSONG 1977). Diese Bedingungen machen die Zeit vor der Ehe zu einem äußerst geeigneten Feld für primäre Prävention: Die Zielgruppe ist lernbegierig und offen, ernsthafte Probleme bestehen noch nicht, und falls die Partner feststellen, daß sie nicht so gut zusammenpassen, wie sie vielleicht gedacht haben, ist eine Trennung noch relativ leicht möglich.

Wie wir oben bereits ausgeführt haben, besteht hinsichtlich der relevanten Selektionskriterien bei der Partnerwahl keine einheitliche Auffassung. Durchgängig wird allerdings die Meinung vertreten, daß der Kommunikation in der Ehe ein zentraler Stellenwert zukommt. Das geht sowohl aus empirischen Studien zur Ehezufriedenheit als auch aus klinischen Beobachtungen mit gestörten bzw. gebesserten Paarbeziehungen hervor (vgl. die zitierte Literaturübersicht bei GINSBERG & VOGELSONG 1977). Man kann daraus schlußfolgern, daß man einen wesentlichen Beitrag zur Vorbereitung auf eine befriedigende Ehe leistet, wenn man noch nicht verheirateten Paaren eine als gesundheitsförderlich erkannte verbale Kommunikationstechnik vermittelt. Die befriedigende Ehe wiederum soll zu Wohlbefinden und Wachstum der einzelnen Partner beitragen und die Chancen dafür erhöhen, daß man mit schwierigen emotionalen Problemen, wie sie im späteren Leben auftreten können, fertig wird.

Zu diesem Zweck wurde von GINSBERG & VOGELSONG (1977) das **PRIMES-PROGRAMM** (premarital relationship improvement by maximizing empathy and self-disclosure) entwickelt. Hier lernen die Teilnehmer in einer Kombination aus kontrolliertem Dialog und reflektierendem Sprechen, sich gegenseitig mitzuteilen, welches Verhalten sie sich beim anderen wünschen und welches sie ablehnen. Die zu diskutierenden wichtigen Themen hat das Paar vorher als Hausaufgabe aufzulisten. Das Training wird in Gruppen durchgeführt und dauert über acht Wochen verteilt insgesamt 24 Stunden. Ein Paar diskutiert jeweils vor der Gruppe ein wichtiges Thema und erhält dabei Hinweise und Rückmeldungen vom Trainer.

Eine Evaluation des Trainings mit 30 Personen (Studenten mit festen Partnern) im Vergleich zu einer Wartegruppe von 54 Personen (Vergleich der Veränderungswerte von pre nach post) erbrachte in fünf von zehn Fragebogenmaßen, die sich auf Zufriedenheit mit der Partnerschaft, Problembearbeitung, Akzeptanz des anderen, Empathie, Wärme und Echtheit u. ä. bezogen, die erwarteten signifikanten Ergebnisse. Nach Meinung der Autoren stellt diese Erfolgsquote eine eher konservative Schätzung dar, weil das Training von relativ unerfahrenen studentischen Trainern durchgeführt worden war und außerdem die Wartegruppe bereits Vorinformationen über Ziele und Inhalte des Programms erhalten hatte.

RIDLEY & BAIN (1983) verglichen den Effekt des PRIMES-Programms (17 Paare) mit dem einer Diskussionsgruppe über Beziehungsprobleme, in der über einen gleichen Zeitraum - ebenfalls in Gruppen - Partnerprobleme besprochen wurden, aber kein Training durchgeführt wurde (11 Paare). Die abhängigen Variablen waren die sechs inhaltlichen Bereiche aus dem JOURARD Self-Disclosure Questionnaire (JSDQ), nämlich Offenheit in bezug auf Einstellungen und Meinungen, Geschmack und Interessen, Arbeit oder Ausbildung, Geld, Persönlichkeit und Körper. Es mußte jeweils angegeben werden, wie groß die Offenheit in bezug auf jedes Item gegenüber dem Partner sowie engen Freunden und Bekannten ist. Die Meßzeitpunkte lagen unmittelbar vor und nach dem Training sowie sechs Monate nach Abschluß des Trainings. Die Veränderung während der Trainingszeit war für die PRIMES-Gruppe in den Bereichen Einstellungen und Meinungen sowie Persönlichkeit dem Partner gegenüber signifikant größer als bei der Diskussionsgruppe. Nach der Follow-up-Phase bestanden diese Unterschiede nicht mehr. Die Mittelwerte der PRIMES-Gruppe hatten sich nahe dem Pretest wieder eingependelt. Eine Generalisierung der Offenheit auf Freunde oder Bekannte war ebenfalls nicht festzustellen. Die mangelnde Generalisierung auf andere Personen mag noch hingenommen werden, vielleicht ist sie nicht einmal in allen Zusammenhängen wünschenswert. Daß die Trainingseffekte in bezug auf den Partner aber mit der Zeit verschwinden, muß bedenklich stimmen. Eigentlich sollte man annehmen, daß ein gemeinsam gelerntes und für gut befundenes Verhalten sich in der täglichen Interaktion festigt. Dies scheint jedoch nicht der Fall gewesen zu sein.

Ein weiteres Ehevorbereitungsprogramm ist das **Minnesota Couples Communication Program (MCCP)** (MILLER et al. 1976, NUNNALLY et al. 1975). Das Programm basiert auf der Annahme, daß die Partner sich im Verlauf der Zeit kontinuierlich aneinander anpassen und daß dafür zwei Arten von Fertigkeiten notwendig sind, nämlich
1) Bewußtheits-Fertigkeiten, die sie in die Lage versetzen, ihre Regeln und Interaktionsmuster zu verstehen, und
2) Kommunikationsfertigkeiten, die es ihnen ermöglichen, ihre Regeln und Interaktionsmuster zu ändern.

Das Behandlungsmodell ist entwicklungsorientiert, zentriert auf das System (nicht den Einzelnen oder die Gruppe) und orientiert am Lernen von Fertigkeiten (vor allem Kommunikation und Metakommunikation). Es basiert auf Freiwilligkeit der Teilnehmer und betont den Gruppenkontext als Lernumgebung. Die einzelnen Übungen werden in den Veröffentlichungen genauer beschrieben. Sie ähneln Übungen aus der Gruppendynamik (z. B. Gesprächsregeln) und der Transaktionsanalyse. Hinzu kommen Kommunikationsübungen, z. B. kontrollierter Dialog sowie Übungen zu verschiedenen Kommunikationsstilen. Die Gruppen treffen sich über 4 Wochen einmal wöchentlich für 3 Stunden.

Eine Evaluation mit 17 noch nicht verheirateten trainierten Paaren im Vergleich zu 15 Paaren einer Wartegruppe erbrachte bei den trainierten Paaren im Vorher-nachher-Vergleich vermehrte problembezogene Kommunikation sowie eine verbesserte Erinnerungsgenauigkeit. Die Erinnerungsgenauigkeit wurde wie folgt gemessen: Nach einer fünfminütigen Unterhaltung der beiden Partner miteinander sollte jeder der beiden angeben, wer von beiden bestimmte Verhaltensweisen öfter gezeigt hatte als der andere. Diese Angaben wurden verglichen mit den Beobachtungsdaten von Ratern, die sich hinterher die Tonbänder anhörten. Kurzfristig sind also die Lernziele erreicht worden. Ob darüber hinaus auch langfristig vermehrte Zufriedenheit mit der Partnerschaft zu erzielen ist, kann bislang nicht beantwortet werden.

Von den Autoren selbst werden als Kritikpunkte herausgestellt, daß das Programm nur für Paare geeignet ist, die keine Therapie brauchen, d. h. deren Partnersystem so flexibel ist, daß sie mit neuen Interaktionsmodellen experimentieren können, und daß die Gruppen relativ klein gehalten werden müssen (5-7 Paare), um allen Teilnehmern genügend Aufmerksamkeit zu widmen. Dadurch sind die Kosten relativ hoch. Außerdem werden vor allem Akademiker von dem Programm angesprochen.

Die christlichen Kirchen legen den Brautleuten teilweise den Besuch von **Ehevorbereitungsseminaren** nahe. Von wievielen Paaren diese Angebote genutzt werden, ist uns nicht bekannt. Es ist anzunehmen, daß neben der Diskussion einer christlichen Lebensführung auch Themen wie Konfliktbewältigung oder Kommunikation in der Ehe behandelt werden. Ein Versuch, die von den Kirchen angebotene Ehevorbereitung mit psychologischer Prävention zu verbinden, wird von SZOPINSKI (1983) beschrieben. Ziele der Kurse waren: Entwicklung eines eigenen Lebensstils, verbesserter Kontakt zwischen den Partnern und die Mobilisierung kreativer Kräfte. Als Methoden werden Kommunikationsübungen auf der Grundlage der Transaktionsanalyse, Kooperationsspiele und Problemlösungsspiele verwendet. Außerdem wird erarbeitet, welche Vorstellungen die Partner von der zukünftigen Familie haben und inwieweit diese Vorstellungen von den Situationen in den Herkunftsfamilien beeinflußt werden. SZOPINSKI berichtet, daß etwa 1.000 Personen (überwiegend Akademiker!) sich an dem 10wöchigen Gruppentraining à zwei Stunden pro Woche beteiligt haben. Ein Evaluationsversuch wurde aber nur an 43 Personen vorgenommen. Die Teilnehmer hatten zu Kursbeginn und -ende auf einer siebenstufigen Ratingskala das gegenseitige Verständnis einzuschätzen. Die Veränderung sei bedeutsam gewesen, Daten werden jedoch nicht mitgeteilt. Interessant an diesem Programm, das in Polen durchgeführt wurde, ist, daß in einem sozialistischen Land nahezu dieselben Ziele verfolgt und dieselben Methoden angewendet werden wie in den USA.

Zu allen beschriebenen Programmen ist kritisch anzumerken, daß fast ausschließlich Studenten (bei PRIMES) bzw. Akademiker daran teilnahmen. Diese Mittelschichtpopulation ist vermutlich besonders leicht erreichbar und von den ebenfalls akademischen Trainern besonders gut verstehbar. Leider handelt es sich mit großer Wahrscheinlichkeit um eine Gruppe, die primäre Prävention - von den Risikofaktoren her gesehen - am wenigsten nötig hat. Möglicherweise würden sich auch die Zielsetzungen und Behandlungsschwerpunkte (verbale Kommunikation!) ganz erheblich ändern, wenn man echte Risikogruppen behandeln würde.

Eine solche Risikogruppe bilden Ehen, in denen beide Partner sehr jung sind. Die Faktoren, die solche Ehen gefährden, werden von BISHOP & LYNN (1983) zusammengefaßt (vgl. auch Tabelle 6.14). Bevor noch die Identitätsfindung abgeschlossen ist, stehen die jungen Partner bereits vor der Aufgabe, eine Intimität aufzubauen. Es konnte empirisch tatsächlich gesichert werden, daß die Ehen am wenigsten Intimität aufweisen, in denen beide Partner noch nicht zu einer Identität gefunden haben. Eine weitere Schwierigkeit ergibt sich aus der Tatsache, daß diejenigen, die sehr früh heiraten, meistens auch sehr früh Eltern werden (in den meisten Fällen dürfte das der Heiratsgrund sein). Bei anderen Ehen ist zu beobachten, daß die beste eheliche Anpassung erreicht wird, kurz bevor das erste Kind kommt. Die Chance, diese Phase in einer angemessenen Zeit zu durchlaufen, gibt es in den sehr jungen Ehen häufig nicht. Ein weiteres Problem besteht darin, daß Erfahrungen mit Gleichaltrigen zu kurz kommen, besonders für die Frauen. Die Männer hätten dagegen häufig noch eine Gruppe gleichaltriger Männer, die sie teilweise sogar unter Druck bringen, zu beweisen, daß sie nicht "unter dem Pantoffel" stehen. Meistens sind auch die Beziehungen zu den Herkunftsfamilien noch nicht befriedigend gelöst. BISHOP & LYNN geben zu den verschiedenen Problembereichen Interventionsschwerpunkte und mögliche edukative und therapeutische Methoden an.

SCHUMM & DENTON (1979) setzen sich in einem Überblicksartikel kritisch mit der psychologischen Ehevorbereitung auseinander. Neben Kritikpunkten wie mangelhafte Evaluation, unzureichende Ausbildung der Trainer und Mangel an Kenntnissen und Theorien darüber, was Verlobte oder junge Ehepaare eigentlich brauchen (letzteres wird in der Arbeit von BISHOP & LYNN (1983) jedenfalls teilweise geleistet) thematisieren sie die Frage nach dem richtigen Zeitpunkt eines Trainings. Manche Untersuchungen sprächen dafür, daß Trainings einen bis sechs Monate nach der Hochzeit wirksamer seien als Trainings vor der Hochzeit. Der Grund dafür wird darin gesehen, daß das Paar zunächst einen Realitätsbezug gefunden haben muß, bevor präventive Maßnahmen überhaupt "greifen" können. D. h. ehe nicht der Alltag eingekehrt ist, können auch die potentiellen Problemfelder in der Beziehung nicht erkannt werden. Der Besuch bei einem Berater vor der Hochzeit könnte dann mehr dazu dienen, den Kontakt für ein Training herzustellen, das später stattfinden kann. Mehr Beachtung als

Tabelle 6.14: Erleichternde und einschränkende Faktoren für die Entwicklung von Autonomie und Kompetenz im jungen Ehesystem (Adolescent Marital System) sowie Richtlinien für die Intervention (nach BISHOP & LYNN 1983, p. 278 f., übersetzt von den Verfassern, teilweise gekürzt (+)).

System-ebene	Erleichternde Faktoren	Einschränkende Faktoren	Mögliche Interventions-schwerpunkte	Mögliche edukative/therapeutische Interventionsformen
Individuum	- Erreichen einer Identität	- ungelöste Identitätsprobleme - unreife Bewältigungsformen	1. Erarbeitung von kurz- und langfristigen Zielen, 2. Erarbeitung von Alternativen, 3. Feststellen von Interessen und Werten, 4. Klarstellen von Verpflichtungen (commitments)	1. Gruppentherapie mit Gleichaltrigen, 2. Interessenerkundung durch Freizeitaktivitäten; 3. Paargruppentherapie
Ehe	- Erreichen von Intimität, - Übereinstimmung in Zielen, Werten, Erwartungen hinsichtlich Familie und ehelicher Beziehung, - Primat der ehelichen Dyade, - Fertigkeiten im interpersonellen Umgang	- Isolation - keine Klarheit/Übereinstimmung in Zielen, Werten, Erwartungen hinsichtlich Familie und ehelicher Beziehung, - eheliche Dyade hat keine Priorität, - Distanz-Suche	1. Verbesserung von Kommunikationsfertigkeiten, 2. Exploration von Zielen, Werten, Erwartungen, 3. Verhandlungen über Distanz und Nähe, 4. Herstellen einer Dyaden-Priorität, 5. Gemeinsamkeiten/Für-einander-Sorgen, 6. Sexualität/Familienplanung	1. Ehetherapie, 2. Freizeitaktivitäten 3. Streß-Beratung/Krisenintervention, 4. Ehe-Anreicherung
Familie	- sich entwickelndes Sorge-/Führungssystem, - Kenntnisse und Fertigkeiten in Familienlebenaktivitäten	- keine Klarheit/Konsistenz im Sorge-/Führungssystem, - mangelnde Kenntnisse/Fertigkeiten in Familienlebenaktivitäten	1. Geldeinteilung, 2. Hausarbeit, 3. Kochen/Einkaufen, 4. Kinderversorgung, 5. Erziehungsfragen, 6. Festlegung von Zielen	1. Ehetherapie, 2. Familientherapie, 3. Kurse für Erziehungsprobleme

Fortsetzung der Tabelle 6.14:

System-ebene	Erleichternde Faktoren	Einschränkende Faktoren	Mögliche Interventionsschwerpunkte	Mögliche edukative/therapeutische Interventionsformen
außerhalb der Familie	- befriedigende Beziehungen zu Gleichaltrigen	- inadäquate (unterbrochene oder zu enge) Beziehung zu Gleichaltrigen	1. Fertigkeiten zur Entwicklung von Freundschaften mit Gleichaltrigen, 2. Kontaktmöglichkeiten mit Gleichaltrigen, 3. Grenzsetzungen	1. Gruppentherapie zum Aufbau von sozialen Fertigkeiten, 2. Ehetherapie, 3. Anbahnung von sozialen Aktivitäten mit Gleichaltrigen
	- adäquates Einkommen	- niedriges oder unregelmäßiges Einkommen	verschiedene Bereiche, die im Berufsleben wichtig sind (+)	1. Berufsberatung
	- Inanspruchnahme der erweiterten Familie (oder entsprechender Ersatzpersonen) für Unterstützung und Information	- inadäquate, unterbrochene oder zu enge Beziehung zur erweiterten Familie	1. Redefinition der Beziehungen zu den anderen Familienmitgliedern, 2. Finden von Unterstützungs- und Informationsressourcen, 3. Grenzsetzungen, 4. Finden von Ersatzpersonen, falls keine erweiterte Familie vorhanden ist	1. Ehetherapie 2. Intergenerationentherapie
	- Kenntnis und Benutzung von Gemeinderessourcen	- mangelnde Kenntnis über oder kein Kontakt zu Gemeinderessourcen		

bisher sollte speziellen Gruppen gewidmet werden, z. B. Soldatenehen, Wiederheiratenden oder Behinderten und anderen Benachteiligten.

6.5.3 Vorbereitung auf das erste Kind

Im Zusammenhang mit verbesserten Möglichkeiten der Familienplanung sowie mit erhöhtem Freizeitbudget scheinen sich in den letzten Jahrzehnten vor allem die Einstellungen von Männern zu Partnerschaft und Familie gewandelt zu haben. Das läßt sich daran zeigen, daß Männer verstärkt an Geburtsvorbereitungsseminaren und Kinderpflegekursen teilnehmen und häufiger die Geburt des Kindes miterleben.

Während es vor 20 Jahren in Deutschland noch eine Ausnahme war, wenn der Vater bei der Geburt seines Kindes anwesend war, so ist dies mittlerweile fast schon zur Norm geworden. Die Schätzungen für England und Deutschland besagen, daß etwa 70 % der Väter bei den Geburten anwesend sind. Voraussetzung dafür ist meistens, daß die Männer an geburtsvorbereitenden Kursen teilgenommen haben, so daß man davon ausgehen kann, daß diese Männer relativ gut über den Geburtsvorgang und Säuglingspflege informiert sind. Im Vergleich zu Vätern, die nicht an solchen Kursen oder an der Geburt teilgenommen haben, zeigen sich jedoch nur in manchen Untersuchungen bessere Beziehungen zwischen Vater und Kind kurz nach der Geburt. FTHENAKIS et al. (1982) führen das vor allem auf methodische Schwächen der Untersuchungen zurück: Die Untersuchungen wurden meist nur an kleinen Stichproben durchgeführt, geeignete Kontrollgruppen fehlen (d. h. man vergleicht selbstselektierte Gruppen, nämlich Geburtsteilnehmer und Nichtteilnehmer, die sich wahrscheinlich auch in den Ausgangseinstellungen bereits unterscheiden). Es wurden hauptsächlich Ober- und Mittelschichtfamilien untersucht. Darüber hinaus ist die Annahme, daß eine Information vor allem über Kurse erfolgt, wahrscheinlich nicht berechtigt. Die Teilnahme an den Kursen gebe vor allem Aufschluß über die Partnerbeziehung. Mit diesem Thema setzen sich drei Untersuchungen auseinander, die wir im folgenden kurz schildern wollen.

WENTE & CROCKENBERG (1976) untersuchten Väter, die ein erstes Kind im Alter von 0-3 Monaten bzw. 4-7 Monaten hatten und die entweder an einem **LAMAZE-Training** teilgenommen hatten oder nicht. (Beim LAMAZE-Training werden die Schwangeren mit den Techniken der "natürlichen" bzw. "sanften" Geburt vertraut gemacht.) Manche Fachleute halten die Teilnahme der Väter an diesen Kursen deshalb für wichtig, weil sie annehmen, daß durch die aktive Assistenz des Vaters bei der Geburt die neue Mutter-Kind-Vater-Triade gestärkt und dadurch Anpassungsschwierigkeiten, besonders des Mannes, an die neue Situation vermieden werden.

Um festzustellen, welche Faktoren dazu führen, daß Männer nach der Geburt Anpassungsschwierigkeiten erleben, wurden für alle 46 Versuchspersonen Korrelationen zwischen der selbsteingeschätzten Anpassungsschwierigkeit und der Beantwortung einzelner Items, die sich auf das Baby und die Partnerin bezogen, berechnet. Dabei ergaben sich folgende signifikanten Zusammenhänge (Korrelationen zwischen .37 und .68, nach der Größe in absteigender Reihenfolge geordnet):

Die Anpassungsschwierigkeit eines Mannes ist um so größer,
- je weniger Zeit die Frau für ihn hatte,
- je weniger Zeit sie füreinander hatten,

- je weniger Zeit er für die Familie hatte,
- je mehr sich die Beziehung zur Ehefrau geändert hatte,
- je mehr er sich zu Hause angebunden fühlte,
- je weniger Kenntnisse über Elternschaft er hatte,
- je mehr Schlafmangel er erlebte,
- je chaotischer der Haushalt war,
- je mehr sich die Figur der Frau verändert hatte,
- je mehr das Baby schrie,
- je mehr zusätzliche Kosten auf ihn zukamen,
- je mehr Hausarbeit er selber leisten mußte und
- je mehr langfristige Pläne er ändern mußte.

Keine Zusammenhänge mit der Anpassung hatten die Items: "nicht genug Zeit für die Arbeit", "weniger Einkommen, weil die Frau nicht arbeitet", "Windeln wechseln", "Bekannten- und Verwandtenbesuche". Zwischen den LAMAZE-Vätern und den Nicht-LAMAZE-Vätern zeigten sich keine Unterschiede. Das ist wahrscheinlich auch darauf zurückzuführen, daß die meisten Nicht-LAMAZE-Väter ebenfalls an der Geburt teilgenommen hatten und sich nur auf eine andere Art darauf vorbereitet hatten. Die Väter von älteren Säuglingen erlebten etwas mehr Anpassungsschwierigkeiten als die von jüngeren Säuglingen. Diese Daten deuten darauf hin, daß die Anpassung kumulativ durch die veränderten Bedingungen erschwert wird.

Zu einem weitgehend ähnlichen Ergebnis bezüglich der LAMAZE-Geburtsvorbereitung kommt MOORE (1983). Sie verglich Paare, die entweder an einer LAMAZE- oder an einer vom Krankenhaus angebotenen Geburtsvorbereitungsgruppe teilgenommen hatten (insgesamt 105 Paare). Zu drei Zeitpunkten, nämlich in der 24. - 28. Schwangerschaftswoche, in der 36. - 38. Schwangerschaftswoche und vom 3. - 21. Tag post partum sollten die jungen Eltern Fragebögen hinsichtlich der Zufriedenheit mit der Ehe und den Konflikten, die in der Ehe auftraten, ausfüllen. Nur für die Ehemänner und nur für den zweiten Meßzeitpunkt war ein Unterschied zwischen den Vorbereitungsgruppen festzustellen: Die LAMAZE-Väter zeigten größere eheliche Zufriedenheit. Dieser Unterschied war nach der Geburt jedoch nicht mehr festzustellen. Aus den Daten beider Untersuchungen läßt sich schließen, daß die Geburtsvorbereitung wahrscheinlich nur für die Geburt selbst Sicherheit vermittelt. Eine Generalisierung auf die Zeit zu Hause mit dem Baby ist von den Kursen nicht intendiert und läßt sich auch nicht nachweisen.

Ein Programm, das sich mehr mit der seelischen Gesundheit werdender Eltern befaßt, wird von RUBENSTEIN et al. (1979) beschrieben. Das **Psycho-Obstetrics Program** (Psychologisches Entbindungsprogramm) wird mit fünfzig bis sechzig Paaren in sechs zweistündigen Sitzungen durchgeführt. Die Kurse werden von Krankenschwestern geleitet. Inhalte des Kurses sind körperliches Wohlergehen von Eltern und Baby; die letzte Sitzung behandelt die seelische Gesundheit und das psychische Wohlergehen der werdenden Eltern. Als Methoden gelangen kurze Lehrvorträge, strukturierte Übungen (z. B. paarweise Kommunikationsübungen, Eltern- und Kind-Rollenspiele, Skulpturen bilden) und Gruppendiskussionen zum Einsatz. An dem Programm haben bis zum Erscheinen der Arbeit schon über 3.500 Paare teilgenommen. Leider erfolgte nur eine informelle Evaluation: Die Eltern sollten die Nützlichkeit des Programms und ihren Lernerfolg einschätzen. Paare, die zum ersten Mal Eltern wurden, fanden den Kurs besonders nützlich (hier vor allem die Väter). Die Einschätzung des Lernens war nur mittelhoch, was die Autoren darauf zurückführen, daß die meisten

Menschen unter Lernen die Aneignung von Wissen oder Fertigkeiten verstehen, was nicht Ziel des Kurses war.

6.5.4 Enrichment-Programme für Ehepaare

In den USA hat sich, etwa seit Beginn der 70er Jahre, eine regelrechte Enrichment-Bewegung entwickelt. Von einzelnen Programmen wird berichtet, daß bereits zehntausende von Paaren daran teilgenommen haben. Bevor wir auf einzelne, ausgewählte Programme näher eingehen, wollen wir kurz die allen gemeinsamen, zugrundeliegenden Ideen darstellen. MACE & MACE (1975) sehen die Enrichment-Bewegung als Reaktion auf die Tatsache, daß die Ehe einen Wandel durchgemacht hat: Sie ist nicht mehr länger (nur) eine Institution, die dann in Ordnung ist, wenn jeder die ihm zugewiesene Rolle ausreichend ausfüllt, sondern sie ist eine Partnerschaft, die interpersonelle Kompetenzen erfordert. Die große Mehrheit der heutigen Ehepaare vertritt diese Meinung, es ist nur häufig nicht klar, worin die interpersonellen Kompetenzen eigentlich bestehen. MACE & MACE plädieren dafür, daß jedes Ehepaar die Beziehung von Zeit zu Zeit durch Experten oder andere Ehepaare überprüfen lassen sollte, und zwar mit derselben Selbstverständlichkeit, mit der man zum Zahnarzt geht, um sich die Gesundheit seines Gebisses bestätigen zu lassen. Damit äußern MACE & MACE eine sehr optimistische Auffassung, die - jedenfalls für deutsche Verhältnisse - noch lange nicht Wirklichkeit werden dürfte. Das Beispiel mit der Zahngesundheit trifft wohl nur auf eine Minderheit zu, ebenso wie die Teilnahme an anderen Vorsorgeuntersuchungen (vgl. BECKER 1986b).

Die den Enrichment-Programmen zugrundeliegenden Ideen, die dem Gedankengut der Humanistischen Psychologie entstammen, lassen sich mit OTTO (1976b) folgendermaßen zusammenfassen:
(1) In jedem Paar bzw. jeder Familie gibt es ein Wachstumspotential für die Beziehung sowie die Möglichkeit für persönliches Wachstum, die zu einem erfüllteren Zusammenleben führen.
(2) Jedes Paar/jede Familie kann durch periodische Regeneration, wie sie durch Ehe- und Familien-Enrichment-Programme angeboten wird, gestärkt werden.

Eine Umfrage von OTTO bei Autoren, die sich zu Enrichment-Programmen geäußert und diese selbst durchgeführt haben, ergab, daß vor allem die Zielbereiche Kommunikation und Sexualität bearbeitet werden. Häufig benutzte Grundlagenliteratur sind neben eigenen Schriften der Kursleiter Programmvorschläge von GORDON (1972, 1978), BACH (1977), CLINEBELL (1976) zur Konfliktbearbeitung, transaktionsanalytische Schriften (BERNE 1976) sowie familientherapeutische Literatur (z. B. SATIR 1972). Der zeitliche Rahmen ist meistens auf ein Wochenende beschränkt. Die Kosten für die Teilnehmer können bis zu 75 Dollar pro Person betragen. Häufigkeit und Qualität der Evaluation der Programme hinken leider erheblich hinter der Verbreitung her. OTTOs befragte Autoren äußerten sich zu diesem Punkt folgendermaßen: 22 erbaten schriftliche Rückmeldung von den Teilnehmern, 3 gaben an, spezifische Forschungsprojekte zur Evaluation durchzuführen, 6 evaluierten gar nicht und 2 gaben keine Antwort auf diese Frage.

Im folgenden wollen wir uns einzelnen Enrichment-Programmen näher zuwenden. Ziel ist dabei vor allem, aufzuzeigen, welche Methoden überhaupt verwendet werden und welche Ziele im einzelnen verfolgt werden. In einem letzten Schritt werden wir einige Evaluationsprojekte schildern, um einen Eindruck davon zu vermitteln, mit welchen Effekten man bei Präventionsbemühungen dieser Art überhaupt rechnen kann.

Die Enrichment-Programme lassen sich folgendermaßen gliedern:
1. Programme auf religiöser Grundlage, diese betonen vor allem die Einheit des Paares und die gemeinsame Sinnfindung in der Religion, 2. Programme auf humanistischer Grundlage, hier geht es vor allem um gegenseitiges Verstehen und verbesserte Kommunikation, 3. behaviorale Ansätze, die sich vornehmlich in den verwendeten Methoden von den humanistischen Programmen unterscheiden, 4. in einer Restkategorie berichten wir noch über einige spezielle Programme, die in die anderen Kategorien nicht eingeordnet werden können.

6.5.4.1 Religiös orientierte Enrichment-Programme

Die Förderprogramme für Ehepaare auf religiöser Grundlage, die von den christlichen Kirchengemeinden bzw. von den jüdischen Gemeinden angeboten werden, haben in den USA eine große Verbreitung gefunden. Dies ist nicht weiter verwunderlich, wenn man bedenkt, daß den Kirchen einerseits das Personal und die Räumlichkeiten für solche Veranstaltungen zur Verfügung stehen und die Ziele des Enrichment sehr gut kompatibel sind mit den Zielen, die die Kirchen für ihre Mitglieder haben (Dauerhaftigkeit von Ehen, persönliches Wachstum, Sinnfindung im Leben, lebendige Gemeinde). Andererseits sind die Gemeindemitglieder leicht für Veranstaltungen zu gewinnen. Es kommt nicht so leicht der Verdacht auf, daß es sich um "Therapie" handeln könnte, und die Methoden, wie z. B. Gesprächsgruppe oder Exerzitien, sind den Teilnehmern vertraut.

Ein Programm, das in der Durchführung stark den jesuitischen Exerzitien ähnelt, ist das **Jewish Marriage Encounter** (KLIGFELD 1976). Das Programm wird in einer Gruppe von 30 Paaren durchgeführt und dauert ein Wochenende. Auf gemeinsame Gebete und eine Einführung in das Thema folgen Reflexionen in Einzelarbeit, die niedergeschrieben und anschließend mit dem Partner besprochen werden. Ein Gruppenprozeß findet nicht statt, jedes Paar arbeitet für sich. Ziel der Arbeit ist es, die Beziehung zwischen den Partnern zu stärken, dadurch werde die Familie gestärkt und dadurch wiederum die Gemeinde. Es sollen bis 1976 etwa 10.000 Paare teilgenommen haben, eine Evaluation liegt nicht vor. Methodisch weitgehend ähnliche Programme, die auch die Einheit zwischen den Partnern und die Integration religiöser Werte in das Leben betonen, beschreiben BOSCO (1976) und GREEN (1976). Die Ähnlichkeit zu den christlichen Exerzitien besteht in folgenden methodischen Besonderheiten: Die Übenden sondern sich ab von der Gruppe und arbeiten alleine. Der die Übung Gebende verhält sich nondirektiv in bezug auf Versprechungen bzw. Gelübde und forscht den Übenden über seine persönlichen Gedanken bzw. Sünden nicht aus (vgl. von LOYOLA 1966).

Von SMITH & SMITH (1976) sowie HOPKINS & HOPKINS (1976) wird das **Marriage Communication Lab** beschrieben. Ziele sind: die Partner sollen wahrnehmen und wissen, was in der Ehe vor sich geht, gute Kommunikation, sexuelle Erfüllung, Identität, Intimität, den Konflikten ins Auge sehen, freier Ausdruck positiver und negativer Gefühle und Religiosität. Die Arbeitsweise ist paarzentriert und erfahrungsorientiert. Es wird paarweise und in Kleingruppen gearbeitet, verbale und nichtverbale Kommunikation wird beachtet. Die Kommunikation gilt als Schlüssel zur Beziehung. Geübt wird nach den Prinzipien von GORDON (1972) das Aktive Zuhören, Ich-Botschaften sowie die niederlagelose Methode der Konfliktlösung (wir haben diese Trainingselemente im Kapitel "Elterntraining" näher beschrieben). Weiterhin werden die Einstellungen und Gefühle bezüglich der Sexualität bearbeitet. Die Evaluation beschränkte sich bisher auf das Sammeln persönlicher Dankschreiben der Teilnehmer.

Eine Effektivitätsuntersuchung zu einem Enrichment-Programm auf religiöser Grundlage stammt von LESTER & DOHERTY (1983). Untersucht wurde die Auswirkung des Marriage Encounter, welches große Ähnlichkeit mit den oben beschriebenen Programmen von KLIGFELD (1976), BOSCO (1976) und GREEN (1976) hat, d. h. die Partner reflektieren einzeln über ein bestimmtes Thema, schreiben ihre Gedanken nieder und sprechen anschließend darüber. Eine Problemlösung wird nicht angestrebt. Die Autoren zitieren einige empirische Untersuchungen, die die kurzfristigen Effekte des Programms belegen (vor allem unveröffentlichte Dissertationen). LESTER & DOHERTY ging es darum, die langfristigen Effekte sowie mögliche schädliche Nebenwirkungen festzustellen. Zu dem Zweck wurden 116 Männer und 125 Frauen vier Jahre nach Abschluß des Programms mit einem Fragebogen untersucht. Sie gaben unter anderem folgende Antworten (in Klammern die Prozentzahlen der Zustimmung zum Item, erste Zahl: Männer, zweite Zahl: Frauen):

Positive Effekte:
- Das Encounter hatte positive Effekte und half die Ehe zu verbessern (84, 75),
- mehr Offenheit und Vertrauen nach den Gesprächen (58, 63),
- mehr Zufriedenheit mit dem Partner (55, 42).

Negative Effekte:
- Mehr Frustration, weil bewußt geworden war, daß Bedürfnisse nicht erfüllt werden (6, 18),
- Uneinigkeit über das Marriage Encounter (6, 9),
- sofortige oder verzögerte negative Reaktion auf das Wochenende (5, 7).

Während die große Mehrheit der Ehepaare ausschließlich positive Auswirkungen des Encounters berichtete, muß doch die relativ große Zahl negativer Nebenwirkungen bedenklich stimmen:

40 % der Paare berichteten über mindestens eine unerwünschte Auswirkung (berücksichtigt sind hier auch die Antworten auf zusätzliche offene Fragen). Mindestens drei negative Neneneffekte wurden noch von immerhin 9 % der Paare berichtet. Für die Autoren stellt dieses Kriterium eine potentielle ernsthafte Beeinträchtigung durch die Behandlung dar. Man kann also nicht behaupten, daß diese Form des Enrichments schlechtestenfalls unwirksam ist.

6.5.4.2 Enrichment-Programme auf humanistischer Grundlage

Mit der ACME (Association of Couples for Marriage Enrichment)-Bewegung haben sich MACE & MACE (1975, 1976a, b) nicht nur durch zahlreiche Veröffentlichungen, sondern auch in der Wahl des Namens, als Anagramm ihres Familiennamens, ein Denkmal gesetzt.

Das Ziel der ACME-Programme ist, die Ehe zu stärken und das Wachstum zu fördern, unter anderem dadurch, daß die Tabus, die die Partner hindern, sich mit ihren Problemen auseinanderzusetzen, durchbrochen werden. Es wird besonderer Wert darauf gelegt, daß die Paare in Gruppen miteinander arbeiten, sich gegenseitig Modelle sind und sich gegenseitig helfen. Bereits trainierte Paare werden als sogenannte Facilitators eingesetzt. Dadurch erhält die Bewegung den Charakter von Selbsthilfegruppen, die zwar durch Professionelle initiiert werden, später aber weitgehend selbständig weiterarbeiten. Durch die Gruppenerfahrung sollen auch Freundschaften entstehen, die später als soziales Stützsystem weiterwirken. Die Aussagen von MACE & MACE zu den Effekten ihrer Programme stützen sich vorwiegend auf unmittelbare freie Äußerungen der Teilnehmer. Es wird außerdem eine unpublizierte Dissertation von SWICEGOOD (1974, zit. nach MACE & MACE 1976a) zitiert, die die Effekte eines ACME-Programms bei 25 Paaren gegenüber 18 nicht-trainierten Paaren nachweisen sollte. Die erwarteten Änderungen zeigten sich in längst nicht allen Variablen, außerdem waren die beiden Gruppen hinsichtlich der demographischen Variablen nicht vergleichbar.

Ein anderes weit verbreitetes Programm ist das bereits im Zusammenhang mit den Ehevorbereitungskursen erwähnte **Minnesota Couples Communication Program (MCCP)**. Im Gegensatz zu den ACME-Programmen sowie dem später noch darzustellenden Conjugal Relationship Enhancement (CRE) (GUERNEY, RAPPAPORT) wendet es sich ausdrücklich nur an gesunde Paare, d. h. Paare, deren eheliche Zufriedenheit mindestens durchschnittlich ist (BROCK & JOANNING 1983). Es hat also keinerlei therapeutischen Anspruch. Die Ziele des MCCP sind (NUNNALLY et al. 1975): Das Paar soll die Entwicklungsaufgaben gemeinsam bewältigen, die Partner sollen eine größere Bewußtheit über ihr Selbst und ihren Beitrag zur Interaktion erreichen, die Kommunikation soll verbessert werden, die Beziehung soll flexibel sein. In Abbildung 6.4 haben wir bereits das Präventive Stabilisierungsmodell für Paare, wie es NUNNALLY et al. propagieren, dargestellt. Die "Unterbrechung der gemeinsamen Erwartungen", ist ein immer wiederkehrendes Faktum in intimen Beziehungen. Unmittelbar voraus geht die "Klemme" bzw. der Wahlpunkt. Das Programm versucht nun, den Teilnehmern dazu zu verhelfen, diese Situation rechtzeitig zu erkennen, und die Partner dazu zu bringen, daß sie in einen Dialog eintreten, bei dem Selbstöffnung (d. h. das Mitteilen der eigenen Gefühle und Wünsche) sowie eine offene Diskussion aller möglichen Lösungsmöglichkeiten die wichtigsten Komponenten sind. Es wird mit 5-7 Paaren in der Gruppe trainiert. Über vier Wochen findet pro Woche eine dreistündige Sitzung statt. Ein Outcome-Vergleich des MCCP mit dem CRE (BROCK & JOANNING 1983) zeigte bessere Effekte für das CRE-Programm, welches allerdings auch länger dauerte (10 Wochen). Eine Gegenüberstellung beider Gruppen nach 4 Wochen (also nach Beendigung des MCCP) erbrachte gleichartige positive Effekte in bezug auf die Kommunikationsfertigkeiten und keine Effekte in bezug auf Kohäsion, eheliche Zufriedenheit und das Ausdrücken von Zärtlichkeit.

Bei den Programmen zur Ehevorbereitung haben wir PRIMES (VOGELSONG & GINSBERG 1977) vorgestellt. Das entsprechende Programm für Ehepaare, welches sich auch für Paare mit leichten Störungen eignet, ist das **Conjugal Relationship Enhancement Program** (CRE, RAPPAPORT 1976; COLLINS 1977). Es geht im wesentlichen darum, daß die Teilnehmer das partnerzentrierte Sprechen lernen, wobei sie die Rollen (Sprecher und Zuhörer) nach Absprache wechseln. Die Techniken werden an zwei Wochenenden (zwei Monate Abstand) insgesamt 24 Stunden lang geübt. In der Zwischenzeit müssen die Paare als Hausaufgabe die Gespräche üben. Um sicherzustellen, daß die Hausaufgaben tatsächlich erledigt werden, geben die Trainer den Teilnehmern die Aufgaben schriftlich, und sie rufen zwischendurch an, um sich nach dem Fortschritt zu erkundigen. Als Folge des Lernens wird erwartet, daß sich die Teilnehmer über ihre Gefühle klarer werden (in der Rolle des Sprechers), daß sie lernen, mit mehr Empathie zuzuhören, daß sich durch die Gespräche die eheliche Anpassung und die Zufriedenheit mit der Ehe verbessern und daß Probleme besser gelöst werden können. Diese Effekte konnten von RAPPAPORT (1976) mit Hilfe einer Versuchsanordnung mit Eigenwartegruppe bestätigt werden. Dabei wurden die Bewußtheit der Gefühle sowie das empathische Verstehen aufgrund von Tonaufnahmen der Gespräche der Ehepaare untereinander von trainierten Ratern eingeschätzt (es handelt sich um eine modifizierte "Selbstexploration" - und eine modifizierte "Verbalisierung emotionaler Erlebnisinhalte" - Skala, wie sie aus der Gesprächspsychotherapie bekannt sind). Die anderen Variablen wurden mit Fragebogen erfaßt.

Weniger ermutigende Ergebnisse erbrachten andere Evaluationsuntersuchungen. COLLINS (1977) verglich 24 Ehepaare, die mit dem CRE trainiert worden waren, mit 21 Ehepaaren, die keine Behandlung erhalten hatten. Vor und nach dem Training wurden folgende Fragebogendaten erhoben: eheliche Kommunikation (2 Meßinstrumente) und eheliche Anpassung (2 Meßinstrumente). Die Veränderungswerte von pre nach post waren für je ein Anpassungs- und Kommunikationsmaß bei der behandelten Gruppe größer. Dies wird als Trainingseffekt interpretiert. Eine genauere Inspektion der Daten zeigt jedoch, daß diese Unterschiede vor allem durch die niedrigeren Ausgangswerte der trainierten Personen zustande kommen. Die Posttestwerte liegen sehr nahe bei denen der Kontrollgruppe.

McINTOSH (1975) untersuchte die Effekte des CRE, das in drei verschiedenen Strukturierungsgraden durchgeführt wurde, im Vergleich mit einer Kontrollgruppe ohne Behandlung. Weder in der ehelichen noch in der individuellen Anpassung (gemessen mit dem EPI) ergaben sich signifikante Effekte. Bei der Verwendung des EPI ist allerdings zu bedenken, daß es sich um ein Instrument handelt, das überdauernde Persönlichkeitszüge messen soll und zur Veränderungsmessung schlecht geeignet ist.

JESSEE & GUERNEY (1981) verglichen das CRE mit einem Training, das mit Gestalt-Elementen arbeitet. Jedem Treatment wurden 18 Paare unterworfen, die abhängigen Variablen wurden vor und nach dem Training erhoben (Fragebögen für eheliche Anpassung, eheliche Kommunikation, Problembearbeitung, Veränderung der Zufriedenheit, Veränderung der Beziehung). Beide Gruppen veränderten sich durch das Training signifikant in der erwarteten Richtung. Die mittleren Veränderungswerte wurden nochmals verglichen, dabei wurden bessere Veränderungen für CRE in den Bereichen eheliche Kommunikation, Problembearbeitung und Veränderung der Zufriedenheit festgestellt. Diese Effekte dürften - wie bei COLLINS - vor allem durch die niedrigeren Ausgangswerte der CRE-Teilnehmer zustande gekommen sein.

LEVANT (1978) stellt in einer Übersicht folgende 4 Ergebnisse zum CRE heraus, die nach seiner Meinung als gesichert gelten können:

1. Kommunikationsfertigkeiten können in einer relativ kurzen Zeit (16 bis 25 Stunden) erlernt werden.
2. Dysfunktionale Beziehungen können bedeutsam verbessert werden, dafür ist aber ein längerer Zeitraum nötig (entweder 6 Monate lang wöchentliches Treffen oder ein 14-Wochen-Intensivprogramm von 50 Stunden).
3. Katamnesen zeigen die Langzeitwirkung von mindestens 10 Wochen nach Abschluß des Trainings.
4. Das Training ist Diskussionsgruppen überlegen und behavioralen Ansätzen äquivalent.

Weitere ähnliche Programme für nicht-klinische Paare, teilweise mit Angabe der Übungen, finden sich bei CLINEBELL (1976), HAYWARD (1976), SCHMITT & SCHMITT (1976), VANDER HAAR (1976) und VAN ECK & VAN ECK (1976).

Wir verzichten an dieser Stelle auf eine genauere Darstellung und verweisen auf die angegebene Literatur. Die Programme sind nicht evaluiert.

KILMAN et al. (1978) führten ein Programm durch, in dem die Partner lernten, fair zu streiten (siehe BACH 1977). Ein zweiter Programmpunkt war die Kommunikation über ihre Sexualität. Die Autoren konnten zeigen, daß die Reihenfolge der Trainingselemente keinen Einfluß auf das Lernen hatte und daß in jedem Fall positive Effekte gegenüber einer unbehandelten Kontrollgruppe auftraten.

Mit der Frage der Trainerqualifikation und -selektion setzen sich MACE & MACE (1976b) auseinander. Wie auch andere Autoren (z. B. CLINEBELL 1976) plädieren sie dafür, daß die Enrichment-Kurse von einem männlichen und einem weiblichen Trainer gemeinsam geleitet werden sollten, um Männern und Frauen ein angemessenes Modell zu bieten. MACE & MACE dehnen diese Forderung aus und verlangen, daß die Leiter verheiratet sein sollten; d. h. sie sollten auch als Paar in modellhafter Weise demonstrieren, wie sie selber an ihrer Beziehung arbeiten. Diese Forderung scheint bei vielen Programmen bereits erfüllt zu sein (vgl. die vielen Autorenehepaare in der zitierten Literatur). Das Trainerpaar sollte nicht nur Leiter, sondern auch Mitglied der Gruppe sein und mit ihr seine Erfahrungen teilen.

Die Frage, ob die Leiter psychologische Professionelle oder Laien sein sollen, wird zugunsten der psychologischen Professionellen beantwortet. Das Hauptargument dafür ist, daß diese für schwierige Situationen besser vorbereitet sind. Die wichtigsten Voraussetzungen für die Leiter sind persönliche Qualifikation sowie die Qualität ihrer Ehebeziehung. Die Selektion kann nach zwei Kriterien erfolgen, nämlich anhand der Beobachtung des Paares als Teilnehmer in einer Enrichmentgruppe sowie nach der Expertenmeinung anderer, die das zukünftige Leiterpaar seit längerer Zeit kennen. Für die Ausbildung bzw. die persönliche Qualifikation werden die für Therapeuten und Gruppenleiter üblichen Kriterien genannt: breite Kenntnisse der Klinischen Psychologie, Familiensoziologie, Beratung, Gruppendynamik und verwandter Gebiete.

Angesichts der bereits berichteten negativen Begleiteffekte von Enrichment-Programmen sowie der festgestellten unterschiedlichen Effekte verschiedener Trainer (vgl. MacDONALD et al. 1975) muß der Trainerauswahl und -ausbildung besonderes Gewicht beigemessen werden. Zusätzlich zu der ohnehin schon schwierigen Aufgabe, dies für einzelne Trainer zu leisten, ergibt sich für Leiterpaare noch das Problem, für das Ehesystem Auswahlkriterien und Trainingscurricula festzulegen. Als Grundlage dafür müßte zunächst definiert werden, was ein ideales Ehesystem ausmacht. Hier ist noch erhebliche Forschungsarbeit zu leisten.

6.5.4.3 Verhaltensorientierte Ansätze

Die verhaltensorientierten Ansätze unterscheiden sich von den humanistischen vor allem durch ihre wesentlich stärkere Strukturierung. Ausgehend von den Verhaltensdefiziten bzw. -exzessen, die die Klienten erleben, gelangen spezielle Interventionsbausteine zum Einsatz. Damit nehmen diese Ansätze eine Mittelstellung zwischen präventiver und therapeutischer Intervention ein. Ein typisches Programmpaket trägt die Bezeichnung "Marriage Happiness" (KNOX 1979). Kritische Bereiche, in denen Interventionen stattfinden, sind: Sexualität, Kommunikation, Alkoholgenuß, Umgang mit Schwiegereltern und Freunden, Re-

ligion, Geld, Freizeit, Kinder. Die Paare arbeiten einzeln mit einem Therapeuten. Die Hauptarbeit findet zu Hause in Form von Hausaufgaben statt. Folgende Techniken kommen zum Einsatz: selektive Bekräftigung, Extinktion, systematische Desensibilisierung, Implosion, assertives Training, Modeling, Bestrafung, Gedankenstop, Premack-Prinzip, verdeckte Sensitisierung, verdeckte Bekräftigung, Erzeugung kognitiver Dissonanzen und wechselseitige Kontrakte.
Auf die Ehe- und Familienenrichment-Programme von L'ABATE (1978, 1981) haben wir im Kapitel "Elterntraining" bereits hingewiesen. Es werden hauptsächlich Kommunikationsprobleme und sexuelle Probleme behandelt. L'ABATE (1978) beschreibt zahlreiche Einzelfall- und auch einige Gruppenstudien. Die Effekte der Behandlungen waren nur schwach ausgeprägt.

Kritische Überblicke über die Effekte von Verhaltensmodifikationsprogrammen von Ehepaaren geben JACOBSON (1981) und DURLAK (1983). Beide betonen, daß die meisten Effektivitätsuntersuchungen methodische Mängel haben, daß aber die besser kontrollierten Studien die Wirksamkeit der Interventionen belegen. Besonders wirksam soll das Problemlösetraining sein (JACOBSON 1981).

6.5.4.4 Sonstige Ansätze

In diesem Abschnitt wollen wir noch auf zwei Enrichment-Programme mit transaktionsanalytischer und gestalt-orientierter Grundlage sowie auf ein Programm, das sich ausschließlich mit der Sexualität befaßt, eingehen.

CAPERS & CAPERS (1976) schildern ein Enrichment-Programm auf **transaktionsanalytischer Grundlage**. Ziele des Programms sind: Die Teilnehmer sollen erkennen, von welchem Ich-Zustand aus sie jeweils agieren, und die Partner sollen einen Kontrakt über die gegenseitige Befriedigung von Bedürfnissen schließen. Als Ich-Zustände kommen in Frage: das Kind-Ich und das Eltern-Ich. Das Eltern-Ich kann in den Modalitäten "kritische Elternfigur" oder "fürsorgliche Elternfigur" auftreten, das Kind-Ich in den Modalitäten "unbeschwertes Kind" (free child) oder "angepaßtes Kind" (adapted child). Für seelisch gesund in der Partnerschaft wird es gehalten, wenn den Partnern zeitweise die Gelegenheit zur Regression und zwar in die Rolle des "unbeschwerten Kindes" gegeben ist, da sich hier Spontaneität und Kreativität entfalten können (vgl. auch WILLI 1975). Als komplementäre Rolle sollte der Partner die Rolle der "fürsorglichen Elternfigur" einnehmen. In der intimen Beziehung wird es für erstrebenswert gehalten, wenn beide Partner sich im Ich-Zustand des "unbeschwerten Kindes" befinden. Die Ich-Zustände "kritische Elternfigur" und "angepaßtes Kind" sollen vermieden werden. Im Training werden die Teilnehmer dazu gebracht, die verschiedenen Ich-Zustände in der Interaktion zu erkennen und zu verwirklichen. Da jeder selbst verantwortlich dafür ist, seine Bedürfnisse nach Beschützen, Regression bzw. rationalem Austausch zu befriedigen, wird außerdem erarbeitet, wie die Teilnehmer sich in ihren gewünschten Ich-Zuständen jeweils aufeinander abstimmen können.

Das Programm von ZINKER & LEON (1976), welches mit **Gestalt-Elementen** arbeitet, hat zum Ziel, daß der Kontakt zwischen den Partnern (wieder-)hergestellt wird, daß die Konflikte bearbeitet werden und daß jeder in seiner Einzigartigkeit gestärkt wird. Besonders wichtig in der Ehe ist der Dialog. Nach ZINKER & LEON hat jeder Mensch das Bestreben, sich einen Partner zu suchen, der sein Selbstkonzept stützt, mit dem zusammen also kein Konflikt auftritt. Da das Selbstkonzept aber nur einen Ausschnitt aus dem authentischen Selbst (also der gesamten Breite der individuellen Eigenschaften) darstellt, kann eine

Kommunikation, die nur selbstkonzeptstützende Funktion hat, lediglich eine stabilisierende Wirkung haben. Wachstum ist nur dann möglich, wenn ein echter Dialog geführt wird, der zwangsläufig immer den Konflikt in sich birgt. Dieser Konflikt soll kreativ und ohne Abwehr ausgetragen werden. Konfliktvermeidung dagegen führt zu langweiligen, boshaften und ausgehöhlten Partnerschaften.

Die Trainingsmethoden sind der Gestalttherapie entnommen und zielen darauf ab, daß die Teilnehmer bisher abgespaltene Aspekte ihres Selbst in ihr Selbstkonzept integrieren. Außerdem wird die Konfliktbearbeitung zwischen den Partnern trainiert.

MADDOCK (1976) beschreibt ein **Enrichment-Programm zur Förderung der "sexuellen Gesundheit"** (Sexual Health Services - SHS). Dieses wird übrigens nicht nur vom National Institute of Mental Health, sondern auch von der Playboy Foundation sowie der Amerikanischen lutherischen Kirche finanziert. Die relative sexuelle Gesundheit wird anhand folgender Kriterien definiert:

1) die Überzeugung, daß die persönlichen und sozialen Verhaltensweisen kongruent mit der gegeschlechtlichen Identität sind, und ein Gefühl von Zufriedenheit mit dem eigenen Geschlechtsrollenverhalten,
2) die Fähigkeit, effektive interpersonelle Beziehungen mit Personen beiderlei Geschlechts aufrechtzuerhalten, diese Personen zu lieben und langfristige Verpflichtungen einzugehen,
3) die Bereitschaft, auf erotische Stimuli zu reagieren, Spaß an sexueller Aktivität,
4) die Einbettung des eigenen sexuellen Verhaltens in ein übergeordnetes Wertsystem.

Das sexuell gesunde Individuum hat also ein Mindestmaß an Wissen über sexuelle Phänomene, es ist sich seiner sexuellen Einstellungen bewußt, es hat ein funktionierendes Wertsystem, aus dem heraus sexuelle Entscheidungen getroffen werden können, und es hat genügend emotionale Stabilität, um sexuelle Aktivitäten als angenehm zu erleben. Die gesunde sexuelle Beziehung zeichnet sich nicht nur durch Abwesenheit von Konflikten oder Dysfunktionen aus. Sie bedeutet gegenseitiges Verlangen nach physischer und emotionaler Intimität und gegenseitig akzeptable Verhaltensweisen, die es beiden Partnern erlauben, ihre persönliche Integrität zu bewahren, während sie durch die sexuelle Interaktion befriedigt werden. Die grundlegenden Behandlungsprinzipien sind Selbstverantwortung, Bejahung der Sexualität, Anbahnung einer größeren Bewußtheit und strukturierte Verhaltensänderung.

Die SHS bieten Individual-, Paar- und Gruppenbehandlung an. Je nach Problemlage kommen Informationsvermittlung, Kommunikationstraining, Einsichtstherapie, Gestalttechniken oder behaviorale Hausaufgaben zum Einsatz. Wir wollen uns an dieser Stelle auf das Enrichment-Programm beschränken und die eigentlichen Sexualtherapien ausklammern. Die **"Guided Education and Enrichment Sequence"** setzt sich aus vier aufeinanderfolgenden Programmpunkten zusammen:

1) **Änderung der sexuellen Einstellung** (Sexual Attitude Reassessment - SAR). Hier werden Kenntnisse vermittelt und Gefühle und Einstellungen der Sexualität gegenüber bearbeitet. Zunächst werden in einer Großgruppe Informationen vermittelt und diskutiert sowie Filme, Dias und Tonbänder vorgeführt, die eine breite Vielfalt von sexuellen Verhaltensweisen demonstrieren, z.B. Masturbation, hetero- und homosexuelle Interaktionen, sexuelle Fantasien. Manche Demonstrationen haben durchaus pornographischen Charakter. Der Zweck der Übung ist, die Teilnehmer mit ihren Gefühlen zu konfrontieren und sie ihre Toleranzen gegenüber verschiedenen Praktiken testen zu lassen. Die Erfahrungen werden in Kleingruppen besprochen. Diese Kleingruppenarbeit ist der wichtigste Teil des SAR.

2) **Sexuelle Kommunikationsgruppe.** Mit fünf bis acht Paaren wird ein Wochenende lang die verbale und nonverbale Kommunikation über Sexualität trainiert. Für die verbale Kommunikation wurden die Methoden des oben bereits erwähnten Minnesota Couples Communication Program adaptiert. Die nonverbalen Übungen werden in der Gruppe erklärt, paarweise getrennt durchgeführt und anschließend in der Gruppe besprochen.

3) **Körper-Bewußtheits-Übungen.** Ziele dieser Übungen sind Vertrautheit und Akzeptanz des eigenen Körpers. Unter Führung eines gleichgeschlechtlichen Therapeuten betrachtet sich jeder Teilnehmer nackt in einem Spiegel. Die Gefühle dem gesamten Körper sowie einzelnen Körperteilen gegenüber werden bearbeitet. Im Anschluß daran findet in bekleidetem Zustand eine Fantasie-Reise in das Innere des Körpers statt (der Klient liegt entspannt auf einer Couch, stellt sich vor, ganz klein zu sein, begibt sich ins Innere seines Körpers und schildert dem Therapeuten seine Wahrnehmungen und Gefühle). Dabei werden auch die Stellen aufgesucht, an denen die wichtigsten Gefühle lokalisiert sind (Angst, Ärger, Trauer, Freude, Glück, Sexualität). Der zweite Teil der Körper-Bewußtheits-Übungen besteht in einer modifizierten medizinisch-sexuologischen Untersuchung, die in Anwesenheit des Partners von einem gleichgeschlechtlichen Therapeuten durchgeführt wird. Dabei soll neben der verbesserten Kenntnis des eigenen Körpers und des Körpers des Partners die spätere nonverbale Kommunikation des Paares dadurch verbessert werden, daß sich die Partner gegenseitig mitteilen, wie sie wo berührt werden möchten.

4) **Hausaufgaben.** Die Trainer machen den Paaren Vorschläge für strukturierte Übungen, die zu Hause durchgeführt werden können. Zur Besprechung können Paarsitzungen beim Therapeuten oder Telefonkontakte vereinbart werden. Die Aufgaben werden an die Bedürfnisse jedes Paares angepaßt. Eine typische Sequenz ist:

1. kein Sexualverkehr
2. Entspannungsübungen
3. Herstellung eines gemeinsamen Rhythmus
4. Selbstbefriedigung
5. Erforschen des Körpers und der Genitalien
6. dem anderen und sich selbst Freude bereiten.

Das ganze Programm umfaßt 50-60 Übungsstunden und erstreckt sich über einen Zeitraum von 6 Wochen bis zu 6 Monaten. Am Ende wird eine Rückmeldesitzung durchgeführt. Nachbefragungen finden nach 6 und nach 12 Monaten in schriftlicher Form statt.

Die Einstellungen von 303 Teilnehmern zu dem Training sind in der Arbeit zusammengestellt (wobei offen bleibt, zu welchem Zeitpunkt die Daten erhoben wurden). Die Beurteilungen sind überwiegend positiv ("Haben Sie von dem Programm profitiert?" ja: 96 %, "Hat sich Ihr sexuelles Verhalten in der Folge des Programms verändert?" ja: 64 %). Ein Vergleich der sexuellen Einstellungen vor und nach dem Training bei 297 Teilnehmern ergab eine vergrößerte Toleranz sexuellen Praktiken gegenüber (vor allem im Bereich Homosexualität) sowie eine höhere Akzeptanz von sich und anderen.

Das Programm ist inzwischen für spezielle Populationen modifiziert und erweitert worden, z. B. für Drogenabhängige und Alkoholiker, für chronisch Kranke (Nierenkranke, Diabetiker), die eine neue Form des sexuellen Ausdrucks finden wollen, für Paare, bei denen der Mann ein Sexualdelikt verübt hat, oder für Familien mit Kindern im Teenageralter.

6.5.4.5 Weiterführende Überlegungen

Wenn man die verschiedenen Präventionsansätze zur Förderung seelischer Gesundheit in Partnerschaften betrachtet, so kann man sich verschiedene Fragen stellen. Diese beziehen sich einerseits auf die inhaltlichen Angebote: Sind diese theoriebezogen oder eher an den Bedürfnissen der Teilnehmer orientiert, und woran sollten sie orientiert sein? Eine weitere Frage stellt sich im Zusammenhang mit dem Prozeß der Partnerschaftsentwicklung: Für welche Phasen in der Partnerschaft existieren Programme, und sind insbesondere die hauptsächlichen Krisenphasen berücksichtigt? Schließlich ist noch das Problem der Wirksamkeit der Programme zu bedenken: Welche Wirkungen und Nebenwirkungen können festgestellt werden, und anhand welcher Kriterien können bzw. sollten die Programme bewertet werden?

Inhaltliche Angebote. Wenn man davon ausgeht, daß vor allem solche Paare an Förderungsprogrammen teilnehmen bzw. eine Beratung aufsuchen, die festgestellt haben, daß ihre Beziehung verbesserungsbedürftig ist, so liegt es nahe, sich mit den inhaltlichen Angeboten an den Bedürfnissen und Problemen der Teilnehmer zu orientieren. Die Probleme bestehen überwiegend in zwei Bereichen der Interaktion, nämlich in der verbalen Kommunikation und der Sexualität. HEIL (1985) weist darauf hin, daß Konflikte in Partnerschaften häufig als Verständigungsprobleme erlebt werden. Er systematisiert diese Probleme nach den Themen, in Anlehnung an BERNAL & BAKER (1980) folgendermaßen:

- die Objektebene: Kommunikation über spezifische Themen, z.B. Freizeitgestaltung, Finanzen;
- die Individuumsebene: Kommunikation über Merkmale und Verhaltensweisen der Partner;
- die transaktionale Ebene: die Kommunikation bezieht sich auf konkrete Interaktionsmuster;
- die relationale Ebene: Kommunikation über die Definition der Beziehung, ihre Voraussetzungen und Regeln;
- die kontextuelle Ebene: Kommunikation über allgemeine Lebensziele.

Eine andere Systematik der Verständigungsprobleme kann anhand der Beziehungen zwischen den individuellen Entwicklungs- und Handlungsorientierungen der beiden Partner hergestellt werden. Danach können Konflikte in Partnerschaften eingeteilt werden in solche, denen **Orientierungsverschiedenheiten** (die Partner wählen unterschiedliche Ziele und Mittel für die Bewältigung konkreter Aufgaben, das kommt besonders in der Frühphase der Partnerschaft vor), in solche, denen **Orientierungsunverträglichkeiten** (das Verfolgen eines Ziels schließt die Verfolgung eines anderen Ziels aus) und solche, denen **Orientierungslosigkeit bzw. -unsicherheit** (vor allem im Zusammenhang mit kritischen Lebensereignissen wie z. B. Arbeitsplatzverlust oder Untreue des Partners) zugrundeliegen (HEIL 1985). HEIL weist darauf hin, daß es nicht nur wichtig ist, grundlegende Verständigungskompetenzen zu sichern, sondern auch, die jeweiligen Entwicklungs- und Handlungsorientierungen zu identifizieren und aufeinander abzustimmen. Damit kommt thematisch vor allem die kontextuelle Ebene ins Spiel. Letztere Forderung ist in den Enrichment-Programmen bisher nicht eingelöst worden. Vielmehr begnügen sich die Programme damit, den Teilnehmern Methoden der Kommunikation an die Hand zu geben, wie offene Kommunikation, Ausdruck von Gefühlen oder Verbalisierung emotionaler Erlebnisinhalte. Es wird offenbar vorausgesetzt, daß - wenn die Art der Kommunikation stimmt - auch übergeordnete wichtige Diskussionspunkte mehr oder weniger "automatisch" auf den Tisch kommen. Diese Annahme ist nicht überprüft und ihre Gültigkeit auch nicht sehr wahrscheinlich. Jedenfalls zeigen die in der Literatur beispielhaft aufgeführten Partnerdialoge deutliche Schwerpunkte auf der transaktionalen und der relationalen Ebene (vgl. die Beispiele bei LEDERER & JACKSON 1976, GINSBERG & VOGELSONG 1977 und COLLINS 1977). Eine gewisse Ausnahme bilden die Förderprogramme auf religiöser Grundlage. Bei ihnen muß allerdings kritisch angemerkt werden, daß sie die Teilnehmer, allein schon vom Kontext her, mehr oder weniger stark auf religiös orientierte Lebensziele hinlenken. Gerade für Paare in der Lebensmitte könnte eine Auseinandersetzung mit übergeordneten Lebenszielen wertvoll sein, vor allem wenn sie in Begleitung einer Gruppe angebahnt wird. Dies könnte zu Sinnfindung bzw. Generativität beitragen.

Prozeß der Partnerschaftsentwicklung. Wie wir gezeigt haben, existieren Programme für alle wesentlichen Phasen der Partnerschaftsentwicklung. Vor allem für die frühen Phasen, also das Kennenlernen eines Partners, die Verlobungszeit und die erste Zeit der Ehe liegt ein breites Angebot an Programmen vor. Das entspricht einem der Grundgedanken primärer Prävention, daß nämlich möglichst früh versucht werden sollte, Störungen vorzubeugen. Ein Nachholbedarf besteht noch in der inhaltlichen Ausgestaltung von Programmen für die späteren Ehephasen, wie wir es eben bereits angesprochen haben.

Wirksamkeit der Programme. Es muß als gravierender Mangel der meisten Programme bezeichnet werden, daß diese unzureichend oder gar nicht evaluiert sind. Auf Einzelheiten hinsichtlich der Designplanung und Nichtbeachtung negativer Nebeneffekte haben wir an den entsprechenden Stellen bereits hingewiesen. Ein darüber hinausgehender Kritikpunkt richtet sich auf die Bewertungskriterien der Programme. Unseres Erachtens greifen die Kriterien zu kurz, wenn sie lediglich Lernziele beinhalten. Das heißt, wenn z. B. ein Programm das reflektierende Sprechen trainieren soll und der Erfolg des Programms daran gemessen wird, ob die Teilnehmer das reflektierende Sprechen gelernt haben, so ist die Evaluationsaussage trivial. In anderem Zusammenhang konnten wir zeigen, daß untrainierte Personen allein schon durch eine entsprechende Instruktion dazu gebracht werden können, ein entsprechendes Verhalten zu verwirklichen (MINSEL et al. 1976). Die Beziehungen der angestrebten Trainingsziele zu wesentlichen Komponenten seelischer Gesundheit in Partnerschaften sind bisher weder auf der theoretischen noch auf der empirischen Seite hergestellt worden. Hier müßte noch erhebliche konzeptuelle Arbeit geleistet werden. Auf empirischer Seite könnte man der Frage ebenfalls näherkommen, indem man in Langzeitkatamnesen überprüft, wie sich trainierte und untrainierte Paare hinsichtlich wesentlicher Parameter seelischer Gesundheit entwickeln.

6.5.5 Stützmaßnahmen für Paare, die sich trennen oder sich scheiden lassen

Trennung und Scheidung werden heute im allgemeinen nicht als abgegrenzte "kritische Lebensereignisse" betrachtet, sondern als ein Prozeß, der im wesentlichen in zwei oder drei Phasen aufzugliedern ist. Die **Entscheidungsphase** reicht von dem In-Betracht-Ziehen einer Scheidung bis zum Entschluß zur Scheidung. Sie wird durch die **physische Trennung** deutlich gemacht. Es folgt die **Restrukturierungsphase,** die dann endet, wenn nach einer Zeit massiven und rapiden Wandels in Gewohnheiten, Lebensumständen, Einstellungen und Gefühlen wieder ein stabiler und autonomer Lebensstil erreicht ist (BROWN 1976). Teilweise wird dazwischen noch eine Trennungsphase unterschieden (SIEWERT 1983). Von der juristischen Scheidung wird die emotionale Scheidung abgegrenzt; diese kann früher oder auch später eintreten. Sie dauert erfahrungsgemäß etwa zwei bis fünf Jahre (DANE & COLLIN 1985).

Teilweise werden auch mehr als drei Stufen im Trennungs- und Scheidungsprozeß angenommen, z. B. bei KESSLER (zit. nach KASLOW 1981), die sieben Stadien unterscheidet:

1) Desillusionierung,
2) Verödung (Beibehaltung eines unbefriedigenden Status quo),
3) emotionale Ablösung,
4) physische Trennung,
5) Trauer,
6) "zweite Jugend" (neue Interessen werden ausprobiert, neue Partner gesucht),
7) "harte Arbeit" (Integration der Erfahrungen, Finden einer neuen Identität).

Andere Autoren konzeptualisieren die Trennung analog zu anderen Verlusterlebnissen. Letztere werden nach KÜBLER-ROSS in die Phasen Verleugnung - Ärger - Hadern - Depression - Akzeptanz eingeteilt (KASLOW 1981).

Die differenzierteren Stufenmodelle haben vor allem den Vorteil, daß sie diagnostische Hinweise darüber liefern können, in welcher Phase sich ein Klient gerade befindet, so daß mögliche phasenspezifische Interventionsbausteine gezielt eingesetzt werden können. Teilweise wird auch gefordert, daß sämtliche Phasen - wenn auch nicht unbedingt in der vorgegebenen Reihenfolge - durchlaufen werden müssen, so daß der Therapeut unter Umständen sogar Depression oder Aggression gegen den Expartner induziert, um die Entwicklung einer pathologischen Trauerreaktion zu verhindern bzw. eine pathologische Trauerreaktion aufzulösen. Klinische Fallberichte machen ein solches Vorgehen plausibel (siehe z. B. KRANTZLER 1977), die Frage jedoch, ob jeder Trennungsprozeß notwendigerweise alle genannten Erlebnisqualitäten enthalten muß, wenn er zu einem gesunden Ausgang führen soll, ist bisher empirisch nicht beantwortet.

Während der Phasen, die den Scheidungsprozeß ausmachen, treten bei den Partnern unterschiedliche, typische Probleme auf, auf die dann auch die Interventionsprogramme abgestimmt sind. Als Gründe für die Enttäuschung in und mit der Ehe, die dann schließlich zu einer Trennung führen können, werden genannt:

- extreme Konflikte, die Partner benutzen gegenseitig aversive Kontrolle, physischen oder emotionalen Mißbrauch und verbale Aggressionen,
- fehlende Bekräftigungen unter den Partnern (in der Sprache der sozialen Austauschtheorie steigen die Kosten der Beziehung ständig an, während der Nutzen immer mehr sinkt),
- einer oder beide fühlen sich stark eingeengt, es treten starke Eifersucht, extreme Exklusiv-Ansprüche sowie rigide Rollenerwartungen auf,
- Unzufriedenheit mit der sexuellen Beziehung, "Seitensprünge",
- die sogenannte Midlife-Krise als ein Zeitraum erhöhter Vulnerabilität belastet einen oder beide. (GRANVOLD & TARRANT 1983).

Als Trennungsursachen werden außerdem häufig die Unfähigkeit, miteinander zu sprechen, ferner fehlende gemeinsame Interessen und häufige Meinungsverschiedenheiten wegen der Kinder genannt (DANE & COLLIN 1985).

Während der Trennung müssen Anpassungsleistungen an die veränderte Wohnsituation sowie an die neuen finanziellen, sozialen und beruflichen Rahmenbedingungen erbracht werden. Die Verantwortung für die Kinder muß geregelt werden, und viele Lebensbereiche, die bisher arbeitsteilig gemeistert wurden, müssen allein bewältigt werden. Zusätzlich müssen die emotionalen Probleme von Trennungsschmerz über Trauer und Depression bis hin zum Zweifel daran, ob die Trennungsentscheidung richtig war, überwunden werden. Ist die Scheidung schließlich akzeptiert, kann eine Restrukturierung der Persönlichkeit einsetzen, die dann abgeschlossen ist, wenn folgende Ziele erreicht sind (KRANTZLER 1977, p. 72). Die Trauerzeit ist überwunden, wenn:

"- Abneigung und Verbitterung gegenüber dem ehemaligen Partner von vierundzwanzigstündiger Besessenheit zu gelegentlichen Wutanfällen abgeflaut sind.
- Sie weniger Zeit damit zubringen, über Probleme zu klagen, und mehr, sie zu lösen.
- Sie anfangen, alte Freunde anzurufen und neue zu finden, und das im Bewußtsein, daß Sie nichts getan haben, wofür Sie sich schämen müßten.
- Sie anfangen, Entscheidungen zu treffen, die Ihre eigenen Interessen und Vergnügungen angehen - z.B. einen Kurs belegen, ins Theater gehen, Freunde einladen.
- Sie das andere Geschlecht nicht mehr stereotyp als bedrohlich oder verabscheuungswürdig ansehen und Ihnen Aussagen über Männer oder Frauen im allgemeinen nicht länger treffend erscheinen.
- Sie sich darüber klar werden, daß Sie nicht die einzige Person sind, die je geschieden worden ist, und daß auch andere normale Menschen den Mut aufgebracht haben, eine unglückliche Ehe zu beenden.
- Sie so weit kommen, eine Scheidung als die einzige mögliche Lösung für eine selbstzerstörerische Ehe anzusehen und nicht als eine Bestrafung dafür, daß man versagt hat."

Ausführliche Darstellungen der Probleme von im Scheidungsprozeß Befindlichen und Geschiedenen sowie der Auswirkungen auf die Kinder finden sich bei KRANTZLER (1977) sowie FTHENAKIS et al. (1982).

Im folgenden wollen wir einige Programme darstellen, die es Paaren oder Einzelpersonen erleichtern sollen, mit den verschiedenen Phasen der Scheidung zurechtzukommen. Dabei bleiben wir unserem bisherigen Prinzip - therapeutische Ansätze nicht zu behandeln - insofern treu, als wir die Scheidung auch als eine Chance zum Neubeginn sehen, sei es als Einzelperson, sei es als Partner in einer neuen Beziehung. Zweitehen haben eine noch schlechtere Prognose als Erstehen (FTHENAKIS 1985). Das hängt häufig damit zusammen, daß die alte Beziehung noch nicht vollständig abgeschlossen und verarbeitet ist (KRANTZLER 1977). Das Selbstwertgefühl kann geschwächt sein. Die Anpassungsbereitschaft an einen neuen Partner ist möglicherweise aufgrund des höheren Alters geringer. Oder man wiederholt unbewußt das Beziehungsmuster der ersten Ehe. Da der Kreis möglicher neuer Ehepartner im mittleren Alter eingeschränkter ist als im späten Jugendalter (besonders für Frauen), neigt man vielleicht dazu, überstürzt bei einem neuen Partner zu bleiben. Die Wahrscheinlichkeit, daß der neue Partner ebenfalls geschieden ist, ist relativ hoch, so daß zwei Personen mit persönlichen Schwierigkeiten versuchen müssen, eine neue Beziehung aufzubauen. Im Falle, daß Kinder aus einer oder beiden Ehen vorhanden sind, ergeben sich zusätzliche Probleme. Wenn sie mit in den neuen Haushalt kommen, müssen alle Beteiligten vielfältige Anpassungsleistungen erbringen. Wenn sie beim Expartner bleiben, müssen sie meistens finanziell unterstützt werden, was die neue Familie einschränkt. Außerdem müssen die Besuchsregelungen mit den Bedürfnissen der neuen Familie in Einklang gebracht werden (FTHENAKIS 1985). Schließlich kann es noch sein, daß eine Zweitehe leichter geschieden wird, weil einfach die Scheidungshemmschwelle nicht mehr so hoch ist.

Aus allen diesen Gründen lassen sich die Programme zur Scheidungsbewältigung auch als Präventionsprogramme für das Meistern späterer Partnerschaften ansehen. Wir gliedern die Programme nach den Zeitpunkten im Trennungsprozeß, zu denen sie ansetzen.

6.5.5.1 Bewältigungsprogramme für die Entscheidungsphase

SPRENKLE & STORM (1983) geben in einem Überblicksartikel verschiedene Methoden an, die zur Scheidungsbewältigung eingesetzt werden. Kriterium für die

Aufnahme einer Methode in den Überblick war, daß empirische Studien zu der Methode vorliegen, die ihre Wirksamkeit bescheinigen. Für die Entscheidungsphase kommen drei Methoden in Frage: die Versöhnungsversuche, die Paarberatung und die begrenzte Trennung.

Versöhnungsversuche: Wenn die Partner starke Konflikte erleben, aber nicht wissen, ob sie sich trennen sollen, kann versucht werden, die Partner an das Positive ihrer Beziehung wieder heranzuführen. Kurzfristig wirken diese Bemühungen in der erwünschten Richtung. Die Frage ist allerdings, ob der temporär wieder erreichte Honeymoon längere Zeit anhält.

Paarberatung: Es wird eine Ehetherapie durchgeführt, in der versucht wird, die Kommunikation zu verbessern und die Konfliktbearbeitung zu vermitteln. Im Gegensatz zum Versöhnungsversuch besteht das Ziel nicht unbedingt darin, die Ehe zu erhalten, sondern beiden Partnern dazu zu verhelfen, eine Entscheidung, die sie selbst für sich als richtig erkennen, zu erreichen. Der Familien-Notruf in München führt mit dieser Zielsetzung Ambivalenz-Paargruppen durch. Diese bestehen aus Paaren, die noch zusammenleben, sich aber überlegen, ob sie sich trennen sollen (DANE & COLLIN 1985). Für Paare, die später zusammenbleiben, hat sich die Paartherapie als besser erwiesen, für Paare, die sich getrennt haben, allerdings die Einzelberatung (COOKERLY 1973). Dieser Befund ist kaum zu interpretieren, weil sich die Klienten den Therapieformen selber zugeordnet haben. Es liegen also keine vergleichbaren Gruppen vor. Möglicherweise begeben sich Personen, die mehr zu einer Trennung neigen, häufiger in Einzel- als in Paartherapie.

Begrenzte Trennung: Wenn die Konflikte in einer Ehe zu stark werden, kann eine zeitlich limitierte Trennungsphase verabredet werden, während der sich das Paar die weiteren Schritte überlegen kann. Wichtig dabei ist die Indikationsstellung, d. h. der Berater soll dem Paar die Risiken und Vorteile dieser Maßnahme transparent machen. Vorteile können sein (GRANVOLD & TARRANT 1983):

- Die Trennung bedeutet Erleichterung, weil die Konflikte nicht mehr permanent erlebt werden.
- Die Partner haben die Chance, die Zeiten, in denen sie sich sehen, für positive Interaktionen zu nutzen und die negativen Interaktionen zu unterlassen.
- Die Trennung führt dazu, sich gegenseitig nicht mehr als garantiert anwesend zu betrachten.
- Es eröffnet sich die Chance, der Langeweile zu entgehen oder sexuelle Freiheit zu genießen, ohne daß unmittelbar mit Scheidung gedroht wird.
- Die Partner gewinnen einen Eindruck von Unabhängigkeit und damit auch Selbstvertrauen.
- Durch die Trennung wird ein Signal gesetzt, sich wirklich mit den Problemen auseinanderzusetzen.
- Beide haben Zeit für sich alleine, um über die Entscheidung nachzudenken.
- Die begrenzte Trennung kann eine gute Vorbereitung für die Scheidung sein.

Wichtig ist, daß mit dem Berater zusammen Regeln erarbeitet werden, wie die neu gewonnene Freiheit genutzt werden kann, welche Kontrollen gegenseitig ausgeübt werden dürfen, wie lange die Trennung dauern soll, wie häufig die Partner miteinander Kontakt haben, ob sie noch sexuelle Beziehungen miteinander oder mit anderen haben und wie der Kontakt mit den Kindern geregelt wird (vgl. auch SPRENKLE & STORM 1983). Letztere Autoren kommen zu dem Schluß, daß die begrenzte Trennung Haß und Groll vermindert, auch wenn eine Scheidung nicht unbedingt verhindert wird.

6.5.5.2 Bewältigungsprogramme für die Trennungsphase

Für die Trennungsphase hat sich die Methode der "Vermittlung" (Mediation) bewährt. Ein Sozialarbeiter oder Therapeut hilft dem Paar, das Sorgerecht für die Kinder zu regeln oder eine Besuchsregelung zu vereinbaren. Die Ergebnisse dieser Methode sind der herkömmlichen Methode, bei der sich die Anwälte über die Regelung auseinandersetzen, überlegen: Es werden mehr Übereinstimmungen bei den Partnern erzeugt, die Zufriedenheit steigt, juristische Folgeprozesse werden reduziert und damit Kosten gesenkt. Allerdings eignet sich die Vermittlung nur für bestimmte Paare. Wenig erfolgversprechend ist sie, wenn

- sehr viele ökonomische und kindbezogene Probleme in den Konflikt einbezogen sind,
- das Konfliktpotential in der Ehe zu hoch ist,
- die Kommunikation zwischen den Partnern nicht mehr möglich ist,
- der Vermittlungsversuch nach der Scheidung stattfindet,
- noch andere Personen (Verwandte, Freunde) in den Konflikt involviert sind,
- das Paar unter finanzieller Belastung leidet,
- die Anwälte der Partner versuchen, den Vermittlungsversuch zu vereiteln.

Dagegen sind Paare, deren Konfliktpotential mäßig ist, wo beide die Scheidung akzeptieren, keine Dritten berücksichtigt werden müssen und Kommunikations- und Kooperationsbereitschaft besteht, ideale Kandidaten für Vermittlungsversuche (SPRENKLE & STORM 1983).

Zur emotionalen Unterstützung während der Scheidung sowie zur Hilfe bei vielen praktischen Problemen, die während dieser Zeit auftreten (Arbeits-, Wohnungs-, Anwaltssuche, Vermittlung von Erziehungsberatungsstellen usw.), haben sich Scheidungsgruppen bewährt, die unter Anleitung eines professionellen Beraters oder als Selbsthilfegruppe arbeiten (SIEWERT 1983).

6.5.5.3 Restrukturierung

Zu der Frage, was angepaßte oder weniger angepaßte Geschiedene unterscheidet, zitiert KASLOW (1981) eine unpublizierte Arbeit von JOHNSON & ALEVIZOS. Diese Autoren untersuchten knapp 300 Geschiedene (Männer, Frauen, etwa die Hälfte waren Eltern) mit einem Stimmungsfragebogen und einer Scheidungs-Anpassungs-Skala. Ein Ergebnis war, daß die Anpassung vor allem mit der emotionalen Ablösung vom Expartner zusammenhängt. Weitere positive Korrelationen zur Anpassung bestanden bei folgenden Variablen: - Sicherheit, daß die Scheidung richtig war, - neutrale Einstellung zum Expartner, Abwesenheit von Rachegefühlen, - wenig Kontakt mit dem Expartner. Einige weitere Faktoren, die noch genannt werden, können schon als Indikatoren für seelische Gesundheit selbst betrachtet werden (optimistische Einstellung zur Zukunft, wenig Schuldgefühle, Selbstwirksamkeitserwartung), diese korrelieren ebenfalls positiv mit der Scheidungsanpassung.

Als Ziel für Programme in der Restrukturierungsphase kann man aus dieser Untersuchung ableiten, daß die Ablösung vom Expartner abgeschlossen werden muß. Das unten beschriebene Programm SGG von SIEWERT (1983) trägt diesem Ziel Rechnung. Die Teilnehmer müssen z. B. einen Abschiedsbrief an den Expartner schreiben und mit Hilfe eines Selbstkontrollprogramms Situationen festlegen, in denen sie nicht mehr an ihren Expartner denken wollen.

Eine dramatische Prozedur der Ablösung schlägt KASLOW (1981) vor: In Form einer Zeremonie, bei der beide Partner und Freunde anwesend sind, wird von einem "Priester" die "Entheiratung" vollzogen. GURMAN & KNISKERN merken dazu als Herausgeber an, daß eine solche Zeremonie äußerste psychische Stabilität von den Beteiligten erfordert und von daher nur für solche Personen geeignet ist, die die Scheidung auch ohne Hilfe bewältigen können. Uns erscheint überdies ein Ritual, das weitgehend einer Trauungszeremonie gleicht, geschmacklos und blasphemisch.

Zur Bewältigung der emotionalen Scheidung scheinen Gruppen für Getrenntlebende und Geschiedene besonders wirksam zu sein. Diese können dazu verhelfen, daß die Teilnehmer wieder Kontrolle über ihr Leben erreichen und ihr Selbstbewußtsein stärken. Es sind zumindest kurzfristige Verbesserungen des Selbstwertgefühls und der Anpassung an die Scheidung zu erwarten (SPRENKLE & STORM 1983). Neben der generellen Anpassung und der Steigerung des Selbstwertgefühls wird als Ziel auch die Erhöhung der sozialen Kompetenz angestrebt, z. B. daß die Teilnehmer Einfühlungsvermögen lernen oder Kommunikationsfertigkeiten trainieren sollen (GOETHAL 1980). Weiterhin werden Problemlösestrategien vermittelt (SIEWERT 1983). GOETHAL (1980) und GOETHAL et al. (1983) konnten zeigen, daß die positiven Effekte der Scheidungsgruppen sich einen Monat nach Beendigung der Behandlung noch vergrößern. Allerdings steigen auch in einer unbehandelten Kontrollgruppe die Werte in den abhängigen Variablen (Anpassung an die Scheidung, empathisches Verhalten, Selbstwertgefühl) vom Pretest über den Posttest bis hin zum Follow-up kontinuierlich an, wenn auch nicht so stark wie bei der behandelten Gruppe. Diese Veränderungen in wesentlichen Persönlichkeitsbereichen deuten aber darauf hin, daß es vielen Personen offenbar auch ohne systematische fachliche Hilfe gelingt, die Scheidungskrise zu meistern.

Das Programm von GOETHAL et al., das sich an Frauen richtet, ist klar strukturiert und umfaßt Diskussionseinheiten zu den Themen:

- emotionale Auswirkungen von Trennung und Scheidung,
- weitere Beziehung zum Expartner,
- neue Verabredungen und Sexualität,
- Umgang mit Freunden und Verwandtschaft,
- Auswirkung der Scheidung auf das Selbstwertgefühl.

Ein großer Teil der Zeit wird auf das Training von Kommunikationsfertigkeiten verwendet. Dieses Training ist dem PRIMES bzw. CER, wie wir es oben bereits beschrieben haben, verwandt.

Daß eine stärkere Strukturierung für Scheidungsanpassungsgruppen günstig ist, belegt auch eine Studie von KESSLER (1978). Die Effekte der strukturierten Gruppen waren besser als die der unstrukturierten Gruppen. Eine gute Strukturierung wird auch in der Krisenintervention als allgemeines Prinzip gefordert (MINSEL et al. 1980).

SIEWERT (1983) legt ein Therapiemanual **"Seminar für Getrenntlebende und Geschiedene"** (SGG) vor. Die Ziele des Programms sind:

- Aneignung von Lösungsstrategien zur Bewältigung der Scheidung,
- Sensitivierung für die Auswirkungen des eigenen Verhaltens auf die Umwelt,
- Wiedererlangen von Kontrolle über die Umwelt,
- Erkennen eigener Gefühle und Bedürfnisse,
- positives Selbstkonzept.

Die Teilnehmer erhalten zunächst einige Einzelgespräche und nehmen dann an den Gruppensitzungen des SGG teil. Dieses verteilt sich über 10 Abende und beschäftigt sich mit Themen wie: Auseinandersetzung mit dem Expartner, Lösung persönlicher Probleme, emotionale Scheidungsfolgen, Neubeginn und Lebensplanung. Die Trainingsmethoden sind verschiedenen Therapieformen entnommen, z. B. der klientenzentrierten Psychotherapie (Focusing), Gestalttherapie (Heißer Stuhl), Verhaltenstherapie (Selbstkontrollprogramm) und dem Katathymen Bilderleben (Phantasiereise). Weitere Übungen entstammen der Gruppendynamik, wie z. B. Blitzlicht, Vertrauensübungen und kontrollierter Dialog. Nach Abschluß des Seminars soll die Gruppe als Selbsthilfegruppe weitergeführt werden. Begleitend wird bei Bedarf Einzeltherapie angeboten.

Das SGG wurde in Form einer Prozeßanalyse, auf die wir hier nicht näher eingehen, sowie in Form einer Outcomestudie evaluiert, bei der die Seminarteilnehmer mit einer unbehandelten Kontrollgruppe verglichen wurden. Folgende Effekte ließen sich sichern: Die Seminarteilnehmer hatten bei Abschluß des Kurses weniger neurotische Angst, Sehnsucht nach dem Expartner und weniger Zwänge und Zukunftsangst (alle Variablen aus dem "Fragebogen für Getrenntlebende und Geschiedene", der ebenfalls im Manual abgedruckt ist). Im FPI veränderten sich die Seminarteilnehmer bedeutsam in den Skalen Depressivität und Gehemmtheit.

6.5.5.4 Weiterführende Überlegungen

Trennung und Scheidung stellen für die Betroffenen äußerst belastende Erlebnisse dar, von daher liegt es nahe, psychologische Hilfen bereitzustellen. Andererseits zeigt sich in Untersuchungen immer wieder, daß sehr vielen Personen die Restrukturierung ihrer Persönlichkeit auch ohne fachliche Hilfe gelingt (vgl. die oben zitierte Kontrollgruppe bei GOETHAL; JOHNSON & ALEVIZOS fanden ebenfalls eine um so bessere Anpassung, je länger die Scheidung zurücklag). Man kann darüber spekulieren, woran es liegt, daß manche Personen mit dem Verlust besser zurechtkommen als andere. Eine große Rolle spielt wahrscheinlich die soziale Unterstützung in der Familie und im Freundeskreis. KRANTZLER (1977) meint, daß es wichtig ist, sich eine Weile von sozialen Kontakten zurückzuziehen und alle negativen Gefühle, die durch die Trennung ausgelöst werden, zuzulassen und voll auszuleben. Das würde Frauen eher gelingen als Männern, und deshalb würden Frauen sich auch eher und effektiver restrukturieren als Männer, obwohl sie häufig unter ungünstigeren Rahmenbedingungen leben würden (finanzielle Einschränkungen, alleinige Betreuung der Kinder usw.). Wenn man diesen Gedanken weiterführt, so kommt man zu einigen paradox erscheinenden Schlußfolgerungen:
- Behandlungsbedürftig sind vor allem die Personen, die vom Erscheinungsbild her angepaßt wirken, die keine Wut- oder Rachegefühle zur Schau tragen oder sich unmittelbar nach der Scheidung in neue Aktivitäten stürzen.
- Bei diesen Personen muß der Berater unter Umständen zunächst den Trauerprozeß auslösen, um die anschließende Restrukturierung zu ermöglichen.

Wenn man solche Maßnahmen erwägt, stößt man auf ethische Probleme. Diese wären leichter zu bewältigen, wenn aus der Forschung mehr über die emotionalen Verläufe im Zusammenhang mit Trennungen bekannt wäre. Unser Eindruck ist, daß die bisher vorliegenden Verlaufsberichte stark subjektiv, von den persönlichen Eindrücken der Autoren, gefärbt sind (vor allem KRANTZLER).

Ein weiteres ethisches Problem stellt sich dem Berater, der Paare in der Entscheidungsphase oder noch früher, in der Desillusionierungs- oder Verödungsphase nach KESSLER, zu behandeln hat. Aus der Therapieforschung ist bekannt, daß Klienten die (unausgesprochenen) Wertvorstellungen ihrer Therapeuten übernehmen. In unserem Zusammenhang wäre wichtig, wie der Berater selber zur Scheidung steht: Ist er ein strikter Gegner von Scheidungen, oder sieht er diesen Schritt eher optimistisch als eine Chance zum Neubeginn, wie z. B. KRANTZLER? Und inwieweit stimmt diese Auffassung mit der seiner Klienten überein? In Anbetracht der Folgen, die die Scheidung nicht nur für das Paar, sondern auch für die Kinder hat, ist daher vom Berater, noch mehr als in anderen Interventionsfeldern, eine gründliche Ausbildung einschließlich Selbsterfahrung zu fordern.

6.6 Zusammenfassung

Die Förderung seelischer Gesundheit in Partnerschaften muß sich im Regelfall darauf beschränken, die bei den Paaren vorfindlichen psychologischen Bedingungen zu optimieren. Da die freie Partnerwahl ein Kernbestandteil unserer Gesellschaftsordnung ist, kann man nur in sehr begrenztem Umfang beeinflussen, ob eine bestimmte Partnerkonstellation überhaupt zustande kommt. Hierin unterscheidet sich die Situation einer (ehelichen) Partnerschaft von Bedingungen im Arbeitsleben, wo es durchaus möglich ist, Personen und Arbeitsplätze im Sinne einer optimalen Passung einander zuzuordnen oder bestehende Zuordnungen zu verändern. Auch die Auflösung einer Partnerschaft oder Ehe ist nicht nur für die Betroffenen selbst, sondern auch für die Kinder in einer solchen Verbindung mit erheblichen psychischen Kosten verbunden. Von daher ist es verständlich, daß sowohl die sozialpsychologische und entwicklungspsychologische Grundlagenforschung als auch die klinische Psychologie sich mit großem Aufwand der Beschreibung von und den Modifikationsmöglichkeiten in Partnerschaften gewidmet haben.

Die Theorien zur Partnerwahl beschäftigen sich mit der Fragestellung, unter welchen Bedingungen Partnerschaften zustande kommen. Nach empirischen Überprüfungen dieser Theorien kann man feststellen, daß eher die Ähnlichkeit (Endogamie und Homogamie) als die Komplementarität der Individuen die Entstehung von Partnerschaften zu fördern scheint, wobei diese Aussage einer inhaltlichen Ausdifferenzierung bedarf. Der Brückenschlag hin zu länger dauernden Partnerschaften ist dabei bisher nur ansatzweise geleistet, das heißt es ist kaum eine Prognose über die Güte einer Ehe aufgrund von Daten aus der Partnerwahlphase möglich. Es können auch kaum wissenschaftlich begründete Empfehlungen darüber abgegeben werden, nach welchen Kriterien man sich einen Ehepartner aussuchen sollte.

Die Ehetheorien beschäftigen sich vor allem mit den Interaktionen zwischen den Ehepartnern sowie mit jenen psychischen Prozessen und Strukturen (vor allem wertbezogene Kognitionen und interpersonelle Wahrnehmungsfaktoren), die den Interaktionen zugrunde liegen. Als günstige Voraussetzungen für eine befriedigende und stabile Partnerschaft werden angesehen: Endogamie, das Aufwachsen mit Geschwistern und eine reife Identität. Dagegen sind als Risikofaktoren vor allem die Eheschließung in sehr jungem Lebensalter (meist verbunden mit vorehelicher Schwangerschaft) und Mißhandlungserfahrungen in der Kindheit zu betrachten. Die gegenseitige Attraktivität wird im Verlaufe der Partnerschaft mehr und mehr von interpersonellen Wahrnehmungsfertigkeiten (Empathie und Kongruenz), interpersonellen Kommunikations-, Konfliktregelungs-

und Verhandlungsfertigkeiten sowie von der sexuellen Harmonie bestimmt. Als inhaltlich relevante Bereiche in einer Partnerschaft erweisen sich vor allem der Umgang mit Macht, die Nähe-Distanz-Regulation und die Abstimmung von Wertvorstellungen.

Die Förderprogramme für seelische Gesundheit in Partnerschaften haben wir chronologisch geordnet. Die Programme zur Behandlung von Dating-Problemen sind überwiegend verhaltensmodifikatorisch aufgebaut und zielen darauf ab, soziale Ängstlichkeit zu vermindern und soziale Fertigkeiten zu vermitteln, damit es den Individuen besser gelingt, überhaupt Kontakte zu Personen des anderen Geschlechts aufzubauen. Die psychologische Ehevorbereitung, ebenso wie die Enrichment-Programme für Ehepaare, beziehen sich vor allem auf das Kommunikationsverhalten und die Konfliktlösung. Die zum Einsatz gelangenden Methoden entstammen den Ansätzen der Verhaltensmodifikation, der humanistischen Psychologie, psychodynamischen Therapieformen und der Gestalttherapie. Meistens werden mehrere methodische Ansätze kombiniert, zum Teil werden sie auch in Verbindung mit religiösen Übungen angeboten. In neuerer Zeit finden Geburtsvorbereitungskurse, die versuchen, die werdenden Eltern psychologisch auf das kritische Lebensereignis "erstes Kind" vorzubereiten, eine wachsende Verbreitung. Schließlich sind noch die Programme für Paare mit Scheidungsabsicht oder für bereits geschiedene Personen zu erwähnen, die unter anderem darauf abzielen, die Kommunikationsfähigkeit zu verbessern und das Selbstwertgefühl zu stärken.

Die Programme werden meistens in Gruppen durchgeführt. In Einzelfällen konnten positive Kurzzeiteffekte der Trainings nachgewiesen werden, Langzeitkatamnesen fehlen weitgehend. Kritische Untersuchungen zeigen, daß auch negative Nebeneffekte der Trainings auftreten können. Es ist daher zu fordern, daß die Trainer besonders sorgfältig ausgewählt und ausgebildet werden.

ANHANG

Tabelle A1: Interkorrelationen zwischen ausgewählten Indikatoren für Komponenten der seelischen Gesundheit. Inhaltliche Erläuterungen folgen auf den nächsten Seiten. Die ersten beiden Zahlen sind die Nummern der Variablen, die Zahlen in Klammern sind die Korrelationen.

	Energie-niveau	Expansivität		Leistungsfähigkeit	
Positive vs. negative emotionale Befindlichkeit	11/21(64) 12/21(30) 13/21(66) 16/22(40) 17/22(28) 19/23(48) 110/23(03)	111/25(53) 111/26(38)	11/31(50) 12/31(28) 13/31(60) 14/32(36) 14/33(23) 15/32(30) 15/33(37)	16/34(50) 17/34(37) 18/35(09) 19/36(60) 110/36(29) 111/39(17) 111/310(24)	11/41(85) 12/41(31) 13/41(78) 14/42(32) 15/42(30) 16/43(38) 16/44(40)	17/43(26) 17/44(39) 18/45(42) 19/46(49) 110/46(51) 111/47(-08) 111/48(34)
Hohes Energieniveau, Aktiviertheit vs. Antriebsschwäche		–	21/31(66) 22/34(34) 23/36(26) 24/37(35) 24/38(39) 25/39(19) 25/310(12)	26/39(40) 26/310(28)	21/41(74) 22/43(57) 22/44(27) 23/46(31) 25/47(-17) 25/48(13) 26/47(-01)	26/48(23) 24/49(-14)
Expansivität vs. Defensivität				–	31/41(55) 32/42(38) 33/42(49) 34/43(36) 34/44(18) 35/45(34) 36/46(35)	39/47(45) 39/48(41) 310/47(44) 310/48(43) 37/49(06) 38/49(21)
Leistungsfähigkeit vs. Funktionsstörungen						–
Selbsttranszendenz vs. Selbstzentrierung						
Autonomie vs. Hilfesuchen, Abhängigkeit						

Tabelle A1: Interkorrelationen zwischen ausgewählten Indikatoren für Komponenten der seelischen Gesundheit. Inhaltliche Erläuterungen folgen auf den nächsten Seiten. Die ersten beiden Zahlen sind die Nummern der Variablen, die Zahlen in Klammern sind die Korrelationen.

	Selbsttranszendenz			Autonomie	Selbstwertgefühl	
Positive vs. negative emotionale Befindlichkeit	11/51(86) 11/52(51) 11/53(52) 11/54(59) 12/51(47) 12/52(36) 12/53(-02)	12/54(13) 13/51(86) 13/52(62) 13/53(46) 13/54(56) 14/55(30) 15/55(09)	16/56(24) 16/57(17) 17/56(15) 17/57(03) 19/58(15) 110/58(14) 111/59(26)	14/61(07) 15/61(19) 16/62(17) 17/62(28) 16/63(30) 17/63(26) 111/65(28)	11/71(81) 12/71(41) 13/71(77) 14/72(45) 15/72(36) 16/73(42) 16/74(31)	17/73(33) 17/74(25) 111/76(40)
Hohes Energieniveau, Aktiviertheit vs. Antriebsschwäche	21/51(75) 21/52(64) 21/53(75) 21/54(71) 22/56(09) 22/57(20) 23/58(12)	25/59(06) 26/59(11)		22/62(26) 22/63(42) 25/65(21) 26/65(41)	21/71(72) 22/73(34) 22/74(39) 25/76(42) 26/76(49) 24/77(77)	
Expansivität vs. Defensivität	31/51(66) 31/52(79) 31/53(59) 31/54(59) 32/55(11) 33/55(14) 34/57(12)	36/58(32) 39/59(-13) 310/59(-01)		32/61(12) 33/61(37) 34/62(11) 34/63(37) 39/65(52) 310/65(46)	31/71(50) 32/72(28) 33/72(19) 34/73(58) 34/74(41) 39/76(53) 310/76(48)	37/77(23) 38/77(43)
Leistungsfähigkeit vs. Funktionsstörungen	41/51(86) 41/52(52) 41/53(75) 41/54(74) 42/55(06) 43/56(17) 43/57(28)	44/56(03) 44/57(-19) 46/58(32) 47/59(-33) 48/59(06)		42/61(05) 43/62(24) 44/62(40) 43/63(39) 44/63(12) 47/65(25) 48/65(43)	41/71(85) 42/72(28) 43/73(44) 43/74(30) 44/73(33) 44/74(32) 47/76(25)	48/76(43)
Selbsttranszendenz vs. Selbstzentrierung		–		55/61(-10) 56/62(-35) 57/62(-27) 56/63(03) 57/63(15) 59/65(10)	57/71(83) 52/71(49) 53/71(70) 54/71(69) 55/72(24) 56/73(08) 56/74(18)	57/73(-05) 57/74(-08) 59/76(04)
Autonomie vs. Hilfesuchen, Abhängigkeit		–			61/72(-14) 62/73(22) 62/74(36) 63/73(42) 63/74(35) 64/75(30) 65/76(52)	

Erläuterungen zu den in Tabelle A1 verwendeten Indikatoren für 7 Komponenten der seelischen Gesundheit.

Die Informationen zu jeder Variable werden in folgender Reihenfolge gegeben: Nummer der Variablen (mit Bezugnahme auf Tabelle A1). (A) Bezeichnung der Variablen. (B) Literaturquelle, aus der die betreffende Korrelation entnommen wurde. (C) Anmerkungen.

Indikatoren für "Positive versus negative emotionale Befindlichkeit"

11 (A) Fullness of life. (B) Wessman & Ricks (1966, p. 284). (C) Korrelationen zu anderen Variablen rückgerechnet bzw. geschätzt aus Faktorenladungen.
12 (A) Tranquility vs. anxiety. (B) und (C) siehe 11.
13 (A) Elation vs. depression. (B) und (C) siehe 11.
14 (A) Häufigkeit positiver Gefühle. (B) Becker (1982a, p. 267). (C) Faktor 1. Ordnung.
15 (A) Seltenheit negativer Gefühle. (B) und (C) siehe 14.
16 (A) (Geringe) Hoffnungslosigkeit. (B) Angleitner et al. (1982), Tabelle A3. (C) Hoffnungslosigkeitsskala von Krampen (1979).
17 (A) Lebenszufriedenheit. (B) Angleitner et al. (1982), Tabelle A3. (C) Skala erfaßt die allgemeine, augenblickliche Lebenszufriedenheit.
18 (A) SMHS (Supplementory Mental Health Scale). (B) Becker (1982a, p. 220). (C) Selbsteinschätzung von Wohlbefinden und Vertrauen in das Leben.
19 (A) Psychisches Wohlbefinden. (B) Becker (1983a). (C) Basiert auf Beschreibungen der täglichen emotionalen Befindlichkeit über einen Zeitraum von 4 Wochen mit Hilfe der EWL (Janke & Debus 1978).
110 (A) (Geringe) Depressivität. (B) Becker (1983a). (C) D-Skala aus dem FPI.
111 (A) Heiter, fröhlich. (B) Timm (1971). (C) Fremdurteil. Korrelationen zu anderen Variablen rückgerechnet bzw. geschätzt aus Faktorenladungen.

Indikatoren für "Hohes Energieniveau, Aktiviertheit vs. Antriebsschwäche"

21 (A) Energy vs. fatigue. (B) und (C) siehe 11.
22 (A) Endurance. (B) Angleitner et al. (1982), Tabelle A3. (C) Skala aus der "Personality Research Form" (vgl. Stumpf 1980).
23 (A) Aktiviertheit. (B) und (C) siehe 19.
24 (A) Begeisterungsfähigkeit. (B) Schneewind et al. (1983, p. 13). (C) Skala aus dem 16 PF-Test.
25 (A) Lebhaft, rege. (B) und (C) siehe 111.
26 (A) Energisch, aktiv. (B) und (C) siehe 111.

Indikatoren für "Expansivität vs. Defensivität"

31 (A) Impulse expression vs. self-restraint. (B) und (C) siehe 11.
32 (A) Soziale Durchsetzungsfähigkeit. (B) und (C) siehe 14.

33 (A) Kein Ausweichen vor Schwierigkeiten infolge geringer Ängstlichkeit. (B) und (C) siehe 14.
34 (A) Dominance. (B) und (C) siehe 22.
35 (A) Self-assertion. (B) Becker (1982a, p. 220). (C) Projektiver Test zur Erfassung von Selbstbehauptung (vgl. Katz 1973).
36 (A) (Geringe) Angst vor Selbstbehauptung. (B) Becker (1983a). (C) Skala aus dem IAF (Becker 1982b).
37 (A) Selbstbehauptung. (B) Schneewind et al. (1983, p. 13). (C) Skala E aus dem 16 PF-Test.
38 (A) Selbstsicherheit vs. Zurückhaltung. (B) Schneewind et al. (1983, p. 13). (C) Skala H aus dem 16 PF-Test.
39 (A) Bestimmt, willensstark. (B) und (C) siehe 111.
310 (A) Mutig, furchtlos. (B) und (C) siehe 111.

Indikatoren für "Leistungsfähigkeit vs. Funktionsstörungen"

41 (A) Thought processes. (B) und (C) siehe 11.
42 (A) Problemlösefähigkeit. (B) und (C) siehe 14.
43 (A) Achievement. (B) und (C) siehe 22.
44 (A) Positiver Realitätsbezug. (B) Angleitner et al. (1982), Tabelle A3. (C) Aus Selbst-Aktualisierungsskalen von Bottenberg & Keller (1975).
45 (A) Coping. (B) Becker (1982a, p. 220). (C) Projektiver Test zur "Problemlösefähigkeit" (vgl. Katz 1973).
46 (A) Erfolg im Studium. (B) (Becker 1983a). (C) Faktorenanalytisch gewonnenes Maß zur Erfassung des augenblicklichen Erfolges im Studium.
47 (A) Rational, sachlich. (B) und (C) siehe 111.
48 (A) Gesund. (B) und (C) siehe 111.
49 (A) Selbstkontrolle. (B) und (C) siehe 24.

Indikatoren für "Selbsttranszendenz vs. Selbstzentrierung"

51 (A) Receptivity towards and stimulation by the world. (B) und (C) siehe 11.
52 (A) Own sociability vs. withdrawal. (B) und (C) siehe 11.
53 (A) Companionship vs. being isolated. (B) und (C) siehe 11.
54 (A) Love and sex. (B) and (C) siehe 11.
55 (A) Freisein von Kontaktproblemen und Feindseligkeit. (B) und (C) siehe 14.
56 (A) Affiliation. (B) und (C) siehe 22.
57 (A) Nurturance. (B) und (C) siehe 22.
58 (A) Gute Beziehung zur Freundin. (B) Becker (1983a). (C) Faktorenanalytisch gewonnenes Maß zur Erfassung der Qualität der augenblicklichen Beziehung zur Freundin.
59 (A) Selbstlos, hilfsbereit. (B) und (C) siehe 111.

Indikatoren für "Autonomie vs. Hilfesuchen, Abhängigkeit"

61 (A) Geringes Bedürfnis nach sozialer Unterstützung. (B) und (C) siehe 14.
62 (A) (Geringe) Succorance. (B) und (C) siehe 22.

63 (A) IPC 1. (B) Angleitner et al. (1982), Tabelle A3. (C) Skala zur Erfassung einer internalen Kontrollüberzeugung (vgl. Krampen 1981).
64 (A) Verantwortlichkeit, Autonomie, internale Kontrollüberzeugung. (B) Becker (1982a, p. 250). (C) Faktor 1. Ordnung aus Untersuchung von Coan (1974).
65 (A) Selbständig. (B) und (C) siehe 111.

Indikatoren für "Hohes vs. niedriges Selbstwertgefühl, Selbstachtung"

71 (A) Self-confidence vs. feeling of inadequacy. (B) und (C) siehe 11.
72 (A) Selbstakzeptierung. (B) und (C) siehe 14.
73 (A) Positives Selbstkonzept. (B) Angleitner et al. (1982), Tabelle A3. (C) Faktorenanalytisch ermittelt.
74 (A) Selbst- und Weltbejahung. (B) und (C) siehe 44.
75 (A) Selbstzufriedenheit. (B) und (C) siehe 64.
76 (A) Selbstbewußt, sicher. (B) und (C) siehe 111.
77 (A) Selbstvertrauen. (B) und (C) siehe 24.

Tabelle A2: Ladungen von 37 Fremdurteilen und 9 FPI-Skalen auf 2 Varimax-Faktoren. F1: Seelische Gesundheit. F2: Starke vs. geringe Verhaltenskontrolle. Die Reanalyse basiert auf einer Studie von TIMM (1971) an 100 Vpn. Wiedergabe der Nachkommastellen.

+ Pol	F1	F2	Gegenpol (-)
heiter, fröhlich	63	12	verstimmt, traurig
unsicher, scheu	-67	-10	sicher, selbstbewußt
ausdauernd, stetig	02	58	sprunghaft, unstetig
phantasielos, einfallsarm	-52	-03	phantasievoll, einfallsreich
verschlossen	-62	-12	aufgeschlossen, ansprechbar
energisch, aktiv	73	08	passiv, bequem
selbstlos, hilfsbereit	13	59	selbstbezogen, egoistisch
praktisch denkend	27	32	theoretisch denkend
still, ruhig	-73	20	lebhaft, rege
anspruchsvoll	29	-57	bescheiden
konservativ, konventionell	-48	-07	fortschrittlich
tolerant, großzügig	28	49	intolerant, kleinlich
begabt, intelligent	37	-09	unbegabt

Fortsetzung der Tabelle A2:

+ Pol	F1	F2	Gegenpol (-)
impulsiv, spontan	36	-45	beherrscht, gezügelt
unselbständig	-58	-27	selbständig
höflich, liebenswürdig	26	58	unhöflich, unfreundlich
oberflächlich, flüchtig	01	-45	sorgfältig, pedantisch
herzlich, warm	24	52	kühl, reserviert
langsam, bedächtig	-74	21	schnell, rasch
gesellig, kontaktfreudig	69	06	schüchtern, zurückhaltend
verschwenderisch, freigiebig	28	-33	sparsam, geizig
dominierend, herrschsüchtig	45	-56	nachgiebig, fügsam
umstellungsfähig, beweglich	64	23	festgefahren, unbeweglich
planlos, unüberlegt	-33	-45	zielstrebig, überlegt
vertrauensvoll	11	53	mißtrauisch
ausgeglichen, harmonisch	28	60	unausgeglichen, nervös
vielseitig	50	26	einseitig
zuverlässig	07	70	unzuverlässig
sensibel, weich	-35	25	robust, hart
kränkelnd	-43	-27	gesund
aufrichtig	14	66	unaufrichtig
beeinflußbar, willensschwach	-53	-02	bestimmt, willensstark
natürlich, ungekünstelt	36	62	unnatürlich, gekünstelt
friedlich, umgänglich	-23	76	unverträglich, aggressiv
furchtsam, ängstlich	-51	-05	mutig, furchtlos
gefühlsbetont	-11	23	rational, sachlich
begeisterungsfähig	49	15	stumpf
Nervosität (FPI)	-29	-06	psychosomatisch nicht gestört

Fortsetzung der Tabelle A2:

+ Pol	F1	F2	Gegenpol (-)
Spontane Aggressivität (FPI)	03	-35	beherrscht, nicht aggressiv
Depressivität (FPI)	-35	-07	selbstsicher, zufrieden
Erregbarkeit (FPI)	-03	-40	ruhig, stumpf
Geselligkeit (FPI)	54	-21	ungesellig, zurückhaltend
Gelassenheit (FPI)	25	-05	irritierbar, zögernd
Reaktive Aggressivität (FPI)	-01	-32	nachgiebig, gemäßigt
Gehemmtheit (FPI)	-46	33	ungezwungen, kontaktfähig
Offenheit (FPI)	-07	-11	verschlossen, unkritisch

Tabelle A3: 17 ausgewählte Items der Impulsivitätsskala von VOSSEL & SAFIAN (1984).

Impulsivität

1 Ich beantworte Fragen schnell.

2 Ich handele und rede gewöhnlich schnell, ohne zwischendurch lange nachzudenken.

3 Ich finde, daß ich mich manchmal ungestüm verhalte.

4 Ich entscheide mich schnell.

5 Ich bin nur selten leichtsinnig.

6 Ich gehöre zu jenen Menschen, die ohne Nachdenken mit irgendetwas herausplatzen.

7 Es passiert mir häufig, daß ich aus dem Augenblick heraus etwas tue, was mich dann später in Schwierigkeiten bringt.

8 Ich glaube, daß ich mich eher vom Gefühl als durch ruhiges Nachdenken leiten lassen.

9 Ich plane gern sorgfältig und auf lange Sicht.

10 Ich verlasse mich im allgemeinen auf vorsichtiges Abwägen, wenn ich Entscheidungen treffe.

11 Ich bin verhältnismäßig lebhaft.

12 Ich gehöre zu den Leuten, die spontan etwas kaufen.

13 Ich würde mich selbst als unbekümmert und sorglos bezeichnen.

14 Ich bin impulsiv.

15 Ich denke gewöhnlich erst sorgfältig nach, bevor ich etwas tue.

16 Ich werde von neuen, aufregenden Ideen so gefesselt, daß ich nie an mögliche Nachteile denke.

17 Ich stimme darin überein, daß fortwährendes Vorausplanen dem Leben seinen Reiz nimmt.

Tabelle A4: Mittelwerte und Standardabweichungen der Testwerte verschiedener Gruppen aus der Eichstichprobe in der Trait-Angstskala des STAI. Entnommen aus LAUX et al. (1981, p. 24). Eine zweifaktorielle Varianzanalyse erbrachte signifikante Unterschiede im Hinblick auf Geschlecht (F = 43.26; p< .001), Alter (F = 5.97; p <.01) sowie die Wechselwirkung von Geschlecht und Alter (F = 8.78; p <.01).

Alter	Mittelwerte		Standard-abweichungen		Gruppen-größe	
	m	w	m	w	m	w
15-29	34.49	35.65	8.26	9.83	244	342
30-59	34.59	36.85	8.92	9.50	740	748
60	33.48	40.12	9.39	11.16	123	188
Gesamt	34.45	37.01	8.83	9.95	1107	1278

Tabelle A5: Mittelwerte von Männern und Frauen aus verschiedenen Altersstufen in 6 Skalen des IAF. Zusätzlich sind die Ergebnisse varianzanalytischer Auswertungen angegeben. N = Anzahl; m = männlich; w = weiblich; G = Geschlecht; A = Alter; GA Interaktion von G und A. Entnommen aus BECKER (1982b, p. 34-35).

IAF-Skala	Alter	N	m	w	Varianz-quelle	F	p
Physische Verletzung	≤29	141	45.16	54.83	G	261.04	.0
	30-39	108	43.80	54.61	A	2.18	.09
	40-49	88	45.13	58.42	GA	1.16	.32
	≥50	112	44.79	56.20			

Fortsetzung der Tabelle A5:

IAF-Skala	Alter	N	m	w	Varianz-quelle	F	p
"Auftritte"	≤29	141	49.76	57.26	G	52.57	.0
	30-39	108	50.96	57.19	A	3.24	.02
	40-49	88	51.54	61.14	GA	1.39	.25
	≥50	112	49.97	53.97			
Normüber-schreitung	≤29	141	36.10	35.74	G	1.52	.22
	30-39	108	34.06	36.72	A	3.05	.03
	40-49	88	36.92	38.08	GA	2.45	.06
	≥50	112	37.25	36.34			
Erkrankungen und ärztliche Behandlungen	≤29	141	33.25	33.15	G	1.84	.18
	30-39	108	32.65	31.21	A	1.65	.18
	40-49	88	31.46	32.83	GA	3.21	.03
	≥50	112	30.32	33.37			
Selbst-behauptung	≤29	141	20.76	24.62	G	21.99	.0
	30-39	108	22.96	24.79	A	7.85	.0
	40-49	88	24.40	26.17	GA	1.53	.21
	≥50	112	24.64	26.14			
Abwertung und Unterlegenheit	≤29	141	42.53	43.58	G	4.14	.04
	30-39	108	41.86	42.44	A	1.32	.27
	40-49	88	42.38	45.58	GA	0.81	.49
	≥50	112	43.18	43.69			

Tabelle A6: Geschlechtsunterschiede in 16 fundamentalen Persönlichkeitseigenschaften. Die Daten basieren auf den von CATTELL et al. (1970, p. 70) mitgeteilten Normen des 16 PF-Tests bei amerikanischen Frauen und Männern (korrigiert auf das Alter von 35 Jahren. x $\leq.05$; xx $\leq.001$.

Persönlichkeitseigenschaft	Mittelwert		Standard-abweichung		t
	m	w	m	w	
A Affektothymie (warmherzig, ...)	18.49	23.14	6.84	6.12	-15.50xx
B Intelligenz	13.44	13.44	3.27	3.27	0
C Ich-Stärke	32.96	33.26	6.92	7.87	-.90
E Dominanz	24.28	17.30	6.28	6.54	24.93xx
F "Optimismus" (leichtlebig, ...)	26.18	25.86	7.89	7.75	.89
G Überichstärke	28.21	28.69	5.71	5.01	-2.00x
H Parmia (ungehemmt, forsch, ...)	28.50	25.43	9.82	9.90	6.67xx
I Premsia (weichherzig, sanft, ...)	17.83	24.78	5.59	4.58	-28.96xx
L Protensia (mißtrauisch, einsam, ...)	16.70	14.96	5.04	5.04	7.91xx
M Autia (einbildungsreich, ...)	22.15	24.17	5.89	5.67	-7.21xx
N Gewandtheit	21.93	20.53	3.79	3.98	8.24xx
O Schuldgefühle, Angst	19.91	23.43	6.90	7.30	-11.00xx
Q1 Radikalismus (liberal, ...)	20.13	17.61	4.60	4.32	12.60xx
Q2 Selbstgenügsamkeit	20.49	20.22	5.51	5.10	1.13
Q3 Selbstkontrolle	23.54	22.78	4.95	4.92	3.45xx
Q4 Triebspannung (angespannt, ...)	22.21	26.78	7.93	8.30	-12.35xx

Tabelle A7: Geschlechtsunterschiede in 16 fundamentalen Persönlichkeitseigenschaften. Die Daten basieren auf den von SCHNEEWIND et al. (1984) mitgeteilten Normen der deutschen Version des 16 PF-Tests für die Gesamtstichproben von 1245 Männern (m) und 2005 Frauen (w). x $\leq$ .05; xx $\leq$ .01; xxx $\leq$ .001.

Persönlichkeitseigenschaft	Mittelwert		Standardabweichung		t
	m	w	m	w	
A Kontaktorientierung	10.28	11.94	5.70	4.46	-9.25xxx
B Abstraktes Denken	7.37	6.82	3.05	2.89	5.16xxx
C Emotionale Widerstandsfähigkeit	15.45	14.01	4.03	4.16	9.71xxx
E Selbstbehauptung	10.10	7.52	3.83	3.63	19.28xxx
F Begeisterungsfähigkeit	9.47	8.90	4.85	4.74	3.30xx
G Pflichtbewußtsein	16.07	17.33	4.72	4.45	-7.66xxx
H Selbstsicherheit	13.49	10.97	6.54	6.27	10.95xxx
I Sensibilität	7.64	13.84	4.42	3.76	-42.67xxx
L Skeptische Haltung	13.24	12.50	3.82	3.82	5.37xxx
M Unkonventionalität	8.35	8.05	4.00	3.91	2.11x
N Überlegtheit	14.01	14.64	3.79	3.75	-4.64xxx
O Besorgtheit	8.23	11.69	4.70	4.73	-20.32xxx
Q1 Veränderungsbereitschaft	12.49	10.95	4.43	4.40	9.67xxx
Q2 Unabhängigkeit	10.77	10.44	4.48	4.72	1.97x
Q3 Selbstkontrolle	17.02	15.93	4.04	3.95	7.58xxx
Q4 Innere Gespanntheit	13.16	15.44	5.34	5.15	-12.09xxx

Tabelle A8: Geschlechtsunterschiede in 14 Persönlichkeitseigenschaften bei männlichen und weiblichen Jugendlichen in der BRD. Die Daten basieren auf den von SCHUMACHER & CATTELL (1977, p. 21) mitgeteilten Normen des Deutschen HSPQ (bezogen auf das Alter von 14.5 Jahren). x ≤ .05; xx ≤ .001. Die t-Werte basieren auf einem angenommenen N = 1300 männlichen und 1300 weiblichen Jugendlichen.

Persönlichkeitseigenschaft	Mittelwert		Standardabweichung		t
	m	w	m	w	
A Affektothymie (warmherzig, ...)	20.2	21.0	4.9	5.4	-3.95xx
B Intelligenz	9.3	9.7	4.7	4.9	-2.12x
C Ich-Stärke	21.8	20.4	5.3	4.9	6.99xx
D Erregbarkeit (reizbar, ungeduldig,...)	18.3	19.4	5.4	5.2	-5.29xx
E Dominanz	21.5	20.0	4.5	4.5	8.50xx
F Gefühlsüberschwenglichkeit	20.4	20.0	5.3	5.0	1.98x
G Überichstärke	20.9	22.5	5.3	4.7	-8.14xx
H Parmia (verwegen, forsch, ...)	21.3	19.9	5.6	5.5	6.43xx
I Premsia (Feinfühligkeit) (weichherzig, ...)	18.0	23.0	6.0	5.3	-22.51xx
J Coasthenia (grüblerischer Individualismus)	16.9	17.0	4.7	4.7	-.54
O Schuldgefühle, Angst	19.0	19.9	5.6	5.2	-4.42xx
Q2 Eigenständigkeit (selbstgenügsam, ...)	19.2	18.0	4.4	4.8	6.64xx
Q3 Selbstkontrolle	22.4	22.7	5.3	5.0	-1.48
Q4 Triebspannung (angespannt, ...)	18.1	19.4	5.7	5.5	-5.92xx

Tabelle A9: Mittelwerte und Standardabweichungen von Männern und Frauen in 12 Standardskalen sowie in 10 Zusatzskalen des MMPI. Entnommen aus BECKER (1973). t = Ergebnis des t-Tests. (x) $\leq .05$; x $\leq .01$; xx $\leq .001$.

MMPI-Skala		Mittelwert		Standard-abweichung		t
		m (N=825)	w (N=233)	m (N=825)	w (N=233)	
L	Lügen (Kontrollskala)	4.5	4.1	2.5	2.3	2.19(x)
F	Kontrollskala	9.7	7.3	4.6	4.5	7.06xx
K	Kontrollskala	12.4	14.0	4.1	4.0	-5.28xx
Hd/K	Hypochondrie	13.1	14.6	4.3	4.9	-4.55xx
D	Depression	21.0	23.5	5.1	5.0	-6.63xx
Hy	Hysterie	19.2	22.6	5.1	5.7	-8.74xx
Pp/K	Psychopathie	23.8	23.8	4.8	4.5	0
Pa	Paranoia	10.5	11.2	3.9	3.5	-2.47x
Pt/K	Psychasthenie	27.9	29.4	6.2	6.1	-3.27xx
Sc/K	Schizophrenie	30.7	29.8	7.3	7.3	1.66
Ma/K	Hypomanie	22.1	19.9	4.5	4.3	6.65xx
Si	Soziale Introversion	29.6	31.9	8.3	8.3	-3.73xx
MAS	Manifeste Angst	16.5	19.5	8.1	8.3	-4.96xx
Dq	Delinquenz	12.8	8.3	4.5	3.6	14.03xx
Dy	Abhängigkeit	21.7	22.9	8.8	8.2	-1.86
Eo	Ich-Überkontrolle	11.6	13.1	3.2	3.2	-6.31xx
Es	Ich-Stärke	45.3	42.9	5.8	6.4	5.44xx
Ho	Feindseligkeit	28.0	21.5	7.3	7.6	11.88xx
Im	Impulsivität	8.9	7.8	3.6	3.7	4.09xx
Pho	Phobien	6.0	7.5	3.6	4.2	-5.40xx
Pr	Vorurteil	15.6	11.3	4.9	4.3	12.13xx
Re	Soziale Verantwortlichkeit	17.6	20.8	4.1	3.7	-10.73xx
So-r	revid. soz. Erwünschtheit	27.6	27.2	5.5	5.9	0.96

Tabelle A10: Mittelwerte von jüngeren und älteren Männern und Frauen in den Skalen des FPI. Zusätzlich angegeben sind Mittelwertsdifferenzen, Korrelationen mit dem Geschlecht und Alter sowie t-Test-Ergebnisse. Entnommen aus FAHRENBERG et al. (1978, p. 31 f.). x ≤.05; xx ≤.01; xxx ≤.001.

FPI-Skala	Männer 15-40 (N=180)	Männer >40 (N=133)	Frauen 15-40 (N=160)	Frauen >40 (N=157)	Korrel. mit Geschl. (N=630)	Korrel. mit Alter (N=630)	MW-Differ. 15-40	MW-Differ. >40	t 15-40	t >40
1 Nervosität	9.71	10.11	13.92	15.10	.33xxx	.07	-4.21	-4.99	-6.32xxx	-5.89xx
2 Spontane Aggressivität	8.88	5.07	7.30	4.37	-.15xxx	-.45xxx	1.58	0.70	3.01xx	1.72
3 Depressivität	12.17	9.92	13.08	12.96	.14xxx	-.11xx	-0.91	-3.04	-1.29	-4.03xx
4 Erregbarkeit	9.01	9.50	10.38	9.91	.09x	-.01	-1.37	-0.41	-2.52x	-.70
5 Geselligkeit	14.63	14.23	14.41	12.42	-.09x	-.13xx	0.22	1.81	.37	2.78xx
6 Gelassenheit	11.03	12.01	9.69	10.16	-.18xxx	.09x	1.34	1.85	2.98xx	3.73xxx
7 Reaktive Aggressivität/ Dominanz	8.51	8.33	7.11	6.60	-.20xxx	-.04	1.40	1.73	3.27xx	3.94xxx
8 Gehemmtheit	8.68	7.15	10.94	10.86	.31xxx	-.09x	-2.26	-3.71	-4.87xxx	-7.03xxx
9 Offenheit	10.23	8.77	9.45	7.99	-.15xxx	-.32xxx	0.78	0.78	2.64xx	2.20x
E Extraversion	11.92	11.14	11.42	9.45	-.12xx	-.19xxx	0.50	1.69	1.00	3.17xx
N Neurotizismus	11.36	10.29	12.76	12.29	.15xxx	-.10xx	-1.40	-2.00	-2.40x	-3.04xx
M Maskulinität	14.79	14.93	9.64	9.04	-.58xxx	-.06	5.14	5.89	12.45xxx	12.39xxx

Tabelle A11: Geschlechtsdifferenzen in ausgewählten Persönlichkeitsmerkmalen bei 189 männlichen und 315 weiblichen Jugendlichen zu zwei Untersuchungszeitpunkten (Erstuntersuchung 1978 nach Beginn des 9. Schuljahres, Zweituntersuchung 1982). Korrelationen mit dem Geschlecht (positive Korrelation bedeutet: höherer Wert beim weiblichen Geschlecht). x ⩽.05; xx ⩽.01. Entnommen aus HÄFELI et al. (1983, p. 136).

Persönlichkeitsmerkmal	Untersuchungszeitpunkt	
	1978	1982
Gesamtintelligenz	-.09	-.13x
Wert: Erfolg und Macht	-.26xx	-.11x
Wert: Privatsphäre	.09	.12x
Soz.-moral. u. kultur. Werte	.10	.13x
Locus of control (internal)	-.14x	-.13x
Leistungsmotivation	.04	.09
"Femininität"	.50xx	.40xx
"Maskulinität"	-.42xx	-.37xx
Ängstlichkeit	.09	.14xx
Gleichgewicht	-.05	-.06
Soziale Wärme (vs. Aggressivität)	.25xx	.10
"Extraversion"	.07	.06
"Unabhängigkeit"	.18xx	.12x
(positives) Selbstbild	-.26xx	-.23xx

LITERATUR

ABRAMSON, L.Y., SELIGMAN, M.E.P. & TEASDALE, J. 1978. Learned helplessness in humans: Critique and reformulation. Journal of Abnormal Psychology 87, 49-74.
ACHENBACH T.M., & EDELBROCK, C.S. 1981. Behavioral problems and competencies reported by parents of normal and disturbed children aged four through sixteen. Monographs of the Society for Research in Child Development 46 (1, Serial No. 188).
ADLER, A. 1947. Alfred Adler's viewpoint on child guidance. In: HARMS, E. (Ed.) Handbook of child guidance. New York: Child Care Publications, p. 707-722.
ADLER, A. 1928^4. Über den nervösen Charakter. Grundzüge einer vergleichenden Individualpsychologie und Psychotherapie. München: Bergmann.
ADLER, A. 1933. Sinn des Lebens. Wien-Leipzig: Passer.
ADLER, A. 1947. Menschenkenntnis. Zürich: Rascher.
AGERVOLD, M. 1976. Shiftwork - a critical review. Scandinavian Journal of Psychology 17, 181-188.
AHMED, P.I. & KOLKER, A. 1979. The role of indigenous medicine in WHO's definition of health. In: AHMED, P.I. & COELHO, G.V. (Ed.) Toward a new definition of health. Psychosocial dimensions. New York: Plenum Press, p. 113-128.
AIKEN, M., FERMAN, L.A. & SHEPPARD, H.L. 1968. Economic failures, alienation and extremism. Ann Arbor: Michigan Press.
AKERSTEDT, T. & TORSVALL, L. 1978. Experimental changes in shift-schedules. Their effects on well-being. Ergonomics 21, 849-856.
Al-ISSA, I. (Ed.) 1982a. Gender and psychopathology. New York: Academic Press.
AL-ISSA, I. 1982b. Gender and adult psychopathology. In: AL-ISSA, I. (Ed.) Gender and psychopathology. New York: Academic Press, p. 83-101.
ALLPORT, G.W. 1970. Gestalt und Wachstum in der Persönlichkeit. Meisenheim a. Gl.: Hain.
AMELANG, M. & BARTUSSEK, D. 1981. Differentielle Psychologie und Persönlichkeitsforschung. Stuttgart: Kohlhammer.
AMELANG, M. & BORKENAU, P. 1982. Über die faktorielle Struktur und externe Validität einiger Fragebogen-Skalen zur Erfassung von Dimensionen der Extraversion und emotionalen Labilität. Zeitschrift für Differentielle und Diagnostische Psychologie 3, 119-146.
AMMONS, R.B. & AMMONS, C.H. 1962. The Quick Test (QT): Provisional manual. Psychological Reports 11. (Monograph-Supplement 7-VII).
AMTHAUER, R. 1953. Intelligenz-Struktur-Test. Handanweisung für die Durchführung und Auswertung. Göttingen: Hogrefe.
ANDRESEN, B. & STEMMLER, G. 1978. Eine empirische und methodische Untersuchung zur Sekundärfaktorstruktur von Fragebogenskalen mehrerer Persönlichkeitsinventare. Hamburg: Psychiatrische Universitäts- und Poliklinik Hamburg-Eppendorf.
ANDRESEN, B. & STEMMLER, G. 1982. Eine Dimensionsanalyse von 61 Persönlichkeitsskalen unter besonderer Berücksichtigung des Extraversions- und des Emotionalitätskomplexes. Diagnostica 28, 340-347.
ANGLEITNER, A. 1980. Einführung in die Persönlichkeitspsychologie. Bd. 1. Nichtfaktorielle Ansätze. Bern: Huber.
ANGLEITNER, A., FILIPP, S.-H. & BRAUKMANN, W. 1982. Testtheoretische Prüfung der Fragebogenverfahren zur Erfassung ausgewählter Personmerkmale.

(= Forschungsberichte aus dem Projekt Entwicklungspsychologie des Erwachsenenalters. Nr. 20). Universität Trier: Fachbereich I - Psychologie.
ANTHONY, J. 1970. Behavior disorders. In: MUSSEN, P. (Ed.) Carmichael's manual of child psychology. New York: Wiley, p. 667-764.
ANTONOVSKY, A. 1979. Health, stress, and coping. San Francisco: Jossey-Bass.
APPLEGARTH, A. 1971. Comments on aspects of the theory of psychic energy. Journal of the American Psychoanalytic Association 19, 379-416.
APPLEGARTH, A. 1976. Psychic energy reconsidered. Journal of the American Psychoanalytic Association 24, 647-657.
ARIES, E. 1976. Interaction patterns and themes of male, female and mixed groups. Small Group Behavior 7, 7-18.
ARGYRIS, Ch. 1966. Integrating individual and the organization. New York: Wiley.
AZRIN, N.H., FLORES, T. & KAPLAN, S.J. 1975. Job-finding club: A group-assisted program for obtaining employment. Behavior Research and Therapy 13, 17-27.
AZRIN, N.H. & PHILIP, R.A. 1979. The Job Club method for the job-handicapped: A comparative outcome study. Rehabilitation Counseling Bulletin 23, 144-155.
AZRIN, N.H. & PHILIP, R.A. 1980. Comparative evaluation of the Job Club program with welfare recipients. Journal of Vocational Behavior 16, 133-145.
BACH, G.R. 1977. Streiten verbindet: Spielregeln für Liebe und Ehe. Düsseldorf: Diederichs.
BACHMAN, J.G. 1970. Youth in transition II: The impact of family background and intelligence on tenth-grade boys. Ann Arbor: Institute for Social Research.
BACHMAN, J.G. & O'MALLEY, P.M. 1977. Self-esteem in young men: A longitudinal analysis of the impact of educational and occupational attainment. Journal of Personality and Social Psychology 35, 365-380.
BAKKE, E.W. 1940. Citizens without work. New Haven: Yale University Press.
BAKAN, D. 1966: The duality of human existence. Boston: Beacon Press.
BALCK, F.B. & VAJEN,H. 1982. Auswirkungen der Schichtarbeit auf die Gesundheit und die sozialen Beziehungen. Medizin, Mensch, Gesellschaft 7, 7-11.
BANDER, K.W., STEINKE, G.V., ALLEN, G.J. & MOSHER, D.L. 1975. Evaluation of three dating-specific treatment approaches for heterosexual dating anxiety. Journal of Consulting and Clinical Psychology 43, 259-265.
BARDWICK, J. 1971. The psychology of women: A study of bio-cultural conflicts. New York: Harper & Row.
BARR, N. 1976. Realitätstherapie. Psychologie heute 3 (6), 64-70.
BARRATT, E.S. 1959. Anxiety and impulsiveness related to psychomotor efficiency. Perceptual and Motor Skills 9, 191-198.
BARRATT, E.S. 1972. Anxiety and impulsiveness: Toward a neuro-psychological model. In: SPIELBERGER, C.D. (Ed.) Anxiety: Current trends in theory and research. Vol. 1. New York: Academic Press, p. 195-222.
BARRATT, E.S. & PATTON, J.H. 1983. Impulsivity: Cognitive, behavioral, and psychophysiological correlates. In: ZUCKERMAN, M. (Ed.) Biological bases of sensation seeking, impulsivity, and anxiety. Hillsdale, N.J.: Lawrence Erlbaum, p. 77-122.
BARRON, F. 1963. Creativity and psychological health. Origins of personal vitality and creative freedom. Princeton, N.J.: Van Nostrand.
BARUCH, G.K. & BARNETT, R.C. 1980. On the well-being of adult women. In: BOND, L.A. & ROSEN, J.C. (Ed.) Competence and coping during adulthood. Hanover, N.H.: University Press of New England, p. 240-257.
BASTINE, I. 1978. Verhaltenstherapeutisches Elterntraining. Ein empirischer Vergleich von zwei Trainingsmethoden für Eltern mit konzentrationsgestörten

Kindern. In: SCHNEEWIND, K.A. & LUKESCH, H. (Ed.) Familiäre Sozialisation. Stuttgart: Klett-Cotta, p. 249-261.

BATTMANN, W. 1984. Regulation und Fehlregulation im Verhalten IX: Belastung und Entlastung durch Planung. Psychologische Beiträge 26, 673-691.

BAUMANN, U. 1973. Untersuchung zur Stichprobenabhängigkeit von FPI-Ergebnissen. Zeitschrift für Klinische Psychologie 2, 85-104.

BAUMRIND, D. 1981. Kindererziehung zwischen Biologie und Emanzipation. Neue Trends der Entwicklungspsychologie. Psychologie heute 8 (2), 66-74.

BECK, A.T. 1974. The development of depression: A cognitive model. In: FRIEDMAN, R.J. & KATZ, M.M. (Ed.) The psychology of depression: Contemporary theory and research. Washington: Hemisphere, p. 3-27.

BECK, A.T. 1979. Wahrnehmung der Wirklichkeit und Neurose. - Kognitive Psychotherapie emotionaler Störungen. München: Pfeiffer.

BECKER, H. & LANGOSCH, I. 1984. Produktivität und Menschlichkeit. Organisationsentwicklung und ihre Anwendung in der Praxis. Stuttgart: Enke.

BECKER, M.A. & BYRNE, D. 1984. Type A behavior and daily activities of young married couples. Journal of Applied Social Psychology 14, 82-88.

BECKER, P. 1969. Untersuchung zur faktoriellen Validität des MMPI-Saarbrücken bei männlichen Normalen. Unveröffentlichte Diplomarbeit. Saarbrücken: Psychologisches Institut der Universität des Saarlandes.

BECKER, P. 1971. Die Faktorenanalyse von MMPI-Skalen als Methode der "Klinischen Persönlichkeitsforschung". Faktorenanalytisch begründete Hypothesen zur Beschreibung und Erklärung von Verhaltensstörungen. Dissertation. Photodruck. Saarbrücken: Universität des Saarlandes.

BECKER, P. 1973. Verteilungskennwerte, interne Konsistenzen und faktorielle Validitäten von 53 Skalen des MMPI-Saarbrücken. (= Arbeiten der Fachrichtung Psychologie. Universität des Saarlandes. Nr. 10). Saarbrücken: Fachrichtung Psychologie. Universität des Saarlandes.

BECKER, P. 1978. Differentialätiologie. In: SCHMIDT, L.R. (Ed.) Lehrbuch der Klinischen Psychologie. Stuttgart: Enke, p. 100-127.

BECKER, P. 1980a. Studien zur Psychologie der Angst. Ein interaktionistischer Ansatz zur Messung und Erklärung normaler und pathologischer Angst. Weinheim: Beltz.

BECKER, P. 1980b. Prävention von Verhaltensstörungen und Förderung der psychischen Gesundheit. In: WITTLING, W. (Ed.) Handbuch der Klinischen Psychologie. Bd. 2: Psychotherapeutische Interventionsmethoden. Hamburg: Hoffmann & Campe, p. 47-77.

BECKER, P. 1981. Neuere psychologische Ätiologietheorien der Depression und Angst. In: MINSEL, W.-R. & SCHELLER, R. (Ed.) Brennpunkte der Klinischen Psychologie. Bd. II: Prävention. München: Kösel, p. 25-62.

BECKER, P. 1982a. Psychologie der seelischen Gesundheit. Bd. 1: Theorien, Modelle, Diagnostik. Göttingen: Hogrefe.

BECKER, P. 1982b. Interaktions-Angst-Fragebogen (IAF). Testmappe (Manual, Testheft, Auswertungsblatt). Weinheim: Beltz.

BECKER, P. 1984a. Zur Ätiologie neurotischer depressiver Fehlhaltungen. In: HAASE, H.J. (Ed.) Der depressive Mensch. Erlangen: perimed-Verlag Dr. Straube, p. 51-64.

BECKER, P. 1984b. Bewältigungsverhalten und seelische Gesundheit. (= Trierer Psychologische Berichte. Bd. 11. Heft 5). Universität Trier. Fachbereich I - Psychologie.

BECKER, P. 1984c. Primäre Prävention. In: SCHMIDT, L.R. (Ed.) Lehrbuch der Klinischen Psychologie. 2. rev. Auflage. Stuttgart: Enke, p. 355-389.

BECKER, P. 1985a. Bewältigungsverhalten und seelische Gesundheit. Zeitschrift für Klinische Psychologie 14, 169-184.

BECKER, P. 1985b. Sinnfindung als zentrale Komponente seelischer Gesundheit. In: LÄNGLE, A. (Ed.) Wege zum Sinn. Logotherapie als Orientierungshilfe. München: Piper, p. 186-207.

BECKER, P. 1986a. Analytisch-tiefenpsychologische Persönlichkeitssysteme. In: HÄCKER, H., SCHMALT, H.D. & SCHWENKMEZGER, P. (Ed.) Persönlichkeitspsychologie. Beltz: (im Druck).

BECKER, P. 1986b. Prävention. In: HUPPMANN, G. & WILKER, F.-W. (Ed.) Medizinische Psychologie. Ein Handbuch in Schlüsselbegriffen. München: Urban & Schwarzenberg (im Druck).

BECKER, P. & MINSEL, B. 1982. Primäre Prävention schizophrener, neurotischer und psychosomatischer Störungen. In: BRANDTSTÄDTER, J. & von EYE, A. (Ed.) Psychologische Prävention. Bern: Huber, p. 119-154.

BECKER, P., MINSEL, B. & QUAST, H.H. 1983. Eine Längsschnittstudie zur Struktur und Determination der emotionalen Befindlichkeit von Studenten. (Unveröffentlichtes Manuskript).

BECKER, P. & SCHMIDTKE, A. 1977. Intelligenz und Hirnschädigung in ihrer Beziehung zur intellektuellen Lernfähigkeit. Heilpädagogische Forschung 7, 186-207.

BECKER, W.C. 1964. Consequences of different kinds of parental discipline. In: HOFFMAN, M.L. & HOFFMAN, L.W. (Ed.) Review of child development research. Bd. 1. New York: Russell Sage Foundation, p. 169-208.

BECKER, W.C. 1974. Spielregeln für Eltern und Erzieher. München: Pfeiffer.

BECKHARD, R. 1975. Die Konfrontationssitzung. In: BENNIS, W.G., BENNE, K.D. & CHIN, R. (Ed.) Änderung des Sozialverhaltens. Stuttgart: Klett, p. 402-412.

BECKMANN, D. & RICHTER, H.-E. 1975. Gießen-Test (GT). Handbuch. Bern: Huber.

BEEBE, E.R. 1978. Expectant parent classes: A case study. Family Coordinator 27, 55-58.

BEER, M. 1976. The technology of organization development. In: DUNNETTE, M.D. (Ed.) Handbook of industrial and organizational psychology. Chicago: Rand McNally, p. 937-993.

BELLE, D. 1982. The stress of caring: Women as providers of social support. In: GOLDBERGER, L. & BREZNITZ, S. (Ed.) Handbook of stress. Theoretical and clinical aspects. New York: Free Press, p. 496-505.

BEM, S.L. 1974. The measurement of psychological androgyny. Journal of Consulting and Clinical Psychology 42, 155-162.

BENTELE, S., ELLER, F., GRIX, J., KREISCHE, R., PERREZ, M. & WINKELMANN, K. 1976. Elternverhaltenstraining. In: MINSEL, W.-R., ROYL, W. & MINSEL, B. (Ed.) Verhaltenstraining - Modelle und Erfahrungen. Ralingen: Fotodruck, p. 374-387.

BERBALK, H. 1978. Psychosomatik. In: BAUMANN, U., BERBALK, H. & SEIDENSTÜCKER, G. (Ed.) Klinische Psychologie. Trends in Forschung und Praxis. Band 1. Bern: Huber, p. 304--342.

BERGERSEN, S.G. 1977. Researching within a service delivery context: Difficulties and solutions. The Ontario Psychologist 9 (3), 30-34.

BERK, R.A., BERK, S.F., LOSEKE, D.R. & RAUMA, D. 1983. Mutual combat and other family violence myths. In: FINKELHOR, D., GELLES, R.J., HOTALING, G.T. & STRAUS, M.A. (Ed.) The dark side of families. Current family violence research. Beverly Hills: Sage, p. 197-212.

BERNAL, G. & BAKER, J. 1980. Multi-level couple therapy: Applying a meta-communicational framework of couple interactions. Family Process 19, 367-376.

BERNANDEZ, T. & STEIN, T. 1979. Separating the sexes in group therapy: An experiment with men's and women's groups. International Journal of Group Psychotherapy 29, 493-502.

BERNARD, J. 1981. The female world. New York: Free Press.

BERNE, E. 1976. Spiele der Erwachsenen: Psychologie der menschlichen Beziehungen. Reinbek: Rowohlt.

BERSCHEID, E. & WALSTER, E. 1974. Physical attractiveness. In: BERKOWITZ, L. (Ed.) Advances in experimental social psychology. Vol. 7. New York: Academic Press, p. 157-215.

BEST, D.L., WILLIAMS, J.E., CLOUD, J.M., DAVIS, W.D., ROBERTSON, L.S., EDWARDS, J.R., GILES, H. & FOWLES, J. 1977. Development of sex-trait stereotypes among young children in the United States, England and Ireland. Child Development 48, 1375-1384.

BESTSELLER 1976. 1977. Psychologie heute 4 (4), 71.

BETZ, E.L. 1982. Need fulfillment in the career development of women. Journal of Vocational Behavior 20, 53-66.

BETZ, E.L. 1984. Two tests of Maslow's theory of need fulfillment. Journal of Vocational Behavior 24, 204-220.

BEYER, H.-G. 1984. Zum Einfluß positiver und negativer Leistungsrückmeldung auf Problemlösen, emotionales Befinden und physiologische Aktivierung. (Manuskript zum Vortrag auf dem 34. Kongreß der Deutschen Gesellschaft für Psychologie in Wien 1984).

BIERHOFF-ALFERMANN, D. 1977. Psychologie der Geschlechtsunterschiede. Köln: Kiepenheuer & Witsch.

BIERMANN, G. 1969. Zur Geschichte der analytischen Kindertherapie. In: BIERMANN, G. (Ed.) Handbuch der Kinderpsychotherapie. Bd. I. München: Reinhardt, p. 1-18.

BILDEN, H. 1980. Geschlechtsspezifische Sozialisation. In: HURRELMANN, K. & ULICH, D. (Ed.) Handbuch der Sozialisationsforschung. Weinheim: Beltz, p. 777-812.

BILLINGS, A.G. & MOOS, R.H. 1981. The role of coping responses and social resources in attenuating the stress of life events. Journal of Behavioral Medicine 4, 139-157.

BILLINGS, A.G. & MOOS, R.H. 1982. Stressful life events and symptoms: A longitudinal model. Health Psychology 1, 99-117.

BIRNBAUM, J. A. 1975. Life patterns and self esteem in gifted family oriented and career-committed women. In: MEDNICK, M.T.S., TANGRI, S.S. & HOFFMAN, L.W. (Ed.) Women and achievement: Social and motivational analyses. New York: Halsted Press, p. 396-419.

BISHOP, S.M. & LYNN, A.G. 1983. Multi-level vulnerability of adolescent marriages: An eco-system model for clinical assessment and intervention. Journal of Marital and Family Therapy 9, 271-282.

BITTMANN, F. 1980. Tendenzen geschlechtsspezifischer Verhaltensdifferenzierungen in der Literatur für das Vorschulalter und die erste Lesestufe. Psychologie in Erziehung und Unterricht 27, 230-234.

BLAKE, R.R., SHEPARD, H.A. & MONTON, J.S. 1964. Managing intergroup conflict in industry. Housten: Gulf.

BLOCK, J. 1961. The Q-sort method in personality assessment and psychiatric research. Springfield, Ill.: C.C. Thomas.

BLOCK, J. 1977a. P scale and psychosis: Continued concerns. Journal of Abnormal Psychology 86, 431-434.

BLOCK, J. 1977b. The Eysencks and psychoticism. Journal of Abnormal Psychology 86, 653-654.

BLOCK, J.H. 1976. Issues, problems and pitfalls in assessing sex differences: A critical review of the psychology of sex differences. Merrill-Palmer Quarterly 22, 283-308.
BODIN, A.M. 1981. The interactional view: Family therapy approaches of the Mental Research Institute. In: GURMAN, A.S. & KNISKERN, D.P. (Ed.) Handbook of family therapy. New York: Brunner/Mazel, p. 267-309.
BOESCH, E.E. 1975. Zwischen Angst und Triumph. Über das Ich und seine Bestätigungen. Bern: Huber.
BOESCH, E.E. 1976. Psychopathologie des Alltags. Zur Ökopsychologie des Handelns und seiner Störungen. Bern: Huber.
BOSCH, G. 1978. Arbeitsplatzverlust. Die sozialen Folgen einer Betriebsstillegung. Frankfurt: Campus.
BOSCO, A. 1976. Marriage encounter: An ecumenical enrichment program. In: OTTO, H.A. (Ed.) Marriage and family enrichment: New perspectives and programs. Nashville: Abingdon Press, p. 94-100.
BÖTTCHER, H.R. 1968. Rückblick auf die Eltern. Eine neurosenpsychologische Untersuchung. Berlin: VEB Deutscher Verlag der Wissenschaften.
BOTTENBERG, E.H. & KELLER, J.A. 1975. Beitrag zur empirischen Erfassung von Selbst-Aktualisierung. Zeitschrift für Klinische Psychologie und Psychotherapie 23, 21-53.
BRADBURN, N.M. 1969. The structure of psychological well-being. Chicago: Aldine.
BRANCH, E. 1976. The family camp: An extended family enrichment experiment. In: OTTO, H.A. (Ed.) Marriage and family enrichment: New perspectives and programs. Nashville: Abingdon Press, p. 50-57.
BRANDTSTÄDTER, J. 1971. Intelligenz als Funktion der Persönlichkeit. Eine Leitstudie zum Problem der systematischen Erfassung von Wechselbeziehungen zwischen intellektuellen und nichtintellektuellen Verhaltensmerkmalen. (Inaugural-Dissertation. Photodruck). Saarbrücken: Universität des Saarlandes.
BRANDTSTÄDTER, J. 1977. Gedanken zu einem psychologischen Modell optimaler Entwicklung. In: SCHNEIDER, J. & SCHNEIDER-DÜKER, M. (Ed.) Interpretationen der Wirklichkeit. Ernst E. Boesch zum 60. Geburtstag. Saarbrücken: Verlag der SSIP-Schriften Breitenbach, p. 117-142.
BRANDTSTÄDTER, J. 1980. Relationships between life-span developmental theory, research, and intervention: A revision of some stereotypes. In: TURNER, R.R. & REESE, H.W. (Ed.) Life-span developmental psychology. Intervention. New York: Academic Press, p. 3-38.
BRANDTSTÄDTER, J. 1982. Prävention als psychologische Aufgabe. In: BRANDTSTÄDTER, J. & von EYE, A. (Ed.) Psychologische Prävention. Grundlagen, Programme, Methoden. Bern: Huber, p. 15-36.
BRANDTSTÄDTER, J. & SCHNEEWIND, K.A. 1977. Optimal human development: Some implications for psychology. Human Development 20, 48-64.
BRANDTSTÄDTER, J., KRAMPEN, G. & HEIL, F.E. 1984. Personal control and emotional evaluation of development in partnership relations during adulthood (= Berichte aus der Arbeitsgruppe "Entwicklung und Handeln". 10/1984). Universität Trier. Fachbereich I - Psychologie.
BREHM, J.W. 1972. Responses to loss of freedom: A theory of psychological reactance. Morristown: General Learning Press.
BRENGELMANN, J.C. & BRENGELMANN, L. 1960. Deutsche Validierung von einem Fragebogen der Extraversion, neurotischen Tendenz und Rigidität. Zeitschrift für Experimentelle und Angewandte Psychologie 7, 291-331.
BRENNER, M.H. 1979. Wirtschaftskrisen, Arbeitslosigkeit und psychische Erkrankung. München: Urban & Schwarzenberg.
BRISCOE, M. 1982. Sex differences in psychological well-being. (= Psychological Medicine. Monograph Supplement 1). Cambridge: Cambridge University Press.

BROCK, G.W. & JOANNING, H. 1983. A comparison of the Relationship Enhancement Program and the Minnesota Couples Communication Program. Journal of Marital and Family Therapy 9, 413-421.
BROCKI, S.J. 1980. Marital status, sex status, and mental well-being. Dissertation Abstracts International 40, 5616-5617.
BRODERICK, C.B. & SCHRADER, S.S. 1981. The history of professional marriage and family therapy. In: GURMAN, A.S. & KNISKERN, D.P. (Ed.) Handbook of family therapy. New York: Brunner/Mazel, p. 5-35.
BROVERMAN, I.K., VOGEL, S.R., BROVERMAN, D.M., CLARKSON, F.E. & ROSENKRANTZ, P.S. 1975. Sex-role stereotypes: A current appraisal. In: MEDNICK, M.T.S., TANGRI, S.S. & HOFFMAN, L.W. (Ed.) Women and achievement. Social and motivational analyses. Washington: Hemisphere, p. 32-47.
BROWN, C.C. 1977. Eltern und Kinder: Wer schafft wen? Psychologie heute 4 (4), 19-27.
BROWN, E.M. 1976. Divorce counseling. In: OLSON, D.H.L. (Ed.) Treating relationships. Lake Mills: Graphic Publishing Inc., p. 399-429.
BROWN, G.W. & HARRIS, T. 1978. Social origins of depression. London: Tavistock.
BRUGGEMANN, A., GROSKURTH, P. & ULICH, E. 1975. Arbeitszufriedenheit. Bern: Huber.
BUCHHOLZ, W., DORSCH, M., HASCHER, M., KILLIUS, H. & SEUS-SEBERICH, E. 1982. Arbeitsgruppe "Familienzentrum Neuperlach": Eine Beratungsstelle für sozioökonomisch benachteiligte Familien in München. In: GERLICHER, K. (Ed.) Prävention. Göttingen: Vandenhoeck & Ruprecht, p. 68-109.
BUGGLE, F., GERLICHER, K. & BAUMGÄRTEL, F. 1968. Entwicklung und Analyse eines Fragebogens zur Erfassung von Neurotizismus und Extraversion. Diagnostica 14, 53-69.
BUNDESMINISTERIUM FÜR JUGEND, FAMILIE UND GESUNDHEIT (Ed.) 1979. Kindesmißhandlung. Erkennen und helfen.
BURGARD, R. 1978. Wie Frauen verrückt gemacht werden. Berlin: Frauenselbstverlag.
BURGESS, R.L. & RICHARDSON, R.A. 1984. Coercive interpersonal contingencies as a determinant of child maltreatment. Implications for treatment and prevention. In: DANGEL, R.F. & POLSTER, R.A. (Ed.) 1984. Parent training. Foundations of research and practice. New York: Guilford, p. 239-259.
BURKE, R.J. & WEIR, T.A. 1979. Helping responses of parents and peers and adolescent well-being. Journal of Psychology 102, 49-62.
BURKE, R.J. & WEIR, T.A. 1982. Husband-wife helping relationships as moderators of experienced stress: The "mental hygiene" function in marriage. In: McCUBBIN, H.I., CAUBLE, A.E. & PATTERSON, J.M. (Ed.) Family stress, coping, and social support. Springfield: Charles C. Thomas, p. 221-238.
BURKE, R.J., WEIR, T.A. & DuWORS, R.E. Jr. 1979. Type A behavior of administrators and wives reports of marital satisfaction. Journal of Applied Psychology 64, 57-65.
BUSS, A.H. & PLOMIN, R. 1975. A temperament theory of personality development. New York: Wiley.
BYRNE, D. 1964. Repression-sensitization as a dimension of personality. In: MAHER, B.A. (Ed.) Progress in experimental personality research (Bd.1). New York: Academic Press, p. 169-220.
CAESAR, S.-G. 1980. Einige Überlegungen zur Konzeption von lerntheoretisch orientierten Elterntrainingsprogrammen mit dem Ziel der Prävention von Verhaltensstörungen und der Optimierung der Entwicklungsmöglichkeiten bei Kindern. In: LUKESCH, H., PERREZ, M. & SCHNEEWIND, K.A. (Ed.) Familiäre Sozialisation und Intervention. Bern: Huber, p. 387-395.

CAMPBELL, A., CONVERSE, P.E. & RODGERS, W.L. 1976. The quality of American life. New York: Russell Sage Foundation.
CAPERS, H. & CAPERS, B. 1976. Transactional analysis tools for use in marriage enrichment programs. In: OTTO, H.A. (Ed.) Marriage and family enrichment: New perspectives and programs. Nashville: Abingdon Press, p. 158-169.
CAPLAN, R.D., COBB, S., FRENCH, J.R.P. Jr., HARRISON, R.V. & PINNEAU, S.R. Jr. 1980. Job demands and worker health: Main effects and occupational differences. Ann Arbor, Michigan: University of Michigan. Institute for Social Research.
CAPLAN, R.D., COBB, S., FRENCH, J.R.P. Jr., van HARRISON, R. & PINNEAU, S.R. Jr. 1982. Arbeit und Gesundheit. Streß und seine Auswirkungen bei verschiedenen Berufen. Bern: Huber.
CARLSON, R. 1975. Understanding women: Implications for personality theory and research. In: MEDNICK, M.T.S., TANGRI, S.S. & HOFFMAN, L.W. (Ed.) Women and achievement. Social and motivational analyses. Washington: Hemisphere, p. 20-31.
CARRIGAN, P.M. 1960. Extraversion-introversion as a dimension of personality: A reappraisal. Psychological Bulletin 57, 329-360.
CATALANO, R. & DOOLEY, D. 1977. Economic predictors of depressed mood and stressful life events. Journal of Health and Social Behavior 18, 292-307.
CATALANO, R. & DOOLEY, D. 1983. Health effects of economic instability. A test of the economic stress hypothesis. Journal of Health and Social Behavior 24, 46-60.
CATALDO, M.F. 1984. Clinical considerations in training parents of children with special problems. In: DANGEL, R.F. & POLSTER, R.A. (Ed.) Parent training. Foundations of research and practice. New York: Guilford, p. 329-357.
CATTELL, R.B. 1957. Personality and motivation structure and measurement. New York: World Book Company.
CATTELL, R.B. 1962. Handbook for the Culture Fair (or Free) Intelligence Test. Champaign, Ill.: Institute for Personality and Ability Testing.
CATTELL, R.B. 1978^2. Die empirische Erforschung der Persönlichkeit. Weinheim: Beltz.
CATTELL, R.B. & BELLHOFF, H. 1962. Handbook for the Jr.-Sr. High School Personality Questionnaire. Champaign, Ill.: Institute for Personality and Ability Testing.
CATTELL, R.B. & EBER, H.W. 1957. The Sixteen Personality Factor Questionnaire. Champaign, Ill.: Institute for Personality and Ability Testing.
CATTELL, R.B., EBER, H.W. & TATSUOKA, M.M. 1970: Handbook for the Sixteen Personality Factor Questionnaire (16 PF) in clinical, educational, industrial, and research psychology. Champaign, Ill.: Institute for Personality and Ability Testing.
CATTELL, R.B. & SCHEIER, I.H. 1961. The meaning and measurement of neuroticism and anxiety. New York: Ronald Press.
CATTELL, R.B., SCHMIDT, L.R., KLEIN, T.W. & SCHUERGER, J.M. 1980. Anlage- und Umweltkomponenten von Persönlichkeitsfaktoren - ermittelt mit der MAVA-Methode. Zeitschrift für Differentielle und Diagnostische Psychologie 1, 275-289.
CHRISTENSEN, A. & ARKOWITZ, H. 1974. Preliminary report on practice dating and feedback as treatment for college dating problems. Journal of Counseling Psychology 21, 92-95.
CLANCY, K. & GOVE, W. 1974. Sex differences in mental illness: An analysis of response bias in self-reports. American Journal of Sociology 80, 205-216.
CLARK, H.B., GREENE, B.F., MACRAE, J.W., McNEES, M.P., DAVIS, J.L. & RISLEY, T.R. 1977. A parent advice package for family shopping trips: Development and evaluation. Journal of Applied Behavior Analysis 10, 605-624.

CLEGG, C.W. 1981. Überlegungen zu Theorie und Praxis auf dem Gebiet der Arbeitsstrukturierung. In: KLEINBECK, U. & ERNST, G. (Ed.) Zur Psychologie der Arbeitsstrukturierung. Frankfurt: Campus, p. 19-31.
CLINEBELL, H.J. 1976. Cassette programs for training and enrichment. In: OTTO, H.A. (Ed.) Marriage and family enrichment: New perspectives and programs. Nashville: Abingdon Press, p. 254-265.
COAN, R.W. 1974. The optimal personality: An empirical and theoretical analysis. New York: Columbia University Press.
COBB, S. 1978. Rollenbezogene Verantwortung. Die Differenzierung eines Konzepts. In: FRESE, M., GREIF, S. & SEMMER, N. (Ed.) Industrielle Psychopathologie. Bern: Huber, p. 34-41.
COBB, S. & KASL, S.V. 1977. Termination: The consequences of job loss (=DHEW (NIOSH) publication no. 77-224). Cincinnati: National Institute for Occupational Safety and Health.
COHEN, D. & HORN, J. 1974. Extraversion and performance: A test of the theory of cortical inhibition. Journal of Abnormal Psychology 83, 304-307.
COHN, R.M. 1978. The effect of employment status change on self-attitudes. Social Psychology 41, 81-93.
COLEMAN, L.M. & ANTONUCCI, T.C. 1983. Impact of work on women at midlife. Developmental Psychology 19, 290-294.
COLLINS, A.H. 1980. Helping neighbors intervene in cases of maltreatment. In: GARBARINO, J. & STOCKING, S.H. (Ed.) Protecting children from abuse and neglect. San Francisco: Jossey-Bass, p. 133-172.
COLLINS, J.D. 1977. Experimental evaluation of a six-months conjugal therapy and relationship enhancement program. In: GUERNEY, B.G. (Ed.) Relationship enhancement. San Francisco: Jossey-Bass, p. 192-226.
CONGER, J. 1977. Adolescence and youth. New York: Harper & Row.
CONSTANTINOPLE, A.P. 1965. Some correlates of happiness and unhappiness in college students. Unpublished doctoral dissertation. University of Rochester.
COOK, T.D. & CAMPBELL, D.T. 1976. The design and conduct of quasi-experiments and true experiments in field settings. In: DUNNETTE, M.D. (Ed.) Handbook of industrial and organizational psychology. Chicago: Rand McNally, p. 223-326.
COOKERLY, J.R. 1973. The outcome of the six major forms of marriage counseling compared: A pilot study. Journal of Marriage and the Family 35, 608-611.
COOPER, C.L. 1981. The stress check. Coping with the stresses of life and work. Englewood Cliffs, N.J.: Prentice Hall (Spectrum Book).
COOPER, C.L. & MARSHALL, J. 1977. The changing roles of British executives' wives. Management International Review 17, 37-46.
COOPERSMITH, S. 1967. The antecedents of self-esteem. San Francisco: Freeman.
COWLEY, A.-D.S. & ADAMS, R.S. 1976. The family home evening: A national ongoing family enrichment program. In: OTTO, H.A. (Ed.) Marriage and family enrichment: New perspectives and programs. Nashville: Abingdon Press, p. 73-84.
CROAKE, J.W. & GLOVER, K.E. 1977. A history and evaluation of parent education. The Family Coordinator, April 1977, 151-158.
D'ANDRADE, R.G. 1966. Sex differences and cultural institutions. In: MACCOBY, E.E. (Ed.) The development of sex differences. Stanford: Stanford University Press, p. 173-204.
DANE, E. & COLLIN, H. 1985. Trennung vom Partner: Ende ohne Schrecken. Psychologie heute 12 (1), 20-31.
DANGEL, R.F. & POLSTER, R.A. (Ed.) 1984. Parent training. Foundations of research and practice. New York: Guilford.

DANNHAUER, H. 1973. Geschlecht und Persönlichkeit. Berlin: VEB Deutscher Verlag der Wissenschaften.
DÄUMLING, A.M., FENGLER, J., NELLESSEN, L. & SVENSSON, A. 1974. Angewandte Gruppendynamik. Selbsterfahrung - Forschungsergebnisse - Trainingsmodelle. Stuttgart: Klett.
DEGENHARDT, A. & TRAUTNER, H.M. (Ed.) 1979. Geschlechtsspezifisches Verhalten - Mann und Frau in psychologischer Sicht. München: Beck.
DEGKWITZ, R., HELMCHEN, H., KOCKOTT, G. & MOMBOUR, W. (Ed.) 1980. Diagnosenschlüssel und Glossar psychiatrischer Krankheiten. (nach 9. Revision der ICD). Berlin: Springer.
DEMBROSKI, T.M., WEISS, S.M., SHIELDS, J.L., HAYNES, S.G. & FEINLEIB, M. (Ed.) 1978. Coronary prone behavior. New York: Springer.
DEMBROSKI, T.M., SCHMIDT, T.H. & BLÜMCHEN, G. (Ed.) 1983. Biobehavioral bases of coronary heart disease. Basel: Karger.
DIAMOND, S. 1957. Personality and temperament. New York: Harper and Brothers.
DIENER, E. 1984. Subjective well-being. Psychological Bulletin 95, 542-575.
DOHRENWEND, B.P. & DOHRENWEND, B.S. 1974. Social and cultural influences on psychopathology. Annual Review of Psychology 25, 417-452.
DOHRENWEND, B.P., DOHRENWEND, B.S., LINK, B., NEUGEBAUER, R. & WUNSCH-HITZIG, R. 1980. Mental illness in the United States: Epidemiological estimates. New York: Praeger.
DOOLEY, D. & CATALANO, R. 1979. Economic life and disorder changes: Time-series analyses. American Journal of Community Psychology 7, 381-396.
DOOLEY, D. & CATALANO, R. 1980. Economic change as a cause of behavioral disorder. Psychological Bulletin 87, 450-468.
DÖRNER, D., REITHER, F. & STÄUDEL, T. 1983. Emotion und problemlösendes Denken. In: MANDL, H. & HUBER, G.L. (Ed.) Emotion und Kognition. München: Urban & Schwarzenberg, p. 61-84.
DOUVAN, E. & ADELSON, J. 1966. The adolescent experience. New York: Wiley.
DREIKURS, R. & SOLTZ, V. 1970. Kindern fordern uns heraus. Wie erziehen wir sie zeitgemäß? Stuttgart: Klett.
DUBEY, D.R. & KAUFMAN, K.F. 1982. The "side effects" of parent implemented behavior modification. Child and Family Behavior Therapy 4 (1), 65-71.
DURLAK, J.A. 1983. Social problem-solving as a primary prevention strategy. In: FELNER, R.D., JASON, L.A., MORITSUGU, J.N. & FABER, S.S. (Ed.) Preventive psychology. Theory, research and practice. New York: Pergamon, p. 31-48.
DVORAK, B.J. 1954. GATB in foreign countries. Journal of Applied Psychology 38, 373-374.
DVORAK, B.J. 1956. The General Aptitude Test Battery. Personnel & Guidance Journal 35, 145-154.
EAGLE, M. 1983. Interests as object relations. In: MASLING, J. (Ed.) Empirical studies of psychoanalytical theories. Vol. 1. Hillsdale, N.J.: The Analytic Press, p. 159-187.
EGGERT, D. 1974. Eysenck-Persönlichkeits-Inventar. Göttingen: Hogrefe.
EISENBERG, P. & LAZARSFELD, P.F. 1938. The psychological effects of unemployment. Psychological Bulletin 35, 358-390.
EISENSON, J. 1965. Speech disorders. In: WOLMAN, B.B. (Ed.) Handbook of clinical psychology. New York: McGraw-Hill, p. 765-784.
EKEH, P.P. 1974. Social exchange theory. The two traditions. London: Heinemann.
ELDER, G.H. Jr. 1974. Children of the great depression. Social change in life experience. Chicago: University of Chicago Press.

ELDER, G.H. Jr. & LIKER, J.K. 1982. Hard times in women's lives: Historical influences across forty years. American Journal of Sociology 88, 241-269.
ELLIS, A. 1962. Reason and emotion in psychotherapy. New York: Lyle Stuart.
ELLIS, A. 1977. Die rational-emotive Therapie: Das innere Selbstgespräch bei seelischen Problemen und seine Veränderung. München: Pfeiffer.
ELTERNSCHULE 1977. Sonderteil in Psychologie heute 4 (11), 39-46.
EME, R.F. 1979. Sex differences in childhood psychopathology: A review. Psychological Bulletin 86, 574-595.
ENGFER, A. 1982. Bedingungen und Auswirkungen harten elterlichen Strafens. Unveröffentlichte Dissertation, Fachgebiet Psychologie, Universität Trier.
EPSTEIN, N.B. & BISHOP, D.S. 1981. Problem-centered systems therapy of the family. In: GURMAN, A.S. & KNISKERN, D.P. (Ed.) Handbook of family therapy. New York: Brunner/Mazel, p. 444-482.
EPSTEIN, S. 1979. The stability of behavior: I. On predicting most of the people much of the time. Journal of Personality and Social Psychology 37, 1097-1126.
ERNST, C. & ANGST, J. 1983. Birth order. Berlin: Springer.
ERIKSON, E. 1971. Kindheit und Gesellschaft. Stuttgart: Klett.
ESCHENBACH, A. 1977. Job Enlargement And Job Enrichment. Methoden und Organisationsformen. Gerbrunn: Lehmann.
EYE, A. v. & KRAMPEN, G. 1979. Zu den testtheoretischen Eigenschaften der deutschsprachigen Version des Eysenck-Persönlichkeits-Inventars EPI. Diagnostica 25, 327-328.
EYSENCK, H.J. 1976. The measurement of personality. Lancaster: MTP Press.
EYSENCK, H.J. 1977a. Personality and factor analysis: A reply to Guilford. Psychological Bulletin 84, 405-411.
EYSENCK, H.J. 1977b. Neurotizismusforschung. In: PONGRATZ, L.J. (Ed.) Klinische Psychologie. (= Handbuch der Psychologie in 12 Bänden. 8. Band. 1. Halbband). Göttingen: Hogrefe, p. 565-598.
EYSENCK, H.J. 1983. Is there a paradigm in personality research? Journal of Research in Personality 17, 369-397.
EYSENCK, H.J. & EYSENCK, S.B.G. 1969. Personality structure and measurement. London: Routledge.
EYSENCK, H.J. & EYSENCK, S.B.G. 1975. Manual of the Eysenck Personality Questionnaire. San Diego: Educational and Industrial Testing Service.
EYSENCK, H.J. & RACHMAN, S. 1967. Neurosen - Ursachen und Heilmethoden. Einführung in die moderne Verhaltenstherapie. Berlin: VEB Deutscher Verlag der Wissenschaften.
EYSENCK, S.B.G. & EYSENCK, H.J. 1963a. The validity of questionnaires and rating assessments of extraversion and neuroticism and their factorial validity. British Journal of Psychology 54, 51-62.
EYSENCK, S.B.G. & EYSENCK, H.J. 1963b. On the dual nature of extraversion. British Journal of Social and Clinical Psychology 2, 46-55.
EYSENCK, S.B.G. & EYSENCK, H.J. 1977. The place of impulsiveness in a dimensional system of personality description. British Journal of Social and Clinical Psychology 16, 57-68.
EYSENCK, S.B.G. & EYSENCK, H.J. 1978. Impulsiveness and venturesomeness: Their position in a dimensional system of personality description. Psychological Reports 43, 1247-1255.
FAGAN, J.A., STEWART, D.K. & HANSEN, K.V. 1983. Violent men or violent husbands? Background factors and situational correlates. In: FINKELHOR, D., GELLES, R.J., HOTALING, G.T. & STRAUS, M.A. (Ed.) The dark side of families. Current family violence research. Beverly Hills: Sage, p. 49-67.
FAHRENBERG, J. 1965. Ein itemanalysierter Fragebogen funktionell-körperlicher Beschwerden (VELA). Diagnostica 11, 141-153.

FAHRENBERG, J. 1966. Eine statistische Analyse funktioneller Beschwerden. Zeitschrift für Psychosomatische Medizin 12, 78-85.
FAHRENBERG, J. 1975. Die Freiburger Beschwerdenliste FBL. Zeitschrift für Klinische Psychologie 4, 79-100.
FAHRENBERG, J., HAMPEL, R. & SELG, H. 1978. Das Freiburger Persönlichkeitsinventar FPI. Handanweisung. 3. ergänzte Auflage. Göttingen: Hogrefe.
FAHRENBERG, J. & SELG, H. 1970. Das Freiburger Persönlichkeitsinventar (FPI). Handanweisung. Göttingen: Hogrefe.
FEATHER, N.T. & BOND, M.J. 1983. Time structure and purposeful activity among employed and unemployed university graduates. Journal of Occupational Psychology 56, 241-254.
FEATHER, N.T. & DAVENPORT, P.R. 1981. Unemployment and depressive affect: A motivational and attributional analysis. Journal of Social Psychology 41, 422-436.
FEIN, D., O'NEILL, S., FRANK, C. & McVELIT, K. 1975. Sex differences in preadolescent self-esteem. Journal of Psychology 90, 179-183.
FEINBIER, R.J. 1981. Verhaltensauffälligkeiten bei Kindern im Grundschulalter im Bild der Klientel einer Erziehungsberatungsstelle. Eine hypothesengenerierende Analyse des Einflusses somatischer, psycho-sozialer und sozio-kultureller Faktoren auf die Entstehung von Verhaltensstörungen im Grundschulalter. Kirchzarten-Freiburg: Burg-Verlag.
FELDMAN, W.S., MANELLA, K.J., APODACA, L. & VARNI, J.W. 1982. Behavioral group parent training in Spinal Bifida. Journal of Clinical Child Psychology 11, 144-150.
FEND, H. 1981². Theorie der Schule. München: Urban & Schwarzenberg.
FIDELL, L.S. 1982. Gender and drug use and abuse. In: AL-ISSA, I. (Ed.) Gender and psychopathology. New York: Academic Press, p. 221-236.
FIDLER, J.W., GUERNEY, B.G., ANDRONICO, M.P. & GUERNEY, L. 1969. Filial therapy as a logical extension of current trends in psychotherapy. In: GUERNEY, B.G. (Ed.) Psychotherapeutic agents. New roles for nonprofessionals, parents and teachers. New York: Holt, Rinehart & Winston, p. 47-55.
FILSINGER, E.E. & LEWIS, R.A. 1981. Assessing marriage. New behavioral approaches. Beverly Hills: Sage.
FINKELHOR, D. 1983. Common features of family abuse. In: FINKELHOR, D., GELLES, R.J., HOTALING, G.T. & STRAUS, M.A. (Ed.) The dark side of families. Current family violence research. Beverly Hills: Sage, p. 17-28.
FINKELHOR, D., GELLES, R.J., HOTALING, G.T. & STRAUS, M.A. (Ed.) 1983. The dark side of families. Current family violence research. Beverly Hills: Sage.
FIRESTONE, P., KELLY, M.J. & FIKE, S. 1980. Are fathers necessary in parent training groups? Journal of Clinical Child Psychology 9, 44-47.
FISCHER, M. 1983. Umweltplanung im Dienste der Förderung psychischer Gesundheit. In: BUNDESVEREINIGUNG FÜR SEELISCHE GESUNDHEIT (Ed.) Seelische Gesundheit möglich machen - mehr als Krankheit verhüten. Hamburg: Bundesvereinigung für seelische Gesundheit, p. 113-139.
FLAMMER, A. 1977. Aptitude-Treatment-Interaction (ATI) - Nach dem Abflauen der ersten Begeisterung. In: TACK, W.H. (Ed.) Bericht über den 30. Kongreß der Gesellschaft für Psychologie in Regensburg 1976. Bd. 2. Göttingen: Hogrefe, p. 228-229.
FLIEGEL, S., NEUMANN, H. & PAAR, F. 1983. Kommunikation, Zufriedenheit und Verstehen in der Partnerschaft. Ein Modell kausaler Beziehungen und seine empirische Überprüfung. Partnerberatung 20, 1-12.
FLORIN, I. & TUNNER, K. 1970. Behandlung kindlicher Verhaltensstörungen. München: Goldmann.

FORD, R.N. 1969. Motivation through the work itself. New York: American Management Association.
FOREHAND, R. & ATKESON, B.M. 1977. Generality of treatment effects with parents as therapists: A review of assessment and implementation procedures. Behavior Therapy 8, 575-593.
FOX, J.W. 1980. Gove's specific sex-role theory of mental illness: A research note. Journal of Health and Social Behavior 21, 260-267.
FOX, L.H. 1977. Sex differences: Implications for program planning for the academically gifted. In: STANLEY, J.C., GEORGE, W.C. & SOLANO, C.H. (Ed.) The gifted and the creative: A fifty-year perspective. Baltimore: The Johns Hopkins University Press, p. 113-138.
FRANKL, V.E. 1973. Der Mensch auf der Suche nach Sinn. Zur Rehumanisierung der Psychotherapie. Freiburg: Herder.
FRANKL, V.E. 1975. Theorie und Therapie der Neurosen. Einführung in Logotherapie und Existenzanalyse. München: Reinhardt.
FRANKL, V.E. 1979. Der Mensch vor der Frage nach dem Sinn. Eine Auswahl aus dem Gesamtwerk. München: Piper.
FREEDMAN, D. 1978. The contemporary work ethic in industrialized market economy countries. (World Employment Program Research working paper). Genf: International Labour Organization. (zit. nach UDRIS 1981, p. 319).
FREEMAN, C.W. 1975. Adlerian Mother Study Groups: Effects on attitudes and behavior. Journal of Individual Psychology 31, 37-50.
FRENCH, J.R.P. Jr. 1978. Person-Umwelt-Übereinstimmung und Rollenstress. In: FRESE, M., GREIF, S. & SEMMER, N. (Ed.) Industrielle Psychopathologie. Bern: Huber, p. 42-51.
FRENCH, J.R.P. Jr., RODGERS, W. & COBB, S. 1974. Adjustment as person-environment fit. In: COELHO, G.V., HAMBURG, D.A. & ADAMS, J.E. (Ed.) Coping and adaptation. New York: Basic Books, p. 316-333.
FRENCH, J.R.P. Jr., RODGERS, W. & COBB, S. 1977. A model of person-environment fit. In: LEVI, L. (Ed.) Society, stress and disease. Vol. IV. Working life. London: Oxford University Press, p. 39-44.
FRESE, M. 1977. Psychische Störungen bei Arbeitern: Zum Einfluß von gesellschaftlicher Stellung und Arbeitsplatzmerkmalen. Salzburg: Müller.
FRESE, M. 1978a. Partialisierte Handlung und Kontrolle: Zwei Themen der industriellen Psychopathologie. In: FRESE, M., GREIF, S. & SEMMER, N. (Ed.) Industrielle Psychopathologie. Bern: Huber, p. 159-183.
FRESE, M. 1978b. Industrielle Arbeitsbedingungen: Ein lange vernachlässigter Faktor in Ätiologie und Prävention von psychischen Störungen. In: DEUTSCHE GESELLSCHAFT FÜR VERHALTENSTHERAPIE (Ed.) Verhaltenstherapie in der psychosozialen Versorgung. Weinheim: Beltz, p. 109-118.
FRESE, M. 1979. Arbeitslosigkeit, Depressivität und Kontrolle: Eine Studie mit Wiederholungsmessung. In: KIESELBACH, T. & OFFE, H. (Ed.) Arbeitslosigkeit. Individuelle Verarbeitung. Gesellschaftlicher Hintergrund. Darmstadt: Steinkopf, p. 222-257.
FRESE, M. 1981. Arbeit und psychische Störungen. In: BAUMANN, U., BERBALK, H. & SEIDENSTÜCKER, G. (Ed.) Klinische Psychologie. Trends in Forschung und Praxis. Bd.4. Bern: Huber, p. 48-77.
FRESE, M., GREIF, S. & SEMMER, N. (Ed.) 1978. Industrielle Psychopathologie. Bern: Huber.
FRESE, M. & MOHR, G. 1978. Die psychopathologischen Folgen des Entzugs von Arbeit: Der Fall Arbeitslosigkeit. In: FRESE, M., GREIF, S. & SEMMER, N. (Ed.) Industrielle Psychopathologie. Bern: Huber, p. 282-320.

FRESE, M. & SEMMER, N. 1979. Arbeit und Depression: Zum Zusammenhang von Arbeitsbedingungen und Depressivität unter Berücksichtigung der Arbeitslosigkeit. In: HAUTZINGER, M. & HOFFMANN, N. (Ed.) Depression und Umwelt. Salzburg: Otto Müller, p. 125-158.

FREUD, S., 1953. Abriß der Psychoanalyse. Das Unbehagen in der Kultur. Frankfurt: Fischer.

FRICKE, W. 1981. Perspektiven des Aktions- und Forschungsprogramms zur "Humanisierung der Arbeit" nach der ersten Etappe 1974-1978. In: KLEINBECK, U. & ERNST, G. (Ed.) Zur Psychologie der Arbeitsstrukturierung. Frankfurt: Campus, p. 275-282.

FRIEDLÄNDER, F. & BROWN, L.D. 1974. Organization development. Annual Review of Psychology 25, 313-341.

FRIEDMAN, M. & ROSENMAN, R.H. 1975. Der A-Typ und der B-Typ. Reinbek: Rowohlt.

FRIEDMAN, M., St. GEORGE, S., BYERS, S.O. & ROSENMAN, R.H. 1960. Excretion of catecholamines, 17-ketosteroids, 17-hydroxycorticoids and 5-hydroxyindole in men exhibiting a particular behavior pattern (A) associated with high incidence of clinical coronary artery disease. Journal of Clinical Investigations 39, 758-764.

FRIELING, E. 1981. Abschließende Bemerkungen. In: KLEINBECK, U. & ERNST, G. (Ed.) Zur Psychologie der Arbeitsstrukturierung. Frankfurt: Campus, p. 324-328.

FRIELING, E. & HOYOS, C.G. 1978. Fragebogen zur Arbeitsanalyse (FAA). Deutsche Bearbeitung des Position Analysis Questionnaire (PAQ). Handbuch. Bern: Huber.

FRIESSEM, D.H. 1980. Psychische Folgen von Arbeitslosigkeit unter besonderer Berücksichtigung psychiatrischer Erkrankungen und des Suizids. In: MAIERS, W. & MARKARD, M. (Ed.) Lieber arbeitslos als ausgebeutet? Probleme des psychologischen Umgangs mit psychischen Folgen der Arbeitslosigkeit. Köln: Pahl-Rugenstein, p. 53-63.

FRÖHLICH, D. 1982. Was ist human? Menschenbilder in der Organisationssoziologie und ihre Bedeutung für die "Humanisierung der Arbeitswelt". Kölner Zeitschrift für Soziologie und Sozialpsychologie 34, 278-298.

FRÖHNER, R., STACKELBERG, V. & ESSER, W. 1956. Familie und Ehe. Probleme in der deutschen Familie der Gegenwart. Bielefeld: Maria von Stackelberg-Verlag.

FROMM, E., 1980. Gesamtausgabe. Band II: Analytische Charaktertheorie. Stuttgart: Deutsche Verlags-Anstalt.

FTHENAKIS, W.E., 1985. Väter. Zur Psychologie der Vater-Kind-Beziehung. München: Urban & Schwarzenberg.

FTHENAKIS, W.E., NIESEL, R. & KUNZE, H.-R., 1982. Ehescheidung. Konsequenzen für Eltern und Kinder. München: Urban & Schwarzenberg.

GARAI, J.E. 1970. Sex differences in mental health. Genetic Psychology Monographs 81, 123-142.

GARBARINO, J. & SHERMAN, D. 1980. Identifying high-risk neighborhoods. In: GARBARINO, J. & STOCKING, S.H. (Ed.) Protecting children from abuse and neglect. San Francisco: Jossey-Bass, p. 94-108.

GARBARINO, J. & STOCKING, S.H. (Ed.) 1980a. Protecting children from abuse and neglect. San Francisco: Jossey-Bass.

GARBARINO, J. & STOCKING, S.H. 1980b. The social context of child maltreatment. In: GARBARINO, J. & STOCKING, S.H. (Ed.) Protecting children from abuse and neglect. San Francisco: Jossey-Bass, p. 1-14.

GARDELL, B. 1977. Psychological and social problems of industrial work in affluent societies. International Journal of Psychology 12, 125-134.

GARDELL, B. 1978. Arbeitsgestaltung, intrinsische Arbeitszufriedenheit und Gesundheit. In: FRESE, M., GREIF, S. & SEMMER, N. (Ed.) Industrielle Psychopathologie. Bern: Huber, p. 52-111.
GATES, A.I. 1958. Revision of the well-known Gates reading tests. Test Service Bulletin. Nr. 53, 4.
GAYFORD, J.J. 1975. Wife-battering: A preliminary survey of 100 cases. British Medical Journal 25, 194-197.
GEBERT, D. & von ROSENSTIEL, L. 1981. Organisationspsychologie: Person und Organisation. Stuttgart: Kohlhammer.
GELLES, R.J. 1973. Child abuse as psychopathology: A sociological critique and reformulation. American Journal of Orthopsychiatry 43, 611-621.
GINSBERG, B.G. & VOGELSONG, E. 1977. Premarital relationship improvement by maximizing empathy and self-disclosure: The PRIMES program. In: GUERNEY, B.G. (Ed.) Relationship enhancement: Skill training programs for therapy, problem-prevention, and enrichment. San Francisco: Jossey-Bass, p. 268-288.
GLASS, D.C. 1977. Behavior patterns, stress and coronary heart disease. Hillsdale, N.J.: Erlbaum.
GLASSER, W. 1972. Realitätstherapie. Weinheim: Beltz.
GLASSER, W. 1974. Identität und Gesellschaft. Weinheim: Beltz.
GLENN, N.D. & WEAVER, C.N. 1978. A multivariate, multisurvey study of marital happiness. Journal of Marriage and the Family 40, 269-289.
GODENAU, E. 1984. Sinnfindung und Selbstverwirklichung im Zusammenhang mit seelischer Gesundheit: eine empirische Studie an älteren Frauen. Trier: Fachbereich I - Psychologie der Universität Trier. (Unveröffentlichte Diplomarbeit).
GOETHAL, K.G. 1980. A follow-up study of a skills training approach to postdivorce adjustment. Dissertation Abstracts International 40 (8-A), 4763-4764.
GOETHAL, K.G., THIESSEN, J.D., HENTON, J.M., AVERY, A.W. & JOANNING, H. 1983. Facilitating postdivorce adjustment among women: A one-month follow-up. Family Therapy 10(1), 61-68.
GOLDBERG, D.P. 1972. The detection of psychiatric illness by questionnaire. Oxford: Oxford University Press.
GOLDBERG, D.P. 1978. Manual of the General Health Questionnaire. Windsor: National Foundation for Educational Research.
GOLDBERG, D.P., COOPER, B., EASTWOOD, M.R., KEDWARD, H.B. & SHEPHERD, M. 1970. A standardized psychiatric interview for use in community surveys. British Journal of Preventive and Social Medicine 24, 18-23.
GOLDBERGER, L. & BREZNITZ, S. (Ed.) 1982. Handbook of stress. Theoretical and clinical aspects. New York: Free Press.
GOLDMAN-EISLER, F. 1951. The problem of "orality" and of its origin in early childhood. Journal of Mental Science 97, 765-782.
GOLDSTEIN FODOR, I. 1982. Gender and phobia. In: AL-ISSA, I. (Ed.) Gender and psychopathology. New York: Academic Press, p. 179-197.
GORDON, I.J. 1971. Early child stimulation through parent education. In: GORDON, I.J. (Ed.) Readings in research in developmental psychology. Glenview: Scott, Foresman & Co., p. 146-154.
GORDON, S.B. & DAVIDSON, N. 1981. Behavioral parent training. In: GURMAN, A.S. & KNISKERN, D.P. (Ed.) Handbook of family therapy. New York: Brunner/Mazel, p. 517-555.
GORDON, T. 1972. Familienkonferenz. Hamburg: Hoffmann & Campe.
GORDON, T. 1978. Familienkonferenz in der Praxis. Hamburg: Hoffmann & Campe.
GOTTLIEB, B.H. 1980. The role of individual and social support in preventing child maltreatment. In: GARBARINO, J. & STOCKING, S.H. (Ed.) Protecting children from abuse and neglect. San Francisco: Jossey-Bass, p. 37-60.

GOTTMAN, J.M. 1981. Time-series analysis. A comprehensive introduction for social scientists. Cambridge: Cambridge University Press.
GOUGH, H.G. 1975. Manual for the California Psychological Inventory. Palo Alto, Cal.: Consulting Psychologists Press.
GOUGH, H.G. & HEILBRUN, A.B. 1965. Adjective Check List Manual. Palo Alto, Cal.: Consulting Psychologists Press.
GOVE, W.R. 1979. Sex differences in the epidemiology of mental disorders: Evidence and explanations. In: GOMBERG, E.S. & FRANKS, V. (Ed.) Gender and disordered behavior. New York: Brunner Mazel, p. 23-70.
GOVE, W.R. & HERB, W. 1974. Stress and mental illness among the young: A comparison of the sexes. Social Forces 53, 256-265.
GOVE, W.R. & TUDOR, J.F. 1973. Adult sex roles and mental illness. American Journal of Sociology 78, 812-835.
GRANVOLD, D.K. & TARRANT, R. 1983. Structured marital separation as a marital treatment method. Journal of Marital and Family Therapy 9, 189-198.
GRÄSER, H. 1980. Entwicklungsintervention. In: WITTLING, W. (Ed.) Handbuch der Klinischen Psychologie. Band 5: Therapie gestörten Verhaltens. Hamburg: Hoffmann & Campe, p. 16-49.
GRÄSER, H. & REINERT, G. 1980. Entwicklungsstörungen. In: WITTLING, W. (Ed.) Handbuch der Klinischen Psychologie. Band 4: Ätiologie gestörten Verhaltens. Hamburg: Hoffmann & Campe, p. 15-75
GRAUMANN, C.F. 1972. Interaktion und Kommunikation. In: Handbuch der Psychologie in 12 Bänden. Band 7: Sozialpsychologie. 2. Halbband. Göttingen: Hogrefe, p. 1109-1262.
GRAWE, K. 1982. Indikation in der Psychotherapie. In: BASTINE, R., FIEDLER, P.A., GRAWE, K., SCHMIDTCHEN, S. & SOMMER, G. (Ed.) Grundbegriffe der Psychotherapie. Weinheim: Edition Psychologie, p. 171-178.
GRAY, J.A. 1981. A critique of Eysenck's theory of personality. In: EYSENCK, H.J. (Ed.) A model for personality. Berlin: Springer, p. 246-276.
GRAY, J.A. 1983. Where should we search for biologically based dimensions of personality. Zeitschrift für Differentielle und Diagnostische Psychologie 4, 165-176.
GRAY-LITTLE, B. & BURKS, N. 1983. Power and satisfaction in marriage: A review and critique. Psychological Bulletin 93, 513-538.
GREEN, H. 1976. A Christian marriage enrichment retreat. In: OTTO, H.A. (Ed.) Marriage and family enrichment: New perspectives and programs. Nashville: Abingdon Press, p. 85-93.
GRIFFORE, R.J. 1980. Toward the use of child development research in informed parenting. Journal of Clinical Child Psychology 9, 48-51.
GROB, R. 1982. Die Theorien von Maslow und Herzberg in der betrieblichen Praxis. Zeitschrift für Arbeitswissenschaft 36, 72-76.
GRODNER, B. 1977. A family systems approach to child abuse: Etiology and prevention. Journal of Clinical Child Psychology 6, 32-35.
GROEGER, W.M. 1982. Verhaltenstherapie. In: BASTINE, R., FIEDLER, P.A., GRAWE, K., SCHMIDTCHEN, S. & SOMMER, G. (Ed.) Grundbegriffe der Psychotherapie. Weinheim: Edition Psychologie, p. 439-444.
GROFFMANN, K.-J., REIHL, D. & ZSCHINTZSCH, A. 1980. Angst. In: WITTLING, W. (Ed.) Handbuch der Klinischen Psychologie. Band 5: Therapie gestörten Verhaltens. Hamburg: Hoffmann & Campe, p. 220-289.
GUERNEY, B.G. 1964. Filial therapy: Description and rationale. Journal of Consulting Psychology 28, 304-310.
GUERNEY, B.G. 1977. Relationship enhancement: Skill-training programs for therapy, problem prevention, and enrichment. San Francisco: Jossey-Bass.
GUERNEY, L. 1977. An evaluation of a skill training program for foster parents. American Journal of Community Psychology 5, 361-371.

GUILFORD, J.P. 1956. Fundamental statistics in psychology and education. New York: McGraw-Hill.
GUILFORD, J.P. 1964. Persönlichkeit. Logik, Methodik und Ergebnisse ihrer quantitativen Erforschung. Weinheim: Beltz.
GUILFORD, J.P. 1975. Factors and factors of personality. Psychological Bulletin 82, 802-814.
GUILFORD, J.P. 1977. Will the real factor of extraversion-introversion please stand up? A reply to Eysenck. Psychological Bulletin 84, 412-416.
GURIN, G., VEROFF, J. & FELD, S. 1960. Americans view their mental health. New York: Basic Books.
GURMAN, A.S. & KNISKERN, D.P. (Ed.) 1981a. Handbook of family therapy. New York: Brunner/Mazel.
GURMAN, A.S. & KNISKERN, D.P. 1981b. Preface. In: GURMAN, A.S. & KNISKERN, D.P. (Ed.) Handbook of family therapy. New York: Brunner/Mazel, p. xiii-xviii.
HAASE, H.-J. (Ed.) 1984. Der depressive Mensch. Erlangen: Perimed.
HABERMAS, J. 1958. Soziologische Notizen zum Verhältnis von Arbeit und Freizeit. In: FUNKE, G. (Ed.) Konkrete Vernunft. Festschrift für Erich Rothacker. Bonn: Bouvier, p. 219-231.
HACKER, W. 1978. Allgemeine Arbeits- und Ingenieurspsychologie. (2. überarbeitete Auflage). Bern: Huber.
HACKER, W. 1980. Spezielle Arbeits- und Ingenieurspsychologie in Einzeldarstellungen. Lehrtext 1. Psychologische Bewertung von Arbeitsgestaltungsmaßnahmen - Ziele und Bewertungsmaßstäbe. Berlin: VEB Deutscher Verlag der Wissenschaften.
HACKER, W. & RICHTER, P. 1980. Spezielle Arbeits- und Ingenieurpsychologie. Lehrtext 2. Psychische Fehlbeanspruchung: Psychische Ermüdung, Monotonie, Sättigung und Streß. Berlin: VEB Deutscher Verlag der Wissenschaften.
HACKMAN, J.R. & LAWLER, E.E. 1971. Employee reactions to job characteristics. Journal of Applied Psychology Monograph 55, 259-286.
HACKMAN, J.R. & OLDHAM, G.R. 1975. Development of the Job Diagnostic Survey. Journal of Applied Psychology 60, 159-170.
HACKMAN, J.R. & OLDHAM, G.R. 1976. Motivation through the design of work: Test of a theory. Organizational Behavior and Human Performance 16, 250-279.
HÄFELI, K., KRAFT, U. & SCHALLBERGER, U. 1983. Empirische Analysen zu den Ausbildungs- und Persönlichkeitsmerkmalen im Projekt A & P. (= Berichte aus der Abteilung Angewandte Psychologie. Nr. 19). Zürich: Psychologisches Institut der Universität Zürich.
HAGEMANN, C. 1981. Bilderbücher als Sozialisationsfaktoren im Bereich der Geschlechtsrollendifferenzierung. Zur Frage der Vermittlung von Rollenbildern im Vorschulalter. Frankfurt: Lang.
HALL, F.S. & HALL, D.T. 1979. The two-career couple. Reading, Mass.: Addison-Wesley.
HALLAHAN, D.P. & KAUFFMAN, J.M. 1976. Introduction to learning disabilities. Englewood Cliffs: Prentice Hall.
HAMMEN, C. 1982. Gender and depression. In: AL-ISSA, I. (Ed.) Gender and psychopathology. New York: Academic Press, p. 133-152.
HAMMEN, C. & PETERS, S.D. 1977. Differential responses to male and female depressive reactions. Journal of Consulting and Clinical Psychology 45, 994-1001.
HAMMEN, C. & PETERS, S.D. 1978. Interpersonal consequences of depression: Responses to men and women enacting a depressed role. Journal of Abnormal Psychology 87, 322-332.

HANDY, C. 1978. The family: Help or hindrance. In: COOPER, C.L. & PAYNE, R. (Ed.) Stress at work. London: Wiley, p. 107-123.
HARRIS, T. 1976. Social factors in neurosis with special reference to depression. In: van PRAAG, H.M. (Ed.) Research in neurosis. Utrecht: Bohn, Scheltema & Hokema, p. 22-39.
HARRISON, R.V. 1979. Person-environment fit and job stress. In: COOPER, C.L. & PAYNE, R. (Ed.) Stress at work. Chicester: Wiley, p. 175-205.
HAUENSTEIN, L.S., KASL, S.V. & HARBURG, E. 1977. Work status, work satisfaction, and blood pressure among married black and white women. Psychology of Women Quarterly 1, 334-349.
HAYES, J. & NUTMAN, P. 1981. Understanding the unemployed. The psychological effects of unemployment. London: Tavistock.
HAYNES, S. & FEINLEIB, M. 1980. Women, work, and coronary heart disease: Prospective findings from the Framingham Heart Study. American Journal of Public Health 70, 133-141.
HAYNES, S.G., FEINLEIB, M. & KANNEL, W.B. 1980. The relationship of psychosocial factors to coronary heart disease in the Framingham Study. III. Eight-year incidence of coronary heart disease. American Journal of Epidemiology 111, 37-58.
HAYWARD, D. 1976. Positive partners: A marriage enrichment communication course. In: OTTO, H.A. (Ed.) Marriage and family enrichment: New perspectives and programs. Nashville: Abingdon Press, p. 121-128.
HECKHAUSEN, H. 1980. Motivation und Handeln. Lehrbuch der Motivationspsychologie. Berlin: Springer.
HEIL, F.E. 1984. Zur Erfassung von Koorientierungsstrukturen in Partnerschaften. Grundlegung, Entwicklung und Evaluation des Trierer Partnerschaftsinventars. Unveröffentlichte Dissertation. Universität Trier.
HEIL, F.E. 1985. Partnerschaftsberatung unter Entwicklungsaspekten. In: BRANDSTÄDTER, J. & GRÄSER, H. (Ed.) Entwicklungsberatung unter dem Aspekt der Lebensspanne. Göttingen: Hogrefe, p. 103-117.
HEIMAN, J.R., LO PICCOLO, L. & LO PICCOLO, J. 1981. The treatment of sexual dysfunction. In: GURMAN, A.S. & KNISKERN, D.P. (Ed.) Handbook of family therapy. New York: Brunner/Mazel, p. 592-627.
HELMES, E. 1980. A psychometric investigation of the Eysenck Personality Questionnaire. Applied Psychological Measurement 4, 43-57.
HENDRICKSON, A.E. & WHITE, P.O. 1966. A method for the rotation of higher order factors. British Journal of Mathematical and Statistical Psychology 19, 97-103.
HERNEGGER, R. 1982. Psychologische Anthropologie. Von der Vorprogrammierung zur Selbststeuerung. Weinheim: Beltz.
HERRENKOHL, E.C., HERRENKOHL, R.C. & TOEDTER, L.J. 1983. Perspectives on the intergenerational transmission of abuse. In: FINKELHOR, D., GELLES, R.J., HOTALING, G.T. & STRAUS, M.A. (Ed.) The dark side of families. Current family violence research. Beverly Hills: Sage, p. 305-316.
HERRMANN, T. (Ed.) 1966. Psychologie der Erziehungsstile. Göttingen: Hogrefe.
HERRMANN, T. 1976[2]. Lehrbuch der empirischen Persönlichkeitsforschung. Göttingen: Hogrefe.
HERZBERG, F. 1966. Work and the nature of man. New York: Mentor Books.
HERZBERG, F. & HAMLIN, R.M. 1961. A motivation-hygiene concept of mental health. Mental Hygiene 45, 394-401.
HERZBERG, F., MAUSNER, B. & SNYDERMAN, B. 1959. The motivation to work. New York: Wiley.
HESS, H. 1981. Humanisierung der Arbeit. Position der Arbeitgeber in der Metallindustrie. Angewandte Arbeitswissenschaft 89, 30-39.

HETZER, H. & TENT, L. 1971. Weilburger Testaufgaben für Schulanfänger. WTA. Revidierte Fassung. Beiheft. Weinheim: Beltz.
HINSCH, R. & PFINGSTEN, U. 1983. Gruppentraining sozialer Kompetenzen. Materialien für die psychosoziale Praxis. München: Urban & Schwarzenberg.
HINTON, R.M. 1979. Partner dating frequency as a determinant of the efficacy of practice dating procedures for treating minimal dating problems. Dissertation Abstracts International 39 (10-B), 5068-5069.
HJELLE, L.A. & ZIEGLER, D.J. 1976. Personality theories: Basic assumptions, research, and applications. New York: McGraw-Hill.
HOCKEL, M. & KOLB, W. 1981. Prävention bei Risikogruppen: Das Beispiel langzeitig Arbeitsloser. In: HOCKEL, M. & FELDHEGE, F.-J. (Ed.) Handbuch der angewandten Psychologie. Band 2. Behandlung und Gesundheit. Landsberg: Verlag moderne Industrie, p. 1243-1264.
HOFF, E.-H. 1984. Gesellschaftlicher Zwang und individueller Freiraum? Naive und wissenschaftliche Theorien zum Verhältnis von Arbeit und Freizeit. In: MOSER, H. & PREISER, S. (Ed.) Umweltprobleme und Arbeitslosigkeit. Weinheim: Beltz, p. 167-190.
HOFF, E.-H. 1985. Berufliche Entwicklung und Entwicklungsberatung. In: BRANDTSTÄDTER, J. & GRÄSER, H. (Ed.) Entwicklungsberatung unter dem Aspekt der Lebensspanne. Göttingen. Hogrefe, p. 133-149.
HOFFMAN, L.W. 1977. Changes in family roles, socialization, and sex differences. American Psychologist 32, 644-657.
HOLMAN, T.B. & BURR, W.R. 1980. Beyond the beyond: The growth of family theories in the 1970s. Journal of Marriage and the Family 42, 729-741.
HOLT, R.R. 1982. Occupational stress. In: GOLDBERGER, L. & BREZNITZ, S. (Ed.) Handbook of stress. Theoretical and clinical aspects. New York: Free Press, p. 419-444.
HOPKINS, P. & HOPKINS, L. 1976. The marriage communication labs. In: OTTO, H.A. (Ed.) Marriage and family enrichment: New perspectives and programs. Nashville: Abingdon Press, p. 227-240.
HORNER, M.S. 1975. Toward an understanding of achievement-related conflicts in women. In: MEDNICK, M.T.S., TANGRI, S.S. & HOFFMAN, L.W. (Ed.) Women and achievement. Social and motivational analyses. Washington: Hemisphere, p. 206-220.
HORNEY, K. 1951. Der neurotische Mensch unserer Zeit. Stuttgart: Kilpper.
HORNEY, K. 1954. Unsere inneren Konflikte. Stuttgart: Kilpper.
HOWARTH, E. 1976. A psychometric investigation of Eysenck's Personality Inventory. Journal of Personality Assessment 40, 173-185.
HOYOS, C.G. 1981. Abschließende Bemerkungen. In: KLEINBECK, U. & ERNST, G. (Ed.) Zur Psychologie der Arbeitsstrukturierung. Frankfurt: Campus, p. 96-98.
HULIN, C.L. & BLOOD, M.R. 1968. Job enlargement, individual differences, and worker responses. Psychological Bulletin 69, 41-55.
ILFELD, F. 1976. Characteristics of current social stressors. Psychological Reports 36, 1231-1247.
ILFELD, F.W.Jr. 1980. Coping styles of Chicago adults: Description. Journal of Human Stress 6, 2-10.
ILFELD, F.W. Jr. 1982. Marital stressors, coping styles, and symptoms of depression. In: GOLDBERGER, L. & BREZNITZ, S. (Ed.) Handbook of stress. Theoretical and clinical aspects. New York: Free Press, p. 482-495.
IMBACH, B. & STEINER, B. 1981. Intrinsische Arbeitsmerkmale und Arbeitszufriedenheit (AZ). Zum Einfluß von Alter, Ausbildung und Geschlecht als intervenierende Variablen. Psychologie. Schweizerische Zeitschrift für Psychologie und ihre Anwendungen 40, 238-258.

INNERHOFER, P. 1976. Das Münchner Trainingsmodell. In: MINSEL, W.-R., ROYL, W. & MINSEL, B. (Ed.) Verhaltenstraining - Modelle und Erfahrungen. Ralingen: Fotodruck, p. 129-148.
INNERHOFER, P. 1977a. Das Münchner Trainingsmodell. Beobachtung, Interaktionsanalyse, Verhaltensänderung. Berlin: Springer.
INNERHOFER, P. 1977b. Erfahrungen mit dem Eltern-Training. Psychologie heute 4(4), 26-27.
INNERHOFER, P. 1978. Änderung des familiären Umfeldes. In: PONGRATZ, L.J. (Ed.) Handbuch der Psychologie in 12 Bänden, Bd. 8, 2. Halbband. Klinische Psychologie. Göttingen: Hogrefe, 2842-2872.
INNERHOFER, P. & WARNKE, A. 1978. Eltern als Co-Therapeuten. Heidelberg: Springer.
INNERHOFER, P. & WARNKE, A. 1980. Elterntrainingsprogramm nach dem Münchner Trainingsmodell - Ein Erfahrungsbericht. In: LUKESCH, H., PERREZ, M. & SCHNEEWIND, K.A. (Ed.) Familiäre Sozialisation und Intervention. Bern: Huber, p. 417-439.
JÄCKEL, U. 1980. Partnerwahl und Eheerfolg. Stuttgart: Enke.
JACKSON, C.B. 1980. Family life satisfaction and job satisfaction as predictors of perceived well-being. Dissertation Abstracts International 40, 4243.
JACOBS, B. & STRITTMATTER, P. 1979. Der schulängstliche Schüler. Eine empirische Untersuchung über mögliche Ursachen und Konsequenzen der Schulangst. München: Urban & Schwarzenberg.
JACOBSON, N.S. 1981. Behavioral marital therapy. In: GURMAN, A.S. & KNISKERN, D.P. (Ed.) Handbook of family therapy. New York: Brunner/Mazel, p. 556-591.
JÄGER, R.S., LISCHER, S., MÜNSTER, B. & RITZ, B. 1976. Biographisches Inventar zur Diagnose von Verhaltensstörungen (BIV). Handanweisung. Göttingen: Hogrefe.
JAHODA, M. 1958. Current concepts of positive mental health. New York: Basic Books.
JAHODA, M. 1983. Wieviel Arbeit braucht der Mensch? Arbeit und Arbeitslosigkeit im 20. Jahrhundert. Weinheim: Beltz.
JAHODA, M., LAZARSFELD, P.F. & ZEISEL, H. 1975. Die Arbeitslosen von Marienthal. Frankfurt: Suhrkamp (erstmals erschienen 1933).
JANIS, I.L. 1982. Decisionmaking under stress. In: GOLDBERGER, L. & BREZNITZ, S. (Ed.) Handbook of stress. Theoretical and clinical aspects. New York: Free Press, p. 69-87.
JANKE, W. & DEBUS, G. 1978. Die Eigenschaftswörterliste EWL. Göttingen: Hogrefe.
JANKE, W., ERDMANN, G. & KALLUS, W. 1984. Streßverarbeitungsfragebogen (SVF). Beschreibung und Handanweisung für die Form SVF (hab-5s-114i-19k). Göttingen: Hogrefe.
JAREMKO, M.E. 1983. Stress inoculation training for social anxiety, with emphasis on dating anxiety. In: MEICHENBAUM, D. & JAREMKO, M.E. (Ed.) Stress reduction and prevention. New York: Plenum Press, p. 419-450.
JENKINS, C.D., ROSENMAN, R.H. & FRIEDMAN, M. 1967. Development of an objective psychological test for the determination of the coronary-prone behavior pattern in employed men. Journal of Chronic Diseases 20, 371-379.
JENKINS, C.D., ZYZANSKI, S.J. & ROSENMAN, R.H. 1971. Progress toward validation of a computer-scored test for the Type A coronary-prone behavior pattern. Psychosomatic Medicine 33, 193-202.
JESSEE, R.E. & GUERNEY, B.G. 1981. A comparison of Gestalt and Relationship Enhancement Treatments with married couples. The American Journal of Family Therapy 9, 31-41.

JOHN, D. & KEIL, W. 1972. Selbsteinschätzung und Verhaltensbeurteilung. Psychologische Rundschau 23, 10-29.
JÖRESKOG, K.G. & SÖRBOM, D. 1979. Advances in factor analysis and structural equation models. Cambridge, Ma.: Abt Brooks.
JÖRESKOG, K.G. & SÖRBOM, D. 1983. LISREL. User's guide. Versions V and VI. Chicago: International Educational Services.
JUDAH, R.D. 1979. A comparative assessment of the effects of parent education groups on parents' attitudes and their children's personal adjustment. Dissertation Abstracts International 40 (6-A), 3123.
JUNG, C.G. 1948. Über psychische Energetik und das Wesen der Träume. (= Gesammelte Werke, Band VIII). Zürich: Rascher.
JUNG, C.G. 1971. Psychologische Typen. (9. rev. Auflage). Olten, Freiburg: Walter.
KAGAN, J. 1966. Reflection-impulsivity: The generality and dynamics of conceptual tempo. Journal of Abnormal and Social Psychology 71, 17-24.
KAGAN, J., ROSMAN, B.L., DAY, D., ALBERT, J. & PHILLIPS, W. 1964. Information processing in the child: Significance of analytic and reflective attitudes. Psychological Monographs 78(1).
KAHN, R.L. 1977. Organisationsentwicklung: Einige Probleme und Vorschläge. In: SIEVERS, B. (Ed.) Organisationsentwicklung als Problem. Stuttgart: Klett-Cotta, p. 281-301.
KAHN, R.L. 1981. Work and health. New York: Wiley.
KARASEK, R.D. 1979. Job demands, job decision latitude and mental strain: Implications for job redesign. Administrative Science Quarterly 24, 285-308.
KASL, S.V. 1973. Mental health and the work environment: An examination of the evidence. Journal of Occupational Medicine 15, 509-518.
KASL, S.V. 1978. Epidemiological contributions to the study of work stress. In: COOPER, C.L. & PAYNE, R. (Ed.) Stress at work. New York: Wiley, p. 3-47.
KASL, S.V. 1979. Changes in mental health status associated with job loss and retirement. In: BARRETT, J.E. et al. (Ed.) Stress and mental disorder. New York: Raven, p. 179-200.
KASL, S.V. & COBB, S. 1982. Variability of stress effects among men experiencing job loss. In: GOLDBERGER, L. & BREZNITZ, S. (Ed.) Handbook of stress. Theoretical and clinical aspects. New York: Free Press, p. 445-465.
KASL, S.V., GORE, S. & COBB, S. 1975. The experience of losing a job: Reported changes in health, symptoms, and illness behavior. Psychosomatic Medicine 37, 106-122.
KASLOW, F.W. 1981. Divorce and divorce therapy. In: GURMAN, A.S. & KNISKERN, D.P. (Ed.) Handbook of family therapy. New York: Brunner/Mazel, p. 662-696.
KATZ, J.M. 1973. The validity of self-appraisals of mental health. Dissertation Abstracts International 34, 1751.
KELLER, H. 1979. Die Entstehung von Geschlechtsunterschieden im ersten Lebensjahr. In: DEGENHARDT, A. & TRAUTNER, H.M. (Ed.) Geschlechtstypisches Verhalten - Mann und Frau in psychologischer Sicht. München: Beck, p. 122-144.
KELLEY, H.H. 1967. Attribution theory in social psychology. In: LEVINE, D. (Ed.) Nebraska Symposium on Motivation. Lincoln: University of Nebraska Press, p. 192-238.
KELLEY, H.H. 1971. Attribution in social interaction. In: JONES, E.E. et al. (Ed.) Attribution: Perceiving the causes in behavior. Morristown: General Learning Press, p. 1-26.
KEMP, N.J., WALL, T.D., CLEGG, C.W. & CORDERY, J.L. 1983. Autonomous work groups in a greenfield site: A comparative study. Journal of Occupational Psychology 56, 271-288.

KERN, H., REGER, H. & WECKERLE, E. 1976. Praxisbeispiele zum Einsatz und Nutzen von Puffern in der industriellen Fertigung. Montage- und Handhabungstechnik 2, 67-70 (zit. nach MAIER 1983, p. 141).
KERR, M.E. 1981. Family systems theory and therapy. In: GURMAN, A.S. & KNISKERN, D.P. (Ed.) Handbook of family therapy. New York: Brunner/Mazel, p. 226-264.
KESSLER, J. 1966. Psychopathology of childhood. Englewood Cliffs, N.J.: Prentice-Hall.
KESSLER, S. 1978. Building skills in divorce adjustment groups. Journal of Divorce 2(2), 209-216.
KIESCHNIK, M., ZENER, A.E. & RIMML, J. 1979. Gordon Familientraining. Handbuch für Gruppenleiter. Solana Beach: Effectiveness Training Inc.
KIESELBACH, T. & OFFE, H. (Ed.) 1979. Arbeitslosigkeit. Individuelle Verarbeitung, gesellschaftlicher Hintergrund. Darmstadt: Steinkopf.
KILMANN, P.R., MOREAULT, D. & ROBINSON, E.A. 1978. Effects of a marriage enrichment program: An outcome study. Journal of Sex and Marital Therapy 4(1), 54-57.
KING, N. 1970. Clarification and evaluation of the two factor theory of job satisfaction. Psychological Bulletin 74, 18-31.
KIPNIS, D. 1971. Character structure and impulsiveness. New York: Academic Press.
KIRCHLER, E. 1984. Sechs Monate ohne Arbeit. Eine sozialpsychologische Untersuchung über die Folgen von Arbeitslosigkeit. WISO - Wirtschafts- und sozialpolitische Zeitschrift des ISW 3, 65-84.
KITTEL, F., KORNITZER, M., DeBACKER, G. & DRAMAIX, M. 1982. Metrological study of psychological questionnaires with reference to social variables: The Belgian heart disease prevention project (BHDPP). Journal of Behavioral Medicine 5, 9-35.
KLAUS, G. & LIEBSCHER, H. 1974. Systeme, Informationen, Strategien. Eine Einführung in die kybernetischen Grundgedanken der System- und Regelungstheorie, Informationstheorie und Spieltheorie. Berlin: VEB Verlag Technik.
KLEINBECK, U. & ERNST, G. (Ed.) 1981. Zur Psychologie der Arbeitsstrukturierung. Frankfurt: Campus.
KLEINBECK, U. & SCHMIDT, K.-H. 1983. Angewandte Motivationspsychologie in der Arbeitsgestaltung. Psychologie und Praxis 27, 13-21.
KLIGFELD, B. 1976. The Jewish marriage encounter. In: OTTO, H.A. (Ed.) Marriage and family enrichment: New perspectives and programs. Nashville: Abingdon Press, p. 129-143.
KMIECIAK, P. 1976a. Wertstrukturen und Wertwandlungen in der Bundesrepublik. - Bericht über ein laufendes Forschungsprojekt. In: ZAPF, W. (Ed.) Gesellschaftspolitische Zielsysteme. Soziale Indikatoren IV. Frankfurt: Campus, p. 3-39.
KMIECIAK, P. 1976b. Wertstrukturen und Wertwandel in der Bundesrepublik Deutschland. - Grundlegungen einer interdisziplinären Wertforschung mit einer Sekundäranalyse von Umfragedaten. Göttingen: Schwartz.
KMIECIAK, P. 1978. Ursachen und Konsequenzen der demographischen Entwicklung vor dem Hintergrund des Wertwandels. In: DETTLING, W. (Ed.) Schrumpfende Bevölkerung - wachsende Probleme? München: Olzog, p. 85-94.
KNIGHT, N.A. 1974. The effects of changes in family interpersonal relationships on the behavior of enuretic children and their parents. Unpublished doctoral dissertation, University of Hawaii.
KNOX, D. 1979. Marriage happiness. A behavioral approach to counseling. Champaign, Ill.: Research Press.
KOCH, H.-J. & DIRLICH-WILHELM, H. 1980. Teilnahmebereitschaft bei präventiven und therapeutischen Interventionen. Report Psychologie 5(3), 21-23.

KOENIG, P. 1976. William Glasser. Psychologie heute 3(6), 66-67.
KOHLBERG, L. 1966. A cognitive-developmental analysis of children's sex-role concepts and attitudes. In: MACCOBY, E.E. (Ed.) The development of sex differences. Stanford: Stanford University Press, p. 82-173.
KÖHLE, C. & KÖHLE, P. 1980. Verständnis für den anderen. Ein Elternkurs. Leipzig: Urania.
KÖHLER, B. 1978. Sozialpsychologie der körperlichen Erscheinung. (= Unveröffentlichte Habilitationsschrift der Fakultät für Sozial- und Verhaltenswissenschaften) Heidelberg: Universität Heidelberg.
KÖHLER, B. 1983. Physische Attraktivität und Persönlichkeitsmerkmale. In: AMELANG, M. & AHRENS, H.-J. (Ed.). Brennpunkte der Persönlichkeitsforschung. Band 1. Göttingen: Hogrefe, p. 139-153.
KOHN, M.L. & SCHOOLER, C. 1982. Job conditions and personality. A longitudinal assessment of their reciprocal effects. American Journal of Sociology 87, 1257-1286.
KÖNIG, F. & SCHMIDT, J.U. 1982. Skalen- und Strukturanalysen des Freiburger Persönlichkeitsinventars (FPI). Diagnostica 28, 33-48.
KORNADT, H.-J. 1985. Zur Lage der Psychologie. Psychologische Rundschau 36, 1-15.
KORNHAUSER, A. 1965. Mental health of the industrial worker. A Detroit study. New York: Wiley.
KOVACS, G. 1985. Der Sinn der Arbeit. In: LÄNGLE, A. (Ed.) Wege zum Sinn. Logotherapie als Orientierungshilfe. Für Viktor E. Frankl. München: Piper, p. 91-100.
KRAMPEN, G. 1981. IPC-Fragebogen zu Kontrollüberzeugungen. Göttingen: Hogrefe.
KRAMPEN, G. 1982. Differentialpsychologie der Kontrollüberzeugungen. ("Locus of control"). Göttingen: Hogrefe.
KRANTZLER, M. 1977. Kreative Scheidung. Reinbek: Rowohlt.
KRATZMEIER, H. 1969. Reutlinger Test für Schulanfänger RTS. Beiheft mit Anleitung und Normentabellen. Weinheim: Beltz.
KREUZIG, H.W. 1983. Persönlichkeitsmerkmale als Prädiktoren für Problemlösen. In: DÖRNER, D., KREUZIG, H.W., REITHER, F. & STÄUDEL, T. (Ed.) Lohhausen. Vom Umgang mit Unbestimmtheit und Komplexität. Bern: Huber, p. 331-353.
KROHNE, H.W. & LAUX, L. (Ed.) 1982. Achievement, stress and anxiety. Washington: Hemisphere.
KROHNE, H.W. & ROGNER, J. 1981. Prävention von Ängstlichkeit durch ein Elterntrainingsprogramm. In: ZIMMER, G. (Ed.) Persönlichkeitsentwicklung und Gesundheit im Schulalter. Frankfurt: Campus. p. 309-319.
KROHNE, H.W. & ROGNER, J. 1982. Repression-sensitization as a central construct in coping research. In: KROHNE, H.W. & LAUX, L. (Ed.) Achievement, stress, and anxiety. Washington, D.C.: Hemisphere, p. 167-193.
KUBIE, L. 1947. The fallacious use of quantitative concepts in dynamic psychology. Psychoanalytic Quarterly 16, 507-518.
KÜCHLER, J. 1979. Gruppendynamische Verfahren in der Aus- und Weiterbildung. München: Kösel.
KUNZ, G. 1978. Eine Skala zur Bestimmung der Konfliktmomente zweier Partner (SKZP). In: SCHOLZ, O.B. (Ed.) Diagnostik in Ehe- und Partnerschaftskrisen. München: Urban & Schwarzenberg, p. 126-151.
KURY, H. & BÄUERLE, S. 1980. Perzipierter elterlicher Erziehungsstil und Angst bei Schülern. In: LUKESCH, H., PERREZ, M. & SCHNEEWIND, K.A. (Ed.) Familiäre Sozialisation und Intervention. Bern: Huber, p. 307-319.
L'ABATE, L. 1978. Enrichment: Structured interventions with couples, families, and groups. Washington: University Press of America.

L'ABATE, L. 1981. Skill training programs for couples and families. In: GURMAN, A.S. & KNISKERN, D.P. (Ed.) Handbook of family therapy. New York: Brunner/Mazel, p. 631-661.
LaGRECA, A.M. 1980. Social skills training with elementary school students: A skills-training manual. American Psychological Association: ISAS-Document Nr. 2194.
LANDIS, P.H. 1965. Making the most of marriage. New York: Appleton-Century Crofts.
LANGNER, T.S. 1962. A twenty-two item screening score of psychiatric symptoms indicating impairment. Journal of Health and Human Behavior 3, 269-276.
LANTERMANN, E.D. 1983. Handlung und Emotion. In: EULER, H.A. & MANDL, H. (Ed.) Emotionspsychologie. Ein Handbuch in Schlüsselbegriffen. München: Urban & Schwarzenberg, p. 273-282.
LaROCCO, J.M., HOUSE, J.S. & FRENCH, J.R.P.Jr. 1980. Social support, occupational stress, and health. Journal of Health and Social Behavior 21, 202-218.
LAUX, L. 1983. Psychologische Streßkonzeptionen. In: THOMAE, H. (Ed.) Theorien und Formen der Motivation. (Band 1 der Serie Motivation und Emotion der Enzyklopädie der Psychologie). Göttingen: Hogrefe, p. 453-535.
LAUX, L., GLANZMANN, P., SCHAFFNER, P. & SPIELBERGER, C.D. 1981. Das State-Trait-Angstinventar. Theoretische Grundlagen und Handanweisung. Weinheim: Beltz.
LAWLER, E.E. 1977. Was passiert, wenn Arbeitnehmer ihr Gehalt selbst festlegen? Psychologie heute 4(8), 61-63.
LAWLER, E.E. & SUTTLE, J.L. 1972. A causal correlational test of the need hierarchy concept. Organizational Behavior and Human Performance 7, 265-287.
LAZARUS, R.S. 1966. Psychological stress and the coping process. New York: McGraw-Hill.
LEDERER, W.J. & JACKSON, D.D. 1976. Ehe als Lernprozeß. Wie Partnerschaft gelingt. Leben lernen. Band 5. München: Pfeiffer.
LEHTINEN, V. & VÄISÄNEN, E. 1981. Epidemiology of psychiatric disorders in Finland. A five-year follow-up. Social Psychiatry 16, 171-180.
LELAND, J. 1982. Gender, drinking, and alcohol abuse. In: AL-ISSA, I. (Ed.) Gender and psychopathology. New York: Academic Press, p. 201-220.
LEMAIRE, J.G. 1980. Angst vor Intimität. Sich die Liebe vom Leibe halten. Psychologie heute 7(10), 28-33.
LERSCH, P. 1970[11]. Aufbau der Person. München: Barth.
LESTER, M.E. & DOHERTY, W.J. 1983. Couples' long-term evaluations of their marriage encounter experience. Journal of Marital and Family Therapy 9, 183-188.
LEVANT, R.F. 1978. Client-centered approaches to working with the family: An overview of new developments in therapeutic, educational, and preventive methods. American Journal of Family Therapy 6, 31-44.
LEVANT, R.F. & SLATTERY, S.C. 1982. Systematic skills training for foster parents. Journal of Clinical Child Psychology 11, 138-143.
LEVANT, R.F. & SLOBODIAN, P. 1981. The effects of a systematic skills training program on the communicational and parenting skills of foster mothers. Journal of Education 163, 262-273.
LEVI, L. 1981. Preventing work stress. Reading, Mass.: Addison-Wesley.
LEVINE, M. 1977. Sex differences in behavior ratings: Male and female teachers rate male and female pupils. American Journal of Community Psychology 5, 347-353.
LICHTE, R. 1978. Betriebsalltag von Industriearbeitern. Frankfurt: Campus.

LIENERT, G.A. 1969³. Testaufbau und Testanalyse. Weinheim: Beltz.
LIENERT, G.A. 1971. Die Konfigurationsfrequenzanalyse. I. Ein neuer Weg zu Typen und Syndromen. Zeitschrift für Klinische Psychologie und Psychotherapie. 19, 99-115.
LILL, R., DRÖSCHEL, A. & GROSS, H. 1981. Konstruktion eines Fragebogens zur psychischen Gesundheit bei Jugendlichen. Unveröffentlichte Diplomarbeit. Saarbrücken. Universität des Saarlandes. Fachrichtung Psychologie.
LINDQUIST, C.U., KRAMER, J.A., McGRATH, R.A., Mac DONALD, M.L. & RHYNE, L.D. 1975. Social skills training: Dating skills treatment manual. American Psychological Association: ISAS-Document Nr. 1009.
LINKS, P.S. 1983. Community surveys of the prevalence of childhood psychiatric disorders. A review. Child Development 54, 531-548.
LITTLE, C.B. 1976. Technical-professional unemployment: Middleclass adaptability to personal crisis. Sociological Quarterly 17, 262-274.
LIVSON, F.B. 1976. Patterns of personality development in middle-aged women: A longitudinal study. International Journal of Aging and Human Development 7, 107-115.
LOCKE, E.A. 1973. Satisfiers and dissatisfiers among white collar and blue collar employees. Journal of Applied Psychology 58, 67-76.
LOCKE, E.A. 1976. The nature and causes of job satisfaction. In: DUNNETTE, M.D. (Ed.) Handbook of industrial and organizational psychology. Chicago: Rand McNally, p. 1297-1349.
LOCKSLEY, A. & DOUVAN, E. 1979. Problem behaviors in adolescents. In: GOMBERG, E.S. & FRANKS, V. (Ed.) Gender and disordered behavior. Sex differences in psychopathology. New York: Brunner/Mazel, p. 71-100.
LOGAN, D.D. & KASCHAK, E. 1980. The relationship of sex, sex role, and mental health. Psychology of Women Quarterly 4, 573-580.
LOHAUS, A. 1984. Geschlechtsrollenstereotype: Eigenschaftszuschreibung und Eigenschaftsbewertung. Zeitschrift für Entwicklungspsychologie und Pädagogische Psychologie 16, 351-365.
LOHMANN, J. & BRANDTSTÄDTER, J. 1976. Temperamentskorrelate von Kreativitäts- und Intelligenzfaktoren. Zeitschrift für Entwicklungspsychologie und Pädagogische Psychologie 8, 81-90.
LONG, J.M. 1967. Self-actualization in a sample of high school boys: A test of some propositions regarding self-identity. Unpublished doctoral dissertation. The University of Michigan. (zit. nach BACHMANN, J.G. 1970).
LÖSEL, F. 1975. Handlungskontrolle und Jugenddelinquenz. Persönlichkeitspsychologische Erklärungsansätze delinquenten Verhaltens - theoretische Integration und empirische Prüfung. Stuttgart: Enke.
LÖWE, H. 1971. Probleme des Leistungsversagens in der Schule. Berlin: Volk und Wissen.
LOWENTHAL, M.P., THURNHER, M. & CHIRIBOGA, D. 1975. Four stages of life: A comparative study of women and men facing transitions. San Francisco: Jossey-Bass.
LOYOLA v. I., 1966. Geistliche Übungen. Freiburg: Herder.
LUKESCH, H. (Ed.) 1975. Auswirkungen elterlicher Erziehungsstile. Göttingen: Hogrefe.
LÜTHI, R. & VUILLE, J.-C. 1980. Präventives Elterntraining. In: LUKESCH, H., PERREZ, M. & SCHNEEWIND, K.A. (Ed.) Familiäre Sozialisation und Intervention. Bern: Huber, p. 397-415.
LUTZKER, J.R. 1984. Project 12-ways. Treating child abuse and neglect from an ecobehavioral perspective. In: DANGEL, R.F. & POLSTER, R.A. (Ed.) Parent training. Foundations of research and practice. New York: Guilford, p. 260-297.
MACCOBY, E.E. & JACKLIN, C.N. 1974. The psychology of sex differences. Stanford: Stanford University Press.

MacDONALD, M.L., LINDQUIST, C.U., KRAMER, J.A., McGRATH, R.A. & RHYNE, L.D. 1975. Social skills training: Behavior rehearsal in groups and dating skills. Journal of Counseling Psychology 22, 224-230.

MACE, D.R. 1976. We call it ACME. In: OTTO, H.A. (Ed.) Marriage and family enrichment: New perspectives and programs. Nashville: Abingdon Press, p. 170-179.

MACE, D.R. & MACE, V.C. 1975. Marriage enrichment - wave of the future? The Family Coordinator 24, 131-135.

MACE, D.R. & MACE, V.C. 1976a. Marriage enrichment: A preventive group approach for couples. In: OLSON, D.H.L. (Ed.) Treating relationships. Lake Mills: Graphic Publishing Inc., p. 321-336.

MACE, D.R. & MACE, V.C. 1976b. The selection, training, and certification of facilitators for marriage enrichment programs. The Family Coordinator 25, 117-125.

MACKIE, M. 1983. The domestication of self: Gender comparisons of self-imagery and self-esteem. Social Psychology Quarterly 46, 343-350.

MADDOCK, J.W. 1976. Sexual health: An enrichment and treatment program. In: OLSON, D.H.L. (Ed.) Treating relationships. Lake Mills: Graphic Publishing Inc., p. 355-382.

MAGER, R.F. 1965. Lernziele und Unterricht. Weinheim: Beltz.

MAGNUSSON, D. 1982. Situational determinants of stress: An interactional perspective. In: GOLDBERGER, L. & BREZNITZ, S. (Ed.) Handbook of stress. Theoretical and clinical aspects. New York: Free Press, p. 231-253.

MAHLER-SCHÖNBERGER, M. 1947. Freud's psychoanalytic viewpoint for child guidance. In: HARMS, E. (Ed.) Handbook of child guidance. New York: Child Care Publications, p. 685-706.

MAIER, W. 1983. Kriterien humaner Arbeit. Persönlichkeitsentwicklung durch humane Arbeitssysteme. Stuttgart: Enke.

MAKOSKY, V.P. 1980. Stress and the mental health of women: A discussion of research and issues. In: GUTTENTAG, M., SALASIN, S. & BELLE, D. (Ed.) The mental health of women. New York: Academic Press, p. 111-127.

MANDLER, G. & SARASON, S.B. 1952. A study of anxiety and learning. Journal of Abnormal and Social Psychology 47, 166-173.

MARACEK, J. & BALLOU, D. 1981. Family roles and mental health. Professional Psychology 12, 39-46.

MARTIN, E., ACKERMANN, U., UDRIS, I. & OEGERLI, K. 1980. Monotonie in der Industrie. Eine ergonomische, psychologische und medizinische Studie an Uhrenarbeitern. Bern: Huber.

MARTIN, H. 1981. Neue Formen der Arbeitsstrukturierung im Aktionsprogramm "Forschung zur Humanisierung des Arbeitslebens" - Ziele, Ansätze und Erfahrungen - In: KLEINBECK, U. & ERNST, G. (Ed.) Zur Psychologie der Arbeitsstrukturierung. Frankfurt: Campus, p. 283-306.

MARTIN, J. 1983. Maternal and paternal abuse of children. Theoretical and research perspectives. In: FINKELHOR, D., GELLES, R.J., HOTALING, G.T. & STRAUS, M.A. (Ed.) The dark side of families. Current family violence research. Beverly Hills: Sage, p. 293-304.

MARTINSON, W.D. & ZERFACE, J.P. 1970. Comparison of individual counseling and a social program with nondaters. Journal of Counseling Psychology 17, 36-40.

MASCHEWSKI, W. 1981. Machen bestimmte Arbeitsplätze krank oder kommen Kranke auf bestimmte Arbeitsplätze? Psychosozial 4, 125-139.

MASLOW, A.H. 1954. Motivation and personality. New York: Harpers.

MASLOW, A.H. 1977a. Motivation und Persönlichkeit. Olten: Walter.

MASLOW, A.H. 1977b. A theory of metamotivation: The biological rooting of the value-life. In: CHIANG, H.-M. & MASLOW, A.H. (Ed.) The healthy personality. Readings. New York: Van Nostrand, p. 28-48.

MASLOW, A.H. 1981. Psychologie des Seins. München: Kindler.

MATHES, E.W. & KAHN, A. 1975. Physical attractiveness, happiness, neuroticism, and self-esteem. Journal of Psychology 90, 27-30.

MATTHEWS, K.A. 1978. Assessment and developmental antecedents of the coronary-prone behavior pattern in children. In: DEMBROSKI, T.M., WEISS, S.M., SHIELDS, J.L., HAYNES, S.G. & FEINLEIB, M. (Ed.) Coronary-prone behavior. New York: Springer, p. 208-217.

McCORD, J. 1978. A thirty-year follow-up of treatment effects. American Psychologist 33, 284-289.

McGRATH, J.E. (Ed.) 1970. Social and psychological factors in stress. New York: Holt, Rinehart & Winston.

Mc GRATH, J.E. 1976. Stress and behavior in organizations. In: DUNNETTE, M.D. (Ed.) Handbook of industrial and organizational psychology. Chicago: Rand McNally, p. 1351-1395.

McGUIRE, J.C. & GOTTLIEB, B.H. 1979. Social support groups among new parents: An experimental study in primary prevention. Journal of Clinical Child Psychology 8(2), 111-116.

McINTOSH, D.M. 1975. A comparison of the effects of highly structured, partially structured, and nonstructured human relations training for married couples on the dependent variables of communication, marital adjustment, and personal adjustment. Dissertation Abstracts International 36 (5-A), 2636-2637.

McKEE, J. & SHERRIFFS, A. 1957. The differential evaluation of males and females. Journal of Personality 25, 356-371.

McKEE, J. & SHERRIFFS, A. 1959. Men's and women's beliefs, ideals and self-concepts. American Journal of Sociology 64, 356-363.

McMAHON, R.J. & FOREHAND, R. 1978. Non prescription behavior therapy: Effectiveness of a brochure in teaching mothers their children's inappropriate mealtime behavior. Behavior Therapy 9, 814-820.

McNEMAR, Q. 1962. Psychological statistics. New York: Wiley.

MEAD, M. 1958. Mann und Weib. Das Verhältnis der Geschlechter in einer sich wandelnden Welt. Reinbek: Rowohlt.

MEDNICK, M.T.S., TANGRI, S.S. & HOFFMAN, L.W. 1975. Women and achievement. Social and motivational analyses. Washington: Hemisphere.

MEERS, A., MAASEN, A. & VERHAEGEN, P. 1978. Subjective health after six months and after four years of shift work. Ergonomics 21, 857-859.

MELNICK, J. 1973. A comparison of replication techniques in the modification of minimal dating behavior. Journal of Abnormal Psychology 81, 51-59.

MERZ, F. 1979. Geschlechterunterschiede und ihre Entwicklung. Göttingen: Hogrefe.

MERZ, F. & STELZL, I. 1977. Einführung in die Erbpsychologie. Stuttgart: Kohlhammer.

MESSER, S.B. 1976. Reflection-impulsivity: A review. Psychological Bulletin 83, 1026-1052.

METTLIN, C. 1976. Occupational careers and the prevention of coronary-prone behavior. Social Science and Medicine 10, 367-372.

MILLER, G.A., GALANTER, E. & PRIBRAM, K.H. 1974. Strategien des Handelns. Pläne und Strukturen des Verhaltens. Stuttgart: Klett-Cotta.

MILLER, S., NUNNALLY, E.W. & WACKMAN, D. 1976. Minnesota Couples Communication Program (MCCP): Premarital and marital groups. In: OLSON, D.H.L. (Ed.) Treating relationships. Lake Mills: Graphic Publishing Inc., p. 21-39.

MINSEL, B. 1975. Elterntraining. Empirische Sicherung der Veränderung von Erziehungseinstellungen und Erziehungsverhaltensweisen durch ein Trainingsprogramm. In: LUKESCH, H. (Ed.) Auswirkungen elterlicher Erziehungsstile. Göttingen: Hogrefe, p. 158-180.
MINSEL, B. 1976. Veränderung der Erziehungseinstellungen von Eltern durch Trainingskurse. Unveröffentlichte Dissertation, Universität Hamburg.
MINSEL, B. 1978. Ausbildung von Trainern für die Elternarbeit. In: SCHNEEWIND, K.A. & LUKESCH, H. (Ed.) Familiäre Sozialisation. Stuttgart: Klett-Cotta, p. 313-323.
MINSEL, B. & BIEHL, E. 1980. Überprüfung der Effekte eines Elterntrainings am realen Gesprächsverhalten. In: LUKESCH, H., PERREZ, M. & SCHNEEWIND, K.A. (Ed.) Familäre Sozialisation und Intervention. Bern: Huber, p. 441-460.
MINSEL, B., BECKER, P. & MARX, B. 1985. Geschlechtsspezifische Aspekte seelischer Gesundheit - eine Untersuchung an zwei Generationen. In: AURIN, K. & SCHWARZ, B. (Ed.) Die Erforschung pädagogischer Wirkungsfelder. Arbeitsgruppe für empirische pädagogische Forschung in der DGfE, p. 133-141.
MINSEL, W.-R., LOHMANN, J. & BENTE, G. 1980. Krisenintervention. In: WITTLING, W. (Ed.) Handbuch der Klinischen Psychologie. Bd. 2. Psychotherapeutische Interventionsmethoden. Hamburg: Hoffmann & Campe, p. 78-101.
MINSEL, W.-R., MINSEL, B. & KAATZ, S. 1976. Training von Unterrichtungs- und Erziehungsverhaltensweisen. - Evaluation eines Curriculums. Beiheft 1 zur Zeitschrift Unterrichtswissenschaft.
MITSCHERLICH, M. 1985. Die friedfertige Frau. Frankfurt: Fischer.
MITTENECKER, E. & TOMAN, W. 1972. Persönlichkeits-Interessen-Test. Bern: Huber.
MOORE, D. 1983. Prepared childbirth and marital satisfaction during the antepartum and postpartum periods. Nursing Research 32, 73-79.
MORELAND, J.R. 1976. A humanistic approach to facilitating college students learning about sex-roles. The Counseling Psychologist 6, 61-64.
MORGAN, C.S. & WALKER, A.J. 1983. Predicting sex role attitudes. Social Psychology Quarterly 46, 148-151.
MORSE, N.E. & WEISS, R.S. 1955. The function and meaning of work and the job. American Sociological Review 20, 191-198.
MÜLLER, G.F. 1976. Präventives Elterntraining. Psychologie heute 3(4), 13-18.
MÜLLER, G.F. 1978. Erfahrungen mit dem präventiven Elterntraining. In: SCHNEEWIND, K.A. & LUKESCH, H. (Ed.) Familiäre Sozialisation. Stuttgart: Klett, p. 313-323.
MÜLLER, G.F. 1980. Das präventive Elterntraining - Eine Methode zur Stärkung der Erziehungsfähigkeit und zur Weiterentwicklung der Partnerschaft. In: GERLICHER, K. (Ed.) Prävention. Vorbeugende Tätigkeiten in Erziehungs- und Familienberatungsstellen. Göttingen: Verlag für Medizinische Psychologie, p. 43-55.
MÜLLER, G.F. 1981. Vorsorgen für die nächste Generation. Prävention in der Eltern- und Familienarbeit. Zeitschrift für Humanistische Psychologie 4, 63-71.
MÜLLER, G.F. & MOSKAU, G. 1983. Systemorientiertes Arbeiten - ein integrativer Ansatz für Prävention, Familientherapie und Fortbildung. Unveröff. Manuskript.
MULLIS, I.V.S. 1975. Educational achievement and sex discrimination. Denver, Colo.: National Assessment of Educational Progress.
MUMMENDEY, H.D., MIELKE, R., MAUS, G. & HESENER, B. 1977. Untersuchungen mit einem mehrdimensionalen Selbsteinschätzungsverfahren. (= Bielefelder Arbeiten zur Sozialpsychologie. Nr. 14). Universität Bielefeld.
MÜNSTERMANN, J. & PREISER, K. 1978. Schichtarbeit in der Bundesrepublik Deutschland. Sozialwissenschaftliche Bilanzierung des Forschungsstandes, sta-

tistische Trends und Maßnahmeempfehlungen. Bonn: Bundesminister für Arbeit und Sozialordnung. Referat: Presse- und Öffentlichkeitsarbeit.
MURRAY, H. 1938. Explorations in personality: A clinical and experimental study of fifty men of college age. New York: Oxford University Press.
MURSTEIN, B.I. 1970. Stimulus - value - role: A theory of marital choice. Journal of Marriage and the Family 32, 465-481.
MURSTEIN, B.I. 1976. Who will marry whom? Theories and research in marital choice. New York: Springer.
MURSTEIN, B.I., CERRETO, M. & McDONALD, M.B. 1977. A theory and investigation of the effects of exchange-orientation on marriage and friendship. Journal of Marriage and the Family 39, 543-548.
MYRTEK, M. 1981. Herzinfarktprophylaxe. In: MINSEL, W.-R. & SCHELLER, R. (Ed.) Brennpunkte der Klinischen Psychologie. Bd. 2. Prävention. München: Kösel, p. 152-175.
MYRTEK, M. 1983. Typ-A-Verhalten. Untersuchungen und Literaturanalysen unter besonderer Berücksichtigung der psychologischen Grundlagen. München: Minerva.
MYRTEK, M., SCHMIDT, T.H. & SCHWAB, G. 1984. Untersuchungen zur Reliabilität und Validität der deutschen Version des Jenkins Activity Survey (JAS). Zeitschrift für Klinische Psychologie 13, 322-337.
NAYMAN, L. & WITKIN, S.L. 1978. Parent/child foster placement: An alternate approach in child abuse and neglect. Child Welfare 57, 249-258.
NEISSER, U. 1979. Kognition und Wirklichkeit. Prinzipien und Implikationen der kognitiven Psychologie. Stuttgart: Klett-Cotta.
NELKE, F. 1983. Zur psychischen Energie: Darstellung ausgewählter Aspekte und orientierende Überlegungen. Unveröffentlichte Diplomarbeit. Universität Trier. Fachbereich I - Psychologie.
NEULINGER, J. 1968. Perceptions of the optimally integrated person: A redefinition of mental health. Proceedings of the 76th Annual Convention of the American Psychological Association, 553-554.
NICKEL, H. & SCHMIDT-DENTER, U. 1980. Sozialverhalten von Vorschulkindern. München: Reinhardt.
NORMAN, W.T. 1963. Toward a taxonomy of personality attributes: Replicated factor structure in peer nomination personality ratings. Journal of Abnormal and Social Psychology 66, 574-583.
NUNNALLY, E.W., MILLER, S. & WACKMAN, D.B. 1975. The Minnesota Couples Communication Program. In: MILLER, S. (Ed.) Marriages and families: Enrichment through communication. Beverly Hills: Sage, p. 180-192.
NUNNALLY, J.C. Jr. 1961. Popular conceptions of mental health. New York: Holt.
OESTERREICH, R. 1981. Handlungsregulation und Kontrolle. München: Urban & Schwarzenberg.
OLDS, D.L. 1980. Improving formal services for mothers and children. In: GARBARINO, J. & STOCKING, S.H. (Ed.) Protecting children from abuse and neglect. San Francisco: Jossey-Bass, p. 173-197.
OLSON, D.H. 1981. Family typologies: Bridging family research and family therapy. In: FILSINGER, E.E. & LEWIS, R.A. (Ed.) Assessing marriage. New behavioral approaches. Beverly Hills: Sage, p. 74-89.
OPASCHOWSKY, H.W. 1976. Soziale Arbeit mit arbeitslosen Jugendlichen. Streetwork und Aktionsforschung im Wohnbereich. Opladen: Leske & Budrich.
OTTO, H.A. (Ed.) 1976a. Marriage and family enrichment: New perspectives and programs. Nashville: Abingdon Press.
OTTO, H.A. 1976b. Marriage and family enrichment programs: An overview of the movement. In: OTTO, H.A. (Ed.) Marriage and family enrichment: New perspectives and programs. Nashville: Abingdon Press, p. 11-27.

PANCOAST, D.A. 1980. Finding and enlisting neighbors to support families. In: GARBARINO, J. & STOCKING, S.H. (Ed.) Protecting children from abuse and neglect. San Francisco: Jossey-Bass, p. 109-132.
PARSONS, T. 1967. Definition von Gesundheit und Krankheit im Lichte der Wertbegriffe und der sozialen Struktur Amerikas. In: MITSCHERLICH, A., BROCHER, T., von MERING, O. & HORN, K. (Ed.) Der Kranke in der modernen Gesellschaft. Köln: Kiepenheuer & Witsch, p.57-87.
PATTERSON, G.R. & GULLION, E. 1974. Mit Kindern leben. Neue Erziehungsmethoden für Eltern und Lehrer. Wien: Böhlau.
PAWLIK, K. 1968. Dimensionen des Verhaltens. Bern: Huber.
PAWLIK, K. 1982. Multivariate Persönlichkeitsforschung: Zur Einführung in Fragestellung und Methodik. In: PAWLIK, K. (Ed.) Multivariate Persönlichkeitsforschung Bern: Huber, p. 17-54.
PEARLIN, L.I. 1975. Sex roles and depression. In: DATAN, N. & GINSBERG, L.H. (Ed.) Life-span developmental psychology. Normative life crises. New York: Academic Press, p. 191-207.
PEARLIN, L.I. & LIEBERMAN, M.A. 1979. Social sources of emotional distress. In: SIMMONS, R. (Ed.) Research in community and mental health. Vol. 1. Greenwich, Conn.: JAI Press, p. 217-248.
PEARLIN, L.I. & SCHOOLER, C. 1978. The structure of coping. Journal of Health and Social Behavior 19, 2-21.
PELZMANN, L. 1983. Arbeitslosenforschung. In: LÜER, G. (Ed.) Bericht über den 33. Kongreß der Deutschen Gesellschaft für Psychologie in Mainz 1982. Göttingen: Hogrefe, p. 674-681.
PERREZ, M., MINSEL, B. & WIMMER, H. 1974. Elternverhaltenstraining. Salzburg: Müller.
PERREZ, M., MINSEL, B. & WIMMER, H. 1985. Was Eltern wissen sollten. Salzburg: Müller.
PERRI, M.G. & RICHARDS, C.S. 1979. Assessment of heterosocial skills in male college students: Empirical development of a behavioral role-playing test. Behavior Modification 3, 337-354.
PETERMANN, U. 1983. Training mit sozial unsicheren Kindern. Materialien für die psychosoziale Praxis. München: Urban & Schwarzenberg.
PHILLIPS, D.L. 1964. Rejection of the mentally ill: The influence of behavior and sex. American Sociological Review 29, 679-687.
PHILLIPS, D.L. & SEGAL, B.E. 1969. Sexual status and psychiatric symptoms. American Sociological Review 34, 58-72.
PICHLER, M. (Ed.) o.J. Das goldene Märchenbuch. Eine Auslese schöner deutscher Märchen. Reutlingen: Enßlin & Laiblin.
PIONTKOWSKI, U. 1976. Psychologie der Interaktion. München: Juventa.
PITT, B. 1982. Depression and childbirth. In: PAYKEL, E.S. (Ed.) Handbook of affective disorders. Edinburgh: Churchill Livingstone, p. 361-378.
PLOMIN, R. 1976. Extraversion: Sociability and impulsivity? Journal of Personality Assessment 40, 24-30.
PONGRATZ, L.J. 1983. Hauptströmungen der Tiefenpsychologie. Stuttgart: Kröner.
PORNSCHLEGEL, H. 1981. Arbeitsstrukturierung und berufliche Entwicklung. In: KLEINBECK, U. & ERNST, G. (Ed.) Zur Psychologie der Arbeitsstrukturierung. Frankfurt: Campus, p. 307-313.
PORTER, L.W. 1961. A study of perceived need satisfactions in bottom and middle managements. Journal of Applied Psychology 45, 1-10.
POWELL, A. & ROYCE, J.R. 1981. An overview of a multifactor-system theory of personality and individual differences: I. The factor and system models and the hierarchical structure of individuality. Journal of Personality and Social Psychology 41, 818-829.

PRICE, V.A. 1982. What ist type A? A cognitive social learning model. Journal of Occupational Behaviour 3, 109-129.
PRUNTY, K.G. 1976. The care-lab: A family enrichment program. In: OTTO, H.A. (Ed.) Marriage and family enrichment: New perspectives and programs. Nashville: Abingdon Press, p. 58-72.
QUAST, H.-H. 1983. Bedingungen emotionaler Zustände. Unveröffentlichte Diplomarbeit im Fachbereich I - Psychologie der Universität Trier.
QUITMANN, H., TAUSCH, A. & TAUSCH, R. 1974. Selbstkommunikation von Jugendlichen und ihren Eltern, Zusammenhang mit Psychoneurotizismus und elterlichem Erziehungsverhalten. Zeitschrift für Klinische Psychologie 3, 193-204.
RADLOFF, L.S. & RAE, D.S. 1979. Susceptibility and precipitating factors in depression: Sex differences and similarities. Journal of Abnormal Psychology 88, 174-181.
RAND, C.S. & HALL, J.A. 1983. Sex differences in the accuracy of self-perceived attractiveness. Social Psychology Quarterly 46, 359-363.
RAPPAPORT, A.F. 1976. Conjugal Relationship Enhancement program. In: OLSON, D.H.L. (Ed.) Treating relationships. Lake Mills: Graphic Publishing Inc., p. 41-66.
REISINGER, J.J., ORA, J.P. & FRANGIA, G.W. 1976. Parents as change agents for their children: A review. Journal of Community Psychology 4, 103-123.
REITER, L. 1983. Gestörte Paarbeziehungen. Göttingen: Verlag für Medizinische Psychologie im Verlag Vandenhoeck & Ruprecht.
REVELLE, W., HUMPHREYS, M.S., SIMON, L. & GALLILAND, K. 1980. The interactive effect of personality, time of day, and caffeine: A test of the arousal model. Journal of Experimental Psychology: General 109, 1-31.
RHEINGOLD, H.L. & COOK, K.V. 1975. The contents of boys' and girls' rooms as an index of parents' behavior. Child Development 46, 459-463.
RHODES, S.R. 1983. Age-related differences in work attitudes and behavior: A review and conceptual analysis. Psychological Bulletin 93, 328-367.
RIDLEY, C.A. & BAIN, A.B. 1983. The effects of a premarital relationship enhancement program on self-disclosure. Family Therapy 10 (1), 13-24.
ROCKLIN, T. & REVELLE, W. 1981. The measurement of extraversion: A comparison of the Eysenck Personality Inventory and the Eysenck Personality Questionnaire. British Journal of Social Psychology 20, 279-284.
ROGERS, C.R. 1959. A theory of therapy, personality, and interpersonal relationships, as developed in the client-centered framework. In: KOCH, S. (Ed.) Psychology: A study of a science. Band 3. New York: McGraw-Hill, p. 184-256.
ROGERS, C.R. 1973. Die klient-bezogene Gesprächstherapie. München: Kindler.
ROHMERT, W., LUCZAK, H. & LANDAU, K. 1975. Arbeitswissenschaftlicher Erhebungsfragebogen zur Tätigkeitsanalyse - AET. Zeitschrift für Arbeitswissenschaft 4, 199-207.
ROSENBERG, M. 1965. Society and adolescent self-image. Princeton: Princeton University Press.
ROSENBLATT, A.D. & THICKSTUN, J.T. 1970. A study of the concept of psychic energy. International Journal of Psychoanalysis 51, 265-278.
ROSENFIELD, S. 1980. Sex differences in depression: Do women always have higher rates? Journal of Health and Social Behavior 21, 33-42.
ROSENKRANTZ, P., VOGEL, S., BEE, H., BROVERMAN, I. & BROVERMAN, D. 1968. Sex role stereotypes and self-conceptions in college students. Journal of Consulting Psychology 32, 287-295.
ROSENMAN, R.H. 1978. The interview method of assessment of the coronary-prone behavior pattern. In: DEMBROSKI, T.M., WEISS, S.M., SHIELDS, J.L., HAYNES, S.G. & FEINLEIB, M. (Ed.) Coronary prone behavior. New York: Springer, p. 55-69.

ROSENMAN, R.H., BRAND, R.J., JENKINS, C.D., FRIEDMAN, M., STRAUS, R. & WURM, M. 1975. Coronary heart disease in the Western Collaborative Group Study: Final follow-up experience of 8 1/2 years. Journal of the American Medical Association 233, 872-877.
ROSKIES, E. 1983. Stress management for type A individuals. In: MEICHENBAUM, D. & JAREMKO, M.E. (Ed.) Stress reduction and prevention. New York: Plenum Press, p. 261-288.
ROSSI, A.S. 1968. Transition to parenthood. Journal of Marriage and the Family 30, 26-39.
ROTHMAN, K.J. 1976. Causes. American Journal of Epidemiology 104, 587-592.
ROTTER, J.B. 1954. Social learning and clinical psychology. New York: Prentice-Hall.
ROTTER, J.B. 1966. Generalized expectancies for internal versus external control of reinforcement. Psychological Monographs 80 (1, No. 609).
RUBENSTEIN, G., ROCHE, P.E. & PASS, E.L. 1979. Program in 'psycho-obstetrics'. Health and Social Work 4 (2), 145-158.
RUBIN, S. 1978. Parents' group in a psychiatric hospital for children. Social Work 23 (5), 416-417.
RUBINSTEIN, S.L. 1958. Grundlagen der allgemeinen Psychologie. Berlin: Volk und Wissen.
RÜDDEL, H., NEUS, H. & STUMPF, H. 1982. Altersgruppen- und geschlechtsspezifische Unterschiede von Indikatorenwerten für Persönlichkeitsmerkmale (im Sinne der Personologie Murrays) in einer deutschen Mittelstadt. Zeitschrift für Entwicklungspsychologie und Pädagogische Psychologie 14, 253-261.
RUSTEMEYER, R. 1982. Wahrnehmungen eigener Fähigkeiten bei Jungen und Mädchen. Frankfurt: Lang.
RUTTER, M. 1970. Sex differences in children's responses to family stress. In: ANTHONY, E.J. & KOUPERNIK, C. (Ed.) The child in his family. The international yearbook for child psychiatry and allied disciplines, Vol. 1. New York: Wiley, p. 165-196.
RUTTER, M. 1977. Classification. In: RUTTER, M. & HERSOV, L. (Ed.) Child psychiatry. Oxford: Blackwell Scientific.
RUTTER, M. 1979a. Protective factors in children's responses to stress and disadvantage. In: KENT, M.W. & ROLF, J.E. (Ed.) Primary prevention of psychopathology. Band 3. Social competence in children. Hanover, New Hampshire: University Press of New England, p. 49-74.
RUTTER, M. 1983. Stress, coping, and development: Some issues and some questions. In GARMEZY, N. & RUTTER, M. (Ed.) Stress, coping, and development in children. New York: McGraw-Hill, p. 1-41.
SADER, M. 1976. Psychologie der Gruppe. München: Juventa.
SADLER, O.W., SEYDEN, T., HOWE, B. & KAMINSKY, T. 1976. An evaluation of "groups for parents": A standardized format encompassing both behavior modification and humanistic methods. Journal of Community Psychology 4, 157-163.
SAGER, C.J. 1981. Couples therapy and marriage contracts. In: GURMAN, A.S. & KNISKERN, D.P. (Ed.) Handbook of family therapy. New York: Brunner/Mazel, p. 85-130.
SALIPANTE, P. & GOODMAN, P. 1976. Training, counseling, and retention of the hard-core unemployed. Journal of Applied Psychology 61, 1-11.
SANDER, H. 1978. Schüler helfen Schülern. Versuch der Implementation des Cross-Age-Helping-Program. Eine Evaluation altersbezogener Partnerarbeit. Psychologie in Erziehung und Unterricht 25, 24-31.
SARGES, W. 1982. Verhaltensauffälligkeiten bei Schülern. Faktorenanalytisch ermittelte Syndrome abweichender sozialer und emotionaler Verhaltensweisen

von Kindern auf der Basis von Lehrerurteilen. Heilpädagogische Forschung 9, 347-370.
SATIR, V. 1972. Peoplemaking. Palo Alto: Science and Behavior Books.
SCHAEFER, E.S. 1961. Converging conceptual model for maternal behavior and for child behavior. In: GLIDEWELL, J. (Ed.) Parental attitudes and child behavior. Springfield: Thomas, p. 124-146.
SCHAEFER, H. 1980. Gesundheit und Wohlbefinden. In: SCHAEFER, H. (Ed.) Der gesunde kranke Mensch. Düsseldorf: Patmos, p. 37-58.
SCHALLING, D., EDMAN, G. & ASBERG, M. 1983. Impulsive cognitive style and inability to tolerate boredom: Psychological studies of temperamental vulnerability. In: ZUCKERMAN, M. (Ed.) Biological bases of sensation seeking, impulsivity, and anxiety. Hillsdale, N.J.: Lawrence Erlbaum, p. 123-145.
SCHENK, J. 1982. Suchtmittelmißbrauch. In: BRANDTSTADTER, J. & von EYE, A. (Ed.) Psychologische Prävention: Grundlagen, Programme, Methoden. Bern: Huber, p. 241-274.
SCHENK, J. & PFRANG, H. 1983. Aspekte des Geschlechtsrollenbildes bei Verheirateten. Psychologische Beiträge 25, 176-193.
SCHEPANK, H. 1982. Epidemiologie psychogener Erkrankungen. Ein Beitrag zur Grundlagenforschung aus einer Feldstudie. Zeitschrift für Psychosomatische Medizin und Psychoanalyse 28, 104-125.
SCHINKE, S.P., GILCHRIST, L.D., SMITH, T.E. & WONG, S.E. 1978. Improving teenage mothers' ability to compete for jobs. Social Work Research and Abstracts 14, 25-29.
SCHMALE, H. 1983. Psychologie der Arbeit. Stuttgart: Klett-Cotta.
SCHMIDT, H.-D. 1982. Grundriß der Persönlichkeitspsychologie. Berlin: VEB Deutscher Verlag der Wissenschaften.
SCHMIDT, K.-H., KLEINBECK, U. & RUTENFRANZ, J. 1981. Arbeitspsychologische Effekte von Änderungen des Arbeitsinhaltes bei Montagetätigkeiten. Zeitschrift für Arbeitswissenschaft 35, 162-167.
SCHMIDT, L.R. & BECKER, P. 1977. Psychogene Störungen. In: PONGRATZ, L.J. (Ed.) Handbuch der Psychologie. Bd. 8. Klinische Psychologie. 1. Halbband. Göttingen: Hogrefe, p. 330-434.
SCHMIDTCHEN, S. & BENECKEN, J. 1977. Eltern-Trainings-Programme. Psychologie heute 4 (11), 43-45.
SCHMITT, A. & SCHMITT, D. 1976. Marriage renewal retreats. In: OTTO, H.A. (Ed.) Marriage and family enrichment: New perspectives and programs. Nashville: Abingdon Press, p. 110-120.
SCHNEEWIND, K.A. & LUKESCH, H. (Ed.) 1978. Familiäre Sozialisation. Stuttgart: Klett-Cotta.
SCHNEEWIND, K.A., SCHRÖDER, G. & CATTELL, R.B. 1983. Der 16-Persönlichkeits-Faktoren-Test (16 PF). Testmanual. Bern, Stuttgart: Huber.
SCHNEIDER, C.H. 1975. Preparation for childbirth classes and the couple's pregnancy experience in the third trimester. Dissertation Abstracts International 35 (11-B), 5650-5651.
SCHNEIDER-DÜKER, M. 1981. Gruppenpsychotherapie. Methoden und Probleme. München: Kösel.
SCHNEIDER-DÜKER, M. 1983. Frauen und Männer in Therapiegruppen: Themen und Interaktionsverhalten. In: FRAUENFORUMSGRUPPE (Ed.) Saarbrücker Wissenschaftlerinnen zu Frauenthemen. Saarbrücken: Universität des Saarlandes, p. 85-99.
SCHOLZ, O.B. (Ed.) 1978. Diagnostik in Ehe- und Partnerschaftskrisen. München: Urban & Schwarzenberg.
SCHOLZ, O.B. 1982. Klassifikation von Ehestörungen. In: BOMMERT, H. & PETERMANN, F. (Ed.) Diagnostik und Praxiskontrolle in der Klinischen Psychologie. DGVT und GwG, p. 14-18.

SCHULZ, P. & SCHÖNPFLUG, W. 1982. Regulatory activity during states of stress. In: KROHNE, H.W. & LAUX, L. (Ed.) Achievement, stress, and anxiety. Washington: Hemisphere, p. 51-73.
SCHUMACHER, G. & CATTELL, R.B. 1977. Deutscher HSPQ. Mehrdimensionaler Test der Persönlichkeitsstruktur und ihrer Störungen für Zwölf- bis Achtzehnjährige. Handbuch. Bern: Huber.
SCHUMM, W.R. & DENTON, W. 1979. Trends in premarital counseling. The Journal of Marital and Family Therapy 5, 23-32.
SCHWARZER, R. 1981. Streß, Angst und Hilflosigkeit. Stuttgart: Kohlhammer.
SCHWENKMEZGER, P. 1984. Kann durch das Prinzip der Aggregation von Daten die Konsistenzannahme von Eigenschaften beibehalten werden? Zeitschrift für Differentielle und Diagnostische Psychologie 4, 251-272.
SEIBEL, H.D. & LÜHRING, H. 1984. Arbeit und psychische Gesundheit. Göttingen: Hogrefe.
SEIDEN, A.M. 1979. Gender differences in psychophysiological illness. In: GOMBERG, E.S. & FRANKS, V. (Ed.) Gender and disordered behavior: Sex differences in psychopathology. New York: Brunner/Mazel, p. 426-449.
SEIDENSTÜCKER, G. 1984. Indikation in der Psychotherapie: Entscheidungsprozesse - Forschung - Konzepte und Ergebnisse. In: SCHMIDT, L.R. (Ed.) Lehrbuch der Klinischen Psychologie. Stuttgart: Enke, p. 443-511.
SEITZ, W. 1980. Auswirkungen des Erziehungsstils auf Persönlichkeitsmerkmale des Erzogenen. In: SCHNEEWIND, K.A. & HERRMANN, T. (Ed.) Erziehungsstilforschung. Stuttgart: Huber, p. 189-222.
SEITZ, W. & LÖSER, G. 1969. Über die Beziehung von Persönlichkeitsmerkmalen zu Schul- und Intelligenztest-Leistungen bei Grundschülern. Zeitschrift für Experimentelle und Angewandte Psychologie 16, 651-679.
SELIGMAN, M.E.P. 1979. Erlernte Hilflosigkeit. München: Urban & Schwarzenberg.
SELLS, S.B., DEMAREE, R.G. & WILL, D.P. Jr. 1971. Dimensions of personality: II. Separate factor structures in Guilford and Cattell trait markers. Multivariate Behavioral Research 6, 135-165.
SEMIN, G.R., ROSCH, E. & CHASSEIN, J. 1981. A comparison of the common-sense and "scientific" conceptions of extraversion-introversion. European Journal of Social Psychology 11, 77-86.
SEMMER, N. 1982. Stress at work, stress in private life and psychological well-being. In: BACHMANN, W. & UDRIS, I. (Ed.) Mental load and stress in activity - European approaches. Berlin: VEB Deutscher Verlag der Wissenschaften, p. 42-52.
SEMMERr, N. 1982. Stress at work, stress in private life, and psychological well-being. In: BACHMAN, W. & URDRIS, I. (Ed.) Mental load and stress in ac-
SHEKELLE, R.B., SCHOENBERGER, J.A. & STAMLER, J. 1976. Correlates of the JAS Type A behavior pattern score. Journal of Chronic Diseases 29, 381-394.
SHERRETS, S.D., AUTHIER, K.J. & TRAMONTANA, M.G. 1980. Parent education: Rationale, history, and funding sources. Journal of Clinical Child Psychology 9, 35-37.
SHERRIFFS, A. & McKEE, J. 1957. Qualitative aspects of beliefs about men and women. Journal of Personality 25, 450-464.
SHOSTROM, E.L. 1963. Personal Orientation Inventory. San Diego, Cal.: Educational and Industrial Testing Service.
SHURE, M.B. & SPIVACK, G.A. 1974. Mental health program for kindergarten children: Training script. Unpublished manuscript.
SHURE, M.B. & SPIVACK, G.A. 1975. A mental health program for preschool and kindergarten children, and a mental health program for mothers of young children: An interpersonal problem-solving approach toward social adjustment. A

comprehensive report of research and training MH-20372. Washington D.C.: NIMH.
SHURE, M.B. & SPIVACK, G. 1979. Interpersonal cognitive problem solving and primary prevention: Programming for preschool and kindergarten children. Journal of Clinical Child Psychology 2, 89-94.
SHURE, M.B. & SPIVACK, G. 1980. Interpersonal problem solving as a mediator of behavioral adjustment in preschool and kindergarten children. Journal of Applied Developmental Psychology 1 (1), 29-44.
SIEGRIST, M. 1979. Requalifizierung von Arbeitslosen. Psychosozial 2, 35-50.
SIEGRIST, M. & WUNDERLI, R. 1982. Probleme psychologischer Betreuung von Arbeitslosen. In: MINSEL, W.-R. & SCHELLER, R. (Ed.) Brennpunkte der Klinischen Psychologie. Bd. 4. Rehabilitation. München: Kösel, p. 75-91.
SIEWERT, H.H. 1983. Scheidung - Wege zur Bewältigung. Materialien für die psychosoziale Praxis. München: Urban & Schwarzenberg.
SIMON, F.B. 1984. Wer entscheidet, wer entscheidet? Psychologie heute 11 (4), 28-33.
SMITH, E.J. 1981. The working mother: A critique of the research. Journal of Vocational Behavior 19, 191-211.
SMITH, L. & SMITH, A. 1976. Developing a national Marriage Communication Lab training program. In: OTTO, H.A. (Ed.) Marriage and family enrichment: New perspectives and programs. Nashville: Abingdon Press, p. 241-253.
SMITH, M.J., COLLIGAN, M.J. & HURRELL, J.J. Jr. 1979. A review of psychological stress research carried out by NIOSH, 1971 to 1976. In: SCHWARTZ, R.M. (Ed.) New developments in occupational stress. Los Angeles: Institute of Industrial Relations. University of California, Los Angeles, p. 3-16.
SOLOMON, R.L. 1980. The opponent-process theory of acquired motivation. The costs of pleasure and the benefits of pain. American Psychologist 35, 691-712.
SOMMER, G. 1977. Kompetenzerwerb in der Schule als Primäre Prävention. In: SOMMER, G. & ERNST, H. (Ed.) Gemeindepsychologie. Therapie und Prävention in der sozialen Umwelt. München: Urban & Schwarzenberg, p. 70-98.
SOMMER, G., KOMMER, B., KOMMER, D., MALCHOW, C. & QUACK, L. 1978. Gemeindepsychologie. In: PONGRATZ, L.J. (Ed.) Klinische Psychologie. (= Handbuch der Psychologie in 12 Bänden. Bd. 8, 2. Halbband). Göttingen: Hogrefe, p. 2913-2979.
SÖRGEL, W. 1978. Arbeitssuche, berufliche Mobilität, Arbeitsvermittlung und Beratung. München: Infratest. (zit. nach SIEGRIST 1979, p. 35).
SPENCE, J.T. & HELMREICH, R.L. 1978. Masculinity and femininity. Their psychological dimensions, correlates, and antecedents. Austin: University of Texas Press.
SPENCE, J.T., HELMREICH, R.L. & STAPP, J. 1975. Ratings of self and peers on sex role attributes and their relation to self-esteem and conceptions of masculinity and femininity. Journal of Personality and Social Psychology 32, 29-39.
SPIELBERGER, C.D. (Ed.) 1966. Anxiety and behavior. New York: Academic Press.
SPRENKLE, D.H. & OLSON, D.H. 1978. Circumplex model of marital systems: An empirical study of clinical and non-clinic couples. Journal of Marriage and Family Counseling 4, 59-74.
SPRENKLE, D.H. & STORM, C.L. 1983. Divorce therapy outcome research: A substantive and methodological review. Journal of Marital and Family Therapy 9, 239-258.
STAFFORD, E., JACKSON, P.R. & BANKS, M. 1980. Employment, work involvement, and mental health in less qualified young people. Journal of Occupational Psychology 53, 291-304.

STANTON, M.D. 1981. Strategic approaches to family therapy. In: GURMAN, A.S. & KNISKERN, D.P. (Ed.) Handbook of family therapy. New York: Brunner/Mazel, p. 361-402.
STAPF, K.H., HERRMANN, T., STAPF, A. & STÄCKER, K.H. 1972. Psychologie des elterlichen Erziehungsstils. Bern: Huber.
STEERS, R.M. 1977. Organizational effectiveness. Santa Monica, Cal.: Good Year Publ.Co.
STEINEBACH, C. 1984. Affektive und kognitive Entwicklungsorientierungen in Partnerschaften - Altersvergleichende Analysen. Unveröffentlichte Diplomarbeit. Fachbereich I - Psychologie der Universität Trier.
STEINMANN, H., HEINRICH, M. & SCHREYÖGG, G. 1976. Theorie und Praxis selbststeuernder Gruppen. Köln: Haustein.
STEPHAN, E. 1983. Versuch einer theoretisch und normativ fundierten Definition "psychischer Gesundheit". In: BUNDESVEREINIGUNG FÜR SEELISCHE GESUNDHEIT (Ed.) Seelische Gesundheit möglich machen - mehr als Krankheit verhindern. Hamburg: Bundesvereinigung für seelische Gesundheit, p. 94-112.
STINNETT, N., COLLINS, J. & MONTGOMERY, E. 1970. Zufriedenheit in der Ehe bei älteren Ehemännern und Ehefrauen. In: SCHOLZ, O.B. (Ed.) Diagnostik in Ehe- und Partnerschaftskrisen. München: Urban & Schwarzenberg, p. 201-216.
STRAUS, M.A. 1983. Ordinary violence, child abuse, and wife-beating: What do they have in common? In: FINKELHOR, D., GELLES, R.J., HOTALING, G.T. & STRAUS, M.A. (Ed.) The dark side of families. Current family violence research. Beverly Hills: Sage, p. 213-234.
STRELAU, J. 1984. Das Temperament in der psychischen Entwicklung. (= Beiträge zur Psychologie 17). Berlin-Ost: Volk und Wissen Volkseigener Verlag.
STROEBE, W. 1977. Ähnlichkeit und Komplementarität der Bedürfnisse als Kriterium der Partnerwahl: Zwei spezielle Hypothesen. In: MIKULA, G. & STROEBE, W. (Ed.) Sympathie, Freundschaft und Ehe. Bern: Huber, p. 77-107.
STUBBE, H. 1981. Ansätze zur systematischen Planung und Untersuchung von Arbeitsstrukturierung. In: KLEINBECK, U. & ERNST, G. (Ed.) Zur Psychologie der Arbeitsstrukturierung. Frankfurt: Campus, p. 60-74.
STUMPF, H. 1980. Die "Personality Research Form" (PRF): Überblick über die theoretische Fundierung, Entwicklung, empirische Evaluation und Beschreibung der deutschen Version. Bonn: Bundesministerium der Verteidigung, Abt. PII 4.
SUPER, D.E. 1957. The Multifactor Test: Summing up. Personnel and Guidance Journal 36, 17-20.
SZOPINSKI, J. 1983. Ehevorbereitung in Kleingruppen. Partnerberatung 20, 31-36.
TASTO, D. & COLLIGAN, M. 1978. Health consequences of shift-work. DHEW (NIOSH) publication Nr. 78-154. Washington, D.C: U.S. Government Printing Office.
TAUSCH, R. & TAUSCH, A. 1977. Erziehungspsychologie. Begegnung von Person zu Person. Göttingen: Hogrefe.
TAVORMINA, J.B. 1974. Basic models of parent counseling: A critical review. Psychological Bulletin 81, 827-835.
TAVORMINA, J.B., HAMPSON, R.B., GRIEGER, R.A. & TEDESCO, J. 1977. Examining foster care: A viable solution for placement of handicapped children? American Journal of Community Psychology 5, 435-446.
TAYLOR, H.C. & RUSSELL, J.T. 1939. The relationship of validity coefficients to the practical effectiveness of tests in selection: Discussion and tables. Journal of Applied Psychology 23, 565-578.
TAYLOR, L. & CHAVE, S. 1964. Mental health and environment. Boston: Little, Brown & Co.

TAYLOR, M.C. & HALL, J.A. 1982. Psychological androgyny: Theories, methods, and conclusions. Psychological Bulletin 92, 347-366.
TAYLOR, P.J. & POCOCK, S.J. 1972. Mortality of shift and day workers 1956-68. British Journal of Industrial Medicine 29, 201-207.
TENT, L., FINGERHUT, W. & LANGFELDT, H.-P. 1976. Quellen des Lehrerurteils. Weinheim: Beltz.
THARENOU, P. 1979. Employee self-esteem: A review of the literature. Journal of Vocational Behavior 15, 316-346.
THIBAUT, J.W. & KELLEY, H.H. 1959. The social psychology of groups. New York: Wiley.
THOMAS, A. & CHESS, S. 1977. Temperament and development. New York: Brunner.
THOMAS, A., CHESS, S. & BIRCH, H.G. 1968. Temperament and behavior disorders in children. New York: New York University Press.
THOMAS, A., CHESS, S. & BIRCH, H.G. 1970. The origin of personality. Scientific American 223, 102-109.
THOMAS, A., CHESS, S., BIRCH, H.G., HERTZIG, M. & KORN, S. 1963. Behavioral individuality in early childhood. New York: New York University Press.
THOMASCHEWSKI, A. 1978. Individuelle Fundamentalbedürfnisse als Grundlage für die Humanisierung der Arbeitswelt. Unveröffentlichte Dissertation. Universität Trier.
THORNES, B. & COLLARD, J. 1979. Who divorces? London: Routledge & Kegan Paul.
TIETJEN, A.M. 1980. Integrating formal and informal support systems: The Swedish experience. In: GARBARINO, J. & STOCKING, S.H. (Ed.) Protecting children from abuse and neglect. San Francisco: Jossey-Bass, p. 15-36.
TIFFANY, D.W., COWAN, J.R. & TIFFANY, P.M. 1970. The unemployed: A social-psychological portrait. Englewood Cliffs: Prentice-Hall.
TIMM, U. 1971. Multiple Regression von Verhaltenseinstufungen (Bekanntenratings) auf FPI Skalen. Diagnostica 17, 26-45.
TOMAN, W. 1960. Haupttypen der Familienkonstellation. Psychologische Rundschau 11, 273-284.
TÖNNIES, S. 1977. Wahrnehmungen des Verhaltens von Eltern und Lehrern und Zusammenhang mit Merkmalen der seelischen Gesundheit. Dissertation: Universität Hamburg. Fachbereich Psychologie.
TRAMONTANA, M.G., SHERRETS, S.D. & AUTHIER, K.J. 1980. Evaluation of parent education programs. Journal of Clinical Child Psychology 9, 40-43.
TROJAN, A. 1980. Epidemiologie des Alkoholkonsums und der Alkoholkrankheiten in der Bundesrepublik Deutschland. Suchtgefahren 26, 1-17.
TRUETT, J., CORNFIELD, J. & KANNEL, W. 1967. Multivariate analysis of the risk of coronary heart disease in Framingham. Journal of Chronic Diseases 20, 511-524.
TWENTYMAN, C.T., JENSEN, M. & KLOSS, J.D. 1978. Social skills training for the complex offender. Employment seeking skills. Journal of Clinical Psychology 34, 320-326.
UDRIS, I. 1979. Ist Arbeit noch länger zentrales Lebensinteresse? Psychosozial 2, 100-120.
UDRIS, I. 1982. Zur Notwendigkeit psychosozialer Streßforschung. Die Studie "Job demands and worker health" - sechs Jahre danach. In: CAPLAN, R.D., COBB, S., FRENCH, J.R.P. Jr., van HARRISON, R. & PINNEAU, S.R. Jr. (Ed.) Arbeit und Gesundheit. Streß und seine Auswirkungen bei verschiedenen Berufen. Bern: Huber, p. 9-18.
ULICH, E. 1964. Schicht- und Nachtarbeit im Betrieb. Opladen: Westdeutscher Verlag.

ULICH, E. 1978. Über das Prinzip der differentiellen Arbeitsgestaltung. Management-Zeitschrift 47, 566-568.
ULICH, E., GROSKURTH, P. & BRUGGEMANN, A. 1973. Neue Formen der Arbeitsgestaltung. Möglichkeiten und Probleme einer Verbesserung der Qualität des Arbeitslebens. Frankfurt: EVA.
UPSHAW, H.S. 1980: Die Anwendung der konfirmatorischen Faktorenanalyse in der Einstellungsmessung. In: PETERMANN F. (Ed.) Einstellungsmessung - Einstellungsforschung. Göttingen: Hogrefe, p. 175-194.
VAGT, G. 1979. Zum Zusammenhang zwischen Aussehen und Persönlichkeit: Es kommt eher darauf an, daß man sich selbst für schön hält. Zeitschrift für Experimentelle und Angewandte Psychologie 26, 355-363.
VAGT, G. & MAJERT, W. 1977. Schöne Menschen haben's auch nicht leichter. Psychologie heute 4 (9), 36-38.
VANDER HAAR, D. & VANDER HAAR, T. 1976. The Marriage Enrichment Program - Phase I. In: OTTO, H.A. (Ed.) Marriage and family enrichment: New perspectives and programs. Nashville: Abingdon Press, p. 193-216.
VAN ECK, B. & VAN ECK, B. 1976. The phase II Marriage Enrichment Lab. In: OTTO, H.A. (Ed.) Marriage and family enrichment: New perspectives and programs. Nashville: Abingdon Press, p. 217-226.
VOGEL, C., VOLAND, E. & WINTER, M. 1979. Geschlechtstypische Entwicklung bei nichtmenschlichen Primaten. In: DEGENHARDT, A. & TRAUTNER, H.M. (Ed.) Geschlechtstypisches Verhalten - Mann und Frau in psychologischer Sicht. München: Beck, p. 145-181.
VON CRANACH, M., KALBERMATTEN, U., INDERMÜHLE, K. & GUGLER, B. 1980. Zielgerichtetes Handeln. Bern: Huber.
VOSSEL, G. & SAFIAN, P. 1984. Dimensionen der Impulsivität. Poster präsentiert auf dem 34. Kongreß der Deutschen Gesellschaft für Psychologie in Wien 1984.
WACKER, A. (Ed.) 1978. Vom Schock zum Fatalismus? Soziale und psychische Auswirkungen der Arbeitslosigkeit. Frankfurt: Campus.
WALDER, L.O., COHEN, S.I., BREITER, D.E., DASTON, P.G., HIRSCH, I.S. & LEIBOWITZ, J.M. 1969. Teaching behavioral principles to parents of disturbed children. In: GUERNEY, B.G. (Ed.) Psychotherapeutic agents: New roles for nonprofessionals, parents, and teachers. New York: Holt, Rinehart & Winston, p. 443-449.
WALDRON, I. 1982. Gender, psychophysiological disorders, and mortality. In: AL-ISSA, I. (Ed.) Gender and psychopathology. New York: Academic Press, p. 321-335.
WALDRON, I., HICKEY, A., McPHERSON, C., BUTENSKY, A., GRUSS, L., OVERALL, K., SCHMADER, A. & WOHLMUTH, D. 1980. Type A behavior pattern: Relationship to variation in bloodpressure, parental characteristics, and academic and social activities of students. Journal of Human Stress 6, 16-27.
WALKER, L.E. 1983. The battered woman syndrome study. In: FINKELHOR, D., GELLES, R.J., HOTALING, G.T. & STRAUS, M.A. (Ed.) The dark side of families. Current family violence research. Beverly Hills: Sage, p. 31-48.
WALL, T.D. & CLEGG, C.W. 1981. A longitudinal study of group work redesign. Journal of Occupational Behaviour 2, 31-49.
WARDELL, L., GILLESPIE, D.L. & LEFFLER, A. 1983. Science and violence against wives. In: FINKELHOR, D., GELLES, R.J., HOTALING, G.T. & STRAUS, M.A. (Ed.) The dark side of families. Current family violence research. Beverly Hills: Sage, p. 69-84.
WARNKE, A. & INNERHOFER, P. 1978. Ein standardisiertes Elterntraining zur Therapie des Kindes und zur Erforschung von Erziehungsvorgängen. In: SCHNEEWIND, K.A. & LUKESCH, H. (Ed.) Familiäre Sozialisation. Stuttgart: Klett-Cotta, p. 294-312.

WARR, P. 1983. Work, jobs, and unemployment. Bulletin of the British Psychological Society 36, 305-311.
WARR, P. & LOVATT, J. 1977. Retraining and other factors associated with job finding after redundancy. Journal of Occupational Psychology 50, 67-84.
WARR, P. & PARRY, G. 1982. Paid employment and women's psychological well-being. Psychological Bulletin 91, 498-516.
WARREN, D.I. 1980. Support systems in different types of neighborhoods. In: GARBARINO, J. & STOCKING, S.H. (Ed.) Protecting children from abuse and neglect. San Francisco: Jossey-Bass, p. 61-93.
WATSON, G.B. 1930. Happiness among adult students of education. Journal of Educational Psychology 21, 79-109.
WEEDE, E. & JAGODZINSKI, W. 1977. Einführung in die konfirmatorische Faktorenanalyse. Zeitschrift für Soziologie 6, 315-333.
WEISSMAN, M. & MYERS, J. 1978. Affective disorders in a U.S. urban community. Archives of General Psychiatry 35, 1304-1311.
WEISSMAN, M.M. & KLERMAN, G.L. 1979. Sex differences and the epidemiology of depression. In: GOMBERG, E.S. & FRANKS, V. (Ed.) Gender and disordered behavior. Sex differences in psychopathology. New York: Brunner/Mazel, p. 381-425.
WELLEK, A. 1966^3. Die Polarität im Aufbau des Charakters. System der Charakterkunde. Bern: Francke.
WELSH, G.S. 1977. Personality correlates of intelligence and creativity in gifted adolescents. In: STANLEY, J.C., GEORGE, W.C. & SOLANO, C.H. (Ed.) The gifted and the creative: A fifty-year perspective. Baltimore: The Johns Hopkins University Press, p. 197-221.
WENTE, A.S. & CROCKENBERG, S.B. 1976. Transition to fatherhood: LAMAZE preparation, adjustment difficulty, and the husband-wife relationship. Family Coordinator 25, 351-357.
WERNER, E.E. & SMITH, R.S. 1982. Vulnerable but invincible: A longitudinal study of resilient children and youth. New York: McGraw-Hill.
WESLEY, F. & WESLEY, C. 1981. Die Psychologie der Geschlechter. Frankfurt: Fischer Taschenbuch.
WESSMAN, A.E. & RICKS, D.F. 1966. Mood and personality. New York: Holt, Rinehart & Winston.
WESSMAN, A.E., RICKS, D.F. & TYL, M.M. 1960. Characteristics and concomitants of mood fluctuation in college women. Journal of Abnormal and Social Psychology 60, 117-126.
WHITE, R.W. 1973. The concept of healthy personality: What do we really mean? The Counseling Psychologist 4, 3-12.
WHITE, R.W. 1979. Competence as an aspect of personal growth. In: KENT, M.W. & ROLF, J.E. (Ed.) Primary prevention of psychopathology. Bd. 3. Social competence in children. Hanover: University Press of New England, p. 5-22.
WILCOXON, S.A. & HOVESTADT, A.J. 1983. Perceived health and similarity of family of origin experiences as predictors of dyadic adjustment for married couples. Journal of Marital and Family Therapy 9, 431-434.
WILEY, M.G. & ESKILSON, A. 1983. Scaling the corporate ladder: Sex differences in expectations for performance, power, and mobility. Social Psychology Quarterly 46, 351-359.
WILLI, J. 1975. Die Zweierbeziehung. Reinbek: Rowohlt.
WILLI, J. 1978. Therapie der Zweierbeziehung. Reinbek: Rowohlt.
WILLIAMS, J.E. & BEST, D.L. 1982. Measuring sex stereotypes: A thirty-nation study. Beverly Hills: Sage.
WILLIAMS, J.E., DAWS, J.T., BEST, D.L., TILQUIN, C., WESLEY, F. & BJERKE, T. 1979. Sex-trait stereotypes in France, Germany, and Norway. Journal of Cross-Cultural Psychology 10, 133-156.

WILPERT, B. & QUINTANILLA, A.R.S. 1984. The German humanization of work programme: Review of its first twenty publications. Journal of Occupational Psychology 57, 185-195.
WILSON, W. 1967. Correlates of avowed happiness. Psychological Bulletin 67, 294-306.
WISWEDE, G. 1980. Motivation und Arbeitsverhalten. Organisationspsychologische und industriesoziologische Aspekte der Arbeitswelt. München: Reinhardt.
WOBBE, G. 1982. "Humanisierung" und/oder "Emanzipation" als Aufgabe der Arbeitswissenschaft - reale oder irreale Forderungen? Zeitschrift für Arbeitswissenschaft 36, 117-121.
WOFFORD, J.C. 1971. The motivational bases of job satisfaction and job performance. Personnel Psychology 24, 501-518.
WORTMAN, C.B. & BREHM, J.W. 1975. Responses to uncontrollable outcomes: An integration of reactance theory and the learned helplessness model. In: BERKOWITZ, L. (Ed.) Advances in experimental social psychology Bd. 8. New York: Academic Press, p. 277-336.
YANKELOVICH, D. 1978. Wer hat noch Lust zu arbeiten? Psychologie heute 5 (11), 14-21.
YULE, W. 1977. The potential of behavioural treatment in preventing later childhood difficulties. Behavioural Analysis and Modification 2, 19-32.
ZEEMAN, R. & MARTUCCI, I. 1976. The application of classroom meetings to special education. Exceptional Children 42, 461-462.
ZERSSEN, D. von 1976. Beschwerden-Liste. Weinheim: Beltz.
ZINKER, J.C. & LEON, J.P. 1976. The Gestalt perspective: A marriage enrichment program. In: OTTO, H.A. (Ed.) Marriage and family enrichment: New perspectives and programs. Nashville: Abingdon Press, p. 144-157.
ZUCKERMAN, M. 1971. Dimensions of sensation seeking. Journal of Consulting and Clinical Psychology 36, 45-52.
ZUCKERMAN, M. (Ed.) 1983. Biological bases of sensation seeking, impulsivity, and anxiety. Hillsdale, N.J.: Lawrence Erlbaum.
ZUNG, W.W.K. 1965. A self-rating depression scale. Archives of General Psychiatry 12, 63-70.

SACHREGISTER

Abhängigkeit s. Hilfesuchen
Abwehrmechanismen 11, 81, 85, 204 f.
Achtung-Wärme-Rücksichtnahme 62 f.
Adaptabilität in Ehe 346 f., 362 f., 377, 391, 394, 403 f.
        bei Scheidung 410 f.
Adlerian Mother Study Groups 304 ff.
Agressivität 26, 35, 52, 75 f., 122, 125, 139, 151 f., 173, 239 f.,
     368 f.
Ähnlichkeit zwischen Partnern 335, 337 f., 354 f., 377
Aktives Zuhören 293, 317
Aktivität 152 f., 359 f.
Androgynität 148, 181 f., 358
Anerkennung, Bedürfnis nach - 74 f., 266 f.
Anforderungen
  externe - 66 f., 82 f., 100 f., 150 f., 168 f., 193 f., 229 f., 249 f.,
     260 f.
  interne - 66, 70 f., 104 f., 157 f., 168 f., 201 f., 249 f., 263 f.
Angst 3 f., 17, 32 f., 80, 84, 97 f.
  -neigung (Ängstlichkeit) 3 f., 124, 133 f., 152, 155
  -zustand 3 f.
Anpassung, soziale 47 f., 87, 139
Arbeit
  Bedeutung, Bewertung der - 184 f., 201 f., 269
  belastende - 187 f., 208 f.
  Humanisierung der - 258 f.
  Risikofaktoren bei der - 208 f., 371 f.
  Schicht - 236 f.
  theoretische Ansätze 187 f.
  und Gesetzgebung 278 f.
  vs. Freizeit 186 f.
Arbeits-
  bereicherung 267
  erweiterung 267
  losigkeit 245 f.
  wechsel 269
  zufriedenheit 191 f., 212 f., 258 f., 269 f.
Armut 325
Association of Couples for Marriage Enrichment (ACME) 401 f.
Attraktivität, physische 158 f., 356
Austausch (in Ehe) 343 ff., 349 ff., 356, 377, 410
  -orientierung 344
Autonome Gruppen 271 f.
Autonomie, s. auch Hilfesuchen 28, 122, 149, 152, 160 f., 232, 266 f.,
        321 f., 360 f.

Bedürfnisse in der Ehe s. Ehe
Begabungen 76 f.
Beharrungstendenz in der Ehe 382
Behaviorismus 349 f.
Beruflicher Erfolg 162, 235, 240 f., 353
Berufsniveau 212 f., 215 f., 228, 232
Berufstätigkeit 125 f., 162 f., 166, 180 f., 357 f., 366, 371-374

Beschwerden, somatische 226, 237 f., 244
Bewältigung
  -seffizienz s. Kompetenz
  -sprogramme 411 ff.
  -sverhalten 104 f.
      Geschlechtsdifferenzen im - 168 f.
Beziehungsthema 342 f.
Biologisches Motivationssystem 74 f., 81 f., 173

Conjugal Relationship Enhancement Program (CRE) 402

Dating-Probleme 385-391
Defensivität vs. Expansivität 11, 48, 136 f.
  vs. Offenheit 134 f., 330
     in Partnerschaft 392, 401
Delinquenz 54 f., 139, 151
Depressivität 32 f., 48 f., 68 f., 85 f., 107 f., 118, 125 f., 132 f.,
          159, 173, 185, 217 f., 247 f., 254, 368, 369, 410, 415
Dispositionen
  - angeborene allgemein menschliche 74 f.
  - individuelle 77 f.
Drogenabhängigkeit 128 f., 368
Duplikationstheorem 339-342

Effektorisches System 72 f.
Egalität s. Gleichberechtigung
Ehe
  Bedürfnisse in - 338 f., 356 ff., 376 f., 405 f.
  Macht in - 348 f., 356
  -scheidung s. Scheidung
  -schließung, frühe 350 ff., 365 ff., 375, 394 ff.
  -theorien 345-356
  -vorbereitung 391-397
  -zufriedenheit 334 ff., 344, 348 f., 378, 392
Eigenschaftspsychologie 23 f.
Elternbildung
  - funktionelle 288 f.
  - informelle 288 f.
  - institutionelle 288 f.
Elterntraining 286-333
  allgemeine Programme 291-317
  Evaluation 295, 305 f., 308, 311, 315, 324, 325, 328, 329 f.
  für spezielle Elterngruppen 327 ff.
  GORDON Familientraining (PET) 292-295, 317
  Indikation 313 f.
  kindzentrierte Ansätze 290
  Kritik an - 301, 311 ff., 330 f.
  Nebenwirkungen 314 f., 331
  präventives - (MÜLLER) 300 f., 306 f., 316
  Programme für Risikofamilien 317-327
  -      für spez. Verhaltensprobleme 303 f.
  Selbsttraining mit Büchern 291, 301 ff., 307
  Training zu engagierter Elternschaft (P.I.P.) 295-297
  verhaltensmodifikatorische Ansätze 297-304, 308, 326, 329
  von INNERHOFER 299 ff., 301, 316
  von PERREZ et al. 301, 307 ff.

Emotionale Befindlichkeit 8 f., 16 f., 48, 68 f., 75, 91 f., 133 f.
   positive vs. negative - 68 f., 91 f., 145 f., 193, 197 f.
Emotionale Störungen 121 f., 198, 304, 309, 322, 330, 406
Emotionen 84 f., 406
Empathie 290, 318, 345, 353 ff., 403
Endogamie 337 f., 356, 377
Energie 11 f., 32, 50, 67, 81, 86, 135 f.
Enrichment 385, 399-407
Entwicklung
   optimale - 12
   -srückstand 324 f.
   -stheorien 350-353
Erfolgs-Identifikation 296
Erregbarkeit 40 f., 133 f.
Erziehung 154, 162 f., 286-333
   alleinerziehender Mütter 324 ff.
   -sstil 57 f., 79, 307
   -sziel 307f.
Ethische Probleme 415 f.
Expansivität s. Defensivität
Extraversion 2 f., 19 f., 47 f., 173, 308
   Kritik am Extraversionsbegriff 24 f.
EYSENCK, Theorie von 19 ff., 173

Familie 125 f., 149, 158 f., 332, 339 ff., 358 f., 378, 380 f., 395 ff.
   Pflege- 322
   Risiko- 318 ff., 324 ff.
Familienanreicherungsprogramme 310 f., 332
Familientherapie 309, 323
Familientraining 309 ff.
Femininität 17f., 148 f., 155 f.
Filter 71 f., 84 f., 87 f.
Förderliche Umweltbedingungen 1, 3 f., 150, 179 f., 200 f., 318, 332, 333
Fördernde nichtdirigierende Aktivitäten 62 f.
Förderung der seelischen Gesundheit
   - am Arbeitsplatz 257 f.
   - durch Elterntraining 286-333
   - in Partnerschaften 334-417
   - von Frauen, 176 f.
Frauen s. Geschlecht
Frustratoren s. Satisfaktoren
Funktions- und Leistungsfähigkeit 8, 11 f., 68, 136 f., 155, 180
Fürsorge, Bedürfnis nach 357 f., 362, 376

Geborgenheit, Bedürfnis nach
Geburt ersten Kindes 327 f., 397 ff.
Gehemmtheit 26, 32, 36 f., 58 f., 136 f., 415
Gehobene Stimmung 111 f.
Generativität 351 f.
Geschlecht 120 ff.
   -sdifferenzen 130 f.
      Erklärung der - 150 f.
   und Arbeit 232 f., 250
   und Partnerschaft 338, 354 f., 391, 415

und Prävalenzraten 121 f., 150 f.
-srolle s. Rolle
Geschwisterkonstellation 339 ff.
Gestalttherapie 405 f.
Gesundheit vs. Krankheit 7 f., 192 f.
  s. auch seelische Gesundheit
Getrennt-Leben 335, 409 f.
Gleichberechtigung in Ehe 348 f.
  von Mann und Frau 177
Goal attainment scaling 324

Handeln, verantwortungsbewußtes (Realitätstherapie) 295 f.
Handlung 199 f.
Handlungskontrolle 54 f.
Hauptfaktor 47
Hilfesuchen u. Abhängigkeit vs. Autonomie 12 f., 48, 140 f., 342 f.
Homogamie 337, 338, 354, 375, 377
Humanisierung der Arbeit 229, 257 f.

Ich (Entscheidungssystem) 72 f., 78 f.
Ich-Botschaften 294 f. 317, 400
Identifikation 79 f., 85
Identitätsfindung 356, 365 f., 394, 406
Identitätskrise 163 f.
Impulsivität 24 f., 73
Impulskontrolle 318, 322
Indikation d. Elterntrainings 313 f.
Intelligenz 19, 32 f., 39, 55 f., 67 f., 93, 99 f., 117 f., 152
Interessenausrichtungen 76 f., 349, 353
Intimität vs. Isolation 350 f., 356, 366, 395, 406

Jewish Marriage Encounter 400
Job-finding-club 281

Kindertherapie 287 f.
Kindesmißhandlung, Kindesvernachlässigung 318-324, 368, 369
  Prävention 321 ff.
Klientenzentrierter Ansatz im Elterntraining 307 ff., 312, 313, 329
Kohäsion 346 f.
Kollusion 342 f.
Kommunikation
  in Ehe 306 f., 349 f., 356 f., 375, 400-404, 407, 408
  in Familie 329, 380
  -sfehler 292 f.
  -straining 306 f., 392 f., 398, 400 ff., 412
Kompetenz 7, 32, 38, 39, 57, 67 f., 91 f., 154, 161 f., 179 f., 193 f.,
          228, 317, 318, 323, 325 f., 375, 376
  -theoretischer Ansatz 193 f., 232
  soziale - 304, 386 ff., 414
Komplementarität 338 f.
Konflikt
  in Ehe 349, 353, 363, 365, 378, 398, 405, 410, 412, 413
  in Familie 294, 308, 312
  -lösung 294 f., 308, 330, 350, 356, 374, 383, 393, 400, 402, 405, 412
Konstitutionelle Vulnerabilität 1 f., 65, 152 f., 317, 326

Kontrolle, s. auch Verhaltenskontrolle
  - als Erziehungsstildimension 57 f., 301
  - in Ehe 338 f., 342, 346 f., 353, 377, 410
  - über Arbeit 216 f.
Kontrollsystem, internes 51, 73 f., 173
Kontrollüberzeugung 12, 53 f., 325
Koorientierung 353 f., 408
Kosten-Nutzen-Analyse 343 ff.
Krankheit, körperliche 7, 88, 129, 143 f., 239 f., 326

LAMAZE-Methode 397 f.
Leistungsfähigkeit s. Funktions- und Leistungsfähigkeit
Lenkung-Dirigierung (TONNIES) 62
Liberalität 57 f.
Liebe 295, 338 f., 350
Liebesfähigkeit 12, 17

Macht in der Ehe 338, 346 ff., 356, 361
Machtkampf Eltern-Kind 304 f.
Marriage Communication Lab 400 f.
Maskulinität 17 f., 136, 148, 155, 389
Minnesota Couples Communication Program (MCCP) 393, 402
Mitbestimmung s. Partizipation

Nachbarschaftshilfe 318, 326
Nebenfaktor 47
Nebenwirkungen von Elterntrainings 314 f., 331
              v. Enrichment 401
Neurotizismus 2 f., 19 f., 69, 143 f., 169, 242, 308, 343
Neurotische Symptome, Neurose 19, 48, 88, 122 f., 143 f., 173 f.,
              190 f., 244
Niederlagelose Methode 294 f.

Operatives Abbildsystem 199
Optimierung
  von Entwicklung 12
  von Gruppenprozessen 273
Organisationsentwicklung 274 f.

Paarberatung 412
Parent Effectiveness Training 292-295, 323
Partizipation von Beschäftigten 265
Partnerschaft 334-417
  Berufsanforderungen und - 371-374
  Beziehungsthemen 342 f.
  Enrichment 399-409
  Entwicklung der - 382 ff.
  gestörte - 364-371, 375, 411 ff.
  gesunde - 334 f., 375-385, 405
    - Definition 336, 375 f., 377
    - Theorien 337-364
    - Befunde 354 ff.
  Gewalttätigkeit in - 368-371
  Interventionsprogramme 385-415
  Präventionsziele 356, 362, 375, 386, 391

Risikofaktoren in - 364-375
-stypologien 357-364
Verstehen in - 353 ff.
Partnerwahl, Theorien 337-345
Passung 202 f., 221 f., 260 f., 266
zwischen Partnern 337 ff., 345
Persönlichkeitsforschung 1 f., 19 f.
Persönlichkeitsmodell 32 f.
Strukturmodell 71 f.
Perzeptorisches System 71, 77
Pflegefamilie 323, 328 ff.
Pläne 83, 84
Prävalenz psychischer Störungen 121 f., 320
Prävention 279 ff., 284, 287 f., 305
Präventives Elterntraining von MÜLLER 306 f.
PRIMES-Programm 392, 402, 414
Probehandeln, internes 73 f., 85 f., 197 f.
Projekte 50, 73 f., 82 f.
Psychoanalyse 287 f., 342 f., 378 f.
Psycho-Obstetrics Program 398 f.
Psychotisches Verhalten 121 f., 126 f.
Psychotizismus 29 f., 37 f.

Realitätstherapie 295 f.
Reflexivität vs. Impulsivität 51 f.
Regel 378 ff., 393
Regulationskompentenzmodell 1, 12
Religion 400 f.
Restrukturierung 413 ff.
Risikofaktor
 - am Arbeitsplatz 208 f.
 - in Familie 319 f., 324 f.
 - in Partnerschaft 365-374
Risikofamilie 291, 317, 324
Rolle
 Eltern - 327
 Geschlechts- 122, 135 f., 151, 153 f., 316, 339, 344, 362, 368 f., 406
 Mutter vs. Beruf 152 f., 371 ff.
 als Hausfrau 163 f.
 in Ehe 345 f., 347, 348, 358 ff., 371, 380
Rollenspiel 281, 297, 300
Rollenübernahme 345 f.

Salutogenese 1
Satisfaktoren vs. Frustratoren 191 f.
Scheidung 334 f., 340 ff., 351 f., 365, 409-416
Schichtarbeit 236 f., 264 f.
Schizophrenie 89
Schuldgefühle 85, 133, 348, 413
Schulleistungen 52, 99 f., 156 f.
Schwangerschaft 165 f., 319, 321, 327, 365 ff.
 voreheliche - 366 ff.
Seelische Gesundheit
 - als Eigenschaft 3 f., 13 f., 65 f., 86, 148
 - als Zustand 3 f., 13, 65, 86, 159

- als Superkonstrukt 3 f., 30 f., 89, 95
Arbeit und - 184 f.
Förderung der - s. Förderung
Geschlecht und - 120 f.
Grundmodelle der - 1 f.
Indikatoren für - 2, 7 f., 48, 67 f., 130 f., 259
Theorie der - 65 f.
- und seelische Krankheit 86 f.
Selbstaktualisierung 1, 12, 47 f., 87 f., 136 f., 151, 180 f., 190 f., 213, 251
Selbstbild 354 ff.
Selbsthilfe 326, 331, 401, 415
Selbstideal 79 f.
Selbstkontrolle 28, 97 f., 263
Selbstmodell 78 f.
Selbstsicherheit, Selbstbewußtsein 17 f., 96 f., 134 f., 158, 414
Selbstzentrierung vs. Selbsttranszendenz 12, 14 f., 48, 139 f., 154 f., 352
Seminar für Getrenntlebende und Geschiedene (SGG) 414 f.
Sensation Seeking 43, 55 f.
Sexualität 359 ff., 379 f., 401, 406 f.
Sexuelle Gesundheit 379 f., 406 f.
Sicherheitsbedürfnisse 190, 264
Sinn 82, 163, 318, 321, 322, 327, 352, 359, 401, 409, 413, 415
Sinnfindungsmodell 1, 12
Social support 165, 173, 226 f., 256, 281
Soziabilität 24 f., 29, 35 f., 51
Soziale Isolierung 318
Soziale Unterstützung s. social support
Soziopathie 51, 59, 60, 173
Strenge, elterliche 59 f.
Streß, Stressoren 1, 4 f., 122 f., 150 f., 165, 195 f., 262, 317, 319, 373
  am Arbeitsplatz 186 f., 208 f., 269, 373
  in Ehe 358 f.
Streß-Impfungs-Training 386 f., 389 ff.
Stützsystem s. social support
Superfaktor, Superkonstrukt 2, 23 f.
Symbolischer Interaktionismus 345 f.
System erworbener Werte 71 f., 79, 83 f., 178
Systemtheorie 309 f., 319, 346 ff., 378 f.
  der Persönlichkeit 71 f., 89

Team-Entwicklung 273 f.
Temperamentsmerkmale 76 f., 152 f.
Training sozialer Fertigkeiten 387 ff.
Training zu engagierter Elternschaft (P.I.P.) 295 ff.
Transaktionsanalyse 376, 393, 405
Trennung, begrenzte 335, 412
Triebe, primäre 74 f., 81, 190
Trierer Partnerschaftsinventar (TPI) 354 ff.
Typ-A-Verhalten 88, 239 f., 262 f.

Umweltideal 79 f.
Umweltmodell 78 f., 86

Unterstützung, elterliche 59 f.

Verantwortungsbewußtes Handeln 295 f., 304 f.
Verhaltensmodifikation, Verhaltenstherapie 297-304, 306, 307 f., 312, 313, 315, 323, 329 f., 336, 404 f.
Verhaltenskontrolle 2, 26 f., 60 f., 86 f., 151, 168 f.
  Geschlechtsdifferenzen in - 168 f.
Versöhnungsversuche 412
Verstehen in Partnerschaft 336, 353 ff., 402
Verträglichkeitstheorie (SCHUTZ) 338, 339

Wahrnehmungskongruenz 355, 356
Wahrscheinlichkeit für das Auftreten einer psychischen Erkrankung 1
Werte 79, 83, 353, 408
Wertvorstellungen 352, 366
Widerstandskraft 1
Wohlbefinden s. emotionale Befindlichkeit

Ziele 50, 82 f., 197 f., 296, 326, 353, 362, 366, 408
Zufriedenheit in Ehe s. Ehe
Zügellosigkeit 36 f., 47, 59 f., 139
Zurückweisung 57 f.
Zuwendung 57 f.
Zwei-Komponenten-Modell 57 f.